북 바인딩　Bookbinding

책 잘 만드는 제책

김진섭, 김현우 지음

두성북스

다양한 제책 환경을 위하여

『책 잘 만드는 책』을 낸 지 10년 만이네요.

많은 시간이 흘렀습니다. 『북바인딩』의 마지막 원고를 정리하고 있노라니 지난 세월이 마치 영화의 예고편처럼 뇌리를 스쳐갑니다. 이 책은 지난 2005년에 출간하려고 무던히도 노력했지만, 당시 출판 시장에 진입할 수 없어서 눈물을 삼키며 덮어두었던 두 번째 자식이에요. 애초의 희망보다는 늦었지만, 이제 『북바인딩』이 태어납니다. 숙성시켜야 제 맛이 난다지요. 원고도 숙성이 필요한가 봅니다.
그동안 젊은 패기 하나만 앞세워 다양한 제책 환경을 위해서 노력했고, 세상을 설득하느라 많은 시간을 들였던 것 같아요. 여러 출판사의 편집자, 디자이너, 영업자, 대표 들 그리고 인쇄, 코팅, 접지, 사철, 수작업 등 제작 현장에서 만난 수많은 전문가들. 이 많은 분들과 함께 머리를 맞대고 끙끙 앓은 적이 한두 번이 아니었어요. "왜 안 되는데요." "이렇게 하면 어떨까요?" "이렇게 한번 해봅시다." 갈등을 겪고, 설득과 회유를 반복하고, 제 손으로 샘플을 만들어보면서 며칠 밤을 새기도 했습니다. 어느 추운 겨울날, 제책사 공장 한구석에서 함께 골머리를 싸맸던 임정우, 손성실, 김경섭, 최상준, 조연곤, 이다혜 님 모두 잘 계시겠죠? 어쨌든 우여곡절 끝에 기획한 대로 결과물을 만들어 납품했던 일들이 아직도 생생합니다.

그때는 에너지가 넘쳤던 것 같아요.

특별한 제책에 몰두하던 시절, 저는 주변의 어떤 이야기도 듣지 않고 오직 '결과물만이 살아남는 방법'이라고 생각했는데, 시장의 반응은 두 가지더군요. 누드 양장 책을 보고 "어, 책이 왜 이렇게 생겼지? 만들다 말았네."라는 사람이 있는 반면, 책의 새로운 모습에 정말 반가워하는 사람도 있었습니다. 처음엔 불량품 아니냐고 항의 전화 하는 서점도 있었는데, 독자들이 제게 힘이 되어주었습니다.

어떤 독자는 직접 전화를 걸어와 감사를 표하기도 했죠. 사실 감사 인사는 제가 드리고 싶었어요. 그땐 모든 책들이 다 변할 줄 알았습니다. 특허도 받고 제 노력을 보상받을 수 있다는 꿈도 꾸면서 말이죠.
하지만 생각대로 되지만은 않더군요. 여기저기서 제작 기법을 카피하고, 심지어 법정에서 보자는 사람도 있었습니다. 싸우기도 하고 낙심하기도 하다가 문득 이런 생각이 들었어요. '다양한 제책에 관심을 갖는 사람이 이만큼 많다는 거구나.' 그들도 독특한 책을 만들어 독자들에게 다가가고 싶어서 제가 창안한 제책 기법을 응용했다는 것을 깨달았어요. 책 만들기를 포괄적으로 다룬 『책 잘 만드는 책』에 이어 제책(製册) 기법에 초점을 맞춘 두 번째 책을 출간해야겠다고 생각한 계기가 거기에 있습니다.

우리 선배들은 책 제작의 암흑기(1940~1970)에도 다양한 제책 기법들을 사용했고, 실제로도 멋진 책으로 세상을 놀라게 했어요. 그때는 자동화된 기계도 없었고, 오직 사람의 손 기술로 책의 의도를 정확히 재현했지요. 그런 분들이 이제는 서서히 세상과 이별하고 있습니다. 앞으로 5년만 더 지나면 다양한 기술을 가지신 많은 장인 선배들이 사라질 것 같아요. 주조 기술자, 문선 기술자, 활판인쇄 기술자, 지형 기술자, 활판수리 기술자, 석판교정자, 사진식자 기술자, 청타식자 기술자, 수제판 기술자, 연마 기술자, 마스터 기술자, 대수조합 기술자, 사철 기술자, 선압 기술자, 양장제책 기술자, 한식제책 기술자, 배접 기술자, 수제책 전문가, 도비 전문가 등등 많은 선배들의 연세가 65세 이상입니다.
그 선배들이 가지고 있는 노하우를 하루빨리 배우고 정리해 우리 모두를 위한 지침서로 완성해야 하는데, 너무 아쉽고 안타깝네요. 여러분이 힘을 보태면 빠른 시간 내에 큰일을 해낼 수 있어요. 저와 힘을 합쳐 이 일을 함께해주세요.

저는 이제 세 번째 직업을 찾았습니다.
책과 관련된 기계를 찾아 전국을 돌아다닙니다.
남들이 보기엔 작동되지 않고 자리만 차지한다고 할, 시커먼 인쇄기와 먼지가 잔뜩 붙어 있는 고철 기계를 찾아서 전국 방방곡곡을 헤집고 다닙니다. 어찌어찌 그런 기계가 있는 곳을 찾아내면, 거금을 주고 구입하는 것도 어렵지만, 거저 준다 해도 서울까지 운반하기 위해서 전문 도비업체(큰 기계를 옮겨주는 장인들)에 의뢰하기 때문에 배보다 배꼽이 더 큰 경우가 많아요. 또 막상 기계를 가져가려고 하면 망설이시기도 합니다. 그 낡은 기계는 20~40년 동안 동고동락한 자신의 분신과도 같기 때문에 남에게 주기가 꺼려지는 것이죠. 한결같이 "내 눈에 흙 들어가면 가져가라"고 하세요. 하지만 지성이면 감천이라는 옛말을 믿기에 저는 그 장인께 시간과 정성을 들여 "기계에게 두 번째 수명을 주겠다"고 약속해요. 그렇게 하나둘 낡은 기계를 모으는 일이 제 업이 되었어요. 그 일 자체가 제게 큰 기쁨을 가져다줍니다.
이 일을 하면서 사명감이 생겼습니다.
책을 만들기 위해서는 수십 가지의 기계가 필요하지요. 작은 도구까지 포함하면 백여 가지의 틀과 도구와 기계들이 필요합니다. 그래서 저는 처음부터 끝까지, 책을 만드는 데 필요한 모든 기계를 찾고 있어요. 아직도 구입해야 할 기계들이 엄청 많아요. 더구나 그 기계를 다룰 수 있는 장인이 살아계실 때 사용법을 전수 받아야 한다는 압박도 느껴요. 기계와 함께 사용법을 잘 정리해서 책으로 남기고 싶거든요.
그리고 '책 만드는 박물관'을 꼭 열고 싶어요. 재료와 도구, 별별 종류의 책에 이르기까지 책 박물관인 동시에 자기가 직접 책을 만들어 가져갈 수 있는 살아 있는 체험관이기도 한 박물관을 꿈꿉니다. 이미 많은 부분이 진행되고 있어요. 기대하셔도 좋습니다. 완공되면 여러분도 한 번쯤 찾아와주세요.

이 책은 '책에 대한 이해'라는 측면에서 그동안 무시돼 왔던, 혹은 아무도 가르쳐 주지 않았던 책 만들기의 역사에서부터 제책의 원리와 방법, 다양한 제책 기법과 도구, 나아가 미래의 책 만들기에 이르기까지 포괄적으로 다루고 있습니다. 이 책은 출판 관련 종사자 혹은 출판을 전공하는 학생에게 전문적인 공부를 위한 기초 교재로 활용되기를 바라는 목적으로, 한편으로는 책 읽기를 즐겨하는 일반 독자에게 책을 더 잘 이해하는 데 도움이 되었으면 하는 바람으로 쉽고 재미있게 쓰려고 노력했습니다.

이 책이 나오기까지 함께해주신 분들을 소개합니다. 무더운 여름날, 손사래를 치셨지만 끝내 인터뷰와 촬영에 협조해주신 장인들께 거듭 감사드립니다.
두성종이 이훈용 대표, 씨씨 김 박사, 김철민 님께 먼저 인사드립니다.
두성북스 이해원 대표, 김수호 이사, 백은정 편집팀장, 스튜디오 트라이앵글의 황일선 님, 바인딩몰 이유경 님에게도 감사합니다.
사랑하는 가족들 언제나 가슴속에 함께합니다.
하영이와 명우도 아빠가 사랑합니다.
끝으로 영원히 함께하시는 사랑의 하나님께 영광 드립니다.

2008년 12월

책공방북아트센터에서

김진섭

책이라는, 묶는 물건에 관하여

책이란 무엇인가. 국립국어연구원의 『표준국어대사전』을 보면 책은 "①종이를 여러 장 묶어 맨 물건. ②일정한 목적, 내용, 체재에 맞추어 사상, 감정, 지식 따위를 글이나 그림으로 표현하여 적거나 인쇄하여 묶어 놓은 것"이다. 이처럼 책의 의미는 형태론적인 것이다. 다시 말해 책은 내용이나 목적을 떠나 '묶어놓은' 것이라는 데 핵심적인 가치가 있다.

묶었다는 점이 가장 중요한 까닭은, 쉽게 말해 다른 요소들은 달라질 수 있기 때문이다. 예를 들어 종이만 해도 그렇다. 거의 모든 책의 주재료가 종이임에는 틀림없지만 그렇지 않은 경우가 있다. 아동용 서적 중에는 물놀이할 때 읽을 수 있도록 비닐과 같은 젖지 않는 소재에 인쇄한 책이 있다. 책이냐 책이 아니냐를 따질 때 어떤 내용이냐 혹은 내용의 유무 자체도 큰 의미가 없다. 공책이나 일기장처럼 완전한 백지를 묶은 것도 엄연한 책이기 때문이다. 인쇄도 마찬가지. 옛날의 필사본처럼 내용을 손으로 기록해 묶어도 책이다. 책을 정의할 때는 두께도 의미가 없고, 심지어 묶는 방법도 크게 가리지 않는다. 중요한 것은 어디까지나 '묶었다'는 점이다.

그럼에도, 현실적으로 출판업계에 종사하는 사람이 아닌 일반 독자 대중은 책의 형태에 대해 무심한 동시에 책을 만드는 일을 크게 이분(二分)해서 생각하는 오류를 범하기도 한다. 그 하나는 글과 그림, 사진 등 책의 내용(contents) 작성을 가리키는 과정이며 다른 하나는 물리적인 책의 형태를 만들어내는 과정이다. 일반인은 이 두 번째 과정을 가리켜 '인쇄'라는 한마디 말로 해결한다. 엄밀히 말해 인쇄란 피인쇄체 위에 잉크를 옮기는 복제 과정을 말한다. 따라서 책을 만드는 과정 중에서 인쇄는 종이 위에 잉크를 묻혀 각각의 페이지를 만드는 것으로 작업이 끝나는 셈이다. 책을 만들 때는 인쇄 작업 후에도 페이지를 모아 묶고 표지로 감싸는 등의 여러 과정이 필요하다. 이러한 작업을 통틀어 제책(製冊)이라고 한다.

보통 책 만들기의 4대 요소는 종이 · 편집 · 인쇄 · 제책으로 나눌 수 있다. 종이는 책의 주재료이며, 편집은 책의 내용을 만들고 다듬는 과정이고, 완성된 내용을 종이에 옮기는 것이 인쇄, 그 내용이 인쇄된 낱낱의 종이들을 책의 꼴로 묶어 만드는 것이 제책이다. 결론적으로 말하자면 제책은 다른 세 가지 요소를 종합하는 과정으로서, 한 권의 책이 독자의 손에 쥐어졌을 때 가장 먼저 시선을 끌고 감흥을 전달하는 중요한 요소인 것이다.

따라서 이 책에서는 책의 사전적 정의에 입각해 주로 책 만들기의 핵심적 과정인 제책을 다루었다. 물론 책 만들기에 있어서 다른 세 가지 요소 — 종이(주재료)·편집(내용) · 인쇄(기록)—로부터 영향을 받게 되므로, 제책의 역사와 오늘날의 기술을 설명할 때 책의 형태를 좌우할 수도 있는 기타 요소에 대한 고찰도 빠뜨리지는 않았다. 나아가 혁신적인 기술의 발달에 힘입어 출현한 전자책과 같은 오늘날의 새로운 제책 형태도 책의 범주에 포괄시켰다.

책이라는 물건을 두고 그동안 무심코 간과했던 절반의 의미를 이해하기 위해 책의 세상에 들어온 여러분을 환영합니다.

2008년 12월

제책 현장에서

김현우

감사의 글

이분들이 있었기에 오늘 이 책을 출간할 수 있는 힘이 되었습니다.

한성봉 동아시아 대표

출판제작 아웃소싱을 처음 시도하면서 저희 책공방공책과 인연 맺어주셨죠. 다양한 제작기법을 귀 기울여 들어주시고 그대로 실행해주셨습니다. 우리의 기대작 『마태오 리치』라는 책을 통해 제작기법의 다양성에 놀라워하셨죠. 그날 새벽에 보내주신 메시지는 지금도 기억합니다. 서로 바쁘다는 핑계로 인사가 늦었습니다. 참 고맙고 감사합니다.

김승현 스튜디오본프리 대표

출판제작의 중요성을 정신없이 설명하는 저를 믿고 인연을 맺어주신 고마운 친구 같은 승현 님. 많은 책 함께했네요. 요즘 너무 힘들다고 하신 김승현 님 "파이팅!"

김경용 작은씨앗 대표

누드양장이라는 이름도 생소한 제작기법을 처음으로 인정해주셔서, 『어린 왕자』 『위대한 개츠비』를 통해 세상에 선보였네요. 여러 가지로 부족한 점이 많았는데 대표님의 이해 덕분에 누드양장 제책이 탄생할 수 있었습니다. 앞으로 자주 인사드리겠습니다.

주연선 은행나무 대표

일반적으로는 인쇄된 글자에 형압을 넣는데, 『산중에서 길을 물었더니』에서 표지 전체에 형압을 넣는 제작 기법을 선택하셨죠. 제작비 부담이 만만치 않음에도 맡겨주시고 그것을 인연으로 지금까지 함께하네요. 또한 『책 잘 만드는 책』의 개정3판 출간도 흔쾌히 허락해주셔서 정말 머리 숙여 감사드립니다.

김정순 북하우스 대표

일반적으로 양장 책에만 있다고 생각하는 가름끈을 무선제책에서도 재현한 바로끈 기법을 『공부가 된다』를 통해 실현해냈습니다. 많은 사람들의 반대에도 끝까지 지지해주셨기에 가능했습니다. 또 고민이 있을 때마다 관심 있게 들어주시고 이곳저곳 힘닿는 데까지 도와주셨던 대표님, 큰 힘이 되어주셔서 고맙습니다.

홍성택 홍디자인 대표

대학원 시절 지도해주셔서 감사합니다. 출판과 디자인 분야에서 제작의 중요성을 누구보다 강조하시고 몸소 다양한 제작기법을 위해서 고민하시고 결과로 보여주셨죠. 대학 강단에서 많은 제자들에게 출판제작의 중요성을 가르치시던 모습이 떠오릅니다. 지금은 미국에서 학업에 열중하고 계시겠네요. 책 나왔어요. 언제 오시나요. 보고 싶습니다.

이 책이 완성되기까지 함께 고생하신 분들입니다.

조중래 뮬러마타니코리아

제책 기계에서 사용하는 수많은 명칭과 현장에서 사용되는 용어들의 혼란에도 친절히 설명해주셔서 감사드립니다. 모를 때마다 전화로 긴긴 시간 도움 주신 것 잊지 않겠습니다.

이근성 한국하이델베르그

제책 기계에 관한 각종 자료로 협조해주심을 감사드립니다.

홍요선 아그파코리아

이분의 수고가 없었다면 이 책은 엉성해졌을 것입니다. 구하기 어려운 자료를 섭외해주며 멋진 책으로 보답하라고 하셨죠. 진짜 책으로 보답합니다.

정은진 인터뷰 기자

뙤약볕 아래서 충무로를 제 집 드나들듯이 했었죠. 인터뷰 안 한다며 오지 말라는 말에도 세 번, 네 번, 다섯 번 찾아간 끝에 허락을 받기도 했네요. 이 책을 기획할 때는 싱글이었고, 인터뷰 중에는 기혼이었으며, 마지막 교정을 볼 땐 한 아기의 엄마로써 긴 시간 함께 해주셨어요. 정말 고생 많이 하셨습니다. 감사합니다.

정혜란 일러스트레이터

사업하랴 그림 그리랴 정신없던 무더운 여름, 이마에 땀방울이 송글송글 맺힌 얼굴로 연신 미안하다는 말을 많이 하셨죠. 이것 고쳐 달라, 저것 키워 달라, 다시 작업해 달라는 말까지 했는데도 미안하다고 하셨습니다. 기억나세요? 이 작업을 이해하기 위해선 자신이 먼저 알아야 한다며 많은 책을 독파하셨죠. 제가 미안했어요. 그리고 감사해요.

박종성 포토그래퍼

한여름 사진작업을 하는데 비 오는 줄 알았어요. 너무 집중하시니 땀이 비 오듯……. 그땐 그만하시죠, 하고 싶을 정도였어요. 재촬영하며 끝까지 신경써주셔서 감사합니다.

유병권 포토그래퍼

지금쯤 영국의 어느 지하 스튜디오에서 열심히 셔터 누르고 있을 아우 님. 유학 준비로 바쁜 겨울, 그 많은 책들을 찍고 정리하고 다시 찍고를 반복했는데도 즐거운 표정으로 최선을 다하던 모습, 포토샵으로 일일이 정리하며 며칠 밤샘 작업에 피곤해하던 모습이 생생합니다. 열심히 공부하고 계시죠? 책 나오면 꼭 보내달라고 했는데 주소를 알아야죠. 정착하면 연락하세요.

손성실 편집자

출판 제작의 새로운 변화를 위해 많은 분들과 부딪히면서 매우 힘들었을 겁니다. 하지만 묵묵히 감당해주셨어요. 그땐 함께여서 즐겁게 일했던 것 같아요. 드디어 우리가 고민했던 책이 출간되네요. 보고 싶어요.

유정석 오랜 친구

이 지면을 빌려 뭐라고 해야 될지…… 고맙다는 말보다 더 값진 말로 표현하고 싶습니다. 힘들고 어려울 때, 그만두고 싶을 때 힘을 주셨습니다. 번뜩이는 아이디어와 여러 자료들로 저를 도와주신 정석 님 감사합니다.

차 례

1장 제책의 역사

History of Bookbinding

12

1 서양의 제책 16

2 동양의 제책 30

3 산업화 이후의 제책 40

2장 제책의 실제

Practice of Bookbinding

48

1 제책의 종류 52

2 제책의 준비 66

3 양장 제책의 실제 80

4 무선철 제책 과정 102

5 중철 제책의 실제 122

부록 내 손으로 책 만들기

DIY Bookbinding

256

재료와 도구 257

다이어리 만들기 264

참고문헌 270

3장 제책의 다양성

Diversity of Bookbinding

130

1 크기도 가지가지, 책의 판형 132

2 첫인상을 결정하는 책의 얼굴, 표지 134

3 날 좀 봐 주세요. 띠지 146

4 화려한 겉옷, 덮개 152

5 소중한 책을 보호하는 책 상자 158

6 독자에 대한 또 하나의 배려, 가름끈 166

7 같은 제목, 다른 제책 174

8 어학 책과 찰떡궁합, 테이프 · 시디 182

9 머리부터 발끝까지 다 드려요, 부록 188

10 원서와 번역서를 비교하는 재미 190

11 책 속의 책 196

12 평면에서 삼차원으로, 팝업북 198

4장 제책의 현장

Field of Bookbinding

202

1 세상의 속도에 항의하기 204

2 장인의 섬세한 눈과 손으로 만든 책 208

3 그들의 수다에 빠져들다 212

4 종이 열 장과 같은 한 장의 종이 216

5 시간을 담은 공간, 마음을 찍어내다 222

6 세 가지 색깔 세 가지 이야기 228

7 찾아보기 쉽게 도와주는 특별함 234

8 아버지와 아들, 같은 길을 가다 238

9 이제 책도 스타일이다 244

10 나를 담은 책을 만들다 250

제책의 역사

1 장

History of Bookbinding

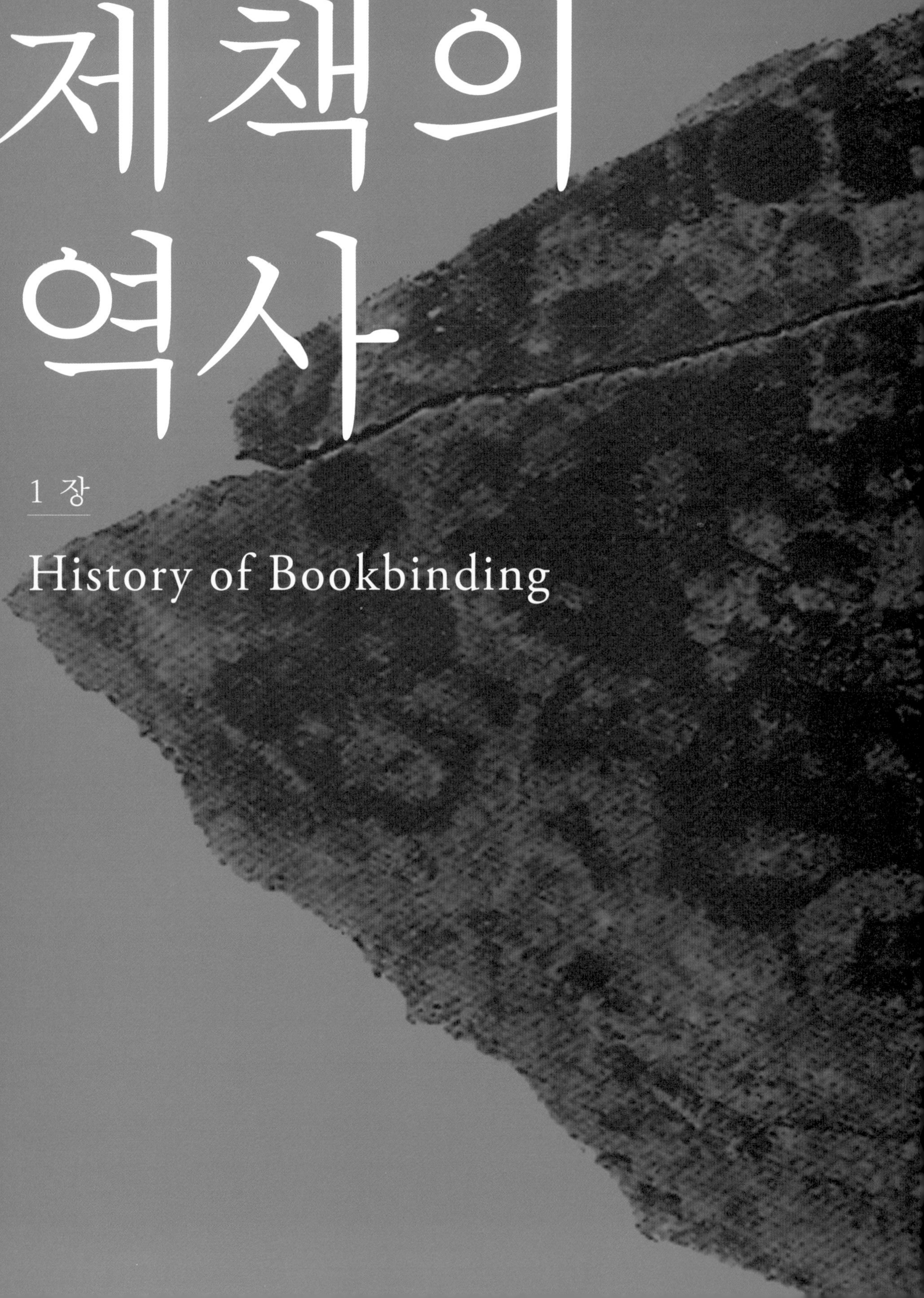

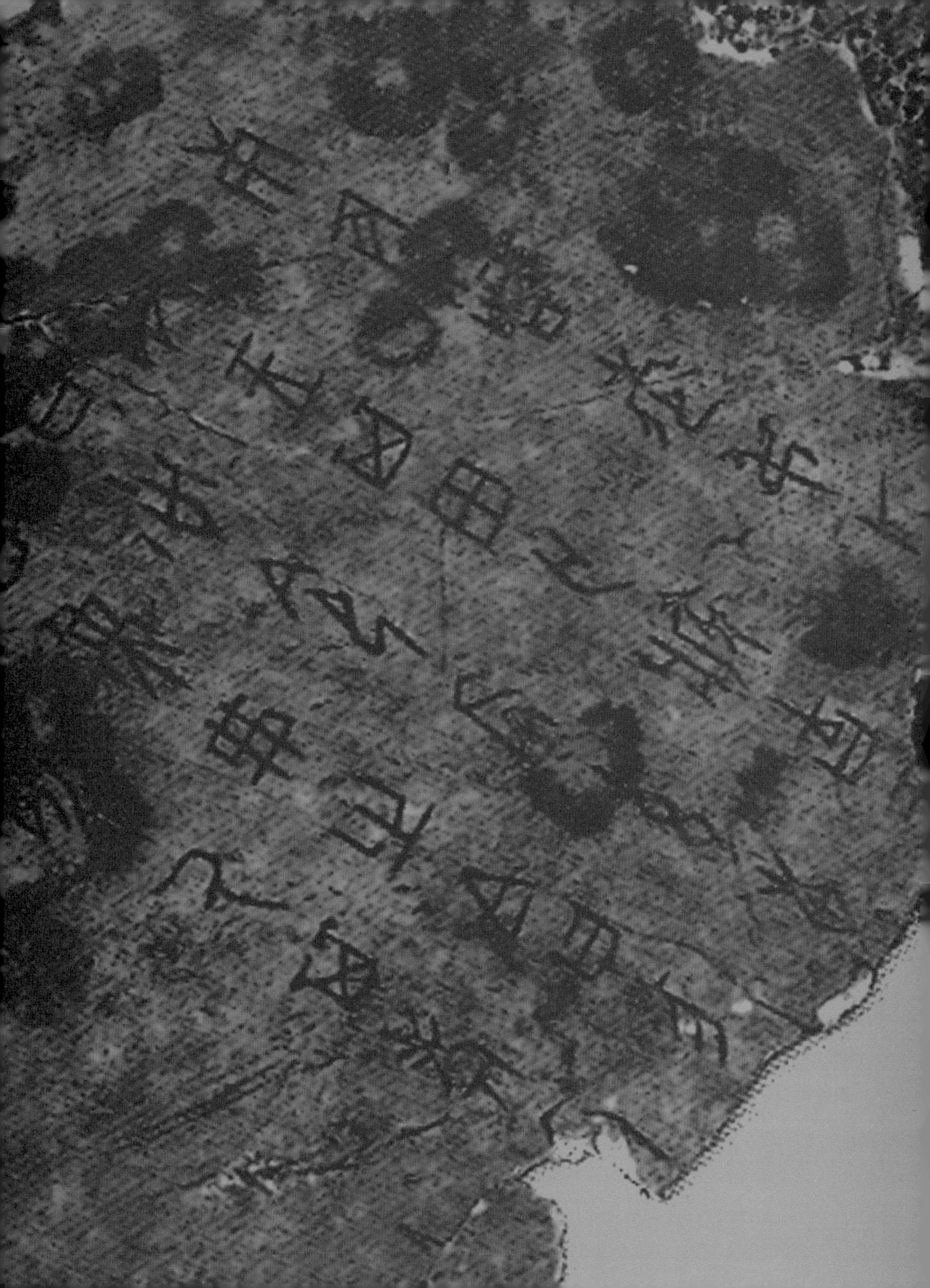

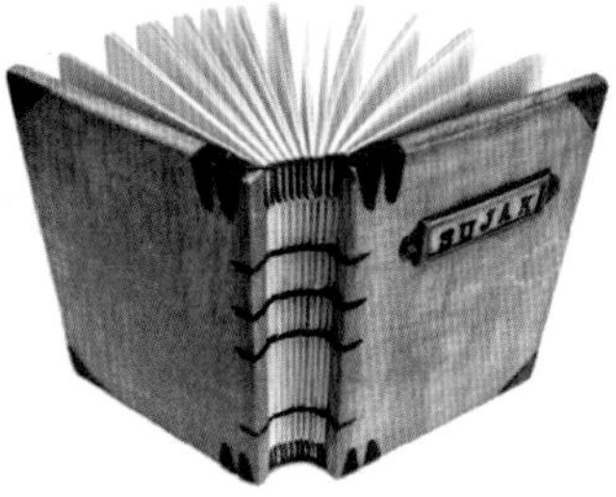

종이가 없던 시절, 그러니까 제지술과 인쇄술이 등장하기 전에도 책이 만들어졌을까? 물론 그 시절에도 인간의 정보 전달과 기록 보존의 욕구는 존재했다. 그래서 고대 인류는 대나무, 나무, 점토, 헝겊, 가죽, 석판 등 평평하게 만들 수 있는 재료에 문자를 기록하고 그것을 한데 묶으려고 시도했다. 그것이 오늘날 책의 원형이다. 책 만들기의 4대 요소를 종이, 편집, 인쇄, 제책이라고 했을 때, 옛날 기준으로 보자면 종이는 '재료'로, 인쇄는 '기록'으로 바꿔볼 수 있을 것이다.

책의 역사는 인류 문명의 역사를 반영한다. 책을 만드는 기술이나 책 재료의 발달은 문명의 발달과 함께했다. 책이라는 매체가 존재하고 발달함에 따라 종교적, 사상적, 학문적인 과거의 경험과 지식이 후대로 물려질 수 있었다. 그리고 그러한 반복을 통해 인류 문명은 점점 더 발전할 수 있었다. 책이라는 매체 없이, 인간 한 사람, 한 사람의 기억에 의존하는 구전(口傳)에 의해서 문명의 발달을 꾀한다는 것은 불가능한 일일 것이다.

우리가 고고학적으로 추정할 수 있는 인류 최초의 기록은 그림이나 기호와 같은 형태였다. 기록에 사용된 재료 또한 바위라든가 돌, 흙바닥, 통나무 표면, 나뭇잎 등 주변에서 얻을 수 있는 자연물 그대로였다.

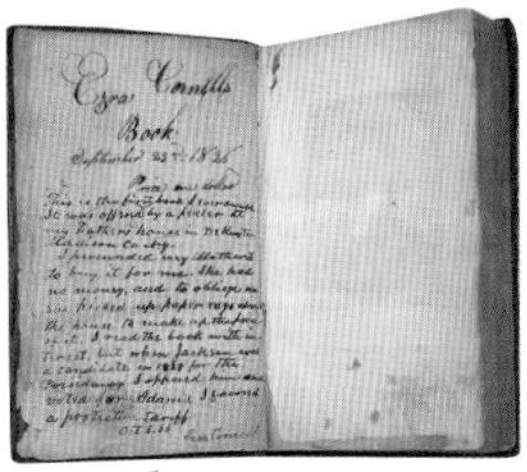

그 중에는 약 15000년 전에 살았던 선사시대 인류가 동굴 속 바위벽에 그려놓은 그림이 현재까지 남아 있기도 하다.

하지만 이렇게 그림이나 기호를 자연물에 그리거나 새겨 넣은 형태를 책이라 부를 수는 없다. 책이란 휴대와 보존이 편리하도록 재료를 가공하고 그 위에 내용을 담아 많은 사람들에게 전달할 수 있는 것을 일컫기 때문이다. 책을 만드는 기술, 이른바 '제책'이란 인류가 끊임없이 발전시켜 온 '기록 보존의 방법'이다. 고대 수메르 사람들은 축축한 점토 위에 새긴 문자를 더 잘 보존하기 위한 방법을 개발했다고 한다. 필자는 그것이 바로 초기 형태의 '제책' 기술이라고 생각한다. 관념적인 생각을 그림이나 기호로 표현한 초기 문자는 땅바닥이나 동굴 벽이나 동물의 뼈 등을 매체로 삼은 일회적인 기록에 불과했다. 따라서 초기의 문자는 기록자가 다른 경우는 물론이고 같은 사람이라도 때에 따라 다른 모양으로 기록하는 등 완성된 문자로 보기는 힘들었을 것이다. 그러나 보존 가능한 방법을 개발함에 따라, 즉 제책 기술이 발명됨에 따라 일관된 형식의 문자를 다른 사람 또는 다른 시기에도 공유할 수 있게 됐을 것이다. 그래서 필자는 문자의 완성은 제책 기술과 궤를 같이한다고 본다. 더 정확하게는, 문자는 제책뿐 아니라 도구와 매체를 포함한 기록의 기술과 함께 발달했다고 말할 수 있을 것이다.

1 서양의 제책

BC 4000	**점토판과 쐐기문자**
BC 2500	**파피루스 책**
BC 2000	**돌에 새긴 책**
BC 1500	갑골문자
BC 700	나무와 대나무로 만든 책
BC 100	**가죽으로 만든 양피지 책**
50	인도양 연안국의 대나무 책과 나뭇잎 책
105	세계 최초 종이의 탄생
100	**고대 로마의 납판 책**
500	**가죽 표지 장정**
660	목판 인쇄술의 발달
1151	**제지술의 유럽 전파**
1234	금속 활자의 등장
1400	**예술적인 가죽 장정의 발달**
1438	**현대식 인쇄 기술의 등장**
1500	제책의 실용화 추구
1600	유명 제책업자 등장
1935	펭귄시리즈 출간
1964	최초의 컴퓨터 편집 출판

서양과 동양의 제책 문화를 비교할 때 가장 큰 차이점 중 하나는 서양에서는 책이 주요한 예술 작품으로까지 간주되었다는 것이다. 책이 귀하던 시절에 책이 갖는 가치는 동서가 마찬가지였을 테지만, 아름답게 장식된 서양의 책들이 오늘날까지 전해지는 것을 보면 실용성 이상의 미적 가치를 담고자 했음이 분명하다.

여기엔 두 가지 요인이 작용했다고 생각하는데, 첫째 제지 기술이 동양에 비해 미숙했기 때문이다. 동양(중국)에서 전래된 제지술은 아무래도 동양의 수종(樹種)에 적합한 것이었을 테고, 제지술 도입 이래 오랫동안 서양에서 특별한 발전이 없었다는 것도 이 주장을 뒷받침한다. 표지에 가죽을 씌우거나 나무판을 덧대는 제책 기법은 사실 질이 나쁜 종이로 책을 만들어야 했기 때문에 내구성을 높이기 위해 개발됐다. 제지술이 발달한 뒤에도 가죽 장정 기법은 계속 진전되어 아름답고 튼튼한 책을 만드는 기술로 자리 잡았다.

두 번째 요인은 종교다. 제지술과 인쇄술이 발달하기 이전이나 이후나 책의 가장 주요한 내용은 종교적인 것이었다. 종교 서적은 소중하게 보존해야 하는 것은 물론 펼쳐 보는 횟수가 많아서 책의 수명이 대단히 길어야 했다. 때문에 서양은 고도의 제책 기술이 발달할 수밖에 없었고, 서양의 종교 문화 자체가 미술과 밀접한 관련이 있어 책이 단순한 기록 매체 이상의 예술 작품으로 만들어질 수 있었다.

메소포타미아의 점토판

•
인류 최초의 문명인 메소포타미아 문명은 수메르 · 바빌로니아 · 아시리아 · 페르시아 등의 주요한 문명을 포괄하고 있지만 그 기초이자 가장 오래된 것은 수메르 문명이다. 인류 역사에서 문명이라 할 만한 단계에 도달하고 역사 시대가 시작된 것은 수메르 문명이 처음으로, 기원전 5000년 전후부터 문화를 구축하기 시작해 기원전 3000년경에는 이미 도시국가를 형성한 것으로 알려졌다.

••
고대의 책이라고 해서 반드시 학술적인 내용이거나 정치 · 행정 자료만 기록한 것은 아니다. 2006년 2월에《뉴욕타임스》는 인류가 기록한 최고의 연시(戀詩)로 추정되는 점토판에 대해 보도했다. 손바닥만 한 점토판 책에는 기원전 4000년경 고대 수메르의 여성 사제가 왕에게 사랑을 고백하는 내용이 담겨 있다.

인류 역사상 최초로 기록된 문자는 쐐기문자 또는 설형문자(楔形文字)다. 쐐기문자는 기원전 4000년경에 만들어졌을 것으로 짐작하고 있다. 이는 세계 최고(最古)의 문명 발상지 중 하나인 메소포타미아• 지역에서 광범위하게 사용되었으며, 수메르인이 발명했다. 수메르(Sumer)는 오늘날 이라크에 해당하는 고대 메소포타미아 남부 지역이다. 이곳은 부드럽고 질 좋은 진흙이 흔했는데, 수메르 사람들은 점토를 직사각형의 판으로 만들어 점토판이 마르기 전에 납작한 나뭇조각 따위로 문자를 눌러 새긴 다음 햇볕에 말리거나 가마에 구웠다. 앞면 또는 앞뒤 면에 기록을 새긴 점토판(clay tablet) 한 개는 엄연한 책 한 권에 해당했다. 점토판 책 중에는 보존성을 높이기 위해 역시 점토로 만든 덮개 속에 보관한 경우도 있다. 한편 점토를 납작하게 빚고, 갈라지지 않도록 건조시킨 뒤 불에 굽는 방식의 제책 기술은 토기 제작과 비슷한 것이었다.

흥미로운 사실은 인류 최초의 문자인 쐐기문자의 발명과 점토판을 이용한 제책 기술의 연관성이다. 즉 수메르 사람들은 점토판에 기록을 시도했기 때문에 점토판에 가장 적합한 형태의 쐐기문자를 발명하게 된 것이다. 매끈하고 부드러운 점토판 표면에는 선으로 이루어진 문자를 긁어서 표현하기 힘들다. 그래서 긁는 도구가 아닌 누르는 도구를 이용해 기록한 쐐기문자다. 모양이 아름다워서 장식과 같은 효과를 낸다.

수메르인이 발명한 쐐기문자 및 점토판 책은 오늘날에도 남아 있다. 특히 아시리아의 수도인 니네베의 국립도서관을 발굴했을 당시 수천 개 이상의 점토판 책이 출토되기도 했다. 이 책들은 법전을 비롯해 점성학이나 지리학과 같은 실용 학문 서적부터 신화를 기록한 이야기책에 이르기까지 다양하다.••

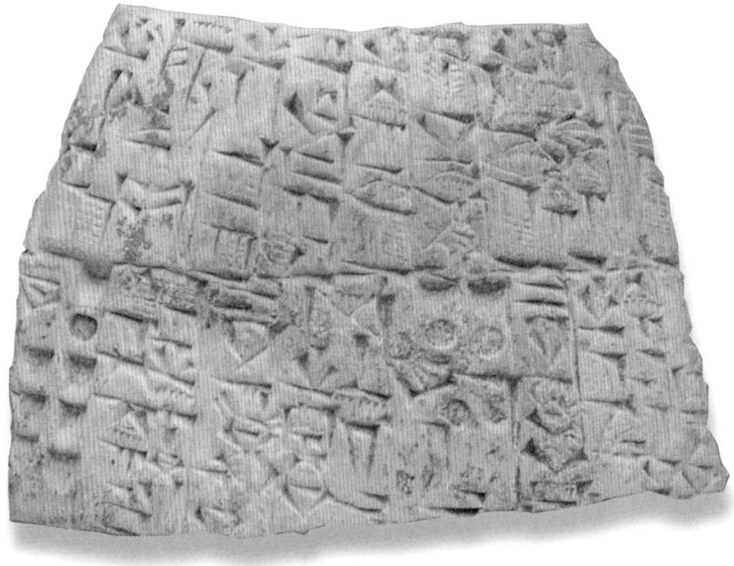

점토판에 나뭇조각 등으로 눌러 새긴 쐐기문자

이집트의 파피루스 책

고대 이집트 문명에서 가장 유명한 유물 중 하나가 파피루스 책이다. 파피루스는 나일강변에서 자라는 골풀과 같은 식물이다. 이 파피루스의 마디와 마디 사이 부분의 껍질을 벗겨 30~40센티미터 정도 되는 속대[木髓質]만 남긴다. 길고 가느다랗게 쪼갠 속대를 한 줄로 늘어놓은 뒤 그 위에 직각 방향으로 한 겹을 더 올려놓는다. 그 다음에 속대의 섬유질을 서로 붙이기 위해 물을 뿌리고 무거운 것으로 눌러놓는다. 이것을 햇볕에 말리면 납작한 모양의 종이와 비슷한 형태가 된다. 이것의 표면을 조개껍질이나 돌 같은 것으로 갈아 매끈하게 다듬는다. 고급품에는 더욱 매끄럽게 만들기 위해 천연 약품을 바르기도 했다.

이렇게 만들어진 파피루스 한 장의 크기는 가로세로 30~40센티미터 내외로, 사방을 반듯하게 자르면 보통 그보다는 작은 크기가 되었다. 파피루스에 글씨를 쓸 때는 갈대의 끝을 뾰족하게 다듬어 만든 펜을 사용했으며, 앞과 뒤의 결이 직각 방향이라서 한쪽 면에만 글씨를 쓸 수 있었다.•

이러한 파피루스 종이의 양쪽 끝에 석고를 이용해 길고 둥근 막대를 부착하면, 이것이 한 권의 책이 되었다. 파피루스 종이를 죽 이어 붙이면 둥근 막대 한 쌍으로 여러 장의 종이를 감아둘 수 있었다. 보통 20장 정도를 붙였을 때 파피루스 종이의 길이는 약 4.5미터가 된다. 필요에 따라서는 둥근 막대의 크기를 달리 해 수십 미터가 넘는 길이의 파피루스 종이를 감기도 했다.••

•
파피루스는 초지 단계(섬유질을 잘게 분해해 망으로 뜨는 과정)를 거치지 않아 기술적으로는 종이와 전혀 다른 소재다. 하지만 파피루스(papyrus)는 종이라는 뜻의 영어 'paper'의 어원이 됐다.

••
영어로 책의 '권'을 가리키는 볼륨(volume) 이란 단어 또한 파피루스 두루마리 한 개를 가리키는 라틴어(volumen)가 기원이 됐다. 한편 한자의 '券'(권) 역시 두루마리처럼 말아놓은 죽간이나 비단의 한 단위가 그 어원이다. 책의 수효를 세는 단위는 동양이나 서양이나 한 개의 두루마리를 가리키는 말이 어원이 됐다는 점이 재미있다.

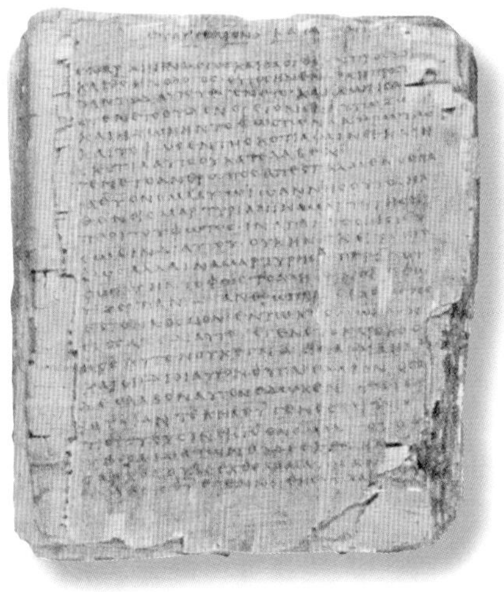
파피루스는 앞면과 뒷면의 결이 직각으로 교차되어 한쪽 면에만 기록할 수 있다.

파피루스

돌에 새긴 책

•
기원전 332년 알렉산더 대왕이 이집트를 정복한 이후, 그리스 지배하에 놓인 왕이 읽기 위해서는 그리스 문자로 쓸 필요가 있었다.

••
1950년대 영화 〈십계〉의 포스터를 보면 모세가 마치 책을 들고 있는 것처럼 석판 두 장을 번쩍 들고 있는 그림이 그려 있다. 최근 내한 공연했던 뮤지컬 〈레 딕스〉의 포스터에서도 모세가 두 장의 석판을 가슴에 안고 있는 장면이 등장한다.

고대 인류는 점토판이나 파피루스 외에도 암석에 기록을 하기도 했다. 그 중 오늘날에 가장 널리 알려진 것은 바빌로니아의 함무라비 왕이 만든 『함무라비법전』이다. 『함무라비법전』은 2.4미터 높이의 검은 섬록암 판에 법률을 새겨 넣어 누구나 볼 수 있도록 비석처럼 세운 것이다. "눈에는 눈, 이에는 이"라는 문장으로 잘 알려진 『함무라비법전』은 282소의 법률이 44개의 단에 3,600줄 이상의 쐐기문자로 기술돼 있다. 물론 비석처럼 세운 석판이라는 점에서 휴대성을 갖춘 책이라고 보기엔 무리가 있다.

『함무라비법전』만큼 유명한 돌 책으로 로제타석이 있다. 로제타석은 1799년 나폴레옹의 이집트 원정 당시 나일강 하류의 로제타 지방에서 발견됐다. 로제타석에는 고대 이집트 상형문자인 히에로글리프, 일반 백성들이 사용하던 히에로글리프의 간이체인 디모틱, 그리고 그리스 문자 등 세 종류의 문자로 같은 내용의 문장을 병렬식으로 현무암에 조각해 놓은 것이다. 이것은 이집트 문자를 해독할 수 있는 열쇠가 되었다. 높이 1.1미터, 폭 0.7미터에 달하는 로제타석을 초기 형태의 책으로 볼 수 있는 것은 그 내용 때문이다. 로제타석에 쓰인 내용은 단순한 비문(碑文)이 아니라 프톨레마이오스 5세에게 보낸 멤피스 신관(神官)들의 송사(頌詞)였다.•

한편 휴대할 수 있는 돌 책으로 잘 알려진 것은 기독교 구약성서에 등장하는 「십계명」이다. 「십계명」은 하나님이 시내산에서 모세를 통해 이스라엘 백성에게 내려준 10개 조의 계율로서, 두 장의 석판에 새겨져 있었다고 하니 두 권의 책이라 할 수 있다. ••

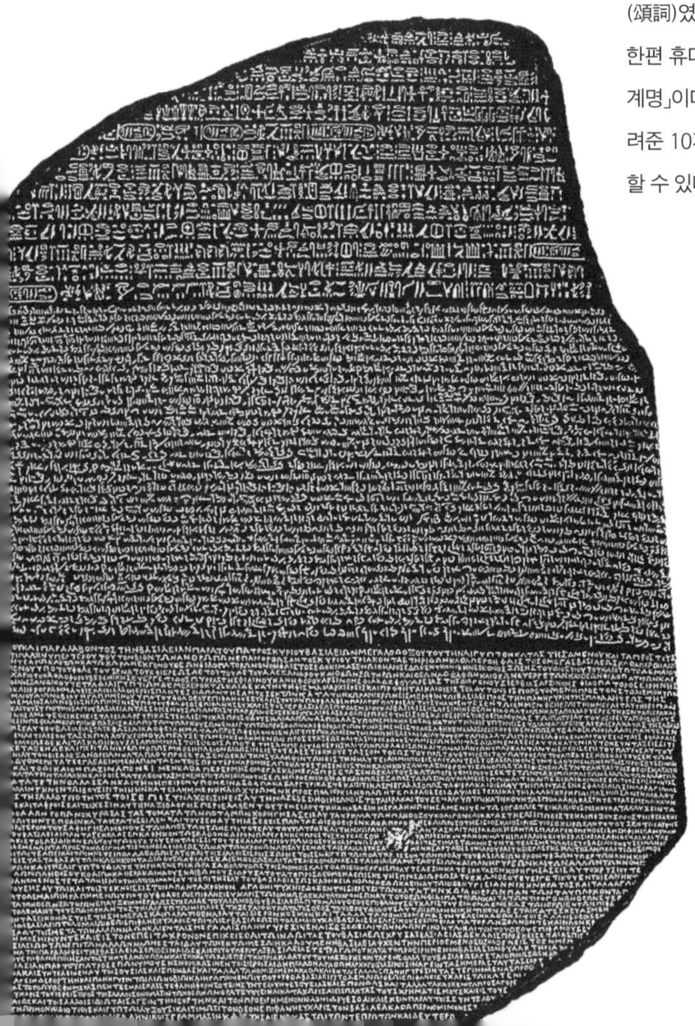

로제타석

가죽으로 만든 양피지 책

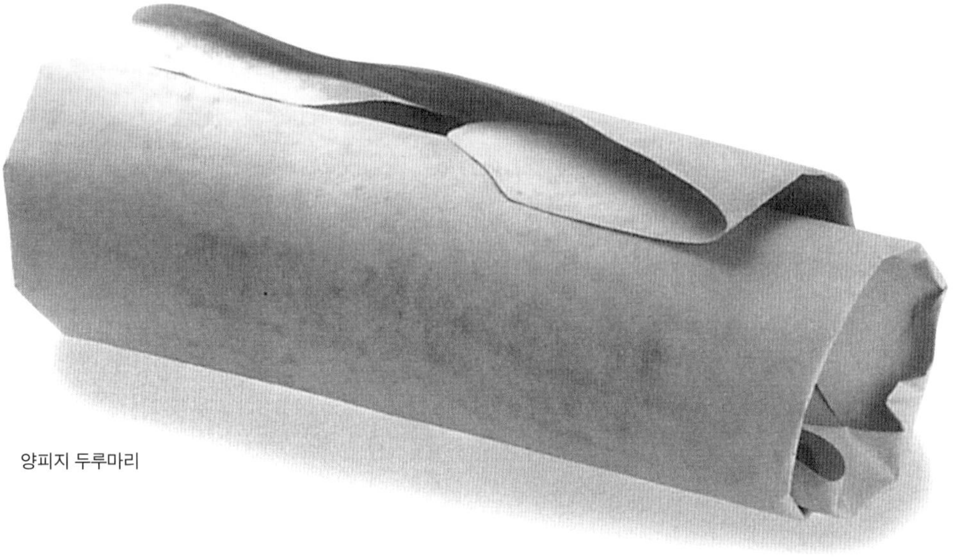

양피지 두루마리

파피루스가 사용된 지 2000년이 넘는 시간 동안 다른 형태의 기록 매체가 등장했다. 대표적인 것이 동물의 가죽이다. 사냥으로 잡은 동물의 털가죽은 주로 의류나 침구의 용도로 사용되었지만, 가죽의 얇고 편평한 특성 때문에 간단한 기록의 매체로도 활용되었다. 그러나 책을 만들 수 있을 정도로 가죽을 잘 다듬어 확실한 기록의 매체로 사용된 것은 기원전 500년부터라고 알려져 있다. 일부 학자들은 훨씬 나중에, 즉 기원 직전 무렵에 실용적인 양피지가 등장했다고 주장한다. •

양피지(parchment)는 그 이름처럼 '양의 가죽으로 만든 종이'다. 실제로는 양이나 염소의 가죽을 주로 사용했고 종종 송아지 가죽도 쓰였다. 생가죽의 양쪽을 깨끗하게 다듬고 표백하면 그 표면이 편평하고 질겨서 문자를 쓰기에 적당하다. 양피지는 보통 가죽의 양쪽 면에 모두 기록을 할 수 있었다. 처음에는 두루마리로 사용되었지만 나중에는 묶는 책의 편평한 용지로도 사용되었다. 유럽에서 양피지는 중세까지 고급 책에 사용되었고, 특히 채색하기에 알맞아 표지의 장정 재료로 많이 애용되었다. 중세시대에 책 한 권을 만들기 위해서는, 무려 50에서 100마리의 양이 필요했고, 제작기간도 1년 이상 소요되었다. 그래서 책은 귀하고 가격도 매우 비싼 물건이었다.

•
양피지는 이집트와 로마 문화에서뿐 아니라 소아시아에서도 사용된 바 있다. 그러나 가공 기술의 발달에 따라 양피지가 책의 재료로 널리 쓰인 것은 헬레니즘 시대(기원전 334년~기원전 30년)부터인 것으로 보인다. 고대 로마의 학자이자 정치가인 플리니우스(기원후 23년~79년)가 편찬한 오늘날 백과사전의 효시라 할 수 있는 『박물지』에는 헬레니즘의 중심지였던 페르가몬 왕국의 에메네우스 2세가 파피루스 대신 양피지를 즐겨 사용했다고 기록되어 있다.

고대 로마의 납판 책

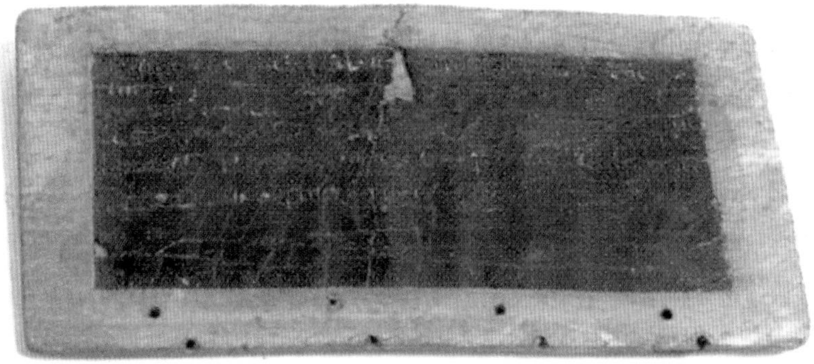

가르치는 데 사용한 납판책

고대 로마에서는 양피지는 물론 이집트에서 들여온 파피루스까지 사용되었지만 가격이 비싸서 아무나 사용하기가 힘들었다. 게다가 양피지나 파피루스는 한 번 기록한 후에는 지우고 다시 쓸 수가 없었다. 그래서 편지를 주고받거나 계산을 하거나 메모를 남기길 때처럼 간단한 기록을 위해서는 또 다른 매체가 필요했다. 사실 지우고 다시 쓰기가 가능한 매체는 예전부터 있어 왔다. 석고를 입힌 나무판 위에 갈대와 잉크로 기록을 하고 필요에 따라 석고 표면을 깎아내 지우는 서판을 사용하기도 했고•, 납석(蠟石) – 곱돌이라고 부르기도 한다 – 으로 글씨를 쓴 뒤 문질러 지울 수 있는 반질반질한 석판을 쓰기도 했다. 그러다가 기원 후 로마에서는 밀랍을 채운 나무판이 개발됐다(납판의 발명 시기를 4세기경으로 보는 학자도 있다).

납판(蠟板)은 단단한 나무를 판자 모양으로 만든 후 테두리 부분만 남기고 몇 밀리미터 깊이로 얕게 파낸 다음 움푹한 곳에 밀랍을 채워 넣은 것이다. 이 밀랍 부분을 스틸루스(Stilus)••라는 뾰족한 철필로 긁어 문자를 기록했다. 한 장짜리 납판의 앞면은 밀랍을 채운 기록 면이고, 뒷면은 그냥 나무판이었다. 고대 로마인들은 이 납판을 이용해 편지를 써 보내거나 시를 썼다.•••

이 시기의 납판은 오늘날 책의 원형(原形)이라는 주장이 있기에 중요한 의미를 갖는다. 즉 양피지나 파피루스 책은 두루마리의 형태로 만들어졌으며, 석판은 여러 '쪽(=페이지)'이라는 것이 불가능했다. 그러나 납판은 두 장을 엮어 펼쳐서 사용하는 경우가 흔했고 심지어는 8장의 납판을 가죽 끈으로 묶기도 했다. 전체적인 모양으로나 페이지를 넘기는 방식으로나 오늘날의 책과 흡사했다. 더욱이 여러 장의 납판을 묶은 경우, 속장은 양쪽 면에 밀랍을 채웠고 맨 처음 납판과 마지막 납판은 각각 안쪽에만 밀랍을 채워 넣었다. 밀랍을 채우지 않은 바깥쪽은 표지와 같은 역할을 했다. 앞뒤 표지에 밀랍을 채우지 않은 것은 휴대나 보관 중에 다른 물건에 닿아 기록된 글자가 손상되는 것을 방지하기 위해서였다. 따라서 네 장의 납판을 묶은 경우 총 쪽수는 6쪽(1+2+2+1)이었으며 여덟 장의 납판을 묶은 경우 14쪽에 달하는 책을 만들 수 있었다. 이러한 납판은 유럽에 제지술이 전래된 후에도 오래도록 살아남아서 18세기 말까지 사용됐다.

•
소설『람세스』를 보면 서기관이 석고 서판을 이용해 기록하는 장면이 자주 묘사된다.

••
스틸루스는 문체와 필체를 뜻하는 영어 스타일(style)의 어원이다.

•••
고대 로마를 배경으로 하고 있는 역사추리소설『실버 피그』(린지 데이비스, 황금가지)에는 종종 납판 책이 묘사되곤 한다.
"…굵은 끈으로 묶어 두었던 소포 꾸러미 한쪽에 밀랍 서판이 붙어 있었다. … 누군가의 이름을 새겨 넣었다가 황급히 철필 반대편의 뭉툭한 끝으로 다시 밀랍을 긁어 버린 것처럼 보였다."

가죽 표지의 시작

오늘날 우리가 '책'이라고 부르는 직사각형 형태에, 페이지를 넘기는 방식의 제책 기술은 기원후에야 발전하기 시작했다. 당시 유럽에서 책을 소유할 수 있는 사람은 지체 높고 경제적 여유가 있는 한정 계층이었다. 따라서 그들에게는 어떤 내용의 책인가도 중요하지만 어떻게 만들어진 책인가 하는 점이 더욱 중요했다. 결국 유럽에서의 제책 기술은 우아하고 화려해지는 방향으로 발전했다.

파피루스나 양피지 혹은 납판 등 어떤 매체를 사용해서 만들었든, 책을 잘 보존하고 내구성을 높이기 위해 책의 표지가 부착되었다. 표지는 점차 장식의 개념으로 발전되어 이미 4세기 즈음에는 나무판 위에 금속이나 귀금속을 부착하거나, 금속판에 두꺼운 가죽으로 테두리를 입힌 형태가 나타났다.

5세기 경, 양피지를 철한 책이 등장했을 때는 표지 제책술이 발달했던 시기였다. 부드러운 질감의 양피지 책은 종이의 양쪽 모서리가 구겨지거나 휘어지지 않고 책이 잘 보존될 수 있도록 책의 양쪽 면에 얇은 나무판을 댔다. 이렇게 하면 책이 튼튼해질 뿐만 아니라 묶은 가죽 끈의 꿰맨 자리를 덮어 감출 수 있어서 책이 단정해 보인다는 장점도 생겼다. 나중에는 책의 등 쪽에서 가죽 끈을 묶은 자리까지 감추기 위해 가죽으로 감싸는 방법도 개발됐다. 이러한 방법으로 마침내 가죽 끈을 완벽하게 감출 수 있게 되었고, 앞뒤 표지에 덧댄 나무판도 가죽으로 감싸고 그 위에 장식까지 시도했다. 이것은 제책술의 커다란 발전이었다. 이렇게 양피지 제작에서부터 모든 내용을 필사(筆寫)하고, 가죽으로 감싼 후 멋들어진 장식으로 마무리하기까지, 당시에 한 권의 책을 만드는 데는 보통 6개월에서 1년쯤 걸렸다고 한다.

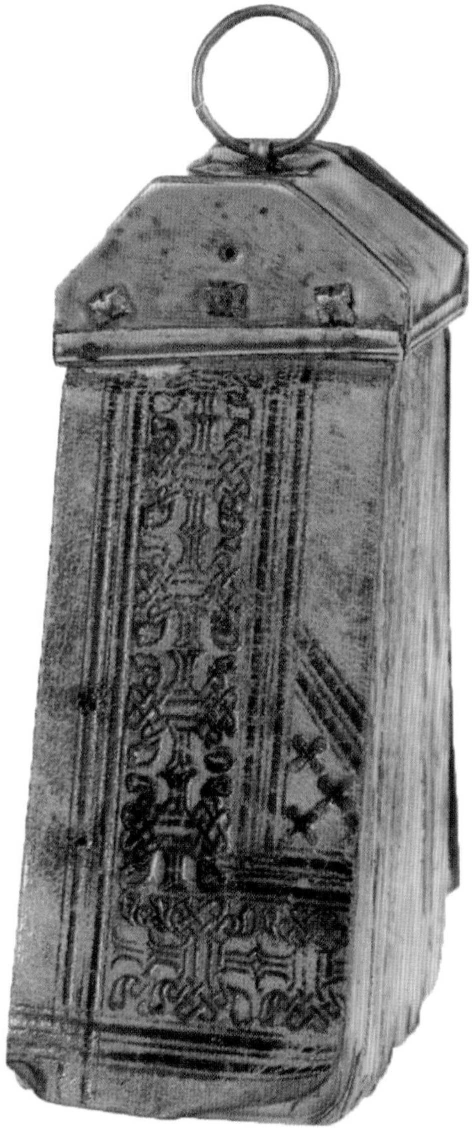

순례자가 허리춤에 차고
다닐 수 있게 장정된 책

문자 장식 기술의 발달

초기의 글자들은 상대적으로 장식이 없고 평범했지만, 점차 금이나 여러 가지 색으로 장식되었다. 채식(彩飾)•기술은 제책 기술과 함께 발달했다. 책 제작에 점점 더 많은 돈이 쓰였고, 더욱 화려하고 아름다운 책들이 많이 만들어졌다.

• 아름다운 빛깔을 칠하여 꾸미는 일로, 여기서는 글자에 무늬를 넣거나 장식하는 것을 말한다.

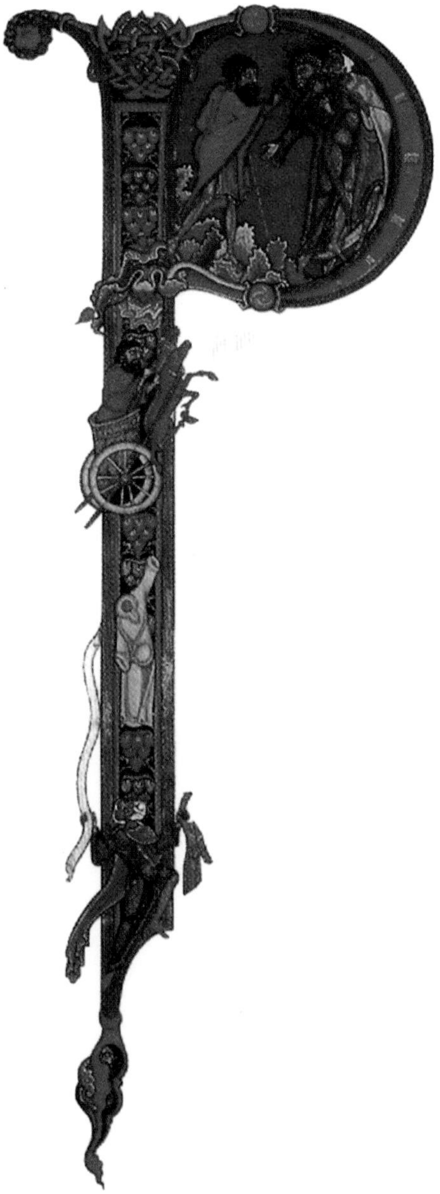

채식, 즉 문자 장식 기술은 책의 4대 요소 중에서 '제책'보다는 '편집' 쪽에 속한다. 히지만 문자 장식 기술의 빌딜을 굳이 제책의 역사에 포함시킨 것은, 이 기술은 엄밀히 말해 책의 내용에 포함된다기보다 책의 형태적 아름다움을 향상시키기 위한 기법이기 때문이다. 문자 장식 기술은 단순하게는 장(章)이나 문단의 첫 글자를 두드러지게 표현하는 것에서부터 여백을 활용해 삽화를 넣거나 장식하는 것을 포함한다. 이때 여백이란 책의 각 페이지 사방에 문자가 인쇄되지 않은 공간을 말한다. 보통 책이 접히는 안쪽은 약간 좁지만 인쇄된 영역의 위쪽, 바깥쪽, 아래쪽에 해당하는 가장자리의 세 면은 상대적으로 넓은데, 바로 이 여백에 아름다운 장식을 했다(심지어 색을 넣거나 금을 입히기도 했다). 이렇게 장식된 책은 화려할 뿐만 아니라 페이지 전체가 꽉 차 보인다는 장점이 있었다.

중세 유럽에서 만들어진 다른 대부분의 책들은 신약성서에 있는 복음서(마태복음 · 마가복음 · 누가복음 · 요한복음)나 교회의 미사전서, 그리고 기도서였다. 돈이 많은 귀족들의 경우, 성무일도(聖務日禱)에 대한 내용을 담고 있는 기도서를 개인적인 목적으로 소유하기도 했다. 비록 기도서의 크기는 작았지만 항상 채식을 해서 만들어졌다. 기도서에는 각 달에 맞는 그림이나 상징으로 된 달력도 포함되어 있었다.

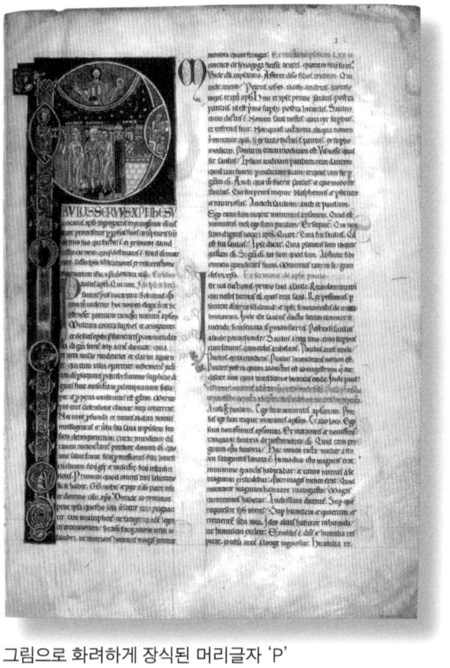

그림으로 화려하게 장식된 머리글자 'P'

유럽에 전파된 제지 기술

오늘날 책의 소재로 당연하게 생각되는 종이는 2세기경 중국에서 처음 만들어진 것이다. 동양의 제지 기술•이 서양으로 전파된 것은 8세기경의 일이지만, 제지 기술이 유럽에 전파된 이후에도 수백 년 간은 종이가 책의 재료로 대중적인 각광을 받지 못했다.

•
35쪽 '세계 최초 종이의 탄생' 참조.

서기 751년, 유럽의 문화 발전에 지대한 영향을 미친 역사적인 사건이 있었다. 지금의 투르케스탄 지방의 탈라스 강 근처에서 벌어진 당나라와 사라센 제국의 전투였다. 당시 고구려 출신의 장수 고선지가 이끌던 당나라 군대는 '탈라스의 싸움'이라 불리는 이 전투에서 크게 패했다. 그때 고선지의 부하들이 사마르칸트에 포로로 잡혀가 아라비아인에게 제지술을 전파했다. 사마르칸트의 제지술은 793년에 바그다드로, 960년에 이집트 카이로로, 1100년에 모로코로, 1151년에는 스페인으로 전파되기에 이른다.

13세기에 이르러서는 유럽의 주요 지역 곳곳에 제지 공장이 들어섰다. 하지만 이때까지도 제지 기술 면에서는 커다란 진보가 이루어지지 않았다. 중국인들이 종이를 제조하던 방법 중에서 몇 가지 기술적인 개선 이외에는 그대로 통용되고 있었다. 이렇게 제지 기술은 수백 년 후에야 실용적인 인쇄 기술이 등장하면서 저렴한 책의 대량 생산을 가능하게 했다.

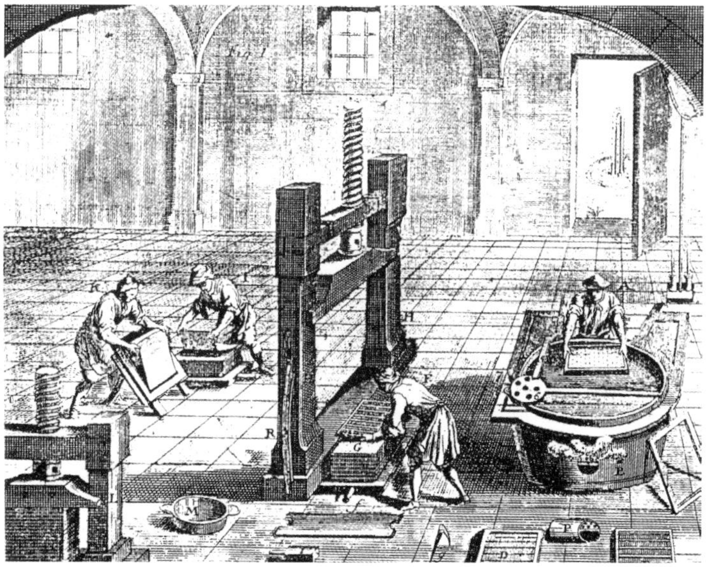

종이를 뜨는 모습

인쇄술을 이끈 삽화의 발달

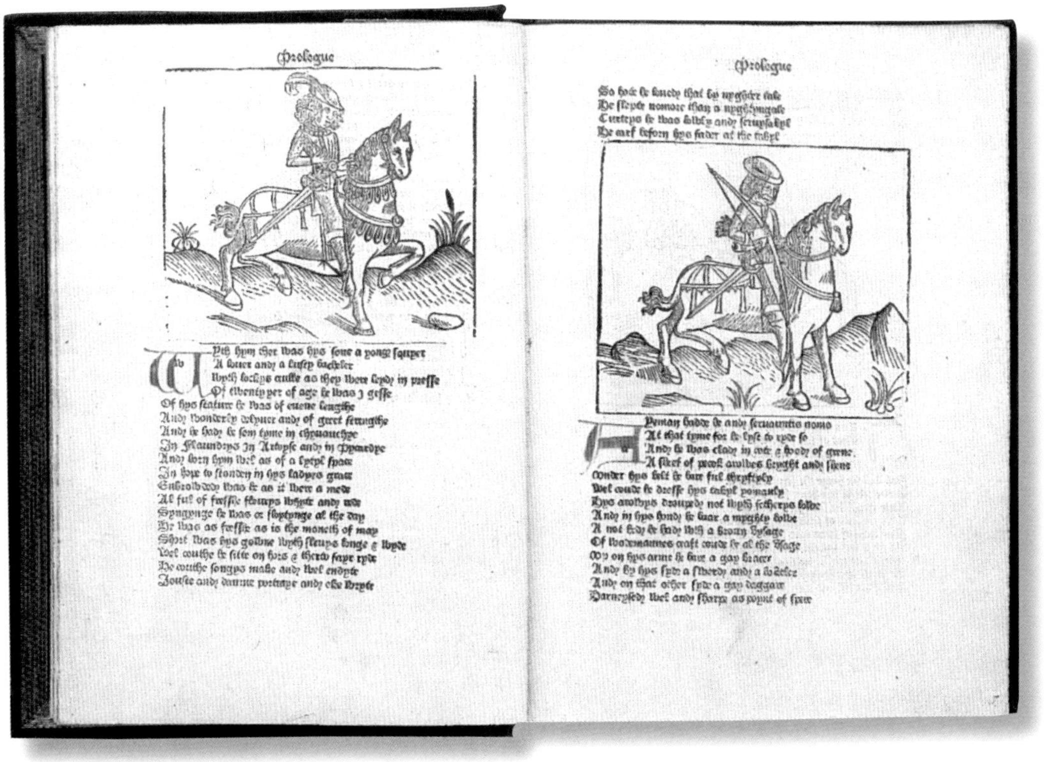

1476년 윌리엄 캑스턴이 인쇄한 제프리 초서의 『캔터베리 이야기』

책의 내용을 수월하게 전달하기 위해서는 그림을 곁들이는 것도 아주 효과적인 방법이다. 책에 그림을 넣기 위해서 손으로 직접 그려 넣는 방법이 오랫동안 계속되었다. 그러다가 목판술을 통해 찍어내기 시작했다. 목판술은 나무판 위에 삽화를 그린 다음에 양각으로 조각하고, 나무판에 잉크를 바른 후 종이에 찍는 방식이었다. 이 판화는 매우 생동감이 넘치는 그림이었다. 더욱이 나무 판화의 독창성 때문에 오늘날에는 매우 가치 있는 것으로 평가받고 있다. 중국에서는 9세기에서 10세기경에 이와 같이 나무 판화를 찍어서 인쇄를 한 반면 유럽에서는 이러한 방법이 12세기에 와서야 비로소 사용되었다. 나무 판화 인쇄 기술은 16세기에 독일에서 최고로 발달했다.

나무판에 삽화를 그려서 인쇄를 하는 방법을 거쳐, 인쇄용 활판이 발명되었다. 활판 인쇄에 사용되는 활자는 알파벳과 숫자, 기호를 좌우로 반전시켜 작은 사각형 나무기둥에 새긴 것이다. 어떤 단어나 문장을 인쇄할 때 필요한 문자를 새긴 활자들을 조합해서 배열한 다음에 판화와 마찬가지로 잉크를 바르고 종이에 찍어낸다. 활자는 다시 사용할 수 있었는데, 다른 책을 인쇄할 때에는 다시 각각의 활자들을 조합하고 배열하면 된다. 활판 인쇄 기술은 책 만들기에 대변혁을 일으켰다.

예술적인 가죽 장정의 발달

책을 더욱 튼튼하게 만들기 위해 시작된 표지를 덧대는 장정 • 기술은 점차 장식성을 추구하기 시작했다. 여러 가지 소재와 기법을 이용해서 가죽이나 직물, 나무뿐 아니라 금속과 귀금속, 나아가 보석으로 책의 표지를 장식하기도 했다. 유럽 여러 나라의 제책업자들은 4세기 즈음부터 중세와 르네상스 시대에 걸쳐 고급 장정 기술을 경쟁적으로 발전시켰다. 특히 표지를 아름답고 튼튼하게 만드는 기술은 더욱 다양한 방식으로 발전했다. 비잔틴 제국 •• 에서는 일반 백성들이 책을 구경하도록, 책 여러 권을 금 막대기에 매달고 시가행진을 벌이기도 했다.

제책 기술이 가장 눈부시게 발달한 시기는 문학 · 미술 · 건축 · 자연과학 등 여러 방면에 걸쳐 유럽 문화의 근대화에 불을 당긴 문예 부흥의 시기(14세기~16세기)였다. 그 당시에도 여전히 책은 흔한 물건이 아니었고, 책을 소유할 수 있는 사람은 한정된 계층이었으므로 그들은 책의 내용 이상으로 책의 외형에 집착했다. 책의 아름다움이나 화려함으로 책값이 결정되었기에 화려한 제책 기술이 각광받을 수밖에 없었고, 책을 만드는 사람은 그들이 할 수 있는 한 가장 아름다운 표지를 만들었다. 금과 보석들이 표지의 가죽 장식에 사용되었고, 표지는 짙은 갈색에서부터 밝은 빨간색, 파란색, 그리고 노란색에 이르기까지 화려한 색깔로 장식됐다. 여러 동물의 가죽들이 장정에 사용되었지만, 그 중에서도 염소 가죽을 무두질해 만든 고급 모로코 가죽은 빛깔이 아름다워서 인기가 높았다.

•
장정(裝幀)이란 책의 전반적인 형태를 꾸미는 것을 말하는데, 특히 책상자 · 표지 · 면지(面紙) 등을 심미적으로 완성하는 작업을 가리킨다.

••
비잔틴 제국(Byzantine Empire)은 종종 중세 로마 제국 혹은 동로마 제국이라고도 불린다. 4세기 후반 로마가 동 · 서로 나뉜 이후 1453년까지를 가리킨다.

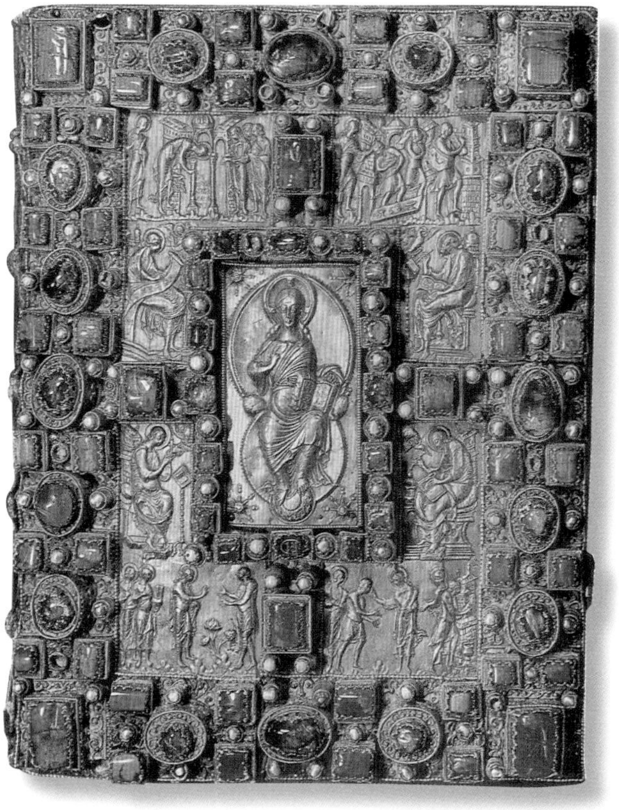

금과 온갖 보석으로 호화롭게 장식한
『코덱스 아우레우스』

현대식 인쇄 기술의 등장

인쇄 기술의 발달은 인류의 지식을 보존하고 전달하는 데 획기적인 영향을 미쳤다. 인쇄된 글, 그리고 저렴하게 만들어진 책은 인류를 무지에서 벗어나게 해주었다. 인쇄 방법의 뿌리는 판화와 같은 개념의 목판 인쇄술이다. 이는 7세기경에 중국에서 먼저 발명되었다. •

요하네스 구텐베르크는 1438년에 활판 인쇄기를 발명했다. 그는 유럽에서 처음으로 인쇄라는 것을 확립시킨 동시에 인쇄 기술을 획기적으로 발전시켰다. 처음에 그는 나무기둥을 이용해 활자를 조각했지만 10년쯤 뒤에는 녹인 납을 거푸집에 부어서 만든 금속 활자를 만들어냈다.

구텐베르크는 포도를 짜는 목제 압착기를 개량해 인쇄기를 만들고 독일의 마인츠에 인쇄 공방을 설치했다. •• 초기에 그는 실험적인 인쇄를 많이 했고, 그 과정에서 74쪽짜리 『세상의 심판(World Judgment)』, 송아지 피지에 인쇄한 천문학 달력, 그리고 『도나투스』라는 라틴어 문법책 등을 만들었다.

그중에서도 구텐베르크 성서는 매우 아름다운 책으로 서양에서 가장 오래된 인쇄본으로 잘 알려져 있다. 현대적인 인쇄술의 시작으로 보는 이 책은 1450년에 만들어지기 시작해서 5~6년 후에 완성됐다. '구텐베르크 성서'가 만들어진 이후 한동안은 인쇄 기술의 표본으로서 다른 어떤 인쇄물도 이 책을 능가할 수 없었다. 본문은 라틴어로 쓰여 있고, 각각 42행으로 배열된 두 개의 단에 크고 모양이 좋은 고딕 양식으로 된 문자를 이용해 인쇄했다. 이러한 이유에서 이 책을 종종 '42행 성서'라고도 부른다. 이 책은 가로 30.5센티미터에 세로가 47센티미터로, 1282쪽에 달하는 크고 두꺼운 책이다.

'구텐베르크 성서'는 200권이 만들어졌지만 현재는 47권만이 남아 있다. ••• 이 책에는 여백이 많아서 각각의 소유자들은 화가나 삽화 전문가를 고용해서 종교적인 그림을 그려 넣고 두문자를 장식하게 했다. 그래서 각각의 책들은 완전히 똑같지가 않다.

•

현존하는 가장 오래된 목판 인쇄물은 751년, 신라 때 인쇄된 『무구정광대다라니경』이다. 현존하는 세계 최고의 금속 활자본은 1377년 고려 시대에 만들어진 『직지심체요절(직지심경)』이다. 이는 유럽에서 구텐베르크가 금속 활자를 처음 만들어낸 시기보다 앞설 뿐만 아니라, 납보다 다루기가 어렵지만 내구성이 더 좋은 구리를 이용해 활자를 만들었다는 점에서 우리의 선조들이 유럽보다 훨씬 발달한 인쇄 문화를 보유하고 있었다는 증거가 된다.

••

구텐베르크의 재정적인 후원자는 요한 푸스트(Johann Fust)라는 돈 많은 금 세공업자였다. 푸스트의 도움이 없었다면 인쇄술의 발달 또한 늦어졌을지도 모를 일이다.

•••

200권의 '구텐베르크 성서' 중 165권은 종이에, 35권은 고급 송아지 피지에 인쇄됐다. 현재 남아 있는 47권 중 14권이 미국에 있다. 200권의 '구텐베르크 성서' 중에서 마지막으로 출판된 책은 51만 1000달러에 경매된 바 있다.

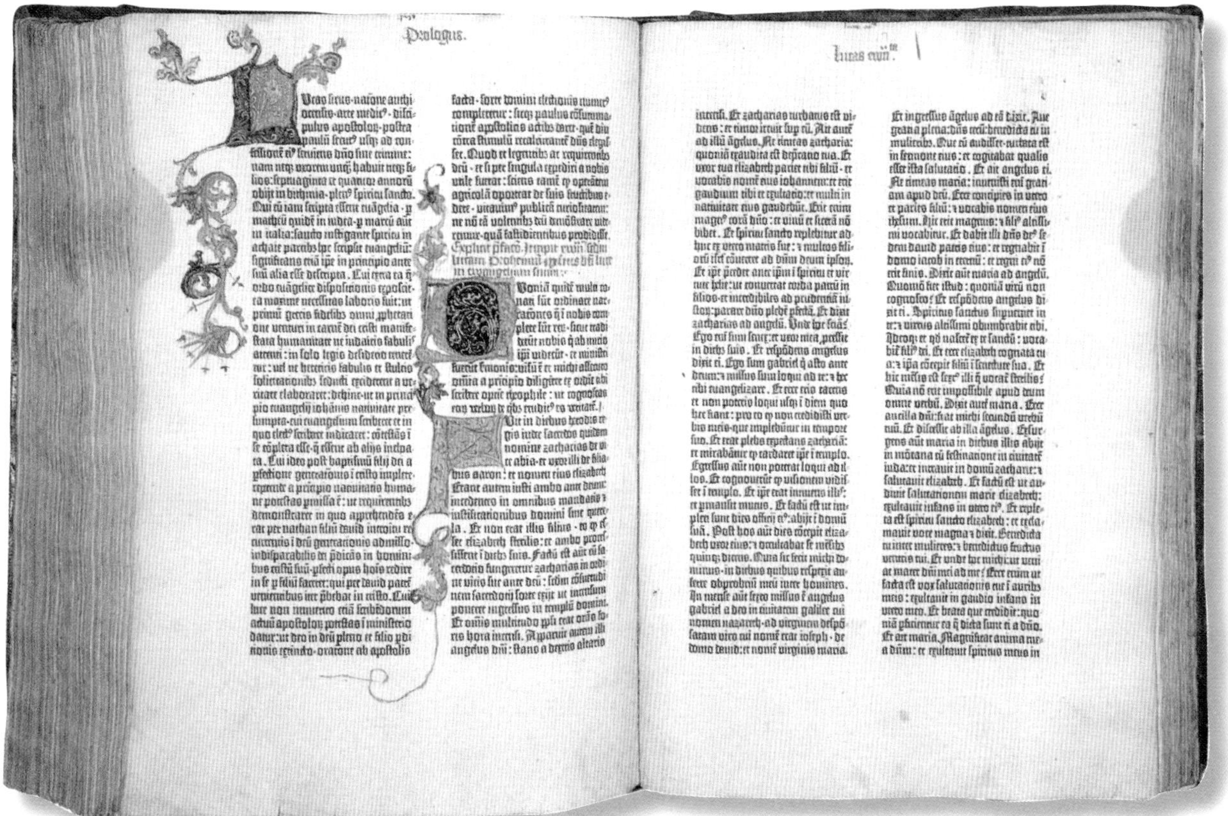

서양에서 가장 오래된 활판인쇄본인 구텐베르크의 42행 성서

2 동양의 제책

BC 4000	점토판과 쐐기문자
BC 2500	파피루스 책
BC 2000	돌에 새긴 책
BC 1500	**갑골문자**
BC 700	**나무와 대나무로 만든 책**
BC 100	가죽으로 만든 양피지 책
50	**인도양 연안국의 대나무 책과 나뭇잎 책**
105	**세계 최초 종이의 탄생**
100	고대 로마의 납판 책
500	가죽 표지 장정
660	**목판 인쇄술의 발달**
1151	제지술의 유럽 전파
1234	**금속 활자의 등장**
1400	예술적인 가죽 장정의 발달
1438	현대식 인쇄 기술의 등장
1500	제책의 실용화 추구
1600	유명 제책업자 등장
1935	펭귄시리즈 출간
1964	최초의 컴퓨터 편집 출판

화려함과 장식성은 서양에 비해 떨어지지만 실용성과 내구성 면에서는 훨씬 더 우수한 책이 동양에서 만들어졌다. 중국, 한국, 일본으로 대표되는 동양의 제책 기술은 우수한 제지술과 붓이라는 필기도구의 특성을 바탕으로 한다.
동양의 제책은 기본적으로 책을 묶을 때 굵은 실로 바느질하듯 책등에 가까운 지점을 수직으로 꿰는 방법을 썼다. 재미있는 것은 중국, 한국, 일본의 매기 방법이 아주 비슷하면서도 약간 차이가 있다는 점이다. 중국은 여섯 군데, 한국은 다섯 군데, 일본은 네 군데에 구멍을 뚫어 책을 묶었다.
동양 제책 기법의 특징 중 하나가 종이를 접어서 책을 묶는 것이다. 즉, 가로로 긴 종이에 한쪽 면만 인쇄를 한 다음 인쇄된 면이 바깥쪽으로 향하게 반으로 접는 방법인데, 가로로 긴 장방형의 나무판에 글자를 새겨 먹을 묻히고 종이를 눌러 인쇄하는 목판 인쇄 시대부터 이어져 내려온 전통이다. 이는 다시 말해 6~7세기에 이미 아주 얇지만 질긴 종이를 만들 수 있었다는 의미다. 동양에서는 우수한 제지술 덕분에 두껍고 튼튼한 종이를 만드는 데 어려움이 없었다. 따라서 책의 표지를 만들 때 종이 외에 가죽이나 나무 같은 기타 재료를 굳이 사용할 필요가 없었다. 장식적인 가치를 위해서 색깔을 넣은 색지로 표지를 만드는 정도 외에는 서양처럼 화려한 미적 요소를 가미하지 않았다. 수수하지만 튼튼한 책, 이것이 동양식 제책의 가치다.

중국문자의 발명

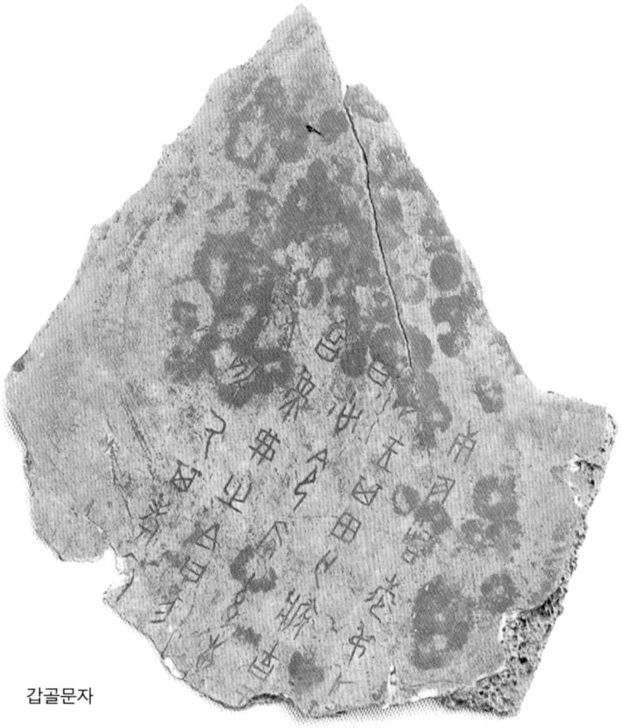
갑골문자

•
은(殷)은 중국의 고대 왕조다. 연대에 대해서는 여러 설이 있지만 대략 기원전 17~16세기 무렵부터 기원전 11세기 중반 무렵까지로 알려져 있다. 1899년 청나라 말기의 금석학자 왕의영에 의해 베이징의 한약방에서 갑골문자가 발견되기 전까지는 은나라는 고대 전설로만 치부되고 있었다.

한자(漢字), 즉 중국문자는 기원전 3000년에 창힐이라는 총명한 관리가 새와 짐승의 발자국을 본떠 만들었다는 전설이 있다. 현존하는 최고의 한자는 은나라 시대에 기록된 은허문자(갑골문자)이다. 거북 등껍질[龜甲]이나 짐승의 뼈(주로 소의 견갑골) 위에 새겨진 상형문자를 가리키는 갑골문자는 고대 중국에 가장 오래된 왕조 은나라 • 에서 복점(卜占)의 신성한 기록으로 보관했던 것이다. 그 밖에 제사, 농업, 전쟁, 수렵, 일기, 왕의 행동과 질병 및 신들의 재앙에 관한 복문(卜問)이 새겨져 있기도 하다. 갑골에는 대체로 붉은색이나 검은색으로 글자가 쓰여 있는데, 어떤 것은 글자를 쓴 다음에 새긴 것도 있고 어떤 것은 글자를 새긴 후에 붉게 칠한 것도 있다. 그러나 이는 책이라고 하기보다 중국 문자의 초기 형태가 기록된 것에 가깝다. 고대 중국에서 기록 매체로 사용된 것은 귀갑이나 뼈 외에도 비단 같은 천이 있었다.

나무와 대나무로 만든 책

종이 이전에 가장 널리 사용된 기록 매체가 서양에서는 파피루스와 양피지였다면, 동양에서는 대나무와 나무를 쪼개 만든 간독(簡牘)이라는 것이다. 이 중 대나무로 만든 것을 죽간(竹簡)이라 하고, 나무로 만든 것을 목독(木牘)이라 했다. • 이처럼 대나무나 나무를 얇게 깎아서 길다란 조각을 만들고 거기에 붓으로 글씨를 쓰는 것이 고대 중국의 기록방법이었다. •• 짧은 글이라면 간독 하나에 쓸 수 있겠지만, 긴 문장은 여러 개의 간독에 계속해 쓰고 어느 정도 모아지면 마(麻)나 가죽으로 만든 끈으로 엮었다. 이렇게 끈으로 묶어놓은 간독을 책(冊, 策)이라고 하며 감겨진 간독 뭉치 하나를 권(卷)이라고 했다.

옛 문헌에 의하면 이미 은나라와 주(周)나라 때 죽간에 기록한 문서가 있었다고 하지만 실물로 남아 있는 것은 기원전 7세기 춘추전국시대부터 4세기 진(晉)나라 시대의 죽간이고, 그 중 한(漢)나라의 것이 대부분이다. 오늘날 사학자들은 간독이 널리 보급된 것은 기원전 4세기의 전국시대부터고, 한나라에 이르러서는 행정 서류를 비롯한 거의 모든 기록 문서로 죽간을 사용했다고 보고 있다.

한나라에서는 책의 목적 혹은 내용에 따라 간독의 크기를 통일했다. 이에 따르면 조서(詔書)와 법령은 길이 3척(약 69센티미터), 경서(經書)는 2척 4촌(약 55센티미터), 그리고 개인용은 1척에서 1척 2촌(23~28센티미터) 길이의 간독을 사용하게 했다. ••• 일반적으로 간독 한 장의 폭은 1~2센티미터, 두께 0.2~0.3센티미터였다. 간독 한 장에는 한 줄을 썼을 때 40자, 두 줄을 썼을 때 80자 정도의 문자가 수록되었다.

죽간은 종이가 만들어지기 시작한 다음에도 한동안 사용되었으며, 동양의 여러 나라에 전파되었다. ••••

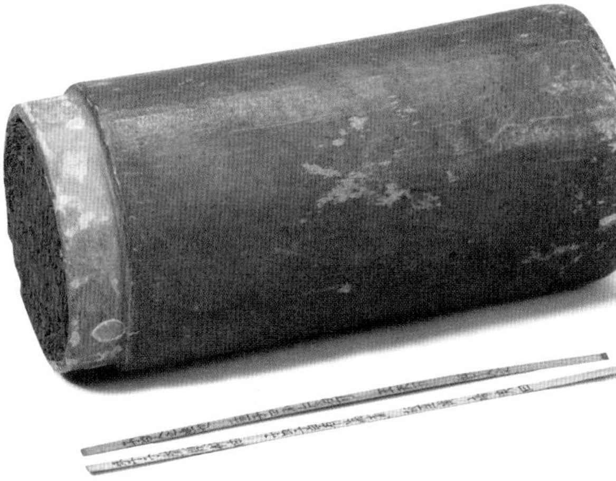

대쪽에 써 넣은 유교 경전

•
이처럼 납작하고 긴 대나무와 나무 조각의 총칭이 간(簡)인데, 더 자세히 분류하면 대나무로 만든 것을 간(簡), 나무로 만든 것을 독(牘) 또는 찰(札)이라고 했고 폭이 더 넓은 목독을 방(方)이라고 했다.

••
중국 당나라 의종, 희종 무렵(869~880) 사람으로 추정되는 배형(裵鉶)이 채록해 편찬한 소설집 『전기(傳奇)』를 최진아가 풀어쓰고 해석을 달아 펴낸 동명의 책(푸른숲)의 요곤(姚坤) 편에 이런 구절이 나온다. "取筆題竹簡爲詩一首曰…(붓을 들어 죽간에 시를 한 수 지으니 다음과 같았다…)."

•••
조서(詔書)는 임금의 명령을 일반에게 알릴 목적으로 적은 문서를 말하며, 경서(經書)는 『역경』『서경』『시경』『춘추』『대학』『논어』 등 옛 성현들이 유교의 사상과 교리를 써 놓은 책을 가리킨다. 한편 후대에 정립된 도량형에서 1척(尺)은 약 30.3센티미터이지만 한나라 시대의 1척은 23센티미터였다. 1촌(寸)은 1/10척이다. 척은 자, 촌은 치라고도 한다.

••••
우리나라 토양의 특성상 오래된 목제품이 출토되는 경우가 드물지만, 통일신라 시대 문무왕 14년(674년)에 완성된 경주 안압지에서 목간의 일부가 발굴된 바 있다.

인도양 연안국의 대나무 책과 나뭇잎 책

대나무 조각을 문자 기록의 재료로 사용한 것은 중국만이 아니었다. 인도 남부에서 발견된 타밀 책자 또한 고대 중국과 유사하게 대나무 조각을 실로 연결한 다음 글을 써넣었다.

한편 인도, 스리랑카, 미얀마 등 고대 인도양 연안국에서는 대나무 책 외에도 불교 경전을 기록히는 데 다라수 • 라고 하는 나무의 이파리를 이용하기도 했다. 길이 3미터 내외의 다라수 잎을 말려 가로 45~60센티미터, 세로 7센티미터 정도로 잘라 그 양면에 글자를 썼다. 이런 나뭇잎을 수십 개씩 모아 겹치고 실에 꿴 다음에 같은 크기의 나무판 사이에 끼우는 방식으로 책을 만들었다. 불교 경전은 대개 이런 방법으로 제작되었기 때문에 다라수 나뭇잎 책은 불교의 전파에 따라 티베트 등의 지역에서도 사용된 바 있다.

•
종려나무와 비슷하지만 그 크기가 훨씬 더 큰 다라수(多羅樹, Borassus flabellifer)는 야자과의 상록 교목으로 높이는 20~30미터이며, 잎은 길이가 3미터 정도의 부챗살 모양으로 자란다.

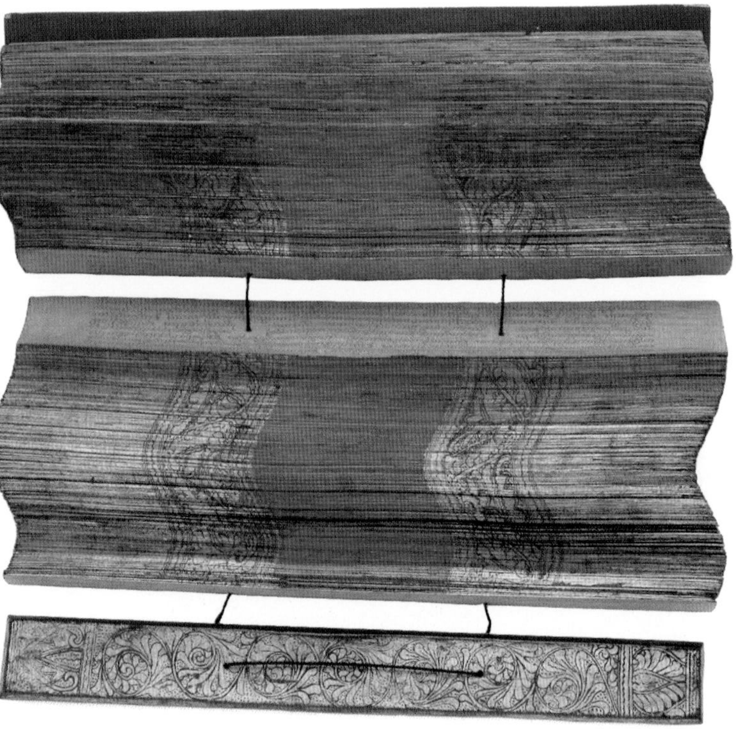

야자수 잎으로 만든 불경

세계 최초 종이의 탄생

최초로 종이를 발명한 사람은 중국 후한 시대(25년~220년)의 관리 채륜이라고 알려져 있다. 그러나 채륜은 종이를 '발명'한 것이라기보다는 '개량'한 것에 가깝다. 채륜은 이미 그 시대에 퍼져 있던 종이 제작 과정을 체계적으로 수집하고 정리하여 제지술을 공식화하고 개선했다. • 서기 105년 채륜은 제지 기술 발달에 큰 업적을 남겼으며, 당시 기록 매체로 사용되던 간독이나 비단 대신 종이가 표준적인 책의 소재로 채택되는 데 커다란 공헌을 했다. 그 공로로 한동안 종이를 채후지(蔡侯紙)라고 부르기도 했다.

종이를 만들기 위해서는 먼저 물에 불린 원료를 가마솥에 넣고 삶아 걸쭉한 펄프로 만든다. 펄프를 통에 담고 틀을 이용하여 얇은 섬유막으로 떠낸다. 물기를 빼고 말린 후 틀에서 종이를 떼어내면 완성품이 만들어진다. 이러한 제지술은 빠른 속도로 중국 전역은 물론 주변 국가에 전파되었다. 그러한 과정에서 제지 기술은 더욱 개량되어 생산량이 증대되고 지질이 향상되었으며 종이를 만드는 재료의 종류도 지역에 따라 다양해졌다.

채륜의 개량된 제지술이 우리나라에 도입된 것은 삼국시대 초인 2~3세기 무렵으로 추정된다. 다른 문화권에서와 마찬가지로 제지술 도입 초기에 종이는 간독, 비단과 함께 기록 매체로서의 경쟁을 벌였을 것이다. 종이가 기록의 매체로 널리 사용되기 시작한 이후에도 한동안은 중국이나 우리나라 모두 주류를 이루었던 제책 방법인 두루마리형 서책, 즉 권자본(卷子本) •• 으로 제책되었지만, 차츰 접어서 보관하는 방법이 쓰이기 시작했다.

•
20세기 중국에서 전한(前漢) 시대의 것으로 보이는 초기 종이가 발견됐다. 따라서 후한 시대의 채륜 이전에도 마를 원료로 한 마지(麻紙)를 만들어 사용했던 것으로 추측된다.

••
동양에서든 서양에서든 인류 역사에서 가장 먼저 등장한 제책 방법은 두루마리 형태의 책이다.

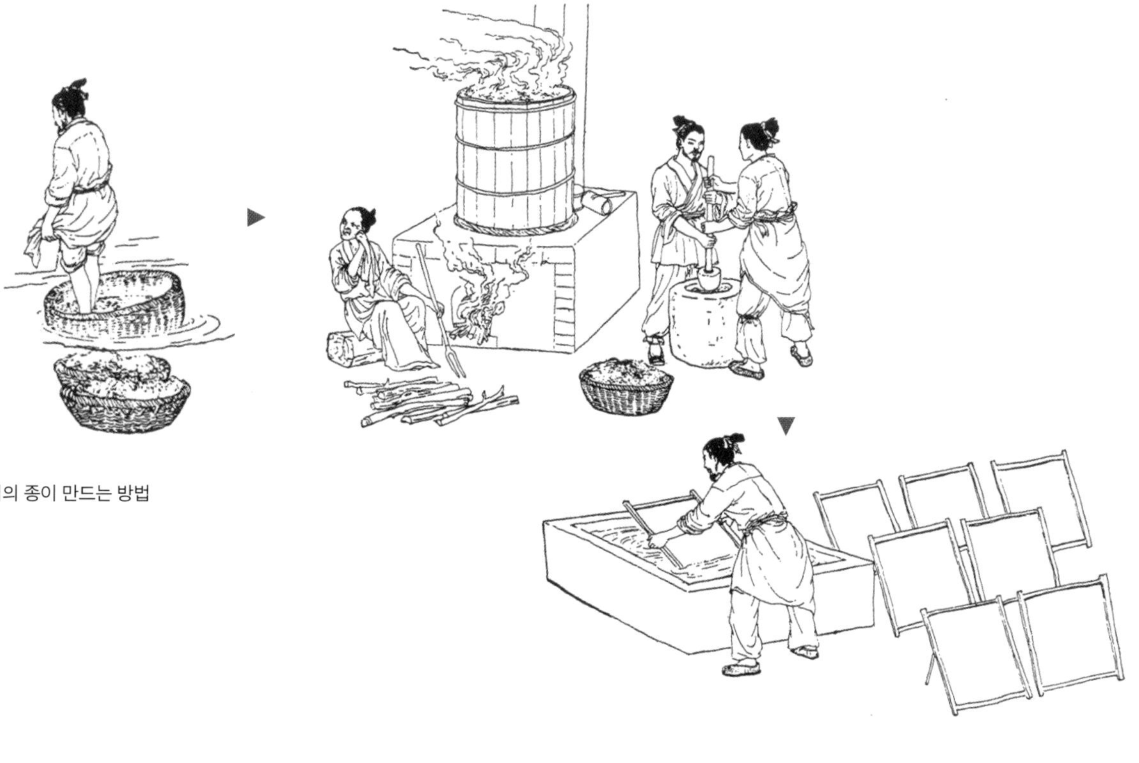

체륜 당시의 종이 만드는 방법

인쇄술의 발달

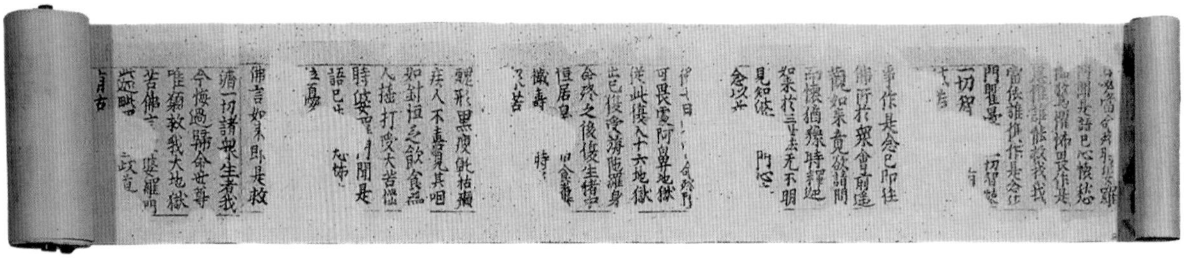

무구정광대다라니경

•

『무구정광대다라니경』은 전체 길이 6.2미터, 폭 8센티미터 크기의 두루마리 책으로, 54센티미터 길이의 닥종이 12장을 이어 만든 것이다.

••

고려 왕조의 8대 임금인 현종(1010~31) 때 처음 만들어진 1차 대장경판은 몽고 침입 당시 소실됐고, 2차로 고종 23년(1236년) 강화도에서 착수해 16년 만에 완성됐다. 이 목판 8만1250매 중 8만1137매가 현재 합천 해인사에 보관돼 있다. 1980년 동국대학교에서 『고려대장경』이라는 이름으로 48권의 영인본을 펴낸 바 있다. 1995년에는 유네스코 세계문화유산으로 등록되었다.

인쇄 기술 가운데 그 최초의 것은 목판 인쇄로, 인쇄할 내용을 새긴 나무판에 먹물을 묻혀 종이에 찍으면 손쉽게 여러 벌의 사본을 얻을 수 있다. 이 단순한 인쇄 기술은 중국에서 불교가 크게 융성할 때 불경을 널리 보급하기 위한 목적에서 시작되었다. 이러한 목판 인쇄의 특징은 한 개의 목판으로 한 번에 한 장씩 인쇄물을 인쇄했다는 점이다(물론 같은 내용을 여러 장 인쇄할 수 있었다).

목판 인쇄는 대개 7세기 중엽(660년경)부터 시작한 것으로 추정하고 있다. 740~750년에는 작은 불상, 경전, 지폐 등을 인쇄하기 시작했고 목판 인쇄 기술이 동서양으로 전파되었다. 현존하는 가장 오래된 목판 인쇄물은 우리나라 불국사 석가탑에서 나온 『무구정광대다라니경』이다. 석가탑에서 발견되었기 때문에, 다라니경은 석가탑 축조 연대인 신라 경덕왕(景德王) 10년(751년) 이전의 목판 인쇄물로 추정하고 있다. 다라니경은 파피루스 책이나 간독처럼 두루마리 형태로 만들어져 있었다. • 한편 연대가 오래됐을 뿐 아니라 예술적 가치 면에서도 뛰어나 우리나라 목판 인쇄의 높은 수준을 자랑하는 것으로 팔만대장경을 들 수 있다. 팔만대장경은 고려 때 몽고군의 침입을 불교의 힘으로 막아보고자 국가 차원에서 간행한 목판 인쇄물이다.••

일본에서 가장 오래된 현존 목판 인쇄물은 770년 간행된 『백만탑다라니』고, 중국에서 가장 오래된 현존 목판 인쇄물은 868년 만들어진 『금강반야바라밀경』이다.

금속 활자의 등장

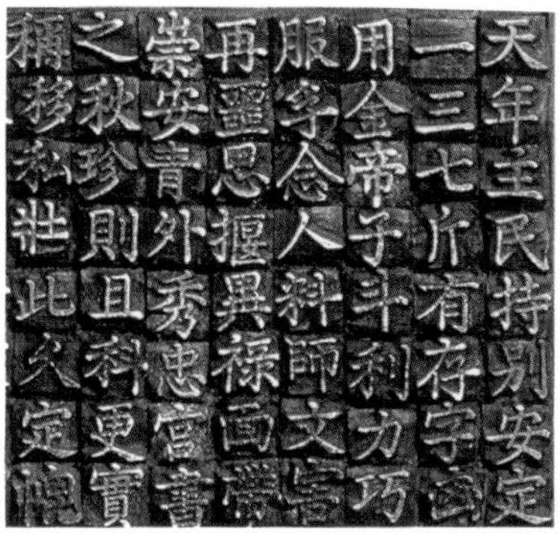

1772년(임진년)에 만들어진 금속활자인 임진자 큰 활자

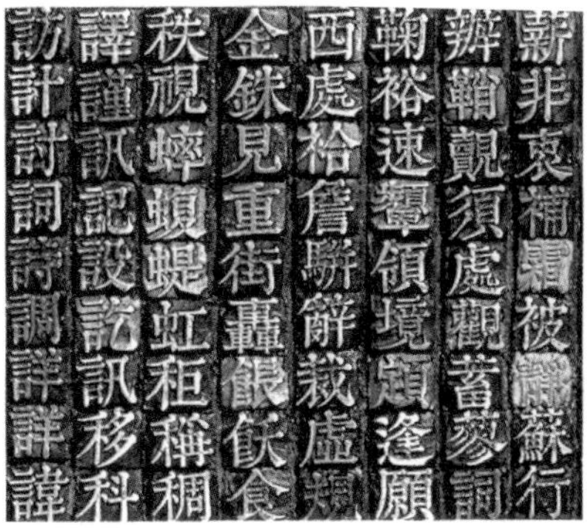

정리자 큰 활자

인쇄의 역사에서 근대적인 인쇄술은 활판 인쇄로 꼽는다. 활판 인쇄는 목판처럼 인쇄물 한 장 단위로 판을 만들지 않고, 글자 하나하나를 활자로 만들어 인쇄하고자 하는 내용을 활자로 짜맞추어 인쇄하는 방법이다. 인쇄판을 통째로 만들 필요가 없고 한번 만든 활자는 다른 인쇄물에도 사용할 수 있으므로, 보다 저렴하고 다양한 인쇄가 가능해졌다.

가장 먼저 사용된 활자의 재료는 찰흙이었다. 중국 송나라의 필승은 1041년부터 1048년에 걸쳐 찰흙판에 문자를 새기고 그것을 구워 활자를 만들었다. 조판할 때는 밀랍과 송진, 종이 가루의 혼합물을 사용해 철판에 활자를 배열한 뒤 고정시켰으며 잉크를 묻혀 종이를 놓고 문지르는 방식으로 인쇄를 했다. 이때 나무 활자를 사용하지 못한 것은 나무에 결이 있고 물(잉크)을 흡수하면 높이에 차이가 생기는 등의 결점이 있었기 때문이었다.

그렇지만 찰흙 활자가 발명된 후 300년 가까이 지난 1312년에 중국 원나라의 왕정은 나무 활자를 만들어 자신의 농업책 22권을 간행했다. 조판할 때는 대나무를 이용해 한 자씩 짜 맞추고 한 판 크기가 이루어지면 활자들이 움직이지 않도록 나무 쐐기로 꼭 조인 다음 먹물을 묻혀 인쇄했다. 찰흙 활자보다 만들기도 쉽고 다루기도 쉬웠지만 내구성과 보존성에 한계가 있고 오래 사용할 수가 없어서 나무 활자 역시 곧 사라져갔다.

실용적인 활판 인쇄는 금속 활자가 등장하면서부터 가능해졌다. 금속 활자는 우리의 선조가 세계 최초로 만들어 사용했다. 고려 중기, 13세기 초반에 책을 편찬하는 기관이 만들어졌다는 기록이 있는데, 이 기관에서 하는 일은 글자의 모양을 만들고 책을 찍어내는 것이었다. 실제로 이규보의 문집 『동국이상국집』에는 "고려 고종 21년부터 41년 사이에는 동활자(銅活字)로 『상정고금예문』 50권을 인쇄했다"는 기록이 나와 있다. • 세계에서 가장 오래된 현존 금속 활자본은 『직지심체요절』이다. 이 책은 고려 우왕 3년(1377년) 충주 교외에 있는 흥덕사에서 구리를 녹여 이미 만들어둔 활자 틀에 부어 만든 활자로 인쇄했다. ••

•

이규보(1168~1241)의 『동국이상국집』은 그의 생전에 간각(刊刻, 인쇄용 목판을 새기는 일)을 시작했으나 그의 사후에 아들 이함이 완성해 책을 만들었다. 그가 기술한 고종 21년은 1234년이다. 기록대로라면 구텐베르크가 납활자를 만든 시기보다 100년 이상 빠른 것이며, 금속의 소재 또한 훨씬 다루기 어렵지만 내구성이 좋은 구리라는 점이 우리나라의 앞선 기술력을 웅변하고 있다. 안타깝게도 『상정고금예문』은 소실되었다.

••

고려 말기의 고승 경한(景閑)이 선대의 여러 부처와 조사(祖師)의 게송(偈頌) · 법어 · 설법 등에서 선(禪)의 요체(要諦)에 관한 내용을 뽑아 엮은 책. 정식 책명은 『백운화상초록불조직지심체요절(白雲和尙抄錄佛祖直指心體要節)』이지만 보통 줄여서 『불조직지심체요절』 『직지심체요절』 『직지심체』 『직지심경』 등으로 부르곤 한다. 세계적으로 가장 오래된 귀중한 문화유산이라는 가치를 인정받아 2001년에 유네스코 세계기록유산으로 등록되었다. 프랑스 국립도서관에 소장돼 있다.

내구성이 우수한 동양 제책

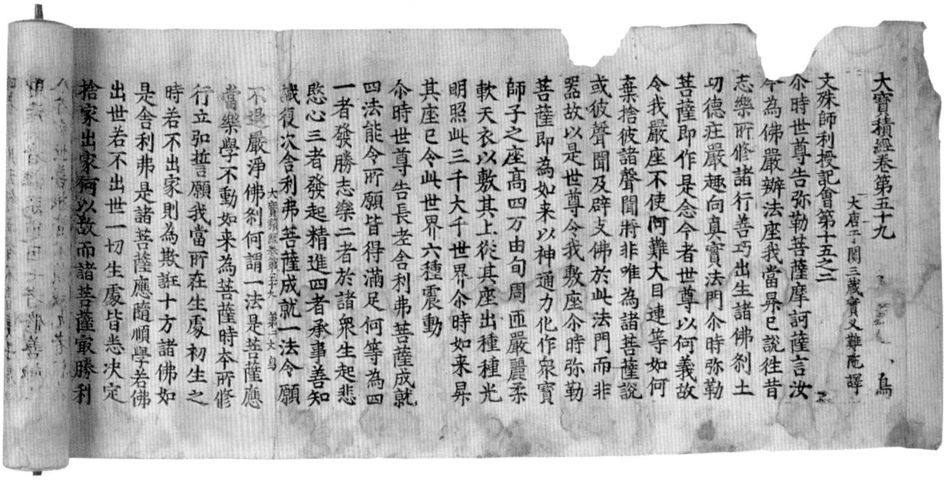

권자본 두루마리 책 『대보적경』

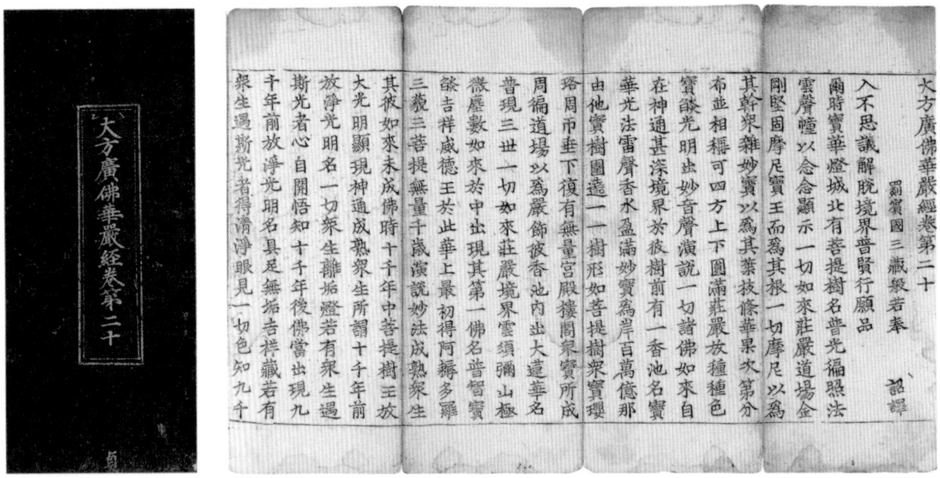

절첩본 접어서 만든 책 『대방광불화엄경정원본』

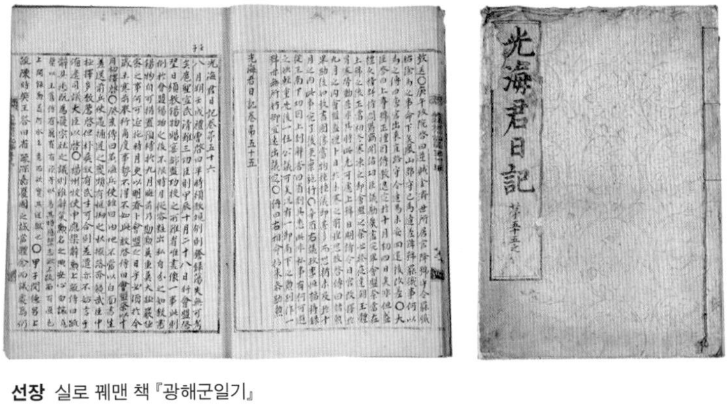

선장 실로 꿰맨 책 『광해군일기』

한 · 중 · 일을 중심으로 하는 동양의 제책 발달사는 서양의 제책 발달사와는 약간 다르다. 물론 간독이나 비단을 말아서 보관한 두루마리 형태가 최초의 제책 기법으로 등장했다는 점은 같지만 상대적으로 종이와 인쇄술의 보급이 빨랐다는 점에서 종이에 인쇄해 만든 책이 등장한 다음의 제책 기법이 다양하게 발달했다고 볼 수 있다.

중국의 고대 왕조인 은나라(대략 기원전 17세기부터) 때 이미 죽간을 사용했다고도 하지만 고고학적으로 실증된 것 중 가장 오래된 유물은 기원전 7세기경의 죽간이다. 대나무로 만든 죽간이나 나무로 만든 목독을 평행하게 끈으로 꿴 것을 둘둘 만 것이 초기의 제책 형태다. 비단에 기록한 문서 역시 두루마리로 제책되었다. 널리 사용되었던 죽간 이후에 등장한 기록 매체는 2세기 중국의 채륜이 개량한 제지술로 만든 종이다.

종이로 만든 책 역시 처음엔 권자본(두루마리 제책)으로 만들어졌으며, 비교적 이른 시기에 접는 방식의 접책(摺册)으로 발달했다. 목판 인쇄술이 등장하기 이전에 병풍처럼 방향을 번갈아 가며 종이를 접어 보관하는 접책(摺册)이라는 제책 기법이 사용되기 시작했다. 신라 진평왕(579~632) 이전에는 권자본이 주로 사용됐지만 경덕왕(742~765) 때에 이르러서 접책이 개발된 것으로 보인다. 병풍 모양으로 접책된 책은 절첩본(折帖本)이라고도 한다. • 내구성과 미적 가치를 높이기 위해 접책의 첫 번째와 마지막 장에 따로 표지를 붙인 것을 첩장(帖裝)이라고 한다. 그 다음에 개발된 제책 방법은 첩장과 유사하지만 한 장의 표지를 책의 앞뒤를 ㄷ자로 덮어 감싸는 선풍엽(旋風葉)이다.

7세기경 인쇄술이 사용되기 시작했을 즈음에는 호접장(蝴蝶裝) 혹은 점엽(粘葉)이라는 제책 기법이 등장했다. 인쇄된 면이 안쪽으로 향하도록 가로로 긴 목판 인쇄물을 낱낱이 접은 •• 다음 접힌 부분의 바깥쪽(책등 쪽)에 풀을 발라 한 덩어리로 붙인다. 그 덩어리를 한 장의 표지로 감싸는 방법이다. 이 단계를 거친 다음에 동양식 제책 방법의 완성형인 호부장(糊附裝), 선장(線裝), 봉철(縫綴), 혹은 한식(韓式) 제책이라고 부르는 기법이 개발됐다. 한식 제책법은 인쇄된 면이 바깥쪽을 향하도록 책장을 접어 가지런히 쌓은 다음 표지를 덧대고 책등 가까운 쪽에서 표지 앞쪽과 뒤쪽을 관통하는 실로 묶는 것이다.•••

우리나라에서 한식 제책은 금속 활자가 개발된 것으로 알려진 시기인 고려 중기, 즉 12세기에 등장했다고 추측된다. 다만 이 시기의 고서에서 찾아볼 수 있는 끈매기 방법을 보면, 중국에서는 6침을, 우리나라는 고유의 5침을, 일본에서는 4침을 사용하였다. 그래서 한식 제책 방식을 오침안정법(伍針眼訂法)이라고도 한다. 조선 말기에 일본을 통해 서구식 인쇄 및 제책 기법이 유입된 이래 오늘날엔 족보 등의 일부 전통 도서를 제외하고 한식 제책은 거의 쓰이지 않는다. 동양의 제책은 시기적인 차이는 있으나 한 · 중 · 일 3국에서 동일한 발달 단계를 거쳤다. 서양에 비해 제지 기술과 제책 기술이 우수한 동양은 책의 내구성이 대단히 뛰어났기 때문에 종이와 끈(실) 외의 기타 재료를 필요로 하지 않았다는 특징이 있다. 이는 겉으로 드러나는 화려함보다 그 안에 담고 있는 내용의 가치를 더 큰 덕목으로 삼는 동양적 사고방식과도 관계가 있다.

•
불경의 제책에는 지금도 병풍처럼 접어 제책하는 접책의 전통이 남아 있다.

••
서양에서는 인쇄는 물론 필사의 단계에서도 종이의 양면을 모두 사용해 왔는데, 그에 반해 동양에서는 필사든 인쇄든 종이의 한쪽 면을 주로 사용했다. 그리하여 동양의 제책 방법 또한 서양과 달랐다. 서양은 양면 인쇄된 낱장의 종이를 간추린 반면 동양에서는 가로로 길게 인쇄한 종이를 한 번 접어서 인쇄되지 않은 면이 각각 안쪽으로 맞닿게끔 쌓아서 묶었다. 이 점에 대해 어떤 사람은 서양의 제지술이 섬유를 미세하게 처리해 종이 양면이 매끈했지만, 동양의 제지술은 섬유가 거칠고 초지한 종이를 목판에 붙여 말린 까닭에 한쪽 면밖에 사용할 수 없었기 때문이라고 설명한다. 하지만 필자의 의견은 다르다. 우리 고서를 한 번이라도 펼쳐본 사람이라면 종이가 놀랍도록 얇아서 한 번 접힌 종이라 할지라도 오늘날 단행본에 사용되는 종이와 두께가 비슷하거나 오히려 얇다는 것을 알 것이다. 한자의 경우 일반적으로 하나 하나의 글자가 알파벳보다 크고 선이 두껍기 때문에 이처럼 얇은 종이의 양면에 인쇄하면 반대쪽이 비쳐 보여 글을 해독하기 어렵다. 더욱이 붓으로 직접 필사할 때는 비쳐 보이는 정도가 아니라 먹물이 번지기까지 할 것이다. 따라서 종이를 한 번 접어 책으로 묶는 기법은 제지술의 단점 때문이라기보다는 문자 자체의 특성과 필사 도구의 한계를 극복하기 위한 지혜로 이해할 수도 있다고 본다.

•••
호부장은 원래 인쇄지를 접고 간추려 쌓은 종이 위아래에 표지를 덮고 책등 가까운 곳에서 표지를 관통해 수직으로 실로 꿰는 제책법을 가리키는 말이었다. 나중에 양면 인쇄가 도입된 이후 호부장의 의미 중에서 인쇄지를 접는다는 부분을 제외하고 엮매기를 하는 제책법을 가리키는 용어로 축소 사용되기도 했다.

3 산업화 이후의 제책

BC 4000	점토판과 쐐기문자
BC 2500	파피루스 책
BC 2000	돌에 새긴 책
BC 1500	갑골문자
BC 700	나무와 대나무로 만든 책
BC 100	가죽으로 만든 양피지 책
50	인도양 연안국의 대나무 책과 나뭇잎 책
105	세계 최초 종이의 탄생
100	고대 로마의 납판 책
500	가죽 표지 장정
660	목판 인쇄술의 발달
1151	제지술의 유럽 전파
1234	금속 활자의 등장
1400	예술적인 가죽 장정의 발달
1438	현대식 인쇄 기술의 등장
1500	**제책의 실용화 추구**
1600	**유명 제책업자 등장**
1935	**펭귄시리즈 출간**
1964	**최초의 컴퓨터 편집 출판**

산업혁명이 증기기관에 힘입었다면 책의 보급은 인쇄술 덕분이다. 후대의 금속 활자를 이용한 활판 인쇄를 포함해 인쇄술 자체는 동양에서 먼저 개발됐지만 책의 대량생산과 보급을 성공적으로 이끈 것은 서양에서였다. 다만 필자는 종종 구텐베르크의 인쇄술 보급을 '책의 1차 산업혁명'이라고 부른다. 인쇄술 덕분에 책의 생산성이 높아졌다고는 하지만, 19세기 초반까지는 여전히 한 권 한 권을 실로 꿰고 표지를 만들어 붙이는 제책 기법에 큰 변화가 없었다. 말하자면 인쇄는 빨라도 제책 단계에서 병목 현상이 발생했다는 의미다.

필자가 생각하는 '책의 2차 산업혁명'은 인쇄가 아니라 제책 기술의 발달에서 왔다. 실로 묶은 본문 뭉치에 따로 만든 표지를 붙이는 과정 대신 낱낱의 본문 뭉치와 표지까지 단번에 풀로 고착시키는 무선철 제책 기법이 개발되어 진정한 책의 대량생산이 가능해진 것이다. 인쇄 기술의 발달이 기계-물리적인 기술 덕분이라면 제책 기술의 발달은 접착제-화학적인 기술 덕분이다. 제책 공정의 단순화 및 자동화에 따라 제작비 또한 저렴해져 소비자는 더욱 싼 값에 책을 구입할 수 있게 됐다.

'책의 3차 산업혁명'은 디지털 기술로 잉태됐다. 그 시초는 종이라는 기록 매체 대신 디지털 정보를 담을 수 있는 시디롬과 같은 신세대 매체의 등장에 힘입었다. 디지털 책은 CD나 DVD 같은 종이를 대체하는 매체를 이용하는 경우도 있지만 인터넷을 통해 제공되는 웹 출판처럼 물리적인 매체를 전혀 필요로 하지 않는 경우도 있다. 다만 디지털 책은 어떤 형태가 됐든 플레이어player 개념의 재생 장치를 필요로 하기 때문에 종이 책처럼 자기완결성을 갖추고 있지 않고 디지털 기기에 대한 의존성이 있다.

이러한 디지털 제책의 파급력은 책이라는 기존 패러다임을 뒤집을 수 있을 정도로 강력하지 않지만, 점차 활용도가 높아지고 있는 것이 현실이다.

대량생산의 출발

15세기 구텐베르크에 의한 인쇄술의 보급과 함께 책의 제작 방식 역시 전환기를 맞는다. 즉 이전까지의 수공업 제작에서 벗어나 대량생산이 가능해짐으로써 책의 보급량이 획기적으로 증가한 것이다. 그에 따라 책의 장정 방식 역시 좀 더 취급하기 쉽고 경제적인 방법으로 발전하게 되었다. 즉 중세에 유행했던 나무판자를 이용한 무거운 장정은 두꺼운 종이로 된 표지에 부드러운 가죽을 발라 표지를 만드는 방식으로 대체되었다. 또한 표지의 표면에 간단한 방법으로 띠무늬를 인쇄할 수 있는 룰렛roulette도 이때 이후로 사용되기 시작했다.

이 때 제작되는 책들은 크게 두 종류로 나뉘었다. 개인 서가를 구비할 정도로 재력을 갖춘 상류층들을 위한 책은 무게와 크기는 확연히 줄어들었지만 장식 면에서는 여전히 중세처럼 호화로웠다. 금박이나 자수 등으로 책표지가 장식되었고, 아름다운 삽화가 늘어났다. 반면에 일반인들이 접하던 책은 행상인이 팔고 다니던 값싼 소책자였다. 이런 소책자들은 주로 8절판의 작은 크기였으며 낱장이나 가제책된 형태로 보급되었다.

18세기에 이르기까지 책의 형태는 이렇게 극단적으로 나뉘어 있었고, 이때까지의 제책 과정은 텍스트 인쇄와는 별도로 이루어지는 작업이었다. 그러나 18세기 후반 산업혁명 이후로 그 양상은 다시 변하기 시작했다. 19세기 초반부터 제책 과정이 전반적으로 공업화되면서 두꺼운 종이로 만든 클로스 장정이 나타났다. 활자, 삽화, 제책 모두를 총괄적으로 제작하는 북디자인의 개념도 19세기에 생겨났다. 그리고 이때부터 소형 포켓북이 제작되기 시작했다.

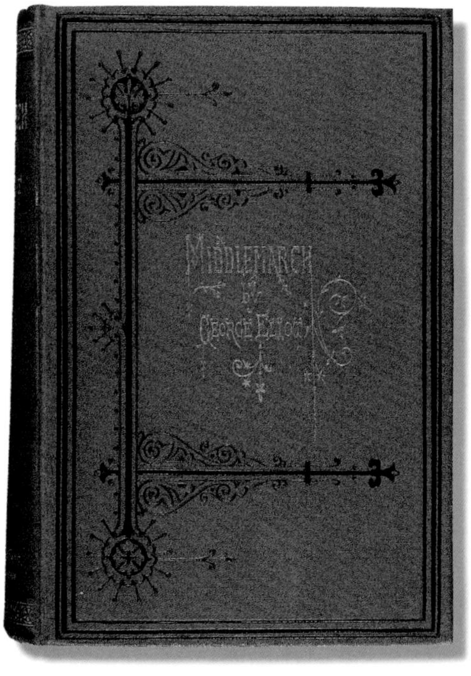

1871년 런던에서 출간된 조지 엘리엇의 『미들 마치』

페이퍼백의 탄생

1800년대 유럽은 산업혁명에 돌입하면서 경제성장이 두드러졌다. 이러한 시대상이 반영되어 인쇄 출판을 둘러싼 환경도 급속하게 발전했다. 프랑스의 제누(C. Genoux)가 연판(鉛版)의 지형을 개발해 연판복제판이 가능해졌고, 그 후 활자를 주조하는 기계가 개발되었으며 증기기관을 동력으로 하는 인쇄기가 만들어졌다. 당연히 제책 산업도 시대의 요청을 받아 대량생산 시대로 돌입했다.

영국에서는 1848년, 런던 유스턴 역에 여행객들을 겨냥한 철도 서점이 최초로 생겼다. 이곳에서는 루트리지 출판사의 『레일웨이 라이브러리Railway Library』, 『트래블러스 라이브러리Traveler's Library』 등의 시리즈물을 팔았는데 이런 책들은 주로 8절판, 일부는 16절판으로 발행되었다.

독일에서는 1841년에 페이퍼백 시리즈가 처음 출간되었다. 초기 페이퍼백 시리즈는 내용은 우수했지만, 제책 양식이 그다지 신통치 않았다. 읽기 힘든 판형에 인쇄도 저급했고 가독성도 떨어졌다. 1867년에 독일의 레클람 출판사가 출판하기 시작한 포켓북 페이퍼백 시리즈인 『유니버설 비블리오테크Universal-Bibliothek』가 성공을 거두었다. 이 시리즈는 셰익스피어, 괴테, 푸슈킨, 플라톤, 칸트 등의 작품을 잇달아 내놓았다. 제책도 우수하고 파격적인 가격 덕분에 20세기 초반까지 대단한 인기를 모았으며, 이후 수 년 동안 페이퍼백 시리즈의 전형이 되었다.

영국의 출판업계 또한 경제성장의 물결을 타고 활발하게 책을 만들어냈다. 당시 가장 앞선 인쇄 기술을 지녔던 영국에서는 전통적인 제책 방식이던 하드커버 총양장 대신 한 장의 표지를 인쇄해 본문 전체를 감싸는 페이퍼백(paperback) 제책이 개발되었다.

최초의 페이퍼백은 지금과 같은 무선철이 아니었다. 본문은 총양장 제책과 같은 방식으로 실매기를 하되 표지는 한 장의 인쇄지로 감싸 풀로 붙이는 반양장 방식이었다.

영국의 '펭귄북스Penguin Books'는 페이퍼백 형태의 책을 대량생산하여 국제적인 규모로 유통하기 시작했다. '펭귄' 시리즈를 만든 출판업자 앨런 레인은 이를 서점이나 신문 가판대뿐만이 아니라 잡화점에서도 판매되도록 했다. 짧은 시간에 대량생산이 가능한 이 페이퍼백은 '책의 혁명'이라 일컬어질 정도로 평판이 좋아 유럽과 미국에 급속도로 퍼져 나갔다.

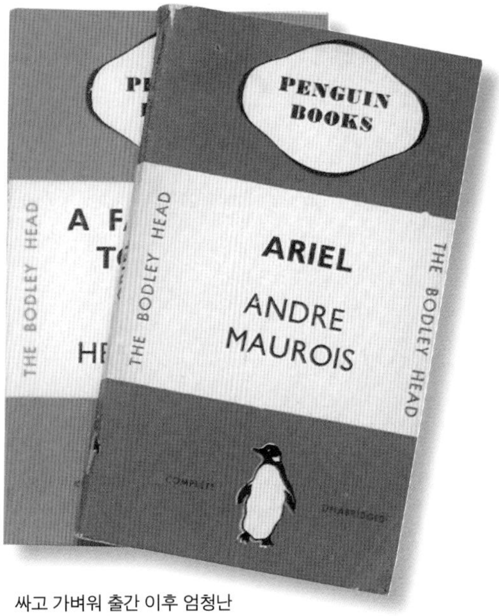

싸고 가벼워 출간 이후 엄청난 반응을 불러일으킨 페이퍼백의 효시 '펭귄북스'

제책의 기계화

•
맬묶(gutter, binding margin)은 페이지를 펼쳤을 때 양쪽 판면 사이의 거리를 말한다. 제책 시 철하는 부분을 가르키기도 한다.

페이퍼백의 탄생이 자극이 되어 책 매기 규정에도 변화를 가져왔다. 실매기 제책 대신 간편한 철사를 사용해 매는 잡지 제책(Magazine of Wire Stitching, 호부장 제책)이 개발된 것이다. 이렇게 간편한 제책 방식은 사회생활의 진보와 문화 발달에 따른 대량 수요에 걸맞은 제품 개발로 이어졌다.

1946년경, 미국에서 스미스 자동 제책기계가 개발됐다. 제책의 기계화는 접지 가공의 분야까지 확산되어, 종래의 8~16페이지 접지에 더해, 24페이지 접지, 32페이지 접지까지 일반화될 정도로 급속하게 보급되었다.

튼튼한 제책의 기본은, 한 권으로 정리된 인쇄지를 압착해서 고르기를 얼마나 치밀하게 잘 하느냐에 달려 있다. 하지만 제책의 자동화에 의해 이러한 제책 초기의 압착 공정은 건너뛰게 되었다. 초기의 기계화 제책은 책등을 굳히고 표지를 쌀 때 면지에 풀칠을 하고 압착을 하는 시스템이었다. 그런데 이렇게 해서 만들어진 책은 독자가 사용하는 동안에 책 형태가 일그러지거나, 심지어 등이 갈라지는 사고까지 불러일으켰다.

이런 문제를 해결하기 위해 제책기를 개량하게 되었다. 제책기 컨베이어 측면에 풀을 바르는 두께 2.5밀리미터의 롤러를 정착시켰다. 롤러가 정합한 인쇄지 뭉치의 책등 맬묶•에 풀칠을 하면 그 위에 표지를 감쌌다. 이처럼 제책기의 개량으로 책이 일그러지거나 등이 갈라지는 문제가 감소한 동시에, 아주 잘 펼쳐져 읽기 편한 책이 만들어지게 되었다.

접착제의 개발과 무선철 제책의 발달

1950년대에 들어서는 화학적으로 합성한 접착제가 개발되어 무선철 제책이라는 획기적인 제책 방법이 고안되었다. 소장을 위한 고급스러운 책을 만들 때는 여전히 양장 제책이 널리 쓰이지만, 오늘날 가장 흔한 제책 방식은 실이나 철사 등을 사용하지 않고 오로지 접착제만으로 책을 묶는 무선철 제책이다.

'필요는 발명의 어머니'라는 말이 있듯, 무선철의 탄생에는 그만한 이유가 있었다. 첫째, 책이란 물건의 대중화다. 옛날에는, 즉 필사 시대에는 동양이든 서양이든 책은 아무나 가질 수 없는 것이었지만 인쇄 기술이 등장함에 따라 책의 대량 생산이 가능해졌다. 둘째, 정보량의 증가다. 쉽게 말해 두꺼운 책이 많아졌다는 의미다. 수백 페이지에 달하는 두꺼운 책을 만들 때 양장 제책은 과정이 까다롭고 시간이 오래 걸린다. 따라서 인쇄 기술의 발달로 많은 양의 인쇄물을 생산할 수 있었던 데 비해 정작 그것을 한 권의 책으로 묶어내는 제책 단계에서의 생산 효율이 나빴기 때문에 출판계는 새로운 방법이 필요했다. 그것이 바로 무선철이고, 무선철 제책이 책의 대량 생산에 공헌할 수 있었던 것은 무엇보다 초산비닐계 접착제의 개발이다.

접착제가 개량되면서 내구성이 차츰 좋아진 무선철 제책이 일본에 도입되었다. 이때 이미 초산비닐 에멀전 접착제가 사용됐으며, 사용된 제책 기계는 스위스제 무선철 기기였다. 한국에 무선철 기법이 도입된 것은 1960년대 후반이다.

일본은 물론 한국에서도 무선철이 등장하기 전에는 일부 고급 서적의 양장을 제외하고는 한식 제책을 응용한 호부장 제책(철사 옆매기)이 주류를 이루었다. 이는 정합한 인쇄지의 등 가까운 부분을 철사로 꿰맨 다음에 표지를 씌우는 방법이다. 따라서 튼튼하지만 책을 펼친 채로 놓아두기 어려워 펼침성이 좋지 않았다. 이에 비해 무선철로 만들어진 책은 잘 펼쳐진다는 장점을 갖고 있어서 급속도로 보급됐다.

영국이나 미국과 같은 서구는 물론 일본과 한국에서 무선철이 보급되는 데는 유사한 환경이 작용했다. 경제 성장에 따라 잡지를 포함한 출판 시장이 확대되었다는 점이다. 생산성 면에서는 무선철이 으뜸이었고, 이러한 '수요'와 함께 초산비닐 에멀전에 이어 핫멜트 접착제가 등장함에 따라 '공급'을 가능하게 했다는 점이 맞물렸다.

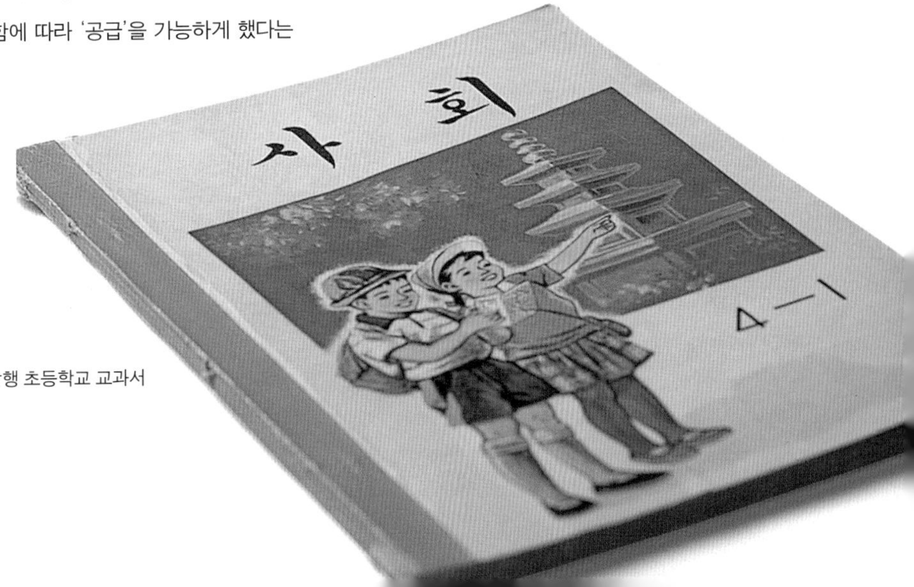

1972년 7월 발행 초등학교 교과서

신개념 디지털 책의 전망

오늘날 우리가 말하는 '책'은 통상 종이를 기록 매체로 삼아 인쇄된 내용을 묶어 만든 물리적인 집합체다. 이러한 책의 정의 중에서 가장 중요한 것은 '묶었다'는 의미다. 묶었다는 의미 자체가 종이로 대표되는 물리적인 기록 매체를 다룬다는 뜻을 내포하고 있기 때문이다. 그러나 정보통신의 발달은 책의 정의에도 새로운 패러다임을 요구한다. 대표적으로 종이와 같은 물리적인 기록 매체를 통한 출판이 아닌 경우, '전자책'으로 총칭되는 첨단의 출판물을 책으로 받아들여야 하는지에 대한 여부가 논란이 되기도 했다.

새로운 문명은 바로 전 단계의 유사 개념과 비교되기 십상이다. 즉 텔레비전이 처음 등장했을 때 많은 사람들은 라디오나 영화와 수평 비교를 하며 기존의 두 매체의 암울한 미래를 예측한 바 있지만 실제로는 별개의 매체로 존속되었다. 한편 새로운 매체가 구매체를 완전히 대체하는 경우도 있다. 레코드(LP)와 CD가 그 대표적인 사례다.

20세기 정보통신 기술이 꽃필 때, 종이의 필멸적인 운명에 대해 논의된 바 있었다. 하지만 종이 책의 경우 새로운 형태의 전자책이 등장하고 발전한다고 하더라도 사라질 것으로 보이지는 않는다.

물론 정보통신의 발달에 따라 앞으로 종이 수요가 어느 정도 감소될 것이라고 예측할 수는 있지만, 한때의 성급한 주장처럼 종이를 사용하지 않는 시대가 도래하리라는 전망은 힘을 잃었다. 종이는 인체와 위화감이 없는 자연 소재로서 인간과 가장 밀접한 관계를 유지하고 있으며, 다른 소재에 비해 값이 싸다. 또한 종이 생산에 필요한 원료 섬유는 광합성에 의해 지속적으로 순환 재생되는 영속 자원이며, 재생 기술의 발전 여부에 따라 얼마든지 자원의 재활용이 가능하기 때문이다. 무엇보다도 종이로 만든 책은 전원이나 재생기기가 필요 없이 그 자체로 완결성을 갖는 매체다.

앞으로 종이 책이 사라질지도 모른다는 예측의 중심에는 컴퓨터가 있다. 실제로 현대의 책 만들기에 있어서 컴퓨터의 발달은 편집, 인쇄, 제책의 각 공정에서 컴퓨터를 필수불가결한 도구로 사용하는 환경을 구축했다. 어차피 현대인의 삶에 컴퓨터가 가장 중요한 범용(汎用)의 도구로 자리 잡고 있기도 하지만 신속을 요하는 정보의 입수와 처리에서부터 복잡한 인쇄에 이르기까지 오늘날의 출판은 특히 컴퓨터의 능력에 크게 의존하고 있다. 다시 말해 오늘날은 '출판 공정의 전산화' 단계라고 말할 수 있다. 이는 크게 소규모인 탁상 출판(DTP)과 대규모인 전산 조판(CTS)으로 구분된다. 현재 대부분의 도서 · 잡지 · 신문 제작이 이 단계에서 이루어지고 있다.•

지금까지는 비록 전자 출판이라고는 해도 종이 위에 인쇄하고 그것을 묶어 책으로 만든다는 전통적인 제책 방식을 최신 도구로 개량한 것에 가깝다. 엄밀한 의미에서의 신개념 제책은 종이를 사용하지 않는 것이다. 이 경우 내용의 표시는 컴퓨터 모니터나 휴대전화, PDA 등의 화면을 통해 이루어지며, 기존의 편집, 인쇄, 제책에 해당하는 과정은 HTML, XML, PDF 등의 디지털 파일 구성 작업으로 대체되는 셈이다. 이러한 전자책의 내용은 물리적인 존재를 갖지 않으며 다만 CD롬이나 메모리에 저장될 수 있다. 저장 또한 선택적이다.

•
인쇄 매체의 제작에 있어 컴퓨터의 도입은 신문에서 먼저 시작되었다. 1962년 미국 『엘에이 타임스(LA Times)』는 신문 제작 과정에 컴퓨터를 이용한 전산 사식 방식으로 조판을 시작했다. 출판 · 잡지 분야에서는 1964년 미국 국립 의학 도서관이 『인덱스 메디커스(Index Medicus)』라는 색인지(索引誌)를 컴퓨터로 편집한 것이 최초다. 이 색인지는 전산 사식기를 사용하여 편집되었고, 동시에 정보 검색이 가능한 데이터베이스로 구축되었다.

••
1976년 미국 뉴저지 공과 대학(New Jersey Institute of Technology)에서는 전자 정보 교환 시스템(ELES, Electronic Information Exchange System)이라는 시스템이 만들어져 원고의 작성, 교정, 본문 편집뿐만 아니라 온라인을 통해 본문 내용의 전송과 검색이 가능하게 되었다. ELES를 진정한 의미의 전자 출판의 효시로 보는 것은 책의 내용을 종이 위에 옮기기 위해 컴퓨터를 사용하는 수준을 뛰어넘어 종이와 같은 기록 매체가 필요 없이 재생기기(컴퓨터와 모니터)를 통해 온라인 구독이 가능했다는 점 때문이다.

•••
디지털 책의 특성상 글과 그림은 물론 동영상과 소리까지 '묶을' 수 있다. 따라서 가독성이라는 기존 표현을 사용하기는 했지만 엄밀한 의미에서 디지털 책은 읽는[讀] 것만 가능한 것이 아니다.

이미 유 · 무선 인터넷 네트워크를 통한 즉각적인 데이터 전달을 통한 전자책의 화면 구현이 가능하다는 점에서, 우리는 이미 그 자체로는 책이라고 볼 수 없는 하나의 단말기를 통해 수많은 책을 읽을 수 있는 시대를 맞았다.••

오늘날 거의 모든 전자책은 일부 웹진 등의 순수한 디지털 출판물을 제외하고는 기존의 개념대로 만들어진 책의 내용을 디지털화한 것이 대부분이다. 다만 앞으로는 물리적인 작업 – 인쇄된 종이를 묶는다는 것 – 을 거치지 않은 순수한 디지털 책으로만 출판되는 경우가 늘어날 것이며, 이는 텔레비전이 라디오, 영화와 공존하는 것과 흡사하게 '같은 내용을 담고 있는 이종(異種) 매체의 병존'으로 진행될 것으로 예측된다.

전자책이 차세대 출판 트렌드 중 하나가 될 것은 분명하다. 전자책의 초기 단계인 오늘날 이해하고 있는 전자책의 특징은 다음과 같다. 첫째, 문자뿐만 아니라 소리, 그림, 영상, 애니메이션 등의 멀티미디어 전달이 용이해 다양한 표현과 정보 전달의 수단을 융합시킬 수 있다. 둘째, 검색 기능이 뛰어나다. 모든 데이터가 디지털화되어 있으므로 다양한 방법으로 원하는 정보를 쉽게 찾을 수 있다. 셋째, 작은 부피의 매체에 많은 양의 데이터를 수록할 수 있다. 넷째, 다른 매체와의 적응력이 뛰어나다. 디지털화된 정보는 전기적 변환이 손쉬워 다양한 디지털 매체에 저장할 수 있고 방송처럼 유 · 무선 전송도 간편하다. 필요하다면 종이 위에 인쇄할 수도 있다. 다섯째, 정보의 공유 및 전달력이 뛰어나다. 종이 책과 비교한 전자책 시대의 정보 전달력은 필사 시대와 인쇄 시대의 차이에 비견될 만하다. 여섯째, 표시 장치(Viewer 혹은 Player)와 전원이 필요하다. 이것은 위의 다섯 가지 장점을 누리기 위해 필요한 일종의 단점으로 볼 수 있는데, 과학기술의 발달로 그 한계가 점차 해소되어가고 있다.

이러한 미래의 책 또한 책을 정의하는 가장 주요한 요소인 '묶었다'는 면에서는 여전히 책으로 판단해도 좋을 것이다. 물리적인 매체인 종이 위에 구현하지만 않았을 뿐, 디지털 책 역시 내용의 편집 · 취합 및 가독성을 높이기 위한 '묶는' 과정은 필수적이기 때문이다.•••

한편, 신개념의 디지털 책은 그 내용을 디지털 데이터화한 것뿐 아니라, 그 내용을 표현하는 물리적인 표시 장치의 발달에 따른 새로운 범주로 확대될 수 있다.•••• 가장 대표적인 경우가 e잉크와 같은 개념이다. e잉크는 겉보기에는 흑백 LCD와 유사하지만 구현 방법이 전혀 다르다. 전기를 이용해 수백만 개의 흑백 입자의 위치를 이동시켜 명암을 표현하는 e잉크는 소비 전력이 기존 LCD의 100분의 1에 불과하고, 태양광 아래에서도 볼 수 있어 차세대 전자 종이 기술로 각광을 받고 있다.••••• 딱딱하고 편평했던 표시 장치 대신 유연하고 구부러지거나 둘둘 말 수 있는 스크린도 개발되고 있다.•••••• 이러한 플렉시블 스크린을 이용한 전자책 뷰어가 실용화되면 책의 세계는 다시 고대의 두루마리 형태로 회귀하는 셈이다.

••••
오늘날의 전자책처럼 책을 내용과 표시 장치로 분리해 하나의 뷰어를 통해 수많은 책을 읽는다는 개념은 꽤 오래됐다. 1953년 발표한 아이작 아시모프의 『강철도시』에서는 다음과 같은 대목이 나온다.
"여러분이 식사하실 동안 이 필름책을 보아도 될까요? …학교 도서관에서 특별 허가를 받아 대출했지요. 제 검시기를 갖다드릴게요. 성능이 정말 좋은 거예요."
책이 정보 자체를 담고 있는 매체(소프트웨어)로 발전하며 그 정보를 읽기 위해서는 별도의 장치(하드웨어)가 필요하다는 개념을 만들어낸 작가의 상상력이 놀랍다.

•••••
2006년에 소니가 발표한 e북 리더(Sony Reader)는 기존 LCD가 아니라 e잉크 기술을 채용했다.

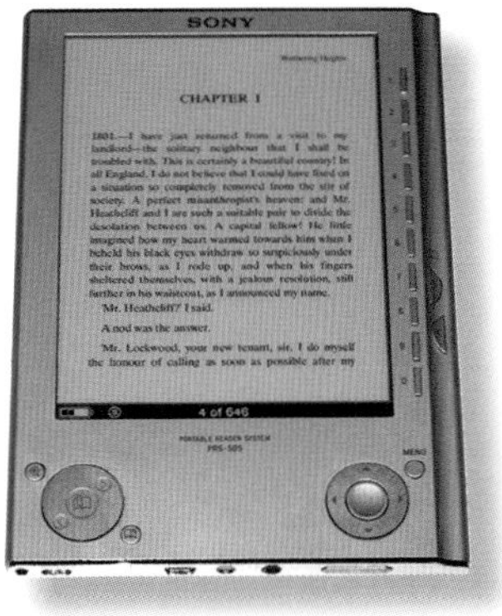

••••••
2006년에 필립스가 발표한 두루마리 방식의 LCD. 잡아당겨 펼쳤을 때는 5인치 크기가 되지만 사용하지 않을 때에는 7.5밀리미터 직경의 튜브 안에 말려 들어간다.

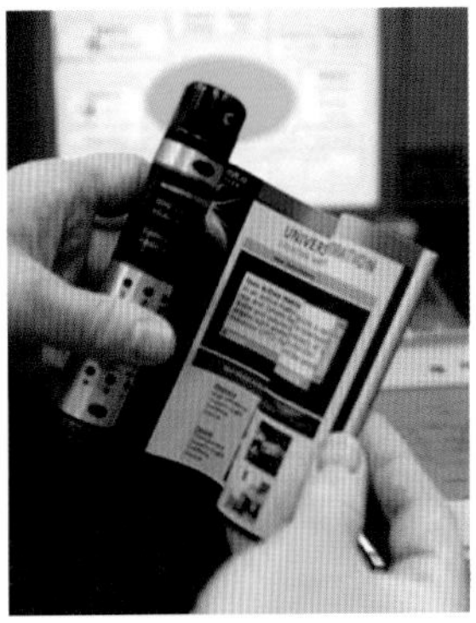

제책의 실제

2 장

Practice of Bookbinding

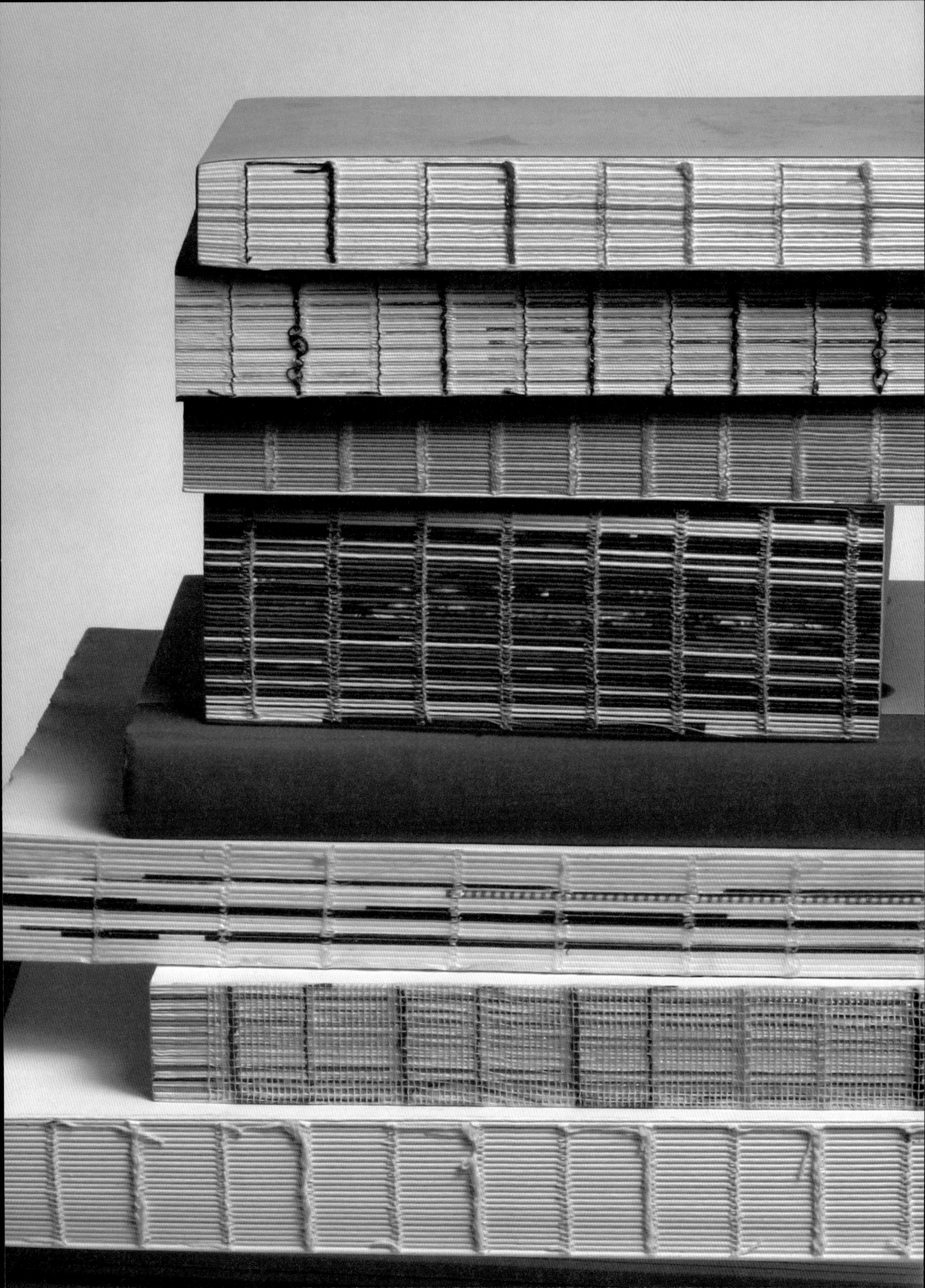

책의 각부 명칭

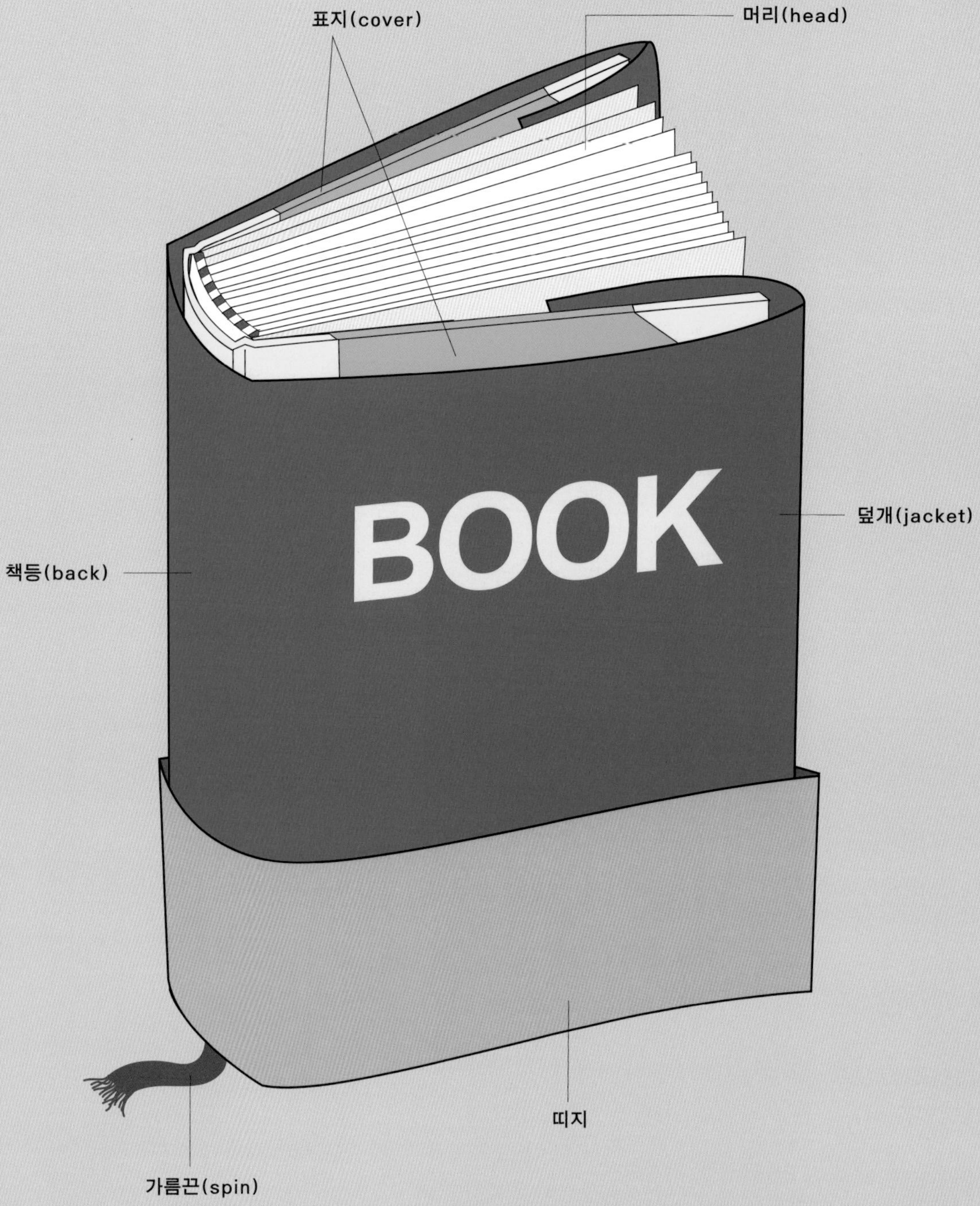

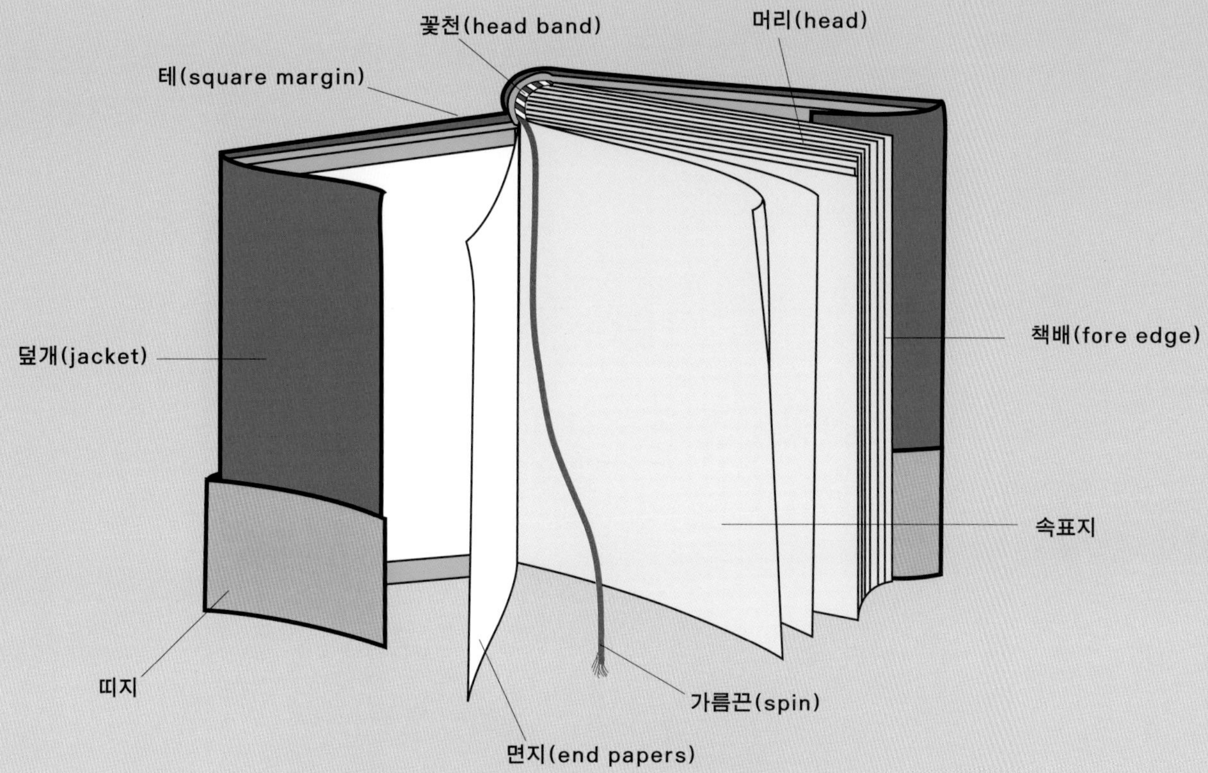
꽃천(head band)
머리(head)
테(square margin)
덮개(jacket)
책배(fore edge)
속표지
띠지
가름끈(spin)
면지(end papers)

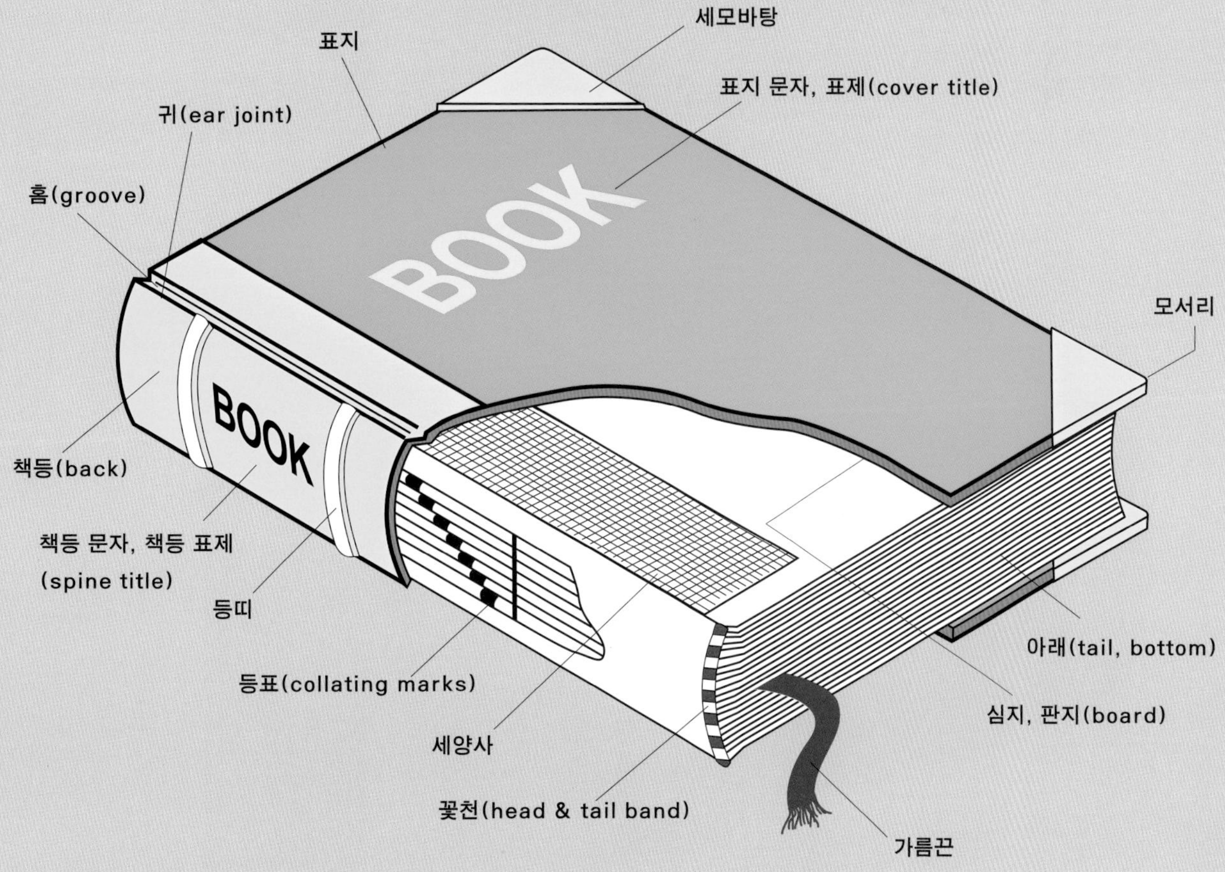
세모바탕
표지
표지 문자, 표제(cover title)
귀(ear joint)
홈(groove)
BOOK
모서리
책등(back)
BOOK
책등 문자, 책등 표제
(spine title)
등띠
아래(tail, bottom)
등표(collating marks)
심지, 판지(board)
세양사
꽃천(head & tail band)
가름끈

1 제책의 종류

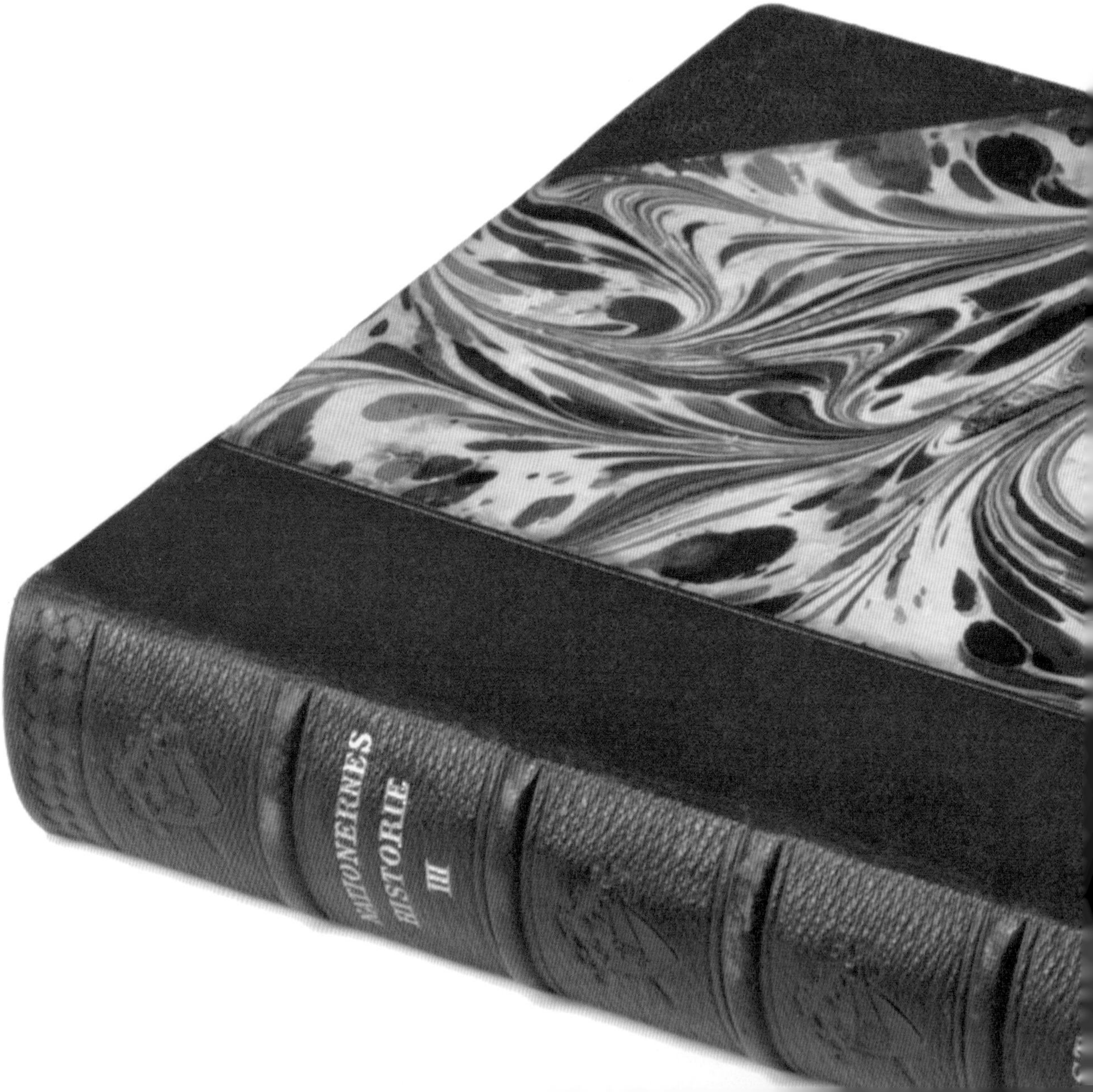

제책의 역사에서 살펴보았듯이 파피루스나 양피지, 죽간 등과 같은 종이 이전의 재료들은 두루마리 형태로 둘둘 만다든가 병풍처럼 접거나 엮는다든가 하는 방법을 사용했다. 그러나 인쇄 기술이 개발되고 종이가 책의 주된 재료로 사용되기 시작하면서 합리적인 제책의 필요성이 대두되었다. 18세기 이후부터는 얇은 종이를 수십 장에서 수백 장 묶은 책들이 생산되어 보존과 가독성, 휴대 등이 한결 나아진 근대적 제책 기술 또한 발달하게 되었다.

오늘날의 제책은 실이나 철사 외에도 풀(접착제), 링, 스프링 등 다양한 소재가 활용된다. 누구나 접한 바 있겠지만 책을 묶은 방법과 그에 따른 형태는 한 가지가 아니다. 제책의 방법에 따라 책의 모양이 달라진다. 서로 다른 제책 기법은 다양한 방법으로 만들어진 책의 모양을 비교함으로써 쉽게 이해할 수 있다. 오늘날 가장 많이 사용되고 있는 제책 방법들을 소개한다.

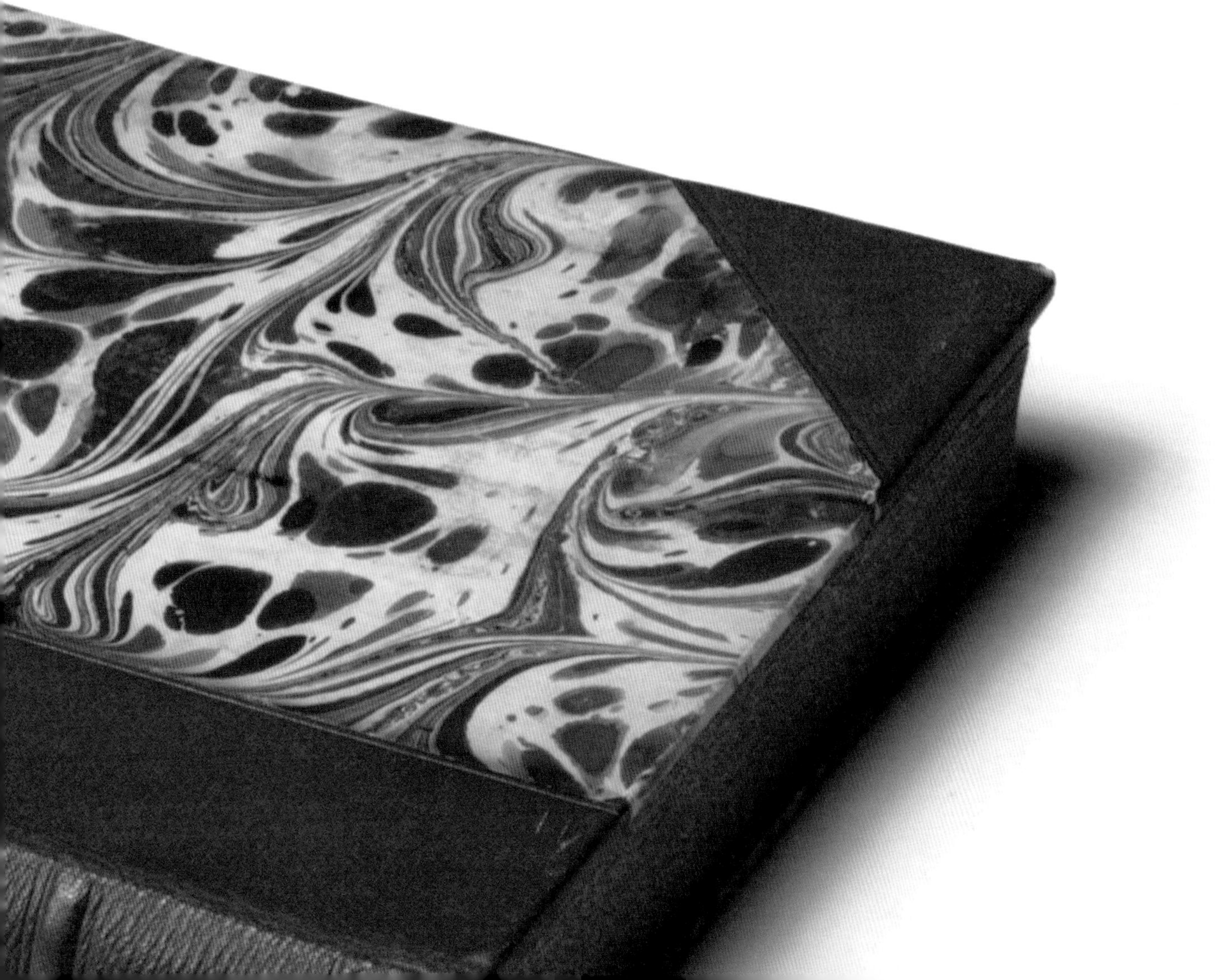

제책 방식에 따른 제책의 종류

● 양장(총양장, 總洋裝)

내지 묶기와 표지 제작을 별도로 작업한 뒤 합치는 제책 방법을 말한다. 오늘날에는 보통 내지를 실로 꿰매고 재단한 다음 따로 만든 두꺼운 종이 표지를 붙여 제작하는데, 이러한 방법을 총양장이라고 한다. 간단히 양장이라고도 말하며, 영어로는 하드커버 바인딩(hard cover binding)이라고 한다. 주로 고급 서적 또는 오래 보존하거나 품위를 갖추어야 할 목적이 있는 책을 이렇게 만든다.

양장은 아름답고 튼튼하다는 점 외에도 책장이 완전히 펴지기 때문에 가독성이 뛰어나다는 특징이 있다. 반면에 상대적으로 두껍고 무거우며, 휴대성 및 안정되지 않은 환경에서의 가독성은 떨어지는 편이다. 양장본은 표지와 본문(내지)을 따로 작업해 결합하므로 표지와 내지의 사이에 결합성을 높이고 내지를 보호하기 위한 면지가 반드시 부착돼 있다. 표지 안쪽의 테두리 바깥쪽 3면에는 2~3밀리미터의 테가 붙어 있다.

양장 제책은 실용적이면서도 가장 튼튼해 오래 보존할 수 있다. 양장으로 책을 만들기 위해서는 표지는 물론 내지의 종류와 두께(종이의 양)와의 관계, 접착제의 성질 등 가공 재료에서부터 제책할 책의 내용에 따른 적절한 구조를 선택하는 문제와 같은 다방면에 걸친 이해가 필요하다. 양장의 경우 특히 중요한 것은 내지를 보호하는 표지의 소재와 가공의 충실도다. 예컨대 도서관에서 오래도록 보관되며 많은 사람들이 빈번하게 사용하는 책에서 가장 먼저 그리고 가장 널리 손상되는 부분이 표지의 맬묶(gutter)과 책귀의 홈(joint, groove)이다. 좋은 책을 만들기 위한 제책의 첫걸음이 소재의 선택이라는 점은 두말할 나위가 없다.

최근 양장 제책으로 만들어진 책이 늘어나고 있는 추세다. 특히 어린이용 그림책에서 그런 경향이 두드러지며, 그 밖에도 소설이나 산문집 등의 단행본도 양장본으로 발행되는 경우가 많아졌다. 이러한 분위기는 책은 내용뿐 아니라 형식에서도 독자를 유혹하는 선택의 가치를 필요로 하는 상품이 되었다는 것을 시사한다. 즉 고급스러움을 취하는 한편 미려한 디자인과 우수한 품질로 독자의 시선을 끌고, 나아가 독서 욕구 및 소장 욕구를 불러일으키는 양장 제책의 장점을 취한 것이다.

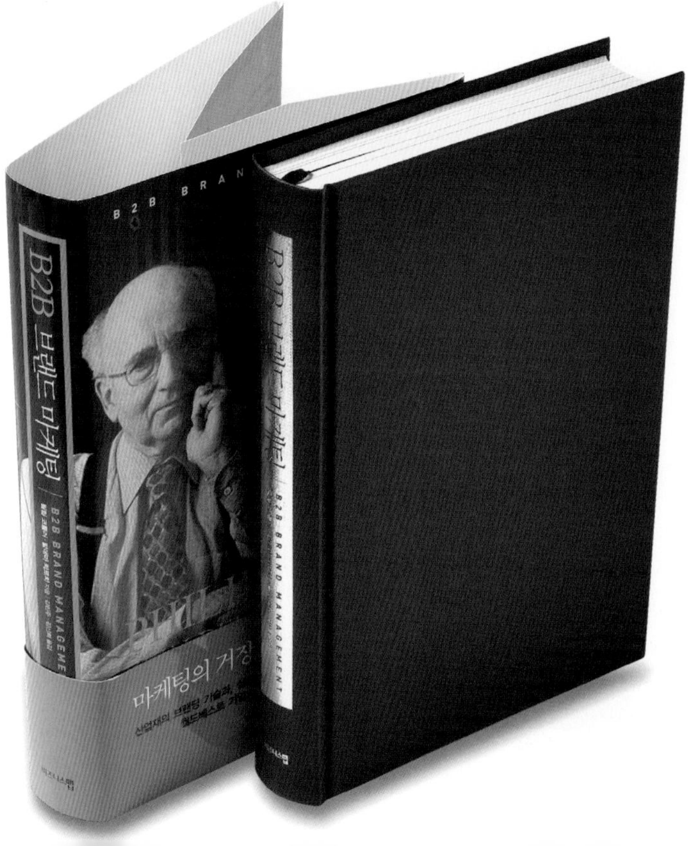

반양장(半洋裝)

본문은 양장(총양장)과 같은 방식으로 묶지만 표지를 책등에 풀로 붙인다는 것이 다르다. 즉 표지 자체의 제작에 상당한 공을 들이고, 그렇게 만든 표지를 복잡한 과정을 거쳐 내지 묶음에 접합하는 양장과 달리 한 장의 종이에 인쇄한 표지로 내지 묶음을 감싸 만드는 것이 반양장이다. 반양장에서는 표지와 본문 사이에 들어가는 면지도 생략하는 경우가 있다.

표지 내구성이 양장보다 크게 떨어지므로 두껍거나 무거운 책은 시간이 지남에 따라 표지가 잘 떨어진다. 하지만 책이 잘 펼쳐지고 책장도 잘 넘어간다는 장점이 있고, 무엇보다 제책 시간이 적게 걸리기 때문에 손이 많이 가는 양장보다 대량 생산 적합성이 뛰어나다. 보통 박물관 도록, 사진 도록, 화집 등에 많이 사용한다. 표지 내구성을 높이기 위해 싸바름한 양장 표지를 사용하기도 한다. 이 방식은 주로 유아용 전집물에서 사용한다.

반양장 제책은 19세기 중반 대량 출판을 통해 저렴한 페이퍼백(paperback)을 만들 때 널리 사용됐지만 20세기 들어서 실매기를 배제한 더욱 간편한 무선철 제책 방식이 개발됨에 따라 주류에서 밀려나게 됐다.

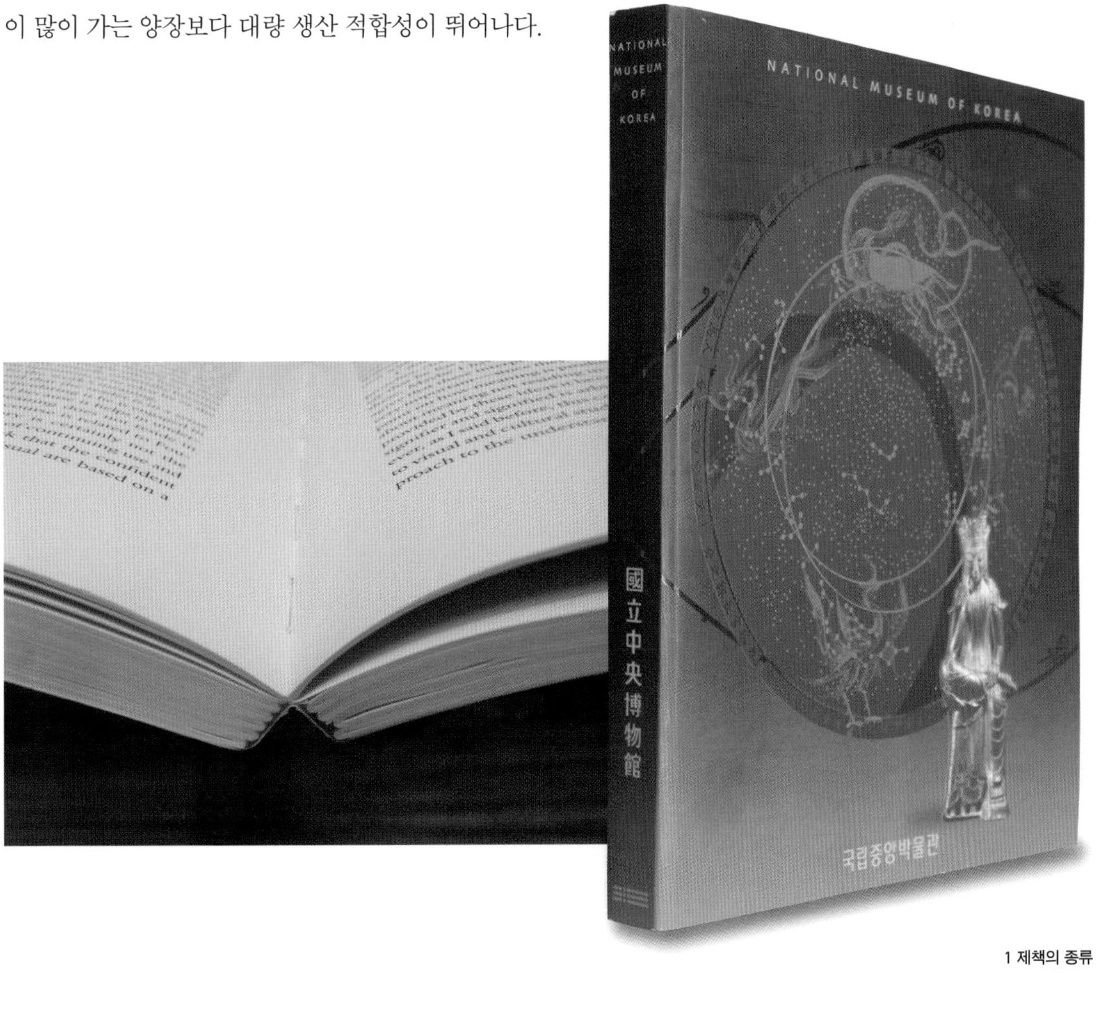

● 무선철(無線綴)

이름처럼 실이나 철사를 사용하지 않고 풀만으로 책을 묶는 방식을 무선철(풀매기, adhesive binding)이라 한다. 화학풀과 제책 기술의 발달로 오늘날 대부분의 책은 이 방식으로 만든다. 책이 잘 펴지고 책장이 잘 넘어가지만 책이 두꺼울 경우 등이 갈라지거나 두꺼운 종이를 본문용지로 쓰면 책장이 빠지기도 한다. 퍼펙트 바인딩(perfect binding)이라고도 한다.

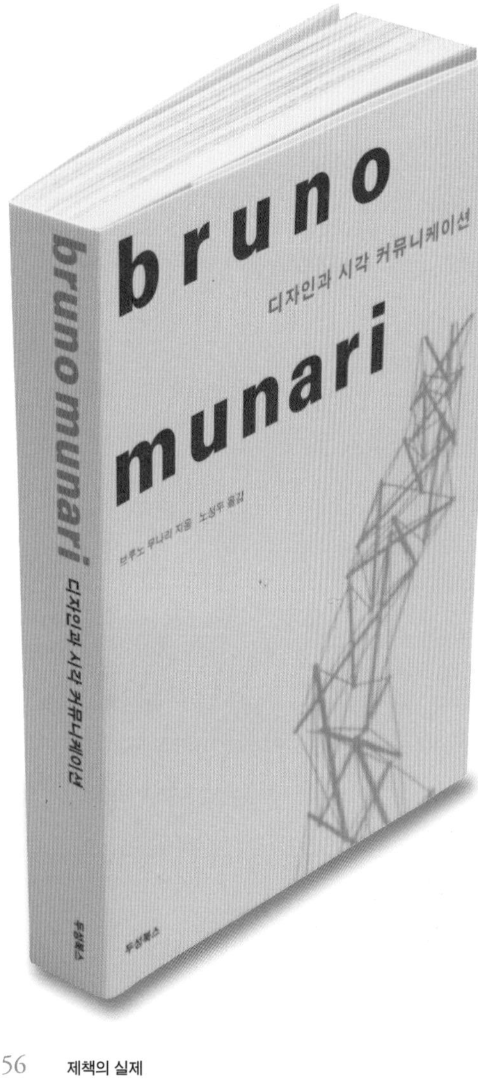

무선철 제책은 실매기 과정이 없으므로 자동화가 용이해 대량 생산에 가장 적합하다. 1930년대 영국에서 태어난 획기적인 대량 출판 기획인 펭귄 시리즈에서 처음으로 실용화됐다. 펭귄과 같은 저렴한 소책자들은 내구성이 좋지 못하다는 단점이 크게 문제될 것이 없었기에 가능했다. 실제로 무선철은 내구성의 요구가 상대적으로 적은 값싼 페이퍼백이나 잡지류에 많이 사용되었다. 그러나 1960년대 핫멜트(hot-melt adhesive)라는 접착 재료가 개발됨에 따라 내구성이 크게 향상되어 일반 서적에도 무선철이 널리 사용되기 시작했다.

한편 무선철 제책 방식도 조금씩 발전하고 있다. 예를 들어 접착제로 고정되는 책의 등 쪽에 홈을 내 접착 강도를 높이는 아지로 매기(Ajiro binding) 방식이 개발된 바 있다. 1990년대 말에는 습기경화형 우레탄 핫멜트(PUR, poly urethane reactive hot melt adhesive)가 개발되어 기존 접착제로 만든 무선철 책에 비해 훨씬 우수한 내구성을 가진 책을 만들 수 있게 됐다.

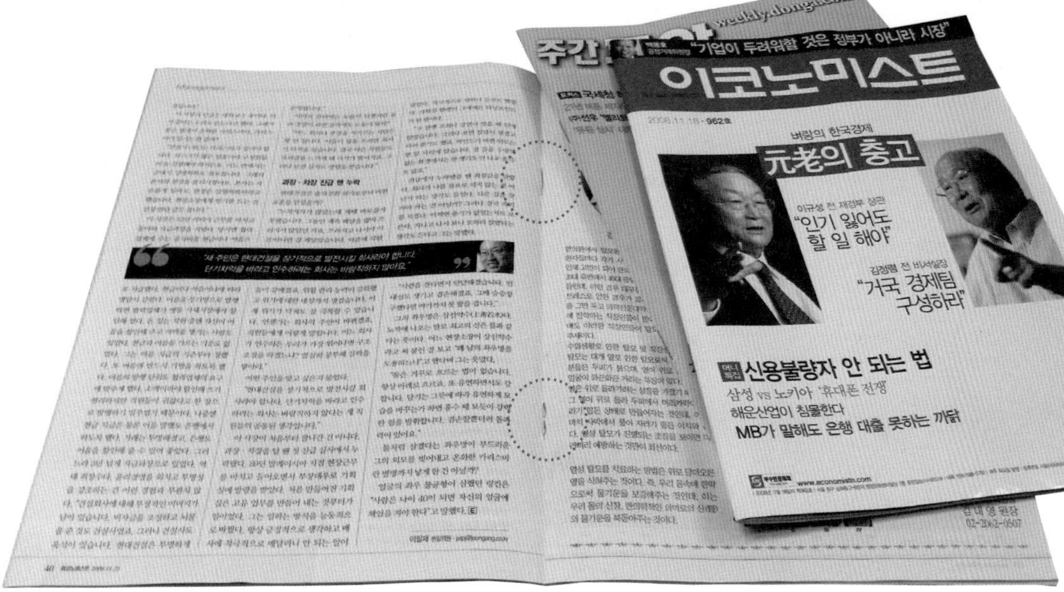

● 중철(中綴)

이름처럼 '가운데를 묶는' 중철(Saddle Stiching)은 책을 펴놓은 상태로 인쇄지를 포개놓고 책장이 접히는 한가운데 부분을 실이나 철사로 맨 다음 테두리 3면을 재단하는 방식이다. 브로슈어나 광고지, 팜플렛 등 오랜 보관이 필요 없거나 간단한 인쇄물에 주로 사용해왔다. 책을 쉽게 펼치고 넘길 수 있고 두루마리처럼 말아서 휴대할 수 있다는 장점 덕분에 점차 잡지에서도 많이 사용되는 제책 방식 중 하나다.

중철 방식으로 책을 매는 소재는 크게 실과 철사가 있다. 노트나 두껍지 않은 간이 인쇄물의 경우 미싱을 이용해 실로 꿰기도 하지만, 오늘날 대부분의 중철 제책은 철사 – 스테이플러에서 사용하는 것과 유사한 ㄷ자형 철침 – 를 이용한다. 보통 2개의 철침으로 표지와 내지를 함께 고정하지만 제책의 내구성이 불량해 책을 사용하다 보면 표지나 내지 한가운데서부터 떨어지는 경우가 허다하다. 페이지가 많은 책의 경우 철침을 4개 박는 경우도 있다.

호부장 제책

실이나 철사로 내지를 묶되 책등이 아니라 페이지의 끄트머리 쪽에서 상하 방향으로 매는 방법이다. 그런 다음 책등과 면지에 풀을 칠해 표지를 감싸 붙이는 방법이다. 제책의 난이도로 보아서는 가장 쉬운 방법 가운데 하나기 때문에 과거 대량 생산의 필요가 있던 교과서나 참고서에 많이 쓰였다. 그러나 현재 무선철 기술이 좋아진 탓에 호부장 제책은 거의 쓰이지 않는다. 제책이 쉽고 튼튼하지만 책이 잘 펴지지 않고 책장 넘기기가 쉽지 않다는 단점이 있다.

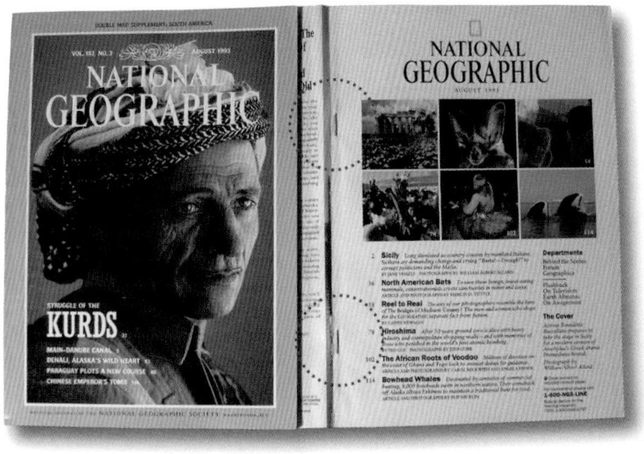

고주파 제책

비닐 계통의 소재로 책의 표지를 만드는 방식으로, 형태적 특성이라기보다는 표지를 붙이는 기술적 특성에 의거해 붙은 이름이다. 다양한 방법이 있지만 투명한 비닐 커버를 주머니처럼 만들어 표지를 끼우는 방식과, 비닐 표지와 면지를 붙이는 방식이 가장 많이 사용된다. 사전류, 성경책, 다이어리 등 수시로 펼쳐보는 책은 오래 사용해도 때묻음이 적고 내구성이 좋으며 구김이 없고 찢어지지 않는다는 장점을 지닌 고주파 제책을 많이 사용한다. 고주파 접합 방식으로 만든다는 특징이 있을 뿐 책 자체의 제책 방식은 양장, 무선철, 트윈 링 등 다양하다.

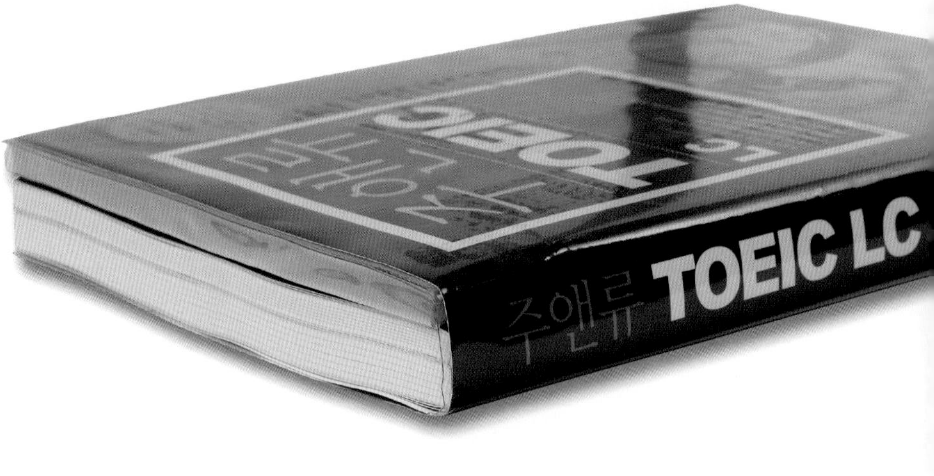

PVC 링 제책

내지와 표지에 구멍을 뚫어 빗살처럼 만들어진 플라스틱이나 PVC 판으로 묶는 방식이다. 종이를 매는 PVC 소재의 재질이 납작하기 때문에 보통 네모난 구멍을 뚫는다. 스프링이나 트윈 링 제책 방식의 단점이 책등이 없다는 것인데, PVC 링 방식은 책등을 형성하는 넓은 면을 가질 수 있다는 장점이 있다. 따라서 책등 부분에 제목을 실크 스크린 방식으로 인쇄하면 책꽂이에 꽂아놓았을 때도 쉽게 찾을 수 있다. 또한 책의 펼침성이 좋으며, 펼쳤을 때 좌우 페이지가 어긋나지 않는다.

스프링 제책

PVC 링 제책과 마찬가지로 책의 위에서부터 아래까지 같은 간격으로 촘촘하게 구멍을 뚫는다. 일반적으로 동그란 구멍을 뚫는다. 대부분의 경우 표지 역시 구멍을 뚫어 한 줄의 스프링으로 각 구멍을 통과시켜 만든다. 트윈 링보다 제책 가격이 저렴해 많이 사용된 적이 있으나 지금은 노트 외에는 거의 사용되지 않는다. 나선매기(spiral binding)라고도 한다. 나선형으로 꼬여 있는 한 줄의 스프링으로 책을 매기 때문에 펼침성은 좋으나 펼쳤을 때 좌우 페이지가 약간 어긋난다는 단점이 있다.

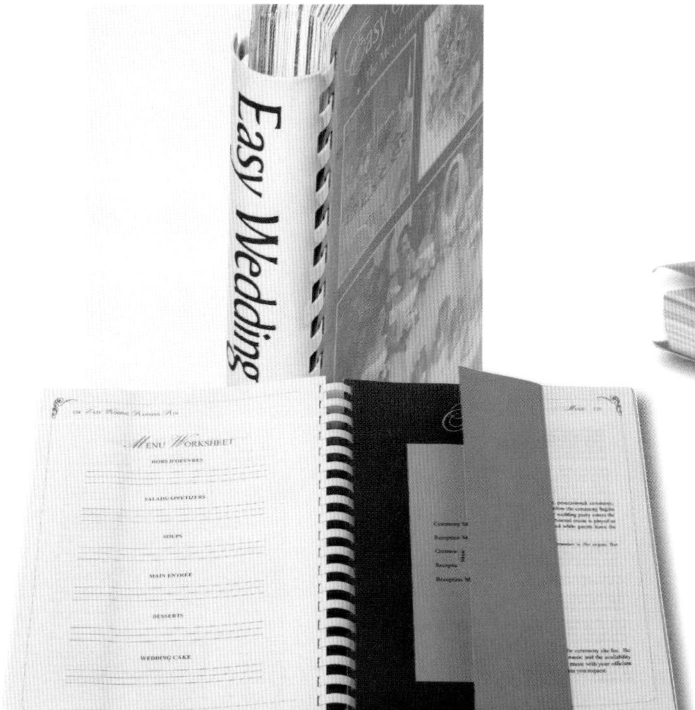

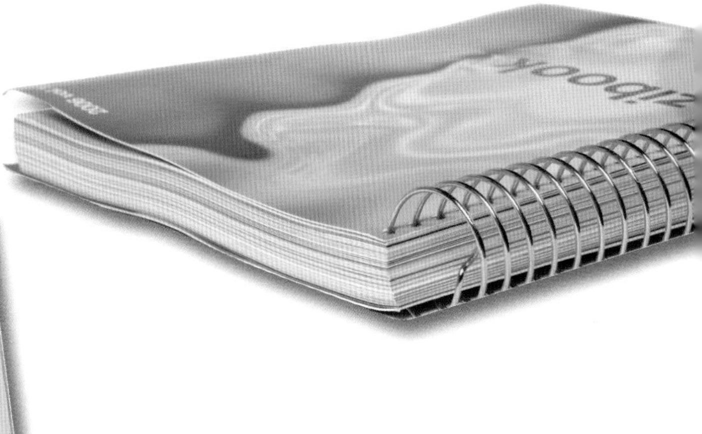

● 바인더 제책

내지를 순서대로 맞춘 뒤 한쪽에 구멍을 뚫어 바인더에 삽입시키는 방식이다. 역시 구멍을 뚫는다는 점은 스프링 제책 등의 방식과 동일하지만 보통 구멍의 수가 적다는 특징이 있다. 앨범, 다이어리, 요리책 등에 많이 쓰이며 표지는 양장, PVC 등 다양하게 만들 수 있다. 바인더 제책의 경우 표지 책등의 안쪽에 견고한 바인더 틀을 접합해야 하며, 열거나 닫을 수 있는 바인더의 특성상 사용자가 원하는 대로 내지를 추가하거나 빼거나, 원래의 순서를 바꿀 수 있다는 자유로움이 있다.

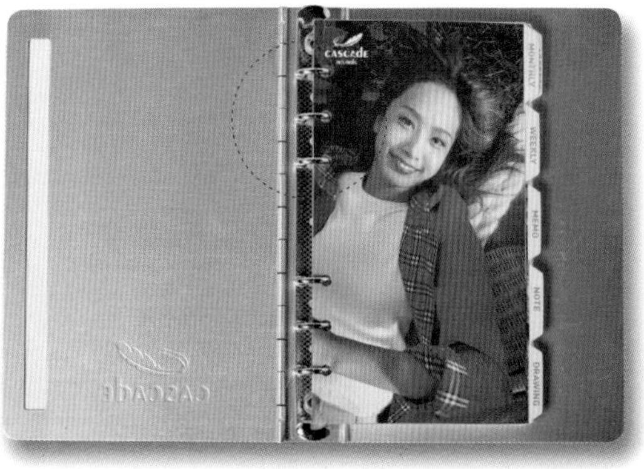

● 트윈 링 제책

스프링 제책이 발전한 방식. 책의 표지와 내지에 네모난 구멍을 촘촘히 뚫고 한 줄의 철사를 왕복시키며 구멍을 통해 엮는 방식이다. 펼쳤을 때 좌우 페이지가 어긋난다는 스프링 제책의 단점을 극복한 제책 방식으로 보통 튜닝 제책이라고도 한다. 동화책, 노트, 수첩 등에 많이 사용된다. 펼쳤을 때 좌우 페이지의 어긋남이 없으나 책등이 없다는 단점은 스프링 제책과 마찬가지다. 다만 특수한 경우, 책등 부분을 감싸 책등 기능을 갖도록 표지를 제작할 수도 있다.

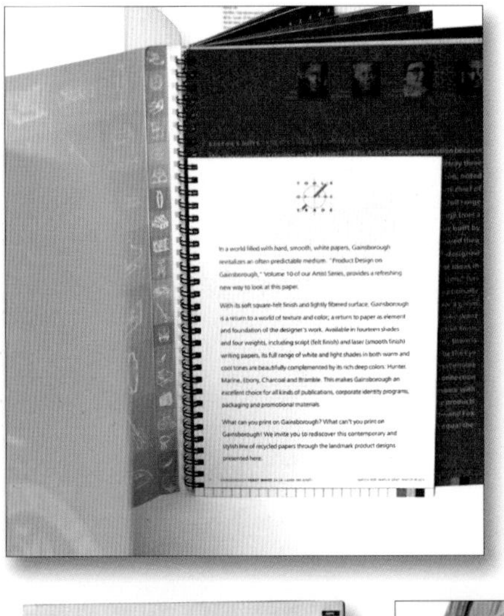

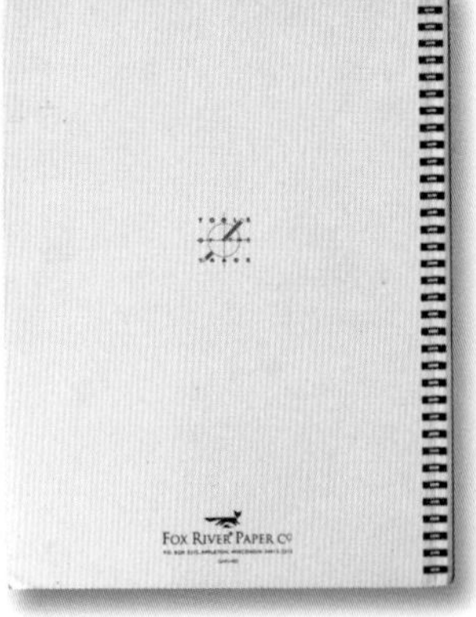

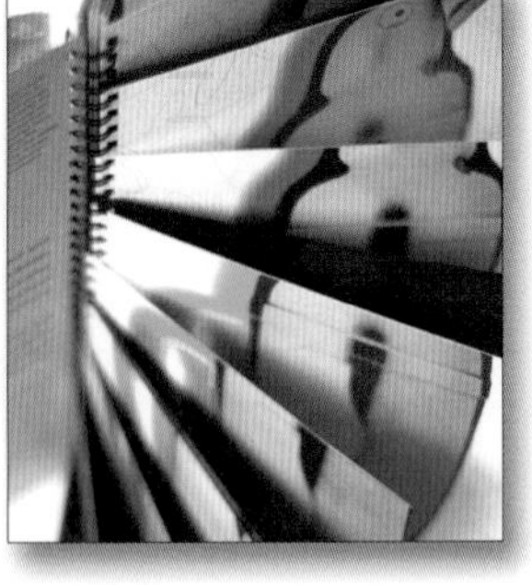

● 팝업북

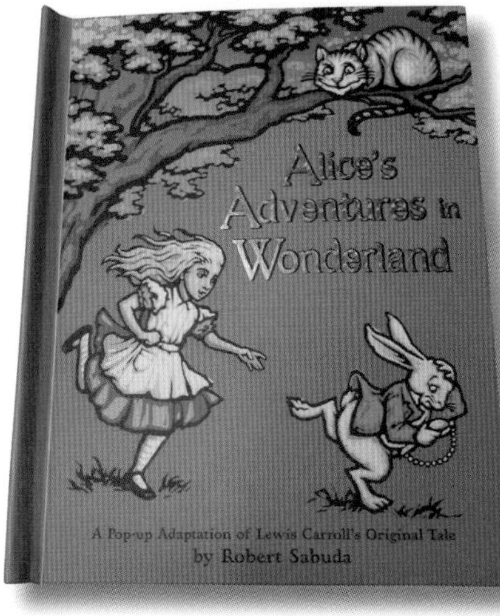

종이를 재료로 하는 책의 가장 큰 한계 가운데 하나가 평면성이다. 그러나 제책 기술과 아이디어의 발달로 책을 펼치면 그림이 튀어나오거나 입체가 완성되는 입체 책(팝업북, pop-up Book)이 등장했다. 팝업북은 해당 내용과 연관된 그림을 종이접기로 만들어 내지에 붙이거나 처음부터 종이접기로 제작된 내지를 제책하는 형태가 주로 쓰인다. 어느 방식이든지 책을 펼쳤을 때 입체가 만들어진다든지 책장이 열리면서 가려져 있던 그림이 세워진다든지 하는 3차원적 특성을 갖고 있다. 책의 다른 페이지처럼 네모나지 않고 특별한 형태로 재단된 페이지가 들어 있는 팝업북도 있다. 아동용 책이 주류를 이루며 일반적으로 책의 두께에 비해 페이지는 얼마 되지 않는다는 특징이 있다. 팝업북은 책의 성격으로 분류한 용어일 뿐 제책 방식은 무선철, 스프링, 트윈 링 등 다양하다.

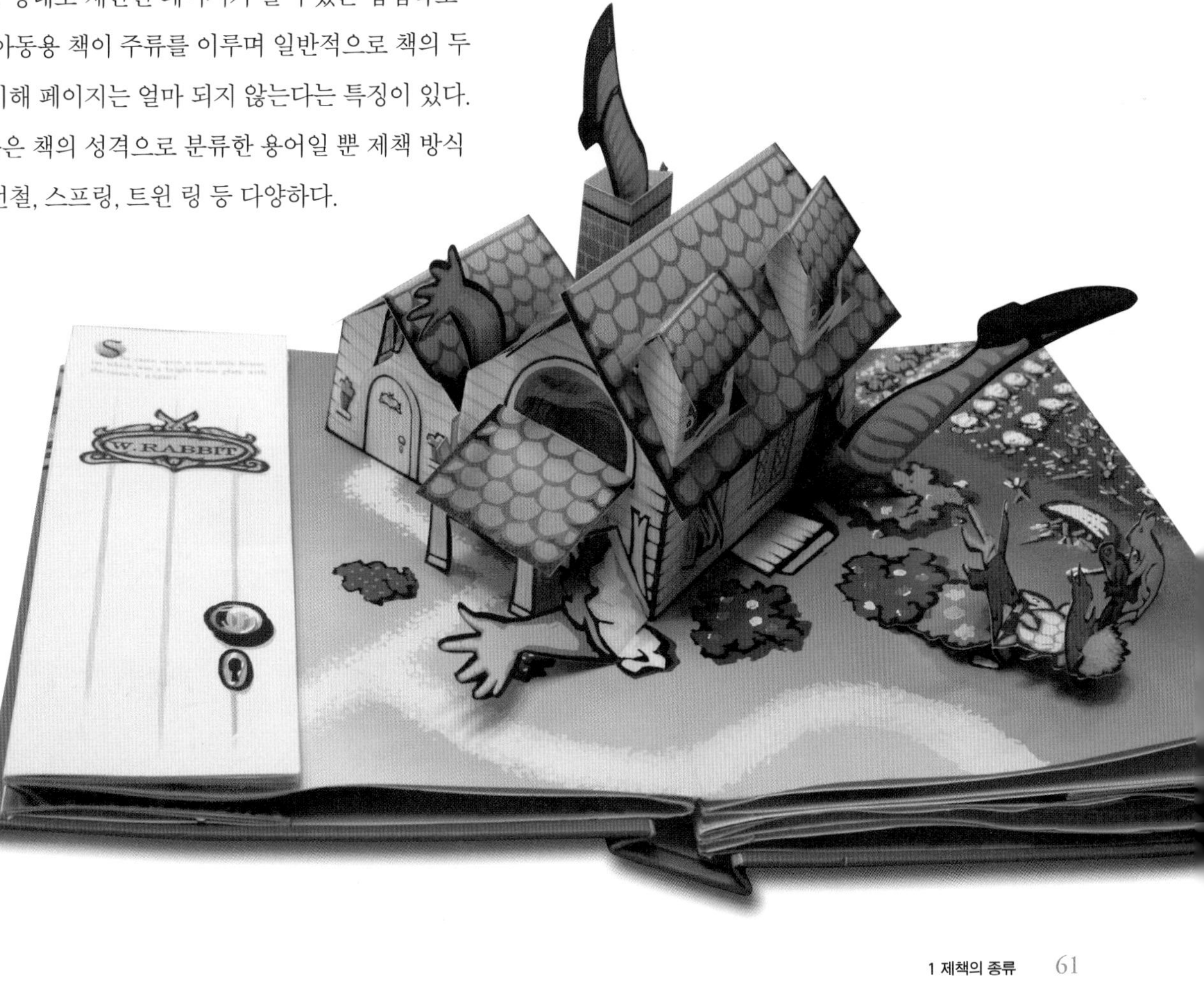

책등의 형태에 따른 구분

● 둥근 등

책등이 둥글게 만들어진 책. 양장 중에서는 등을 둥글게 처리하는 전통적 방식이 지금껏 가장 많이 쓰이고 있으며, 중철 또한 책의 두께가 어느 정도 이상이라면 약간 뾰족하지만 전체적으로 등 쪽이 둥글게 만들어진다. 바인더 제책 중에서도 책등이 둥근 것들이 많다. PVC 링 제책의 경우 엄밀한 의미에서 책등이라고 부를 수는 없지만 둥근 책등과 유사한 면을 가지고 있다.

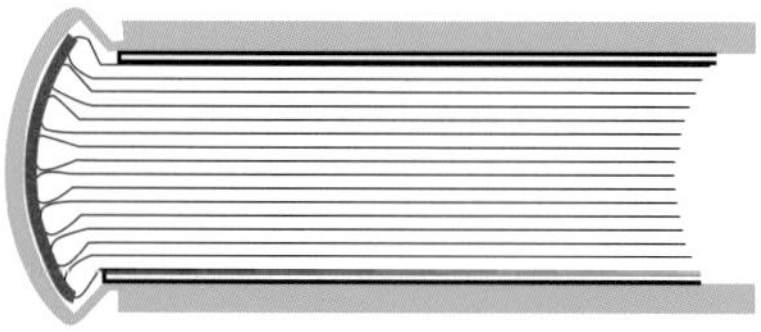

● 모난 등

책등이 표지와 수직을 이루는 형태. 책의 모양은 납작하지만 직육면체의 꼴을 하고 있다. 양장 중에서도 모난 등으로 만들어지는 경우가 있으며, 오늘날 가장 대중적인 제책 형태인 무선철 방식으로 만들어진 책은 접착제로 고정시키는 제책 과정의 특성상 책등이 모난 등으로 제작된다. 호부장 제책 또한 책등의 형태가 모난 등이 되며, 일부 바인더 제책은 책등이 모나게 만들어지기도 한다.

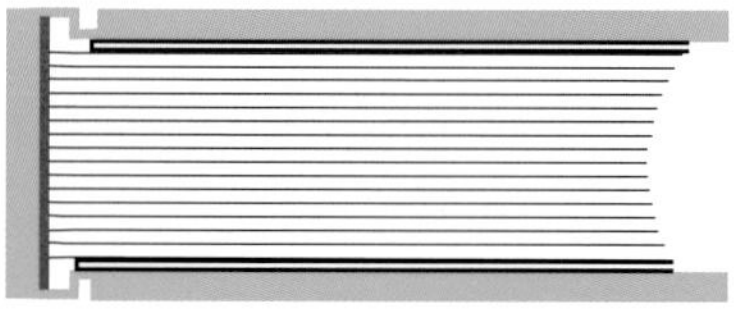

● 기타 등

스프링 제책이나 트윈 링 제책 등 책을 매는 소재가 노출됨에 따라 원칙적으로 책등이 없는 형태의 책이 있다. 다만 트윈 링 제책에서는 책등과 같은 효과를 갖도록 덮개를 씌워 제작하기도 한다.

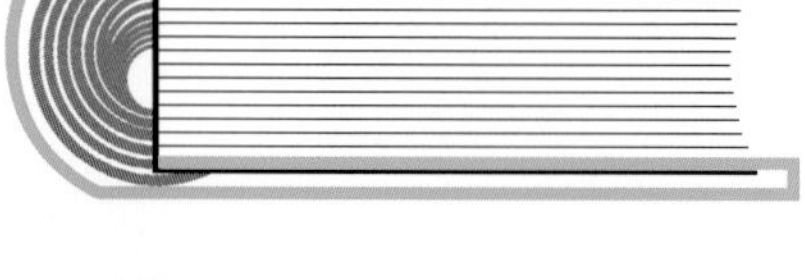

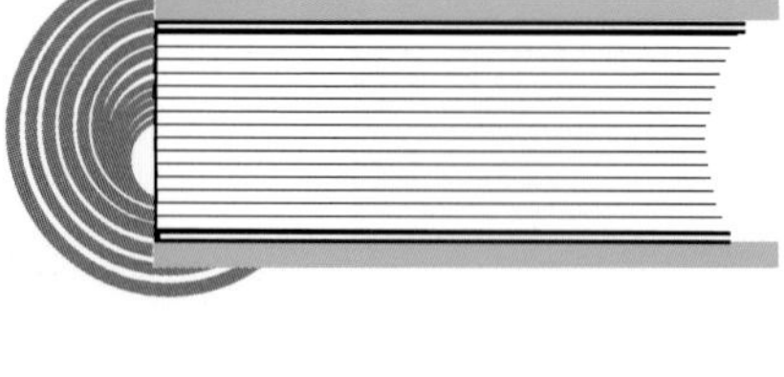

책등의 구조적 특징에 따른 구분

● 뗀 등(빈 등)

양장 제책으로 만들어진 책의 책등은 둥근 등과 모난 등으로 구분할 수도 있지만, 표지와 본문 묶음의 책등 부분의 구조적 특징에 따라 분류할 수도 있다. 우리말로 뗀 등 혹은 빈 등이라고 부르는 홀로 백(hollow back) 방식은 책을 펼쳤을 때 표지의 책등 안쪽과 내지 묶음의 책등 부분이 분리되는 구조다. 책을 닫았을 때는 견고하게 보호되지만 펼쳤을 때는 내지 묶음의 책등이 단단한 소재에 붙어 있지 않아 유연함을 보장받는다. 따라서 책을 열고 닫는 움직임이 부드럽고 책장을 넘기기가 쉽다.

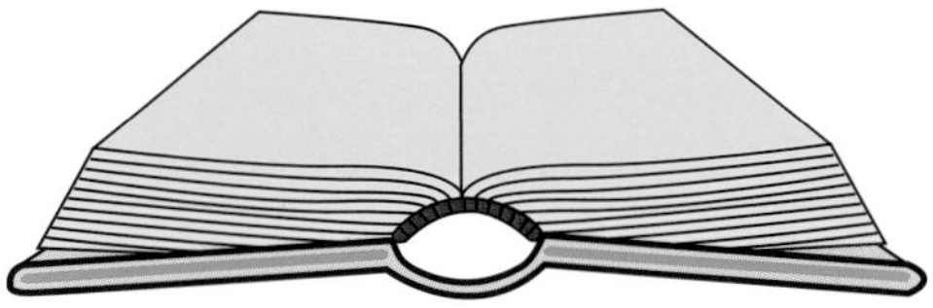

● 붙은 등

타이트 백(tight back)이라고도 한다. 주로 두께가 얇은 양장본을 모난 등 형태로 제책할 때 사용된다. 내지 책등이 표지 안쪽에 완전하게 밀착되기 때문에 가장 튼튼한 책을 만들 수 있다. 따라서 책의 펼침성이나 가독성보다 오래도록 보관할 수 있도록 내구성이 더 중요시되는 경우에도 사용된다. 다만 책의 펼침성이 나쁘다는 단점이 있다. 두꺼운 책을 붙은 등 방식으로 만들면 책의 가운데 부분을 읽을 때 가독성이 떨어지기도 한다.

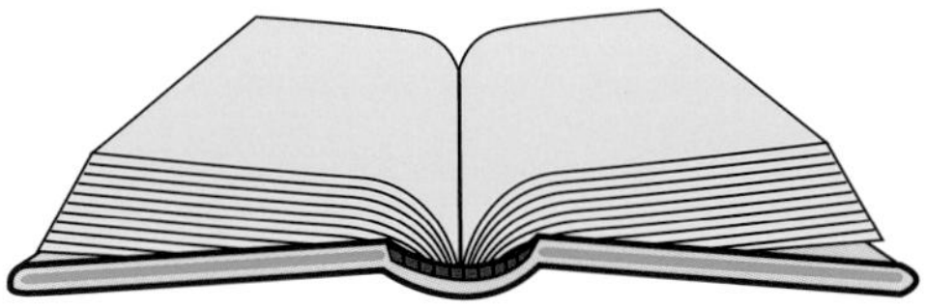

● 휜 등

책등이 유연해 플레시블 백(flexible back)이라고도 한다. 가장 오래된 제책 방식으로, 책등에 얇은 종이를 붙이고 나서 표지의 등 부분에 직접 밀착시킨 것. 책을 펼쳤을 때 책등 부분이 꺾이는 경우가 많고 따라서 책등에 인쇄한 내용이 손상되기 쉽다. 사전류처럼 두꺼우면서도 펼침성이 좋아야 하는 책에서 얇은 표지와 함께 선택되곤 하는 방식이다.

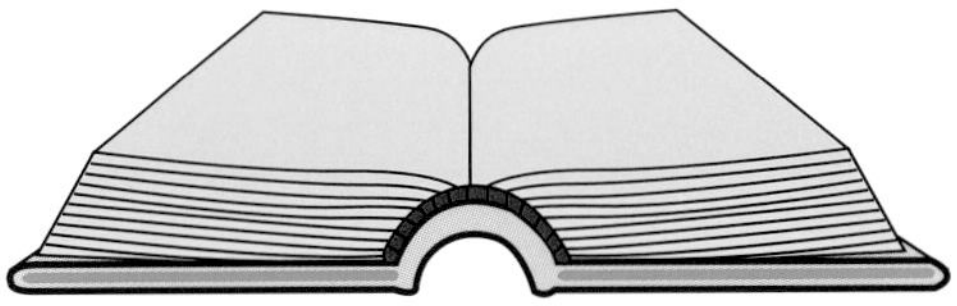

표지의 형태에 따른 구분

양장 표지

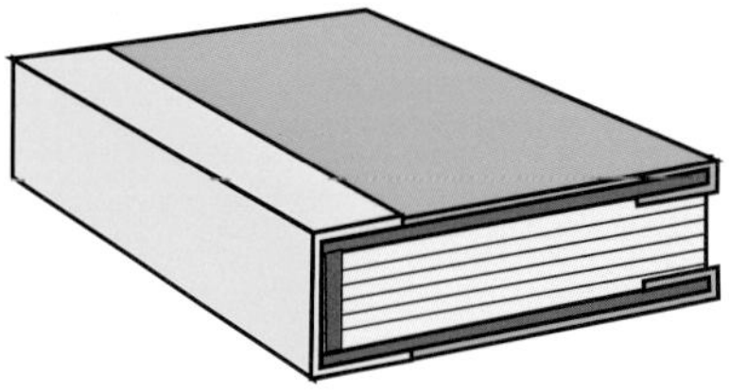

양장 제책의 경우 별도로 만든 표지와 내지 묶음 사이에 면지(面紙, end papers)를 삽입하는 것이 원칙이다. 이때 면지는 통상 4페이지(2장)가 들어가며, 맨 바깥쪽 면지는 표지 안쪽에 접착한다(뒷표지에서도 마찬가지다). 면지를 붙이는 이유는 책의 내용을 보호하는 동시에 표지 접합 강성을 증가시키고 내구성을 향상시키기 위해서다. 양장 표지에서 면지를 붙이는 방법도 여러 가지다. 가장 단순하게는 표지와 내지 사이에 면지를 끼우고 풀로 붙이는 방법, 면지로 내지 묶음 중 맨 앞쪽 1대 분량의 묶음을 감싸거나 덧댄 다음 함께 실매기하는 방법 등이 있다.

접은 표지

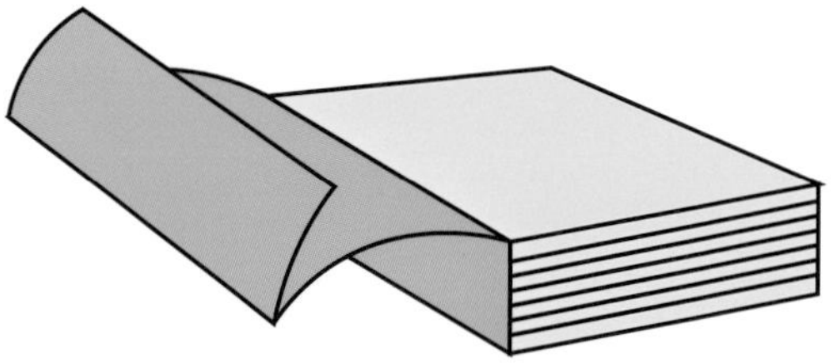

한 장으로 인쇄한 표지로 내지 묶음을 덮어씌우되 표지의 길이를 내지보다 크게 만들어 그 남는 부분을 안쪽으로 접는 방식이다. 이렇게 접어 넣은 부분을 날개라고 부르는데, 일반적인 단행본에서 흔하게 쓰이는 방법이다. 표지의 종이 끝 단면이 노출되어 있는 경우보다 내구성이 좋으며 날개 부분까지 인쇄 영역으로 삼을 수 있으므로 더 많은 내용을 실을 수 있다. 또한 책을 세웠을 때 버티는 힘이 강해진다는 장점이 있다. 접은 표지는 게이트 폴더(gate folder)라고도 한다.

이중 표지

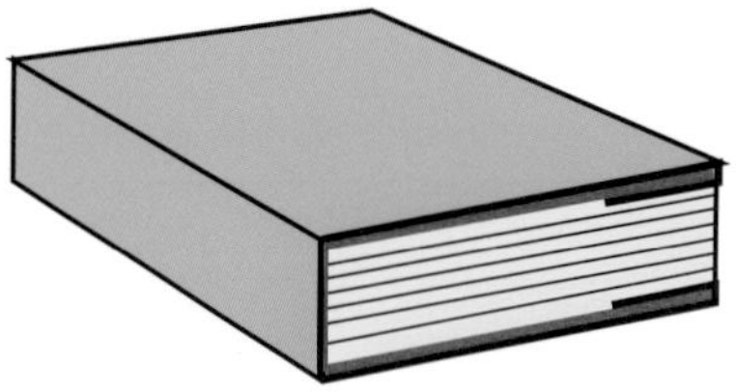

접은 표지는 종종 이중 표지로 쓰이기도 한다. 이중 표지는 양장 제책 혹은 무선철 제책 방식으로 만들어진 책의 원래 표지 위에 덧씌우는 것을 말한다. 책을 더욱 고급스럽게 만드는 효과가 있다.

아코디언 표지

날개라고 부르는, 접은 표지의 안쪽으로 접힌 면은 일반적으로 표지 폭의 절반 이하 크기다. 이에 비해 아코디언 표지 혹은 병풍식 표지는 접힌 면의 크기가 거의 표지와 같다. 주로 앞표지에만 쓰이는데, 책의 바깥쪽으로 접는 방식과 표지 안쪽으로 접는 방식이 있다. 주로 잡지 표지에 많이 사용되지만 제작 의도에 따라서는 단행본에서도 사용될 수 있다 아코디언 표지는 한 번 접는 형태가 가장 흔하지만 여러 번 접는 형태로도 만들 수 있다.

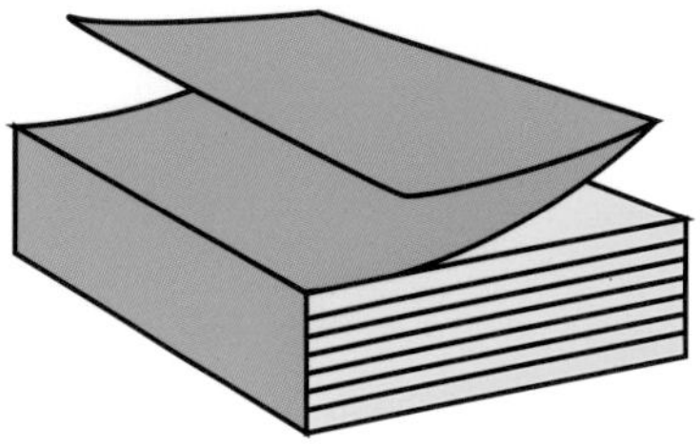

통표지

가장 단순한 형태의 표지다. 표지의 크기가 내지와 동일하다. 표지 용지 한 장을 인쇄하고 내지 묶음을 감싸는 방식이다. 일반적인 무선철 제책과 중철 제책에 주로 이용된다.

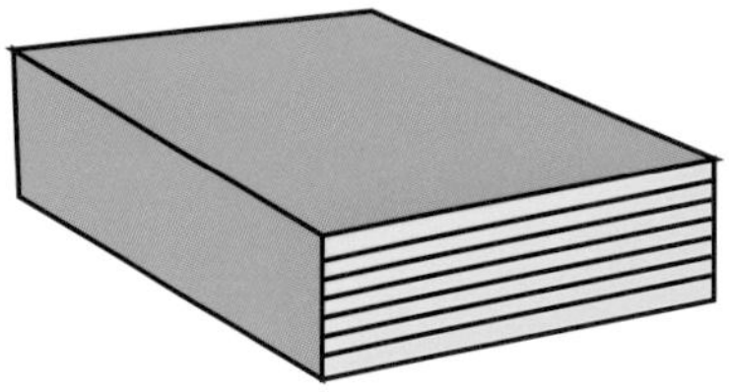

프랑스 표지

프랑스 장정이라고도 하며, 유연한 소재로 만든 표지의 테두리에 약간의 여유를 두고 재단한 다음에 표지를 안쪽으로 감싸 내지 묶음의 첫 장 혹은 면지의 3면에 접착하는 방식이다.

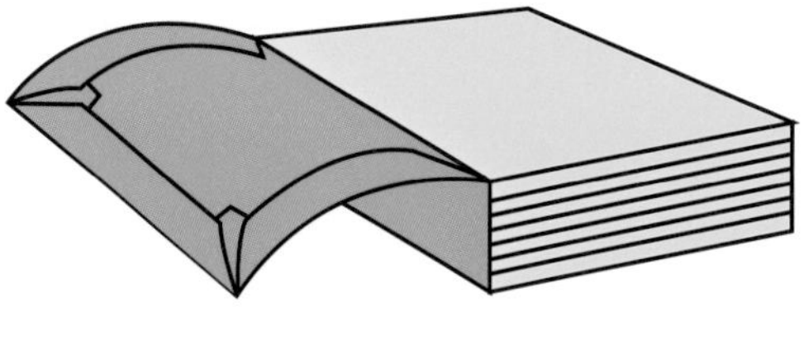

2 제책의 준비

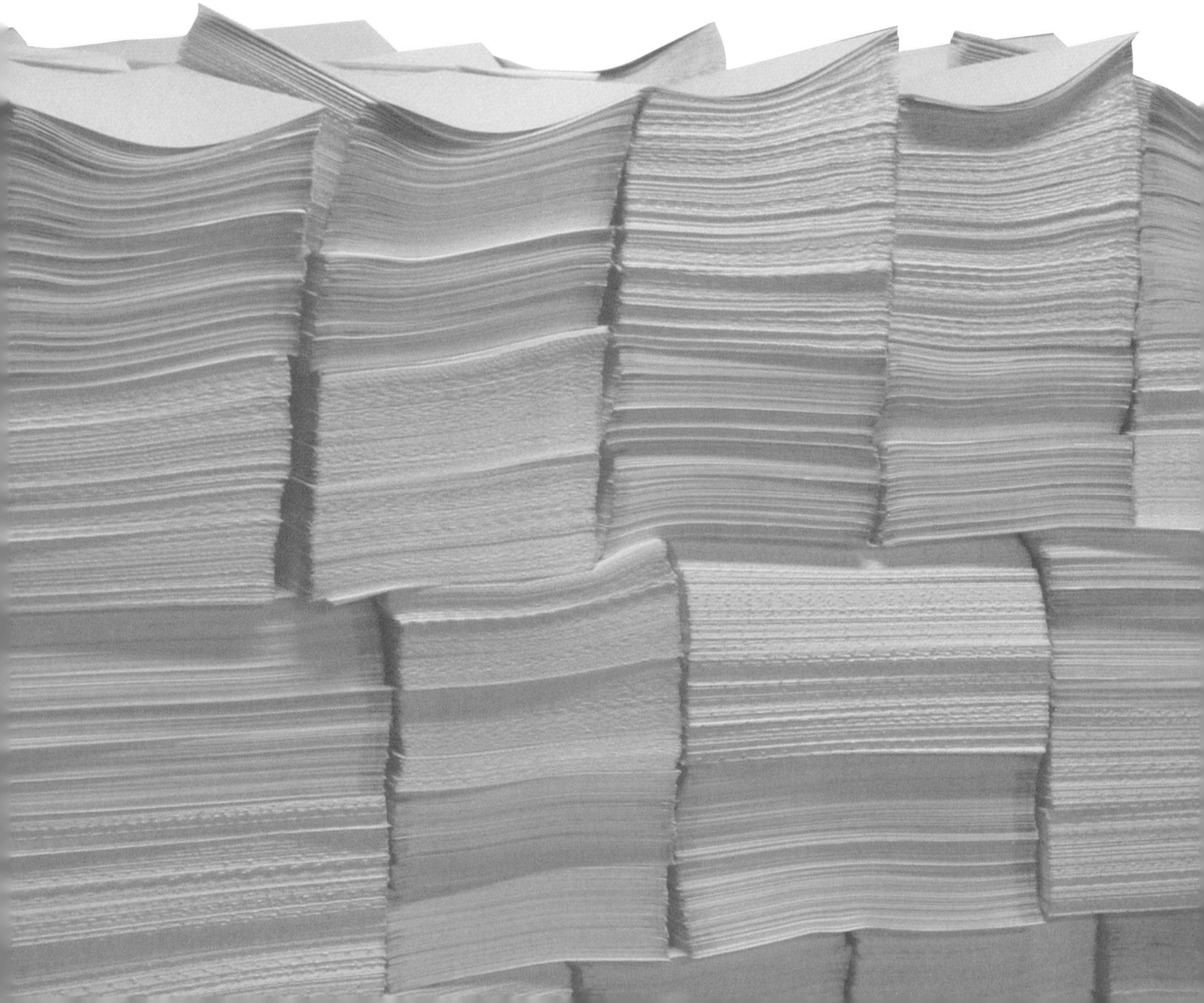

인쇄된 종이를 제책 기계로 보내 한 권씩 묶기 전에 해야 할 일들이 있다. 접지와 절단이다. 인쇄물을 책 크기(판형)에 맞게 접는 과정을 접지라고 하며, 접기 전 종이의 필요 없는 부분을 잘라 내거나 접지가 가능하도록 자르는 과정을 절단 혹은 나눔재단이라고 한다.

● **제책 요소 확인**

인쇄된 낱낱의 종이(피인쇄체)를 모아 책으로 묶기 위해서는 제책에 필요한 모든 소재를 확보해야 한다. 아주 당연한 이야기지만, 책을 만들기 위한 구성 요소 중 한두 가지를 빠뜨리고 작업에 착수하는 경우가 실제로 종종 있다. 따라서 책을 만들기 전에 묶을 내용물이 모두 완비되었는가를 확인해야 한다. 책에 따라서는 보통 인쇄된 종이(본문) 외에 엽서, 가름끈, 삽지 등의 부속물이 함께 첨부되는 경우가 있다. 최근의 책 표지는 점점 더 화려해지고 다양한 기법을 적용하는 추세이기 때문에 작업 소요 자재를 더욱 꼼꼼하게 확인해야 한다. 특히 복잡한 작업의 경우 제책 과정의 절차와 순서 또한 숙지한 상태에서 일을 시작하는 것이 좋다.

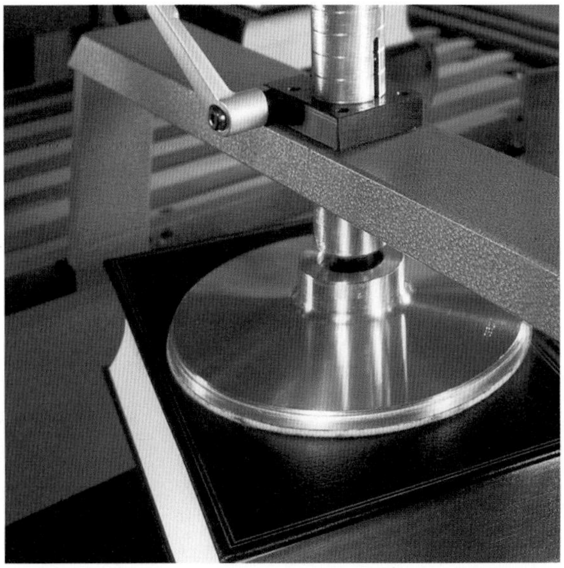

반입

제책의 모든 요소를 작업장에 들여오는 것. 자체 시설 내에서 이동시키거나 외부에서 가져오는 경우를 모두 포함한다. 반입한 각 제책 요소를 적절한 곳에 배치하는 것은 물론 운송 및 날씨 변화에 따른 손상과 변형을 막을 수 있는 대책도 강구해야 한다.

● 접지와 절단

우리가 보는 책들이 원래부터 한 쪽 크기의 종이에 인쇄하는 것은 아니다. '臺'라고 부르는 인쇄 단위가 있는데, 커다란 종이에 앞뒤 합쳐 보통 16쪽 분량을 인쇄한다. 따라서 한 대에 16쪽씩 인쇄되므로 이 종이를 책의 규격으로 만들려면 여러 번 접어야 한다. 이것을 접지라고 한다. 한 대에 16쪽인 인쇄물의 경우 3번 접어야 한다. 참고로, 접기 전의 인쇄지를 보면 얼핏 각 페이지 순서가 일관성 없어 보인다. 인쇄지를 접었을 때 비로소 페이지 순서가 맞게끔 인쇄하기 때문이다. 윤전 인쇄기의 경우 인쇄 후에 자동으로 접지까지 이루어진 상태로 기계에서 빠져나온다. 접지한 인쇄물은 인쇄대별로 가지런히 쌓아 다음 공정으로 넘긴다. 판형이 작은 책의 경우 한 대에 16쪽이 넘기도 하는데, 이러한 인쇄물은 접지에 들어가기 전에 미리 16쪽씩 자른다. 이처럼 접지 전에 인쇄물을 자르는 것을 절단 혹은 나눔재단이라고 한다. 반대로 한 대에 16쪽 이하를 인쇄하는 경우도 있다. 책의 판형 및 용지의 크기에 따라 한 대에 인쇄되는 페이지의 수는 4, 8, 12, 16, 24, 32, 64쪽까지 적용된다.

작업 준비

작업지시서를 완전히 숙지하는 것이 가장 중요하다. 제책 작업에 필요한 만큼의 수량과 소재가 반입되었는지 확인하고, 작업에 필요한 기계 · 기구도 점검한다. 가제본 작업을 해보면, 모든 소재가 적절한 형태로 준비되었는지, 인쇄 이상은 없는지, 인쇄지의 순서가 바른지 등에 대해 사전 점검을 하는 동시에 작업 공정을 체크할 수 있다.

● 인쇄대의 이해

방금 언급한 인쇄의 단위 '대(臺)'는 원래 어떤 책을 인쇄하는 데 필요한 인쇄기의 수를 가리키는 용어였다. 독자의 입장에서 책의 분량 기준은 '쪽'이지만, 출판업자의 입장에서 책을 인쇄하는 작업의 분량 기준은 '대'다. 쉽게 말해 독자가 "320쪽"이라고 말하는 책의 제작 과정에서 출판업자는 보통 "20대"의 책이라고 말한다. 가장 흔히 쓰이는 1대 16쪽을 기준으로 설명하자면, 이른바 A4(국배판형, 210×297㎜) 규격의 책 320쪽을 인쇄할 때는 636×939㎜의 용지(국전지) 한 장에 앞뒤 각각 8쪽씩 터잡기를 한다. 이처럼 전지 한 장에 16쪽이 배열되기 때문에 책의 1~16쪽은 1대, 17~32쪽은 2대, …… 305~320쪽은 20대가 된다. 따라서 A4크기의 320쪽짜리 책을 만들기 위해서는 인쇄기가 20대 필요한 것이다(실제로는 인쇄기 한 대로 20번 인쇄한다). 따라서 인쇄대수의 원래 의미는 필요한 인쇄기의 수를 가리키는 것이었고, 오늘날에 와서는 인쇄기 한 대가 한 번에 인쇄할 수 있는 페이지의 수를 말하는 것으로 정착됐다. 위에서 언급했듯 한 대에 인쇄되는 페이지 수는 4~64쪽이 될 수 있으므로 같은 분량의 책이라도 책의 판형이나 인쇄용지의 크기에 따라 대수가 달라질 수 있다(한 대에 32쪽씩 터잡기를 하면 320쪽짜리 책은 10대가 된다).

제책에 있어서는 인쇄뿐 아니라 인쇄물을 간추리고 접는 등의 공정도 필요하기 때문에 인쇄대수는 물론 접지대수, 정합대수까지 함께 이해하고 있어야 한다. 인쇄대수의 개념과 마찬가지로 접지대수와 정합대수 역시 책 한 권을 만들 때 필요한 접지 · 정합 작업의 기준 단위다. 접지 · 정합 작업은 용지의 두께에 따라 작업 범위가 달라질 수 있기 때문에 위 표에서는 용지의 두께, 즉 평량에 따른 차이를 보여줬다. 접지대수는 항상 정합대수와 동일하며, 용지의 평량에 따라 인쇄대수보다 늘어날 수 있다. 참고로, 80g 이상 종이의 접지대는 한 대에 16쪽이 기준이며, 150g 이상은 8쪽 접지, 250g 이상은 4쪽 접지라는 점을 꼭 기억해두면 제책 시 사고를 미연에 예방할 수 있다.

인쇄대의 이해

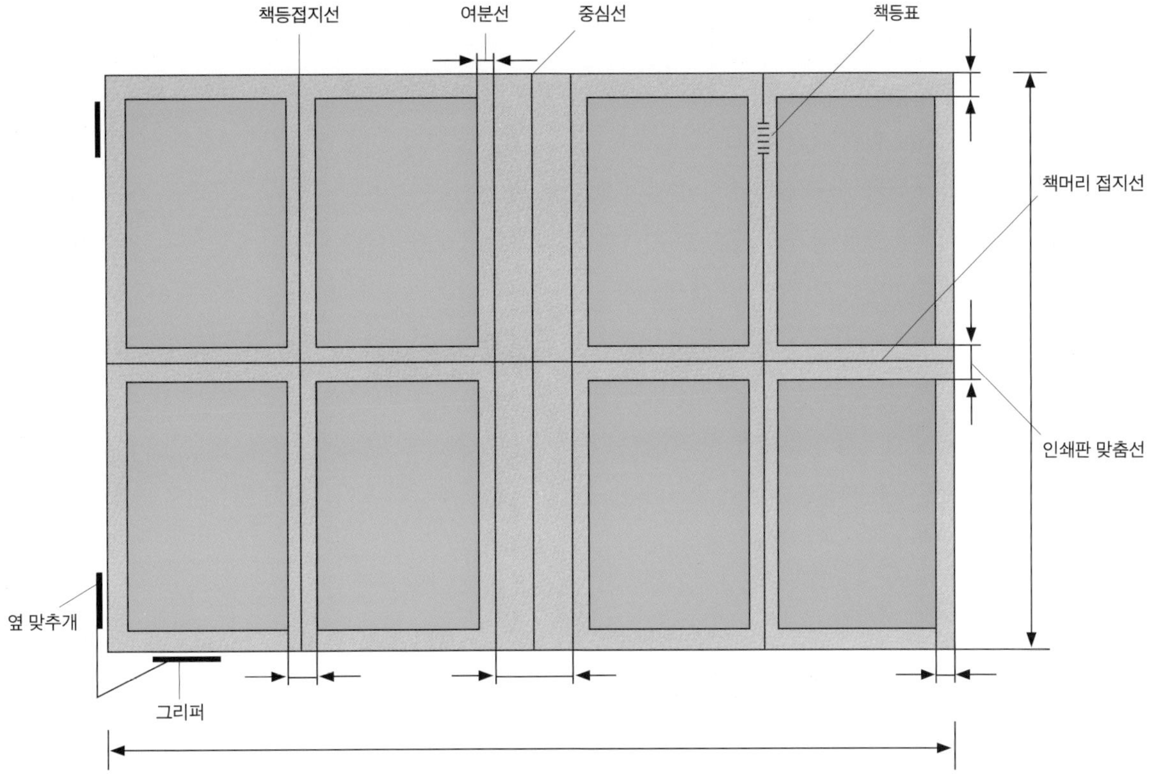

국배판 터잡기의 예

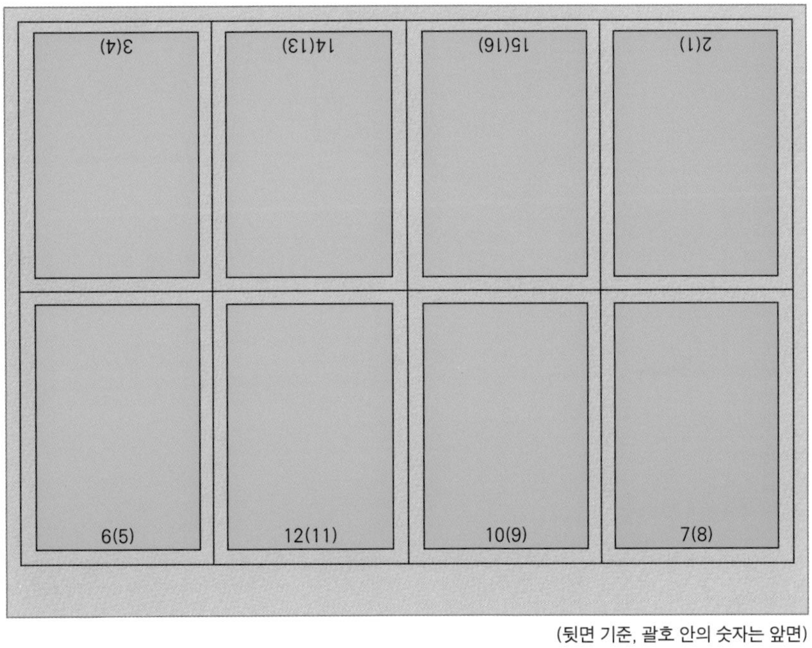

(뒷면 기준, 괄호 안의 숫자는 앞면)

● 정합 및 대수 표기

인쇄대별로 접지한 인쇄물을 페이지 순서대로 추리는 작업이다. 접지 더미에서 순서대로 하나씩 뽑아 쌓아놓으면 그것이 곧 나중에 책을 완성했을 때의 페이지 순서가 된다. 이 정합 과정을 용이하게 진행하기 위해 인쇄에 앞서 터잡기를 할 때 각 인쇄대의 첫 번째 페이지에 몇 대째인지를 알려주는 등표를 표기한다(현장에서는 '오리 작업'이라고도 말한다). 많은 제판업체(출력소)들이 등표를 넣지 않은 채 인쇄 필름을 출력하고 있지만, 사고 없이 책을 만들기를 원한다면 책등표를 넣어 출력하는 것이 좋다. 등표를 표기해 놓으면 나중에 접지한 다음에 각 묶음의 등쪽만 봐도 이것이 몇 대째인지를 쉽게 알 수 있으며 각 인쇄대별 분량의 체크도 쉬워진다. 예를 들어 10대짜리 책을 만드는 경우 인쇄와 접지 후에 수량을 파악했더니 유독 5대가 두 묶음 부족할 수 있다(놋고리 파악). 이런 경우 5대 부분만 추가 인쇄하면 정상 수량의 책을 만들 수 있는 것이다. 모든 공정별 수량 파악은 반드시 해야 하며, 납품 후 OK 통보를 받을 때까지는 접지 묶음이나 기타 재료가 남았다 하더라도 버리지 않는 것이 좋다.

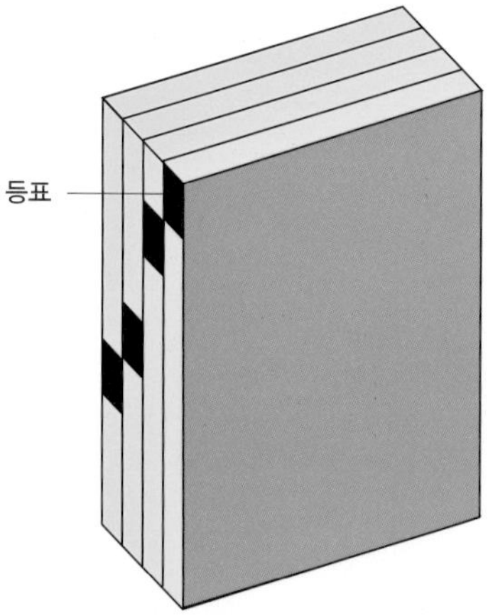

낙장된 정합

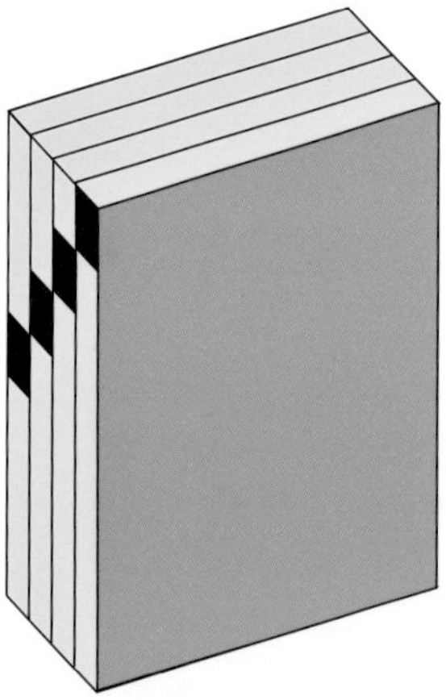

무선정합 예시

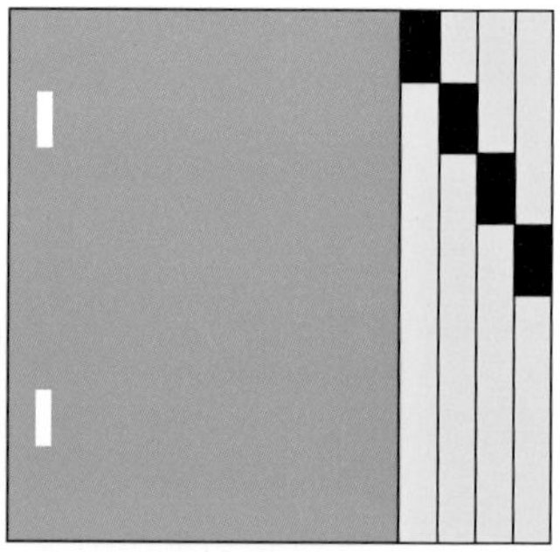

중철정합 예시

등표

정합이 잘못되면 낙장, 겹장, 난장이 될 수 있으며 이를 방지하기 위한 것이 등표다. 인쇄물 등 부분에 엇매겨져서 인쇄된 표시를 말한다.

● 접지의 과정

인쇄지를 한 대씩 접는 접지기는 용지 공급 방식에 따라 라운드형과 스탠더드형 두 가지로 나뉜다. 라운드형 접지기는 인쇄지 뭉치를 약간 기울여 쌓아놓고 원통(드럼)을 통해 둥글게 말면서 급지부로 한 장씩 공급하는 방식이다. 최근 현장에서 새롭게 도입하는 기종으로, 접지기가 작동하는 중에도 계속해서 인쇄지를 추가로 적재할 수 있기 때문에 스탠더드형에 비해 작업량에서 많게는 두 배의 효과를 낼 수 있다.

또한 작업자가 편안하고 안전하게 사용할 수 있고 품질이 우수하여 생산성이 매우 높다는 장점도 있다. 반면 스탠더드형 급지기는 매엽 인쇄기와 동일한 방식으로 한 장 한 장 급지기에서 급지하여 접기 때문에 작업 시간이 길어 생산성이 떨어진다. 하지만 현장에서는 아직도 많이 사용하고 있다. 현장에 접지기가 여러 대 있다면 이 두 가지를 분석하여 작업장을 선택하면 도움이 될 것이다.

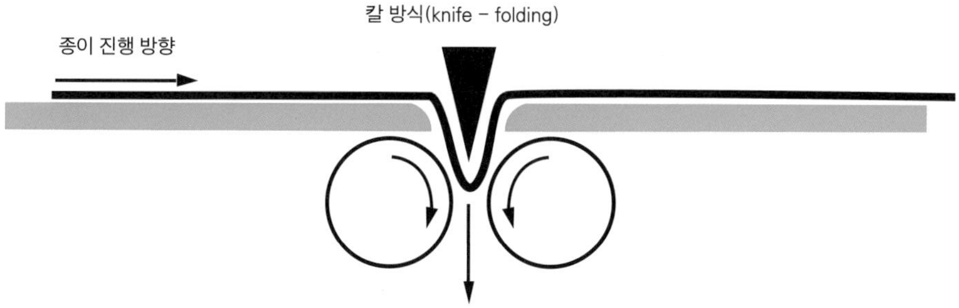

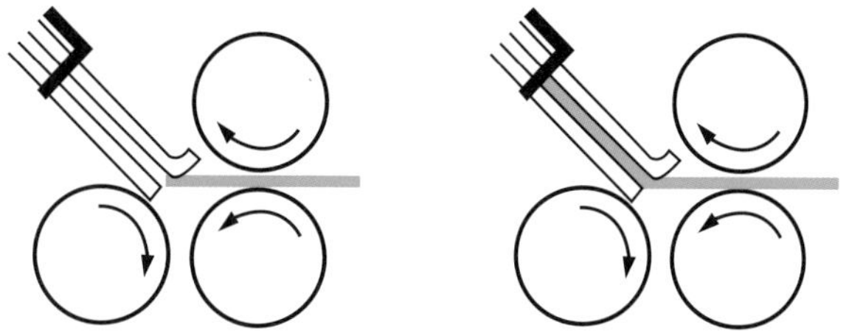

❶ 롤러를 따라 종이공급

❷ 접지가 될 부분까지 종이가 올라가다가 멈춤

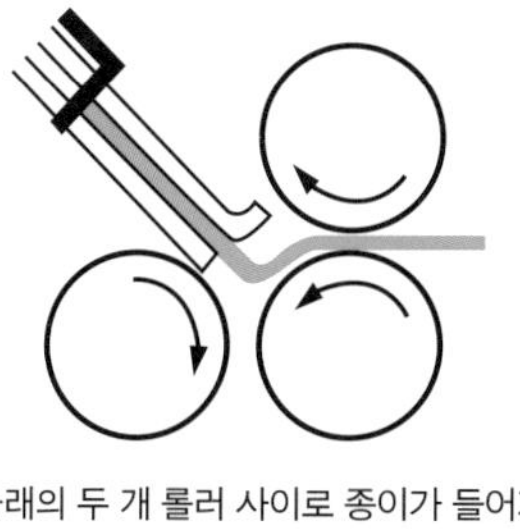

❸ 아래의 두 개 롤러 사이로 종이가 들어가기 시작

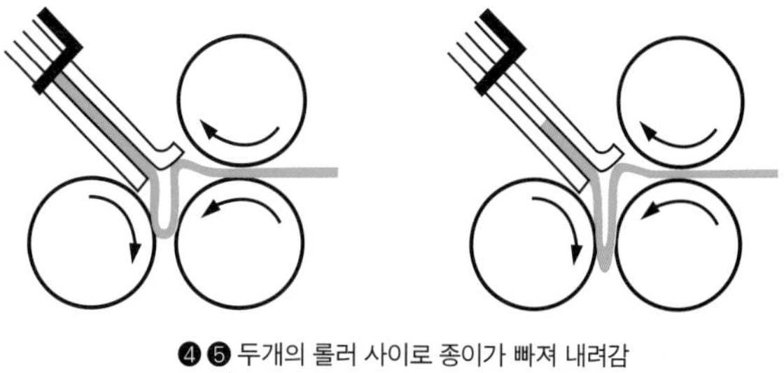

❹❺ 두개의 롤러 사이로 종이가 빠져 내려감

● 접지 방식과 접지대

위의 다섯 가지 방법이 대표적인 접지법이며, 기본 접지법을 응용해서 다양한 형태로 인쇄지를 접을 수 있다. 접지기의 종류에 따라서는 작업할 수 없는 접지법이 있을 수 있기 때문에 특별한 접지 작업을 위해서는 다양한 접지기를 보유한 업체에 일을 맡기는 것이 좋다.
한편 용지의 결이 맞는 경우라도 접선부에 접힌 자국이 생길 수 있으므로, 책으로 묶는 경우에는 접선부를 잘라내기 때문에 별 문제가 없지만 브로슈어나 카탈로그처럼 접기만 해서 완성되는 인쇄물의 경우엔 접힌 자국이 문제가 될 수 있다. 이를 해결하기 위해 라미네이팅을 해서 접기도 하지만, 접힌 자국이 절대 생기지 않는다는 보장도 없고 용지가 밀리는 등의 새로운 문제가 생길 수도 있다. 접지 품질이 특별히 우수해야 하는 인쇄물의 경우 접지기에서 접선을 먼저 눌러준(선압 또는 '오시') 후에 접기도 하고 접지기의 접지 롤러의 압력을 미세하게 조절하기도 한다. 그러나 물리적으로 두께를 가진 용지를 빠른 속도로 접었을 때 아무런 흔적 없이 완벽할 수는 없기 때문에, 인쇄는 물론 접지 품질까지 중요한 아주 특별한 인쇄물의 경우엔 기계로 접선을 넣어준 후에 사람의 손으로 접는 방법을 쓰기도 한다. 애초에 접지 공정 중에 생기는 문제와 한계를 주문자에게 미리 이해시켜주고 함께 협의한 후에 작업에 착수하는 것이 좋다.
종이를 접는 것은 손으로 하든 기계로 하든 평량에 따라 접지적성이 달라진다. 예컨대 종이가 두꺼울수록 접을 수 있는 횟수가 작아지는데, 보통 A4지와 도화지를 놓고 직접 접어보면 그 차이를 알 수 있다. 접을 수 있는 횟수가 작다는 것은 곧 하나의 접지대에 해당하는 페이지 수가 작다는 뜻이 된다.

1. 정접지

정접지는 책등이 왼쪽에 있는 일반적인 책을 묶는 데 쓰이는 방법이다. 4, 8, 16, 32p 등 4의 배수가 되는 인쇄대에 사용한다. 16p 인쇄대의 경우 인쇄지를 세 번 접으면 위에서부터 아래로 16p가 순서대로 배열된다. 접을 때는 매번 다른 방향으로 접는다.

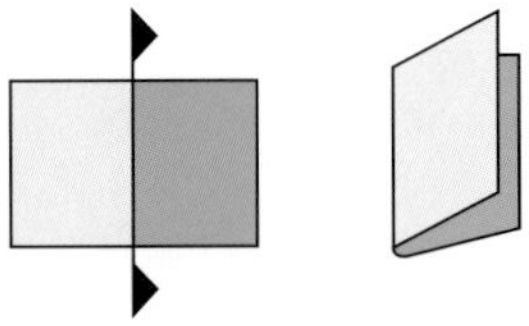

1회 접지, 기본 4p 접지

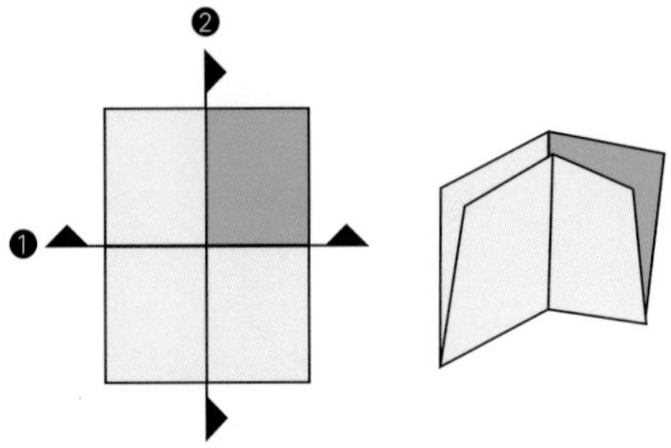

2회 정접지, 8p 기본 접지

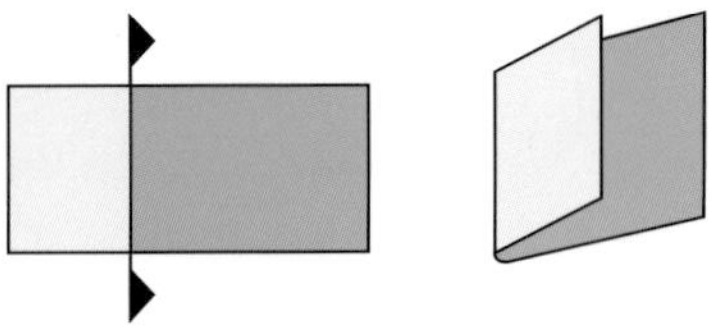

$\frac{1}{3}$접지

2. 두루마리 접지

책등이 왼쪽에 있거나 위쪽에 있는 책을 묶는 데 사용된다. 8, 16, 32p짜리 인쇄대 또는 12, 24p짜리 인쇄대에도 적용되는 방법이다. 처음 두 번은 같은 방향으로 접고, 세 번째는 다른 방향으로 접는다.

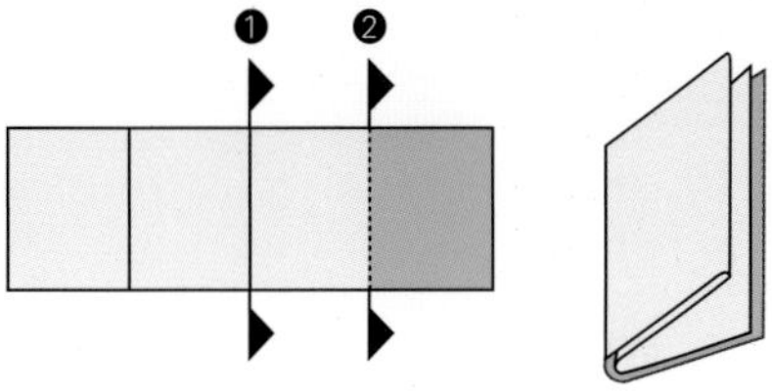

2회접지, 두루마리 8p 접지

3. Z접지

아래쪽에서 봤을 때 Z자처럼 6p가 되도록 접는 방법. 중간을 한 번 더 접어 12p 접지도 가능하다. 두루마리 접지의 12p보다 정밀성이 좋고 용지의 꺾임성이 좋으므로 6절이나 12절 판형에 주로 이용된다. 역발췌 기법이 필요하다.

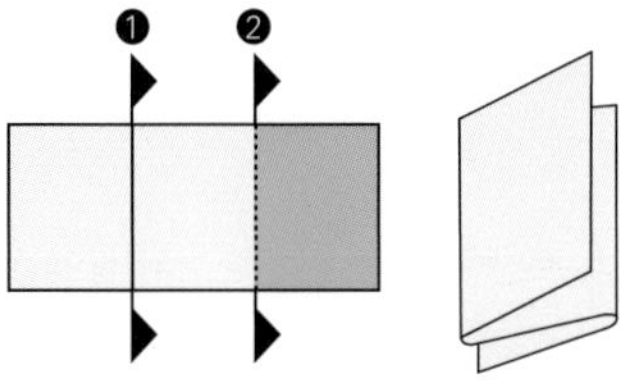

Z접지

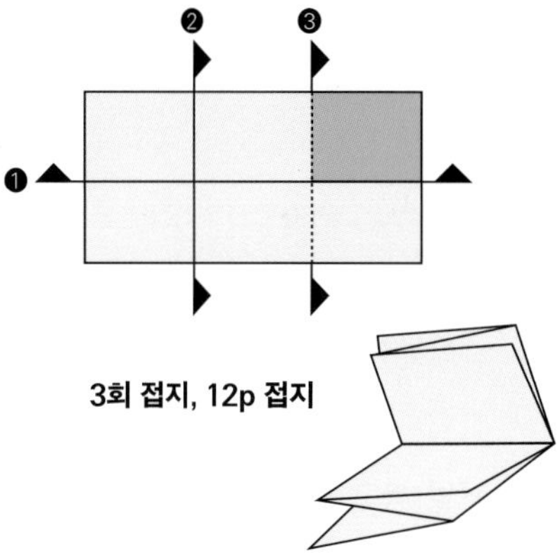

3회 접지, 12p 접지

4. 병풍 접지

지도 또는 크게 펼쳐지는 브로슈어 등에 사용되는 접지 방법. 6p까지는 Z접지와 동일하지만 최고 7번까지 접을 수 있다. 병풍처럼 다 접은 뒤에는 중간을 한 번 더 접거나, 각각 1/3 지점과 2/3 지점을 한 번씩 접을 수도 있다. 고난도의 역발췌 기법이 필요하다.

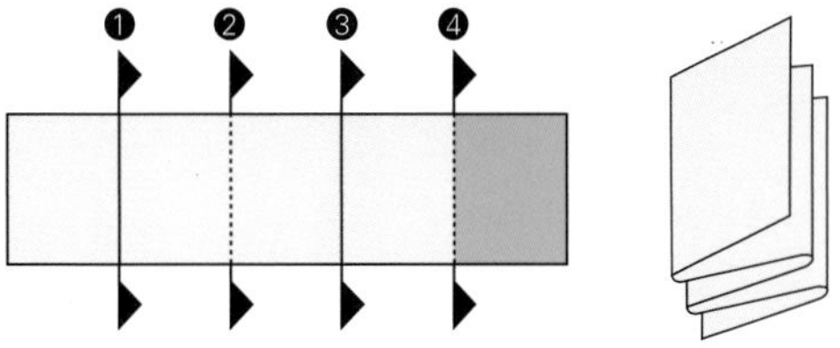

병풍접지

5. 대문 접지

대문처럼 열게 된다고 해서 붙은 이름으로, 브로슈어나 카탈로그에 주로 사용되는 8p 접지 방법이다. 용지의 오른쪽 절반을 먼저 접고 왼쪽 절반을 접은 다음에 가운데를 한 번 더 접는다. 아래 그림의 1, 2페이지는 3, 4페이지보다 2~3㎜ 정도 폭이 좁아야 접을 수 있다.

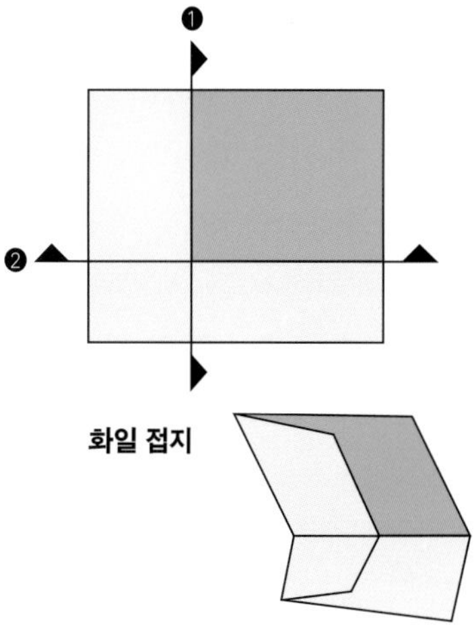

화일 접지

● 칼집 넣기와 접지

접지를 비롯한 제책 과정에서 사용되는 다양한 칼은 보통 홀더에 끼워서 사용된다. 칼의 용도로 보면 일반 무선철용, 줄눈(엽서 절취선 등에 쓰이는 점선 형태의 칼집으로, 현장에서는 '미싱'이라고 부르기도 한다)용, 선압용, 재단용, 노치 바인딩용 등이 있다. 제책용 칼의 특성을 두 개의 숫자로 표기하기도 한다. 예컨대 1:2, 2:8, 3:10 등의 수치에서 앞쪽 숫자는 접지 후 종이가 붙어 있는 길이(㎜)고, 뒤쪽 숫자는 홈의 개수다. 용지의 두께에 따라 칼집을 내는 깊이도 다르다.

접지 공정에서 접선부에 칼집을 넣어주는 이유는 첫째 인쇄물(접지 대수)의 두께를 줄이고, 둘째 접힌 종이 사이에 들어가 있는 공기를 빼고, 셋째 용지의 꺾임 현상이나 접힌 자국을 방지하고, 넷째 정확하게 접지할 수 있게 하기 위함이다. 참고로, 무선철 제책 방법 중 노치 바인딩(아지로 매기 또는 아지로 무선철)은 접지 대수의 책등 부분에 새김눈(notch)을 넣은 다음 접착제를 바르고 굳히는 것이다.

더 튼튼하게 제책할 수 있고 커다란 판형의 책도 무선철로 제책할 수 있게 하는 새김눈 역시 제책용 칼로 책등에 칼집을 넣어 만들어준다. 일반적인 접지기는 한 개의 접지칼 홀더를 갖추고 있으며 필요에 따라 추가로 덧붙일 수 있다. 접지칼 홀더가 많을수록 다양한 용도로 사용할 수 있다.

또한 하나의 접지기로 다양한 접지 방식을 모두 적용할 수 있는 것은 아니다. 접지기와 접지 방법에 따라 가능한 경우가 있고 불가능한 경우가 있다.

접지 품질은 기계의 정밀도에 따라 차이가 생기며, 일반적으로 노후한 기계일수록 접지 품질이 낮아진다. 따라서 접지 방식을 결정하기 전에 접지기 사양을 숙지해야 하며, 어떤 접지기를 선택하느냐에 따라 완성품의 품질이 달라질 수 있다는 점도 유념해야 한다. 국내에서 사용되는 접지기들은 주로 독일 제품과 일본 제품으로 스탈, MBO, GUK 등 독일산 기계는 상업 인쇄물 접지에 많이 사용되며 일본산 기계인 쇼에이는 박엽지 접지 및 DM용 접지, 줄눈(미싱) 작업에 많이 사용된다.

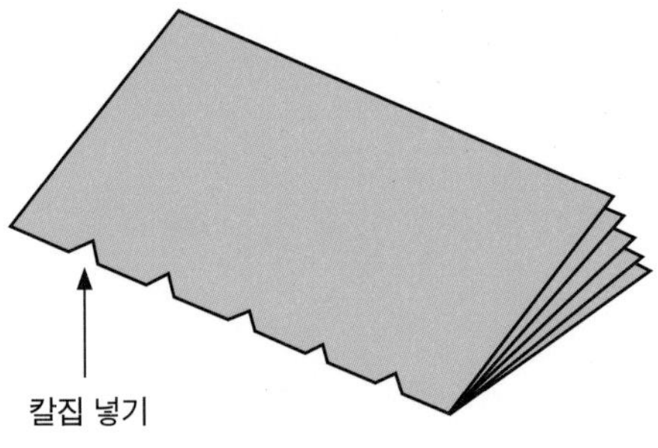

● 접지 오차

오늘날 기계의 정밀도 향상으로 접지기에서 발생하는 접지 오차는 1/20에 불과해 언뜻 육안으로 확인하기 힘든 수준이다. 물론 기계가 낡았을 때 접지 오차가 발생할 여지가 커지는데, 실제로는 작업자의 실수 또는 기계 정비 불량이 접지 오차의 더 큰 요인이 된다. 이 밖에도 용지의 정밀도가 떨어지는 경우, 즉 용지 불량 · 맞춤선 불량 · 재단 불량 등의 원인이 있을 때도 접지 오차가 발생하곤 한다.
가장 정확한 결과물을 얻기 위한 최상의 방법은 4p 접지, 즉 한 번만 접어서 정합 · 제책하는 것이다. 그러나 작업 시간과 효율 면에서 4p 접지는 생산성이 떨어지므로 현실적으로는 여러 번 접는 접지 방식이 널리 쓰인다. 따라서 접지 오차에 대해 고려해볼 필요가 있다.

접지 오차는 종이의 두께에 따라 발생하는 오차를 접는 회수에 따라 20~50%를 곱해서 예측할 수 있다. 이에 따라 평량 70g/㎡ 이하는 16p, 32p 접지가 가능하며, 100~120g/㎡ 용지는 16p 접지, 150~180g/㎡ 용지는 8p 접지, 그 이상은 4p 접지를 원칙으로 하는 게 좋다(단, 양장 제책시에는 4p 접지를 사용할 수 없고 8p 이상 접지물로 사용해야 한다).
한편 화선부가 있는 접지는 오차 범위가 0.72㎜를 넘게 되면 완성된 결과물에 문제가 발생할 수 있다.

화선부가 없는 접지 허용 오차

접지 4p	**0.25**
접지 8p	**0.45**
접지 16p	**0.72**

● 삽지 붙여넣기

접지한 인쇄대에 풀을 발라 다른 내용물을 부착하는 작업으로 현장에서는 '풀 바리 작업' 또는 '노리 작업'이라고도 한다. 무선철에서는 낱장 삽지(100g/㎡ 이상)도 정합 가능하지만, 중철에서는 2p 또는 4p의 삽지를 8p나 16p로 접지한 본문 사이에 붙일 경우에는 원칙적으로 반드시 책장의 뒤쪽에 풀칠해 붙여야 한다. 이와 반대로 책장의 앞쪽에 붙여 넣으면 책장의 앞 페이지를 가려버리기 때문에 다음 공정인 정합에서 오류를 일으키게 된다. 특히 실매기 작업의 경우에도 작업에 방해가 된다.

삽지 붙여넣기의 풀칠 폭(pasting margin)은 잡지류는 5㎜(여분 포함하여 12-15㎜)가 원칙이고, 무선철은 등을 3㎜ 정도(여분 포함하여 6~8㎜) 밀링 절단한 다음 약간의 풀칠 부분을 남긴다. 그러면 책등이 갈라지는 일을 방지할 수가 있다. 실매기 하는 반양장 페이퍼백과 아지로 매기 제책에는 원칙적으로 풀칠 폭을 3㎜로 하는 것이 적당하다. 이것은 책의 펼침 상태에 관계되는 것으로, 책을 펼쳤을 때 다른 부분과 똑같이 균등하게 펼쳐져 삽지를 넣었다는 어색함이 없기 때문이다.

삽지 붙여넣기에서 특히 주의해야 할 것은 난장(disorder)과 탈락 등이다. 난장의 방지는 삽지를 붙이기 전에 작업지시서 혹은 배열표를 철저하게 숙지하는 수밖에 없다. 탈락 방지를 위해서는 사전에 인쇄지의 성질, 인쇄 상태를 보고 접착제를 잘 선택해야 한다. 삽지가 빠져나가는 원인의 대부분은 인쇄 영역 위에 풀을 칠한 것이 이유인 경우가 많기 때문에 사실상 예방하는 방법으로는 삽지를 붙여넣을 맬묶 위치에 미리 풀칠할 여백을 만들어 놓는 준비가 필요하다. 특히 맬묶 끝까지 페이지 전체에 그림을 가득 배치할 경우에는 레이아웃 작업 시 삽지를 붙여넣을 위치에 실매기는 3㎜, 무선철 등의 잡지류에는 5㎜ 정도의 판면 여유를 미리 두면 충분한 접착 효과를 발휘할 수 있다. 출판 편집자, 인쇄 담당자는 인쇄 교정 시점에서 이런 부분을 염두에 두고 교정을 볼 필요가 있다.

삽지 풀칠 작업에서 주의할 점은 다음과 같다.

주의 사항

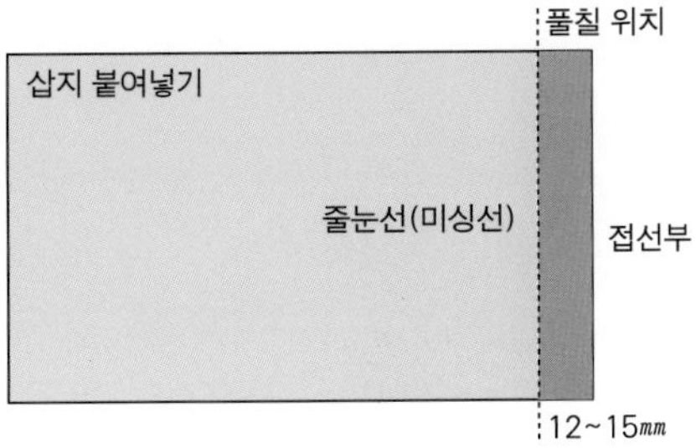

- 본문이 4p일 경우 본문 평량이 120g/㎡ 이상이 되어야 한다.
- 붙이고자 하는 삽지 내용물의 폭이 최소 105㎜(엽서 기준)를 넘어야 한다.

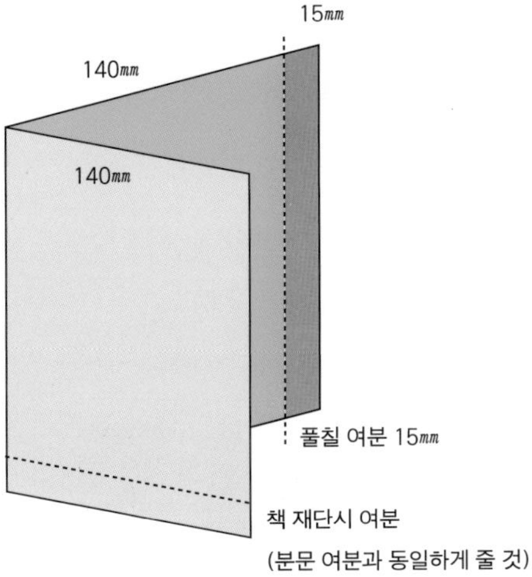

- 4p 접지는 붙이는 부분을 만들어주고 안쪽으로 접어 붙이는 것이 작업하기에 좋다.
- 풀칠 여분(15㎜)에는 인쇄하지 않아야 잘 붙는다.
- 삽지의 재단 여분은 터잡기 재단 여분과 동일하게 맞춰야 한다.
- 붙이기를 할 때 풀칠 부분에는 인쇄를 하지 않아야 삽지가 잘 붙고, 나중에도 떨어지지 않는다.

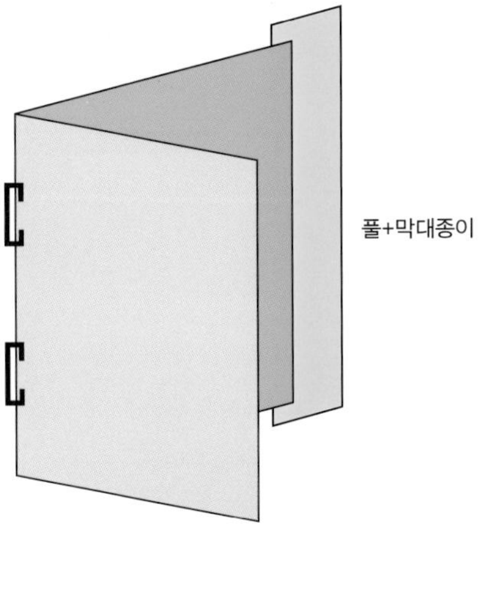

- 통째로 떼어낼 수 있는 삽지책(주로 잡지 책속 부록으로 사용됨)은 통상적인 중철 제책으로 내용물을 먼저 만든 후 책 붙이는 책등지를 붙여 본문에 삽입해 제책한다.

3 양장 제책의 실제

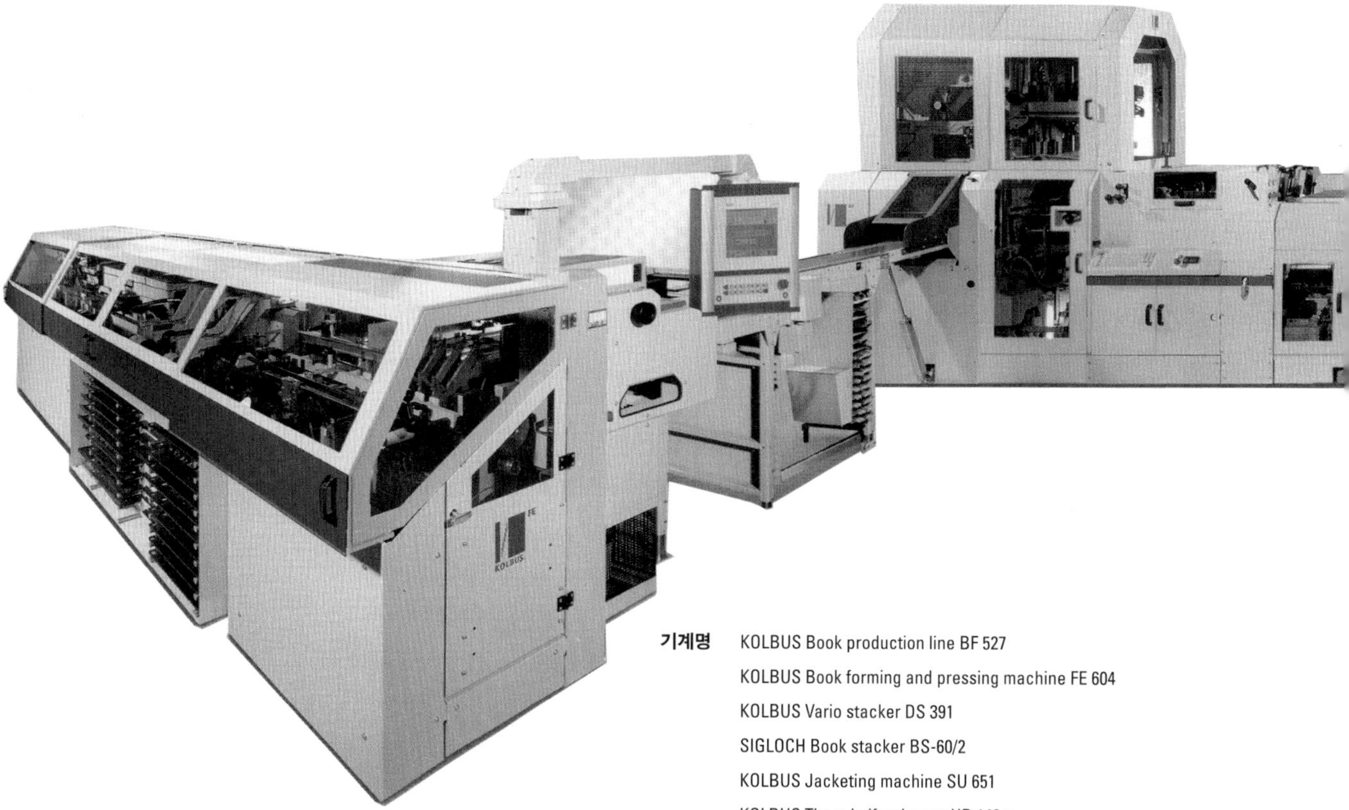

기계명 KOLBUS Book production line BF 527
KOLBUS Book forming and pressing machine FE 604
KOLBUS Vario stacker DS 391
SIGLOCH Book stacker BS-60/2
KOLBUS Jacketing machine SU 651
KOLBUS Three knife trimmer HD 142.p

제조사명 KOLBUS

양장 제책은 실로 맨 속장(본문)과 표지를 접합시키는 제책 방식이다. 두꺼운 판지를 사용해 표지가 두껍고 견고할 때 총양장이라고 하고, 한 장의 종이로 본문 속장을 감싸 붙이면 반양장이라고 하는데, 여기서는 가름끈과 꽃천 등 부속물을 모두 갖춘 총양장 제책 방법을 소개한다.

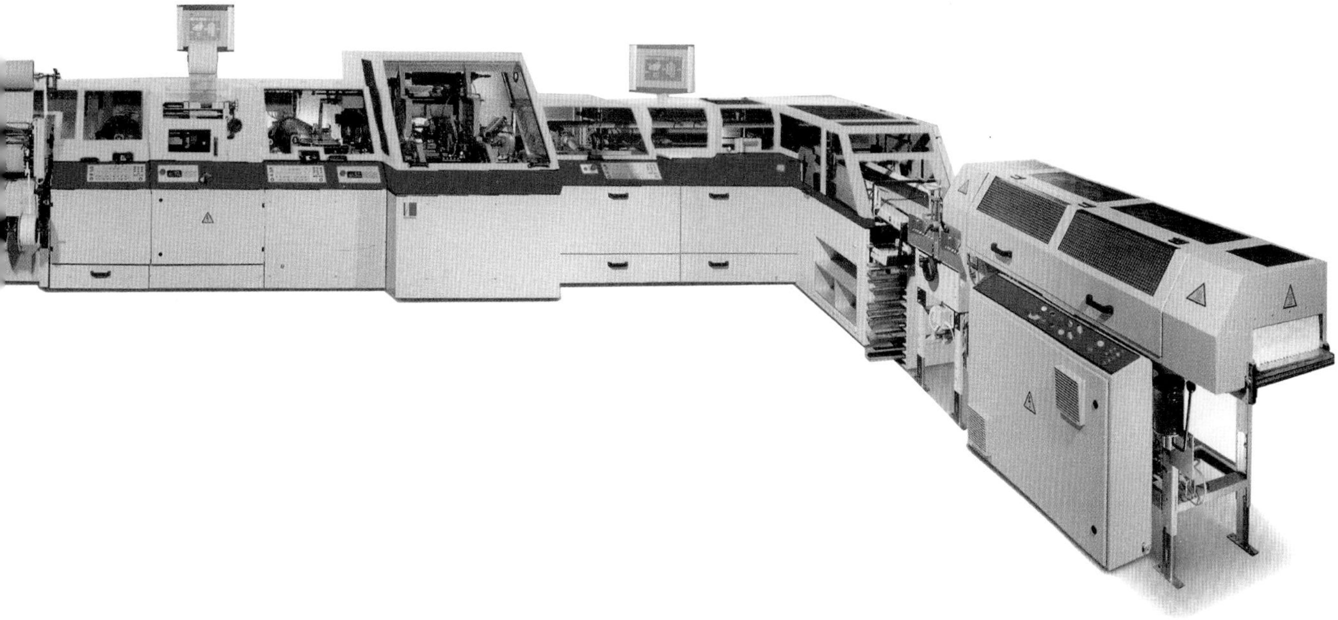

1) 제책 요소 확인

양장 제책은 구성 요소가 많고 복잡하다. 본문 용지 외에 표지용 하드보드지, 표지용 인쇄용지, 꽃천(헤드밴드), 가름끈 등 기본 요소에 삽지나 덮개(재킷) 등 다른 요소가 첨가된다면 챙겨야 할 요소는 더 많아진다. 양장 제책의 첫 단계는 제책할 내용을 숙지하고 모든 요소를 준비하는 것이다.

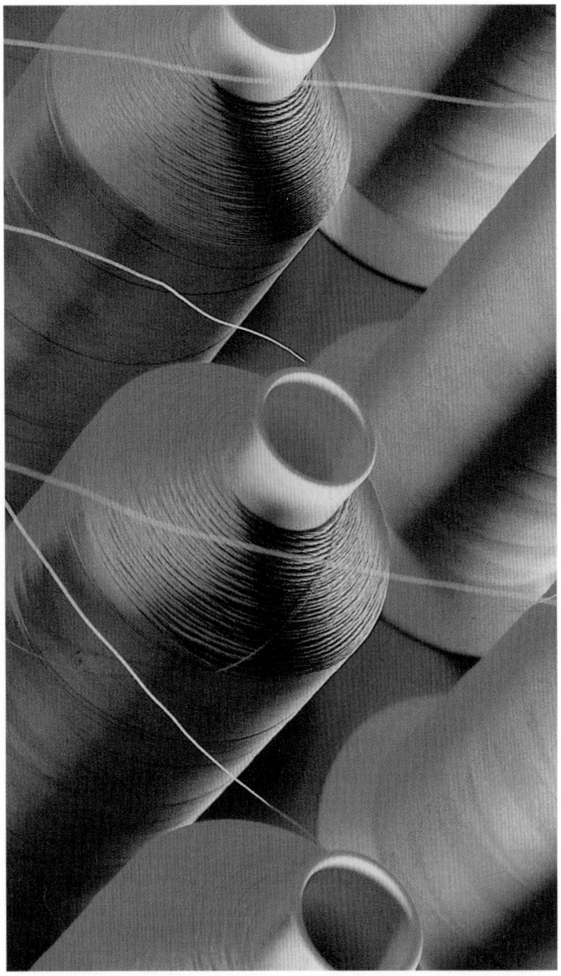

2) 접지와 절단

인쇄는 보통 한 대에 16p씩 하므로 이를 책 규격으로 만들려면 여러 번 접어야 한다. 한 대에 16p인 인쇄물의 경우 3번 접어야 하며 윤전기에서 인쇄할 때는 대별로 자동 접지되어 빠져나온다. 접지한 인쇄물은 가지런히 쌓아 다음 공정으로 넘긴다. 한 대에 16p가 넘는 인쇄물은 접지 전에 접지하기 쉽도록 16p씩 자르게 되는데 이를 절단 혹은 나눔재단이라고 한다.

3) 낱장 부착 및 면지 붙이기

본문 중간의 별도 삽입 페이지, 엽서, 속표지, 간지 등의 삽지는 지질이 다르거나 인쇄대를 맞추기 힘들어 따로 인쇄하는 경우가 많다. 이런 삽입 페이지들은 해당 위치에 끼워넣거나 풀로 부착시켜야 한다. 낱장이 많으면 책을 펼쳤을 때 모양이 좋지 않거나 제책 작업도 오래 걸리고 비용도 추가되므로 편집 단계에서부터 가능하면 낱장 삽입을 배제하는 방향으로 진행하는 것이 좋다. 인쇄업계에서는 이러한 낱장을 '베라'라고도 한다.

책의 앞뒤 표지 바로 다음에 표지와 본문을 이어주는 면지 또한 이 단계에서 부착한다. 책의 가장 앞에 올 인쇄대에 앞쪽 면지를, 가장 마지막 인쇄대에 뒤쪽 면지를 부착한다. 면지는 보통 본문보다 두껍고 질긴 종이를 사용한다.

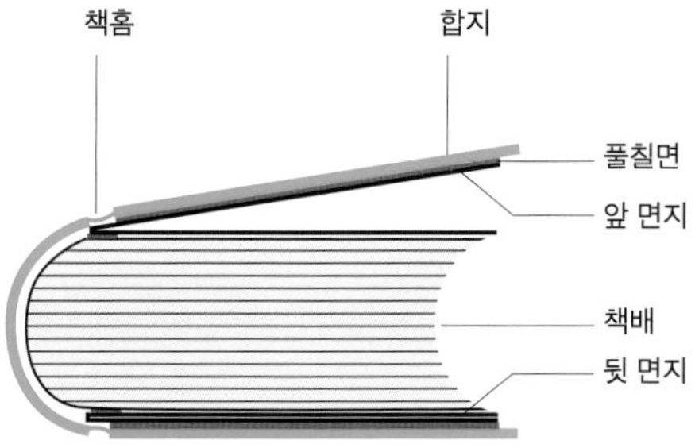

양장 제책의 면지 구성

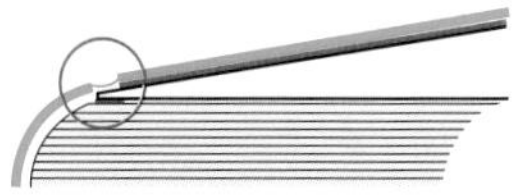

면지가 책등 홈까지 들어가 부착된 경우

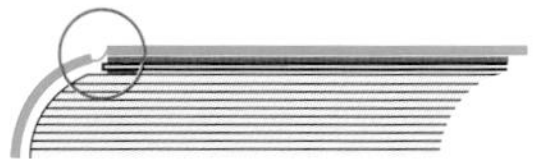

면지가 책 표지와 동일하게 부착된 경우

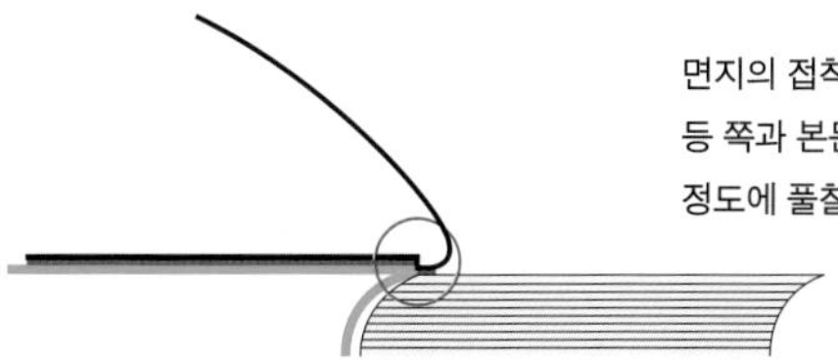

면지의 접착력: 면지는 책표지의 책등 쪽과 본문의 책등 쪽 각각 2~3㎜ 정도에 풀칠을 하여 붙인다.

면지 접착 예시

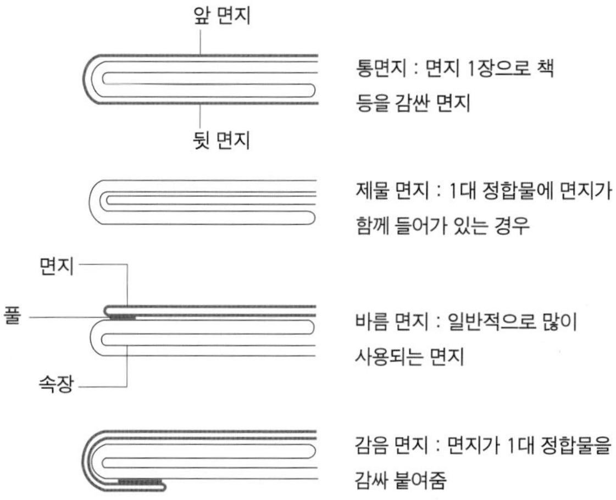

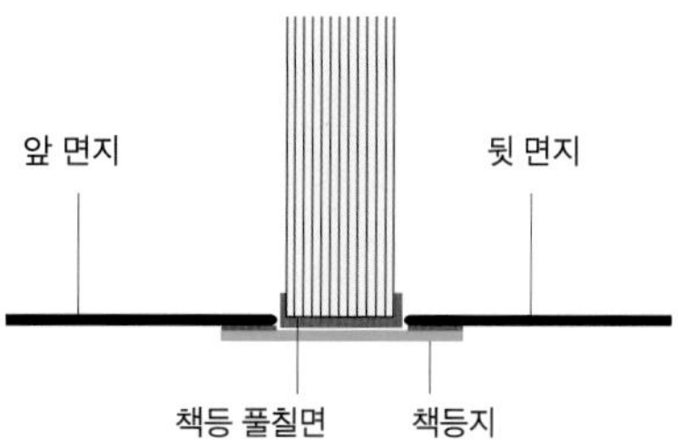

책등지와 면지의 풀칠

4) 정합

인쇄대별로 접지하고 해당 위치에 낱장을 삽입하거나 붙인 인쇄물을 페이지 순서대로 추리는 작업이다. 접지 대수별로 하나씩 뽑아 정렬하면 본문의 페이지 순서대로 접지가 모아지는데, 이러한 과정을 간편하게 하기 위해 인쇄 단계에서 인쇄대 순서별로 숫자나 기호 등을 넣어 인쇄하기도 한다. 그렇게 되면 정합할 때 접지 대수의 등쪽만 보고도 쉽게 순서를 맞출 수 있다.

5) 책 매기

접지한 인쇄대별로 하나씩 추리는 것은 무선철과 마찬가지다. 다만 양장에서는 정합 후에 실매기 작업이 이어진다. 접지 대수가 빠진 게 있는지, 순서가 뒤바뀐 게 있는지 낙장·난장 검수를 마친 다음에 접지 대수의 접선부, 즉 책등 쪽 맬묶을 차례로 꿰맨다. 실 매기 작업 역시 기계로 처리된다.

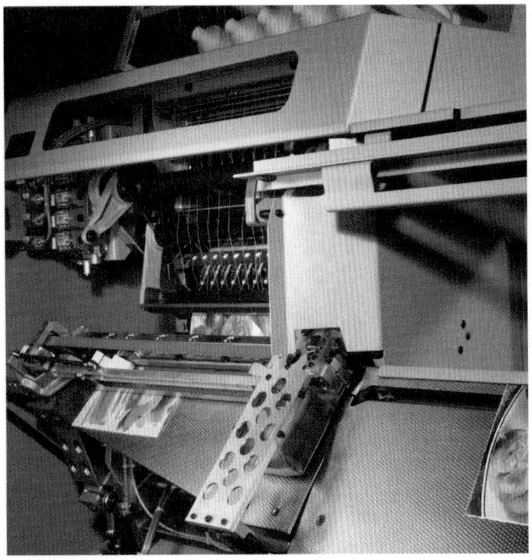

사철기

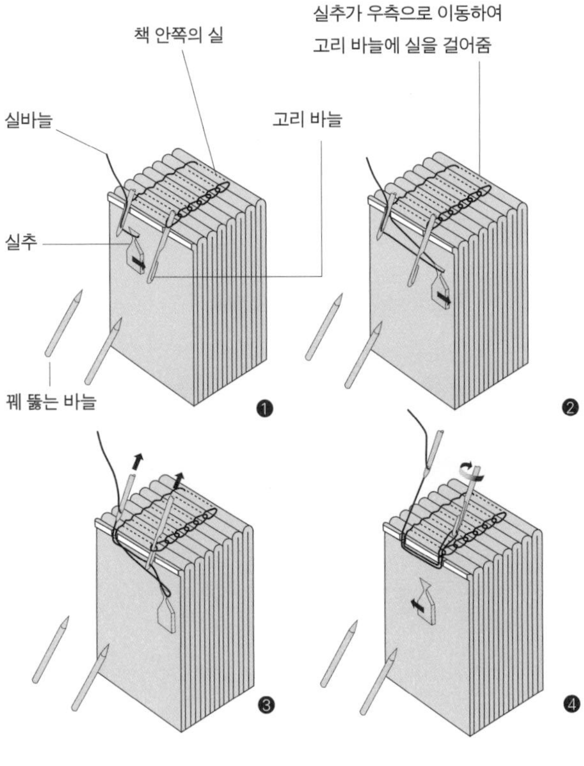

양장 제책의 책 매기 과정

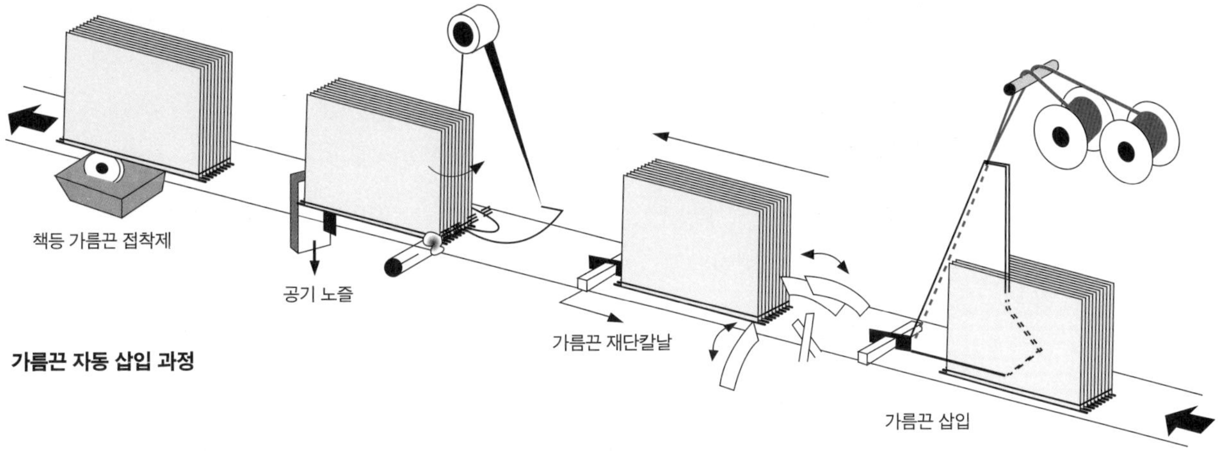

가름끈 자동 삽입 과정

6) 책 고르기 및 세양사 부착

접지 대수를 실로 꿰맨 다음 세양사를 붙인다. 이 과정은 풀 접착기로 행해지는 것이 아니라 무선철의 풀 바르기 작업처럼 실 매기한 본문 뭉치의 책등이 풀통을 거치게 한 다음 세양사를 부착한다. 가제 천처럼 성글게 짠 천인 세양사를 부착하는 이유는 본문을 묶고 있는 실이 풀리거나 느슨해지지 않도록 견고성을 부여하기 위함이다. 이때 사용하는 접착제는 일반 무선철에 사용하는 것보다 연질인 핫멜트(SB3000)라서 책이 부드럽게 잘 펼쳐진다.

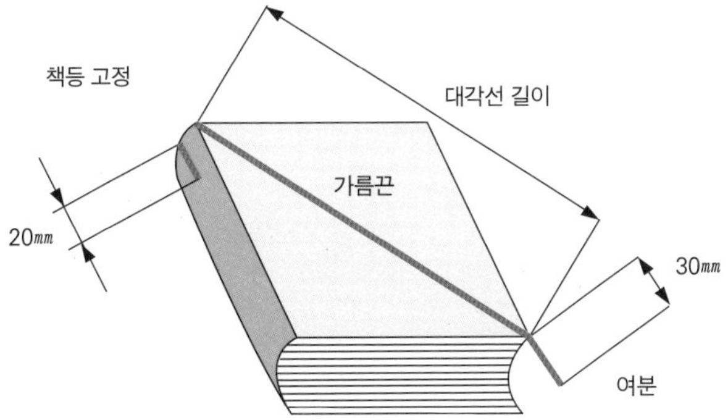

가름끈 계산법

7) 굳히기와 재단, 가름끈 삽입

책등에 아교나 연질 핫멜트 접착제를 발라 굳힌다. 등을 제외한 3면을 규정된 치수대로 자른다. 3면을 재단하는 데는 직선 재단기로 3번 자르거나 'ㄷ'자형의 재단기로 한 번에 3면을 동시에 잘라주기도 한다. 재단기를 통과한 본문 뭉치는 가름끈 부착, 꽃천(헤드밴드) 부착, 둥글리기, 표지 붙이기, 홈내기, 압축에 이르는 과정이 일련의 온라인 작업으로 가능하다. 본문 뭉치에 가장 먼저 적용되는 공정은 가름끈 부착으로, 본문 급지부에서 이송된 책의 가운데를 벌려 책 길이보다 3~5cm 더 길게 가름끈을 잘라 끼워준 다음 벨트로 이동하면서 풀 바르기 롤러로 책등에 접착제를 바르고 책 위쪽에 튀어나와 있는 가름끈을 등쪽에 단단히 붙인다.

8) 장식(금장, 홈 파기)

총양장 제책은 주로 고급 서적이나 장기 보관용 서적에 사용되므로 책배와 위아래까지 3면에 금칠이나 적칠을 하기도 한다. 성경에서 흔히 볼 수 있다. 인덱스에 홈을 파는 것은 대형 사전이나 성경에서 쓰이는 장식이다.

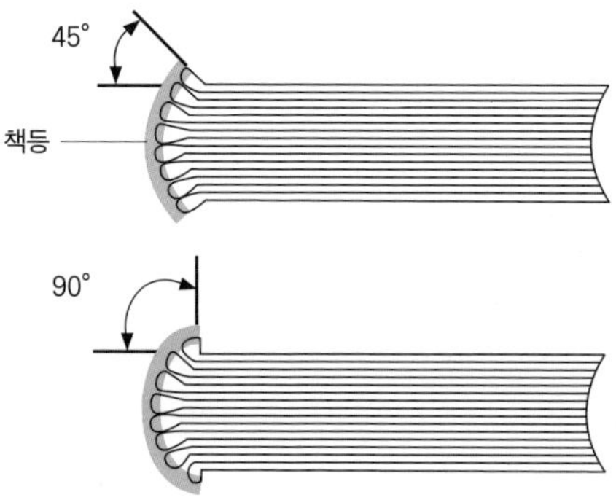

둥글리기의 다양한 예

9) 둥글리기 및 배킹 작업

페이지들이 수직으로 쌓여 있는 다른 제책과 달리 총양장 서적의 배쪽은 부드럽게 호(弧)를 그리고 있다. 이를 둥글리기(rounding)라 하며 원통을 이용해 수작업 또는 기계작업으로 처리한다. 둥글리는 각도는 책의 두께에 상관없이 원을 기준으로 호를 이루도록 한다. 둥글리기 가능한 규격은 최대 80㎜로, 책의 크기와 두께에 따라 적당한 형틀을 사용해야 한다. 반대편, 즉 책 등쪽도 자연스럽게 둥글려져야 하는데, 등은 배와 달리 위아래가 약간 튀어나오도록 모를 만들어준다. 이를 배킹(backing)이라 한다. 책등의 맨 위와 맨 아래에 꽃천을 부착하는 과정도 이 단계에서 행해진다.

둥글리기

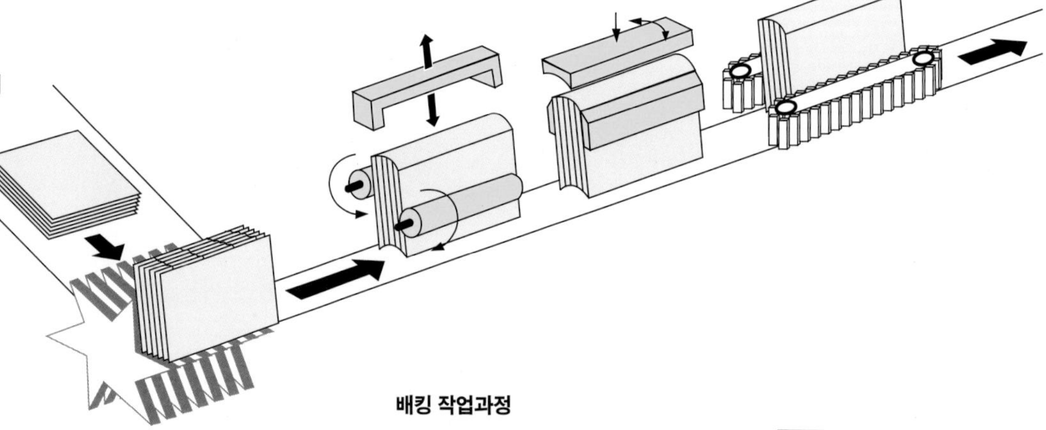

배킹 작업과정

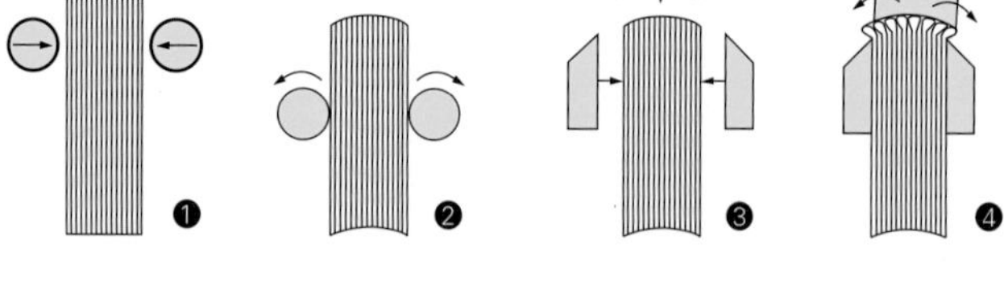

10) 꽃천 부착 및 등 만들기

총양장의 경우 책등에 단순히 풀칠만 하는 것이 아니라 그 위에 얇은 종이를 한 겹 더 발라 내구성을 좋게 만드는 것이 일반적이다.

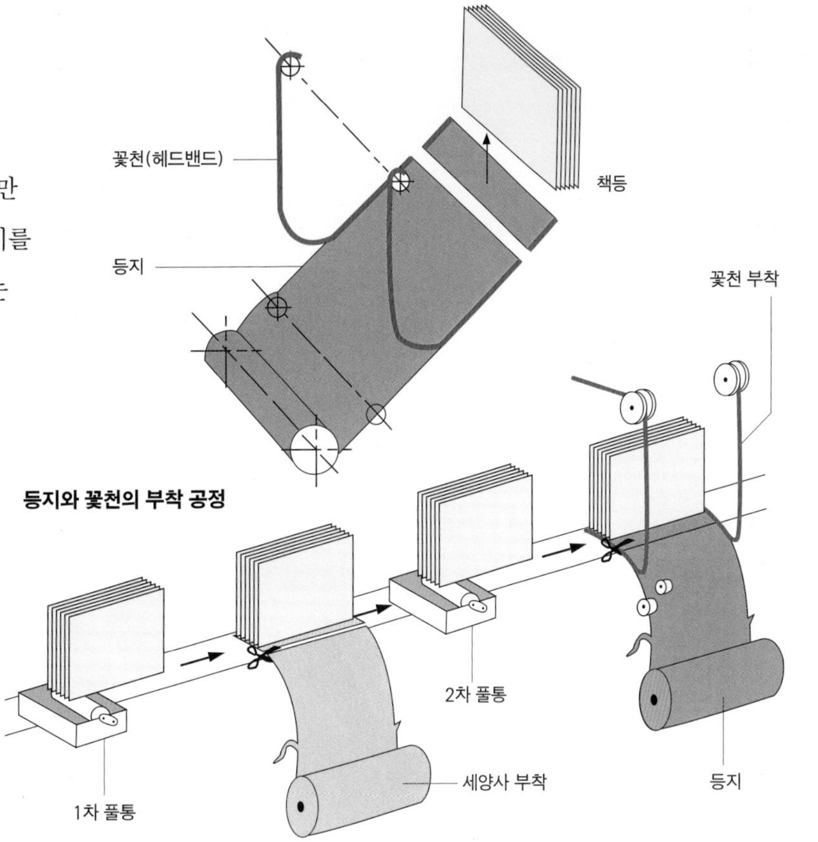

등지와 꽃천의 부착 공정

11) 표지 붙이기(성책)

일반적인 총양장 표지는 책 치수(본문보다 조금 더 크다)에 맞춰 판지를 자른 다음 천이나 가죽 등 마감재료를 풀칠해 붙여 만든다. 앞표지와 뒷표지 사이, 즉 책등 쪽에는 판지를 넣지 않는다. 표지에 금박 등의 가공은 미리 해둔다. 만들어둔 표지를 책에 붙일 때는 등에 충분히 접착제를 바르고 표지의 등 안쪽을 접착시키며, 표지 안쪽에도 풀칠해 면지를 단단히 붙인다. 표지가 부착된 책은 가열한 쇠막대로 앞뒤 표지의 책등 쪽 가까운 부분을 강하게 눌러 홈을 만들어준다. 이 작업은 책의 펼침성을 좋게 하기 위해 필요하다.

12) 압축 및 쌓기

실질적으로 표지를 붙임으로써 제책 공정은 끝이 나지만 보통 표지를 붙인 책은 여러 권씩 쌓아 강한 압력으로 한동안 눌러두어 확실히 접착시키는 한편 책 모양을 고르게 잡아준다. 이를 압축이라 하며, 책을 쌓을 때는 한 권씩 반대로 놓아 반원형으로 배킹 작업한 책등이 눌리지 않게끔 주의한다.

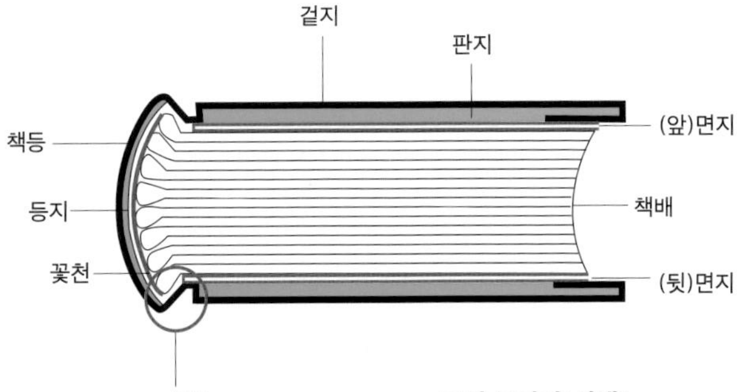

표지 붙이기(성책)

양장 제책 한눈에 보기

1	**면지 붙이기**	정합된 순서대로 포개어 놓은 다음 속장과 표지를 연결하는 면지 (4p의 분량의 종이, 책의 내구성을 높여주는 역할을 함)를 붙인다.
2	**실매기**	정합을 마친 대수를 하나씩 정합기 위에 올려놓으면 천공기가 구멍을 뚫고 실을 꿰매어 한 권의 책으로 엮는다.
3	**둥굳힘**	실매기가 끝난 후 장시간 압력을 가해 전체의 책 두께를 평균화시키고 접착제를 바른 후 그 위에 세양사를 붙인다. 꽃천, 가름끈을 붙이고 다시 세양사 위에 접착제를 칠한 후 질긴 등종이를 붙인다.
4	**표지 붙이기**	면지와 표지 후면에 접착제를 칠한 후 표지와 면지를 밀착되도록 붙인다. 그후 48시간 이상 압력기에 넣어 접착제가 완전히 굳을 때까지 눌러준다.
5	**표지 싸기**	두꺼운 표지는 판지를 규격에 맞게 재단한 후 심으로 넣어 만든다. 판지에 인쇄물 표지를 붙이기도 하고, 클로스 원단을 붙이기도 한다. 그 다음 사방을 돌려가며 감싸주면 표지가 완성된다.

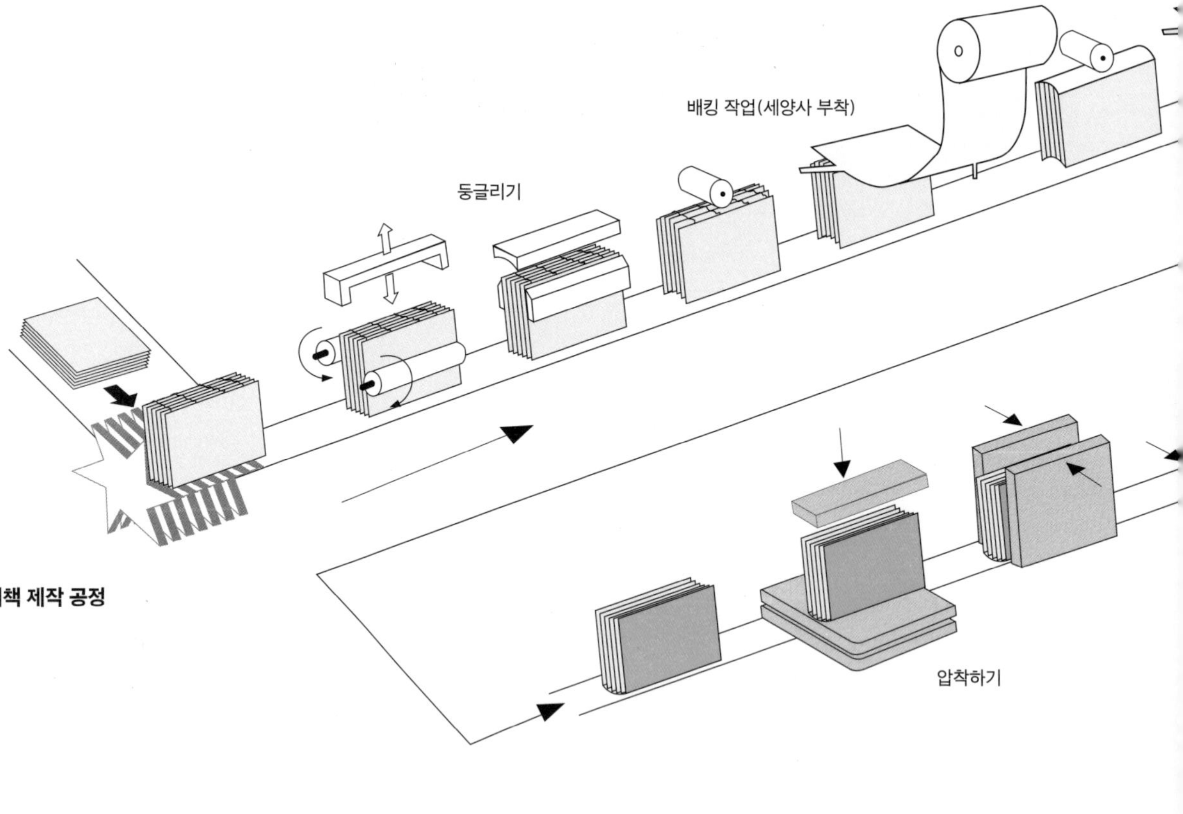

양장제책 제작 공정

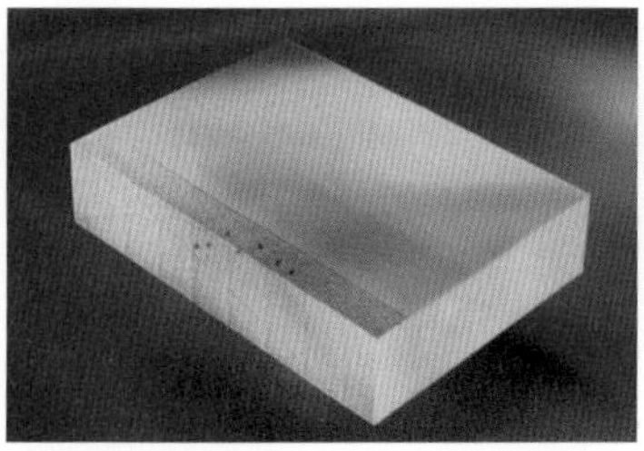

실매기(사철) 한 본문

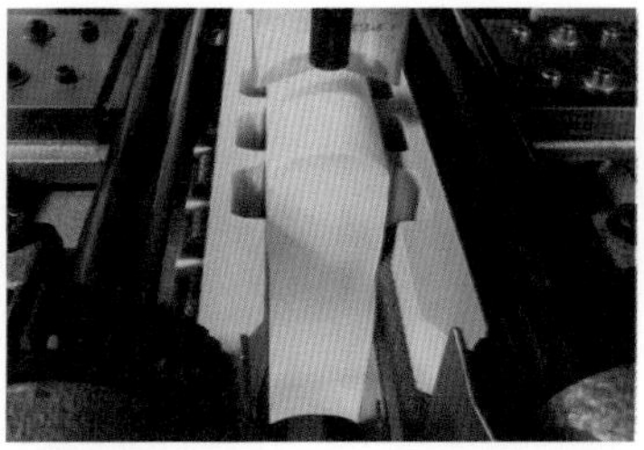

둥글리기

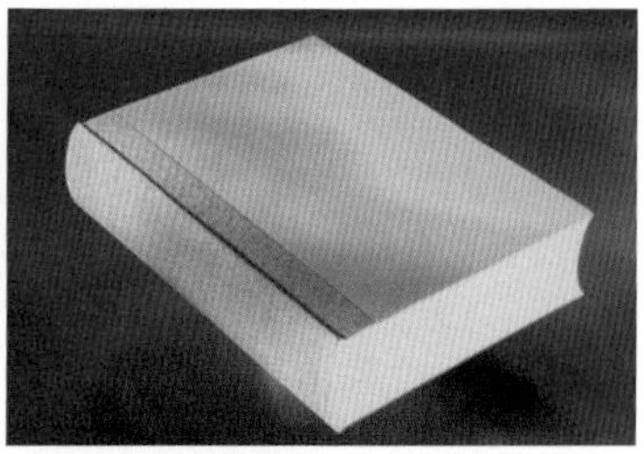

둥글리기와 배킹 작업을 마친 본문

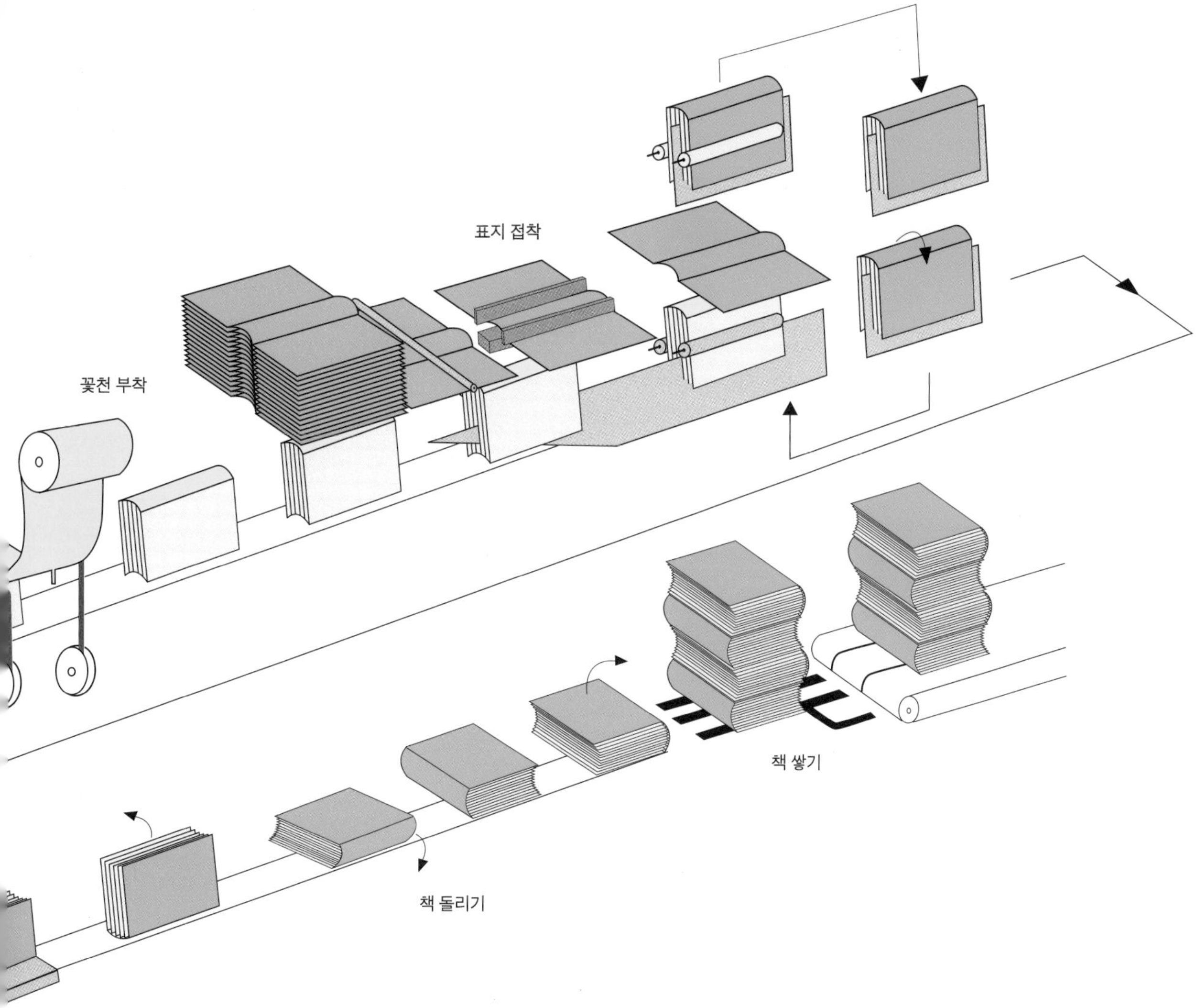

세양사 붙인 책등

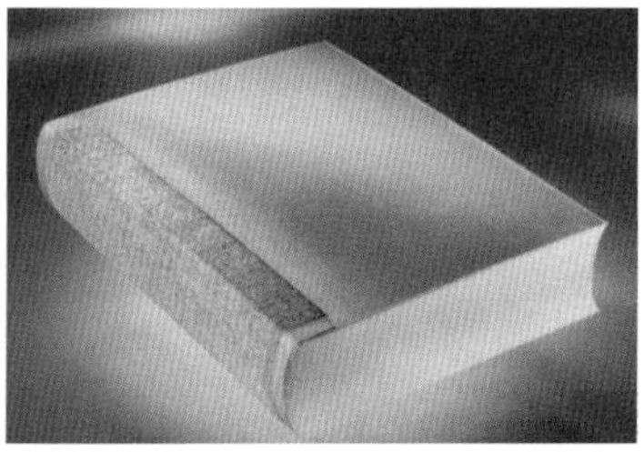

꽃천 부착

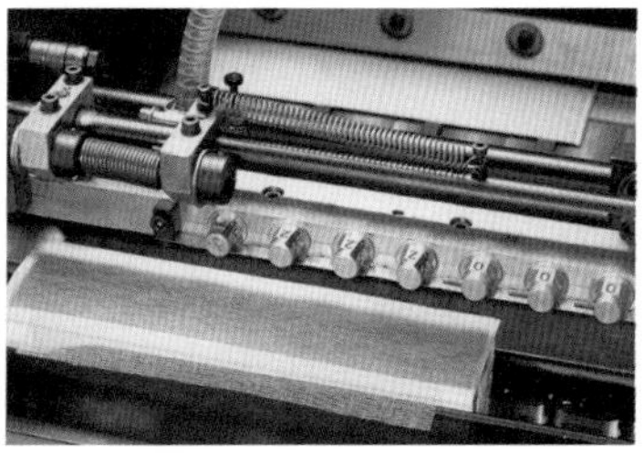

표지 접착

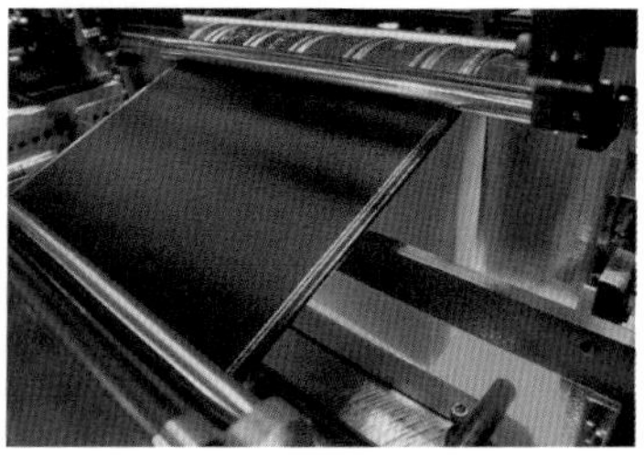

양장 재료

1) 양장표지(클로스)

고급스럽고 견고한 양장 제책의 백미는 단연 표지라고 말할 수 있다. 양장 책은 보통 겉지 아래 두툼한 하드보드지를 단단하게 붙여서 제작하는데, 책에 고급스러움과 품위를 높여주는 동시에 견고성을 부여한다는 의미도 있다.

양장 제책에 사용되는 클로스(cloth)는 애초에 천[布]을 가리키는 말이었으나 오늘날에는 종이[紙]로 만든 클로스도 사용되기 때문에 제책 기획 시에 천 클로스를 쓸지 종이 클로스를 쓸지 결정하는 게 좋다. 용지와 마찬가지로 국내산과 수입산이 있다. 포(布) 클로스든 지(紙) 클로스든 원단을 결정할 때는 동화합성과 ASAHI T SAIFU(일본), Balacron(이탈리아) 등의 견본(스와치라고도 한다)들을 살펴보기를 권한다.

서양에서는 북아트 작가나 북바인딩 공방에서 고급스런 작품을 만들기 위해 양가죽, 염소가죽, 소가죽을 사용하기도 하며 국내에서는 증정용이나 개인소장용으로 가죽을 사용해 만들기도 한다.

(1) 가죽 표지

일반적으로 제책에 사용되는 가죽에는 양가죽, 염소가죽, 송아지가죽, 소가죽, 돈피, 물소(Buffle)가죽 등이 많이 사용된다.

● 소가죽의 종류

소가죽은 보기에도 아름다우며 견고하기 때문에 가죽 제품에 가장 많이 사용되는데, 소의 성별과 연령의 정도에 따라 그 성질이 상당히 달라진다.

-카프 스킨(Calf Skin)

생후 3개월부터 6개월 이내의 가죽이다. 송아지 가죽이라고도 한다. 카프 스킨은 섬유 조직이 치밀하고 가죽 겉면이 섬세하며 얇고 모공이 작아서 표면이 매우 곱고 부드럽다. 고급스러운 책자에 많이 사용되며 작업하기가 매우 까다로워 세심한 주의가 필요하다.

-카우 하이드 (Cow Hide)

생후 만 2년 정도 지난 소의 가죽으로, 특히 송아지를 낳을 수 있는 암소 가죽을 말한다. 가죽이 두껍고 질기다. 가죽이 크기 때문에 사용량이 많고 저렴하게 구입할 수 있다. 하지만 가죽이 두껍기 때문에 스킬 작업*이 필수적이다. 가죽 구입처에서 스킬 작업장을 소개받아 먼저 스킬 후 작업하면 쉽게 작업할 수 있다.

-버펄로 가죽(Buffle Skin)

물소가죽은 잔잔하면서도 은은하고 자연스러운 무늬가 있는 것이 특징이며 다른 가죽에 비해 겉면이 매끈하고 내구성이 강하고 유연성이 있어 실용적이다. 일명 통가죽으로 통한다. 가죽을 잘라 표지 겉면을 접거나 접착하지 않고 그대로 표지로 많이 사용하고 있다(메뉴판이나 스프링/트윈링 제책에서 표지로 많이 사용함).

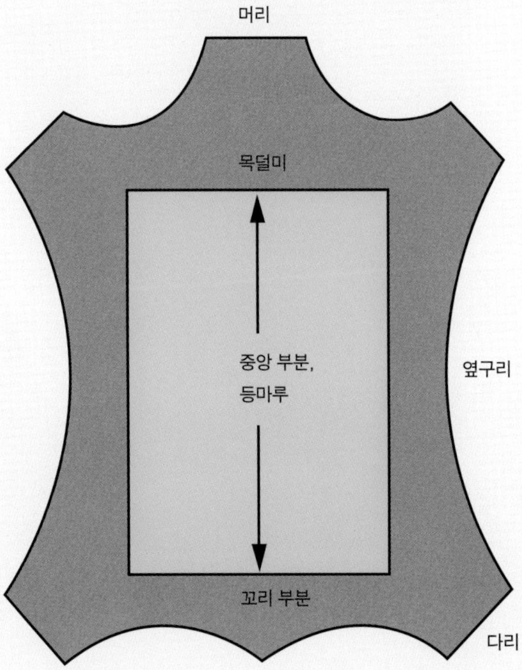

가죽의 부위별 명칭

등마루	가죽의 가운데, 수직 등줄기
중앙 부분	가장 많이 사용하는 부분
목덜미	중앙보다 더 두꺼운 부위
옆구리	중앙의 양옆 부위
발과 꼬리	표지로는 사용하기 어렵고 주로 장식용으로 사용됨

(2) 포 클로스

색상이 다양하며, 지 클로스보다 풍부한 질감을 자랑한다. 면, 폴리에스테르, 옥스포드, 자카드, 새틴, 스웨이드 등 소재도 다양하며 안료와 충진제를 첨가하여 내구성과 내열성이 뛰어나며, 직조 시 짜 넣거나 염색한 패턴 또한 다채롭다. 양장용 포 클로스는 이러한 천이 배접지에 접착된 상태로 판매된다. 수입산은 배접지가 얇은 크라프트지로 되어 있고 국내산은 갱지로 되어 있다. 박 작업이 가능해야 하는데, 현장에서는 수입산과 국내산의 차이가 있어 박지를 잘못 선택하면 큰 손실을 보기도 한다. 이 밖에도 바인더나 앨범에 주로 쓰이는 소재로 비닐, 레자, 스펀지, 금/은박 등이 있다 (마찬가지로 종이에 접착돼 있다).

(3) 지 클로스

양장용 지 클로스는 색상과 질감이 다양한 고급스러운 종이다. 다양한 느낌의 종이를 형압으로 눌러찍은 무늬 또는 엠보싱 처리된 종이도 있다. 두성종이와 삼원특수지에서 다양한 종류를 판매하고 있어 선택의 폭은 다양하다.

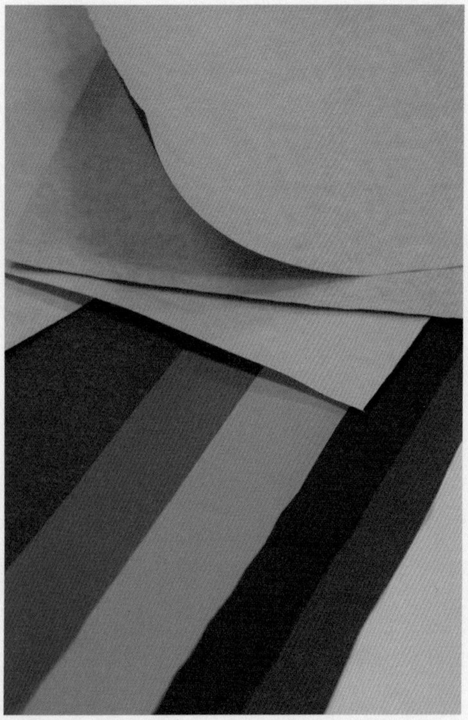

북바인딩 클로스

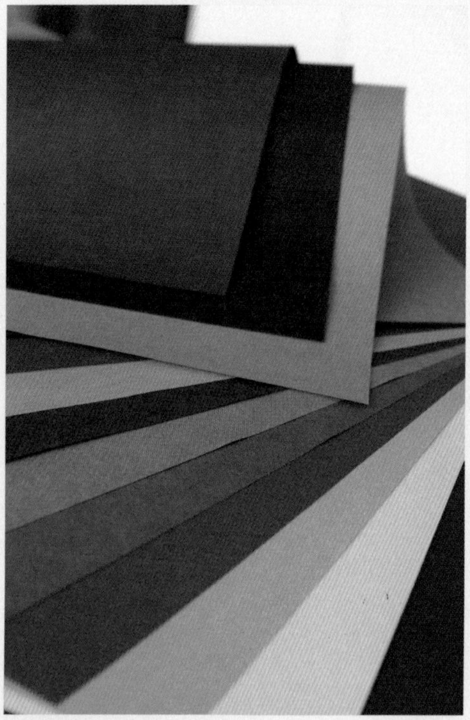

두성종이 앤젤클로스

(4) 클로스 규격 계산

다른 책도 마찬가지지만 양장 책의 크기를 거론할 때는 표지가 아니라 아니라 본문 규격을 기준으로 하는 것이 원칙이다. 따라서 클로스 소요량을 계산할 때는 본문 규격을 바탕으로 여유치를 더하는 방식이 된다. 본문 규격(4×6배판)이 가로 180㎜ 세로 260㎜ 두께(책등의 폭) 30㎜인 양장책을 예로 들어 계산해보자. 먼저 양장 표지는 본문보다 좀 더 크다는 점을 감안해야 한다. 통상 본문 크기보다 가로 5㎜ 세로 10㎜(위아래에 각각 5㎜) 정도 크다. 따라서 표지의 크기는 가로 185㎜ 세로 270㎜가 된다.
이러한 크기의 표지를 싸는 클로스는 책을 펼쳤을 때를 기준으로 사방 15㎜ 정도 여유를 두고 계산한다. 결론적으로 위 책의 경우 클로스의 크기는 가로 430㎜(15+5+180+30+180+5+15)가 된다. 세로는 300㎜(15+5+260+5+15)다. 즉, 본문 180×260㎜인 양장 책 한 권의 클로스 소요량은 430×300㎜가 된다.
표지 크기보다 사방 15㎜를 더 크게 하는 것은 클로스가 두꺼운 합지를 감싸고 안쪽으로 접혀 부착할 수 있는 여지를 두기 위함이다. 혹자는 좀 더 여유를 둔다는 의미로 클로스 크기를 계산할 때 15㎜보다 더 큰 20~25㎜를 더하는 경우가 있는데, 지나치게 여유를 많이 두다가는 인쇄용지 폭을 초과하는 불상사가 생길 수도 있기 때문에 언제나 원칙대로 계산하는 게 좋다.
일반적으로 클로스는 90m 길이의 원단을 말아놓은 두루마리(Roll) 형태로 유통된다. 클로스 원단의 폭은 914㎜, 1,090㎜, 1,371㎜의 세 가지가 있으며, 판매 단가는 마(yard: 914㎜)를 단위로 한다.

양장 표지 클로스 소요량 계산

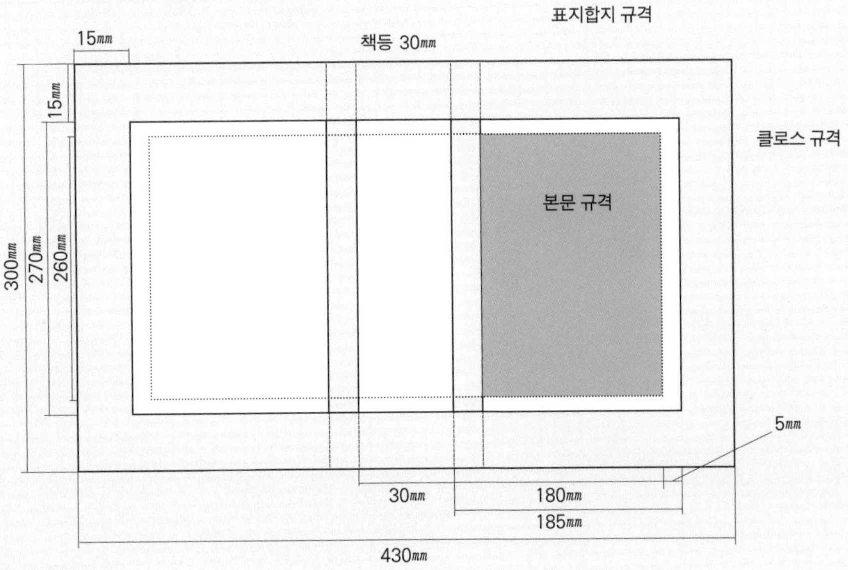

(5) 클로스 소요량 계산 I(권취지)

이제 얼마만큼의 클로스(포 클로스 롤)가 필요한지 계산하는 방법을 알아보자. 앞서 예로 든 책 한 권의 표지를 감싸는 데 430×300㎜의 클로스가 필요하다면, 914㎜ 폭의 롤을 구매할 때 가장 로스(loss)가 적게끔 클로스 소요량을 계산해보자.

이 책을 5,000부 제작할 때 필요한 로스율은 3%로 잡아 여분의 책 150권을 더 만드는 경우를 상정했다. 914㎜의 원단에는 가로(430×2=860㎜) 및 세로(300×3=900㎜)로 터잡기할 수 있는데, 어느 방향으로 하는 것이 유리한지는 둘 다 계산해보면 된다.

클로스 원단에 터잡기를 가로 배치한 경우 필요한 클로스의 길이는 773m, 이를 면적으로 계산하면 707㎡다. 클로스 단가 계산의 기준인 마는 914㎜ 길이를 가리키므로 914㎜ 폭의 원단 1마의 면적은 0.84㎡(914㎜×914㎜)가 된다. 여기서는 원단 1마의 가격을 3,000원이라고 상정하자. 따라서 가로 배치 터잡기를 한다면 클로스 원단은 707㎡÷0.84㎡≒842마가 필요하고 그 가격은 842마×3,000원=2,52,6000원이 된다.

원단에 세로 배치 터잡기를 하면 필요한 클로스의 면적은 675㎡다. 따라서 804마(675㎡÷0.84㎡)가 필요한 셈이며 그 가격은 804마×3,000원=2,412,000원으로, 가로 배치할 때보다 114,000원 저렴하다. 터잡기를 어떻게 하느냐에 따라 원가 절감을 꾀할 수 있다는 얘기다.

a. 가로 배치시 필요 면적

300㎜×5,150부=1,545,000㎜÷2=772,500㎜×914㎜≒707㎡

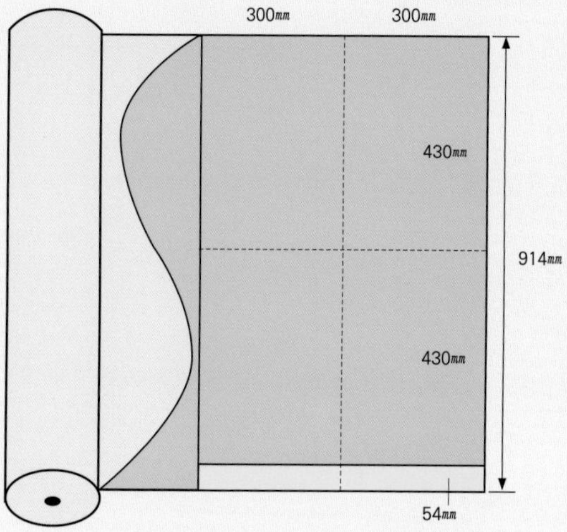

b. 세로 배치시 필요 면적

430㎜×5,150부=2,214,500㎜÷3=738,167㎜×914㎜≒675㎡

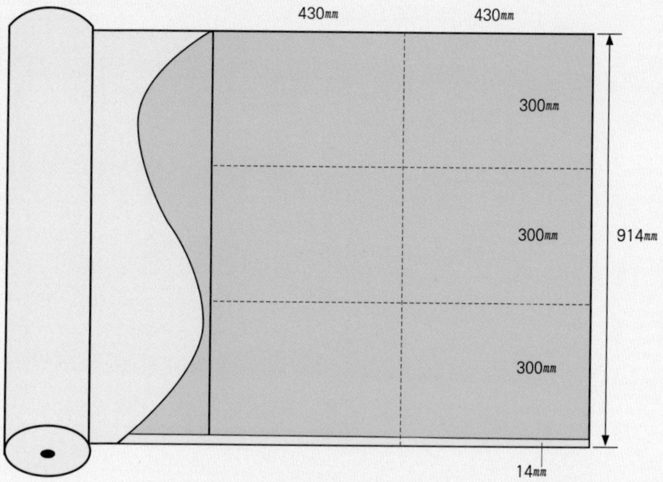

(6) 클로스 소요량 계산 II(매엽지)

한편 롤을 기준으로 하지 않고 낱장(지 클로스 시트) 500매 단위의 연(Ream)을 기준으로 계산할 수도 있다. 위 책의 경우, 폭(가로) 914㎜, 길이(세로) 860㎜에 클로스 6장을 터잡기 할 수 있다. 즉 사륙전지 규격의 매엽지(1091×788㎜)에서 6벌의 클로스를 얻을 수 있다는 이야기다. 5,150부를 만드는 데 필요한 매수는 5,150÷6장=858.3매고, 이를 연수로 따지면 858.3÷500매=1.7166연(R)이다.

이를 면적으로 계산하면 914㎜×860㎜≒0.7860㎡다.

이 면적을 1매라고 하면 1연의 면적은 0.7860㎡×500매=393㎡다. 따라서 전체 면적은 1.7166×393㎡≒675㎡고, 이는 곧 804마(675㎡÷0.84㎡)라는 결론이 나온다.

즉 롤지 기준으로 계산하든 매엽지 기준으로 계산하든 필요한 총 면적(수량)은 같다는 것을 알 수 있다. 한 가지 주의 사항은 이런 소요량을 계산할 때는 소수점 이하를 무조건 올림 계산해야 한다는 것이다. 그래야 만에 하나 자재가 조금 모자라서 애초 예정했던 수량을 제작하지 못하는 경우를 미연에 방지할 수 있다.

클로스 터잡기 계산(매엽 기준)

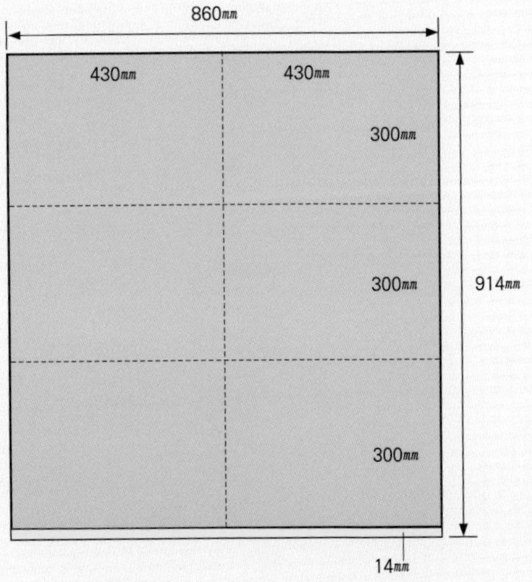

2) 하드보드지

(1) 하드보드지의 종류

이름처럼 단단하고 두꺼운 판지 또는 합지(合紙)를 가리키며, 양장 표지의 두께를 결정하는 요소다. 하드보드지의 평량 규격은 100g/㎡ 단위로 떨어지는데 보통 800~2400g/㎡까지 사용된다. 일반적으로 사용되는 판지의 종류는 D/G, D/K, D/T, D/SP의 네 가지인데 보통 250~530g/㎡ 까지 롤지 형태로 생산된다.

D는 Dry-board를 가리키며 G, K, T, SP는 제품에 따른 상품명이다. 판지들을 서로 맞붙여 평량을 높인 하드보드지를 만드는데, 이처럼 종이들을 맞붙여 만든다고 해서 합지(250g/㎡ 2장과 150g/㎡ 2장을 합쳐 총 4장을 합지하면 800g/㎡의 합지가 만들어진다)라고도 부르는 것이다. 하드보드지는 보통 인쇄용지에 비해 적게는 10배에서 많게는 30배까지 평량이 크다. 훨씬 두껍고 무거운 하드보드지를 재단할 때는 자동/반자동 합지 재단기로 정확하게 규격을 측정해 자르는 것이 좋다.

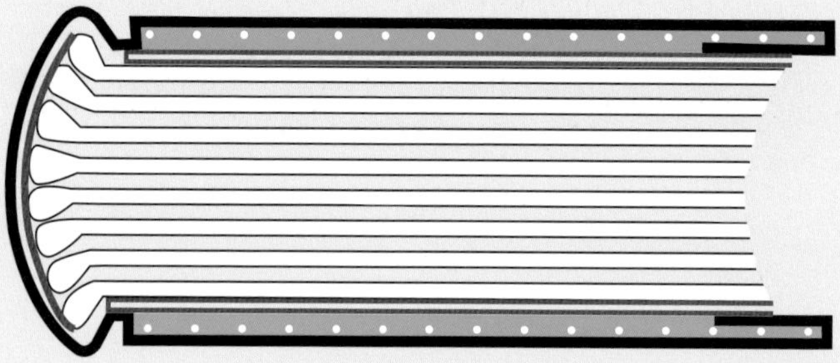

D/G 하드보드지

D/G	회색. 양장 제책의 표지로 가장 널리 사용된다(황판지).
D/K	크래프트지처럼 노르스름하다.
D/T	D/G 한면에만 모조지를 붙여 한쪽은 회색이고 한쪽은 희다(백판지, 마닐라지).
D/SP	D/G 양쪽에 모조지를 붙여 양쪽이 흰색이다(로얄 아이보리지).

(2) 하드보드지 계산

롤지로 생산되는 클로스는 정해진 규격의 폭으로만 만들어지지만 하드보드지는 주문 사양에 따른 변규격으로도 생산할 수 있다. 예를 들어 앞의 책(본문 180×260㎜)에 필요한 하드보드지는 위아래만 5㎜씩 여유를 둔 180×270㎜ 다. 주의할 점은 이것을 8장 만들 수 있는 하드보드 전지를 주문할 때 가로 720㎜(180×4) 세로 540㎜(270×2)로 요청하면 안된다는 것이다. 왜냐하면 합지 재단기(slitter)는 3면 재단기처럼 프레스형 칼날로 단번에 눌러 자르는 게 아니라 회전 칼날을 이용한 1회 재단 방식이라서 급지 오차가 최대 5㎜ 까지 발생할 수 있다. 따라서 하드보드 전지(변규격)를 주문할 때 통상 위아래에 10㎜씩, 좌우에 15㎜씩의 여유를 두는 게 원칙이다. 또한 로스는 클로스처럼 낱장 150장을 감안하면 된다. 따라서 위의 경우 필요한 변규격 하드보드지 크기는 750×560㎜, 주문 수량은 5,150부÷8절≒644매다.

하드보드지 변규격 전지(750㎜×560㎜)

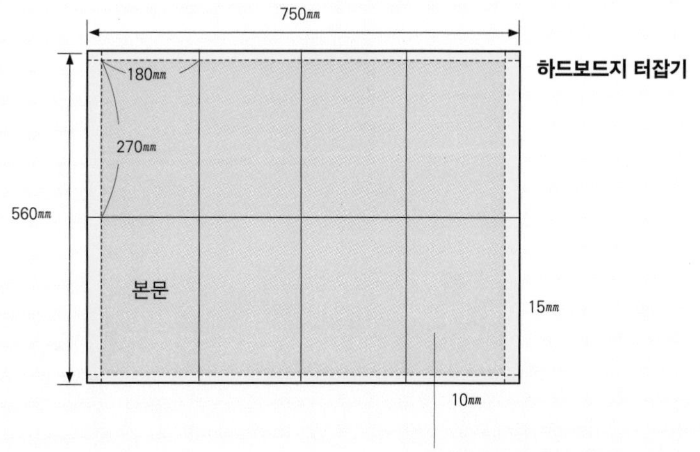

표지용 하드보드지 낱장(180㎜×270㎜)

(3) 표지 싸기

표지 싸기 공정을 두고 현장에서는 곧잘 '싸바리'라는 용어가 사용되는데, 이는 '싸다'라는 우리말과 붙인다는 의미의 '바리'라는 일본어를 혼용해 '싸서 붙인다'는 과정을 가리키는 조어(造語)로 추측된다. 일반적으로 표지 싸기는 콜부스(Kolbus)사의 가공기와 글로젤 접착제를 이용해 겉표지와 하드보드지를 부착한다. 둥근 등(round back, 환양장) 양장이라면 겉지 한 장과 하드보드지 2장이 사용되고, 모난 등(squared back, 각양장) 양장이라면 겉지 한 장에 하드보드지 2장, 그리고 책등에 들어가는 폭이 좁은 하드보드지 1장이 사용된다.

콜부스 기종은 겉지에 하드보드지만을 붙일 수 있을 뿐 앞뒤 표지 안쪽, 즉 표2와 표3 면을 부착할 수 없어 그 부분은 다음 공정에서 면지 또는 본문과 접착된다. 콜부스 기계의 표지 싸기 최소 규격은 150×105㎜고, 최대 규격은 560×405㎜다.

표지 싸기 공정

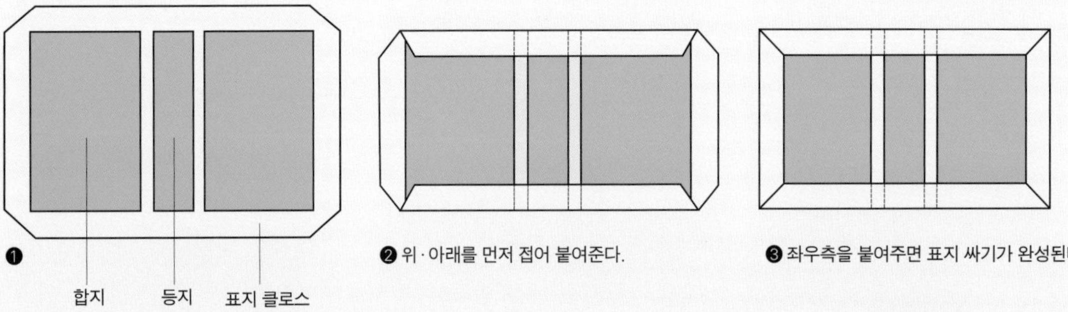

❶

❷ 위·아래를 먼저 접어 붙여준다.

❸ 좌우측을 붙여주면 표지 싸기가 완성된다.

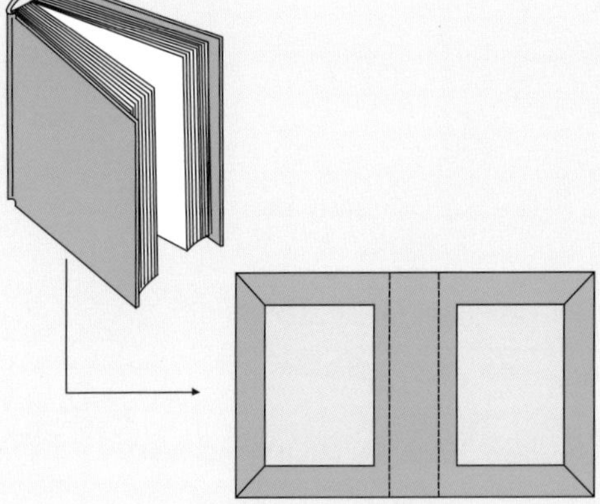

환양장 표지 싸기

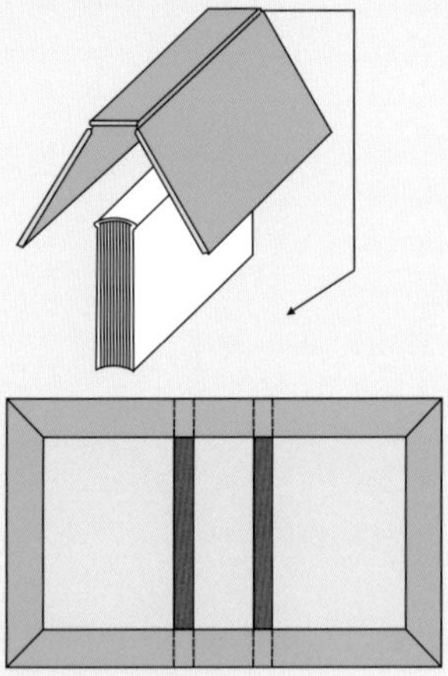

각양장 표지 싸기

●3중 표지 싸기

둥근 등 혹은 모난 등 양장의 경우 표지 일부와 책등 부분을 다양한 클로스로 감싸 부착시키는 3중 싸기 기법이 가능하다. 이 형태로 만든 책은 견고성이 더해지고 전통미가 풍긴다는 장점이 있다. 제작 과정은 먼저 등지와 책등 쪽 앞뒤 합지 일부에 클로스를 감싸 부착하고, 앞뒤 분리된 겉표지를 각각 급지·접착하면 된다. 3중 싸기가 가능한 책등 클로스의 최소 급지 폭은 80㎜고, 책등 끝선에서 최소한 21㎜이상 노출되어야 한다.

3중 표지 싸기의 구조

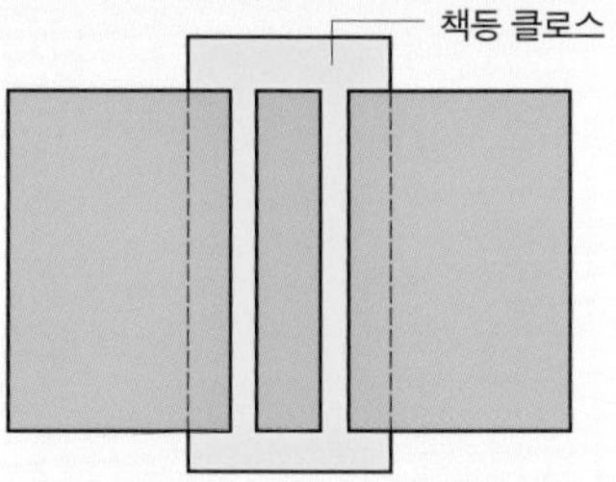

❶ 앞, 뒤 합지와 책등지에 풀칠하여 책등 클로스 붙이기

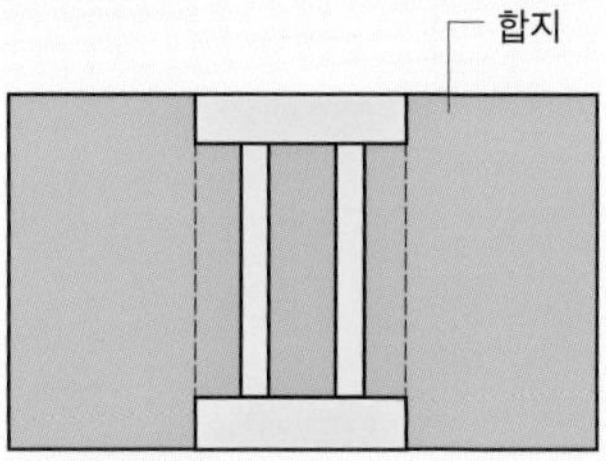

❷ 책등 클로스를 접어 부착

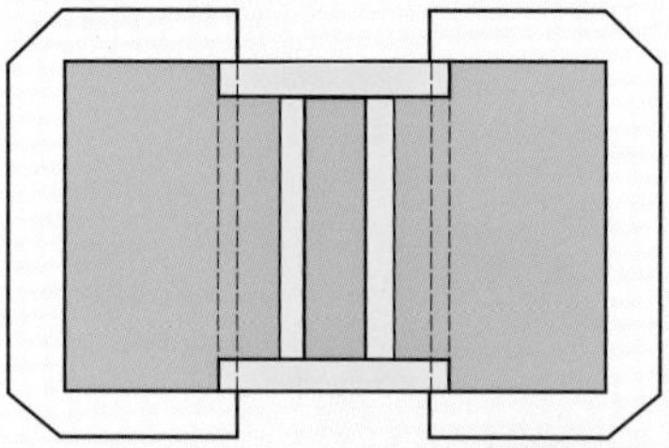
❸ 표지 가공 후 1차 싸기 후 2차 표지 붙이기

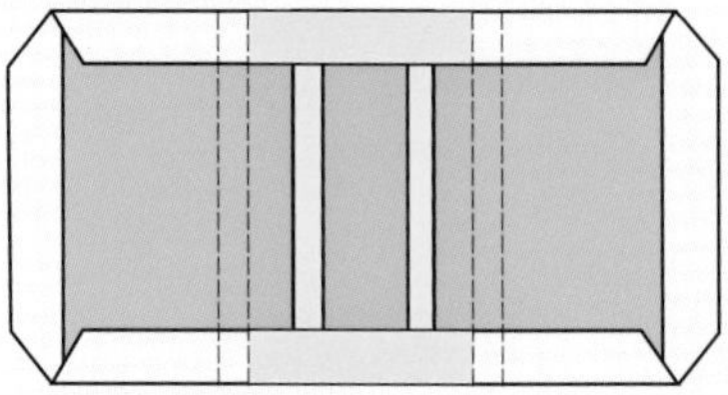
❹ 위, 아래 표지 접어 붙이기

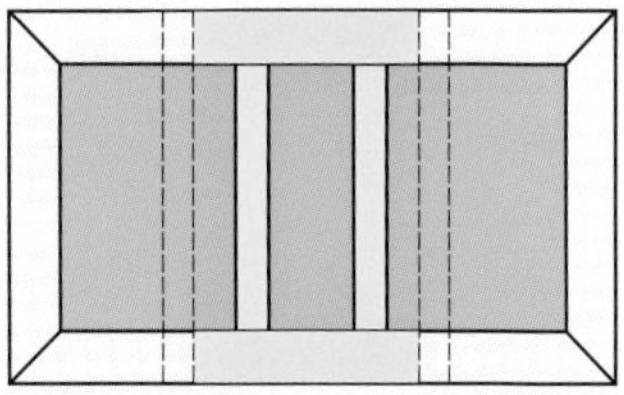
❺ 좌, 우측 표지 접어 붙이면 완성

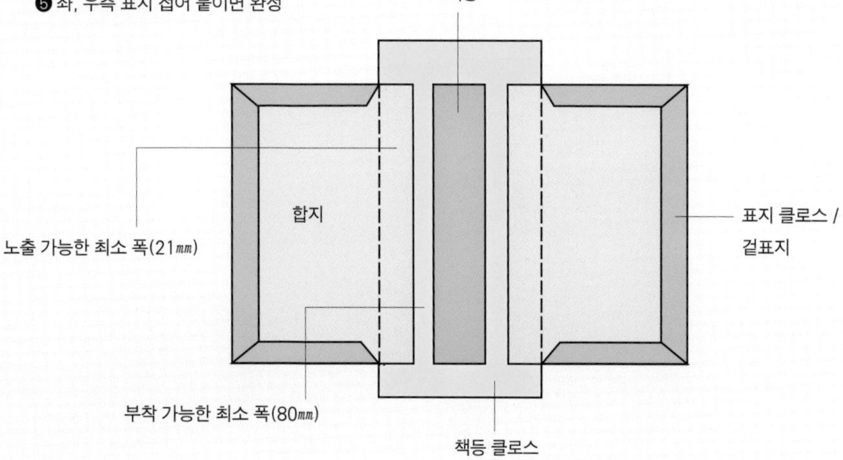

3) 양장 부속물

책에는 종이 외에도 다양한 부속 재료들이 소요된다. 일반적으로 그러한 부속물이 가장 많이 적용되는 제책 기법은 양장인데, 대표적으로 꽃천(head band, 헤드밴드)이 있다. 모난 등 양장에서 책이 얄팍할 경우 세양사는 기본으로 붙여도 꽃천을 부착하는 경우는 많지 않다. 이에 비해 둥근 등 양장이나 두꺼운 모난 등 양장에서는 꽃천까지 부착해야 양장 고유의 아름다움과 품위가 완성된다고 할 수 있다. 다음은 가장 중요한 세 가지 양장 부속물이다.

세양사

가제처럼 성글게 짠 천으로, 실 매기 한 본문 뭉치의 책등을 덮어 부착시켜 실이 느슨해지거나 풀리는 것을 방지한다.

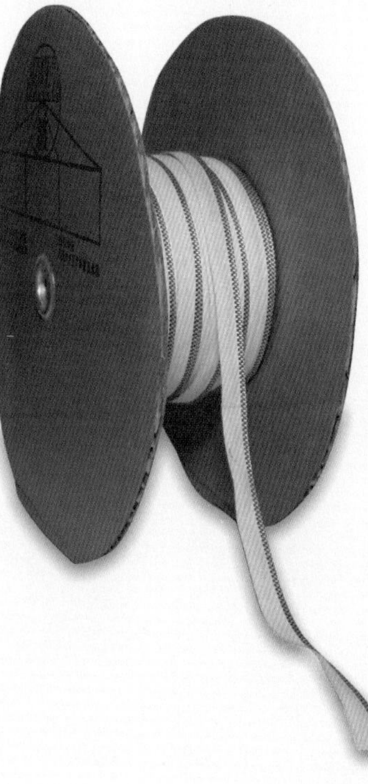

꽃천(헤드밴드)

양장은 표지가 본문보다 크기 때문에 그 차이가 확연히 눈에 띄는 책등 부분의 위아래에 꽃천을 삽입해 품위를 부여한다.

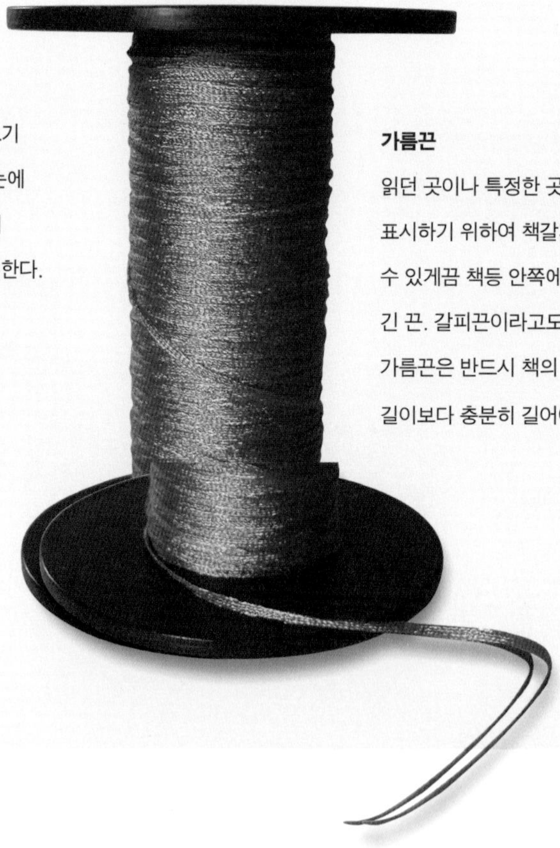

가름끈

읽던 곳이나 특정한 곳을 표시하기 위하여 책갈피에 끼울 수 있게끔 책등 안쪽에 부착한 긴 끈. 갈피끈이라고도 부른다. 가름끈은 반드시 책의 대각선 길이보다 충분히 길어야 한다.

●**중철 양장 실 매기(Saddle Sewing Book)**

접지 방식이 중철과 같기 때문에 중철 양장은 터잡기가 일반 양장과는 다르다. 중철 방식으로 정합한 접지 대수의 접선부 중앙을 재봉틀로 실을 꿰맨 다음 성책한다. 가름끈이나 꽃천 등의 부속물을 부착하지 않으며(반양장의 경우에는 세양사도 부착하지 않는다), 오늘날 중철 그림책은 하드커버로 제책되어 양장의 고급스러운 느낌을 지닌 그림책으로 만들어진다. 유아용 전집이나 학습지에 주로 적용되는 제책 기법이다.

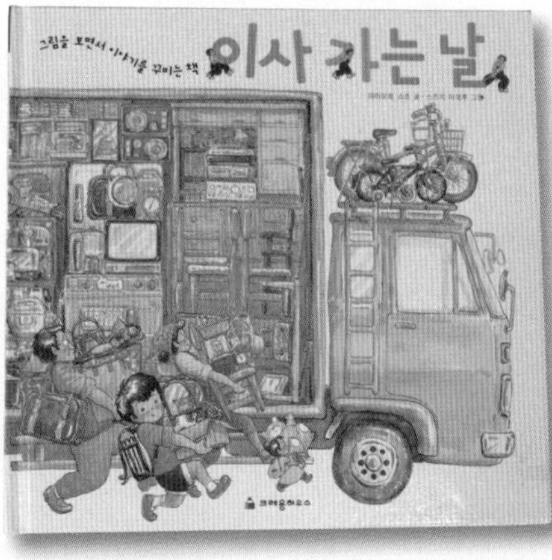

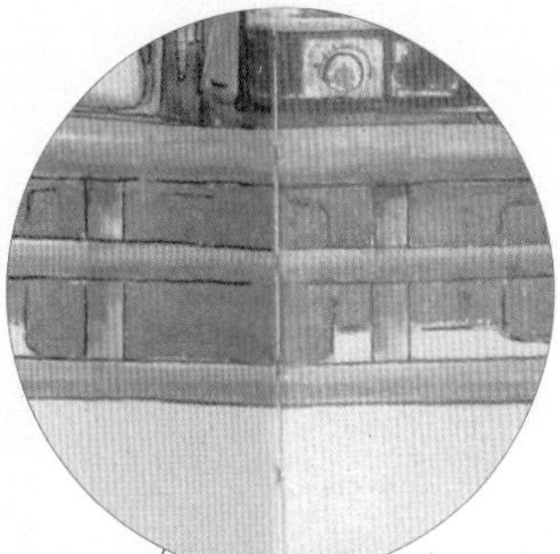

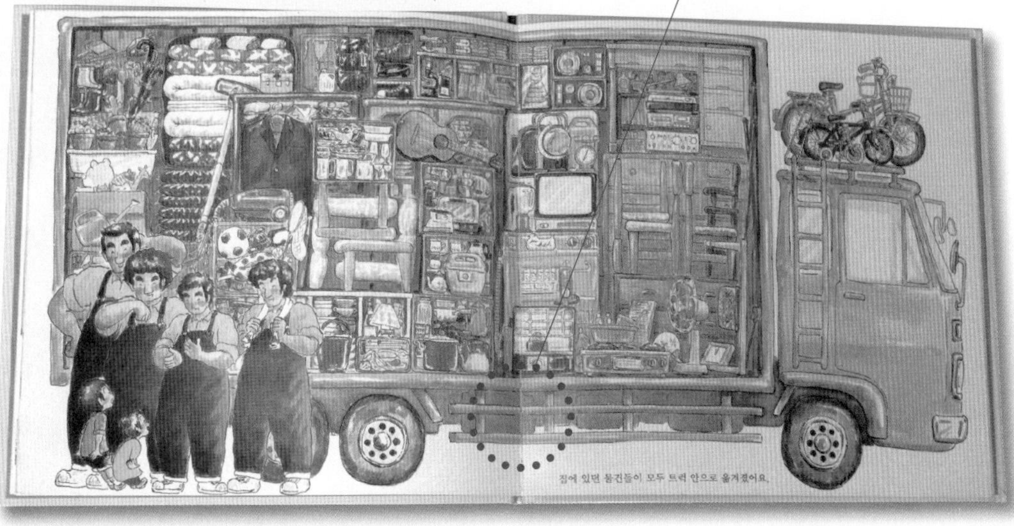

4 무선철 제책 과정

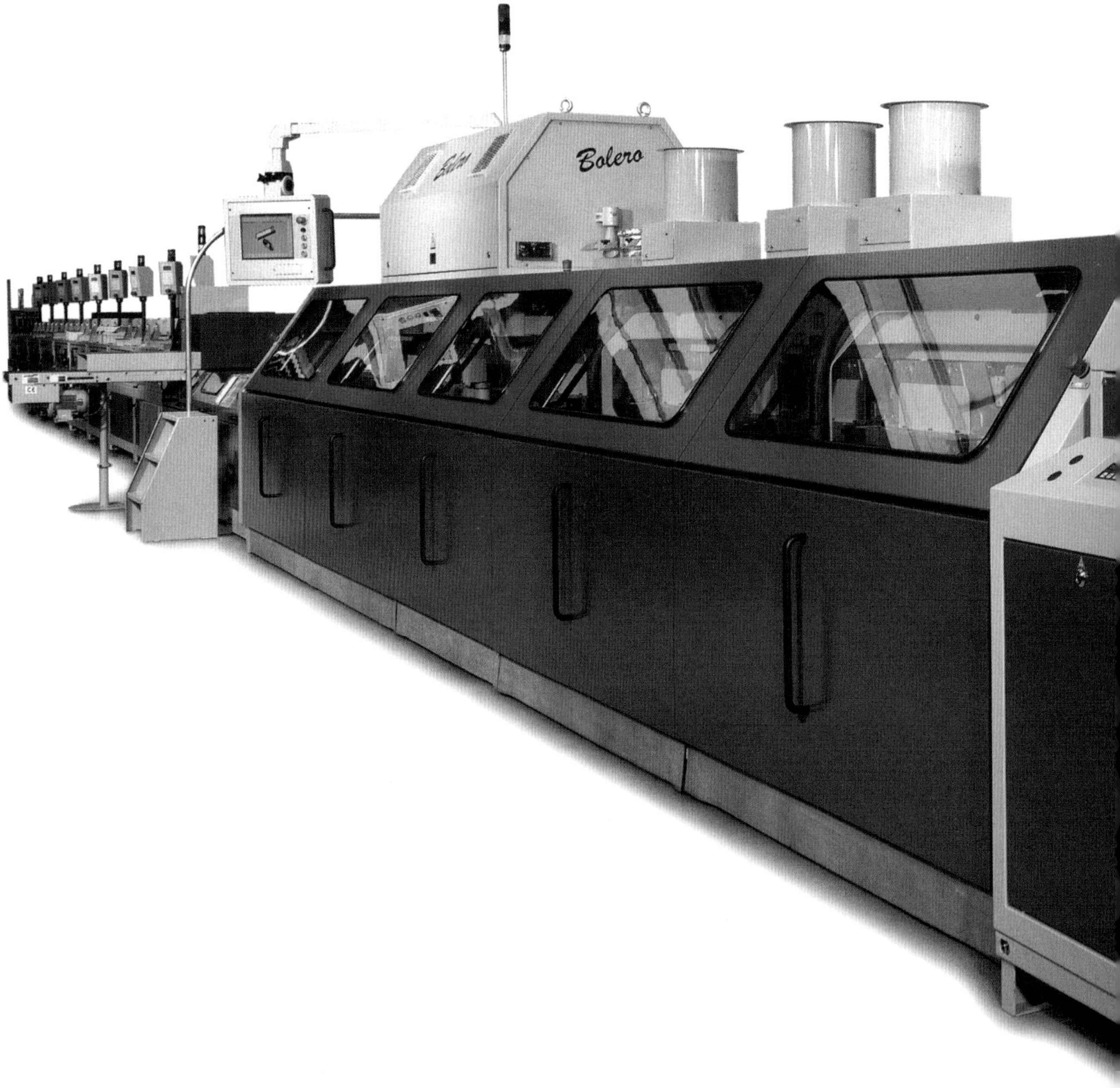

무선철(無線綴)은 실이나 철침 없이 책을 묶는다는 의미로 붙여진 명칭이다. 무선철 제책 기계는 공정 순서별로 표지 급지부, 본문 정합부, 회전 바이스, 회전 칼날, 풀통, 니퍼, 이동 벨트, 3면 재단기, 적재기로 구성되어 있다.

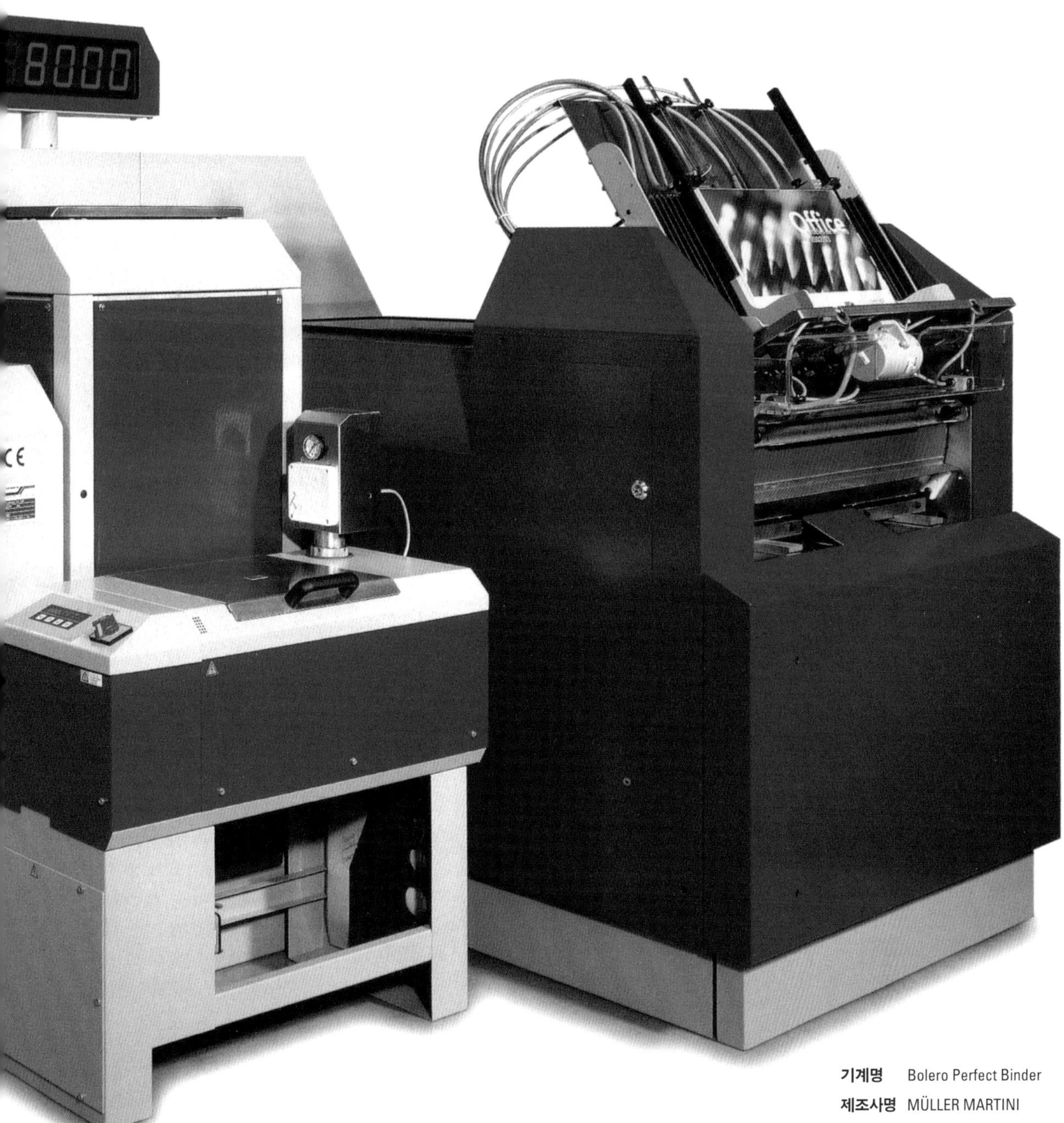

기계명 Bolero Perfect Binder
제조사명 MÜLLER MARTINI

1) 표지 급지부(gate-folding station)

오늘날 무선철에 사용되는 제책기는 크게 두 가지 방식으로 구분된다. 유럽식이라고도 하는 로터리 방식(12p 급지 방식)은 표지 부착 속도가 빨라 통상적인 범주에 들어가는 책을 제책할 때 유리하다. 일본식이라고도 하는 스탠더드 방식(벨트 급지 방식)은 표지를 먼저 가공한 후에 접착하기 때문에 두꺼운 표지의 책을 제책할 때 아주 유용하게 사용할 수 있다. 접지 대수로 공급되는 본문과는 별도로 인쇄해 따로 공급되는 표지를 적재해 제책 공정으로 이송해주는 부분이 제책기의 첫 부분을 차지한다.
표지 날개(6~8p)를 급지할 때 4쪽이 넘는 표지는 급지부에 적재하기 전에 급지를 위한 작업이 선행되어야 한다. ① 앞장과 뒷장을 테이프로 붙여 급지시키거나, ② 톰슨기로 앞장에 홈을 파서 집게가 이 홈을 물고 급지기로 이송시키는 방법이 사용된다.

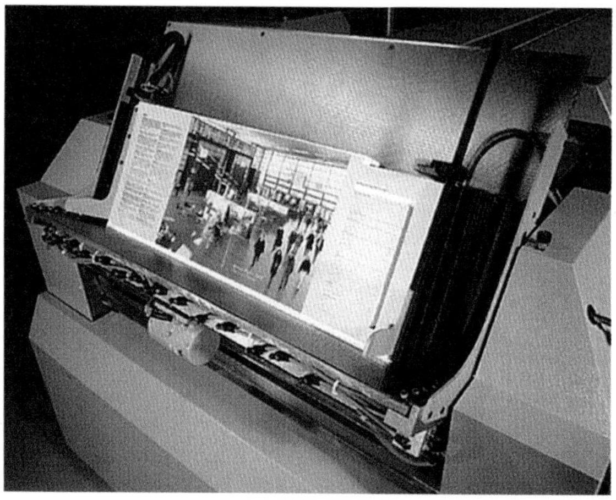

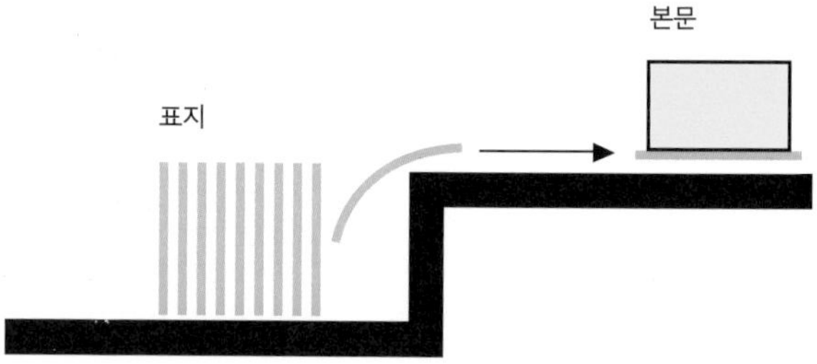

스탠더드 표지 급지 방식

표지를 수직으로 세운 상태에서 급지된다(선압: 4~6개).
두꺼운 표지 작업 시 유리한 방식이다(표지에 장날개가 있는 것이나 300g 이상의 용지를 사용할 때 작업성이 좋다).

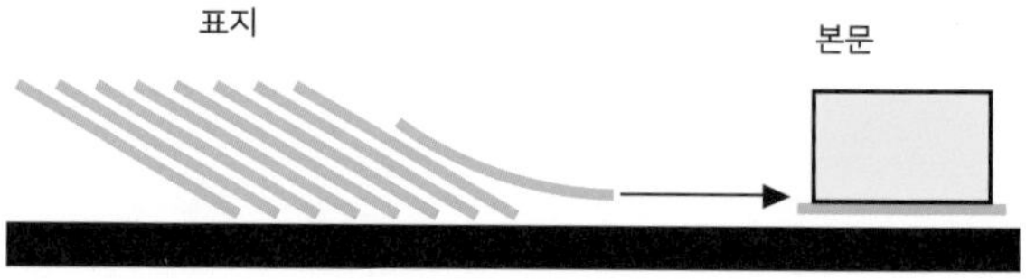

로터리 표지 급지 방식

라운드 급지처럼 비스듬하게 눕혀서 급지부에 적재한다(선압: 4~6개). 300g 이하의 얇은 표지 사용 시 편리하다.

❶

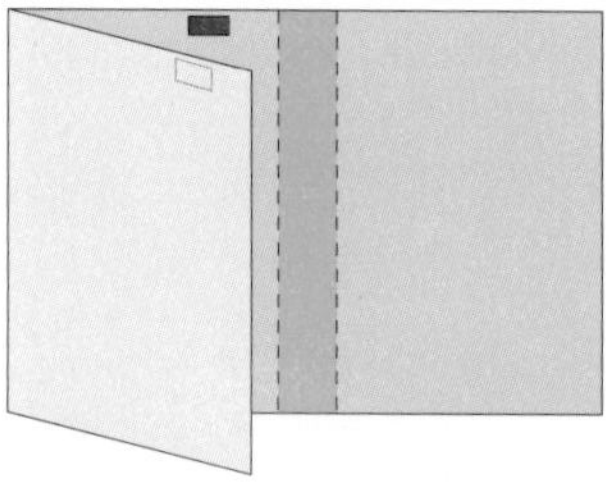

❷

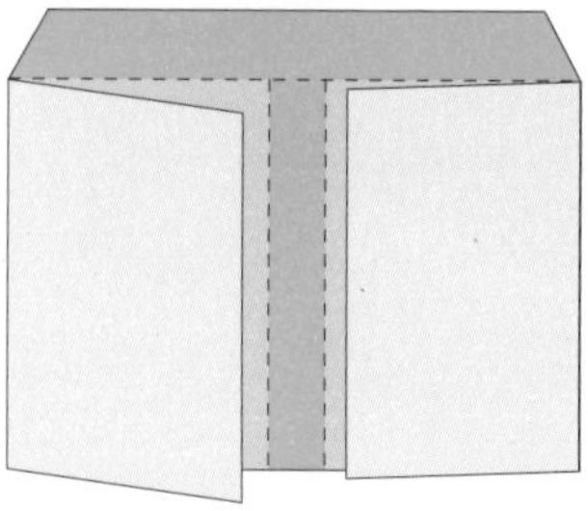

2) 본문 정합부(Gathering machine)

본문 접지 대수를 순서대로 추리는 정합 공정은 기계의 뒤쪽 홀더에서 1대부터 작업된다. 기계의 홀더 수만큼의 접지대수를 정합할 수 있으며, 보통 현장에서는 홀더 하나를 '콤마'라고 부르곤 한다. 예컨대 30콤마 제책기에서 16p 접지로 제책한다면 본문 30×16p=480p에 따로 급지하는 표지 4p를 합쳐 총 484쪽의 책을 만들 수 있다. 각각의 홀더에는 정합 불량을 방지하기 위해 난장 방지 장치가 설치돼 있어서 접지 대수 2개가 한꺼번에 물려 들어가면 오류 경고를 하게끔 돼 있다.

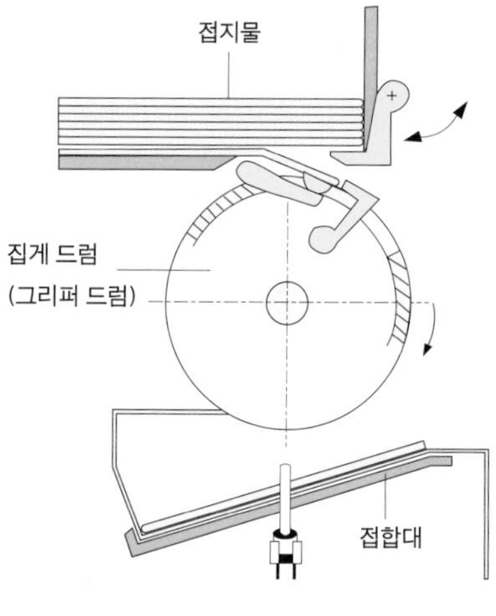

로터리 정합 방식

원통형 회전판이 회전하면서 접지 대수를 급지하기 때문에 로터리 방식이라는 이름이 붙여졌다. 비스듬하게 적재된 접지 대수의 아래쪽을 진공 흡착 후 집게가 물고 원통의 회전에 따라 이동 벨트에 얹어놓는다.(제조사: 뮬러 마티니)

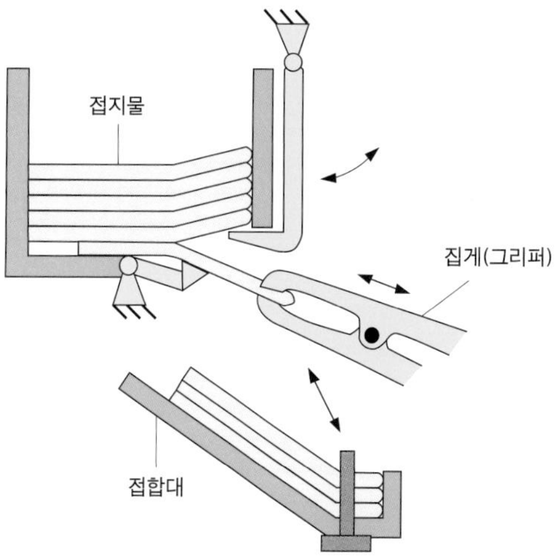

스탠더드 정합 방식

적재한 접지 대수의 아래쪽을 진공 흡착 후 집게가 물어 수직 방향으로 떨어뜨려 이동 벨트에 얹는 방식이다.(제조사: 요시노)

3) 책등 갈아내기

일반적인 무선철 방식은 등자르기 무선철이다. 인쇄지를 정합한 다음에 접힌 부분(책등이 되는 쪽)을 2~3㎜ 정도 갈아내고 거기에 접착제를 도포한다. 따라서 낱낱의 페이지를 한 권의 책으로 묶어주는 방식이기 때문에 종이의 두께 부분에 묻은 접착제의 강도가 중요하다. 실제로 종이와 종이의 사이에 약간의 접착제가 스며들기 때문에 접착 강도를 보완하는 효과가 추가된다. 접착 강도가 떨어진다는 의미는 책의 내구성이 좋지 않다는 의미다. 심하게는 책의 페이지가 낱장으로 빠져나오는 경우도 있으며, 책등이 두 덩어리로 분리되는 경우도 있다. 따라서 종이의 종류에 따라 제책의 공정이 중요한데 그 가운데 등 잘라내기, 자국 내기, 노치바인딩, 갈아내기, 털어주기 과정이 중요하다.

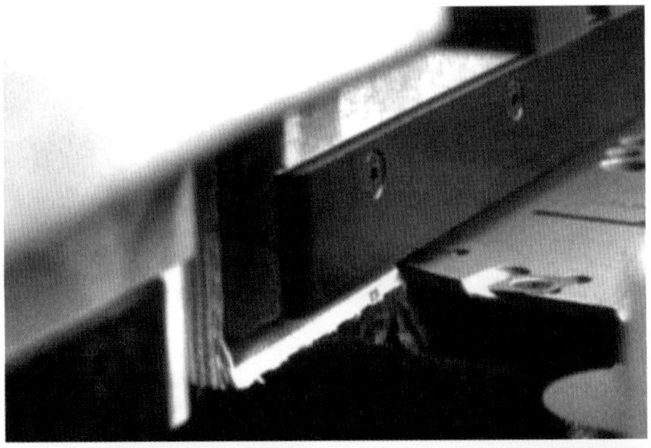

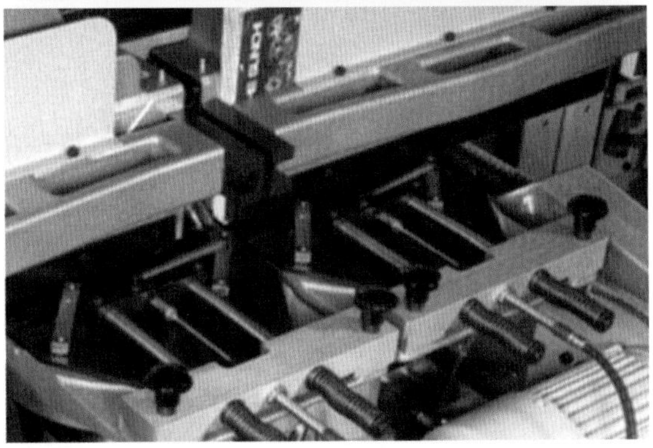

❶ 등 잘라내기(milling)

정합된 인쇄지 뭉치의 등 부분을 1~3㎜ 잘라내는 공정이다. 무선철 초기에 비해 오늘날 사용하는 칼날은 매우 견고해졌다. 칼날은 비트(Bit)형이며, 25cm 정도의 원반 테두리에 30~40개가 장착돼 있다. 인쇄지 뭉치는 원반형 커터의 한가운데를 통과하며, 잘려나간 종이는 모아졌다가 폐지로 재활용된다.

❷ 자국 내기(rouhening), 노치(notch) 바인딩(아지로 매기)

인쇄지 뭉치에서 등이 잘려나간 면은 상당히 매끈해서 접착 적성이 그다지 우수하지 않다. 자른 면에 그대로 접착제를 도포하면 제책 후 책을 펼치는 힘에 대해 페이지 한 장 한 장이 버텨주는 힘이 약해 종잇장이 빠질 우려가 있다. 따라서 핫멜트 접착 강도를 높이기 위해 인쇄지 뭉치의 등 부분에 깊이 0.3~1㎜, 폭 0.5~1㎜ 정도의 새김눈(notch)을 넣는다. 새김눈은 쐐기꼴(페이지 안쪽을 향해 V자 형으로 칼집을 낸다)과 네모꼴(ㄷ자 형으로)이 있으며, 아트지 같은 코팅 용지에는 네모꼴이 적합하다. 이처럼 종이 가장자리에 홈을 내 불규칙하게 가공함으로써 접착면이 늘어나고 접착 강도가 향상된다. 자국내기를 강하게 하면 접착 강도가 높아져 페이지가 빠지는 일은 방지할 수 있지만 책이 평탄하게 잘 펴지지 않는다는 단점이 있다.

❸ 갈아내기(sanding)

정합한 인쇄지의 등을 자르고 새김눈을 넣으면 기계의 칼날 자국에 의한 약간의 요철이나 거친 면이 남게 된다. 이 상태로 접착제를 도포하면 완성된 책등이 울퉁불퉁해질 수 있다. 따라서 등 부분을 사포로 매끈하게 갈아내는 과정이 필요하다.

❹ 털어주기(brushing)

등 부분에 종잇가루가 남아 있으면 접착 효과가 떨어질 수 있기 때문에 회전 브러시로 깨끗하게 털어준다.

4) 풀 바르기(perfect binder)

무선철 제책의 결과물 품질을 판가름하는 가장 중요한 공정이 풀을 발라 굳히는 과정이라고 말할 수 있다. 완성된 책에서 불량이 발생할 경우 통상 80% 이상의 문제가 풀 바르기 과정의 미숙한 처리에서 비롯된다. 접착 강도가 떨어진다는 의미는 책의 내구성이 좋지 않다는 의미다. 심하게는 책의 페이지가 낱장으로 빠져나오는 경우도 있으며, 책등이 꺾여 책이 두 덩어리로 분리되는 경우도 있다. 따라서 종이의 종류에 따라 제책 공정을 조율하고 접착제의 도포량과 건조 시간 등의 작업 조건을 달리할 필요가 있다. 한편 핫멜트 무선철의 약점을 보완하기 위한 것으로 미국에서 일부 사용되고 있는 '투 샷(two-shot)' 방식이 있다. 여기에는 수성 에멀전계 접착제를 먼저 도포해 건조시킨 후 핫멜트를 2차 도포하거나, 점도가 다른 두 종류의 핫멜트 접착제를 사용하는 방법이 있다. 하지만 한국에서는 한 종류의 접착제를 한 번만 도포하는 '원 샷(one-shot)' 방식이 정착됐고, 핫멜트 접착제의 품질 향상을 통해 내구성의 향상을 도모해왔다. 주요한 불량 내용은 다음과 같다.

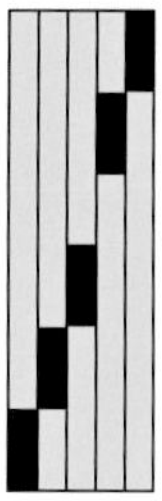

❶ 낙장

본문이 낱장 혹은 뭉치째 빠져나온다. 가장 심각한 불량이다.

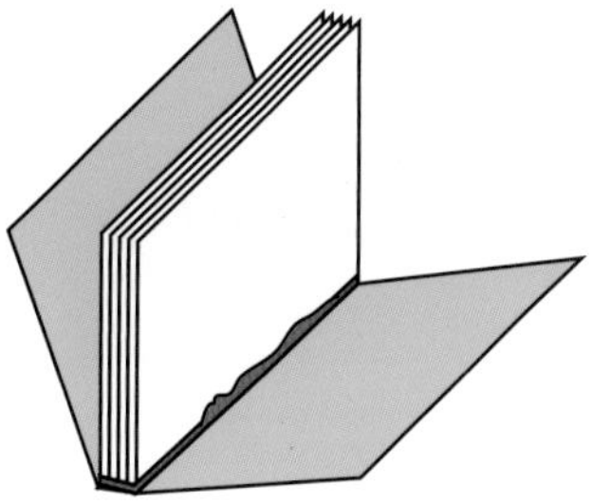

❷ 풀 넘침(내부)

표지를 단단하게 붙이기 위해 책등 쪽 표지 안쪽 2㎜ 정도까지 풀을 칠하는데(사이드 풀칠), 이 부분에 풀이 일정하게 도포되지 않으면 미관이 떨어지며 표지가 잘 펼쳐지도록 눌러준(선압) 선에서 반듯하게 접히지 않는다. 표지를 펼쳤을 때 풀이 넘친 자국이 보이기도 한다.

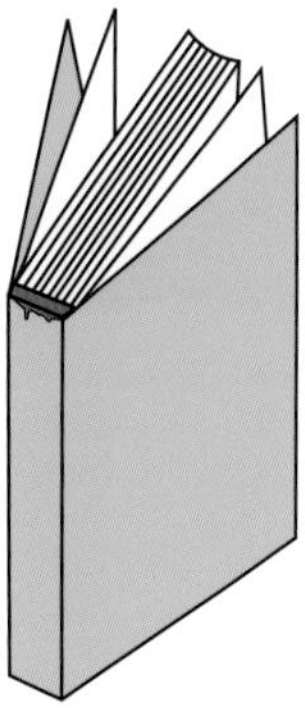

❸ 풀 넘침(외부)

책등 풀칠이나 사이드 풀칠 작업이 과도하게 이루어졌을 경우, 표지나 책등에 실오라기 같은 접착제가 붙어 있을 수 있다.

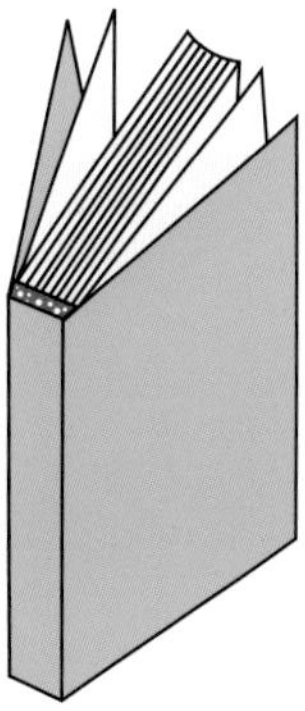

❹ 기포 발생

책을 위쪽이나 아래쪽에서 봤을 때 책등의 접착제가 꽉 차 있는 것이 아니라 움푹 파인 기포 자국이 남아 있어서 미관을 해친다. 기포가 발생하는 이유는 주로 풀 온도가 맞지 않았기 때문이다.

다음은 원 샷 방식의 핫멜트 무선철 제책 공정이다. 풀 바르기 과정은 바이스에 물린 본문 뭉치가 풀통 위를 통과하면서 회전하는 롤러에 의해 책등 부분에 풀이 묻게 되는 것이다. 접착 롤러는 풀통마다 2개가 있는데, 앞의 롤러가 풀을 묻힌 다음 뒤의 롤러가 풀을 깎아내면서 균일하게 도포한다. 책등에 풀을 바르는 풀통이 2개고, 그 사이에 책 표지가 잘 부착되도록 책등 쪽 2㎜에 접착제를 도포하는 사이드 풀칠 롤러가 자리잡고 있다. 풀 바르기 과정의 장비 특성은 다음과 같다.

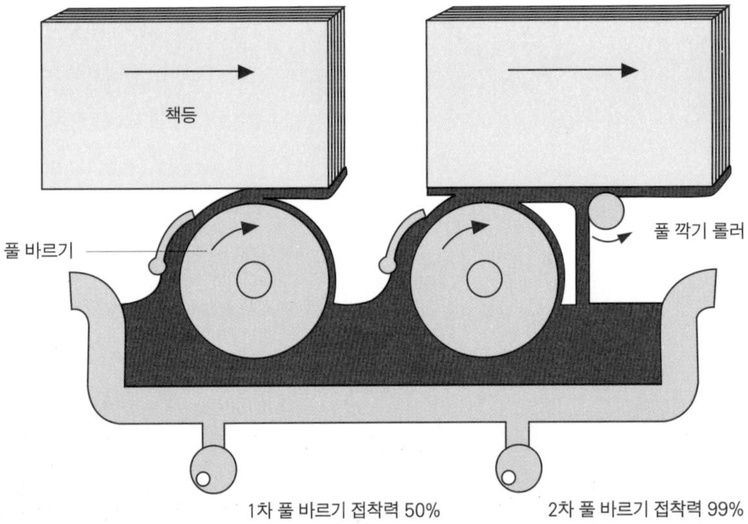

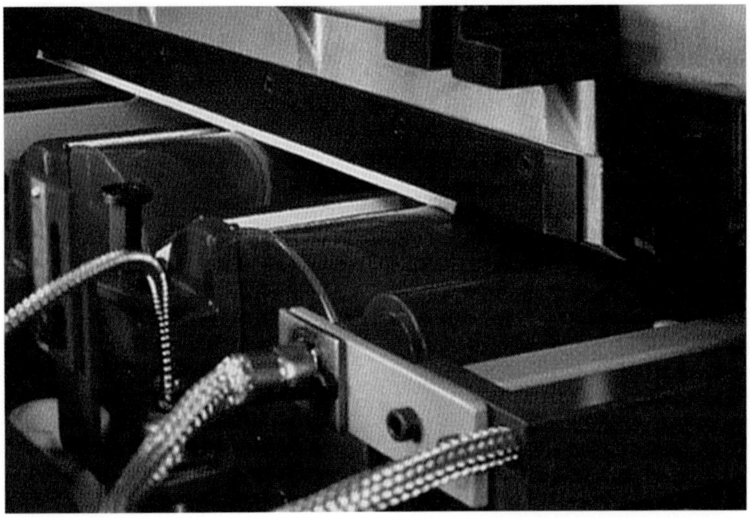

❶ 풀 바르기 공정은 차례대로 1차 풀칠, 사이드 풀칠, 2차 풀칠의 세 과정을 거친다.

❷ 아트지/모조지 공용 풀통이 있고 아트지와 모조지를 구분해서 사용하는 풀통이 있다.

❸ 1차 풀통은 접착력이 약한 초벌 풀칠용이며, 2차 풀통은 접착력이 강한 마무리 풀칠용이다.

❹ 사이드 풀칠은 대각선으로 마주보고 회전하는 롤러(앞에서 봤을 때 두 개의 롤러가 V자 형태로 설치돼 있다)의 중심부로 책등이 지나가면서 책등 쪽 표지 2㎜ 부위에 풀이 묻는다.

5) 핫멜트 무선철용 접착제

제책 적성이 더 우수한 신소재가 개발되었음에도 가격 문제 때문에 오늘날 가장 널리 사용되는 무선철용 풀은 EVA(Ethylene Vinylacetate Copolymer, 에틸렌 아세트산 비닐 공중합체) 계통의 접착제다. 고체의 풀을 가열해 녹여 사용하기 때문에 통상 핫멜트(hot-melt)라고 불리는 접착제는 코팅된 용지냐 아니냐에 따라 크게 아트지용과 모조지용으로 구분된다. 아트지는 모조지보다 접착 적성이 떨어지기 때문에 아트지용 핫멜트를 모조지에 사용하는 것은 무리가 없으나 모조지용을 아트지용에 사용하면 제책 건조 후 풀이 끊어지는 현상이 생길 수 있다.

핫멜트는 일반 무선철에는 적합하지만 노치바인딩(아지로 매기)에는 그다지 추천되지 않는다.

노치 바인딩에는 일반 핫멜트에 비해 세 배 가량 비싼 PUR(PolyUrethane Reactive, 반응형 폴리우레탄)이나 연질 핫멜트(BC3000)를 사용하는 것이 좋다. 하지만 우리나라의 무선철 제책은 저렴한 일반 무선철이 여전히 주류를 이루기 때문에 접착제 역시 일반 핫멜트만을 구비하고 있는 제책업체나 인쇄소(제책 포함)가 많다. 이런 곳에서 노치 바인딩으로 작업을 의뢰해도 일반 핫멜트를 사용하는 경우가 많기 때문에 의뢰자의 입장에서는 미리 풀 종류를 확인하는 것이 좋겠고, 또 제책업자의 입장에서는 이러한 제책 기법과 접착제의 특성을 미리 설명하는 것이 바람직하다.

● 핫멜트 무선철의 접착 강도

무선철 책의 내구성이 약하다는 것은 일반적으로 '페이지가 빠졌다' '책등이 갈라졌다' ' 표지가 떨어졌다'는 등의 문제를 말한다. 이러한 문제에 대한 내구성을 총칭한 것이 무선철의 접착 강도지만, 일반적으로는 페이지가 빠지는 현상이 가장 흔하기 때문에 보통 페이지 인장 강도를 무선철 강도라고 표현하곤 한다. 페이지 인장 강도는 책의 본문용지 한 장을 잡아당겼을 때 버티는 힘을 말한다. 이 강도를 좌우하는 요인으로는 핫멜트 접착제의 사용 온도, 도포할 때의 롤러 압력, 접착제 도포량, 그리고 새김눈(notch) 등이다. 특히 잡지처럼 코팅지를 사용한 책에서는 접착제 도포량과 새김눈이 가장 중요한 요인이 된다. 일반적으로 섬유질이 드러나 있는 종이의 접착 강도가 우수하며, 갱지 · 상질지 〉 코팅지 〉 그라비어지의 순서로 접착력이 떨어진다.

인장 강도 측정 방법

앞서 언급한 대로 인장 강도 외에도 책등의 갈라짐 역시 중요한 제책 강도 중 하나다. 두꺼운 책일수록 책등이 갈라질 우려가 커지므로, 두껍거나 특수한 용도의 책 혹은 새로운 접착제를 채택했을 때는 가제본 과정을 거쳐 책등이 갈라질 위험에 대해 미리 확인할 필요가 있다. 두꺼운 책은 페이지를 펼 때 책등, 즉 핫멜트 접착제 층에 왜곡이 생기는데 기온이 아주 낮거나 반대로 높은 경우에 더 심해진다.

무선철 책의 인장 강도 기준

종류	내용	인장 강도 기준	
		하기(6~9월)	동기(10~5월)
일반지	주간지: 갱지(상질지)만의 책	350gf/cm 이상	390gf/cm 이상
	월간지: 코팅지, 그라비어지가 들어가는 것	350gf/cm 이상	400gf/cm 이상
카탈로그류	코팅지의 두꺼운 카탈로그(연간 사용)	700gf/cm 이상	
기타	무크류 등(연간 사용)	5000gf/cm 이상	

※이 표는 일본에서 1998년부터 적용되는 기준임.

● 무선철과 표지 형태

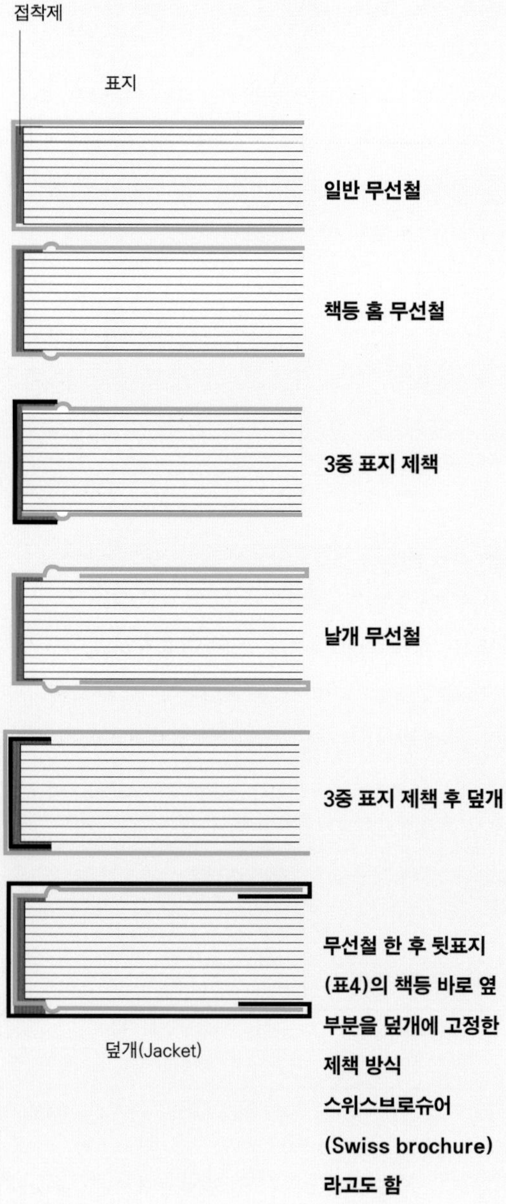

● 아지로 매기(노치 바인딩)

아지로 매기는 접착제만 사용해 책을 매는 무선철의 단점인 내구성을 좀 더 향상시키기 위한 기법이다. 다른 모든 공정은 앞서 살펴본 무선철 제책과 같지만 두번째 과정인 '갈이내기' 대신 슬릿(slit) 또는 슬롯(slot)을 낸다는 점이 다르다. 즉 무선철에서는 접지 대수 뭉치를 추린 다음에 책등 부분을 톱날 모양의 기계로 꺼끌꺼끌하게 갈아내지만 아지로 매기에서는 책등 부분을 전체적으로 자르거나 갈아내지 않고 홈을 판다. 홈을 낸 구멍에 접착제가 침투하기 때문에 접착 면적이 일반 무선철에 비해 증가한다. 이에 따라 내구성이 향상된다. 접지 대수의 책등을 자르지 않기 때문에 총양장에서처럼 본문 내지가 인쇄대(16쪽) 단위로 묶여 있다는 점 또한 특징인데 이 때문에 책이 잘 펼쳐진다는 장점이 있다. 다만 접착제를 잘못 사용하거나 제책 공정이 부실했을 경우 책장이 쉽게 빠져나올 우려가 있다(특히 16쪽 단위의 접지 대수에서 가장 안쪽에 있는 2장, 즉 7~10쪽 부분). 일반 무선철에 비해 아지로 매기 제책은 제작 단가가 약간 높아지지만 더 튼튼하고 펼침성이 좋기 때문에 점차 증가하는 추세다.

참고로 아지로 매기 제책 작업 중에 일반 무선철 방식으로 바꾸는 것은 가능하지만 일반 무선철 제책 작업 중에 아지로 매기로 바꾸는 것은 불가능하다. 본문 접지대수의 책등 부분을 갈아내느냐 남겨두느냐의 차이이다. 따라서 무작정 작업을 의뢰할 것이 아니라 처음부터 기획 목적과 예산, 책의 사용 환경 등을 꼼꼼하게 고려해 가장 적합한 제책 방식을 결정해야 한다는 점을 다시 한번 강조한다.

● PUR 제책

사진집, 다이어리, 두터운 도록, 참고서, 매뉴얼, 장기보전을 목적으로 하는 출판물 등에서 무선철 제책에 대해 고민하는 이유는 펼침성이 나쁘다는 데 있다. 이를 해결하는 무선철 접착제가 개발되었다. 여름철 고온이나 겨울철 추운 환경에서도 접착력이 매우 우수한 제책방식이다. 몇 해 전부터 핫멜트(EVA)에 대체되는 접착제로서 습기경화형 우레탄 핫멜트(Poly Urethane Reactive Hot melt adhesives, 이하 PUR)가 개발되고, 그 뛰어난 특성에 따라서 실용 라인이 증가되기 시작하여 눈길을 끌게 되었다. PUR은 열을 가하면 90°에서 용해되고, 식히면 굳는다. 또 대기나 용지 등의 습기와 수분에 의하여 가교반응(架橋反應)이 진행되고, 가교반응이 완결되면 접착강도 · 내열성 · 내한성 · 내용해성 · 리사이클 적성 등에서는 핫멜트(EVA)보다 우수한 특성을 나타낸다. 그러나 핫멜트(EVA)와 비교하여 초기 접착력을 발휘하기까지에는 많은 시간이 걸리고 또 외부 기온과 접촉함으로써 가교반응이 시작되기 때문에, 외부 기온을 차단한 전용의 애플리케이터를 필요로 한다.

PUR에서는 최종강도에 이르기까지에 시간이 걸린다는 점과, 그 강도 변화의 파악이 제품관리상 중요하다는 것을 주의해야 한다. 제책양식(무선, 아지로 무선)이나 용지(코트지, 상질지)에 따라서 강도 및 시간은 다르지만, 어느 경우이거나 제책 직후부터 약 1시간 안에 책을 펼치면 낙장이나 변형이 발생한다. 최종강도에 이르기까지는 반나절 정도의 시간이 필요하다.

PUR 제책은 접착강도, 내구성, 광개성, 리사이클 적성 등의 특성이 뛰어나고, 제책사 입장에서는 우수한 제책이 가능하다. 그러나 우리나라에서는 아직 그 역사가 짧고, EVA에 비교하여 비용도 높아 가동 수는 얼마 되지 않는다. 제책사 쪽에서는 초기 설비 투자가 필요하고, 반응(에이징) 시간이나 작업종료 시 청소 제거 등 관리상 문제점도 있지만, 현재 단가가 저렴하게 형성되어 있다는 문제점이 있다. 출판사에서는 차별화 전략과 소비자의 만족도를 높이기 위해 점점 선택을 늘리고 있다. 참고로 삼성출판사의 아동용 서적은 모두 PUR 제책을 하고, 표지 뒷면에 PUR 제책으로 제작하였다고 홍보하면서 독자들의 좋은 반응을 끌어내고 있다.

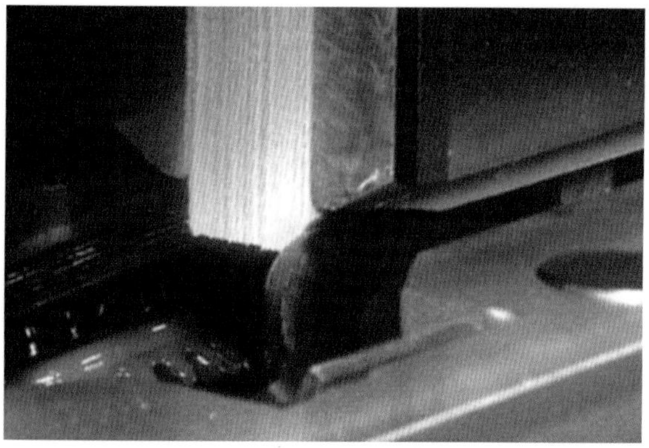

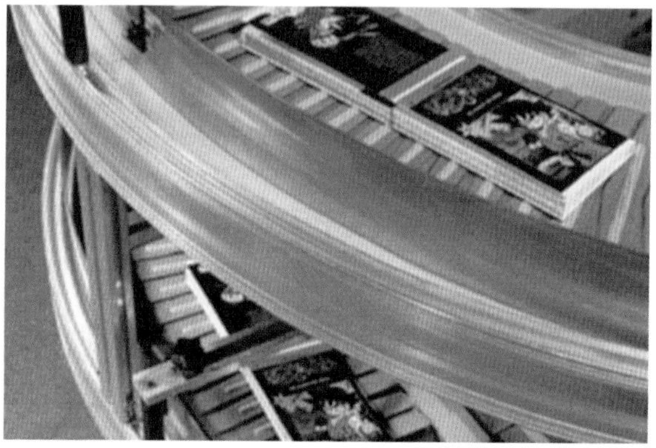

6) 사이드 풀칠 및 표지 싸기

1차 풀칠과 2차 풀칠 사이에는 사이드 풀칠 과정이 있다. 사이드 풀칠은 수직으로 세운 상태의 본문 뭉치를 V자로 배치한 소형 풀칠 롤러의 중심부를 통과시키며 첫 페이지와 마지막 페이지에 2㎜ 폭으로 접착제를 바르는 것이다. 이때 사용하는 접착제는 투명한 핫멜트를 사용하는 것이 좋겠지만 책등에 바르는 풀과 같은 것을 사용할 수도 있다. 앞서 무선철 제책의 품질을 결정하는 가장 중요한 공정이 풀칠이라고 언급했는데, 그중에서도 사이드 풀칠이 완성도를 크게 좌우한다고 말할 수 있다. 오늘날 자동식 무선 제책기는 대부분 롤러를 이용해 사이드 풀칠을 하는데, 일정하게 접착제를 도포할 수 있어 품질이 우수하다. 이에 비해 수동식 무선 제책기는 철사를 이용해 풀을 얇게 펴 바르는데, 물결 모양으로 불균일하게 접착제가 도포되는 웨이브 현상이 발생하기 쉬워 책의 완성도가 떨어질 수 있다.
일련의 풀 바르기 공정을 통과한 본문 뭉치에는 즉시 표지가 감싸진다. 표지의 책등 부분을 니퍼(nipper, 현장에서는 '함마(해머)'라고도 부른다)로 물어 ㄷ자 형태로 꾹 눌러주면서 표지 접착과 동시에 책등의 각을 잡아준다. 기계에 따라서 책을 위쪽이나 아래쪽에서 바라봤을 때 책등과 표지가 직각을 이루는 형태와 미세한 타원 곡선을 이루는 형태로 완성된다.

7) 컨베이어 시스템(floor conveyor system)

표지 싸기가 끝난 책은 컨베이어 벨트 시스템을 타고 3면 재단기로 이송된다. 대부분의 제책 공정과 공정 사이의 거리는 따로 이동이라고 부르기 어려울 정도로 곧바로 이루어지기 때문에 공정 명칭을 붙여 관리하지 않는다. 그러나 표지까지 부착한 책을 재단기까지 이송하는 과정을 따로 언급하는 까닭은 거리도 꽤 길고 다음과 같은 중요한 의미를 갖기 때문이다.

컨베이어 시스템의 중요성

1 이송 시간 동안 본문 뭉치를 고정하고 표지를 부착한 접착제가 건조된다.
2 제책 이상이나 오류, 불량품을 검수할 수 있는 시간을 제공한다.
3 완성된 책을 배지부에 전달한다.
4 이송 속도에 따라 전 단계와 후 단계의 작업 속도를 조율할 수 있다. 예컨대 컨베이어 벨트가 길면 제책 속도를 높이면서 배지부의 3면 재단 속도를 늦추면 된다.

8) 재단 및 적재(stacker)

컨베이어 벨트를 타고 온 책이 배지부에 도착하면 설정된 부수가 쌓일 때(몇 권을 쌓게 할지는 책의 두께와 표지 특성, 지질에 따라 결정한다)마다 3면 재단기로 넘겨준다. 여러 권을 쌓는 까닭은, 무선철 책은 중철 책과 달리 책의 두께가 고르기 때문에 여러 권을 쌓아도 책등과 책배 쪽의 두께 차이가 거의 나지 않는다. 따라서 무선철에서는 한 권씩 자르는 중철과 달리 작업 효율을 높이기 위해 여러 권을 한꺼번에 재단한다.

중철에서는 난장 방지 장치와 철침 감지 장치로 호침기 통과 후에도 불량을 파악할 수 있지만, 무선철에서는 정합시 난장 방지 장치가 불량을 식별했다고 하더라도 일단 배지부에 도착하고 나면 여러 권으로 쌓인 채 3면 재단기로 넘어가기 때문에 불량품 검수에 특히 유의해야 한다. 여러 권이 한꺼번에 재단된 무선철 책은 적재기로 옮겨져 밴딩(banding)기를 통해 설정된 부수만큼씩 끈으로 묶이게 되므로 이 상태에서 불량품을 식별한다는 것은 상당히 어려운 일이 된다.

무선철의 적재기 역시 중철에서와 마찬가지로 책의 두께에 따라 설정된 부수가 쌓일 때마다 180도 회전해서 책등과 책배 부분이 번갈아 쌓이게끔 되어 있다. 이렇게 하면 수량 파악이 더욱 용이해진다는 장점이 있다.

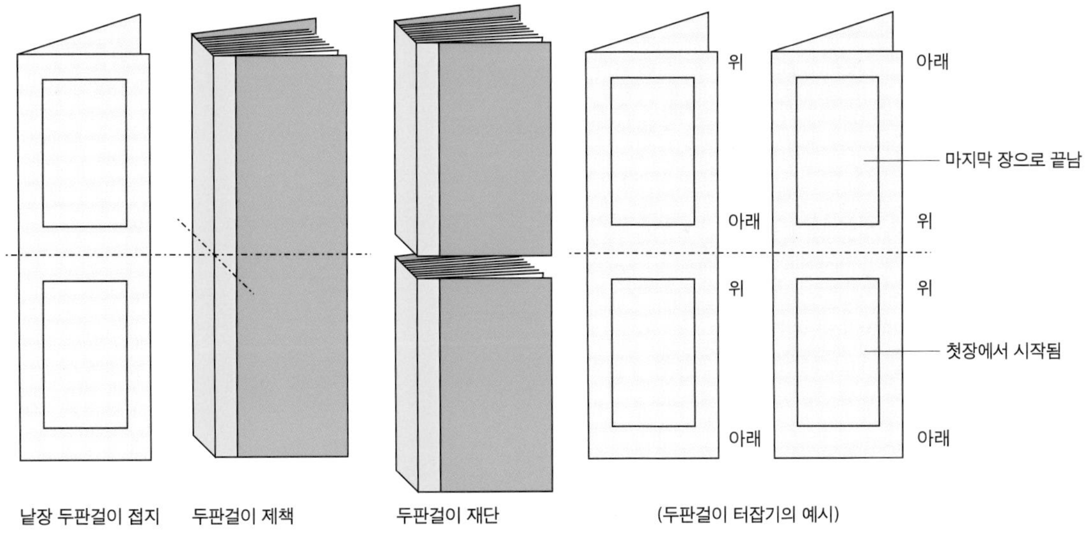

두판걸이 제책(한 번 제책으로 2권의 책이 완성되는 방식)

9) 표지 날개 접기

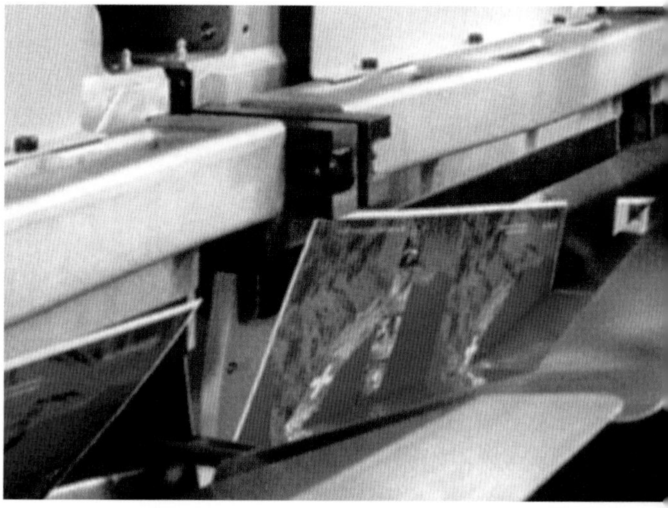

표지 날개란 표지를 본문 규격보다 폭넓게 만들어 남는 부분 을 표지 안쪽으로 꺾어 접어준 부분을 말한다. 이는 단행본에 주로 사용되는데, 본문 폭에 비해 (날개를 포함한) 표지 폭이 90~100㎜ 더 크기 때문에 날개 작업기로 앞뒤 표지의 날개 부분을 안쪽으로 꺾어주면서 책배 부분은 수평 재단기로 잘라준다. 그런 다음 3면 재단기에서 책배를 제외하고 위아래 2면만 재단한다. 온라인 무선철기가 보급된 다음부터는 표지 싸기과정에서 책을 컨베이어 시스템을 통해 날개 작업기로 보냈다가 다시 컨베이어 시스템으로 배지부에 이송시켜 3면 재단기로 위아래 2면만 재단하는 경우도 있다.

날개 꺾기를 할 때는 표지 날개의 접선부가 본문 폭과 적당히 맞아떨어지도록 하는 것이 매우 중요하다. 날개를 너무 크게 접으면 접힌 표지의 폭이 본문보다 작아지기 때문에 표지 너머로 본문이 노출되며, 너무 작게 접어 접힌 표지의 폭이 본문보다 훨씬 크면 표지가 돌출되어 책의 펼침성이 나빠지는 불량의 원인이 된다. 또한 수평 재단기로 책배 부분을 자를 때 칼날에 흠이 있으면 재단 후의 책배에 흠집만큼의 줄이 생기기 때문에 미관상 좋지 않다.

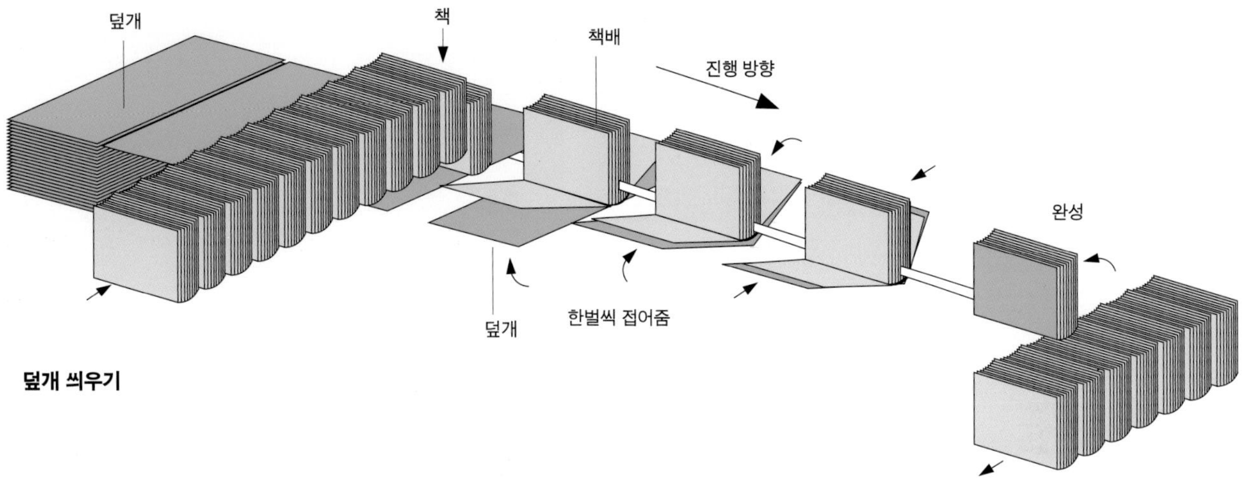

덮개 씌우기

10) 덮개 씌우기

오늘날 상당수의 무선철 서적은 접은 표지 방식으로 제책하며, 대부분의 총양장 서적과 마찬가지로 표지 바깥쪽에 별도의 덮개(자켓)를 덧씌우는 이중 표지를 선호하는 추세다. 이중 표지가 아니라면 재단으로 제책 공정이 마무리되지만, 덮개를 덧씌우는 제책 방식을 택했을 경우 별도로 인쇄하고 코팅 등의 후가공으로 처리한 덮개를 씌우는 작업을 거친다. 책 전체를 감싸는 덮개가 아니라 아래쪽 3분의 1 정도만 감싸는 책띠를 두르기도 한다.

한편 고급 월간지 등의 잡지 제책에 주로 쓰이는 제책 후작업으로 책띠와는 다른 공법이 사용되기도 한다. 책의 앞표지와 뒤표지 안쪽으로 접혀 들어가는 날개 방식으로 감싸는 것이 아니라 책의 크기와 동일한 폭으로 재단해 만든 띠를 쉽게 떨어지는 접착제를 살짝 발라 부착하는 방식이다. 이 기법은 사각형이나 원형의 안내문(보통 별책부록이나 이벤트 공지 등의 내용을 담고 있다)을 표지에 부착하는 것과 같은 방식이다. 책을 구매한 사람이 손가락으로 가볍게 잡아당기면 쉽게 떨어지기는 하지만 접착제 자국이 표지에 남기 때문에 수명이 짧은 잡지류에서만 사용되는 표지 장식 기법이다.

11) 표지와 면지 붙이기

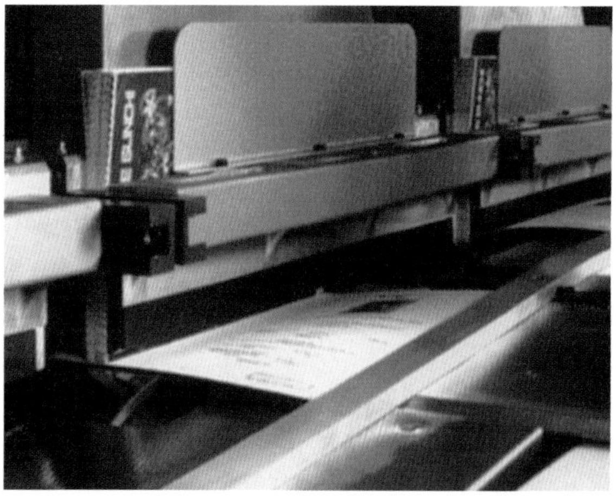

면지 붙이기는 옛날 방식의 호부장 제책으로 만들어진 교과서나 무선철에 사이드 풀칠 공정이 도입되기 전에 주로 사용된 기법이다. 오늘날에 와서는 대부분 책을 더 고급스럽게 만들거나 디자이너의 제작 의도를 반영하기 위해 적용되는 공정이다. 표지를 급지할 때 표지 안쪽 끝에서 5㎜ 지점까지 풀을 발라주면 표지 싸기 이후의 공정을 거치면서 자동적으로 접착된다. 정합 시 접지 대수 앞뒤에 따로 추가한 면지의 맨앞/맨뒤 페이지를 각각 앞뒤 표지 안쪽 페이지(표2, 표3)에 부착하는 경우도 있고, 면지 없이 앞뒤 표지 안쪽에 본문의 첫 · 마지막 페이지를 붙이는 방법도 있다. 면지 부착은 사람이 손으로 해야 할 것 같지만 실제로는 자동 작업이 가능한 공정이다.

12) 호부장 제책

호부장(糊付裝, side stitching)은 철사로 내지 뭉치의 책등 쪽 앞뒤 면을 관통하도록 묶은 뒤 책등과 면지에 풀을 칠해 표지를 붙이는 방법이다. 제책의 난이도로 보아서는 가장 쉬운 방법 가운데 하나기 때문에 과거 대량 생산의 필요가 있던 교과서나 참고서에 많이 쓰였지만, 무선철 기술이 좋아지고 성능이 우수한 접착제가 개발된 이후에 호부장 제책은 거의 쓰이지 않는다. 제책이 쉽고 튼튼하지만 책이 잘 펴지지 않고 책장 넘기기가 쉽지 않다는 단점이 있다. 하지만 펼침성보다 견고성이 더 중요시되는 책이 있을 수 있으므로 여전히 온라인 무선철 제책기에 호부장 제책 장치를 옵션으로 설치할 수 있게끔 되어 있다.

13) 포장

모든 제책 공정이 끝나 완성된 책은 출판업자 또는 유통업자를 통해 물류 운송을 하게 된다. 일반적으로 책의 손상을 줄이고 운송의 편의를 위해 책을 포장하는 일까지 제책업자의 역할이다. 책을 포장하는 방법은 다음 세 가지가 있다.

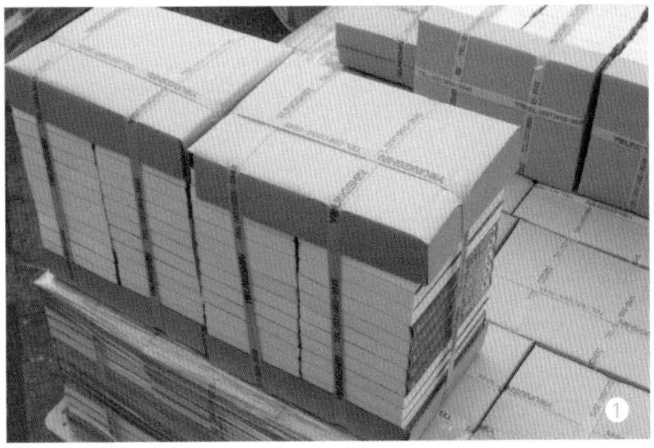

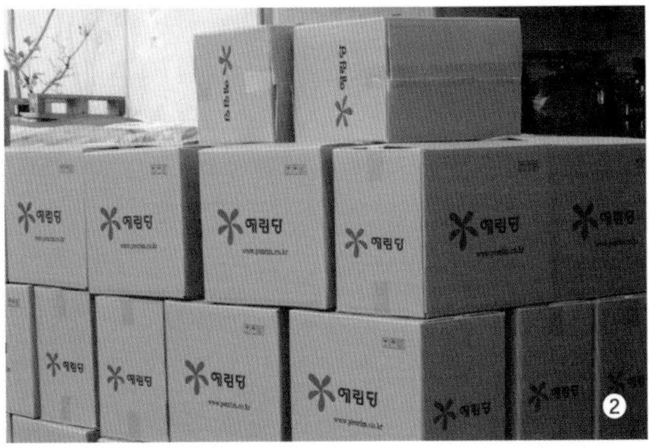

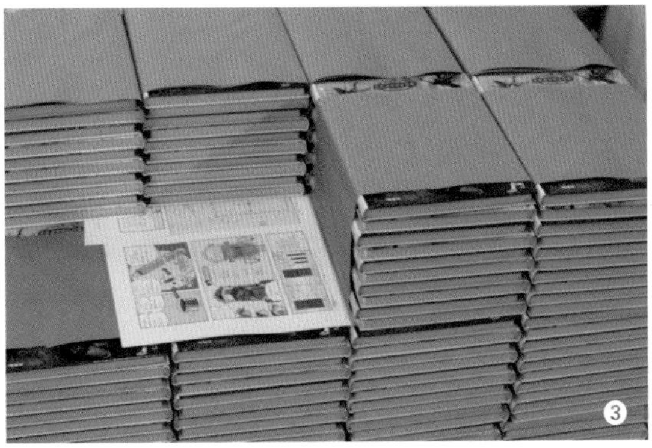

❶ 받침 포장(밴딩)

책 더미마다 위아래에 받침 종이를 대고 끈으로 밴딩하는 방식이다. 받침 종이는 두껍고 튼튼한 골판지를 사용하며, 끈 때문에 큰 힘을 받는 책 더미의 위아래 사방 직각 모서리 부분을 보호하기 위해 받침 종이 역시 사방으로 날개를 만들어 사용한다. 참고로, 2000년대 초까지만 해도 인쇄 현장에서는 인쇄 파지를 자르거나 접어서 위아래 받침 종이로 사용하곤 했다. 특히 잡지 포장은 모두 인쇄 파지를 사용했는데, 그 이유는 인쇄 부수가 많기 때문에 책 한 더미마다 두 장씩 소요되는 받침 종이의 가격조차도 큰 부담이 됐기 때문이다. 하지만 2007년 현재 단행본은 물론 모든 잡지가 별도 제작한 받침 종이를 사용한다. 오늘날 출판사 및 잡지사들은 받침 종이용 골판지('각대댐지'라고 부르기도 한다)를 본책 규격에 맞게 별도 주문 제작하기도 하며, 받침 종이 겉면에 책(잡지) 제목을 인쇄해 수량 파악 및 식별을 용이하게 한다.

❷ 박스 포장

특히 유아용 서적이나 백과사전, 문학 시리즈 같은 전집류의 포장에 주로 사용되는 방법이다. 가장 안전하고 견고하며 세트 수량을 파악하기에도 용이하다. 포장용 박스는 내용물이 상자 안에서 흔들리거나 쏠리지 않도록 애초부터 가제본으로 전집을 만들거나 완성 책 전집의 크기를 정밀하게 측정해 제작하는 것이 좋다. 완전 포장과 마찬가지로 밴딩하지 말고 테이프로 마무리해야 한다.

❸ 완전 포장

현장에서는 줄임마로 '완포'라고 부르기도 한다. 이름처럼 내용물을 완전히 감싸는 방법이다. 거친 운송 환경에서도 내용물을 보호할 수 있어야 하는 포장용 소재로는 서류 봉투에 곧잘 쓰이는 크래프트지처럼 질기고 튼튼한 것을 사용한다. 완전 포장은 끈으로 밴딩하지 말고 반드시 풀칠로 마무리해야 한다. 밴딩 끈으로 묶으면 위아래 2권의 책에 눌린 자국이 생겨 완전 포장의 의미가 없어지기 때문이다. 완전 포장은 고급스럽고 내용물이 귀중하다는 느낌을 주므로 양장 제책 후에 주로 선호되는 포장 방식이다.

무선철 제책 시 주의 사항

1 부속물 및 본문 입고 확인.

2 부속물의 후가공 공정 이상 유무를 확인한다.

- 라미네이팅: 기포가 생기지 않았는지 육안으로 확인
- OPP 필름 규격에 맞게 인쇄물이 다 들어가 있는지 확인
- 형압: 압력 조절은 제대로 되었는지 확인
- 박작업: 종이 위에 미세한 선이 잘 표현되었는지 확인

3 표지 및 부속물(속표지, 화보 간지), 본문의 재단 여백을 동일하게 맞출 것.

4 접지 완료 후 반나절 정도 여유를 갖고, 접지물의 바람이 빠지도록 한다.

- 스노화이트 용지의 경우, 접지 시 롤러 자국이 생길 수 있으므로 충분히 건조 후 작업할 것.

5 접지 시 연결 페이지(연결 부분, 선, 그림, 외각 테두리 포함) 확인.

6 지종에 따라 접지 시간을 달리한다. 수입지와 매트지류는 접지 시 롤러 자국이 생길 가능성이 많으므로 충분히 건조 후 작업할 것.

7 접지 대수별 견본을 1~2부 정도 준비하여 책을 규격에 맞게 재단하여 페이지 및 본문의 내용을 꼼꼼히 확인한다(일반적으로 정합 대수가 많으므로 표지와 전체 페이지의 순서 및 삽지, 엽서 등과 같은 부속물의 수량과 위치를 배열표 또는 가제본을 참조하며 정확하게 확인한다).

8 각 꼭지별 본문대수가 정합기에 정확하게 배치되었는지 확인한다.

9 표지 붙이기까지 끝난 최초의 책을 들고 페이지 및 본문 또는 부속물과 재단 여백에 맞게 정합 및 재단되었는지 다시 확인한다.

10 표지의 책등 부분이 좌우, 즉 앞표지 쪽이나 뒤표지 쪽으로 치우쳐 부착되지 않고 책등의 중심선이 책 두께의 정중앙에 일치되도록 한다(만약 레이아웃이나 두께 예측의 오류로 표지의 책등 부분이 실제 책의 두께보다 넓다면 남는 부분을 뒷표지 쪽으로 밀어서 표지를 부착하든가, 아니면 남는 부분을 앞표지와 뒷표지에 똑같은 폭으로 밀어서 부착한다).

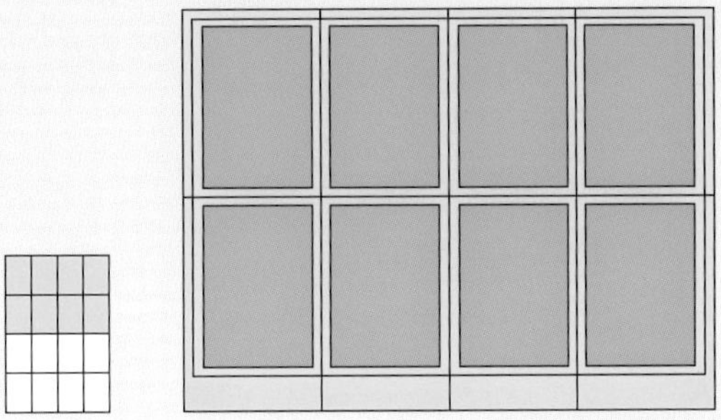

본문 16p 터잡기

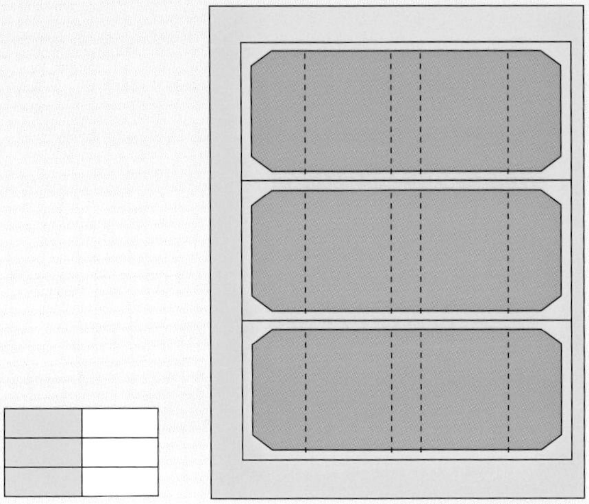

표지(날개) 3벌 터잡기

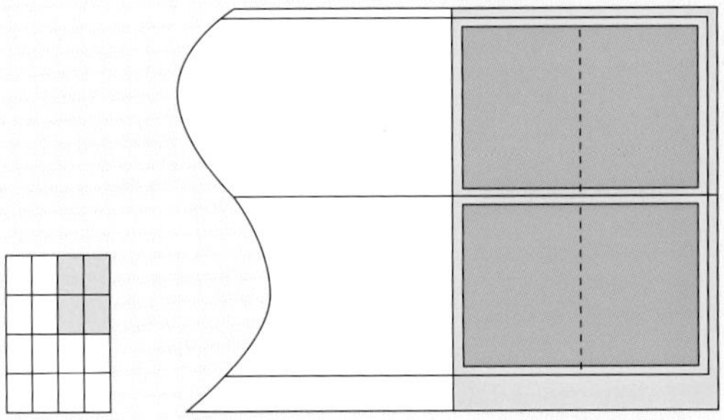

면지(앞+뒤면지)

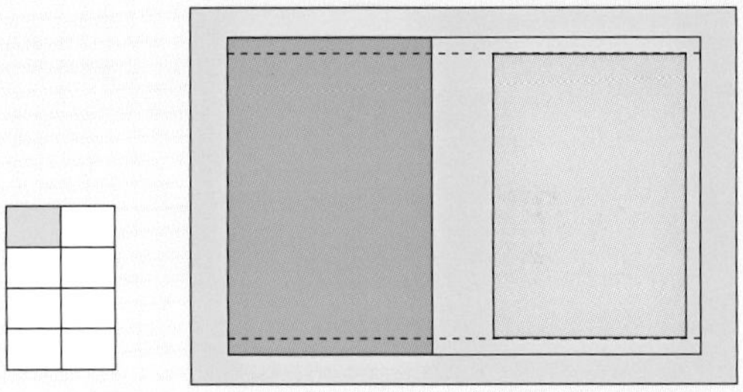

클로스 1벌 터잡기

11 제책 방식(무선철, 노치 바인딩)에 맞게 되었는지 확인한다.

12 표지 날개(책배쪽 자락)가 균형이 맞게 접혔는지 확인한다.

13 3면 재단 시 책등에 터짐 현상이 있는지 확인한다(수입지 및 라미네이팅 공정이 없는 것은 반드시 확인한다).

14 사이드 풀칠이 반듯하게 일직선으로 작업되었는지 확인한다.

15 3면 재단 후 표지와 책등에 손상이 있거나 눌린 자국이 있는지 확인한다.

16 본문, 삽지, 엽서 등 모든 페이지의 재단 규격을 꼭 확인한다. 잡지의 경우 광고의 인쇄면 최상단이나 최하단 등에 광고주의 로고나 연락처 등이 기재돼 있는 경우가 흔하기 때문에 특히 유의해야 한다.

17 책을 위쪽이나 아래쪽에서 바라봤을 때 책등의 접착제 두께 부분에 기포가 있는지 육안으로 확인하여, 3면 재단 시 책등이 터지는 현상이 발생하면 재단기의 속도를 늦추거나 재단 부수를 줄여서 터짐을 방지한다.

18 앞표지를 펼쳤을 때 안쪽(표2)과 본문 첫 페이지의 접합부에 풀이 넘쳤는지 확인하고, 만약 그렇다면 사이드 풀칠 롤러에서 도포되는 접착제의 양을 줄여준다.

19 부족분 및 각 대수별 부족대수를 파악하여 차후 작업 시 참고한다.

20 포장 단위(수량, 규격, 종류) 및 납품처를 재확인한다.

21 포장지(인쇄물 댐지, 각대댐지, 완전 포장, 박스 포장)의 두께를 고려하여 책이 손상되지 않게 밴딩기 강도를 조절한다.

22 거래 명세표(인수증)를 반드시 회수한다.

23 초판본 견본 책은 잘 보관 후 다음 작업 시 참조한다.

제책 공정을 고려한 편집 레이아웃

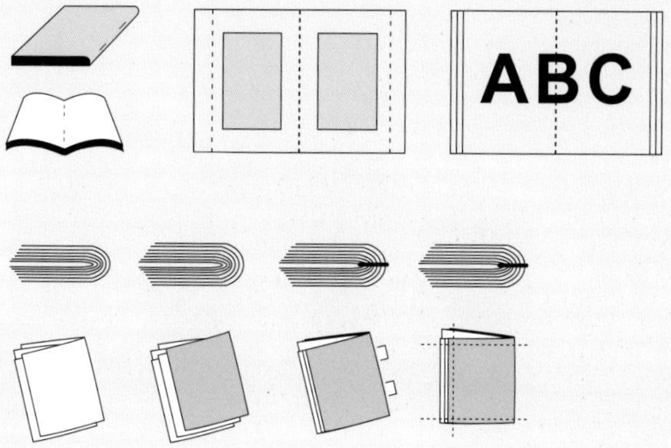

중철제책 레이아웃

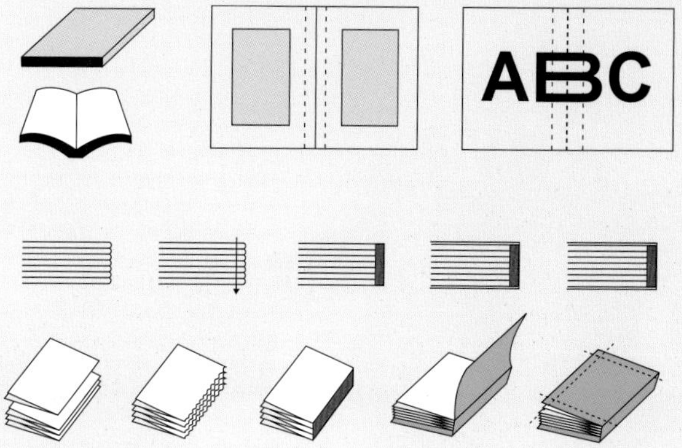

일반 무선 레이아웃

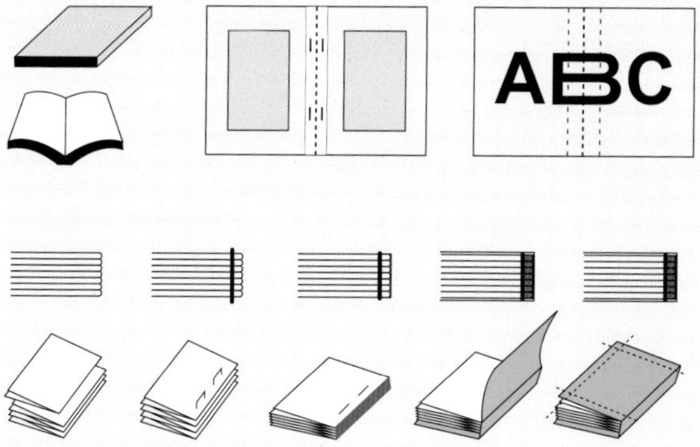

호부장 제책 레이아웃

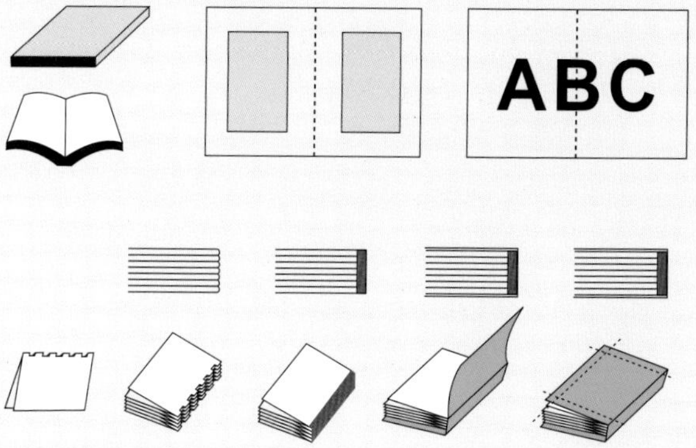

아지노 무선 레이아웃

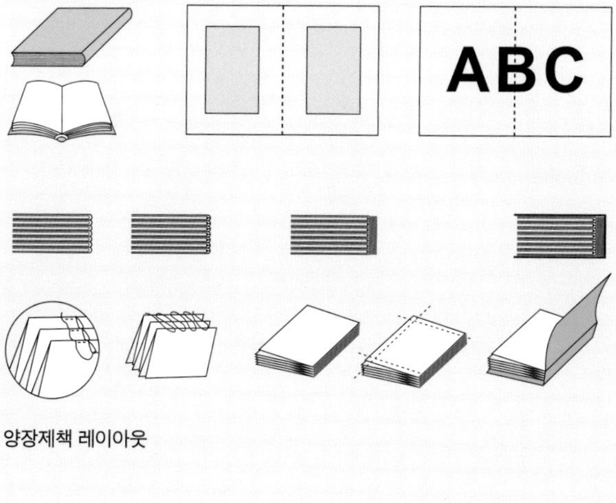

양장제책 레이아웃

5 중철 제책의 실제

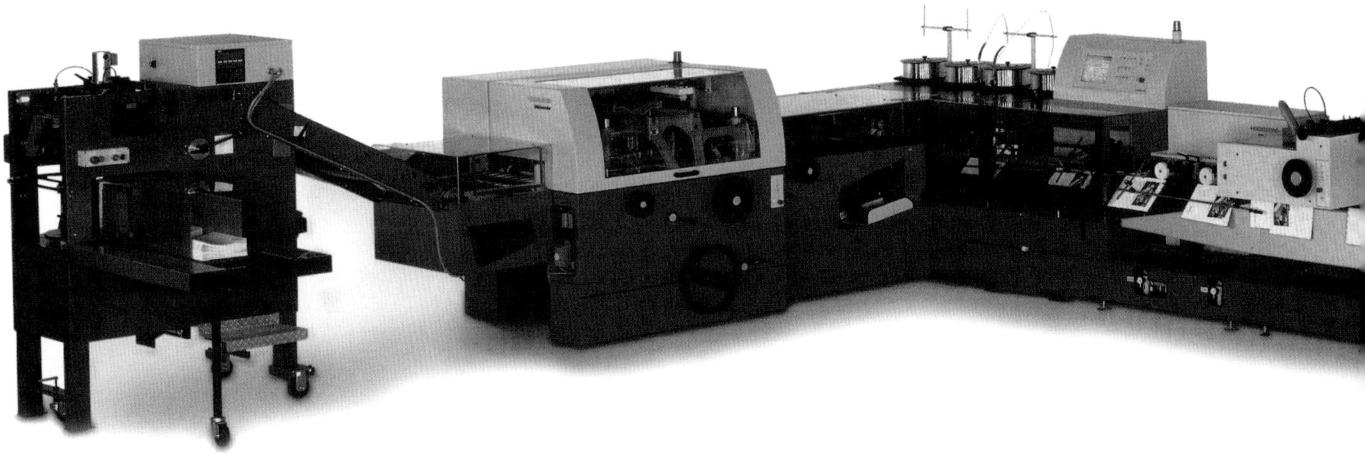

기계명 Stitchmaster ST350
제조사명 HEIDELBERG

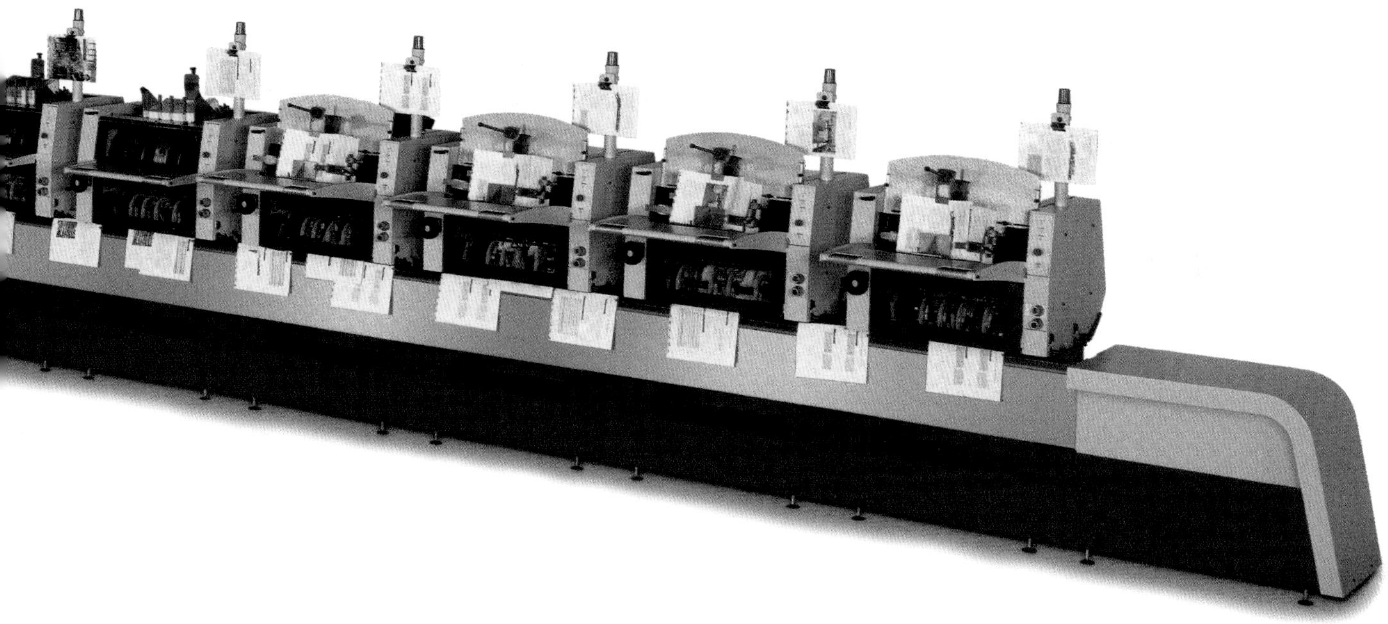

중철은 책의 중앙, 즉 책등의 정중앙을 묶는다는 의미로 붙여진 명칭이다. 철침을 사용하기 때문에 중철이라고 부르는 게 아니다. 여기에서 '철'은 쇠[鐵]의 의미가 아니라 꿰맨다[綴]는 의미로서, 중철이나 무선철은 책을 묶는 구조적 방법을 기준으로 붙여진 이름이다. 중철기는 공정 순서별로 표지 급지부, 본문 정합부, 이동 벨트, 호침기, 3면 재단기, 적재기로 구성되어 있다.

1) 표지 급지부

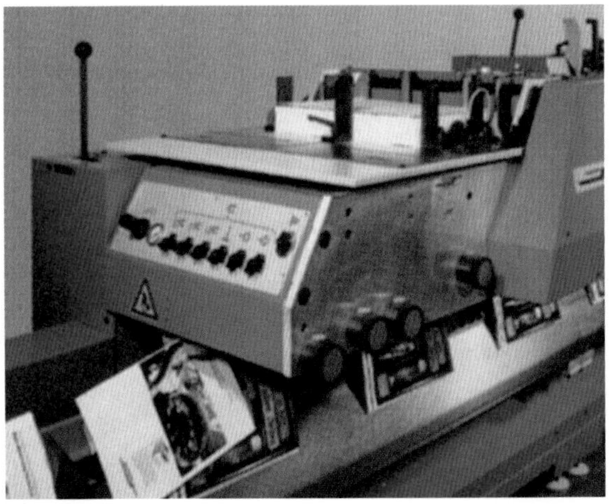

표지 4p를 급지할 때 사용하는 부분이다(4p가 넘는 표지는 표지 급지부가 아니라 본문 정합기를 이용한다). 표지는 라미네이팅과 가공을 거쳐 4p로 따로 취급하며, 표지가 잘 접히도록 중앙 접선부에 선압(오시)을 넣어주는 경우가 많다. 또한 표지와 본문을 같은 용지로 사용하고자 한다면 표지 급지부를 사용하지 않고 본문 정합기에서 바로 작업이 가능하다. 표지가 본문보다 두꺼운 종이라면 당연히 따로 취급한다. 예컨대 본문과 같은 용지를 사용하고 라미네이팅도 하지 않는 120g/㎡ 표지를 이용한 28쪽짜리 책을 제작한다면, 터잡기는 3대로 만들어 12p+4p+8p의 순서로 중철 작업한다.

2) 본문 정합기부

본문 인쇄물은 접지 과정을 마치면 접지 대수를 순서대로 정합하여 뒤쪽 홀더('콤마')에서 마지막 대수부터 순차적으로 인쇄물을 적재한다.

이때 책을 펼쳤을 때 한가운데에 해당하는 부분의 접지 대수를 맨 먼저 걸고 바깥쪽(책의 맨 앞쪽 페이지와 맨 뒤쪽 페이지)에 해당하는 접지 대수를 나중에 쌓는다. 따라서 본문 접지 대수가 수평으로 차례로 쌓이는 총양장이나 무선철 제책에서와 달리 중철 제책에서는 인쇄 터잡기 방법이 전혀 다르다. 총양장이나 무선철의 인쇄 터잡기는 한 대 안에 순차적으로 이어지는 16p가 배치되지만, 중철을 위한 인쇄 터잡기에서는 한 대 안에 책의 절반을 기준으로 대칭이 되는 앞쪽 8p와 뒤쪽 8p를 배치해야 한다. 또한 책의 절반 위치(안쪽)에 해당하는 페이지의 크기가 가장 작고 책의 앞뒤(바깥쪽) 페이지의 크기는 커진다는 특징이 있다. 책이 두꺼울수록 이러한 페이지 크기의 차이가 점점 커지기 때문에, 중철 제책을 의뢰하고자 할 때는 편집 단계에서부터 책의 두께를 고려해 다양한 크기의 판형으로 페이지 레이아웃을 해야 한다.

본문 접지 대수를 모두 쌓은 다음에는 별도로 인쇄해 놓은 표지를 얹는다. 중철에서는 본문 정합에서부터 표지를 덮고 철침을 박는 과정이 일련의 작업으로 수행된다.

현장에서는 홀더 하나를 '콤마'라고 부르기도 하는데, 5콤마 기계에서 16p 접지를 정합한다면 본문이 5×16p=80페이지가 되며 표지 급지부에서 따로 정합하는 표지 4p를 더해 총 84페이지까지 작업할 수 있다. 정합 과정은 다음과 같다. 각 홀더에 적재된 인쇄물 아랫부분을 진공 흡착기로 부착시켜 집게에 물린 뒤 원통형 회전판을 따라 회전한다. 이동 벨트에 인쇄물이 걸쳐질 수 있도록 공기압이나 집게로 접힌 인쇄물 가운데를 쐐기꼴(∧)로 벌려준다.

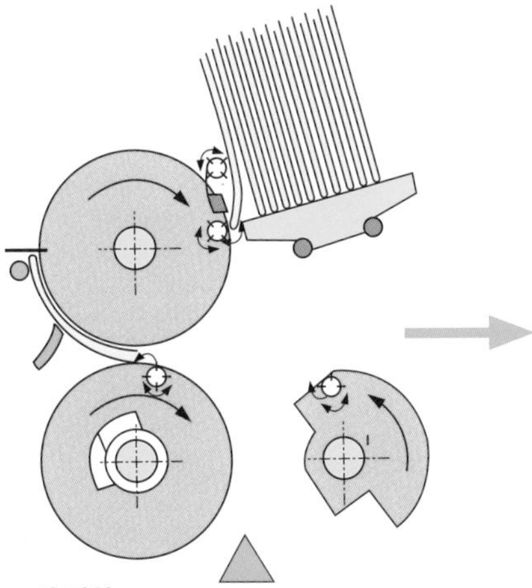

1차 정합

중철 정합기에서 인쇄물을 그리퍼로 묶어서 드럼으로 이동

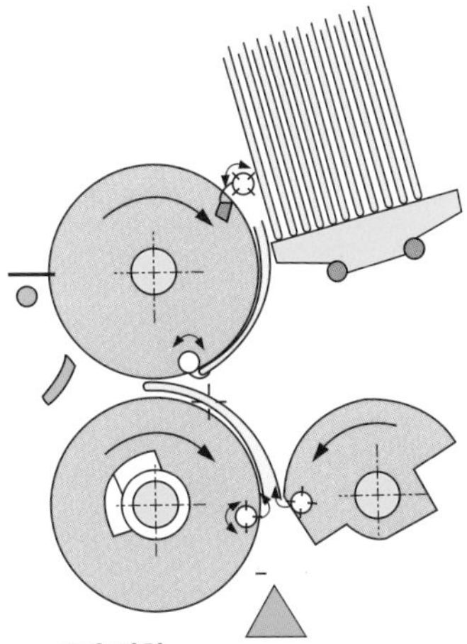

2차 정합

2차 드럼이 중철기 가이드 위에 인쇄물을 펴서 내려 놓음

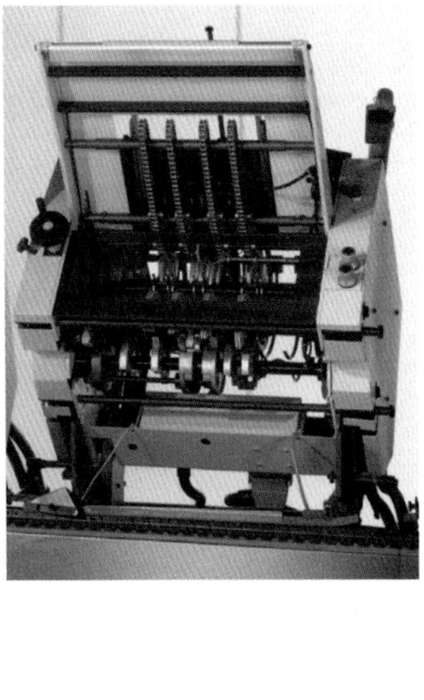

● **점검해야 할 사항**

1 본문 터잡기는 무선철과 전혀 다른 방식으로 되어 있다. 앞쪽 페이지와 뒤쪽 페이지를 함께 터잡기해야 한다.

본문 32p 책자의 경우

표지대	1~4=4p
본문 1대	1~8, 25~32=16p
본문 2대	9~16, 17~24=16p

2 본문에서 될 수 있으면 4p 인쇄는 없애고 8p로 제작하는 것이 바람직하다. 4p 인쇄물은 철침의 삐짐과 어긋남이 발생하여 본문에서 떨어질 위험이 있다. 꼭 넣는다면 1대 다음 앞쪽 페이지에 넣어야만 잘 고정될 수 있다.

3 접지물 삽입 시 오른쪽 왼쪽에 글리퍼 여분 7㎜를 꼭 주어야 한다. 정합기에서 이동 벨트를 타고 내려오기 위해서는 집게(글리퍼)로 물거나 회전판을 따라 내려올 수 있도록 인쇄물의 자락 여분이 필요하다. 꼭 7㎜ 여분을 주어 터잡기해야 한다는 점을 잊지 말자.

4 낱장 부착의 경우 글리퍼 자락 여분 뒷장에 엽서나 브로슈어 등을 부착해야 한다. 일반 서적이나 브로슈어 등에서는 거의 사용되지 않지만 광고주가 다양하고 특별한 제책 사양을 요구하는 월간지의 경우 중철로 제작하여 낱장을 부착할 때가 있다.

5 재단 여분은 앞뒤(바깥쪽) 페이지는 3㎜ 정도면 되지만 안쪽 페이지에 있는 여분은 5㎜를 주어야 재단시 안전하다.

6 철침은 보통 2개를 사용하지만 3~4개씩 사용할 수도 있고 철침 종류도 다양하기 때문에 필요에 따라 선택할 수 있다.

7 정상적인 페이지가 아닌 여러 가지 종류의 페이지로 작업할 경우는 앞쪽부터 16p+4p+8p의 순서로 중철 작업한다. 단, 4p로 가운데 삽입할 경우 용지는 150g 이상을 사용해야 안전하다.

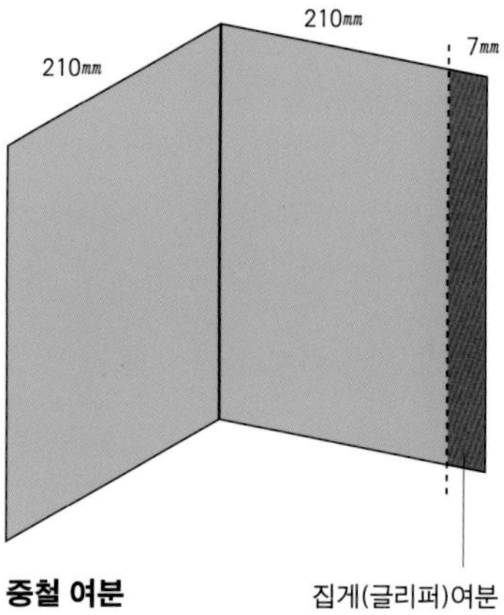

중철 여분

3) 호침기부

2~4개의 호침기가 접지 대수의 접선부 중앙과 위아래에 일정한 간격으로 철침을 박아주는 스테이플러(stapler)는 보통 '호치키스'라고 부르는 탁상용 스테이플러와 같은 원리로 종이들을 묶는 장치다. 제책용 호침기는 책의 두께에 따라, 철침(스테이플)의 길이에 따라 호수로 구분한다. 널리 사용되는 몇몇 철침의 특징을 다음에 실었다.

위 표에서 볼 수 있듯 중철용 철침의 규격을 나타내는 호수는 1인치(25.4㎜)를 해당 숫자로 나누었을 때의 밀리미터를 가리킨다. 책이 두꺼울수록 굵은 철침을 사용해야 하며, 따라서 호침기의 헤드도 알맞은 것으로 교체해야 한다. 참고로 22호, 23호 철침의 헤드는 같은 것을 사용하고, 24호, 25호의 철침 헤드도 공용이다.

제책 사양에 따라서는 오메가(Ω) 형태의 헤드를 사용해 작업한다. 브로슈어, 매뉴얼, 또는 중요한 서류 등을 바인더에 끼워 넣어 박스에 보관하기 쉽게 하기 위해 기업체에서 많이 사용한다.

22호 철침 직경 1/22인치(1.15㎜), 중철한 다음의 철침 외부 길이 15㎜, 100p 이상의 책에 사용

23호 철침 직경 1/23인치(1.10㎜), 중철한 다음의 철침 외부 길이 15㎜, 100p 이상의 책에 사용

24호 철침 직경 1/24인치(1.06㎜), 중철한 다음의 철침 외부 길이 12㎜, 100p 이하의 책에 사용

25호 철침 직경 1/25인치(1.02㎜), 중철한 다음의 철침 외부 길이 12㎜, 100p 이하의 책에 사용

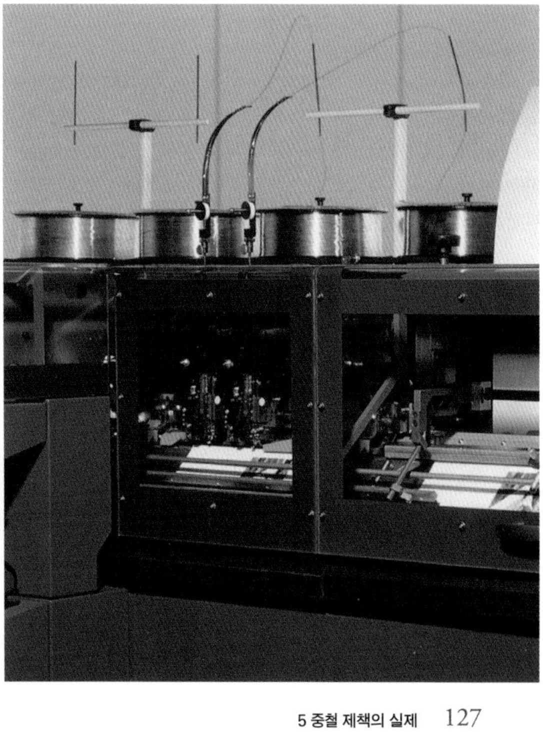

철침(스테이플)의 종류

일자형 곡선형 오메가형

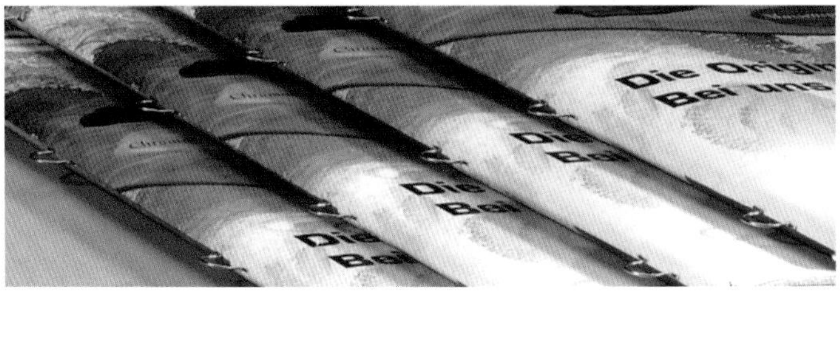

4) 재단기와 적재기부

호침기에서 낱장의 페이지들이 한데 묶인 책은 재단기로 이송된다. 이때 난장 방지 장치와 철침 감지 장치가 각각 정합 불량과 호침 불량을 판독하여 잘못 만들어진 책은 재단기로 보내지 않고 공정 밖으로 내보낸다. 재단기로 이송된 책은 먼저 책배 쪽을 칼로 눌러 자른 다음 위아래를 동시에 자른다. 이처럼 책등을 제외하고 3면을 재단하기 때문에 3면 재단기라고 부르기도 한다. 중철은 책등 쪽이 책배 쪽보다 약간 두껍기 때문에 두 권 이상 쌓아서 재단할 경우 두께 차이에 의해 책배 쪽의 재단 각도가 경사질 수 있다. 따라서 중철의 3면 재단기는 한 번에 한 권씩 재단한다. 두판걸이(113쪽 참조) 책은 5㎜의 칼로 책자의 중간을 갈라주는 경우도 있다.

3면이 재단되어 비로소 완성된 책은 적재기로 이동시켜 차곡차곡 쌓게 된다. 책등 쪽과 책배 쪽의 두께 차이는 많이 쌓을수록 심해지므로 보통 책의 두께에 따라 5~10권마다 쌓는 방향을 180도 바꾸어 책등과 책배가 번갈아 쌓이도록 한다. 자동으로 회전하기 때문에 회전식 적재기라고 부르기도 한다. 적재기에 쌓을 수 있는 책의 수량은 두께에 따라 달라지며, 월간지처럼 아주 두꺼운 중철 책의 적재기는 일반형 적재기와 형태가 조금 다를 수 있다.

3면 재단시 타공 가능

중철의 3면 재단기는 책의 위아래를 재단과 동시에 구멍을 뚫어줄 수 있다. 3면 재단기의 받침대에는 책 표지의 위아래 중심선에서 책등 쪽으로부터 7㎜ 정도 되는 위치에 타공기 날이 떨어져도 받침대에 닿지 않도록 움푹 파인 부분이 있다. 따라서 재단기에 별도의 타공기를 부착하면 책의 위아래를 재단하는 것과 동시에 책을 관통하는 구멍을 뚫어줄 수 있다. 구멍의 용도는 발행 순서대로 보관한다든가 할 때 용이하게 하기 위해서다. 일반적으로 타공 직경은 약 5㎜ 정도다.

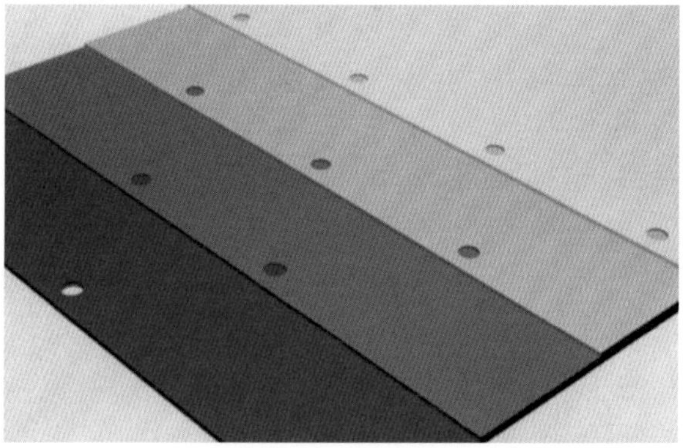

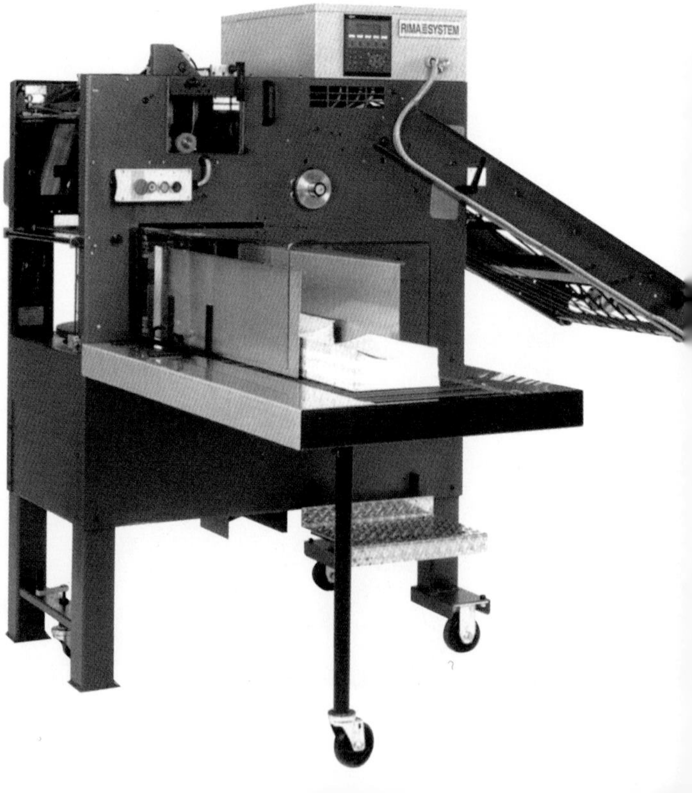

중철 삼면재단기

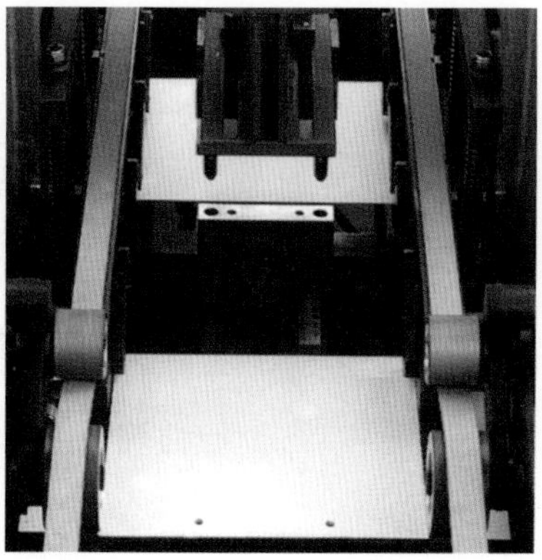

타공기

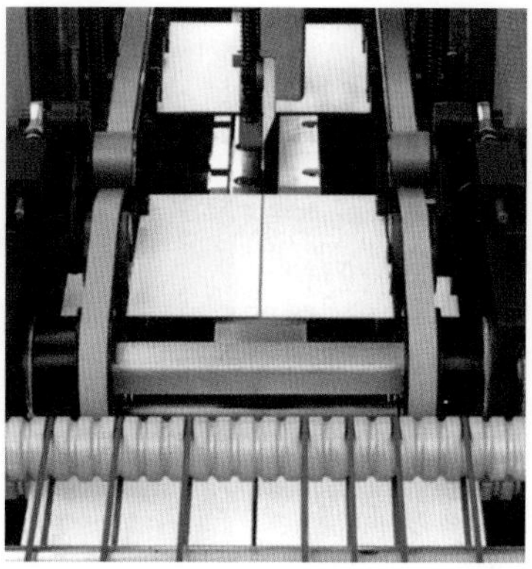

선압기(오시 작업)

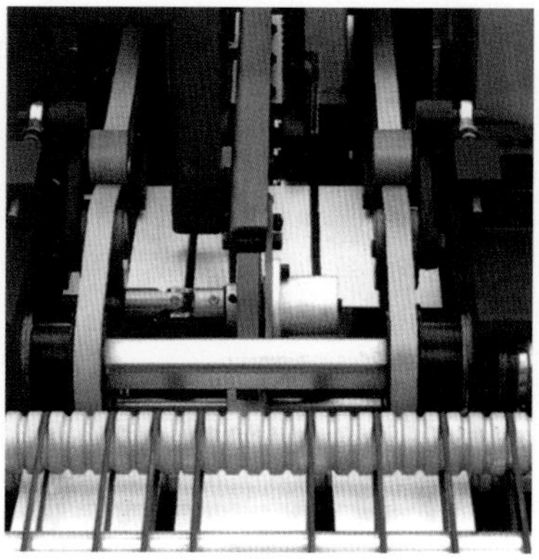

낱장 재단기

5) 중철 제작 시 검수 사항

1 3면 재단기의 칼날을 수시로 점검해 칼날이 마모되지 않았는지 확인한다.

2 철침(스테이플)을 박은 후에 안쪽으로 구부러진 철침의 간격이 0.5㎜를 유지하고 있는지 확인한다.

3 책의 두께에 알맞은 길이의 철침을 선택했는지 확인한다.

4 다른 제책에 비해 마무리 안전 확인은 필수 사항이다. 철침 겹침(철침이 책을 관통해 다시 책등 쪽으로 튀어나오거나, 책의 안쪽에서 철침이 겹쳐져 끄트머리가 튀어나온 경우)이 발생하면 책을 읽거나 관리하는 사람이 손을 다칠 수 있기 때문이다.

5 호침기 헤드에 따라 책에 박힌 철침 모양이 달라진다 (127쪽 그림 참조). 곡선형 철침은 예전에는 유아 · 아동용 서적에 주로 쓰였는데 오늘날엔 널리 사용되고 있다.

호침 공정 후에 점검해야 할 철침 간격

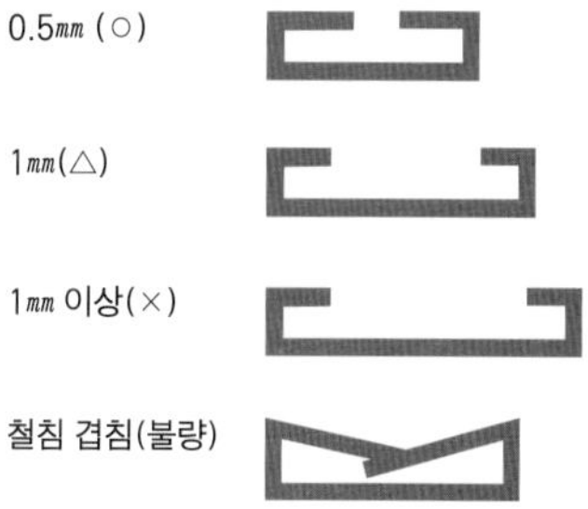

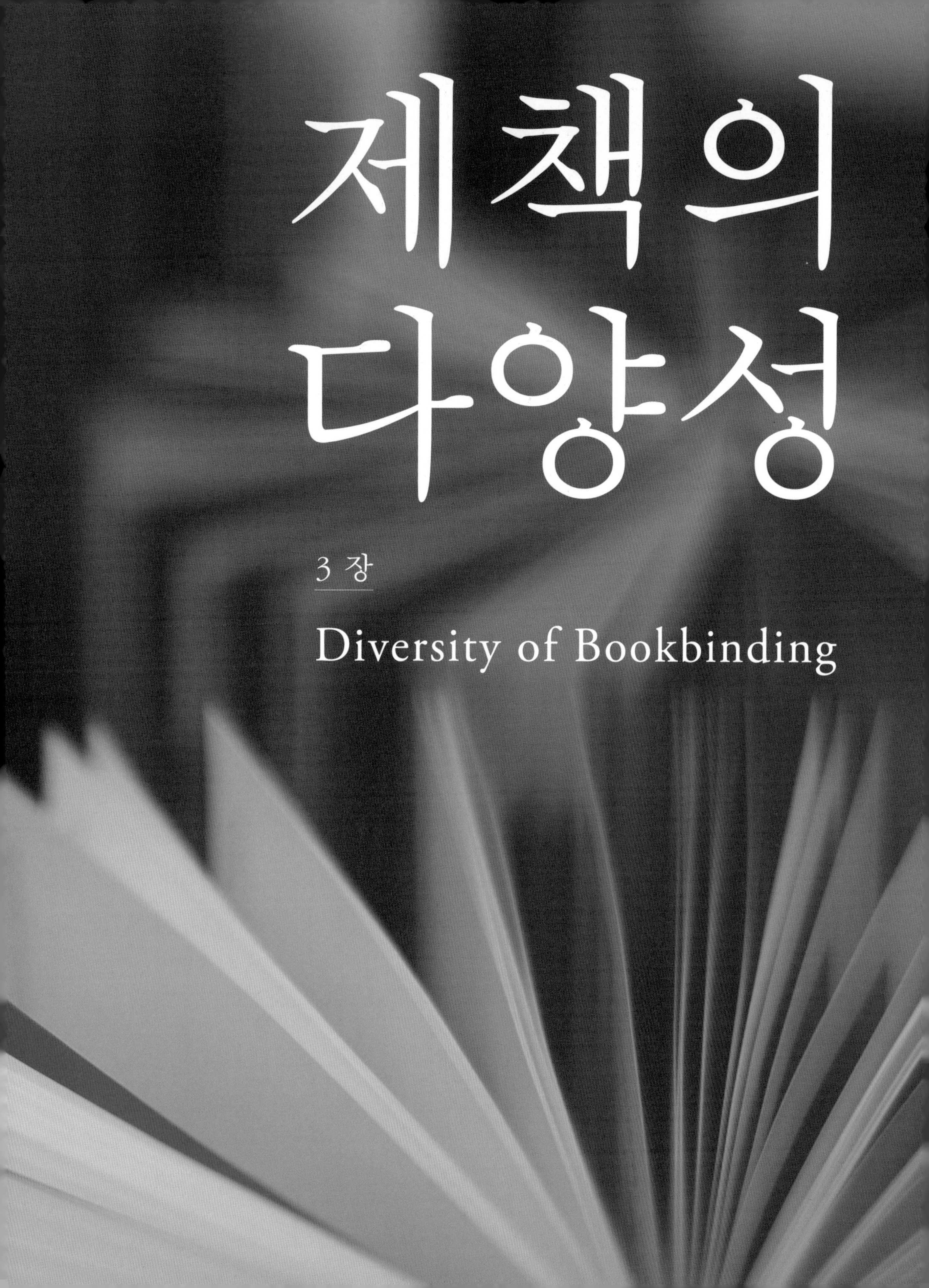

제책의 다양성

3 장

Diversity of Bookbinding

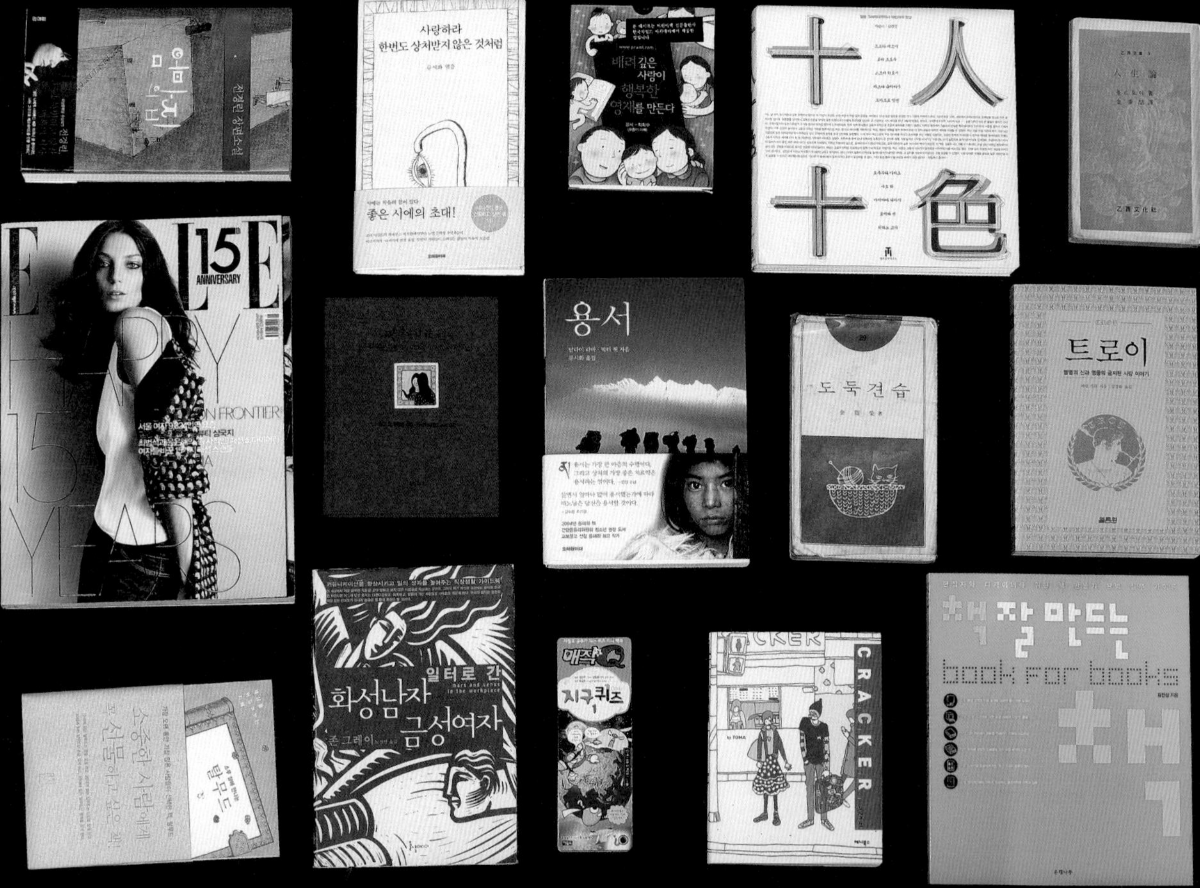
천경린 장편소설
사랑하라
한번도 상처받지 않은 것처럼
좋은 시에의 초대!
배려깊은 사랑이 행복한 영재를 만든다
十人
十色
人生論
乙酉文化社
ELLE
15th ANNIVERSARY
용서
도둑견습
트로이
일터로 간
화성남자 금성여자
존 그레이
매직Q
지구퀴즈 1
CRACKER
book for books
소중한 사람에게 선물하고 싶은 책
탈무드

일반적으로 책의 판형은 종이의 규격과 절수(재단)에 의해서 구분된다. 종이의 규격은 사륙전지(788㎜×1091㎜)와 국전지(636㎜×939㎜)가 있는데, 이 종이의 절수에 의해서 판형이 결정된다. 즉 사륙전지를 16절 하면 교과서 크기인 사륙배판이 되고 32절 하면 그 반 크기인 사륙판형이 된다. 또 국전지를 16절 하면 우리가 서점에서 흔히 접하는 일반 단행본 크기인 국판이 되고 32절 하면 문고판이 된다.

하지만 최근 출간되는 책들을 살펴보면 판형과 절수가 무의미해질 정도로 다양한 크기의 책들이 쏟아져 나온다. 심지어 청소년이나 유아 서적의 경우, 시리즈물인데도 판형이 제각각이기까지 하다. 종이의 절수를 무시한 이런 변형 판형들은 인쇄나 제책 과정이 무척 까다롭고 손이 훨씬 더 간다. 뿐만 아니라 제작 단가의 압박으로 책값 인상의 요인이 되기도 한다. 그만큼 종이 소요량이 많기 때문이다.

그렇다면 왜 이런 다양한 판형의 책이 끊임없이 만들어지는 것일까. 왜 새로운 판형을 자꾸 실험하는 것인가. 그 이유를 한마디로 단언하기는 무척 어렵다.

한 권의 책이 기획에서 실제 출판에 이르기까지는 여러 가지 과정을 거쳐야 한다. 우선 원고의 성격을 파악하고 주 독자층을 고려하여 편집의 방향을 설정해야 하며 그에 따른 제작 과정 등 고려해야 할 사항들이 많다.

그러나 무엇보다 중요한 것은 시장의 흐름이라 할 수 있다. 책의 판형도 여기에 맞춰 결정된다. 책 자체가 유행을 타기도 하고, 표지 디자인이 뛰어난 책이 패션 소품으로 활용되기까지 하는 시대의 흐름은 책의 형태에까지 영향을 미치는 것이다. 가슴에 안거나 작은 핸드백에 넣어 가지고 다니기 쉽게 만드는가 하면 손바닥에 쏙 들어가는 크기로 변신하기도 한다. 책을 대하는 목적이 달라진 독자들의 요구가 새로운 판형의 수요를 창출해 내는 것이다.

출판 시장이 우리나라보다 몇 배 큰 일본에서는 보급형의 문고판 책이 다양하게 출간된다. 우리나라도 이와 같은 문고판의 보급을 위해 몇몇 출판사들이 수차례에 걸쳐 다양한 형태로 시도를 해 보았지만 그리 성공하지 못했다. 그 대신 최근 들어서는 대형 할인점의 영향으로 문고본이 아닌 다른 판형의 책들이 보급판 형태로 제작되고 있다. 정형화된 형태로 책꽂이에 일률적으로 꽂혀 있던 책들이 가히 화려한 변신의 옷을 입기 시작했다.

2 첫인상을 결정하는 책의 얼굴, 표지

사람 얼굴이 첫인상을 가늠하는 데 중요하듯, 책 역시 독자들과 첫 대면하는 표지가 중요하다는 인식이 나날이 높아지고 있다. 책의 얼굴이 바로 표지이기 때문이다. 많은 출판사들이 표지 디자인과 형태에 오랜 시간과 공을 들이는 이유가 바로 여기에 있다.

일반적으로 제책의 형태는 양장과 무선철로 나뉜다. 양장은 하드커버라고도 하는데, 두꺼운 합지에 표지 인쇄한 것을 싸 붙이고, 덮개를 씌운다. 유아, 아동용 도서나 고급스런 느낌이 나는 도서의 제책에 주로 사용된다. 무선철은 가장 많이 쓰이는 제책 형태로 잡지, 일반 단행본, 교과서 등 거의 모든 도서에서 쓰이는 제책 방식이다.

표지 구성은 앞면과 뒷면, 책등(세네카라고도 함) 그리고 앞날개와 뒷날개로 이루어져 있다. 표지 앞면(표1)에는 책 제목과 부제, 저자 혹은 역자의 이름과 권차, 출판사명 등이 책의 성격을 한눈에 느낄 수 있는 디자인과 함께 적절히 배치되어 있다. 뒷면(표4)에는 중요한 내용을 요약한 발췌문이나 서평, 가격, 바코드 등이 자리한다. 책등은 책을 서가에 꽂았을 경우 금방 찾을 수 있도록 제목과 지은이, 출판사명이 간략하게 표기된다. 그리고 앞표지와 이어져 있는 앞날개(표2)에는 일반적으로 저자의 사진과 약력 또는 역자가 소개되고 뒷날개(표3)는 책을 낸 출판사의 다른 책들을 광고한다.

위에서 책표지가 갖추어야 할 일반적인 요소들을 설명하였지만 책 제목과 저자명, 가격, 바코드 등 가장 기본적인 몇 가지를 제외하고는 필수 사항은 아니다. 책의 성격에 따라 또는 편집 방향과 제책 형태에 따라 표지의 구성은 얼마든지 바뀔 수가 있다.

표지 용지는 양장과 반양장에 따라 다르다. 양장은 두꺼운 합지에 지클로스, 포클로스 등의 천이나 인쇄용지를 씌우는데, 각각의 용지가 다르고 매우 다양하게 쓰인다. 반면에 무선철은 오래 전부터 주로 아트지와 스노우화이트지에 유광 또는 무광 코팅을 했다. 하지만 최근 들어서는 여러 가지 특수지나 수입용지도 많이 사용하며 종이의 질감을 살리기 위해 아예 코팅을 하지 않는 경우도 있다. 또한 다른 책보다 더 눈에 띄기 위하여 입체감을 주기도 하고, 표지의 특정 부분을 더 도드라지게 하기도 하고, 제목 글자에 형압을 주거나 그 위에 금박, 적박, 홀로그램박 등 다양한 색감을 입히기도 한다. 다음은 표지 제책의 여러 사례들이다.

두껍고 무겁지 않아도 양장 같은 느낌

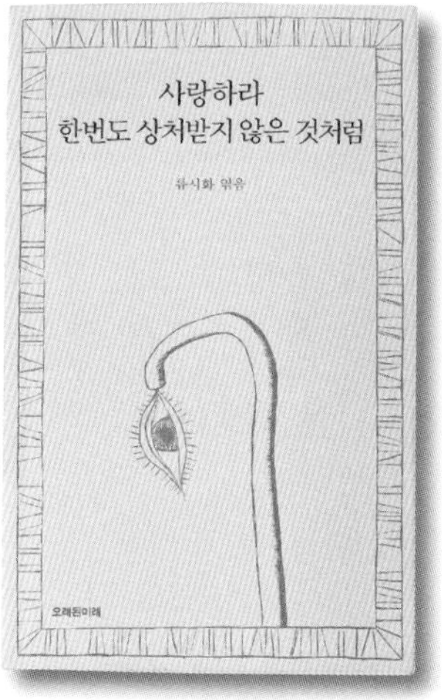

이 책의 표지는 수입용지를 사용하고, 용지의 질감을 최대한 살리기 위해 코팅을 하지 않았다. 표지를 먼저 목형으로 재단한 후 위아래를 접어 준비해 놓는다. 본문은 1차 정합하여 머리, 아래, 책배 쪽을 재단기로 재단한다. 접지된 표지와 본문을 제책기에 넣어서 2차로 책등에 풀칠하여 고정한다. 그리고 날개 접지기에 넣어서 표지 날개를 접어주면 제책이 완성되는 방식이다. 제작 공정이 약간 번거롭지만 양장과 같은 고급스러운 느낌을 주면서도 무게가 가볍다는 장점이 있다.

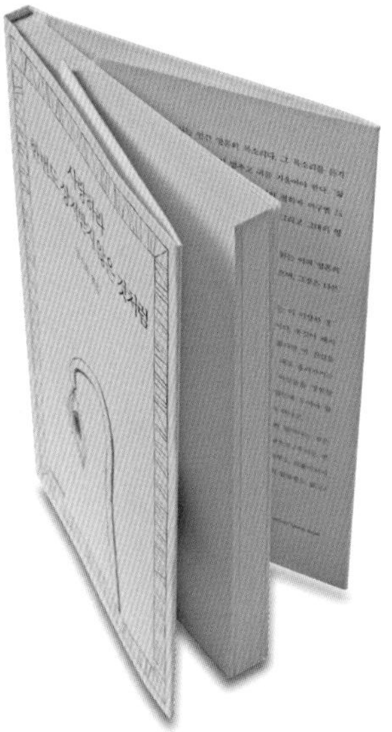

사랑하라 한번도 상처받지 않은 것처럼

출판사 오래된미래 **발행연도** 2005년

규격 국판(가로130×세로212×두께10㎜)

- 양장 제책 방식처럼 표지가 본문보다 크며 전체적인 책의 모습이 고급스러운 느낌이다.
- 표지 2, 3면의 모습인데 표지에 목형으로 선압(오시)을 넣어서 접기 편하게 한 후 위아래 부분을 접었다.

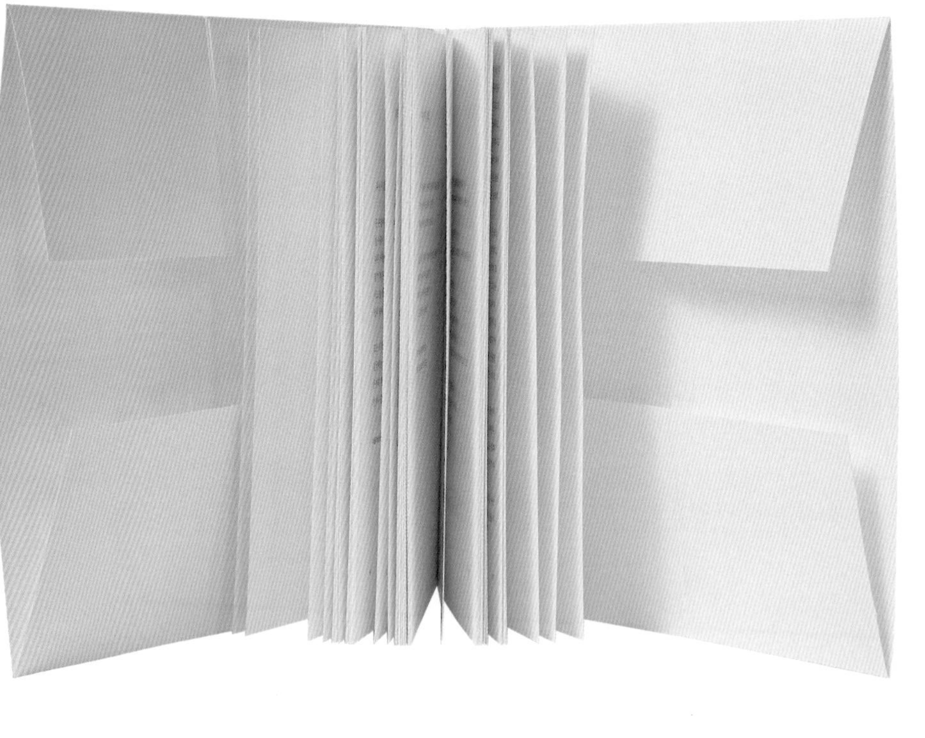

합지의 두께감으로 색다른 느낌

인쇄를 마친 표지용지에 두꺼운 합지를 붙이고 이를, 1차 완성한 책 위에 붓과 롤러를 이용하여 풀칠을 한 후 정확하게 부착하는 제책 방식이다. 표지가 돌출되어 책의 품위가 돋보인다. 그러나 불량률이 많고 작업 과정이 매우 어렵고 까다로워 한번 하고 나면 두 번 작업하기를 꺼리는 제책 형태다.

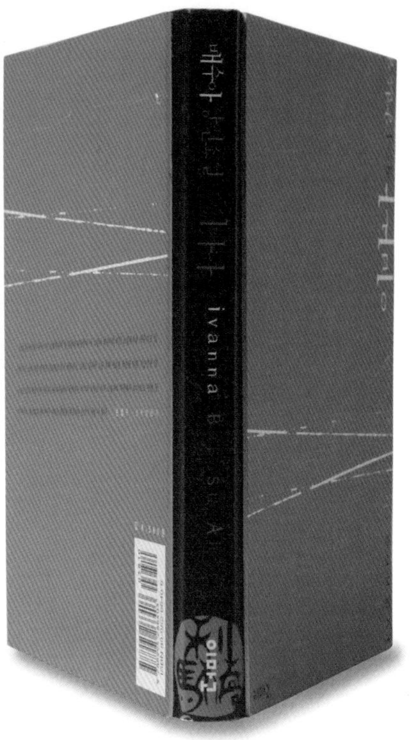

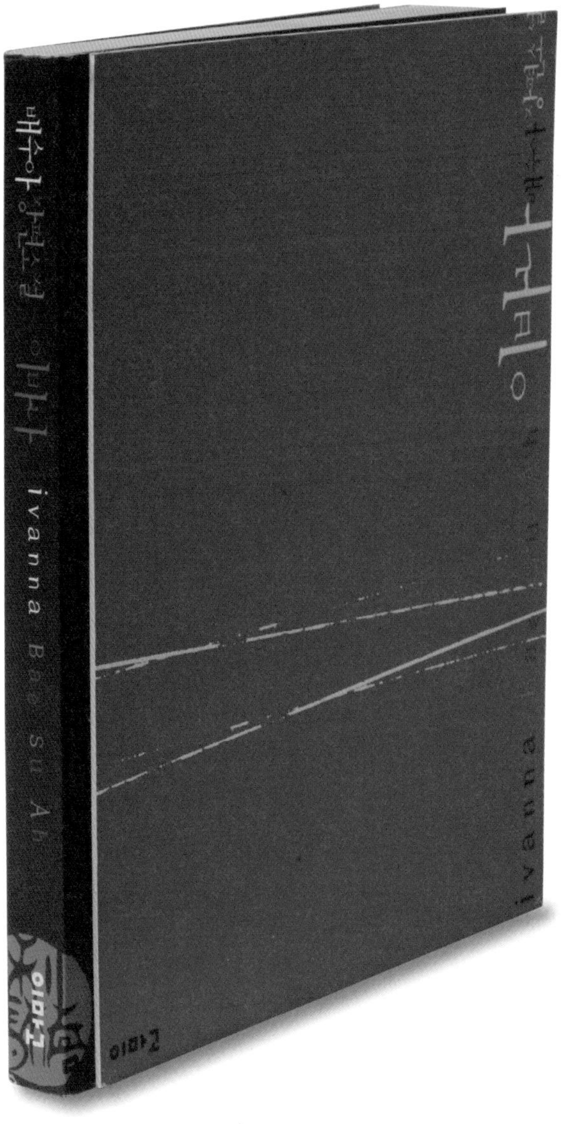

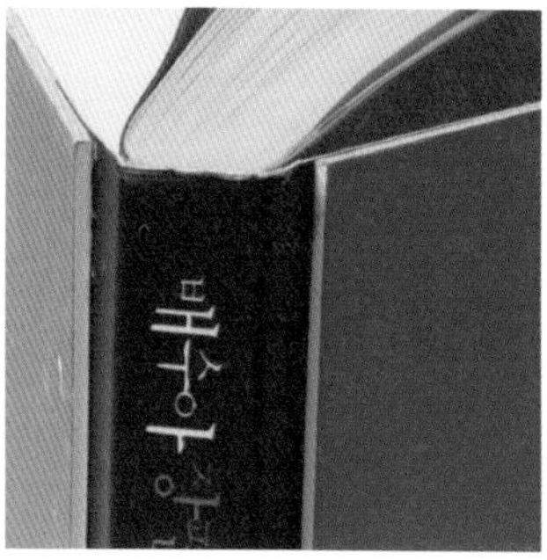

이바나

이마고, 2002년, 신국판(152×193×14)

- 표지가 살짝 돌출되어 책의 품위가 돋보인다.
- 책등 쪽에서 보면 합지의 두께를 느낄 수 있다. 처음 책을 만졌을 때 투박한 질감이 살아나는 듯하다.

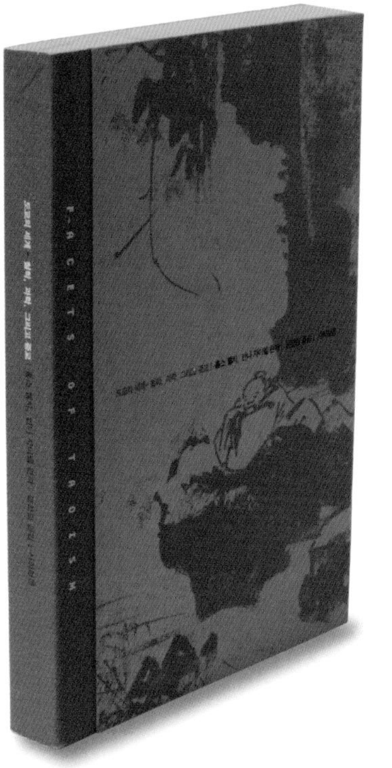

클로스와 크라프트지로 튼튼하게

일명 삼중발이 제책으로 유럽에서 많이 사용되었던 제책 방식이다. 책등은 쉽게 헐어지는 것을 방지하기 위해 천이나 가죽을 사용하였고, 앞·뒤 표지는 합지 또는 종이를 감싸 제책한다. 전통방식을 응용하여 현대적으로 재해석한 제책 방식이다.

이 방식은 책등에 여분을 주고 앞표지와 뒤표지를 정확히 부착한 후 다시 무선제책으로 책등을 부착한 뒤 앞표지와 앞면지를 붓을 이용하여 풀칠을 하고 수작업으로 일일이 부착한다. 그 다음 삼면재단으로 재단하여 완성하는 제책 기법이다. 시간과 비용이 많이 들어가는 방식으로 한번 실수하면 한 권의 책이 파손되기 때문에 집중해서 작업해야 하며 많은 시간을 필요로 하는 제책이다.

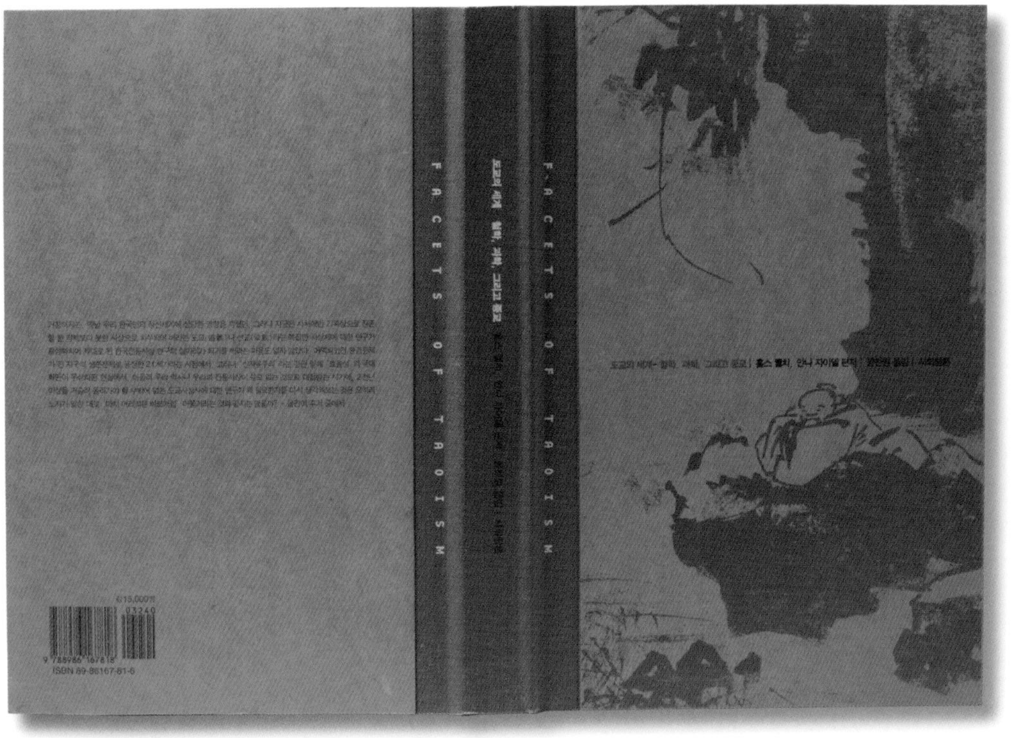

도교의 세계-철학, 과학, 그리고 종교

사회평론, 2001년, 신국판(153×225×26)

- 책등에는 지클로스를 사용하고 앞 · 뒤 표지는 크라프트지를 사용해 양장 방식을 응용했다.
- 앞뒤 표지용지로 크라프트지를 사용해 합지의 두께감과 투박한 질감을 느낄 수 있다.

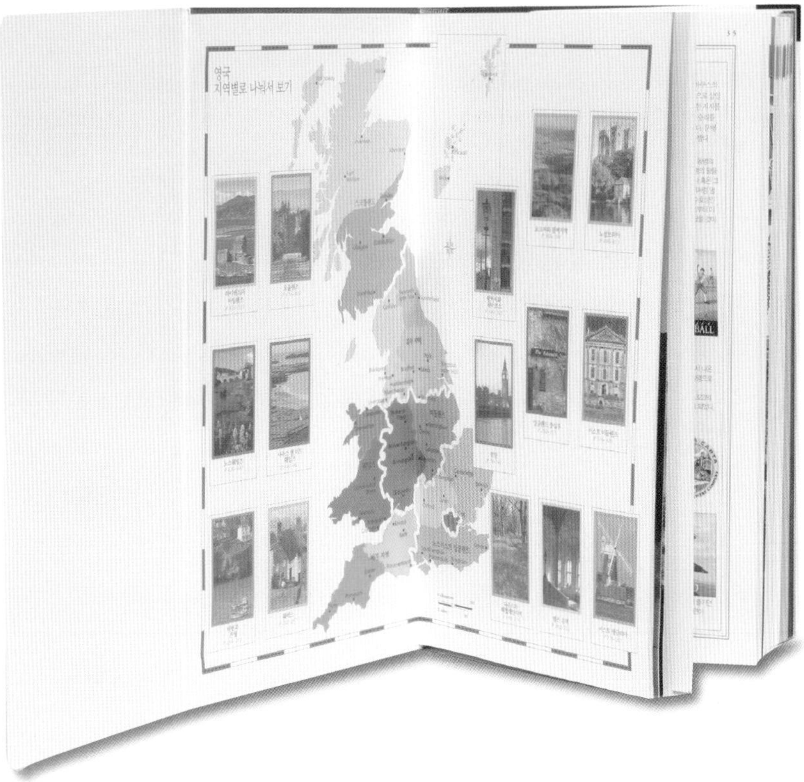

가이드북은 펼쳐보기 쉽게

300g 이상의 아트지나 스노우화이트지를 사용하여 표지 인쇄 후 라미네이팅을 하여 표지 인장 강도를 높여주었다. 인쇄와 라미네이팅이 끝난 표지용지를 톰슨으로 눌러 표지 모양대로 만든 후, 표지 1, 4면의 위아래 부분을 접어 접착하고, 양장 제책기에서 면지와 접착하여 완성한다. 엄밀히 말하면 양장 제책 방식이다. 보통의 양장 기법이지만 표지 가공에서 변화를 준 제책이다. 이런 방식은 책등이 잘 휘어져 이동 시 펼쳐보기 편하다는 장점이 있고, 날개 부분은 책갈피의 역할도 가능하다.

영국-가자 세계로

서울문화사, 2000년, 국판(122×220×30)

- 표지 1, 4면 위아래 부분을 접어 접착한 후 양장 제책기에서 표지와 면지를 접착하여 완성하였다. 또한 날개 부분에 책등만큼의 선압을 넣어서 날개가 책갈피 역할을 할 수 있도록 디자인되었다.

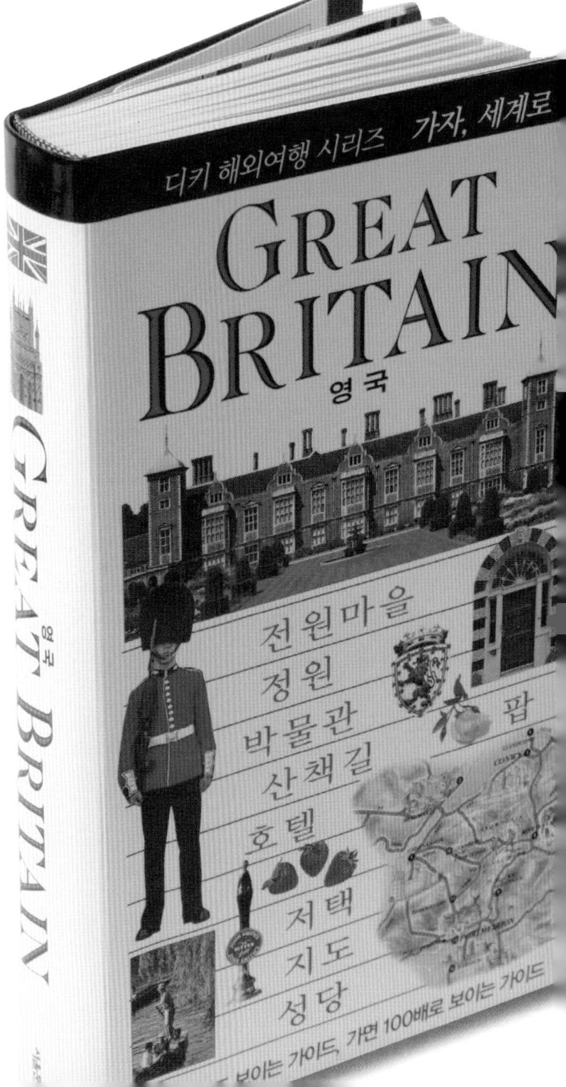

아름다운 책배

참으로 아름답고 자연스러운 멋을 풍기는 책배라 아니할 수 없다. 이와 같은 방식은 책배 부분을 재단하지 않고 제책을 마친 후 사람이 나무칼로 한 장씩 정성껏 잘라줘야 한다. 인건비가 싼 곳에서 많은 사람들이 작업을 해야 하는 방식이다. 나무칼을 사용하는 이유는 쇠칼을 사용하면 거친 느낌이 사라져서 자연스러운 질감이 살아나지 않기 때문이다.

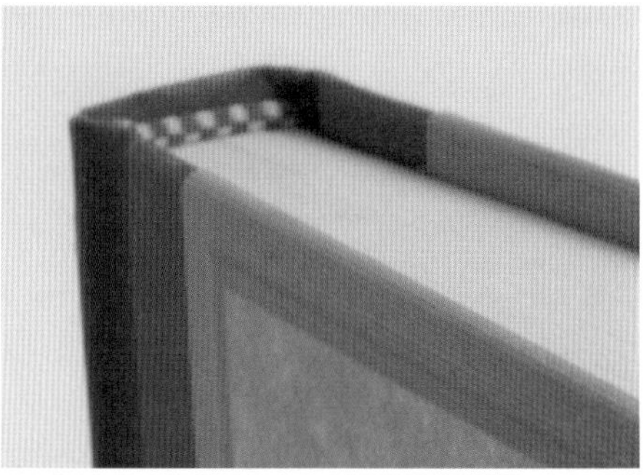

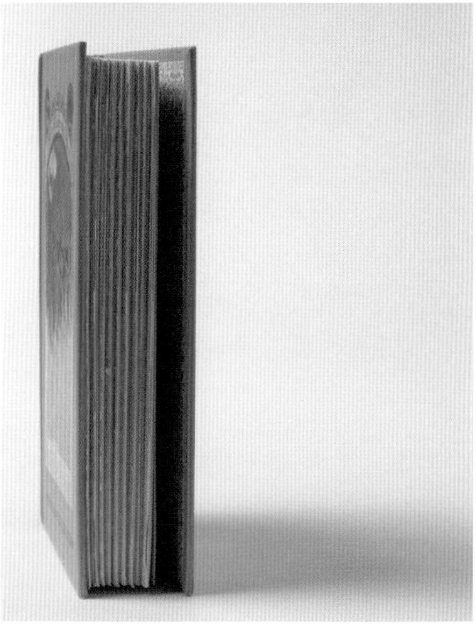

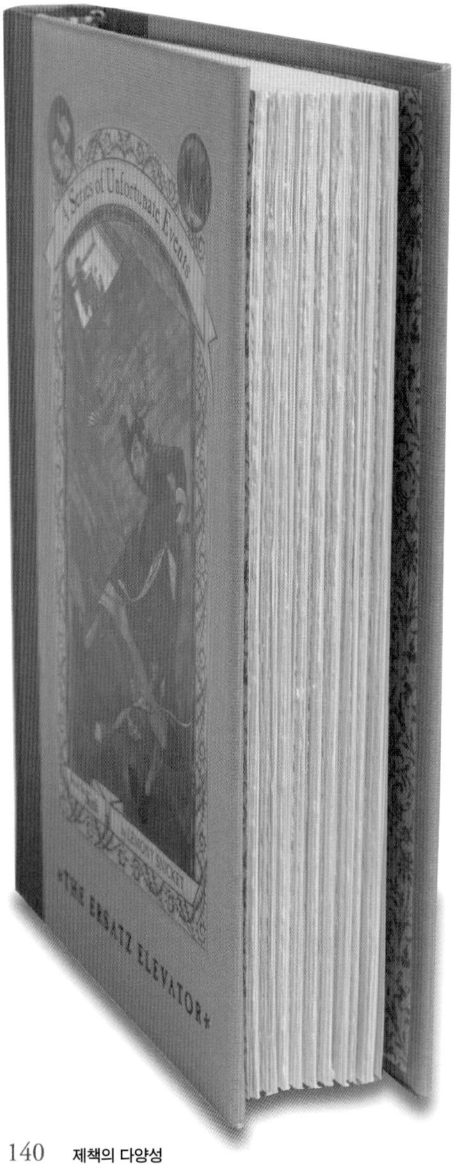

The Ersatz Elevator-A Series of Unfortunate Events

HarperCollins, 2001년, 사륙판(130×185×25)

- 책배 부분의 자연스러운 느낌이 예술에 가깝다. 또한 한 장 한 장 넘기기가 편하다.
- 작업자의 정성과 열정이 고스란히 느껴지는, 그리고 그 모습이 아주 자연스러운 책배다.

인쇄도 제책도 손으로

보통 책은 접지를 해서 만들지만 이 방식은 접지를 하지 않고 전지 판화지를 약 2㎜씩 차이가 나도록 재단하고 한 장씩 인쇄한 후, 다시 그 종이들을 순서대로 쌓아 책등에서 재단한 후 표지를 씌워 완성한다. 모든 과정이 완전 수작업이다. 제작비가 상당히 비싼 편이며 일종의 아트북 스타일 작업이다.

흔적

시와시학사, 2002년, 사륙배판(265×188×13),
특별 한정판

- 책 배면이 옆으로 펼쳐져 있어 한 장 한 장 넘기기가 편해 보인다.
- 양면으로 펼쳐져 있는 모습이 마치 한 마리의 새 같다.

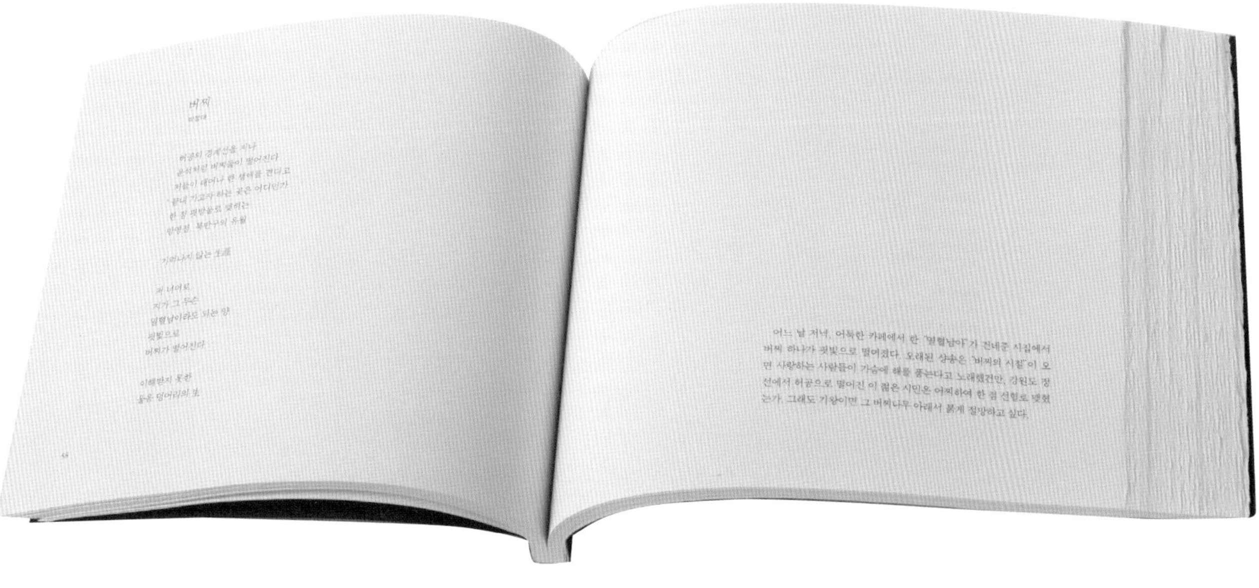

직접 잘라 가며 보세요

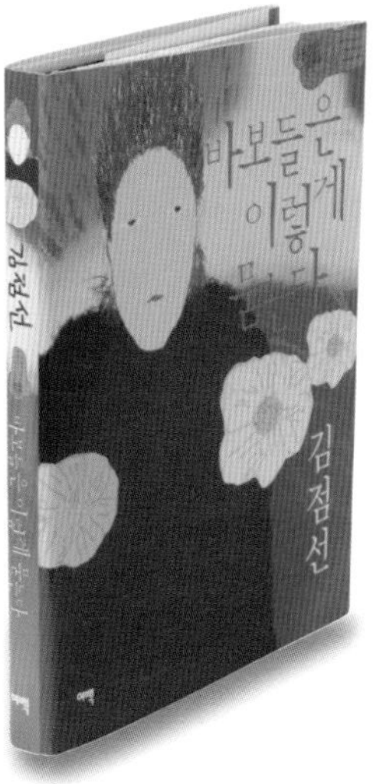

겉으로는 평범한 양장 제책처럼 보이지만 그 속에는 상당한 내공과 작업자들의 의도가 숨어 있다. 책에는 부록으로 나무칼이 들어 있다. 칼질 하지 않으면 책을 볼 수 없다. 이 책은 책배와 책의 윗면이 붙어 있어서 책을 읽기 위해서는 나무칼 등을 이용해서 일일이 책배와 윗면을 사정없이 잘라내야만 한다. 성격이 급한 사람은 처음부터 다 잘라놓고 읽겠지만, 한번에 다 보지 말고 시간 있을 때나 지루할 때 또는 시간 보낼 때에 사용하면 더욱 즐거운 작업이 될 것이다. 책도 읽고 칼질도 하고, 하여간 노동의 즐거움을 주는 작업용 책이다.

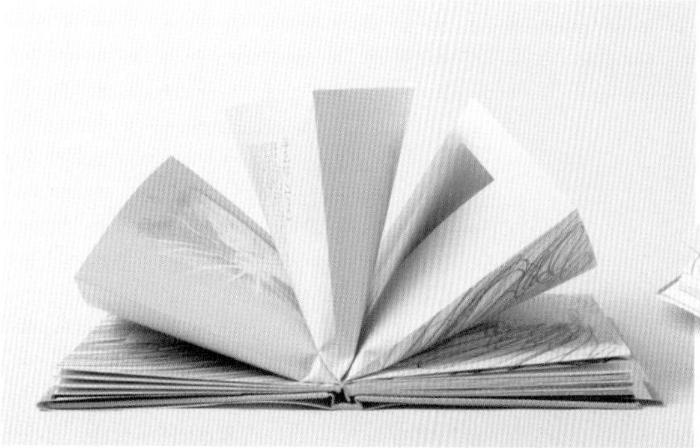

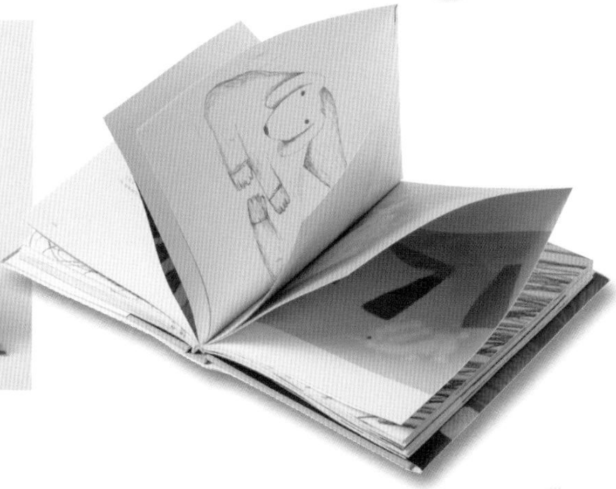

바보들은 이렇게 묻는다

여백, 2005년, 사륙배판(170×230×15)

- 책과 함께 나무칼이 들어 있다.
- 책이 펼쳐지지 않고 붙어 있다.
- 위와 책배 쪽이 붙어 있어서 나무칼로 일일이 잘라야만 볼 수 있도록 디자인되어 있다.
- 나무칼을 사용하는 방법이 그림으로 설명되었다.

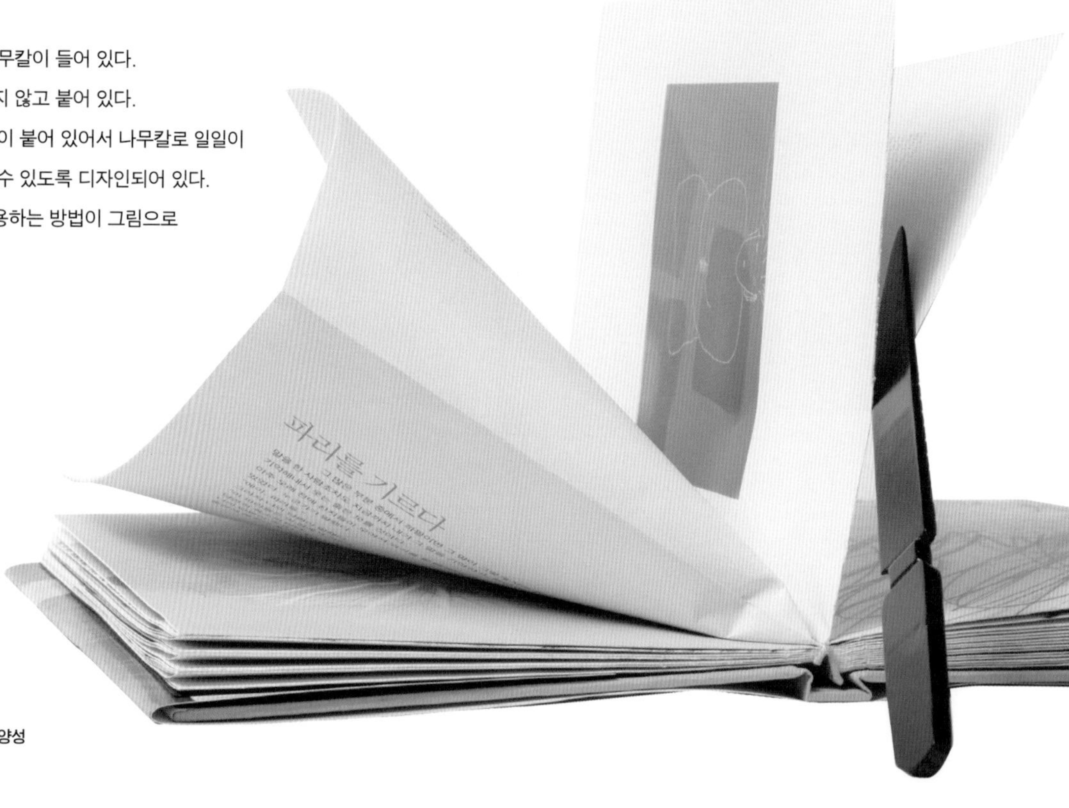

아코디언 표지

책의 표지를 바깥쪽으로 한번 접었다. 긴 날개 형태인데, 펼치면 안쪽에는 책의 차례가 인쇄되어 있다. 단행본에서는 처음 시도된 작업이다. 표지 전면은 무광 코팅을, 후면은 유광 코팅을 하여 같은 용지에 다양한 코팅 기법을 독자에게 보여준 재미있는 시도다. 외국에서는 잡지에 많이 사용되었다. 8면 혹은 16면까지 두루마리 기법으로 제작되기도 한다.

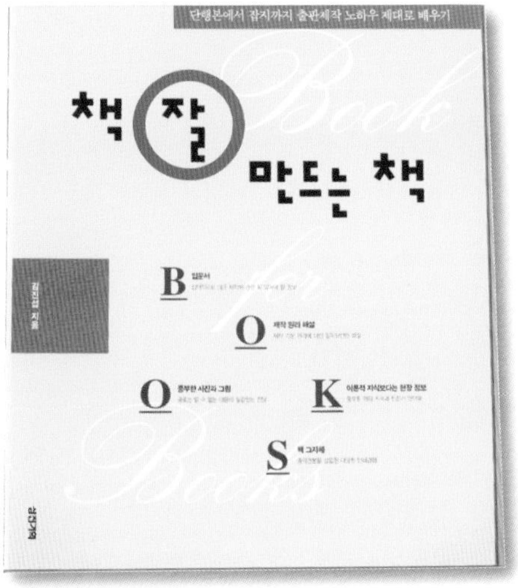

책 잘 만드는 책

삼진기획, 2000년, 국배판(200×228×13)

- 표지 안쪽 면은 책의 내용을 홍보하는 지면으로 사용하였다.

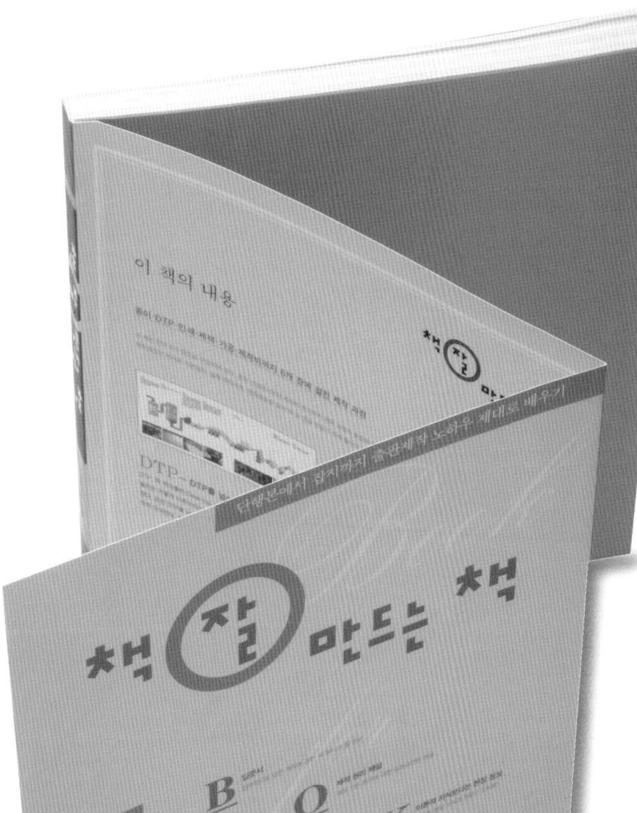

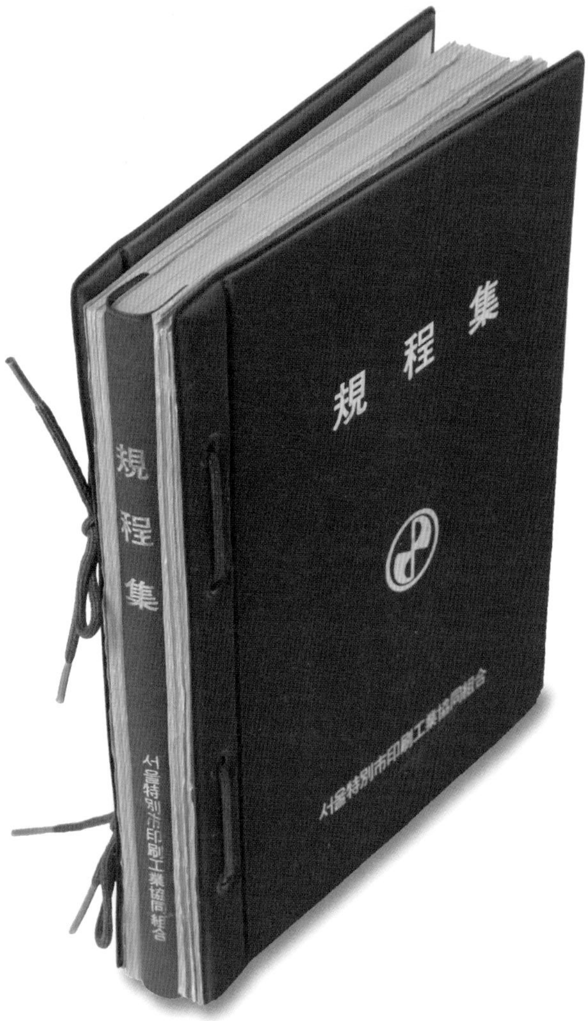

본문을 더할 수도, 뺄 수도, 바꿀 수도 있는 묶음 방식

1970~80년도에 많이 사용되었던 제책 방식이다. 현재 우리나라에서는 건축도면이나 회계장부 쪽에서 약간씩 만들긴 하지만 아주 미미한 정도에 불과하다. 하지만 일본의 경우는 다양한 분야에서 이런 작업을 이용한다. 학교 출석부, 회계장부, 영수증철, 도면첩, 사진첩, 각종 신문첩 등등에서 활용 가치가 높은 제책 방식의 일종이다.
표지는 합지 위에 천이나 고주파를 이용하여 감싼 후 책등 쪽에 구멍을 내서 완성하고, 내지에도 구멍을 내어 긴 끈으로 함께 묶어서 완성하면 된다.

규정집

서울특별시인쇄공업협동조합, 1979년, 국판(155×210×28)

- 옛날 출석부가 생각나는 제책이다. 본문 교환이 가능하며 두께의 변화에도 자유로워 몇몇 분야에서는 아직까지 사용한다.
- 책등을 끈으로 묶어서 완성하는 방식의 제책 기법이다.
- 책등을 별도로 제작하여 본문 사이에 삽입할 수 있도록 했다.
- 4개의 구멍을 내어 꿰매기 쉽게 되어 있다.
- 색지를 간지로 이용하여 찾아보기 편리하게 해놓았다.

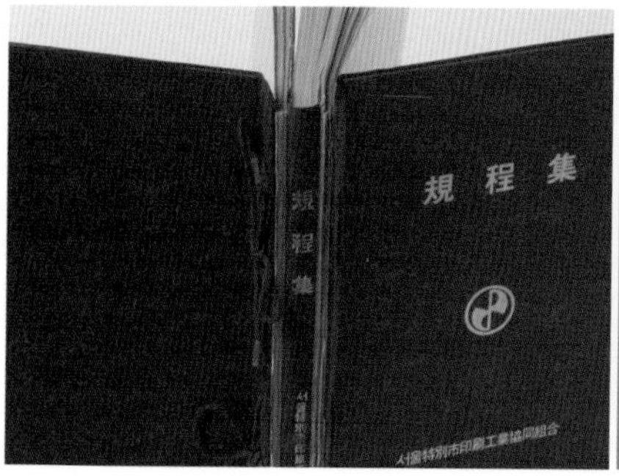

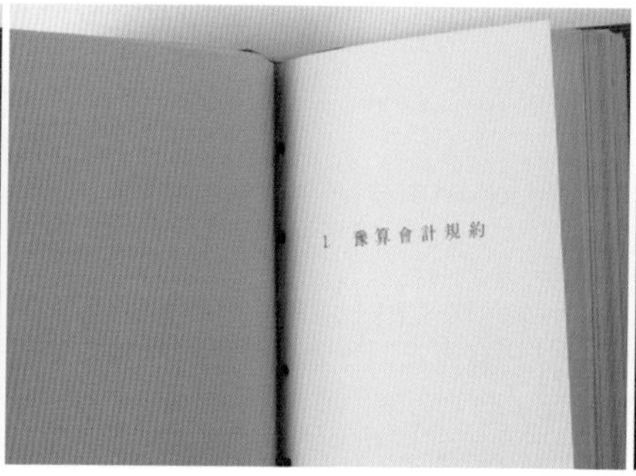

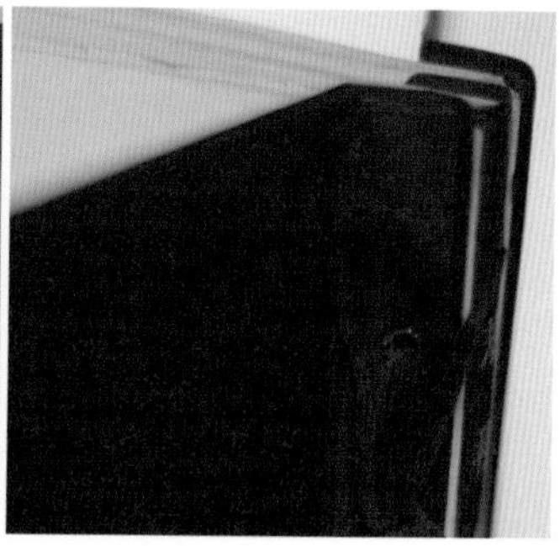

하나의 예술 작품과도 같은 제책

출판사에서 10년에 한 번 시도할까 말까 한 멋진 작품이다. 책 전체를 타이포그래픽을 이용해 디자인하였다. 책 제목은 음각 기법의 특수 작업으로 완성하였으며, 속지는 독자가 상상력을 발휘할 수 있도록 디자인되었다.

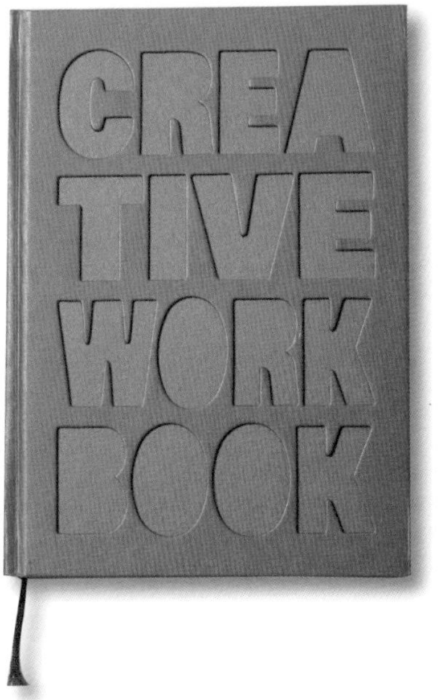

크리에이티브 워크북(Caeative Workbook)
E-campus, 사륙배판(165×225×23)

- 앞표지와 뒤표지가 전체적으로 음각으로 디자인된, 말이 필요 없는 멋진 작품이다.
- 본문은 파격적인 디자인과 상상이 조화를 이룬 작품이며 각종 제작 기법으로 마무리되었다.

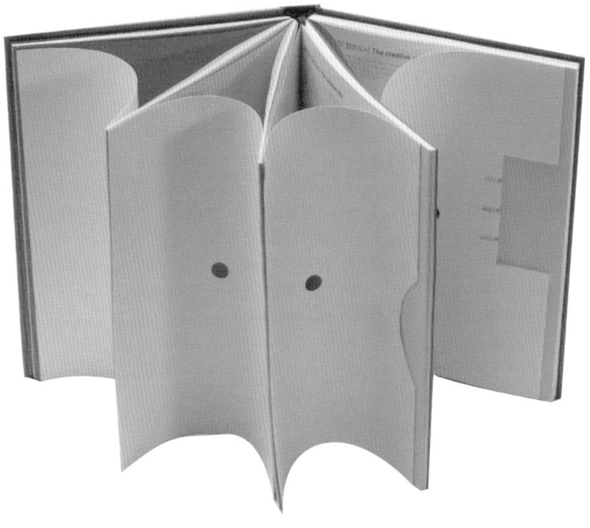

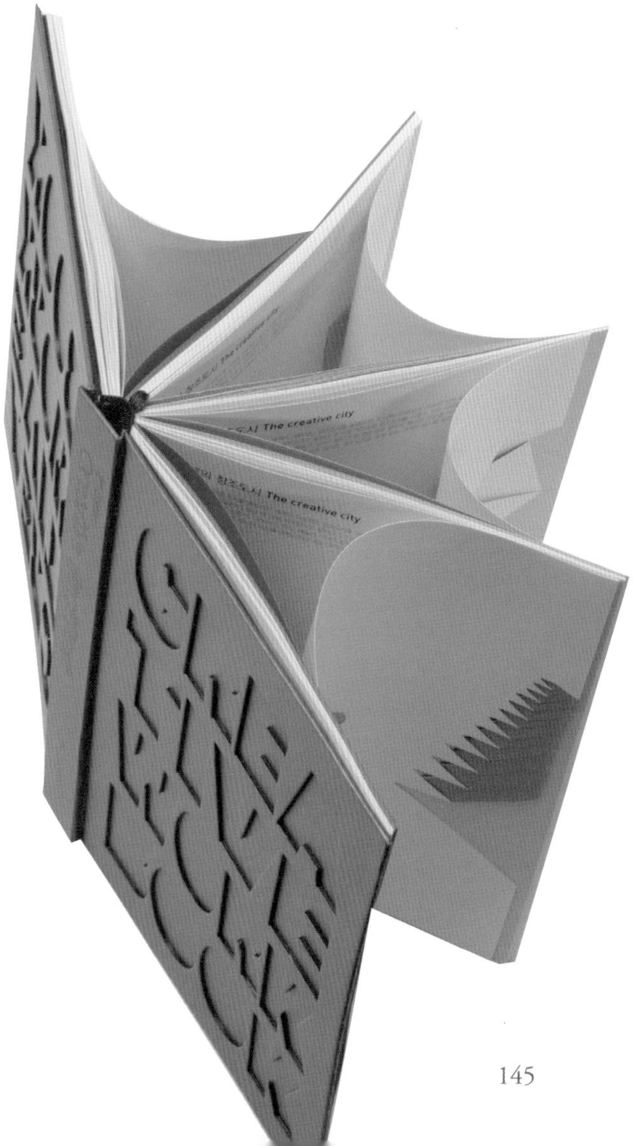

3 날 좀 봐 주세요, 띠지

서점에 나가보면 다양한 모양과 형형색색의 책들이 눈길을 끈다. 그 중에는 여러 가지 형태의 띠지들이 가로로 혹은 세로로 책을 감싸며 저마다의 자태를 뽐내는 듯하다. 표지 디자인과 함께 강한 문구로 독자들의 시선을 유혹한다.

하지만 책을 사서 읽고 다니는 독자들을 자세히 살펴보면 띠지를 벗긴 채 그냥 들고 다니는 경우를 종종 목격할 수 있다. 또 서점에서 다른 책들과 섞이다 보면 자주 벗겨지고 찢겨져나가 영업사원들의 지속적인 관리가 필요하다. 띠지 제작에 따른 추가 비용이 소요되고, 제책사에서 띠지를 두르는 작업은 대부분 일일이 손으로 한다.

그럼에도 불구하고 왜 출판사는 여러 형태의 띠지를 자꾸 만들어내는 것일까. 심지어 출간된 지 한참 시간이 지난 책에 띠지를 씌워 다시 서점에 내놓기까지 하는 것일까. 거기에는 디자인적인 요소 등 여러 가지 측면이 있지만 가장 큰 이유는 역시 홍보 및 마케팅 때문이라고 할 수 있다.

하루에도 수백 종의 다양한 책이 쏟아져 나오는 현실 속에서 신간이 자기 존재감을 알리기란 여간 어려운 일이 아니다. 신문이나 방송, 잡지를 비롯해 각종 매체에서 북 리뷰를 하고 있지만 한정된 지면으로는 턱없이 부족하기만 하다. 달리 홍보할 방법이 없는 것이다. 뿐만 아니라 이미 출간된 책일 경우에는 더더욱 그렇다. 책의 판매를 증진시킬 수 있는 새로운 홍보 요소가 발생했다고 하더라도 막대한 비용이 드는 신문이나 방송 광고 외에는 딱히 마땅한 방법이 없다.

이럴 경우, 띠지는 매우 유용한 홍보 수단으로서의 역할을 한다. 즉 큰 비용을 들이지 않고 책이 자기 스스로 자기를 드러내고 홍보하는 유일한 방법인 것이다. 만약 얼마 전에 출간된 책이 노벨문학상같이 큰 상을 받거나 또는 그 내용이 사회적으로 이슈가 될 경우, 이를 새롭게 독자들에게 알릴 방법의 하나로 띠지는 매우 강력하고 효과적인 홍보 수단이 된다.

띠지와 판매량의 상관관계를 조사한 별도의 자료가 없기에 띠지가 판매량에 어떤 영향을 미치는지 정확한 데이터는 알 수가 없다. 하지만 큰 비용을 들이지 않고 할 수 있는 몇 안 되는 홍보 방법의 하나임은 분명하다.

띠지의 제작 목적이 이렇게 분명함으로 띠지는 서점에 쏟아져 나오는 여러 신간들 속에서 좀 더 눈에 띄어야 하며 강한 문구로 독자들의 시선을 확 잡아끌어야 한다. 때문에 띠지의 색깔은 표지 디자인과 상충되지 않는 한 강한 원색이 주로 사용된다. 그리고 띠지 속의 내용 역시 광고 카피처럼 짧고 강하게 어필될 수 있는 문구들이 주로 차지한다.

일반적으로 띠지는 가로로 길게 책의 하단을 감싸는 형태다. 크기는 폭이 5㎝~7㎝ 정도가 적당하지만 그보다 크게 만들기도 한다. 하지만 아무리 크게 하더라도 책 사이즈의 절반을 넘어서는 경우는 드물다. 오히려 표지 디자인을 방해하며 띠지로서의 역효과를 가져오기도 하기 때문이다.

최근에 나오는 띠지들은 가로 형태를 벗어나 과감하게 세로로 탈바꿈하기도 하고, 일직선형에서 사선형에 무늬를 띄는 등 다양하게 변신을 시도하고 있다.

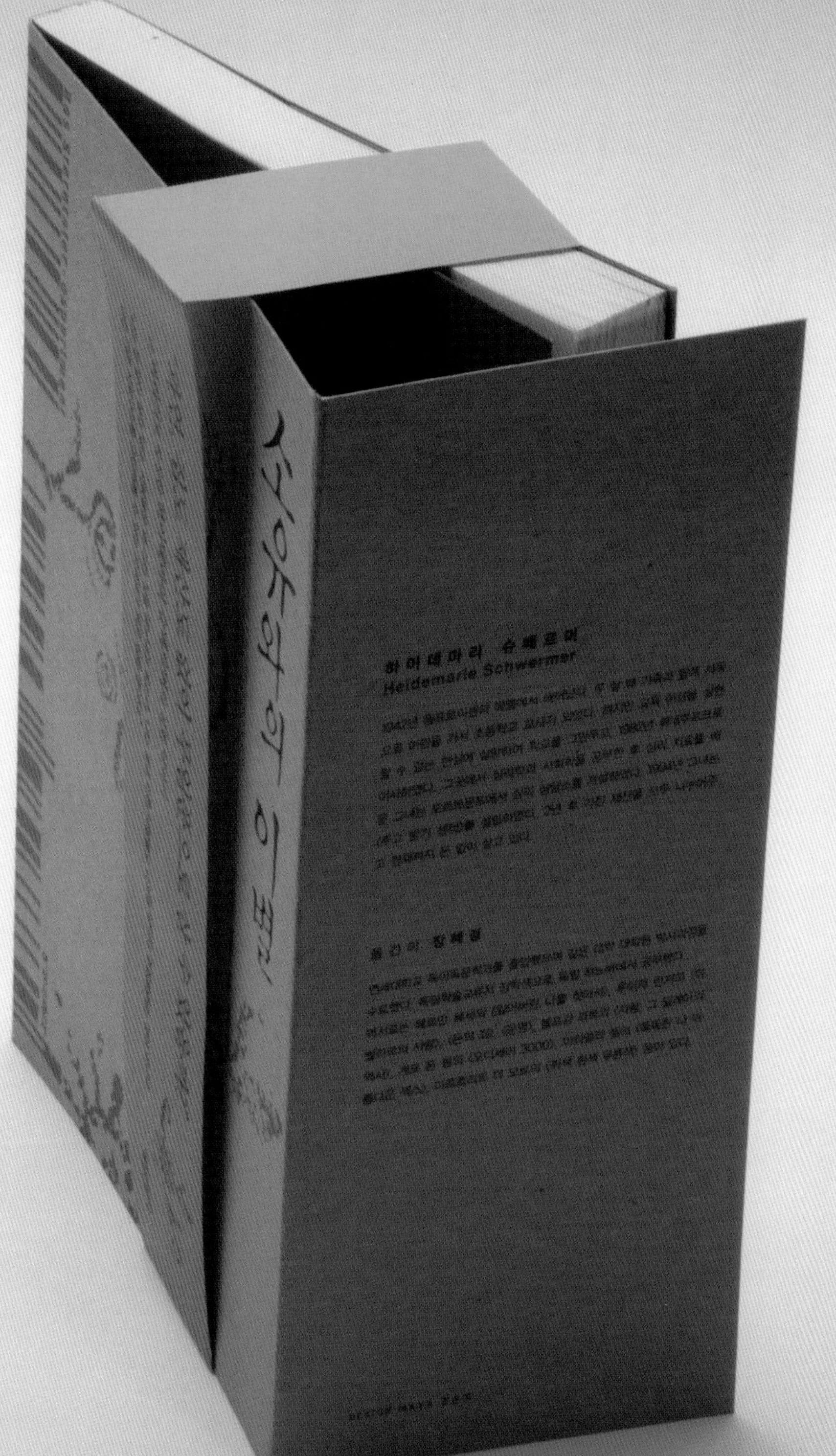
하이데마리 슈베르머
Heidemarie Schwermer
옮긴이 장혜경

방향별 분류

1. 가로형

가장 많이 사용되는 띠지 형태로 책의 하단에 가로로 배치한다. 원색 또는 2색으로 인쇄하고, 용지는 수입지 중에서도 질감이나 색상이 독특한 것을 주로 사용한다.

꽃밭

열림원, 2007년, 국판(140×210×20)

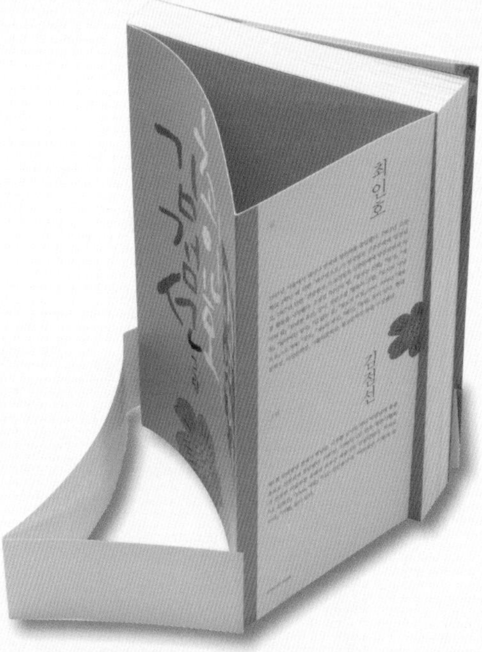

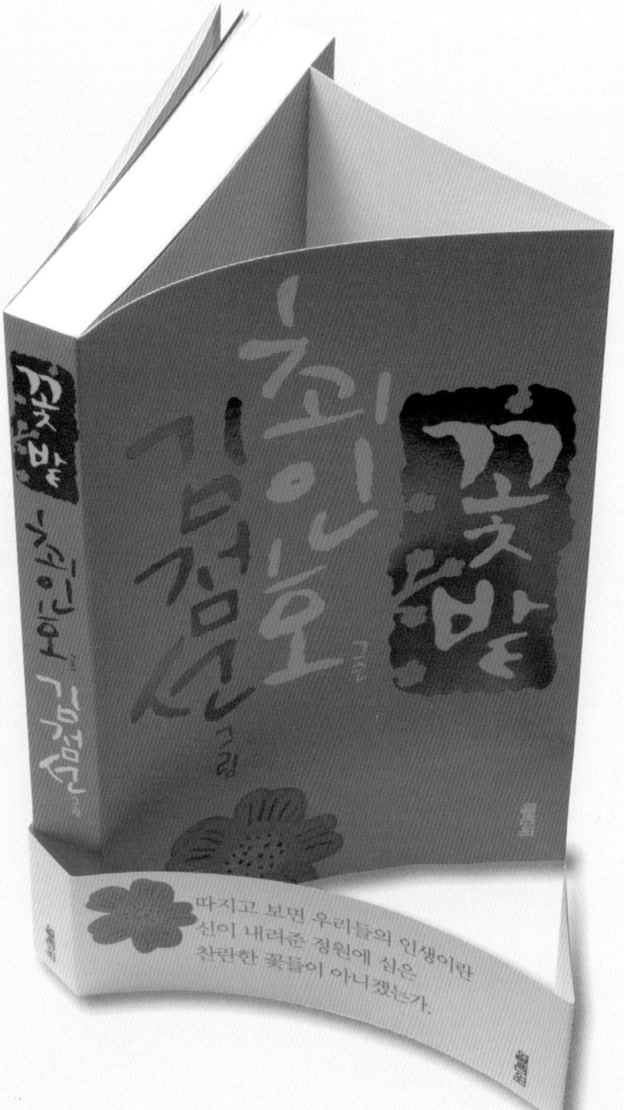

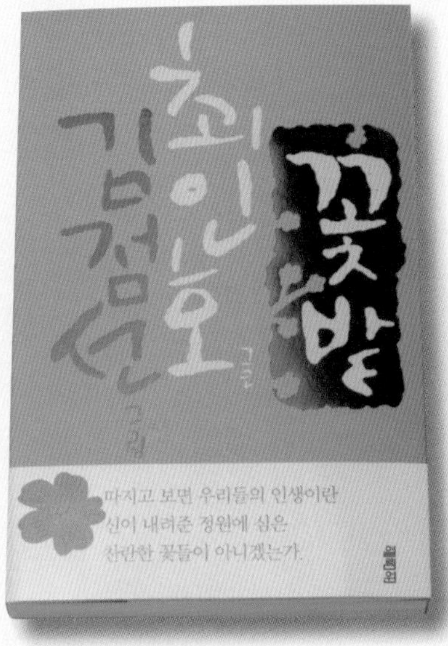

- 단행본에서 많이 사용된다.
- 표지의 보색을 주로 선택하는데, 표지 디자인과 어울리면서도 눈에 띄는 색상을 사용하고 그 위에 책의 홍보 문구를 넣는다.

2. 세로형

세로형 띠지는 우리나라에서는 쉽게 볼 수 없다.
일본에서는 세로쓰기로 된 책들이 많아서 쉽게 볼 수 있지만,
우리나라에서는 제목을 세로로 쓰는 경우가 드물기 때문이다.
이와 같은 세로형의 표지 디자인에는 세로형 띠지를 선택하면
훨씬 세련되어 보일 수 있다.

소유와 이별

여성신문사, 2002년, 신국판(153×225×17)

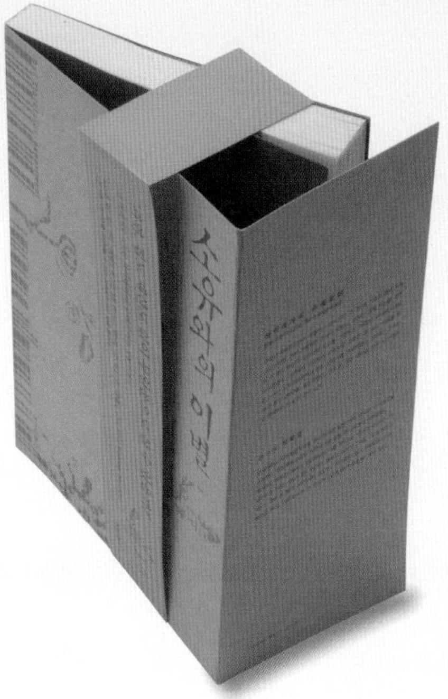

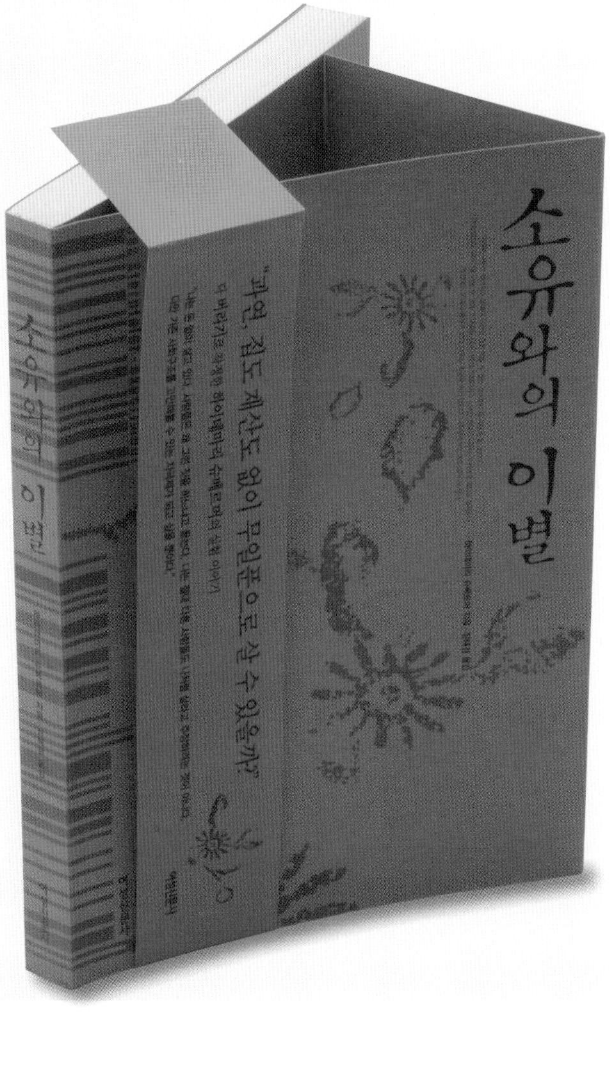

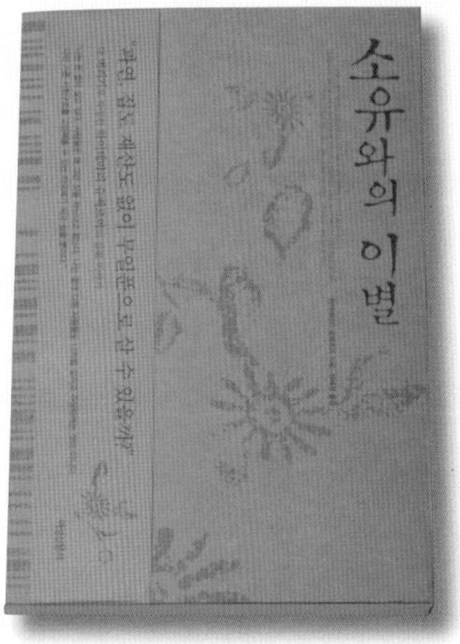

- 세로형의 띠지로 띠지 안의 디자인은 가로로 되어 있다.
- 띠지 작업이 위아래를 접어야 하기 때문에 가로형에 비해 조금 복잡하다.

형태별 분류

1. 직선형

현재 많은 출판사에서 띠지의 고전적 형태로 사용하는 방식이다. 표지와 다른 용지를 사용하거나 코팅 방법으로(표지가 유광이면 띠지는 무광으로 사용함) 차별화를 두기도 한다. 비용적인 면에서 실익이 있다.

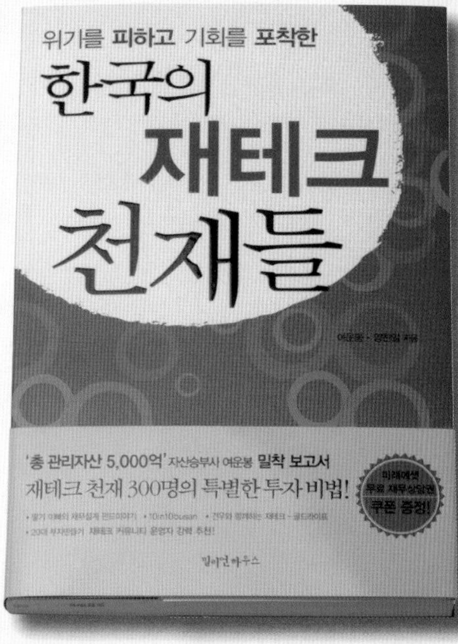

한국의 재테크 천재들

밀리언하우스, 2008년, 신국판(153×225×16)

- 표지는 아트지 250g에 유광 코팅을 했으며, 띠지는 스노우화이트 120g에 무광 코팅으로 작업했다.

2. 사선형

사선형 띠지는 표지의 디자인과 띠지의 형태 자체가 중요한 요소가 된다. 사선 형태가 바로 디자인으로써 이미지를 강조할 수 있는 장점이 있다.
제작비용은 약간 더 들지만 다른 책들과 차별성이 생겨 한 번 더 쳐다보게 된다.

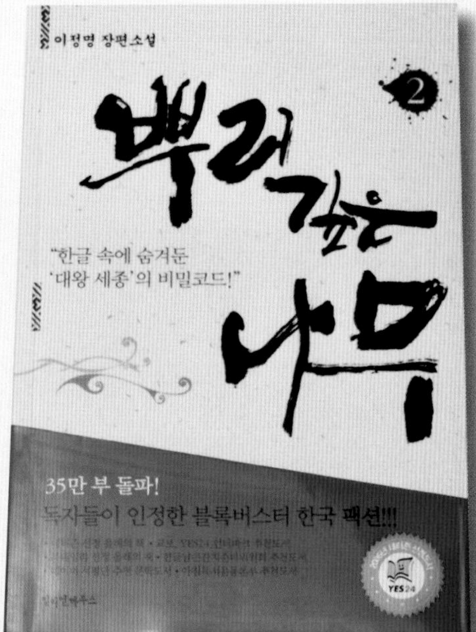

뿌리깊은 나무

밀리언하우스, 2006년, 신국판(152×220×15)

- 사선형으로 목형을 제작하고 다시 톰슨 작업하여 만들어야 하는 번거로움이 있는 작업이다.

3. 불규칙형

최근 들어서 많이 시도되는 띠지의 한 형태다. 불규칙한 형태를 디자인으로 접목하여 차별화와 변별력을 높이려는 방식이다. 수입지의 질감을 살리고, 목형·톰슨 작업을 병행하므로 띠지 제작비용이 상당히 증가되며 서점 유통 시 쉽게 파손되는 단점까지도 감안하여야 한다. 하지만 책의 차별 효과가 커서 출판사에서는 제작비 상승에도 불구하고 시도하는 것이다.

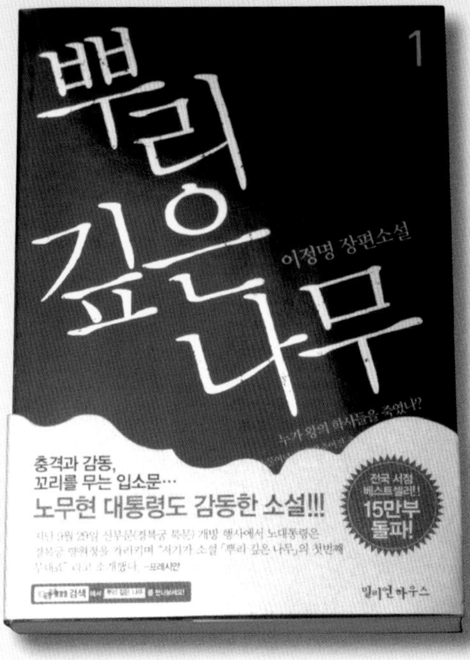

뿌리깊은 나무

밀리언하우스, 2006년, 신국판(152×220×15)

- 불규칙한 형태로 디자인하여 차별성을 높이려는 방식이다. 목형 · 톰슨 작업을 병행하는 불규칙한 형태의 띠지다.

4. 접음형

접은 표지에 1/2 띠지를 접음 형태로 사용하였다. 띠지는 1/4 크기를 주로 사용하는데 최근에는 띠지의 위아래 중 한쪽을 접어서 사용하기도 한다. 띠지의 입체감을 돋보이기 위한 방법이다. 수많은 띠지 속에서 좀 더 차별화되기를 원하는 출판사의 바람일 것이다.

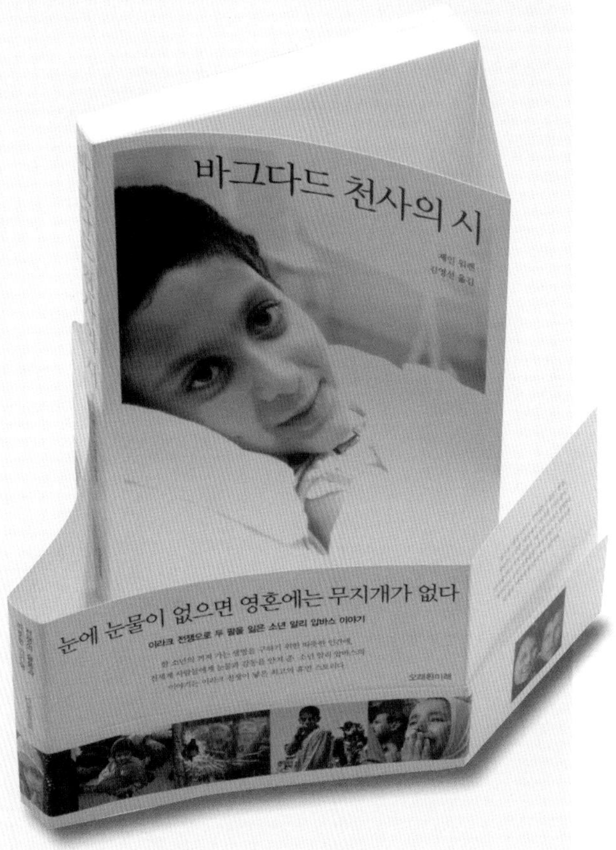

바그다드 천사의 시

오래된미래, 2004년, 신국판(152×215×18)

- 가로형 1/2 크기의 띠지에 양면으로 인쇄했다. 앞면은 책의 홍보 문구를 싣고 뒷면은 사진으로 디자인하여 하단면을 접어서 사용하게끔 되어 있다.

4 화려한 겉옷, 덮개

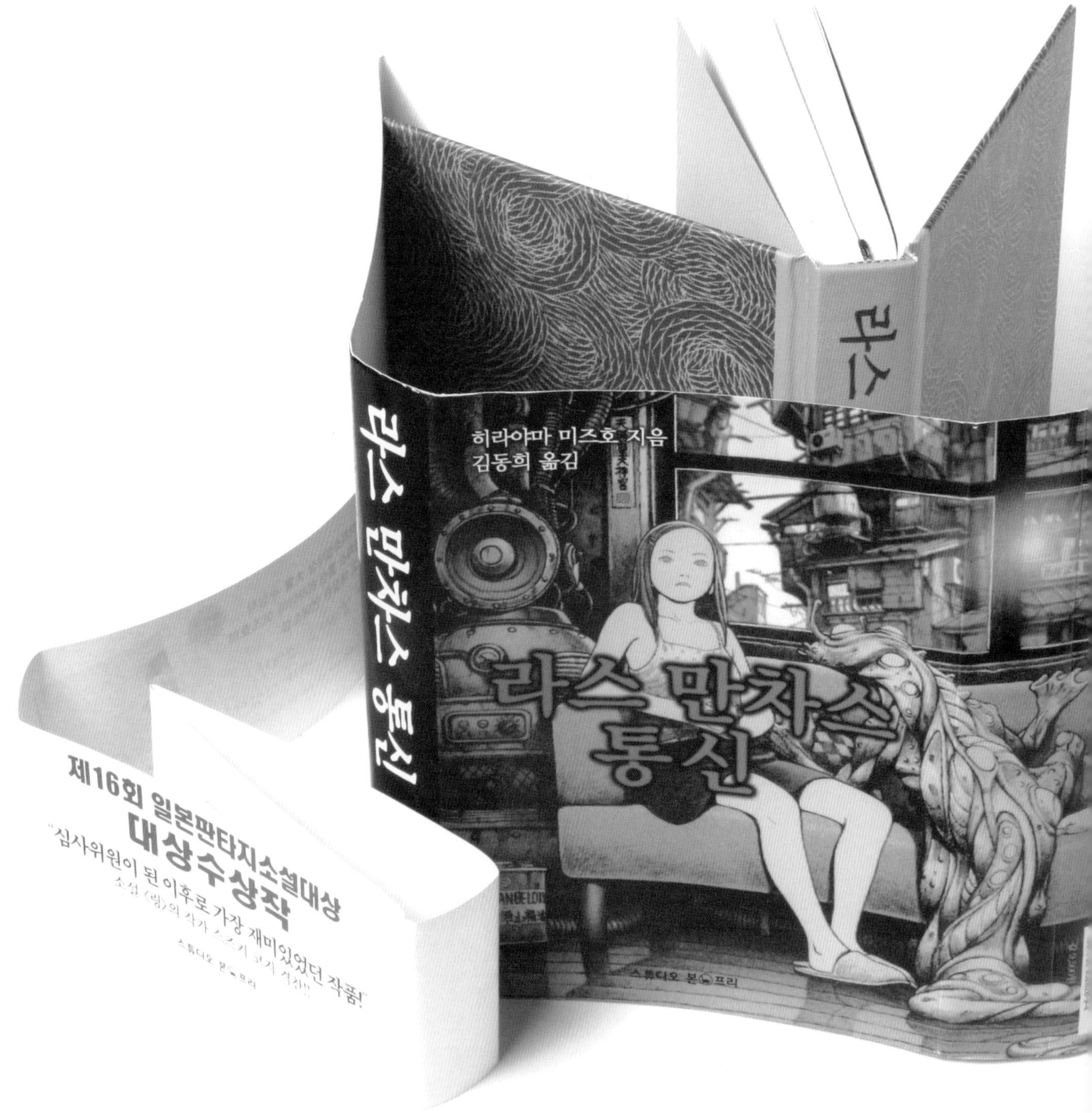

덮개(jacket)는 책을 보호하고 디자인적인 면에서 아름답게 포장하는 성격이 강하다. 하드커버에 인쇄할 수 없는 천이나 비닐, 가죽 등을 사용할 경우에는 표지에 책 제목과 저자 이름 정도를 박으로 표시하는 외에 책의 내용을 한눈에 들어오게 할 수 있는 표지 디자인이 불가능해진다. 이럴 때 별도의 인쇄용지를 사용하여 내용물을 인쇄한 후 코팅 과정을 거쳐 하드커버 위에 덧씌우는 덮개를 사용하게 된다. 하지만 최근에는 양장 제책에서만 사용되는 것이 아니라 무선 제책 후 덮개와 띠지를 중복으로 사용하여 책의 품질을 높이려는 작업들이 성행하고 있다. 오로지 책의 꾸밈과 장식적인 의미로 덮개를 사용하는 경우가 널리 퍼지고 있는 것이다.

이와 함께 거기에 쓰이는 재료 또한 다양해지고 있는 추세다. 그중 PP원단을 사용하는 방법과 은박지를 사용하는 등 다양한 재료를 사용한 실험적인 책들이 많이 등장하고 있다. 트래싱지를 이용하는 기존의 방법은 이미 고전 기법이 되어버린 셈이다.

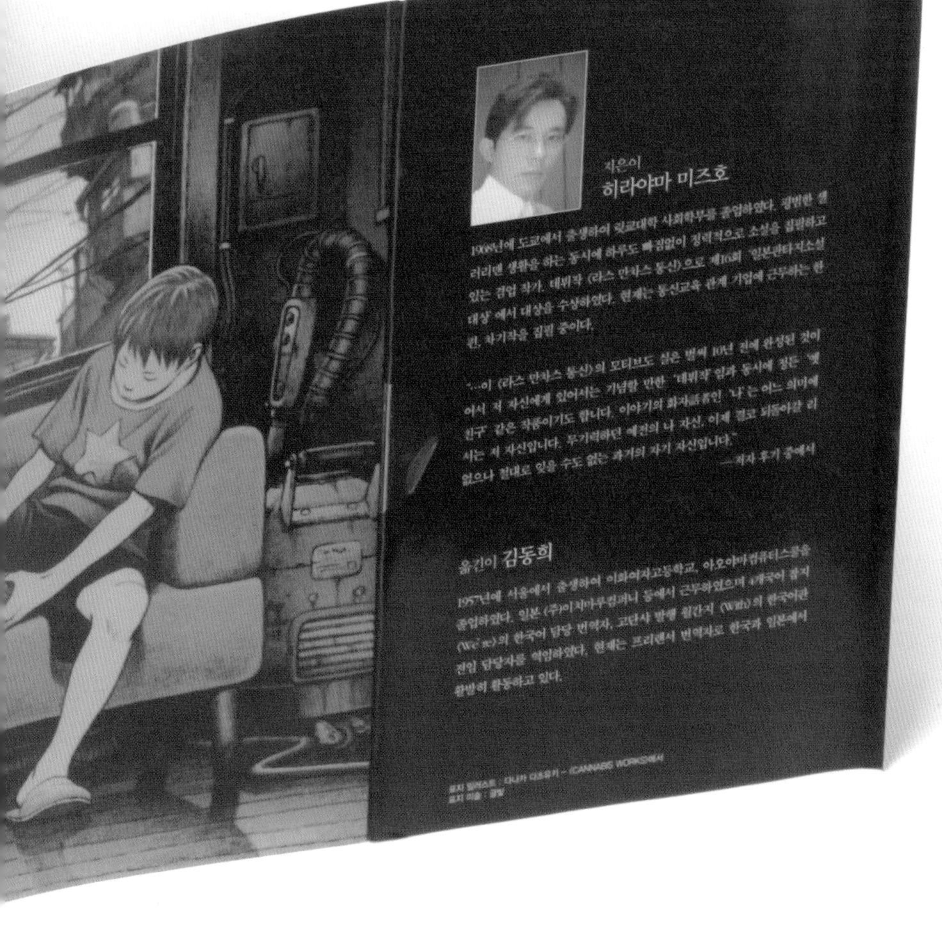

반짝반짝 은박지에 무광 먹박으로

아무리 표지가 예쁘고 내용이 충실하다고 해도 덮개가 이를 살리지 못하고 가리는 역할만 한다면 책의 가치는 떨어질 것이다. 이러한 사정을 알기에 출판사에서는 다양한 재료를 사용해서 독자들의 눈길을 한번이라도 더 받기를 원한다. 다양한 재료 중에서도 은지(은박지)는 화장품 박스나 포장용으로 많이 사용되는 고급용지다. 은지는 일반 인쇄가 어렵기 때문에 UV인쇄나 실크인쇄를 해야 하며 단가도 매우 비싼 편이다. 반짝반짝해서 눈에 띄는 은지는 장점도 많지만 책과 책이 닿으면 긁힌 자국이 금방 생긴다. 이 점이 이 책이 가지는 최대 단점이다. 꼭 랩핑하여 출간해야 하며 사용 시 주의해야 한다.

고야, 영혼의 거울

다빈치, 2001년, 사륙배판(190×235×20)

- 은박지에는 인쇄가 어렵고 효과도 미비하다. 그런 단점을 보완하기 위해 무광 먹박으로 제목과 이미지를 형상화하여 표지 전체에 박 작업을 했다.

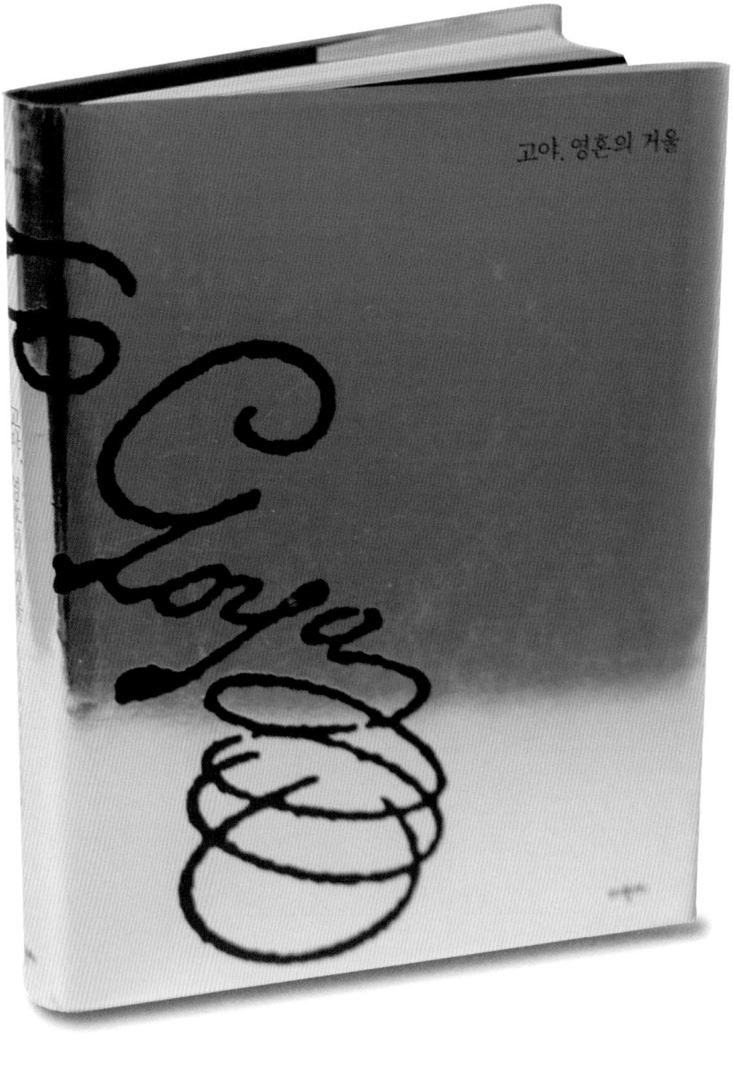

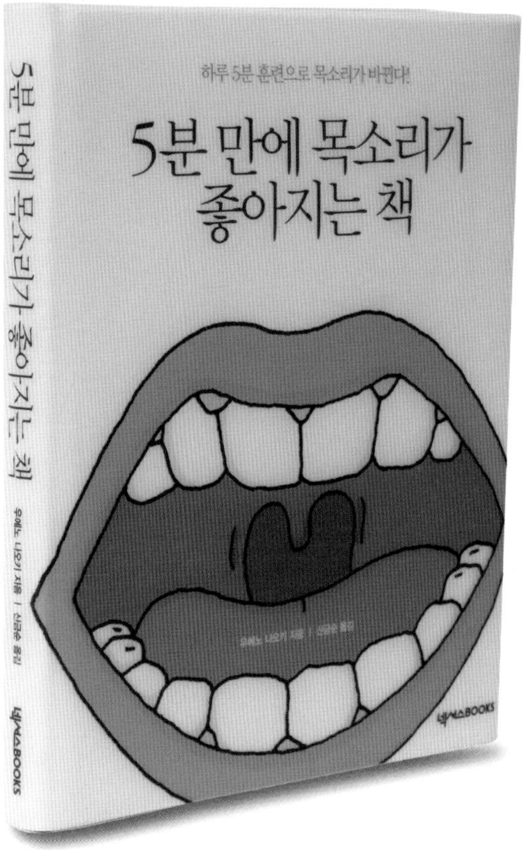

PP원단에 UV 인쇄로

보통의 경우 덮개는 인쇄용지에 라미네이팅으로 작업하지만 이 책은 PP원단을 사용했다. 이 경우는 일반적인 인쇄가 아닌 UV 인쇄를 해야 한다. 일반 인쇄는 종이에만 인쇄가 가능하지만 UV 인쇄는 인쇄용지는 물론이고 특수 필름에도 가능하다. 인쇄는 4도로 하는 것이 아니라 5~6도로 작업한다. 먼저 백색을 바탕 전체에 인쇄한 후 그 위에 원색을 인쇄해야 색이 선명해진다. 이렇게 작업하면 기본 작업비에 4배 이상의 비용이 더 들어간다. 또한 후가공으로 책날개 부분에 책에 꼭 맞게 선압(오시)을 넣어 주어야 덮개가 흔들리지 않고 정확하게 잘 부착된다.

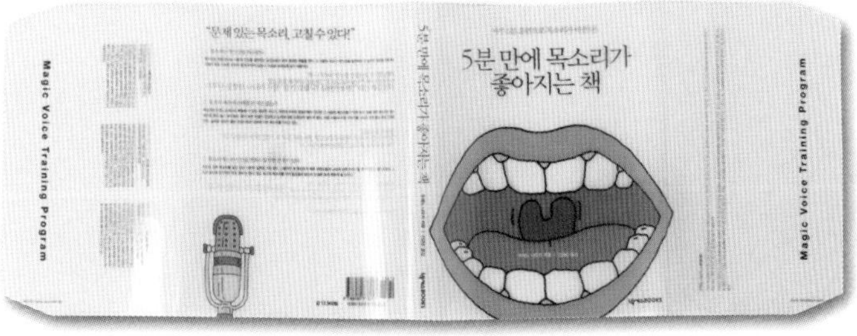

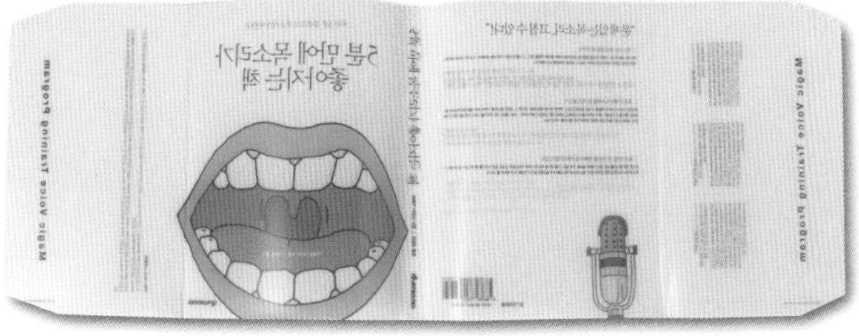

5분 만에 목소리가 좋아지는 책

넥서스Books, 2002년,

사륙배판(170×220×12)

- 덮개 뒷면은 전면의 인쇄한 부분이 그대로 비치며 양쪽 날개 부분에 선압을 넣어 두었다.
- 양장 표지는 바탕을 백색으로 인쇄하여 덮개에 인쇄한 부분이 선명하게 보이도록 했다.

책배까지 둘둘 만 덮개

덮개에 일본 원서 표지의 일러스트 그림을 그대로 사용하고자 했지만, 일본책은 우철이고 우리나라 책은 좌철이라 그림을 반전하지 않고서는 원고 그대로 사용할 수가 없었다. 고민 끝에 원서의 원고를 그대로 사용하여 뒤표지(표3)에서 책등 쪽으로 돌리고 책배 쪽으로 감싸서 뒤표지 쪽에서 안쪽으로 넣어서 고정하는 방법을 선택했다.

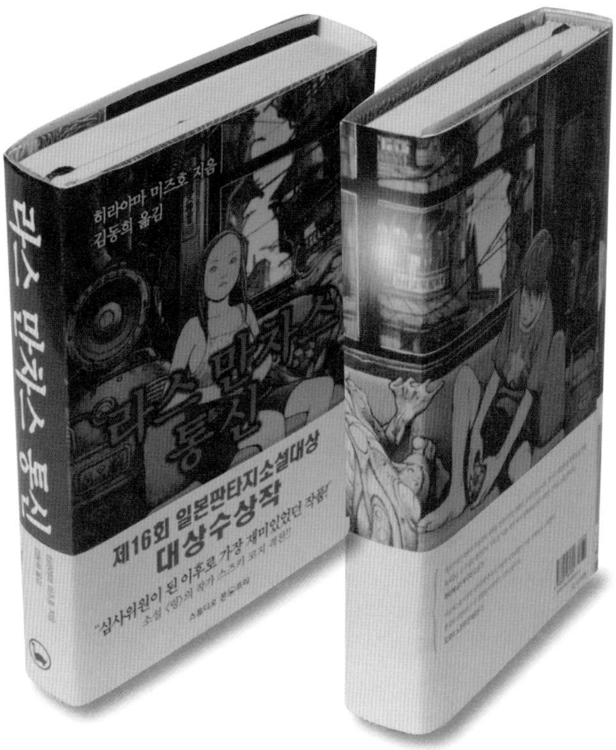

라스 만차스 통신
스튜디오본프리, 2005년, 사륙판(122×220×30)

- 책등이 보이는 앞면과 책배 쪽을 감싼 덮개.
- 일러스트의 원본을 그대로 사용하기 위해 선택한 방법은 책을 둘둘 말은 덮개 형태다.

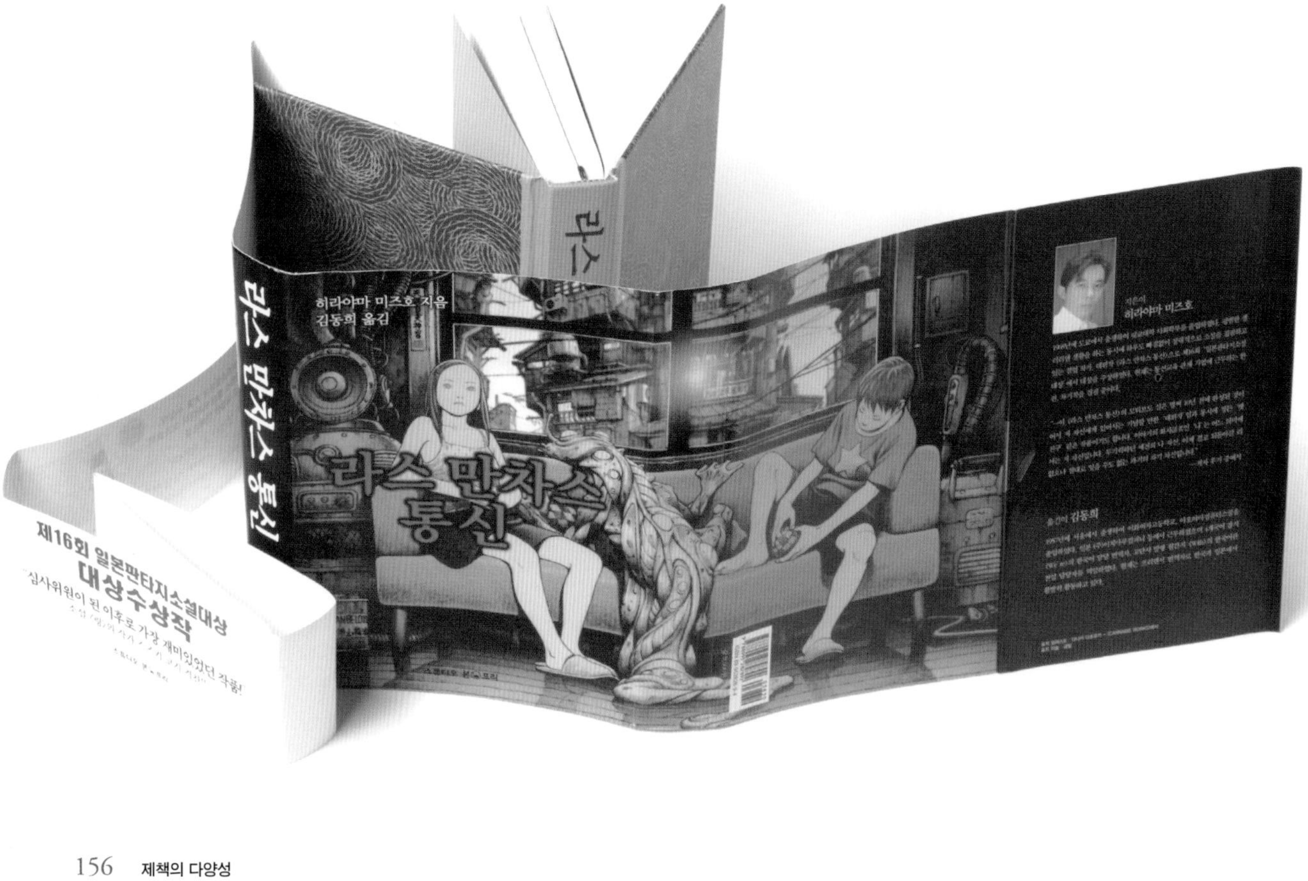

덮개의 또 다른 변신

이제는 덮개를 마는 것도 부족해서 일반 덮개 크기의 3배가 넘는 전지를 안으로 접고 바깥쪽으로 접어서 완성한 작품이다. 이 작업은 디자인 시작부터 면에 대한 분할과 접지 과정 등 디자인과 편집의 의도를 철저히 생각해야 실수가 없다. 인쇄도 양면으로 하였고 목형과 선압 과정을 거쳐 일일이 접고 다시 책에 감싸야 하는 복잡한 작업 공정을 거쳐 완성된다. 그로 인한 시간적 비용과 작업비의 상승을 고려해야 한다.

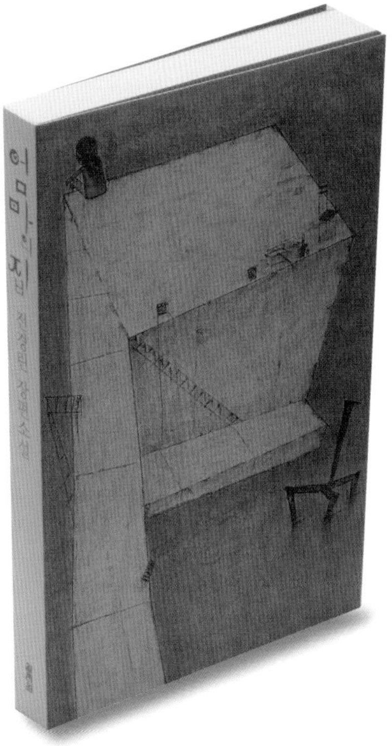

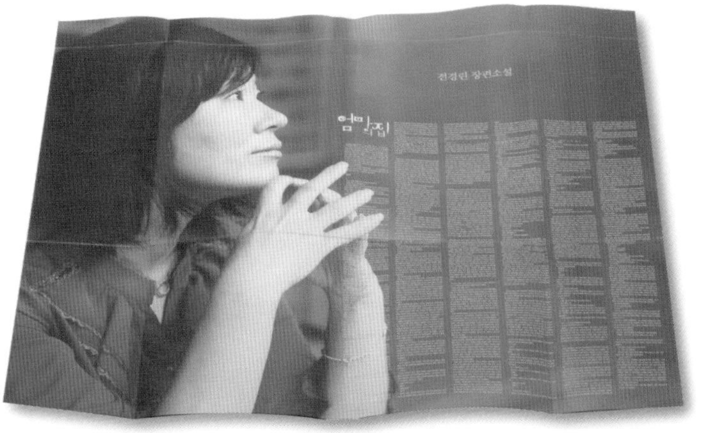

엄마의 집

열림원, 2007년, 국판(140×210×20)

- 본 책과 덮개, 그리고 띠지.
- 덮개를 펼치면 책에 대한 내용이 포스터 형식으로 디자인되었다.

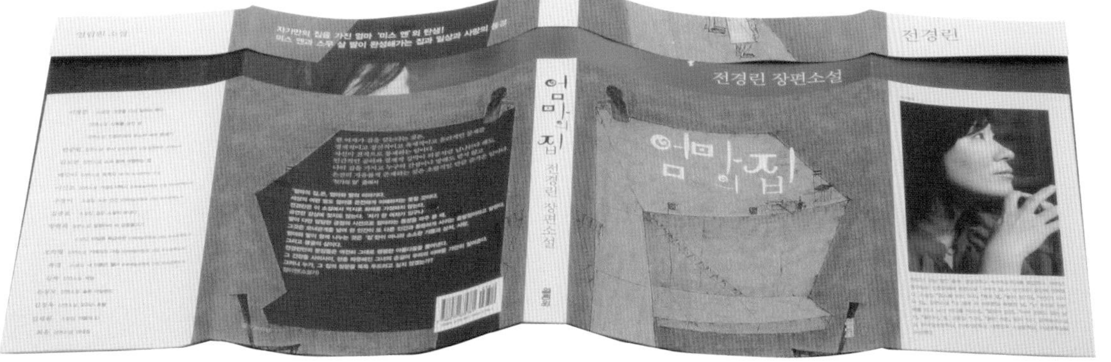

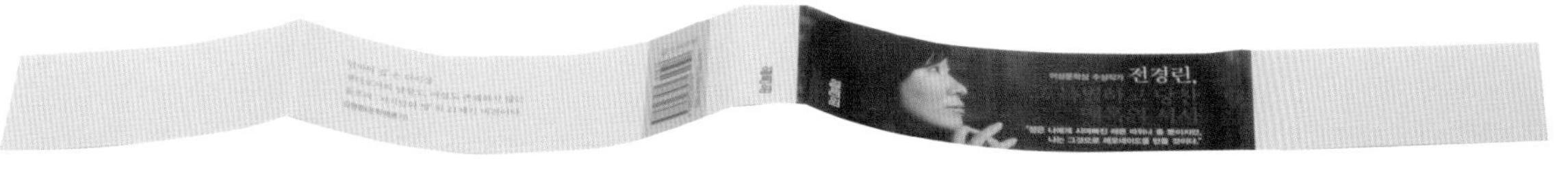

5 소중한 책을 보호하는 책 상자

책을 감싸고 있는 상자 형태를 책 상자, 또는 북 케이스(book case)라고 한다. 책 상자는 책의 보호와 운반의 편리성은 물론 판매촉진 등 여러 가지의 장점이 있어서 많이 사용된다. 대체로 권수가 많은 전집류나 시리즈물, 한정 생산의 호화판 장정, 그리고 시디 · 포스터 · 엽서 · 책 등을 함께 포장할 경우에 많이 제작한다.

책 상자는 판지를 사용하며 그 위에 책의 표제 등을 인쇄한 뒤 표면 가공 후 설계된 디자인에 따라 톰슨 작업과 선압 작업을 하여 제함기를 이용하여 완성한다. 경우에 따라 일일이 손으로 접고 풀칠하여 만들기도 한다. 최근에는 PP 재질로도 만들며 양철판, 목재를 이용한 다양한 형태로 제작되는데 점점 고급화하는 추세다.

여러 가지 작은 상자를 만드는 제함은 케이스(case), 색(sack), 함 혹은 접음 상자, 폴링카톤(folding carton)이라 부르는데 여기에는 기계 상자와 바름 상자, 접음 상자가 있다.

기계 상자는 상자의 접합부위를 보통 접착제로 붙여 만든다. 인쇄한 판지를 정해진 치수로 재단해 가로 두 개, 세로 두 개의 줄을 낸다. 위아래의 구석을 잘라 조립하고 풀칠하여 완성한다.

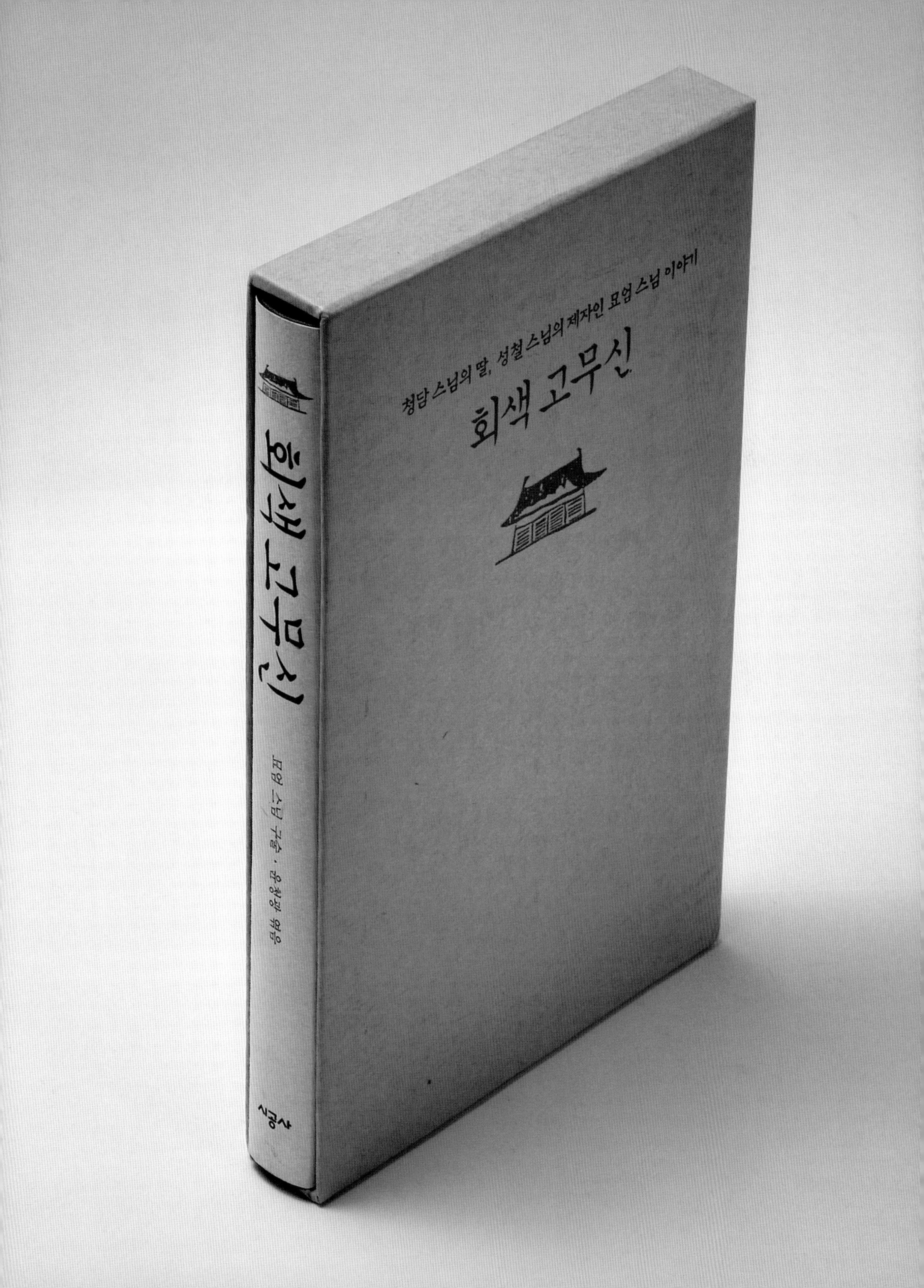
청담 스님의 딸, 성철스님의 제자인 묘엄 스님 이야기
회색 고무신
회색 고무신
묘엄 스님 구술 · 윤청광 엮음
시공사

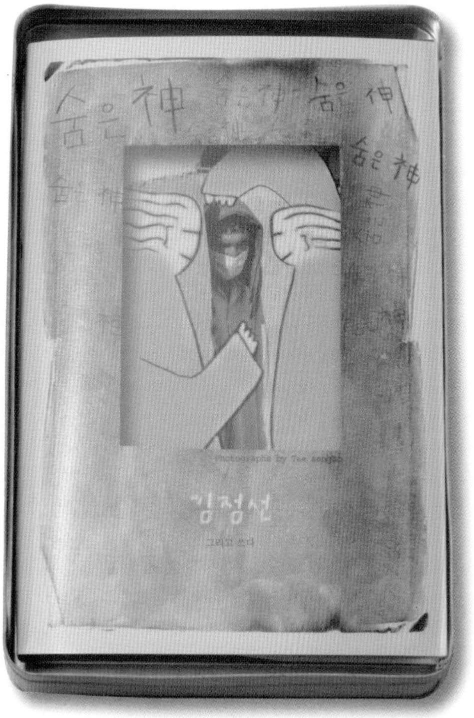

철판 상자

다양한 책 상자 중에 철판을 이용한 상자도 있다. 이 방법은 선물용과 한정판 또는 VIP용으로 제작하는 경우가 종종 있다. 제작 과정이 복잡하며 단가는 기본 박스 용지보다도 5배 이상 더 들어가지만 차별화된 소비층을 유혹하기에는 제격이라 많이 제작되며 한 번 쓰고 버리는 책 상자보다 재활용해서 사용할 수 있어 실용적 측면도 고려해볼 수 있다.

숨은 신

여백, 2007년, 신국판(145×208×15)

- 특별 한정판으로 제작된 작품이다. 사진작가의 사진엽서와 작가의 책을 함께 수입포장지로 한번 감싸고 스티커로 고정한 후 철판케이스에 넣어서 만들었다.

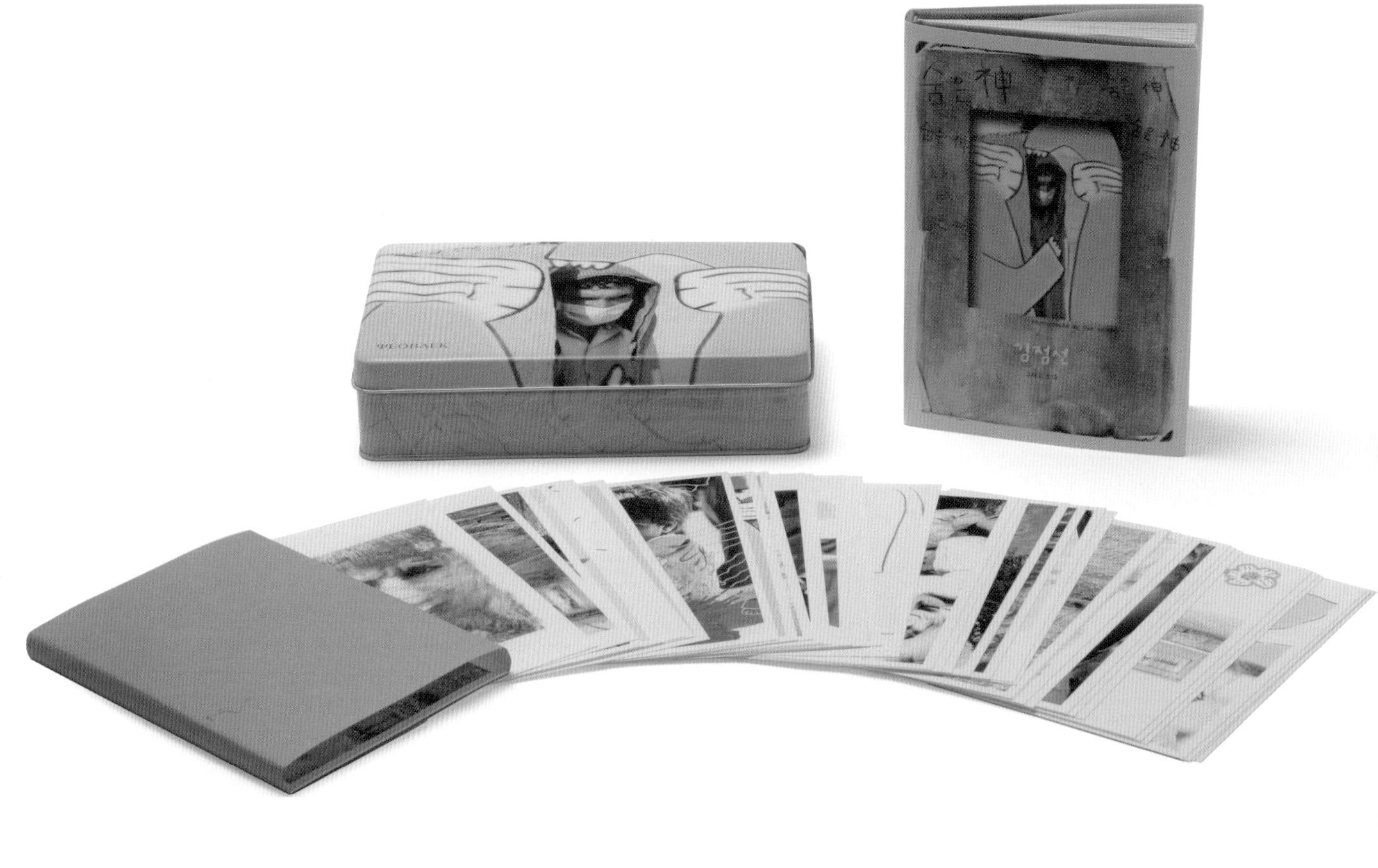

플라스틱 상자

PP 재질을 이용한 책 상자. 일반적인 용지를 사용하지 않고 컬러 PP 원단을 사용함으로써 표지의 디자인을 그대로 독자들에게 전달할 수 있다. 형태가 특이하고 전체적으로 고급 선물용으로 효과가 크다. 고주파 작업으로 아래 부분 이음새를 접착하였다. 이 책은 누드양장 기법으로 제작되어 펼침성이 우수하며 북아트적인 효과도 커 젊은층에서 폭발적인 인기를 얻었던 제책 기법 중 하나다.

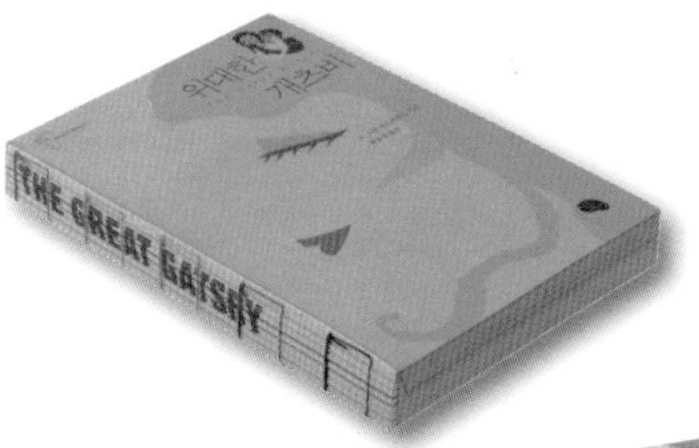

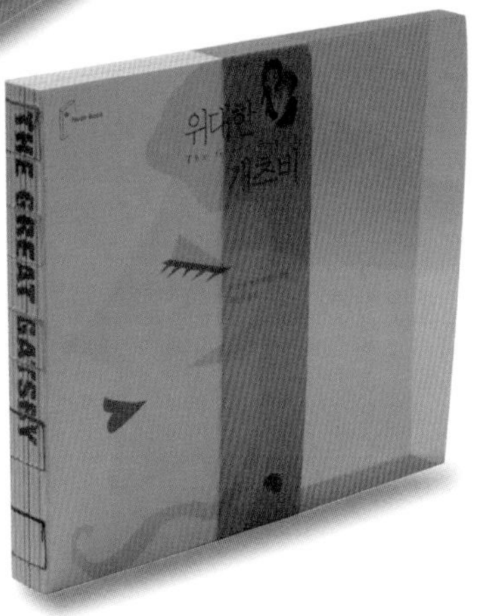

위대한 개츠비

작은씨앗, 2003년, 사륙판(121×188×23)

- 누드 양장 기법으로 제작했다. 본문 접지가 노출되는 책등에 책제목을 넣어 북아트적인 효과를 냈다. 책공방에서 특허출원한 제책 기법이다.

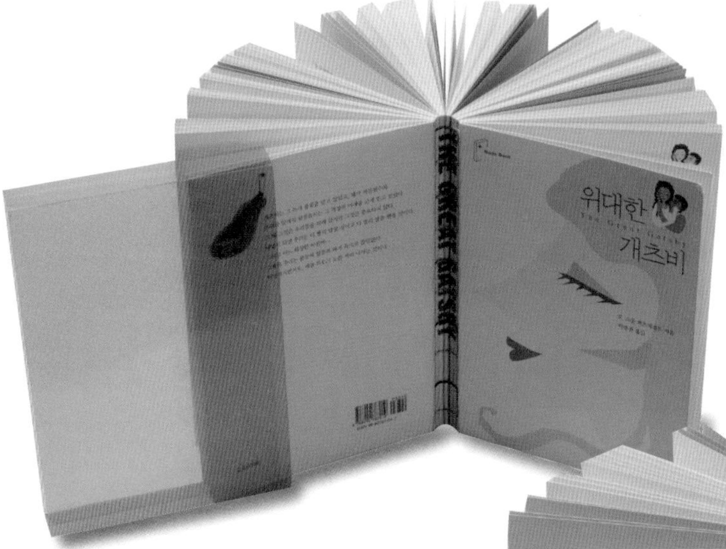

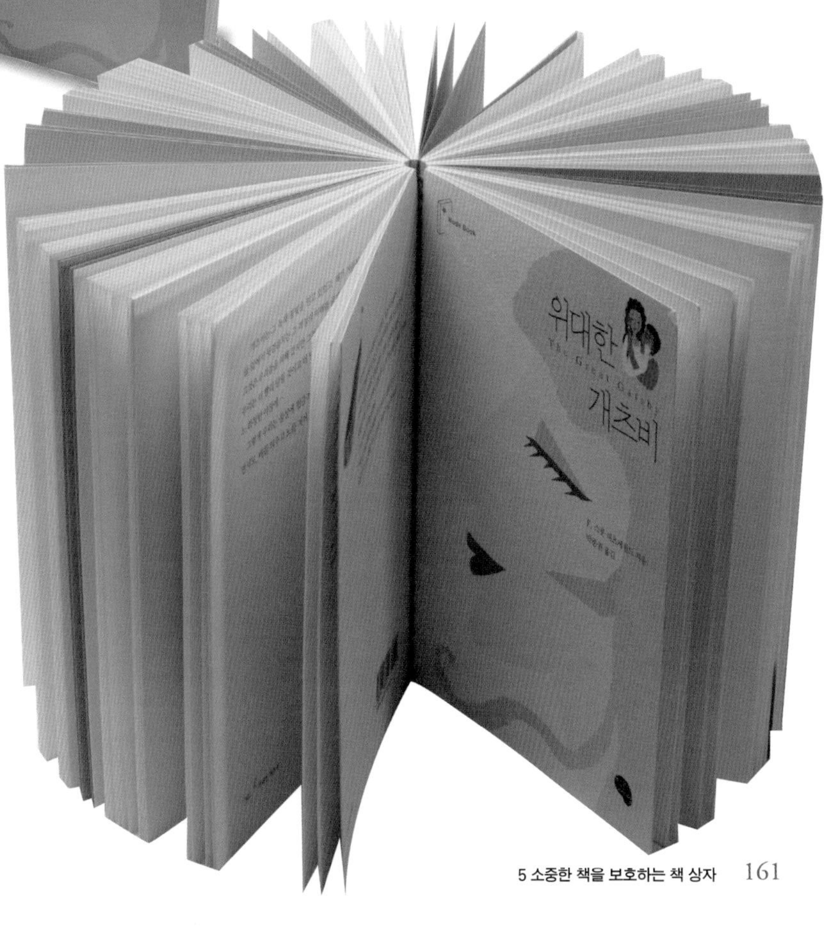

바름 상자

책 상자의 대표적인 방식이다. 우리나라에서는 제책기술의 도입과 함께 고급 책자에서부터 사용되었다. 1950년 이후부터는 문고판까지 확산되었고 고급스러운 양장 제책에는 대부분 사용되었었는데, 1990년 이후 대량생산되면서 서서히 책 상자는 우리 곁에서 사라져갔다. 책 상자는 책을 보호하고 오래 보관하기 위해 사용되며 선물용으로 책을 고급스럽게 포장하는 데 사용된다.바름 상자는 일명 싸바리 상자라고도 한다. 튼튼한 상자용 판지에 원하는 형태로 톰슨 하여 상자로 만든 후 상자를 바름할 용지에 인쇄, 가공하여 판지의 뒷면에 종이결과 직각 방향으로 바른다. 종이가 두꺼워야 할 땐 합지를 사용한다. 바름 상자는 고급스럽고 오래 사용해도 터짐이 덜하다는 장점이 있다. 현재 많은 부분이 자동화되어 있어 다양한 형태의 상자가 시중에서 만들어지고 있다.

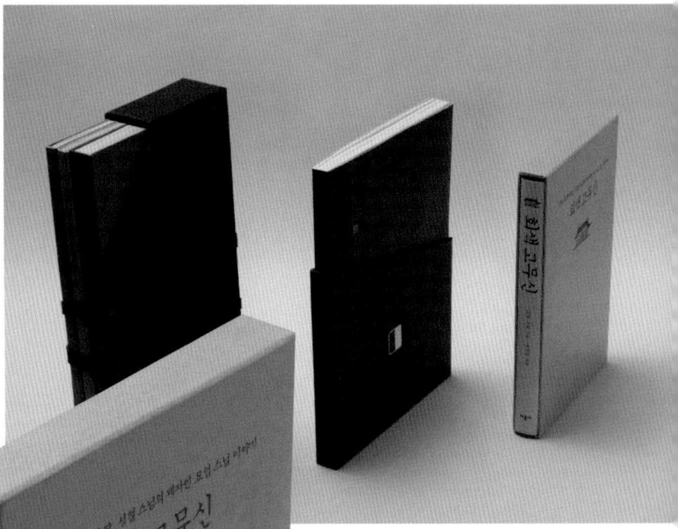

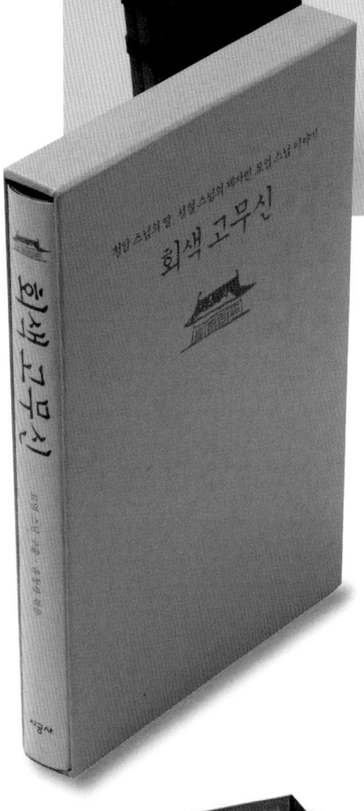

회색 고무신

시공사, 2002년, 신국판(158×232×20)

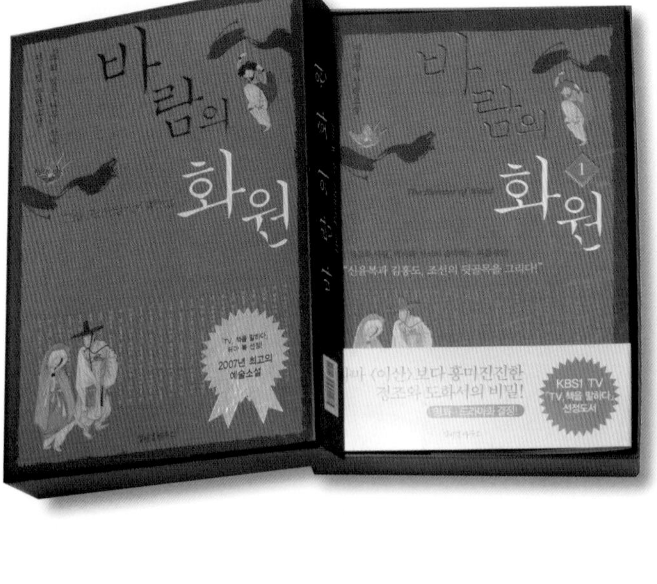

바람의 화원

밀리언하우스, 2007년, 신국판(152×215×15)

- 일반 시중에서는 내의 포장용으로 많이 사용된 박스 형태로 일명 싸바리 상자라고 한다. 열고 닫기가 편해서 활용도가 높아 책 상자로도 많이 사용된다. 얇은 판지를 사용하여 싸바름할 수 있어서 제작비가 저렴하다. 단, 책 상자를 랩핑해야 유통에서의 손실을 막을 수 있다.

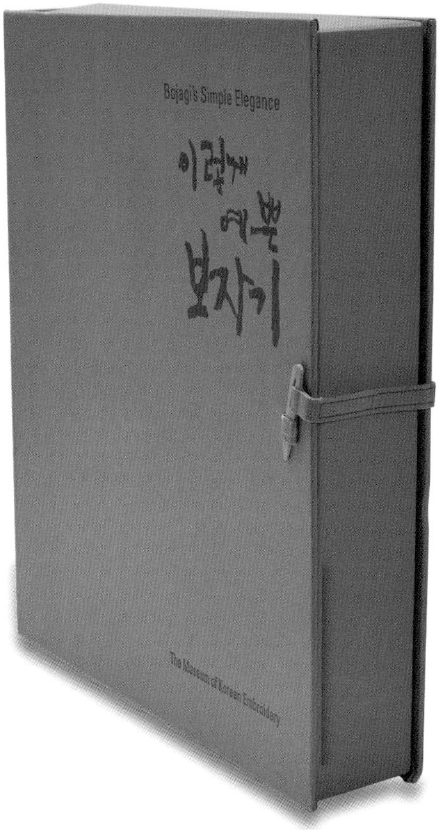

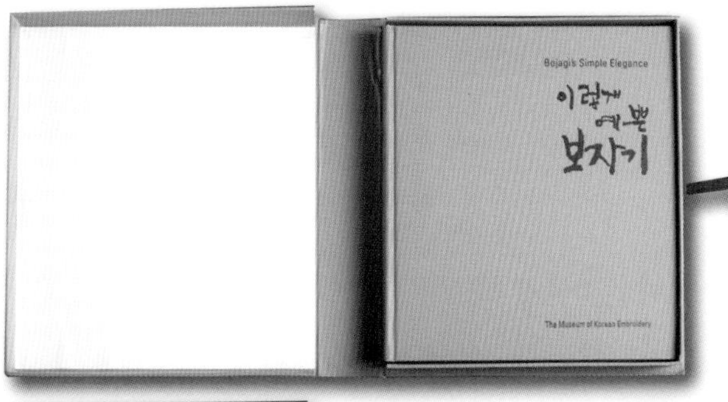

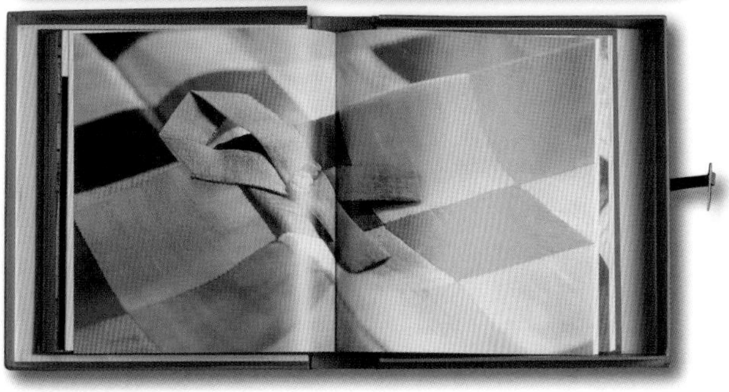

이렇게 예쁜 보자기

한국자수박물관, 2004년, 국4절판(295×335×60)

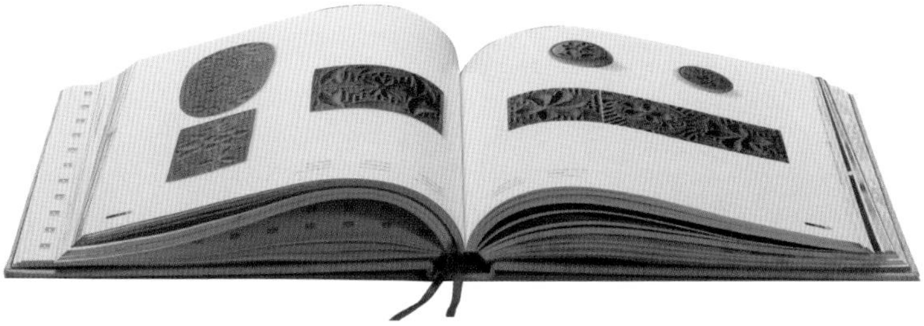

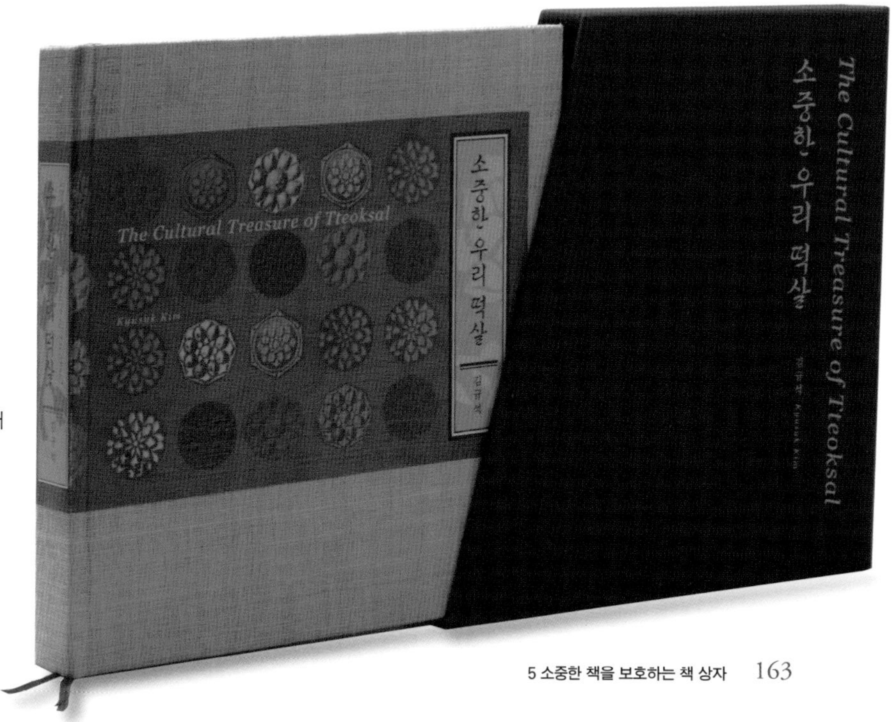

소중한 우리 떡살

미술문화, 2005년, 국4절판(295×310×45)

- 책이 2/3만 들어가게끔 디자인된 바름 상자다. 사선으로 비스듬하게 잘린 상자가 책을 더욱 돋보이게 하는 장식이 된다.
- 천으로 된 클로스를 사용하여 전통적이면서 고급스러움을 강조하였고 제목은 금박으로 장식한 대표적인 책 상자 형태다.

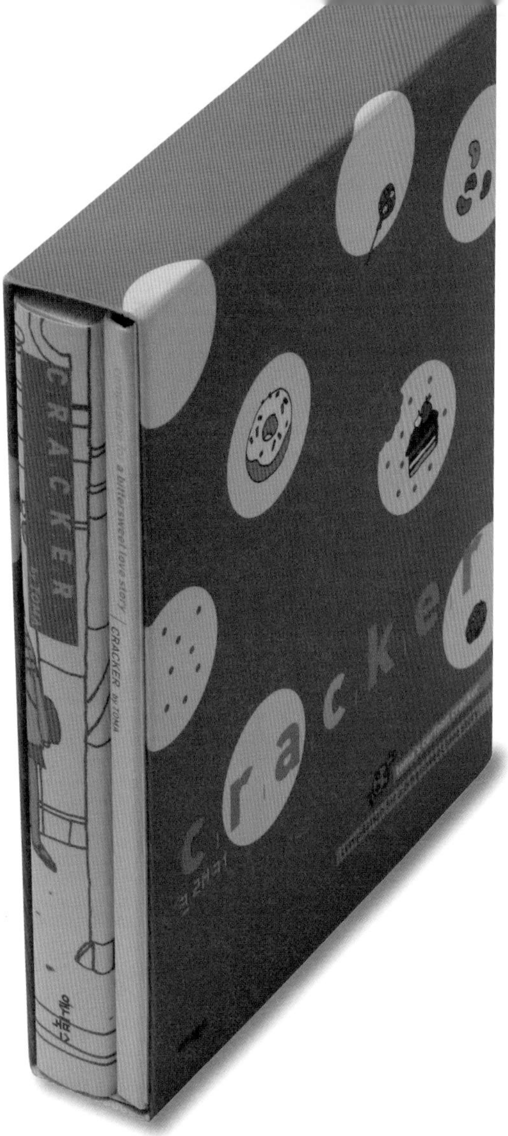

접음 상자

접음 상자는 제품의 포장에 많이 사용되는 대표적인 포장 형태다. 식품, 음료품, 화장품, 사무용품 등에 사용된다. 내용물에 따라 다양한 구조 변경이 가능하며 제작이 간편하고 저렴한 가격 등 장점이 있어 많이 사용되는 방식 중 하나다.

크래커

애니북스, 2006년, 사륙판(130×172×28)

- 책과 포스터, 엽서, CD를 함께 담을 수 있도록 얇은 판지를 이용하여 케이스를 제작했다. 상자의 크기는 책보다 약간만 커야지 너무 크면 헐렁거려 쉽게 빠질 수가 있다.

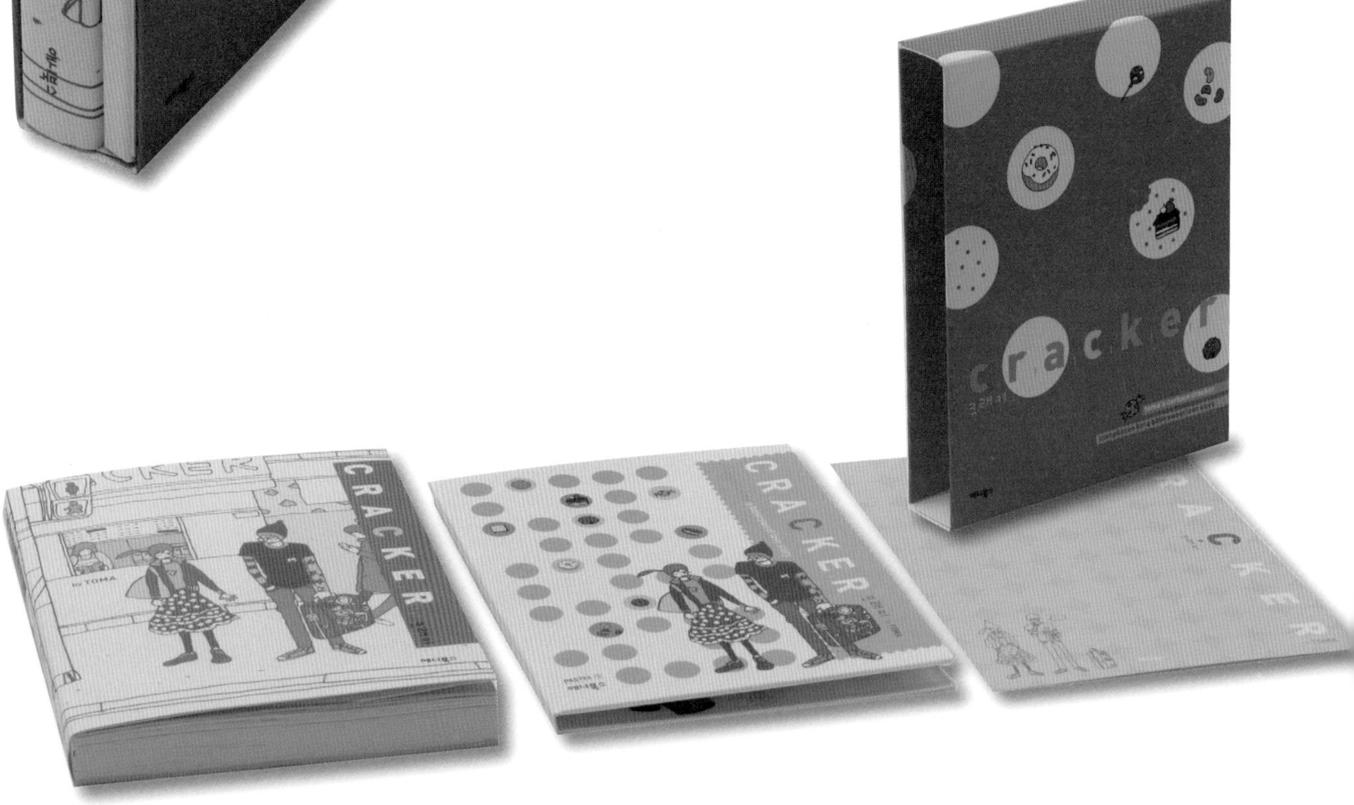

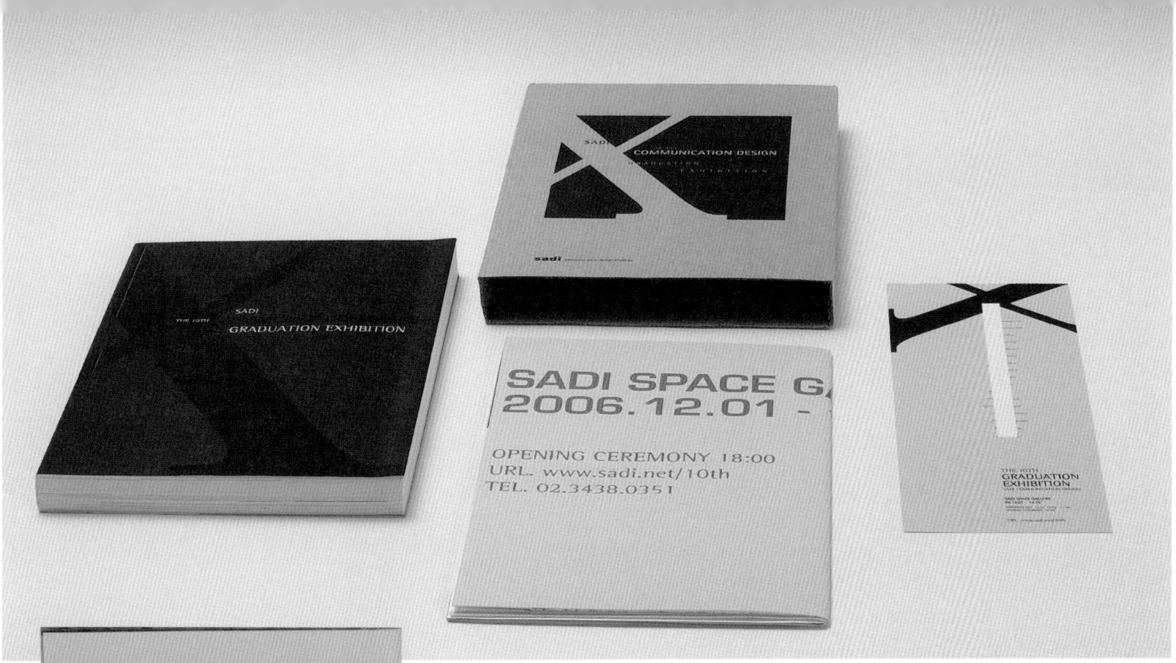

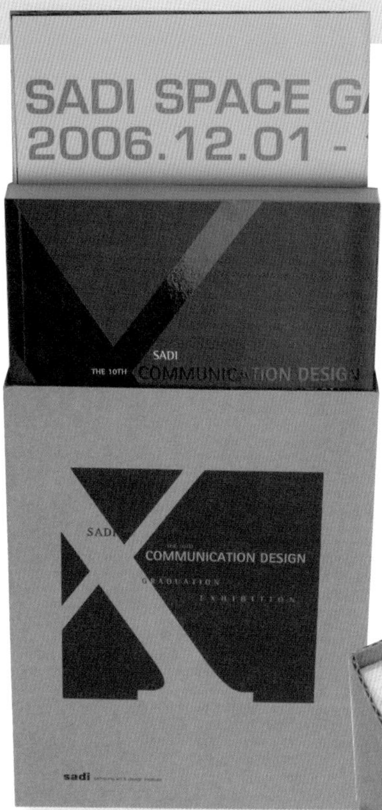

사디SADI

sadi, 2006년, 사륙배판(180×238×20)

- 졸업전시회 도록이다. 포스터와 책자를 1차 래핑한 후 골판지를 이용해 만든, 위아래가 개봉된 접음 상자 안에 넣었다.

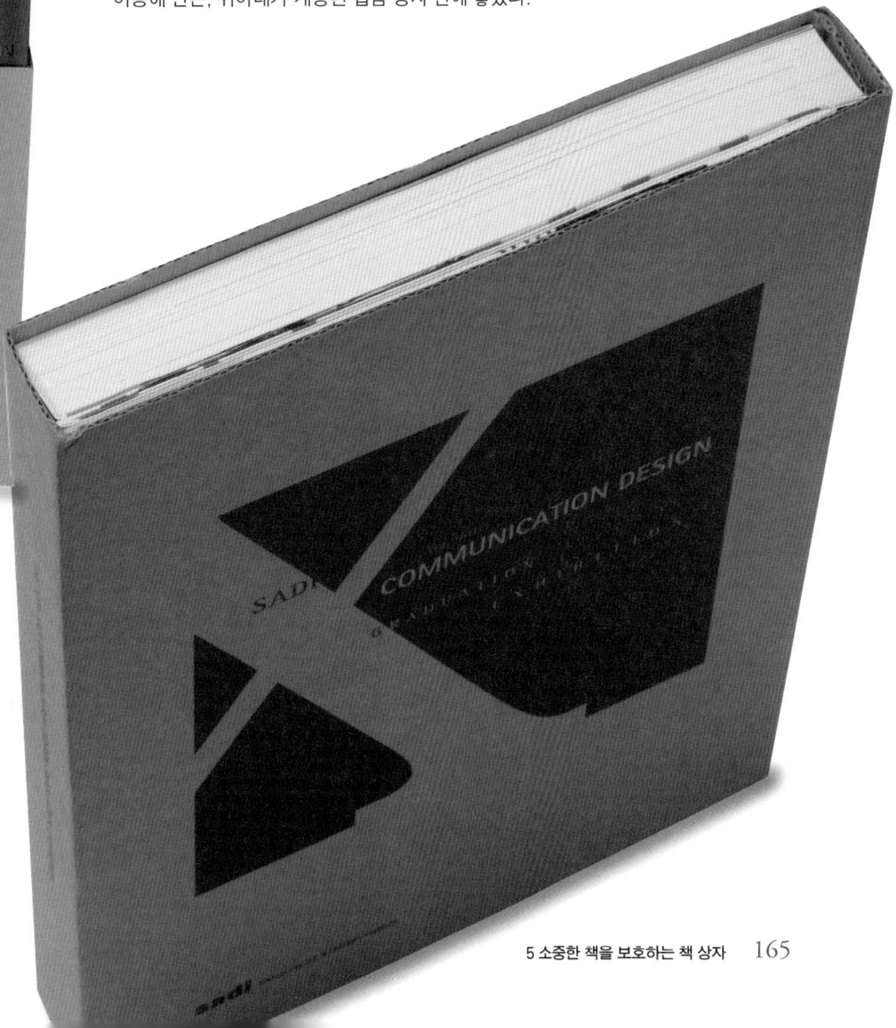

6 | 독자에 대한 또 하나의 배려, 가름끈

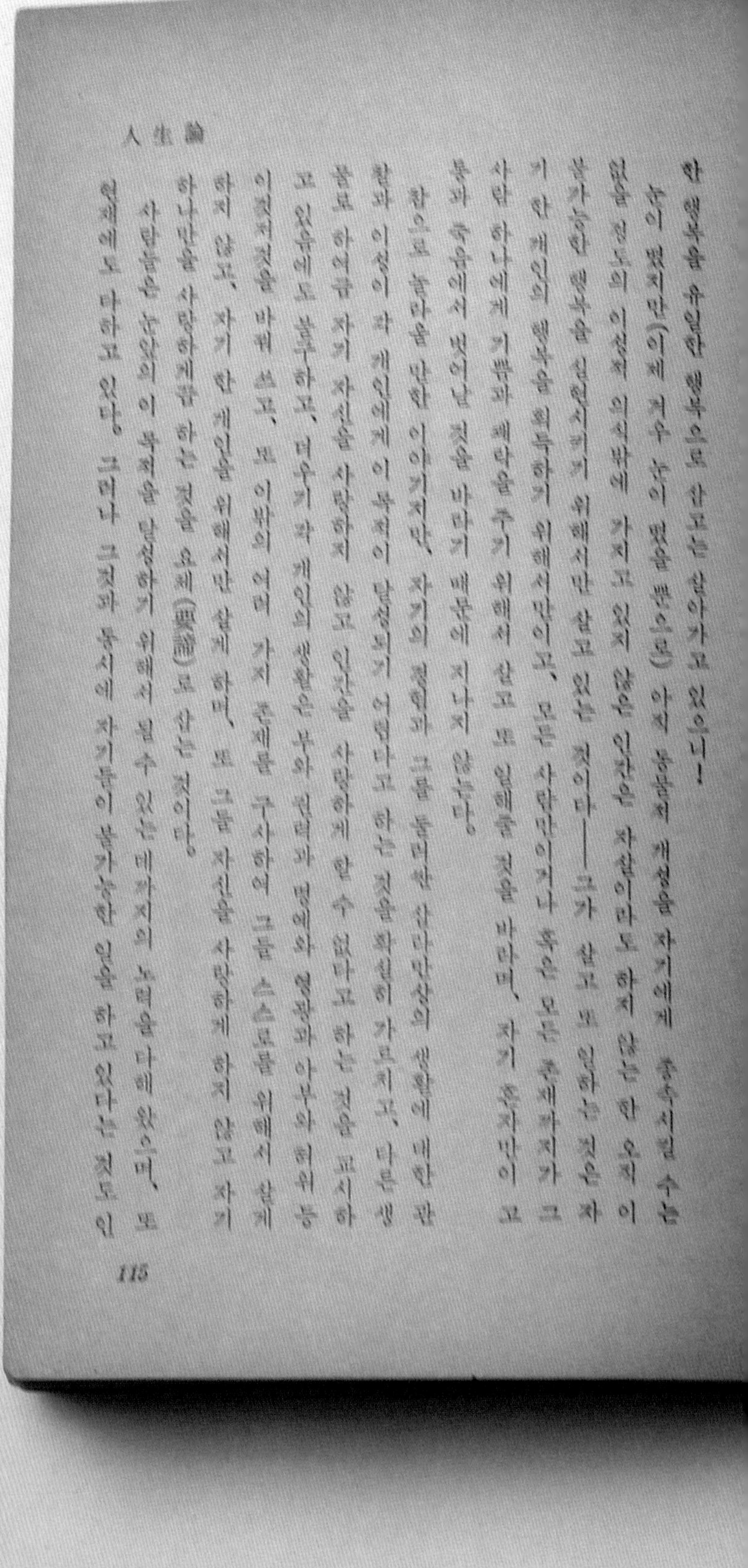

책 부속물의 하나로, 읽던 곳 등을 다음에 찾아보기 편하게 책갈피에 끼울 수 있게 만든 끈을 가름끈이라 한다. 영어로는 북마크라고 하며, 일본에서는 시오리라고 하는데 리본이라는 의미가 있다. 제작 공정에서 등굳힘 할 때 붙인다. 두꺼운 책에는 이러한 가름끈을 두 개 이상 넣기도 한다. 양장 제책에서는 꼭 들어가는 장식품이며 1960~70년대까지만 해도 고급 문고판에까지 사용될 정도로 독자에 대한 배려가 돋보이는 장식품이었다.

우리나라에서는 가름끈의 종류가 크게 인견과 리본 테이프로 나누어진다. 인견은 가장 많이 사용되는 가름끈으로 좋은 가름끈일수록 얇은 실을 사용해 촉감이 부드럽고 두께가 얇게 짜여 있다. 리본 테이프는 최근 사용이 늘었다. 다양한 무늬와 색상, 글씨 삽입까지 가능해 아동 도서와

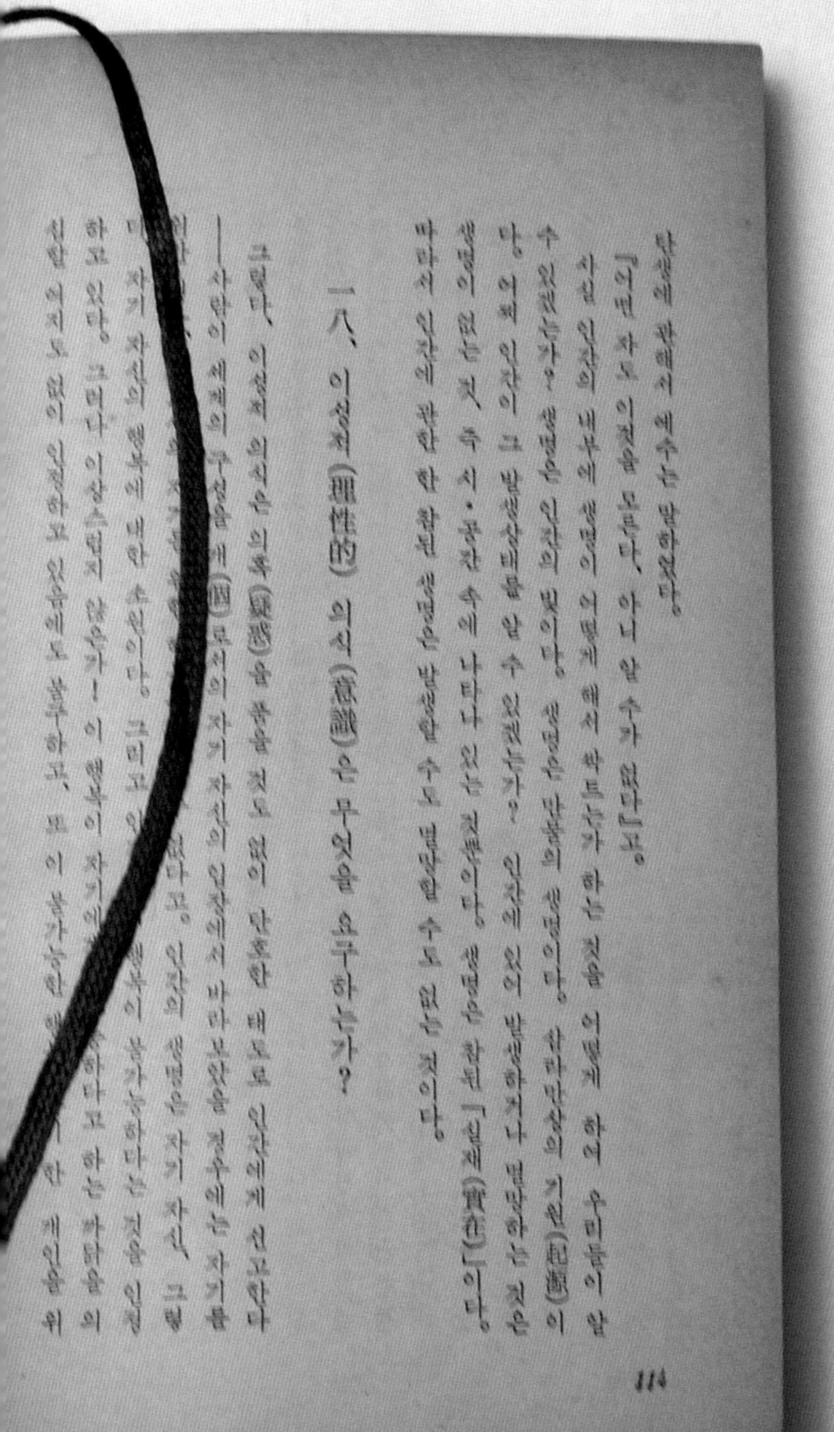

디자인 관련 분야의 책에는 서서히 리본 테이프로 변화하는 추세다.
반면 프랑스에서는 울의 짜임 방식에 따라 트라쎄와 에코쎄로 나누며, 트라쎄는 오래 사용하다 보면 끝의 올 간격이 조금씩 벌어지지만 에코쎄는 절단면의 처리가 깔끔하여 올이 잘 풀리지 않는다.

가름끈의 넓이는 3㎜에서 15㎜까지 다양하며 10㎜ 이상부터는 재질이 인견이 아닌 리본으로 사용된다. 보통 3, 5, 8㎜가 가장 많이 사용된다. 길이는 가름끈을 책등에 부착 후 책의 대각선 끝에서 재단하면 된다. 가름끈의 색상은 표지의 색상에 따라 결정되는데 표지가 적색이면 꽃천이나 가름끈 모두 같은 색인 적색으로 통일하는 것이 정석이다. 하지만 커버가 단순한 경우는 강렬한 색을 선택하여 장식적인 효과를 내기도 한다.

책등, 꽃천, 가름끈이 동일한 경우

표지가 붉은 색이면 꽃천이나 가름끈 모두 같은 색인 붉은 색으로 통일해야 정석이다. 2006년 이후로는 부속재료도 다양한 색상으로 개발되어 표지의 다양한 색상에 맞춰 비슷하거나 같은 색을 사용할 수 있게 되었다.

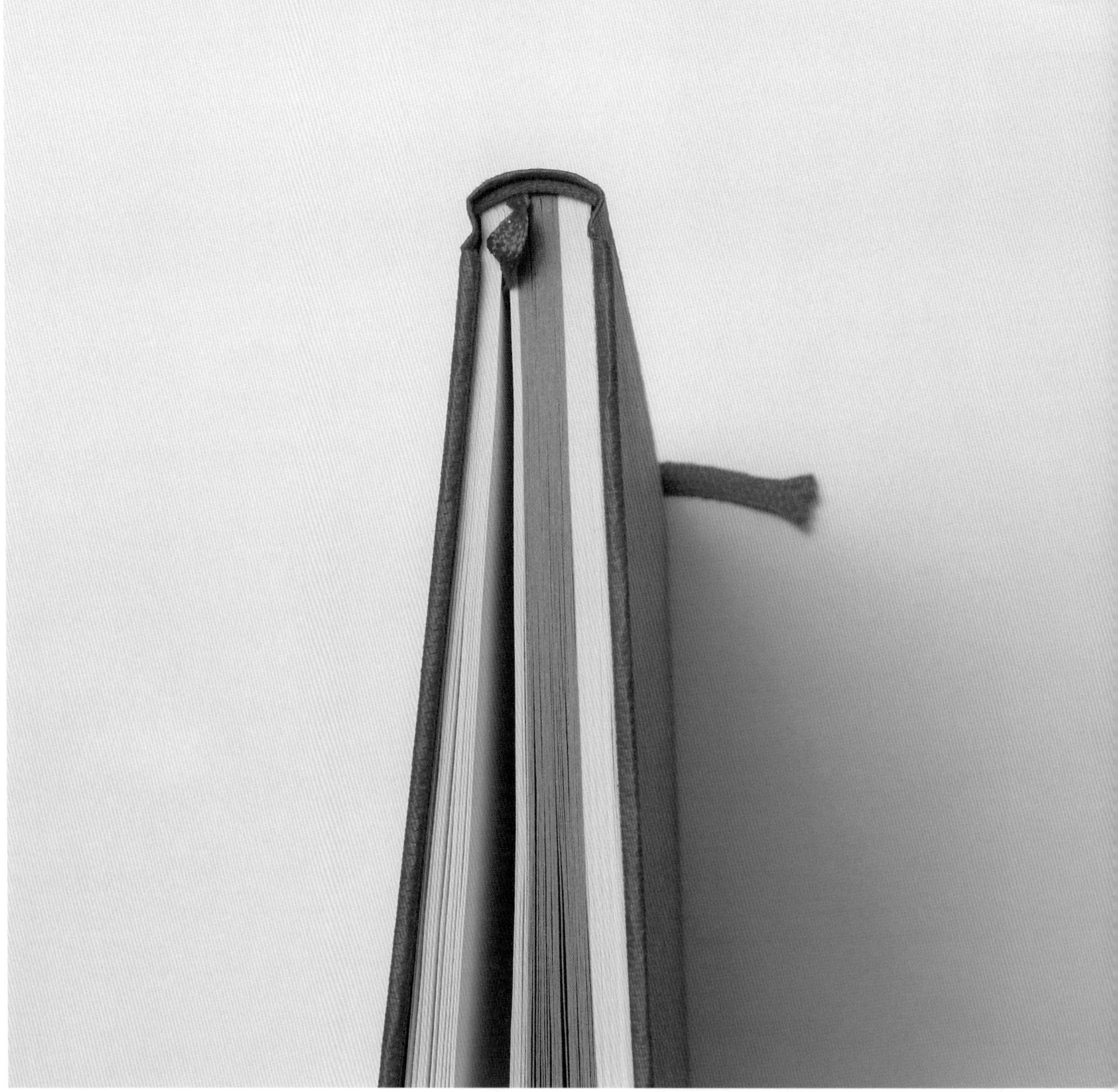

책등, 꽃천, 가름끈이 다른 경우

표지 따로, 꽃천 따로, 가름끈 따로, 완전히 따로국밥이다. 아직까지도 많은 출판사의 무지 속에 작업자가 일방적으로 쓰다 남은 재료를 사용하고 있다. 이제부터라도 작업의뢰서에 정확한 색상과 종류, 넓이 등을 기록하여 작업을 의뢰하도록 하자.

바로끈 기법

책공방에서 특허출원한 바로끈 기법으로 완성한 작품이다. 가름끈은 양장에서만 가능했다. 그러나 기능을 변형하면 무선책에도 가름끈을 넣어서 제작이 가능하다. 먼저 책의 중앙 대수를 빼내어 접지한 중앙에 가름끈을 삽입하고 특수 테이프로 고정하면 대량생산의 과정을 거쳐 완성된다.

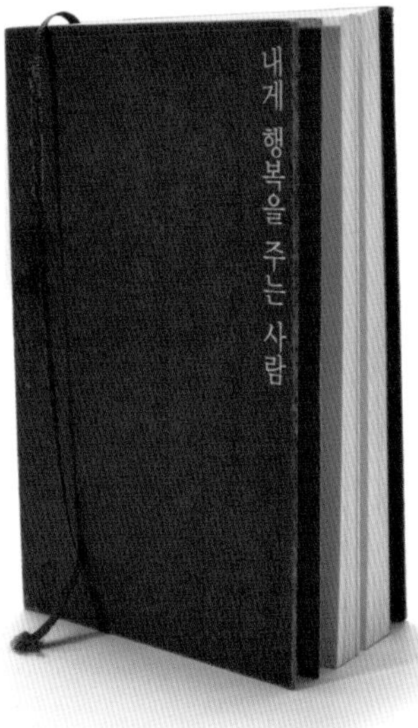

내게 행복을 주는 사람들

북키앙, 2002년, 사륙판(132×195×20)

- 보통 가름끈은 책등에서 나오지만 바로끈 기법은 내지 안에서 나오게끔 되어 있다.

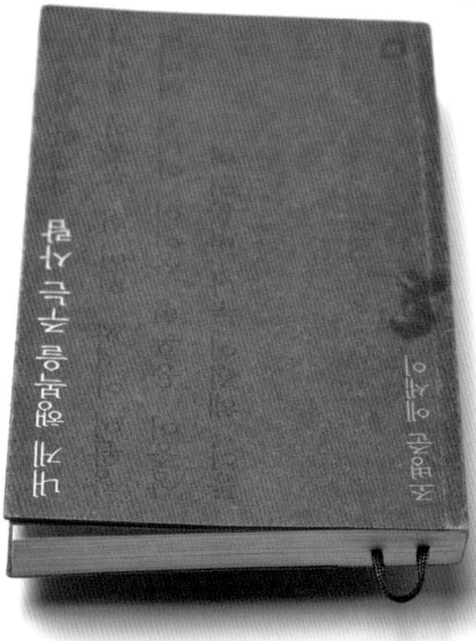

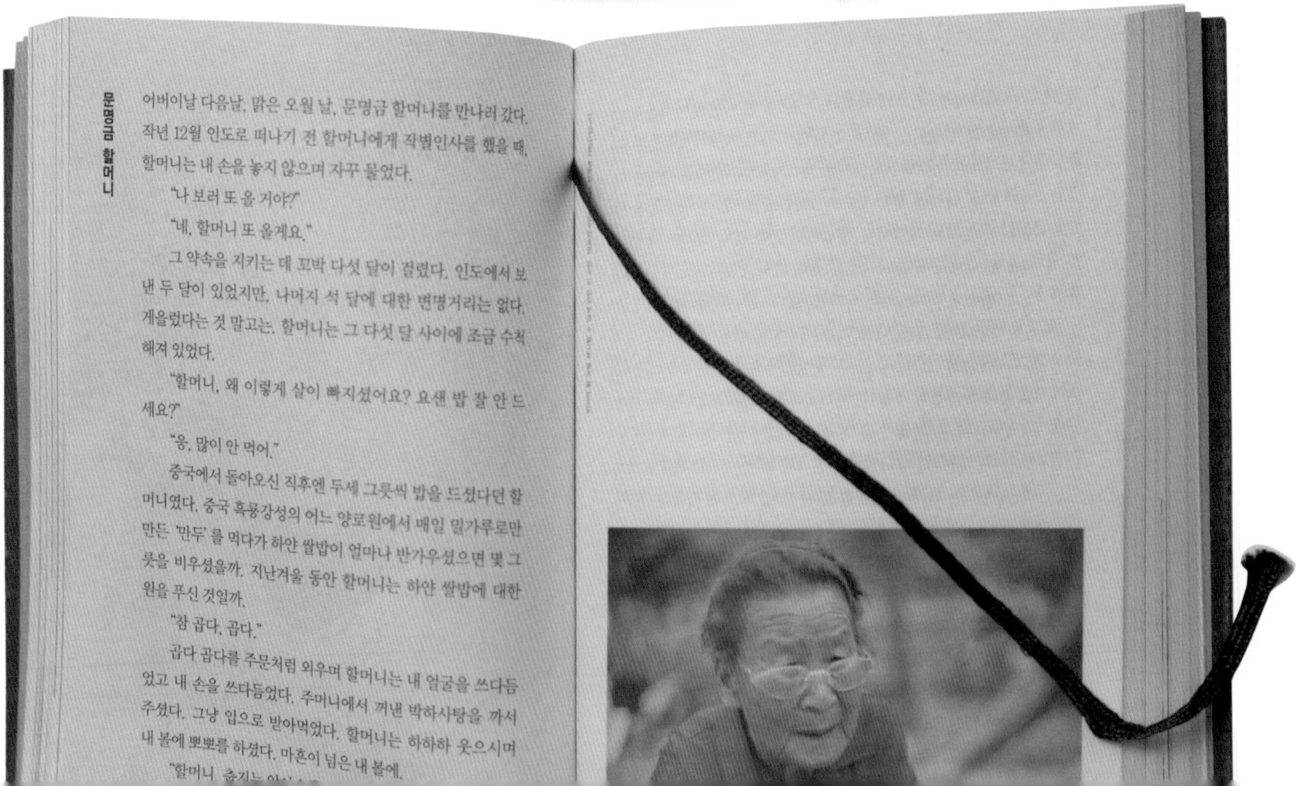

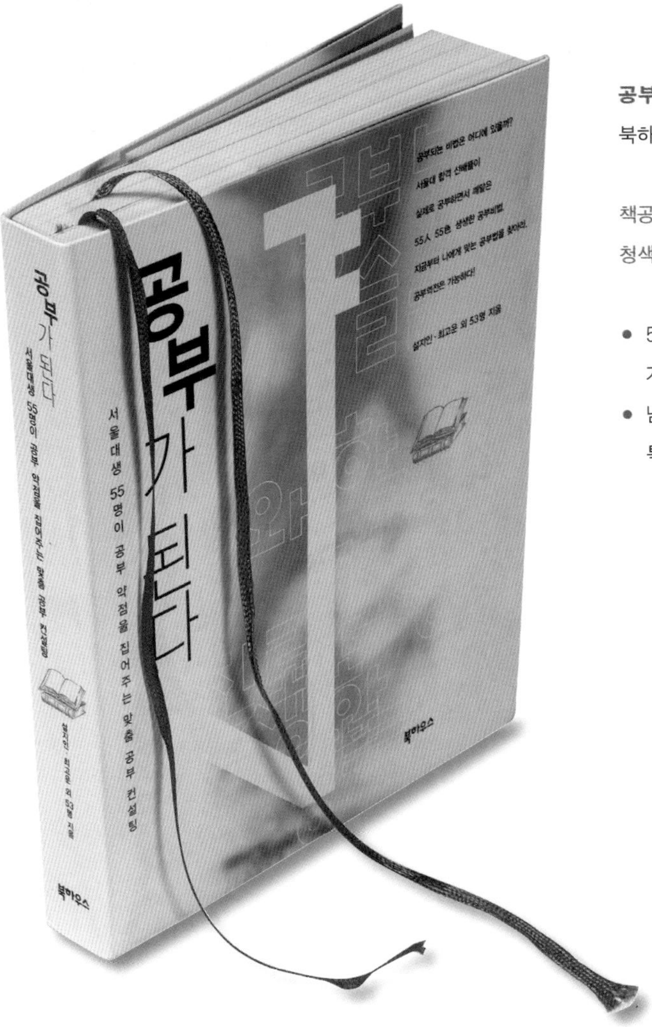

공부가 된다

북하우스, 2003년, 변형신국판(170×223×25)

책공방에서 특허출원한 바로끈 기법으로 제작했다. 일명 커플 끈으로 청색과 적색 2개의 끈을 넣어 제작하였다. 독자의 반응은 뜨거웠다.

- 5㎜ 인견을 사용했다. 중간 대수의 책등에 홈을 내어 그 속에 가름끈을 삽입하고 특수테이프로 고정하면 대량생산이 가능하다.
- 남 · 여 사용할 수 있도록 청, 적 2가지 색으로 가름끈(책공방 특허출헌)을 넣었다.

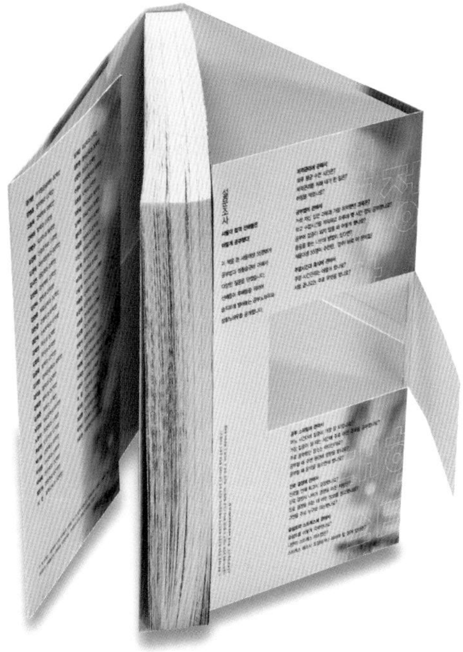

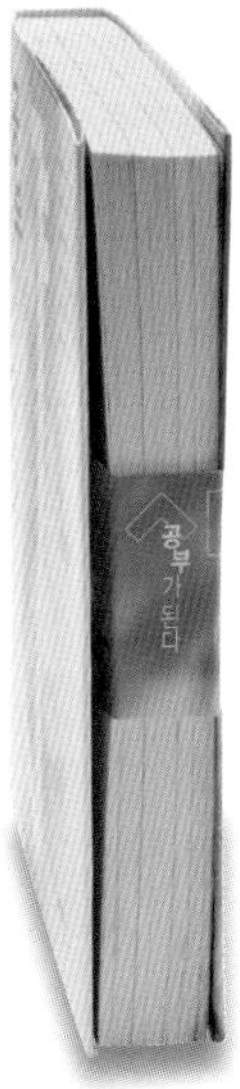

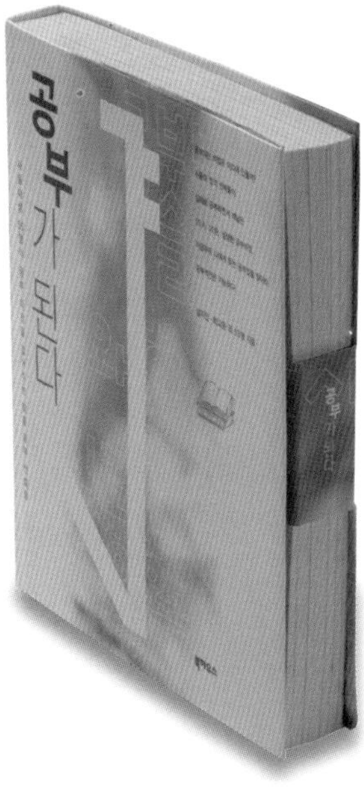

발상이 재미있다. 덮개와 날개를 다양하게 응용한 것이 매우 특징적이다.

- 날개 중간에 구멍을 만들어 책배 쪽으로 감싸 반쪽 돌출 북마크 기능을 만들었다.
- 서점에 진열할 때 책배 쪽이 보이도록 놓아 기존 책과 차별화를 꾀했다. 독자의 호기심을 자극하였고 집중도를 높이는 효과도 얻었다.

문고판에도 가름끈이 있던 시절

1960년대 제작된 반양장 문고판형의 책에서 독자에 대한 배려가 돋보이는 가름끈을 볼 수 있다. 이 책은 가름끈을 일일이 수작업으로 붙여 넣었다. 책배와 책 밑면을 먼저 재단한 후 가름끈을 붙이고 표지를 씌워 완성하였다. 당시에는 문고판의 책값도 비싼 편이라 일반인들은 구입하기 쉽지 않은 가격이었다.

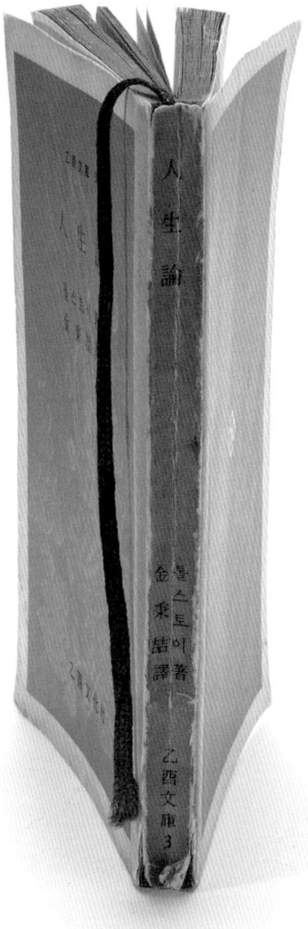

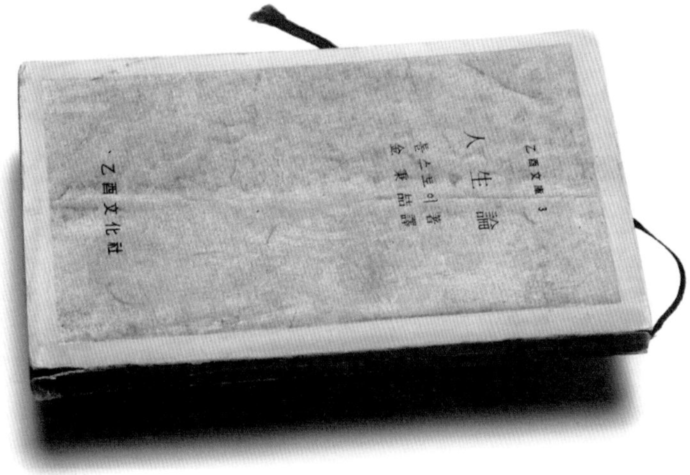

인생론

을유문화사, 1969년, 문고판형, 우철, 문고판(103×173×13)

- 오래된 문고판에도 가름끈이 당당하게 들어가 있다.
- 책 윗부분이 가름끈 때문에 절단되어 있지 않다.

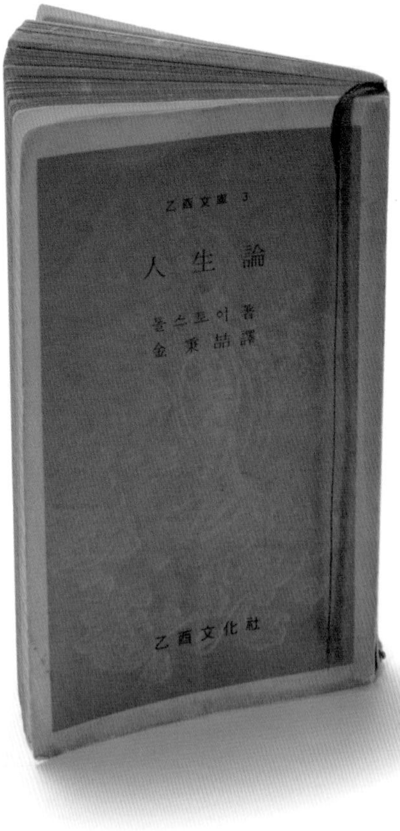

넓은 리본을 사용한 외국 책

책을 완성한 후, 뒤표지(표3)와 면지 사이에 10㎜ 리본을 사용하여 가름끈을 고정한다. 일일이 수작업으로 완성해야 하기 때문에, 인건비가 저렴한 아시아 쪽에서 작업한다. 가름끈 사용이 편리하고 리본이 구겨지는 일이 없다.

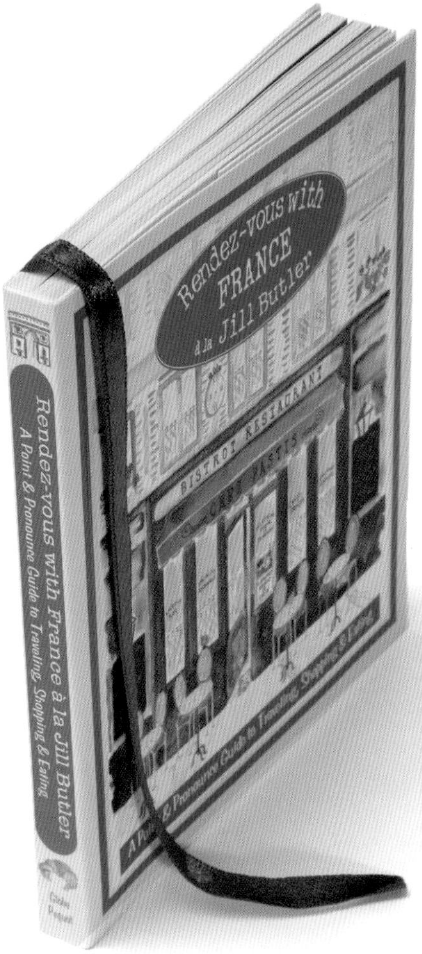

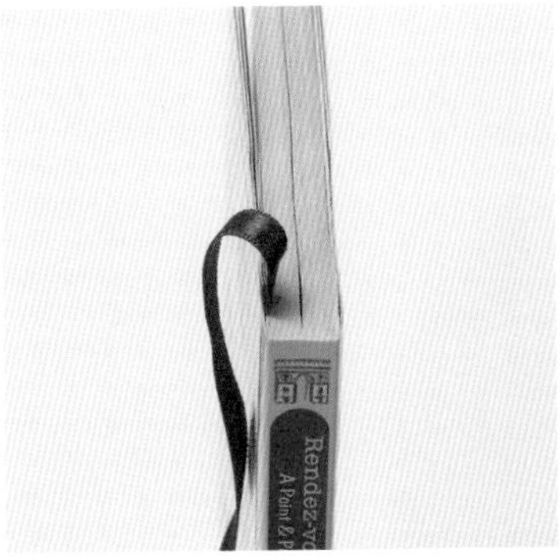

FRANCE

Guilford, 문고판(160×132×13)

- 10㎜ 리본을 사용했으며 뒤표지(표3)와 면지 사이에 가름끈을 고정했다.

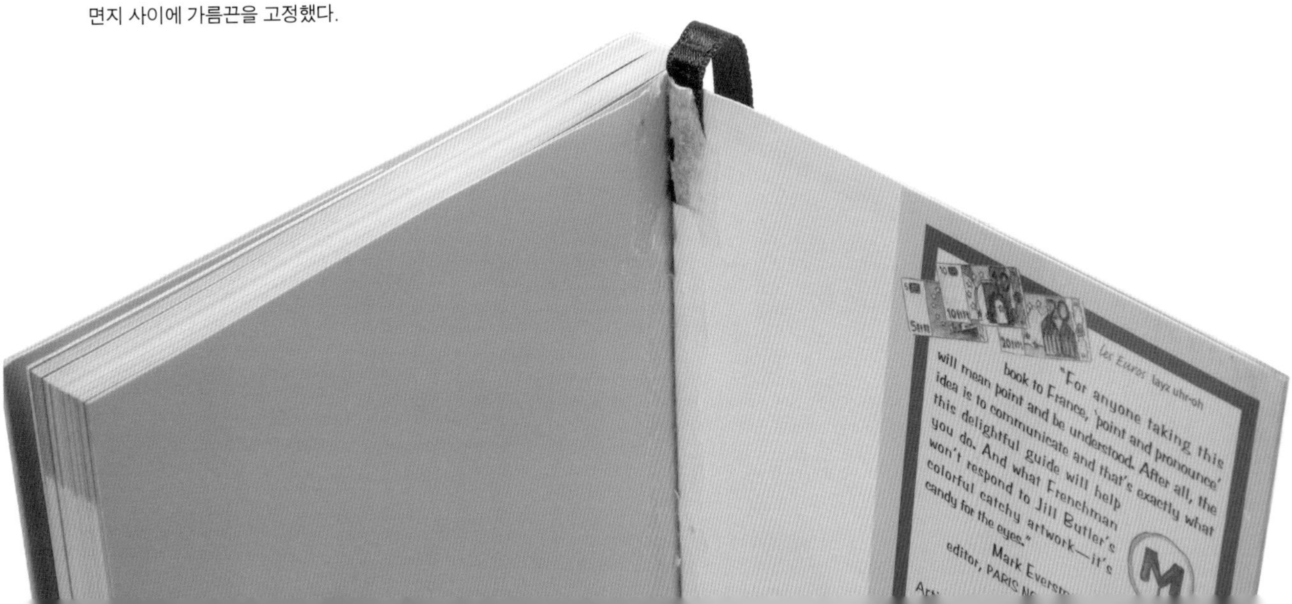

7 같은 제목 다른 제책

서점에 나가 출간된 책들을 가만히 살펴보면 매우 흥미로운 사실을 하나 발견할 수가 있다. 그것은 다름 아닌 같은 제목, 같은 내용의 책이 일정한 시차를 두고 재출간되는 현상이다. 출판 시장에서 책 전문가도 알아보기 힘든, 이와 같은 똑같은 책의 다양한 변신은 무엇 때문일까. 또 거기에는 어떤 사연들이 담겨 있는 것일까.
변신은 많은 이야기를 담고 있다. 그리고 화려한 비상을 꿈꾼다. 책 역시 마찬가지다.
책이 꿈꾸는 화려한 비상은 결국 많은 독자들의 사랑을 받는 것에 다름 아닐 것이다.
한 권의 책이 출판되어 서점에서 독자들과 만나기까지는 여러 단계에 걸쳐 실로 많은 사람들의 노력이 배어 있다. 처음 저자의 피땀 어린 집필 과정과 수많은 기획회의를 거치고 시장 조사까지 마치면 책으로서의 모양을 갖추기 위한 본격적인 작업에 들어간다. 편집과 교정 교열, 디자인 작업 등 오랜 시간 내적인 원고의 완성도에 공을 들이고 나면 여러 가지 제작 공정을 거쳐 비로소 한 권의 책으로 완성된다. 하지만 이런 과정을 거친 책들이 모두 독자의 사랑을 받는 것은 아니다. 오히려 대다수의 책은 자신의 존재감마저 알리지 못한 채 서점의 먼지 속으로 허무하게 묻히고 만다. 애초에 기획 단계에서부터 방향을 잘못 잡았다든지, 또는 시장의 흐름을 잘못 짚거나 제책의 형태에 문제가 있든지, 그 원인이야 어쨌든 간에 출판사로서는 참으로 안타까운 일이 아닐 수 없다. 이럴 경우, 일정 시간이 지난 후 책은 새로운 모습으로 변신을 시도하며 다시 한 번 독자들의 선택을 받아보고 싶은 욕망이 인다.
또 그런가 하면 단시일 내에 많은 부수가 팔려나가 개정판을 내야 할 때가 있다. 이때 역시 책은 새로운 모습으로 자신을 한 단계 업그레이드 시켜 더 많은 사랑을 받고자 한다.

이외에도 책의 변신에는 많은 이유가 있다. 처음에는 양장본으로 고급스럽게 출판되었지만 매출이 늘어날수록 과도한 제작비용으로 오히려 적자 폭이 커지면 제작 형태의 변화를 고민할 수밖에 없다. 또 변화된 시장 환경으로 판형을 줄인다든지, 새로운 제작 기법이나 인쇄상의 변화를 시도한다든지 여러 가지 요인이 있을 수 있다.
하지만 이 모든 변신의 중심에는 결국 더 많은 독자들의 선택을 받고자 하는 욕망이 숨어 있다. 그 사례를 하나하나 살펴보자.

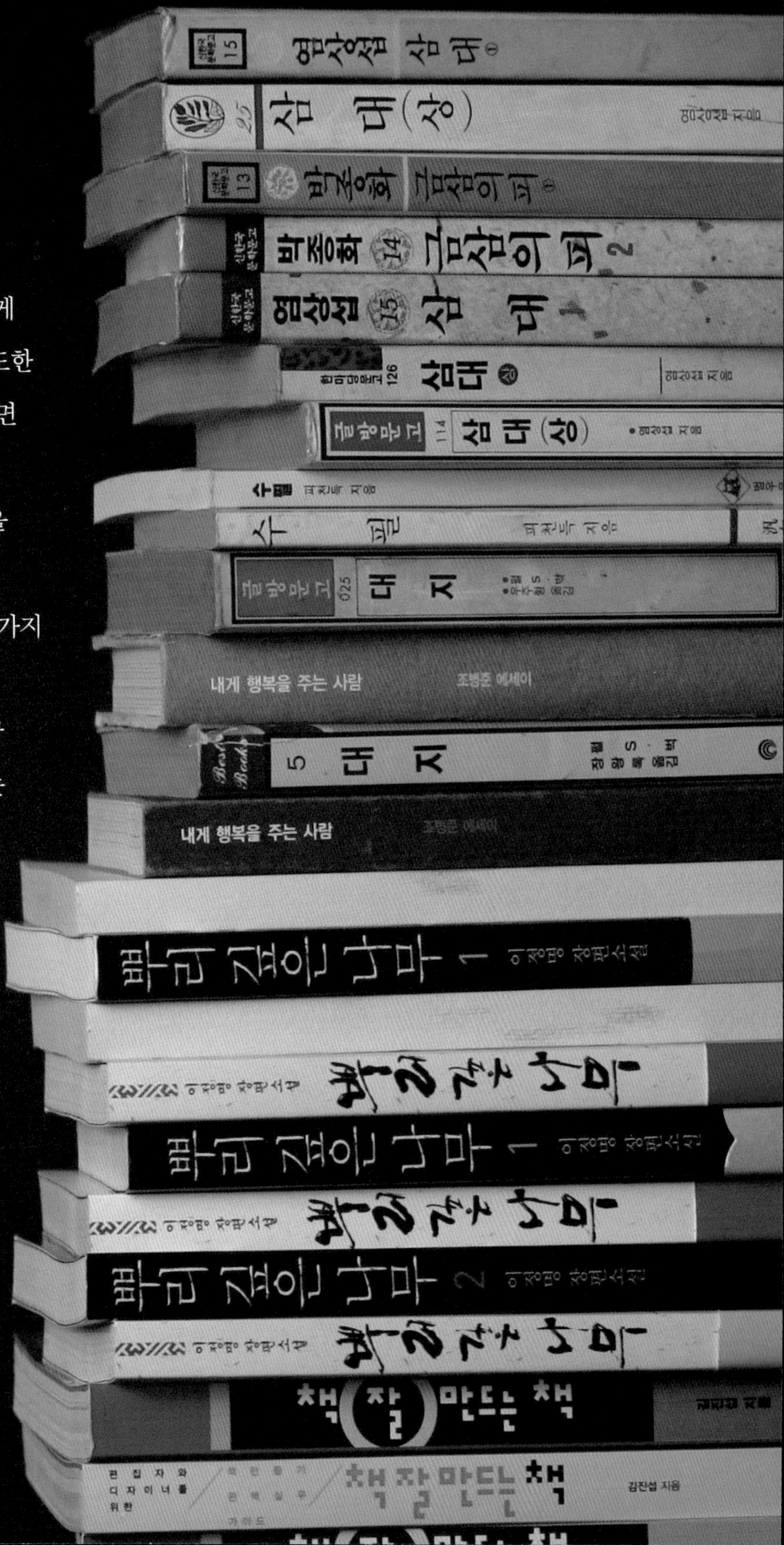

무선에서 양장으로

두 권 중 어느 것이 초판일까. 초판의 기준으로 보편 당연히 고급스럽게 만들지 않았을까. 하지만 초판은 무선으로 만들어졌다. 바로끈도 삽입하고 책 표면의 물성을 살린 거칠고 오래된 느낌을 재현하고자 하였다. 당시 인쇄 기술의 어려움 속에서도 인쇄 기계를 하루 임대하여 크라프트 450g의 두터운 용지의 거친 뒷면에다 인쇄를 시도했지만 인쇄 색상이 재현되지 않아 정미보다 3배 많은 여분을 넣고도 부족해서 다시 용지를 추가하여 찍었던 책이다. 책을 구입한 후 시간이 흐르면 서서히 책도 편해야 된다는 느낌을 재현하고자 과감히 크라프트지를 사용하였었다. 그러나 뒷면은 인쇄적성이 아니라며 인쇄소의 기장이 인쇄할 수 없다고 버텨서 작업을 몇 번이나 중단해야만 했다. 그래도 독자들에게 세월이 흐르면 책의 거친 표면도 낡고 반질반질해진다는 것을 꼭 보여주고 싶어 어려운 여건 아래서도 최선을 다해 만들었다. 지금도 이 책을 소장하고 계신 분은 아실 것이다. 그 느낌과 촉감을….

재판은 일반적인 양장 제책과 덮개를 사용하여 제작하였다.

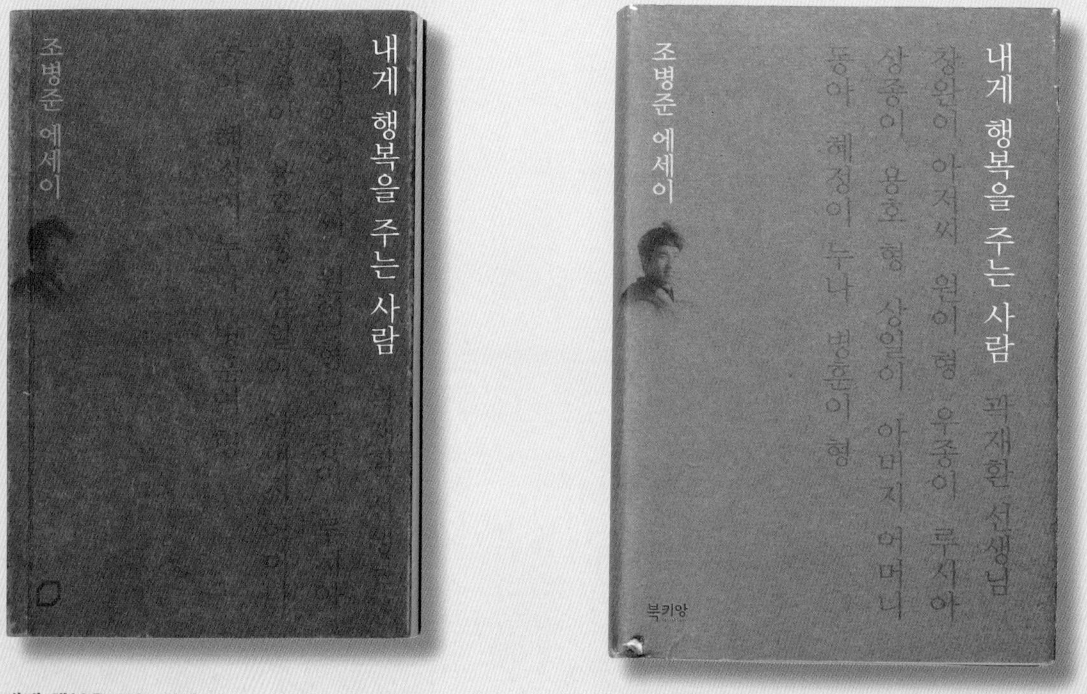

내게 행복을 주는 사람

북키앙, 2002년, 사륙판(132×195×20)

- 왼쪽이 초판 무선 책이고, 오른쪽이 양장 책이다.

클로스를 이용한 총양장과 일반 양장 제책

두 가지 방법의 결과를 한눈에 알 수 있는 제작 기법이다. 한 책은 총양장의 기법을 충실하게 재현하였고, 한 책은 일반 양장 제책의 기법을 알기 쉽게 보여주고 있다. 왼쪽의 책은 천으로 된 클로스를 사용하여 양장 제책하였다. 책의 제목은 무광 먹박으로 형압을 했고, 표지의 일러스트는 바탕면을 엠보싱으로 먼저 누르고 그 위에 원색으로 인쇄한 스티커를 부착하였다.
오른쪽 책의 제책 방식은 일반적으로 사용되는 기법 중 하나다. 일반용지에 바탕과 일러스트를 원색으로 인쇄하였고 그 위에 유광 코팅으로 가공한 후 표지 제목은 금박으로 처리하였다.

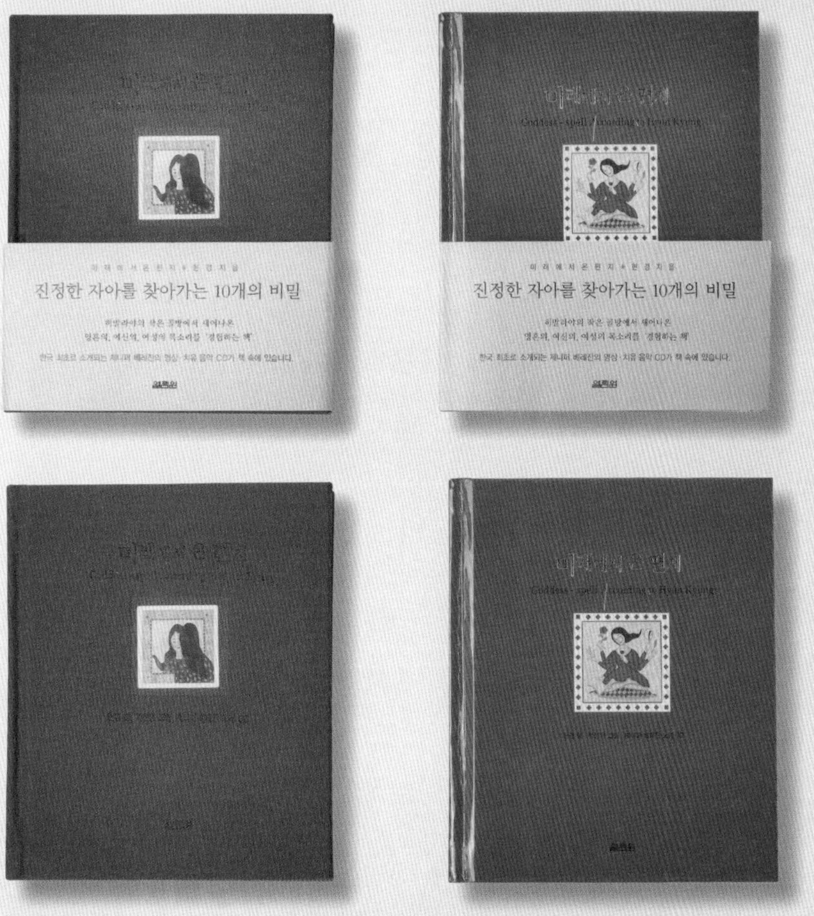

미래에서 온 편지

열림원, 2002년, 사륙판(122×187×14)

- 왼쪽이 초판이고, 오른쪽이 재판이다.

독자 반응에 따라 책 모습도 다양하게

현재(2008년) 세종 신드롬을 불러일으킨 바로 그 책이다. 처음부터 베스트셀러를 의도하진 않았지만 사전에 독자들의 반응이 예사롭지 않음을 느끼고 원고 마감 즉시 제목을 부각한 디자인으로 초판본을 완성하였다. 그 후 서점에서의 움직임에 따라 신문 광고와 다양한 이벤트 등으로 마케팅에 변화를 주었으며 적합한 광고 카피와 신문 광고, 띠지 교체를 통하여 독자들의 눈높이를 조절하였다. 그 예로 책 띠지만 20여 차례 바꾸었으며 그에 맞는 이벤트도 수십 차례 진행하였고, 표지 디자인도 바꿔 제작하였다.

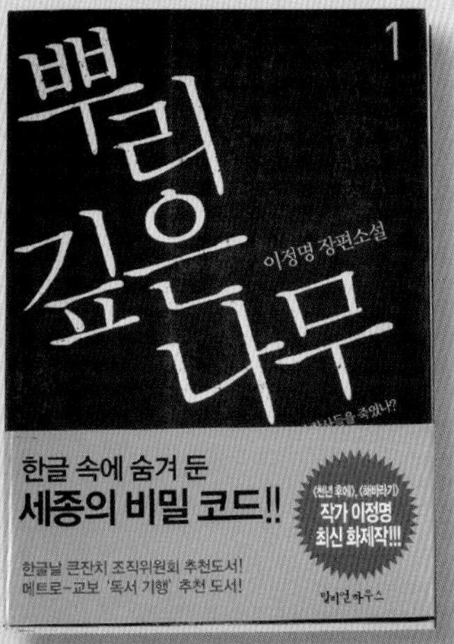

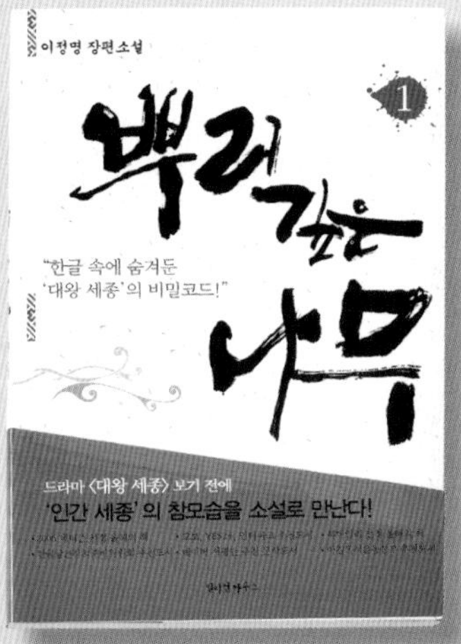

뿌리 깊은 나무

밀리언하우스, 2006년, 신국판(152×220×15)

- 검정 바탕에 하양 책 제목이 초판본이다. 그 후 백색 바탕에 먹자로 디자인을 수정했다.
- 독자들의 반응과 시장의 흐름에 따라 수시로 띠지 디자인과 카피에 변화를 주었다 (1.세종의 비밀 코드! 2.노무현 대통령도 감동한 소설! 3.인간 세종의 참 모습을 소설로 만난다! 4.35만부 돌파! 독자들이 인정한 블록버스터 한국 팩션! 등의 변화가 눈에 띈다).

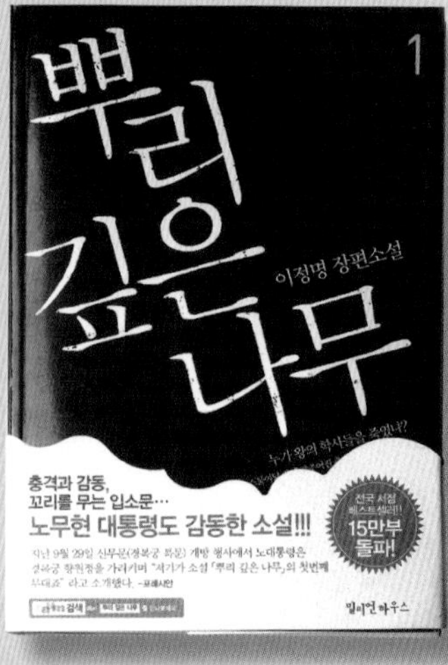

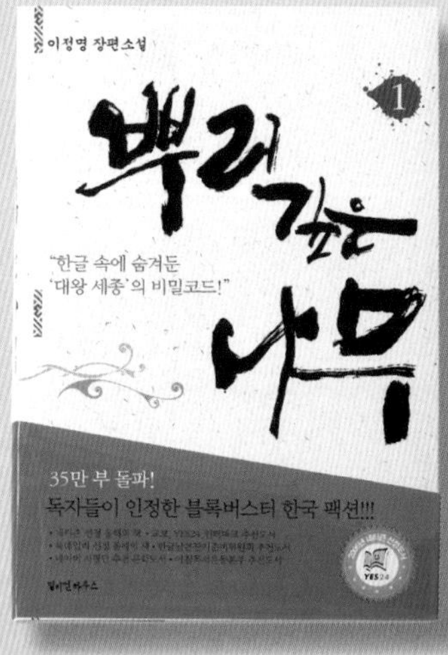

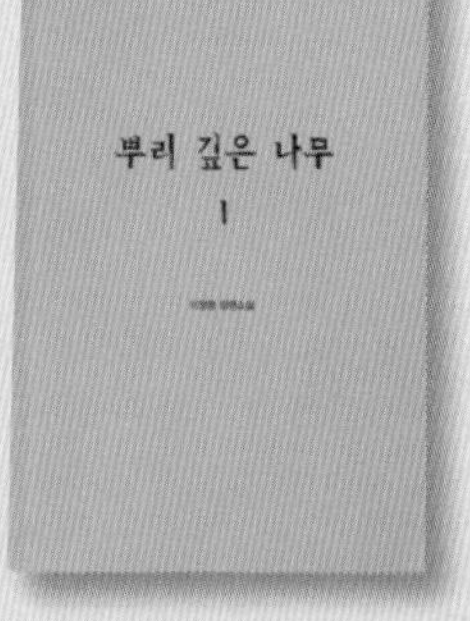

- 책 출간 전 마스터 인쇄로 100부를 사전 제작(가제책)하여 일반 독자를 비롯한 다양한 계층의 반응을 주도면밀하게 분석하였다.

삼대

글방문고, 1990, 신사륙판(115×172×15)

세명문화사, 1990, 신사륙판(122×172×12)

범우사, 2000, 사륙판(127×182×15)

어문각, 1984, 사륙판(127×188×17)

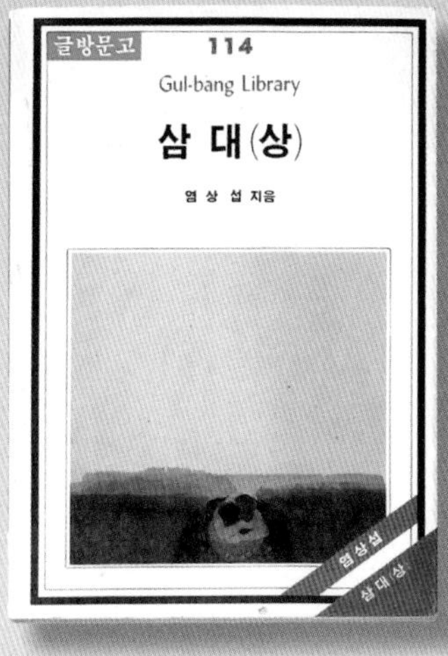

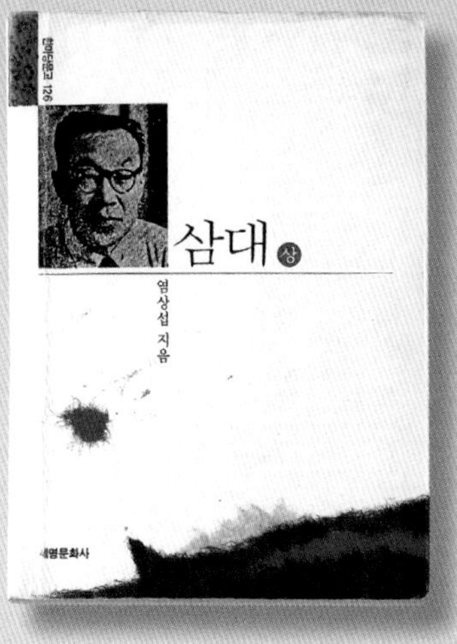

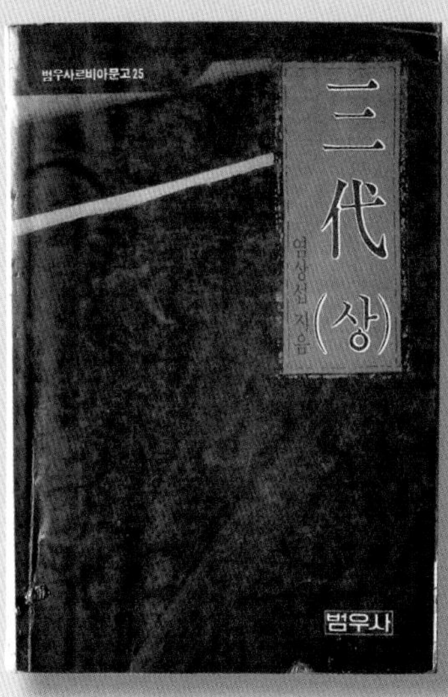

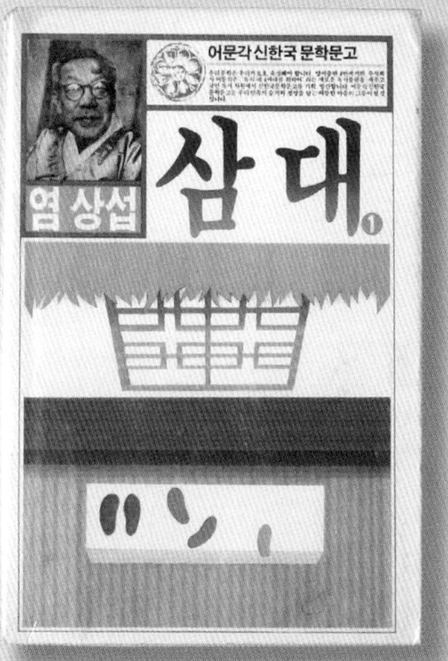

여러 출판사에서 여러 형태로

1970~80년대 많이 사용되었던 문고판이다. 이 작품은 저작권법에 저촉되지 않기 때문에 지금도 같은 제목으로 많은 출판사에서 다양한 형태로 출판되고 있다.

보급판에서 소장본까지

기자 김훈을 일약 베스트셀러 소설가로 만든 책 『칼의 노래』. 2001년 5월 출간되어 그해 동인문학상을 수상했고, 드라마로도 제작되어 전국에 '이순신 열풍'을 불러일으킨 바 있다. 2007년 말 출간 백만 부를 돌파했다. 2001년 두 권의 무선 책으로 출간되었다. 드라마가 절찬리에 방영되면서 한 권짜리 양장본으로 출간, 2007년엔 크기와 무게를 줄여 무선과 각양장으로 보급판을 출간했다. 2007년 말 백만 부 출간 기념으로 작품집과 자료집 두 권을 책 상자에 담아 소장을 위한 특별한정판을 제작했다.

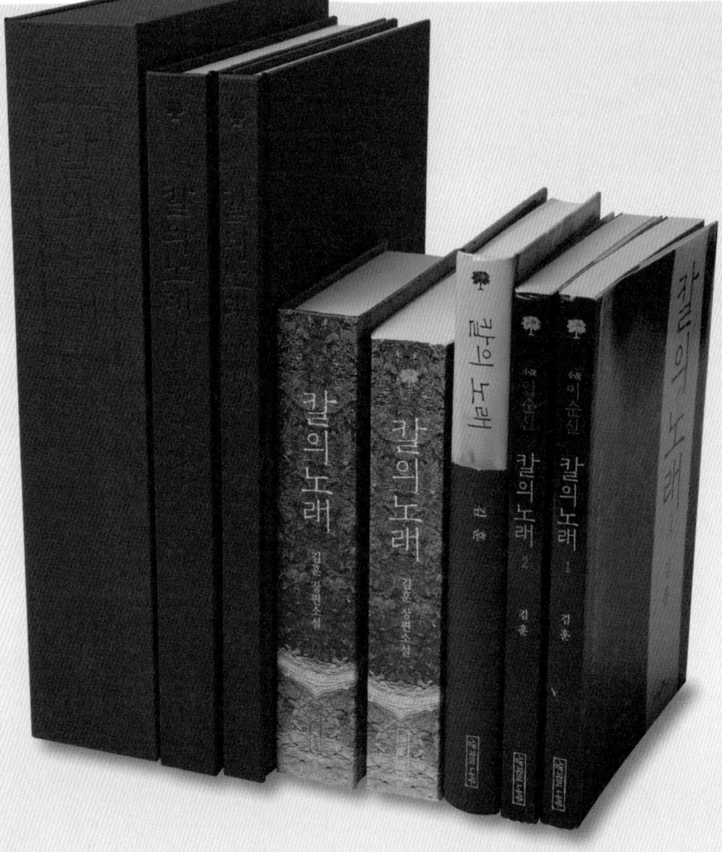

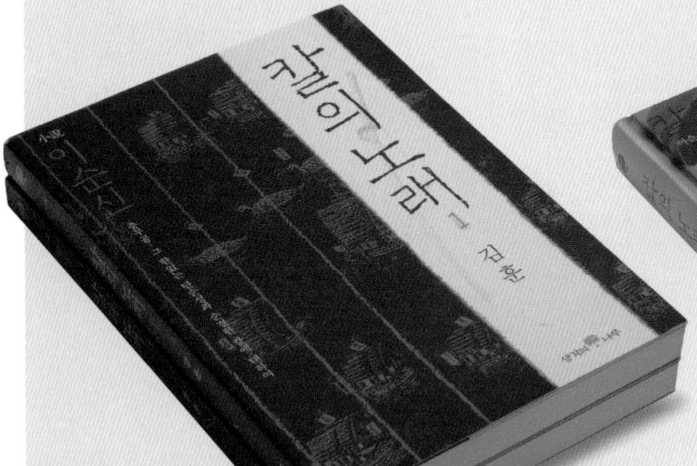

칼의 노래

생각의 나무, 2001년, 신국판(153×211×17)

- 초판1쇄: 무선제책에 띠지 없이 제작

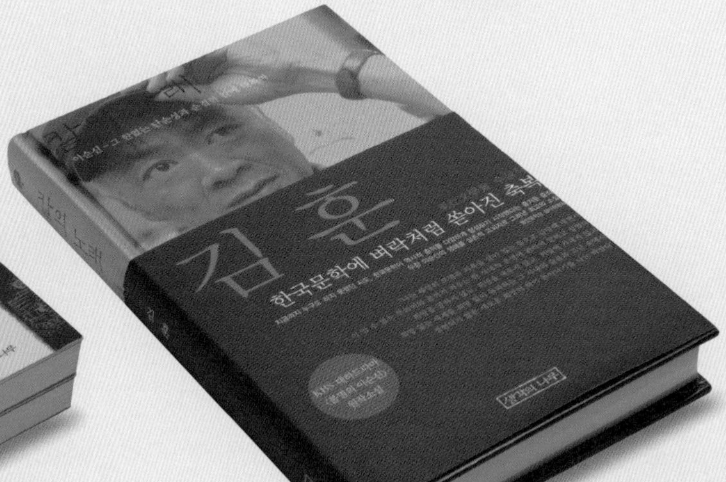

칼의 노래

생각의나무, 2005년, 신국판(136×223×24)

- 초판27쇄: 작가의 얼굴을 사용한 디자인으로 각양장 제책에 2/3띠지를 사용하였다.

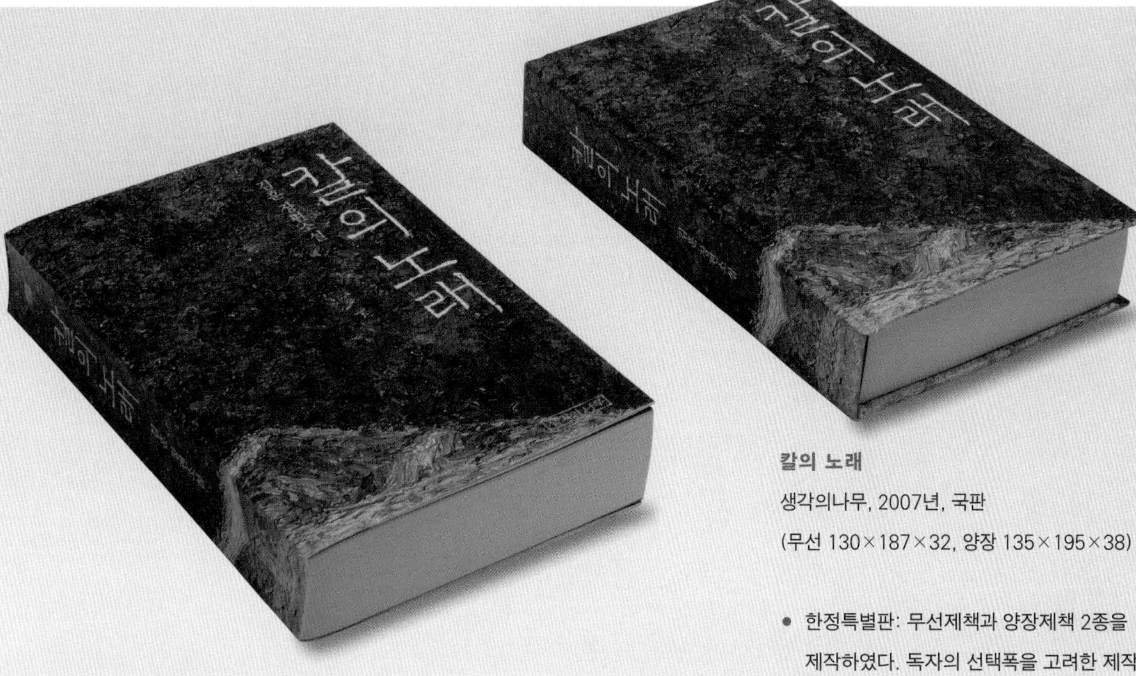

칼의 노래

생각의나무, 2007년, 국판

(무선 130×187×32, 양장 135×195×38)

- 한정특별판: 무선제책과 양장제책 2종을 제작하였다. 독자의 선택폭을 고려한 제작방식이다

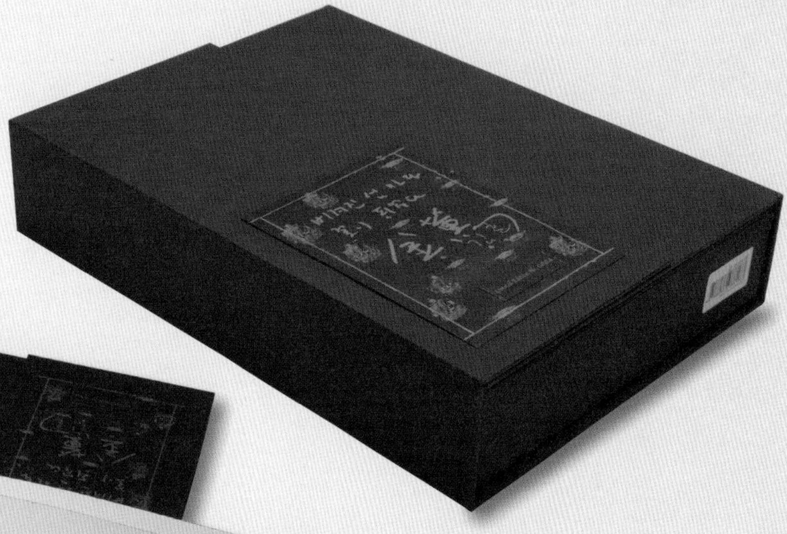

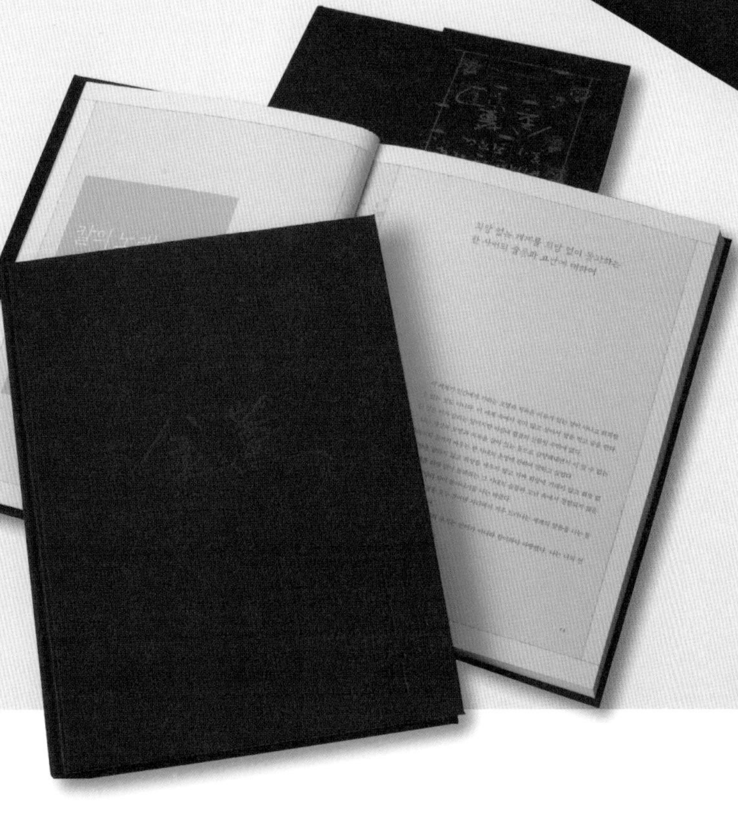

칼의 노래

생각의나무, 2007년, 국배판(230×305×63)

- 각양장 책 두 권이 책 상자에 담겨 있다. 2007년 12월, 백만 부 돌파 기념으로 특별 제작한 에디션이다. 작가의 친필 사인을 넣은 작품집과 평문과 리뷰, 대담 등을 엮은 자료집으로 구성했다. 2000부만 제작하고 고유 시리얼넘버를 부여해 소장본으로서 가치를 더했다.

8 | 어학책과 찰떡 궁합, 테이프·시디

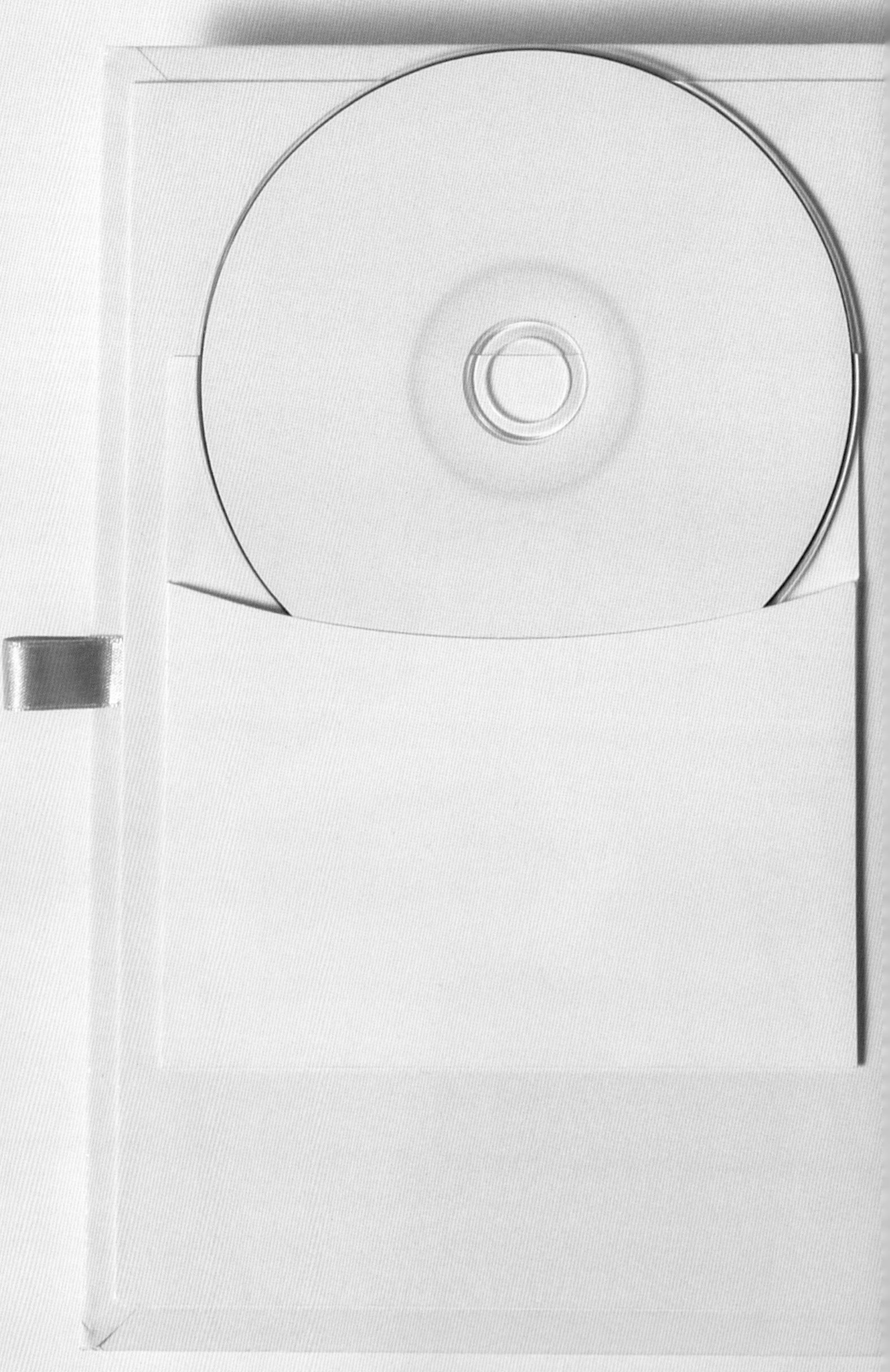

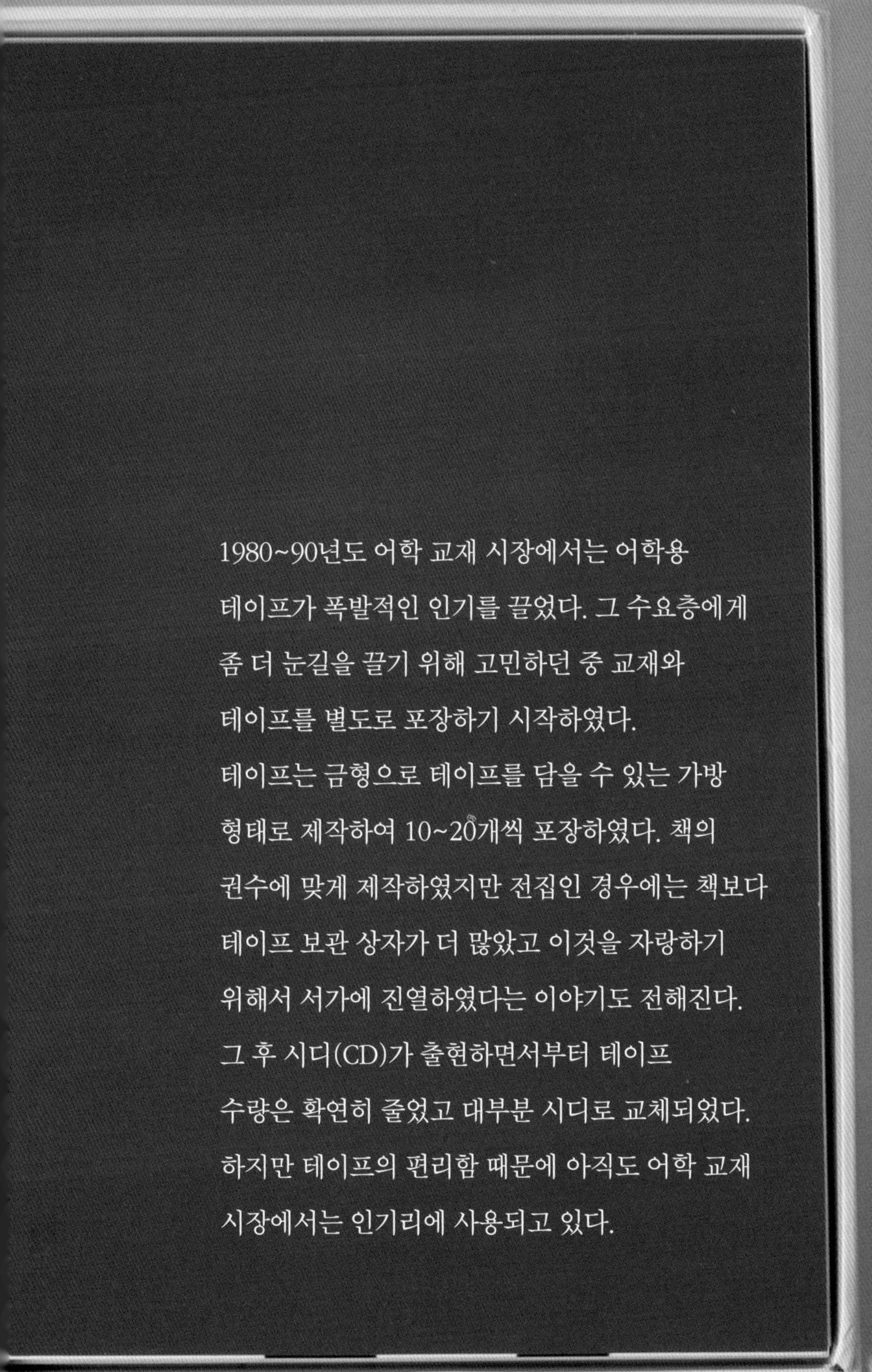
1980~90년도 어학 교재 시장에서는 어학용
테이프가 폭발적인 인기를 끌었다. 그 수요층에게
좀 더 눈길을 끌기 위해 고민하던 중 교재와
테이프를 별도로 포장하기 시작하였다.
테이프는 금형으로 테이프를 담을 수 있는 가방
형태로 제작하여 10~20개씩 포장하였다. 책의
권수에 맞게 제작하였지만 전집인 경우에는 책보다
테이프 보관 상자가 더 많았고 이것을 자랑하기
위해서 서가에 진열하였다는 이야기도 전해진다.
그 후 시디(CD)가 출현하면서부터 테이프
수량은 확연히 줄었고 대부분 시디로 교체되었다.
하지만 테이프의 편리함 때문에 아직도 어학 교재
시장에서는 인기리에 사용되고 있다.

어학 교재 시장을 주름잡던 테이프

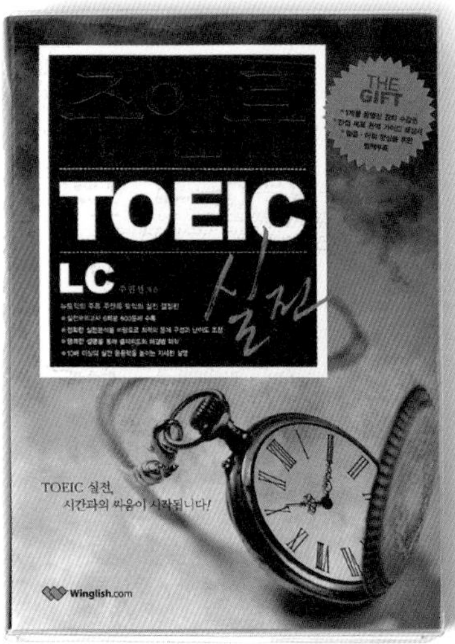

주앤류 TOEIC 실전

윈글리쉬닷컴, 2006년, 국배판(210×297×30)

출판사는 항상 원가 절감에 대한 고민을 한다. 많은 고민과 다양한 시도로 발전한 포장 방법 중 한 종류다. 책과 테이프의 포장은 다양하게 변화되고 있지만 책과 하나의 묶음이 되도록 하는 포장 디자인이 필요했다. 그래서 대량생산이 가능한 비닐류의 가공기법을 선호하게 되었는데, 이 기법은 고주파 전력을 이용하여 원단에 스펀지 케이스를 넣어 접착하고 날개에 책을 고정할 수 있는 덮개를 만들어 완성하는 고주파 비닐 포장기법이다. 최근 포장 형태의 주류는 스펀지 케이스 안에 테이프가 들어갈 수 있도록 모양을 내고 그 안에 테이프를 넣어 보관하는 것이다.

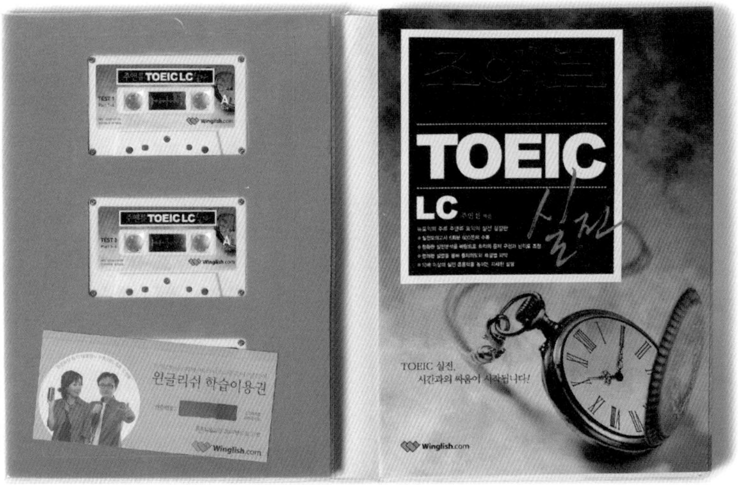

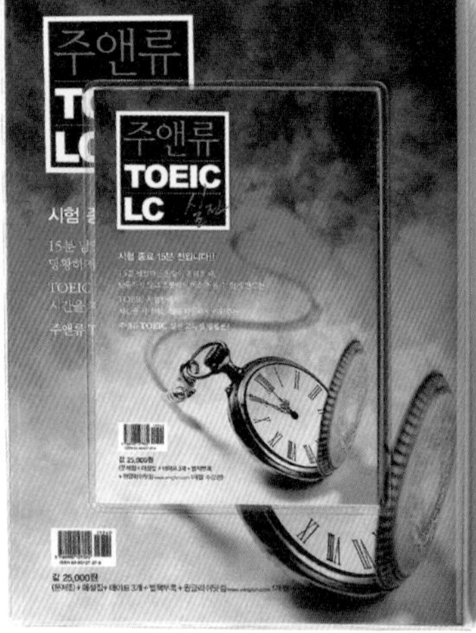

- 고주파로 비닐 커버를 제작하여 왼쪽은 스펀지 케이스에 테이프를 보관하게 만들고, 오른쪽은 단행본을 넣어 고정하였다.
- 낱권으로 2권을 제책하고 나중에 분권할 수 있도록 제작했다.
- 뒤표지(표4) 쪽은 부록으로 단어장을 제작하여 또 다른 고주파 주머니를 만들고 그것을 표4 면에 부착했다.

진명 일본어 회화

진명출판사, 1999년, 사륙배판(188×257×13)

- 책과 테이프 보관 상자의 고전적인 형태다. 책과 같은 디자인으로 테이프 상자를 제작하였다. 일본어 회화 책과 함께 그 내용을 60분 분량의 테이프 3개에 녹음하였다.

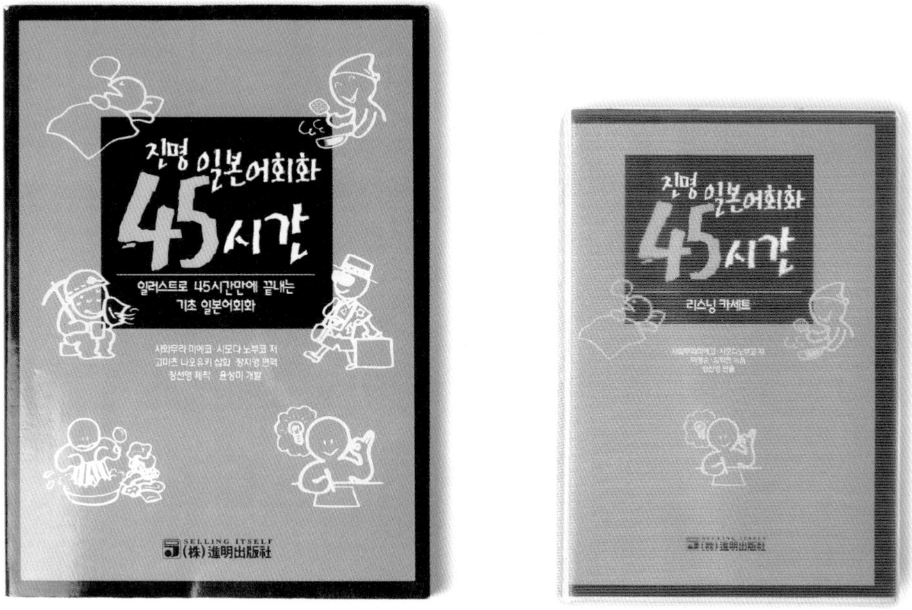

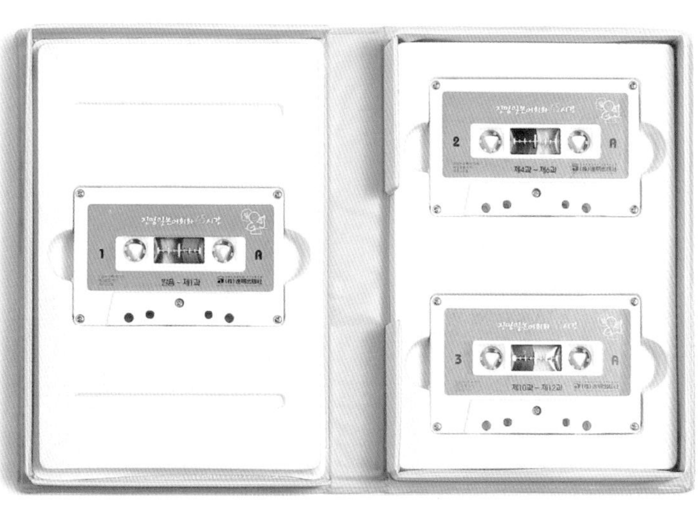

책과 시디의 만남

CM KM

시공사, 2005년, 변형신국판(163×210×25)

- 여행 산문집인 책과 오디오 CD를 별도의 케이스에 담고 접음 상자에 넣어 포장하여 완성했다.
- 접음 상자에 책과 오디오 CD가 함께 포장되었으며, 표지 디자인은 검정 바탕에 푸른 하늘을 동일하게 사용하였다.

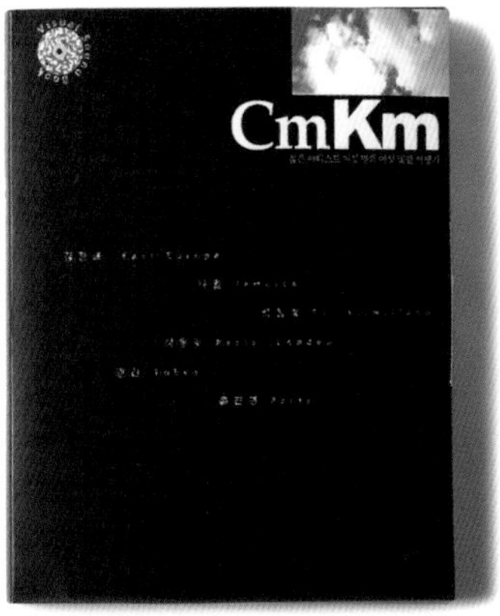

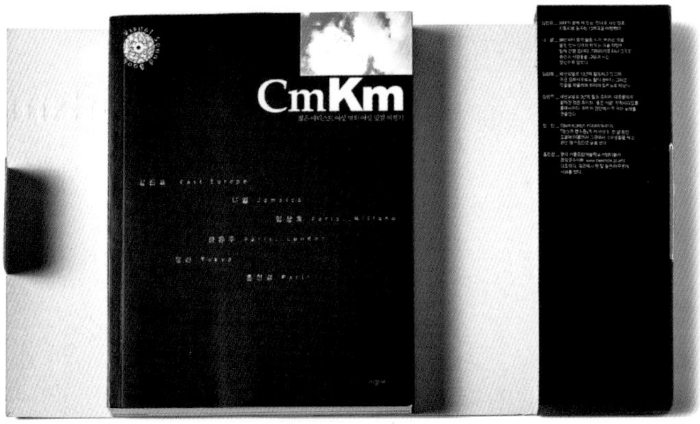

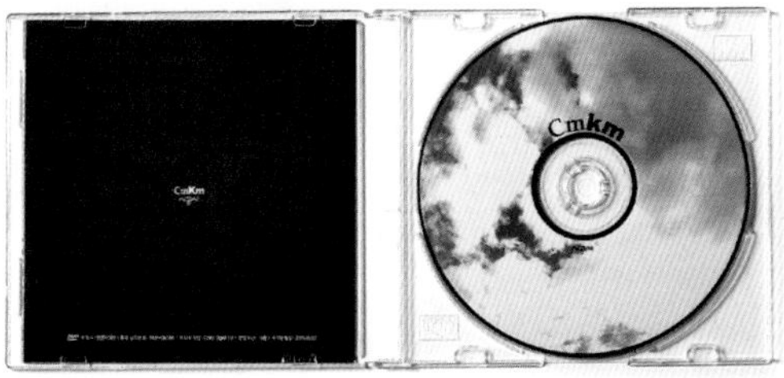

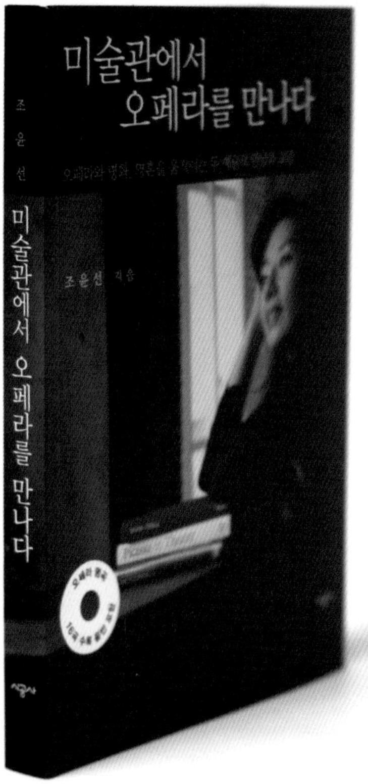

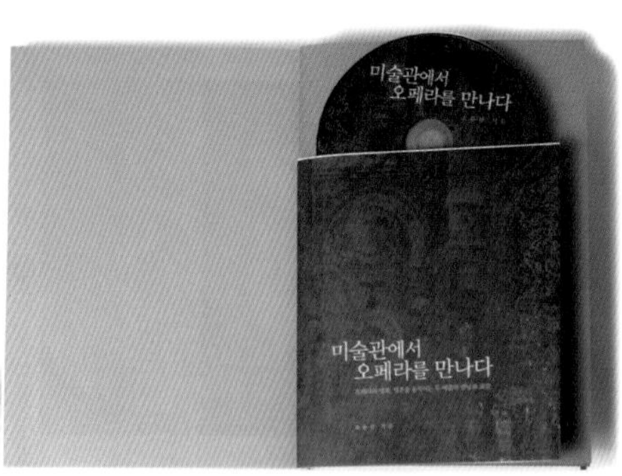

미술관에서 오페라를 만나다

시공사, 2007년, 변형신국판(163×225×22)

- 현재 많이 사용되고 있는 포장 기법 중 하나다. 표지에 CD가 내장되어 있다는 문구를 넣어 놓았다. 작업이 편리하고 제작비용이 저렴하다. CD와 책이 함께 포장되어 있어 운반 및 분실의 우려가 없으나, 상품의 차별성이 약하다.

TIME

시대연구사, 2004년, 신국판(155×230×20)

두터운 합지를 가공하여 책과 CD를 함께 넣어 보관할 수 있게 만들었다. 책을 넣을 수 있는 공간을 만들어 놓아 책을 보관하기 쉽게 만들었으며, CD는 알맹이만을 합지에 고정하였다.

- 두터운 합지를 가공하여 책과 시디를 함께 넣어 보관할 수 있게 만들었다.
- 책을 꽂을 수 있는 공간을 만들어 놓아 책을 보관하기 쉽고, 시디는 케이스 없이 합지에 고정하도록 하였다.
- CD 케이스 없이 합지에 고정하도록 되어 있다.

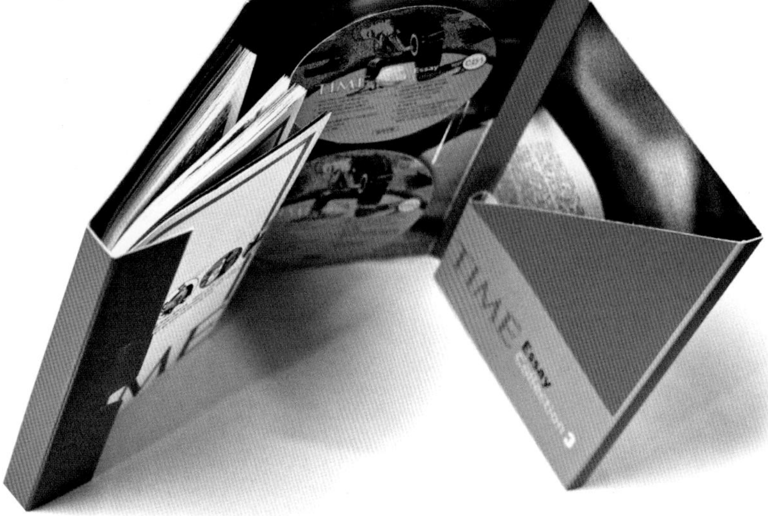

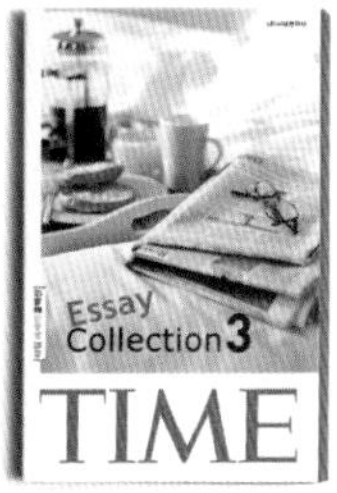

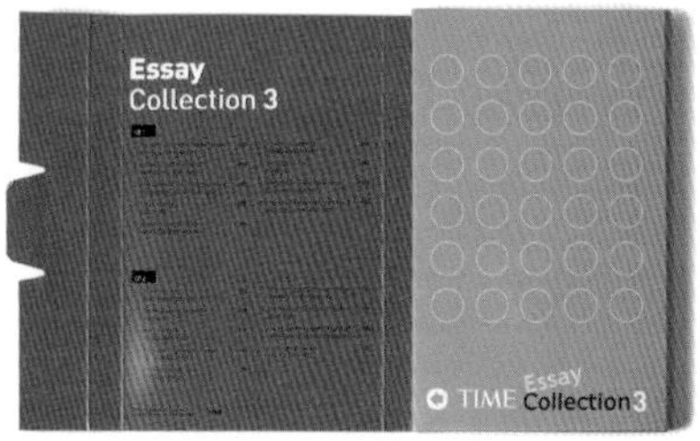

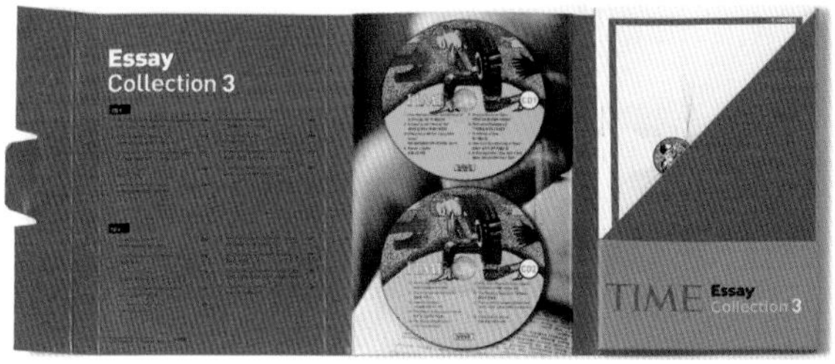

듣는 책, 오디오 북

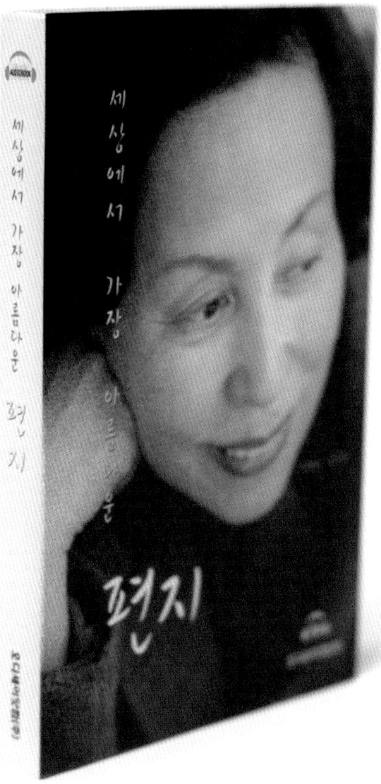

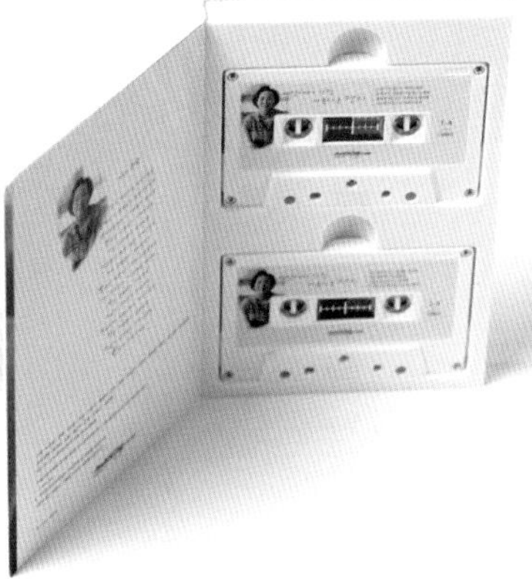

편지

오디세이닷컴, 2001년, 문고판(117×178×10)

책은 없고 책의 내용을 소리로 제작하여 차 안이나 거실에서 편안하게 휴식하면서 들을 수 있게 만들어진 일종의 오디오 책이다.

- 외관을 책처럼 디자인했다. 안에는 오디오 테이프 2개가 들어 있다.

9 머리부터 발끝까지 다 드려요, 부록

잡지는 오래 전부터 다양한 별책 및 현물부록으로 독자들의 시선을 잡아끌었다. 특히 여성 잡지의 경우 현물부록에 유혹되어 책을 구입할 정도로 강한 구매 욕구를 충동하는 수단으로 부록을 사용한다.
처음 잡지의 부록은 주로 별책 형태였다. 본지에 연재된 소설이나 재미있는 기사를 별도의 단행본으로 엮어서 독자들에게 서비스하였다. 그 중에서도 제일 흔한 것을 예로 들면 매년 신년호에 딸려 나오는 가계부를 들 수 있다. 또 '신혼부부의 은밀한 성생활', '확실한 재테크 방법 10가지' 등 그때그때 흥미롭고 자극적인 내용을 별책부록으로 만들어서 주 독자층인 가정주부나 미혼여성의 구미를 자극하였다. 그러다가 차츰 현물부록이 늘어나면서 스카프나 화장품, 다이어트용품, MP3, 신발, 심지어 여성 속옷에 이르기까지 그 품목이 다양하고 기발한 형태로 발전하였다. 이런 현물부록은 대개 협찬물품을 중심으로 하여 이루어졌으나 이제는 제작비의 상당 부분을 차지할 정도에 이르기도 한다.

이에 반해서 단행본 부록이 등장한 것은 불과 몇 년 전부터다. 그 이전까지는 단행본에 부록을 끼워 마케팅한다는 것을 감히 엄두조차 내지 못했다.
하지만 갈수록 시장이 치열해지면서, 그 속에서 타 출판사의 경쟁 책과 차별화를 꾀하고 시장 선점을 하기 위해서라면 자칫 제 살 깎아 먹기가 될 수 있는 부록도 마다하지 않게 되었다. 그만큼 시장의 현실이 냉혹하고, 살아남기 위한 적자생존의 몸부림이 출판계에도 코앞에 닥쳐온 것이다.
단행본 부록은 잡지 부록만큼 일반화되어 있지 않고 또 다양하지도 않다. 주로 본 책과 연관된 물품이거나 책읽기에 필요한 소품들이다. 메모장, 책갈피용 엽서나 카드, 유명 연예인의 대형 포스터, 북 나이프 등이었으나 최근 들어 점점 다양해져 가고 있다.

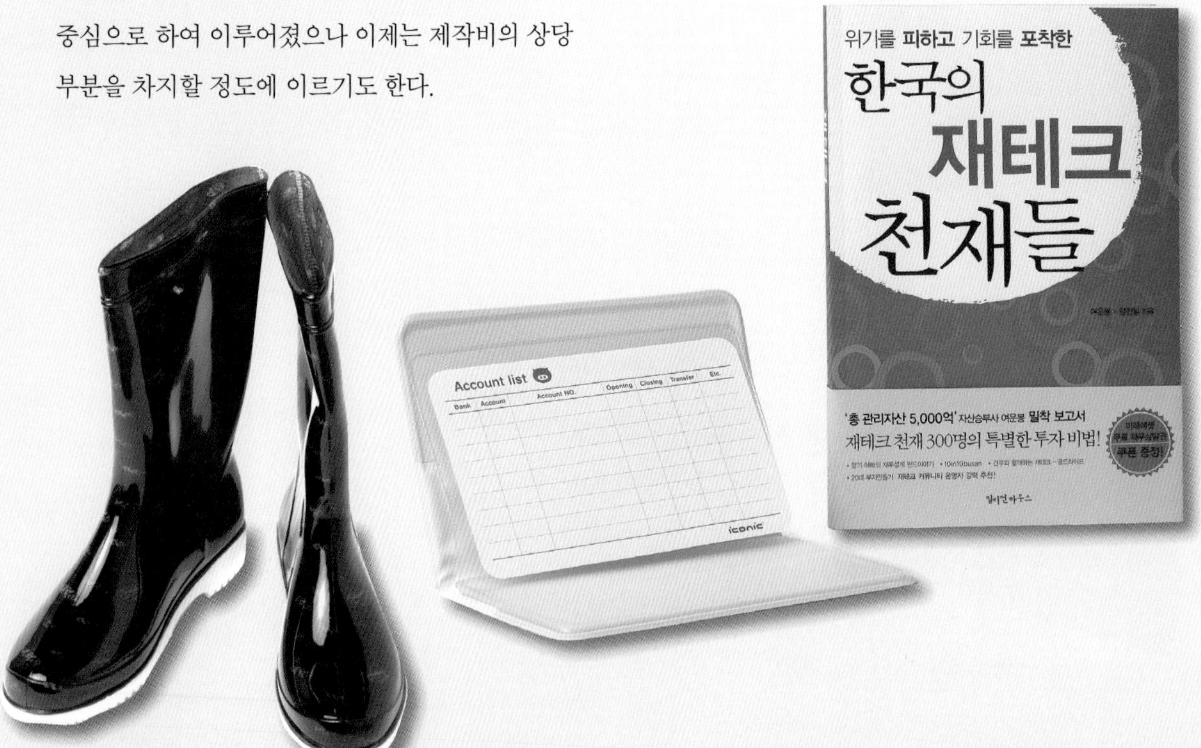

단행본

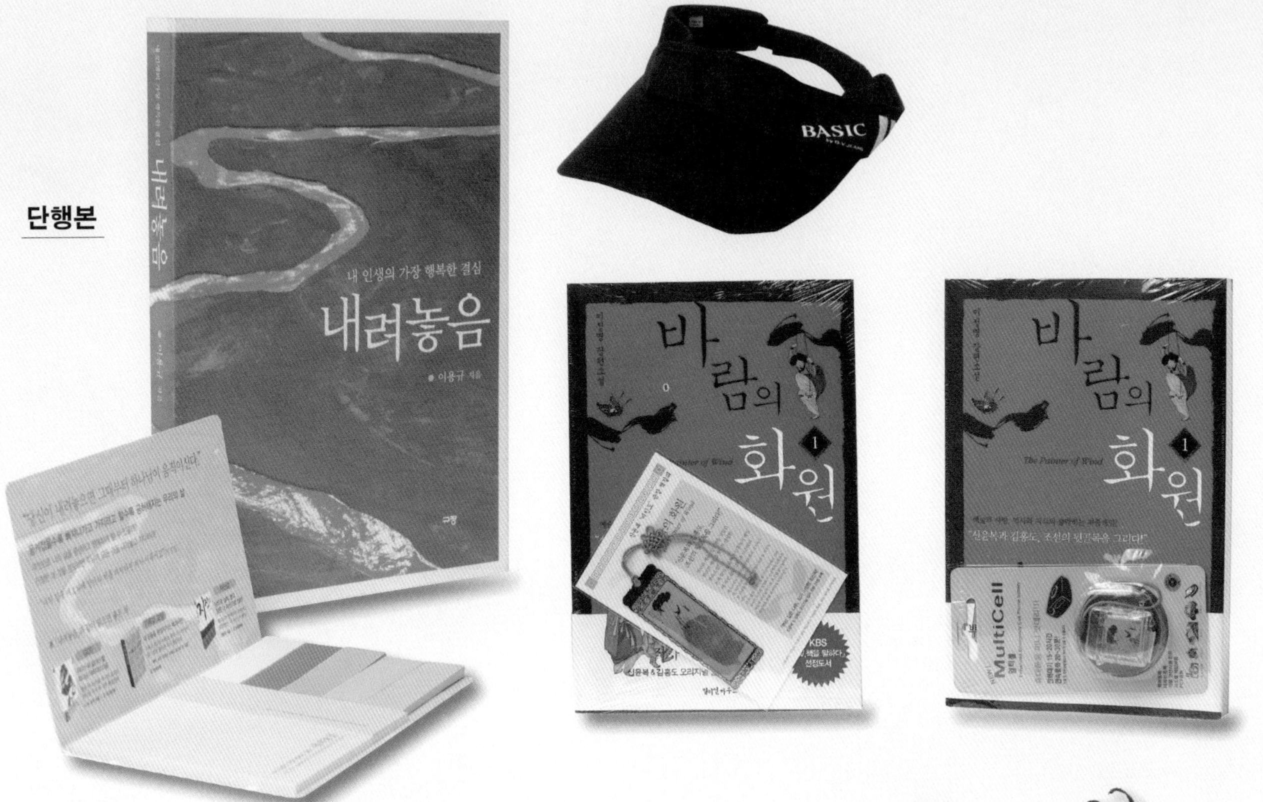
BASIC
내 인생의 가장 행복한 결심
내려놓음
이용규 지음
바람의 화원
바람의 화원
MultiCell

잡지

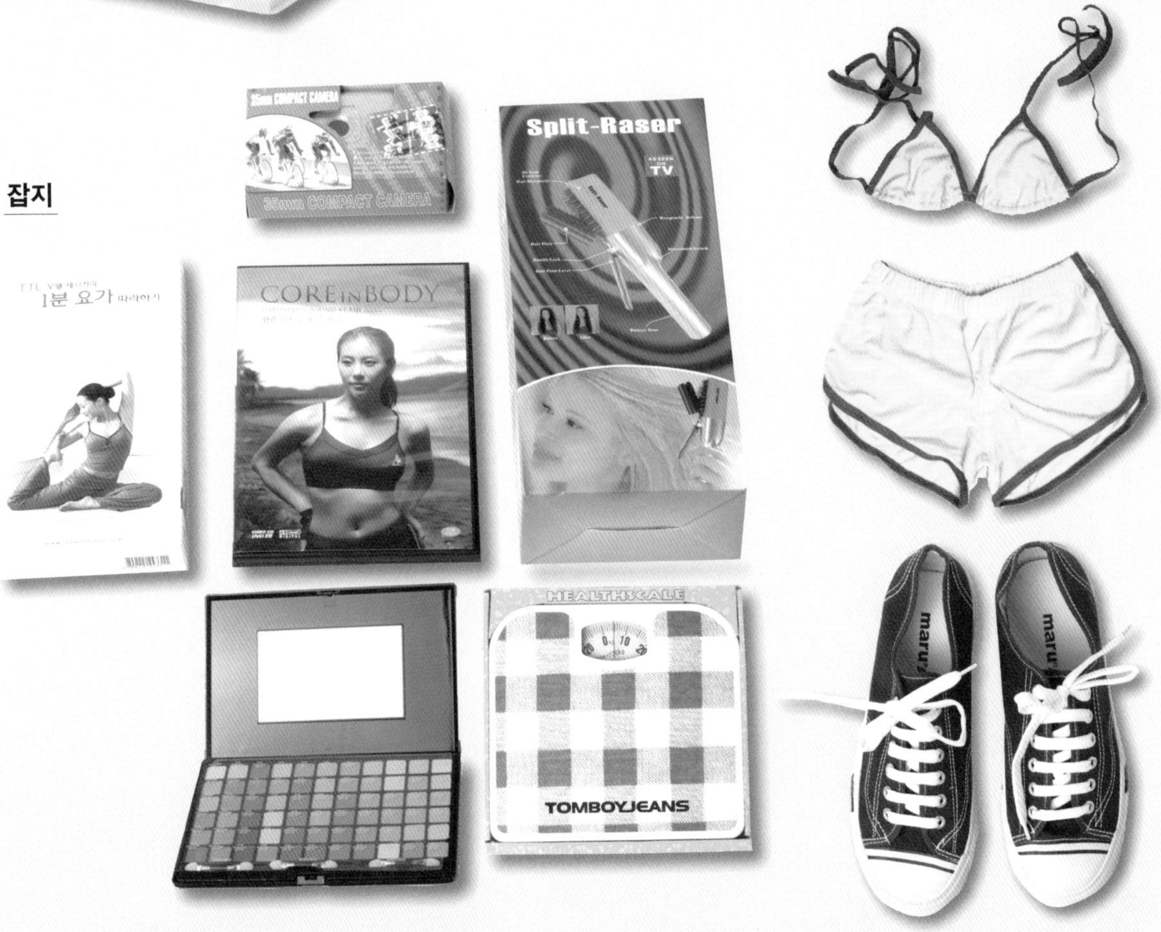
35mm COMPACT CAMERA
Split-Raser
TV
1분 요가 따라하기
CORE IN BODY
HEALTHSCALE
TOMBOYJEANS
maru
maru

10 원서와 번역서를 비교하는 재미

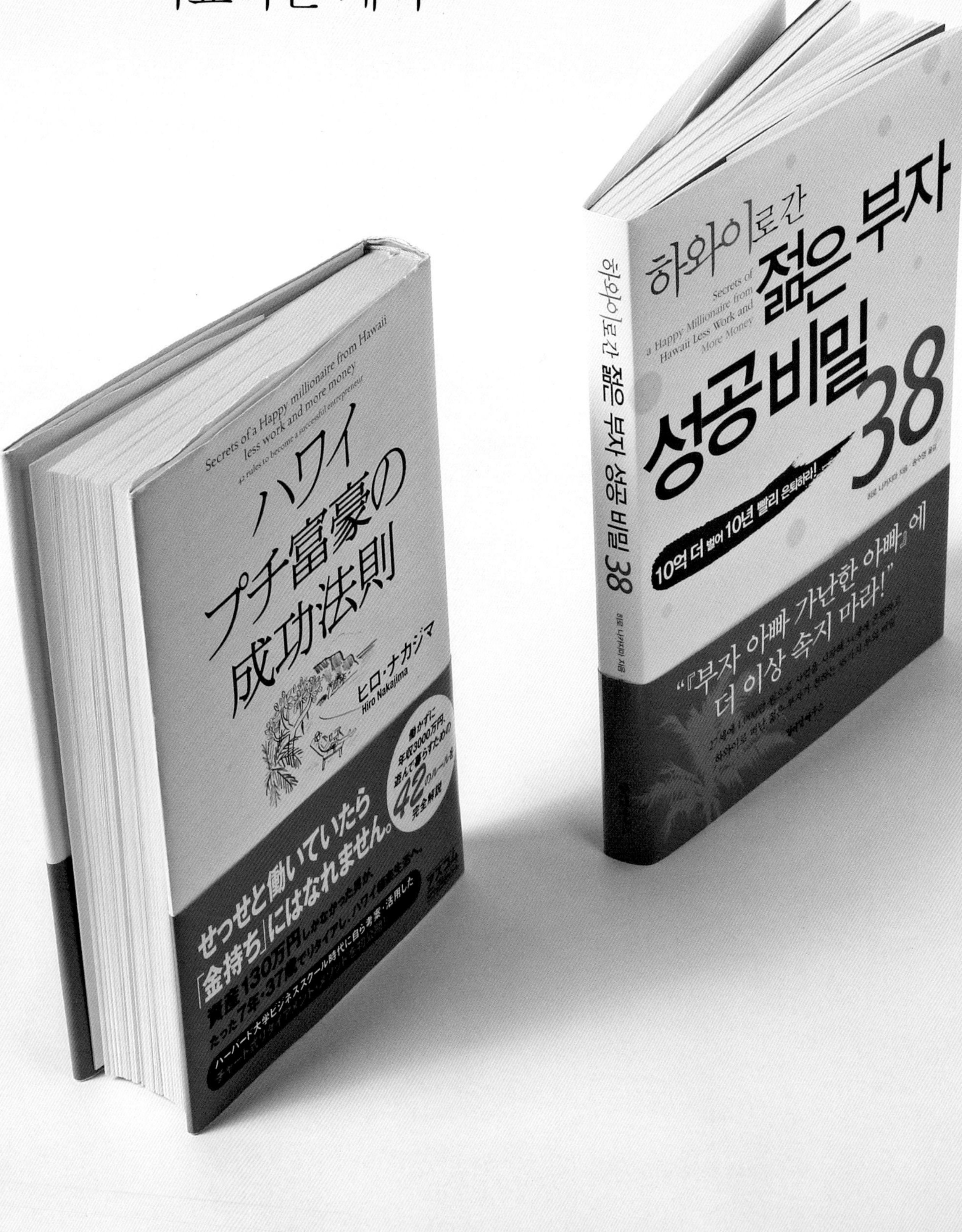

물질문명과 인터넷의 발달로 지구촌이 하나가 되면서 모든 정보의 공유가 가능한 시대가 되었다. 이는 달리 말해서 각 나라마다 고유한 역사와 문화가 있지만 공통의 관심사와 이해관계의 폭이 그만큼 크다는 뜻이기도 하다. 참살이, 환경, 건강, 심각한 자원 고갈 등 갈수록 모든 문제가 어느 한두 나라의 문제가 아닌 지구 전체의 문제로 인식되고 있다.

우리나라의 경제 규모는 세계 11위권으로 선진국 문턱에 진입해 있다고 한다. 경제 규모가 점점 커지고 이에 따른 교류가 활발해지면서 우리나라 출판 시장의 외형도 점점 확대되어 가고 있다. 2008년 5월에는 제28차 국제출판협회(IPA) 서울 총회가 성황리에 열리기도 했다.

이와 같은 흐름 속에서 전 지구촌이 공통의 관심사를 함께한다는 것은 출판 시장을 들여다봐도 금방 알 수 있다. 이는 한 나라의 베스트셀러가 곧 다른 나라에서도 큰 반향을 일으킨다는 점만 봐도 알 수 있는 사실이다.

이제까지 우리나라는 주로 외서를 들여와 국내에서 번역, 출판을 하여 왔다. 하지만 최근에는 국내 저작물도 외국으로 많이 소개되고 있다.

국내 번역물을 살펴보면, 문예물의 경우에는 원서의 내용에 충실하게 번역하지만 경제 · 경영이나 실용서 등 비문예물의 경우에는 제목이나 표지 디자인, 본문 삽화, 장정 등이 국내 실정에 맞게 재편집, 제작되기도 한다.

해리포터와 마법사의 돌

문학수첩, 1999년, 신국판(152×224×16)

전 세계적으로 유래를 찾기 어려울 정도로 폭발적인 판매부수와 열광적인 독자의 찬사가 이어졌던 밀리언셀러다. 약 20여 개국에서 번역 출판되었으며 책과 함께 영화 시리즈로도 제작되었다. 호그와트 마법학교를 중심으로 펼쳐지는 판타지 성장소설로 처음에는 청소년층이 주 독자층이었으나 차츰 나이와 상관없이 전 연령층이 찾는 초베스트셀러가 되었다. 한 편 한 편 후속 시리즈가 나올 때마다 전 세계적으로 같은 날 같은 시간 일시에 출간되고 서점 앞에 길게 줄을 서야 할 정도로 장사진을 이뤄 뉴스에 나올 정도였다.
표지 디자인은 기본적으로 전 세계가 동일하나 제책 형태는 각 나라의 출판 시장에 따라 조금씩 다르다.

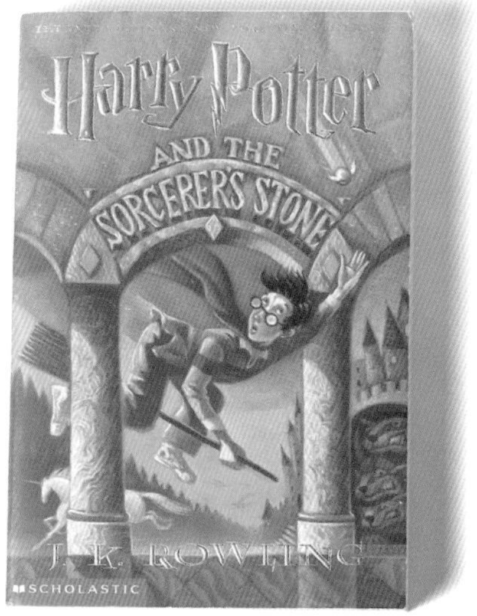

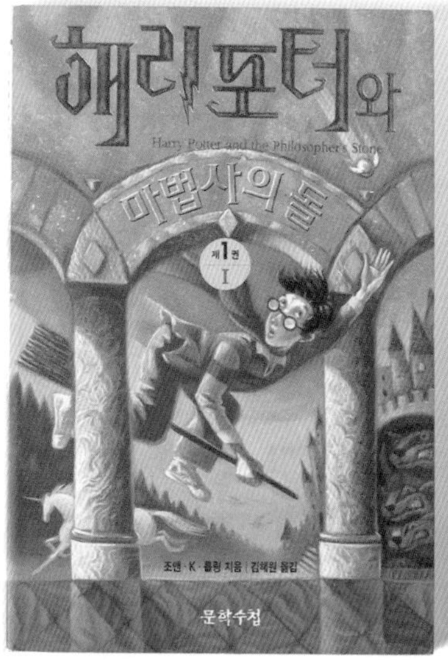

- 원서는 사륙판형의 소프트백 형태로 표지 날개와 면지도 없고 가벼운 용지를 사용하여 가격도 저렴하다.

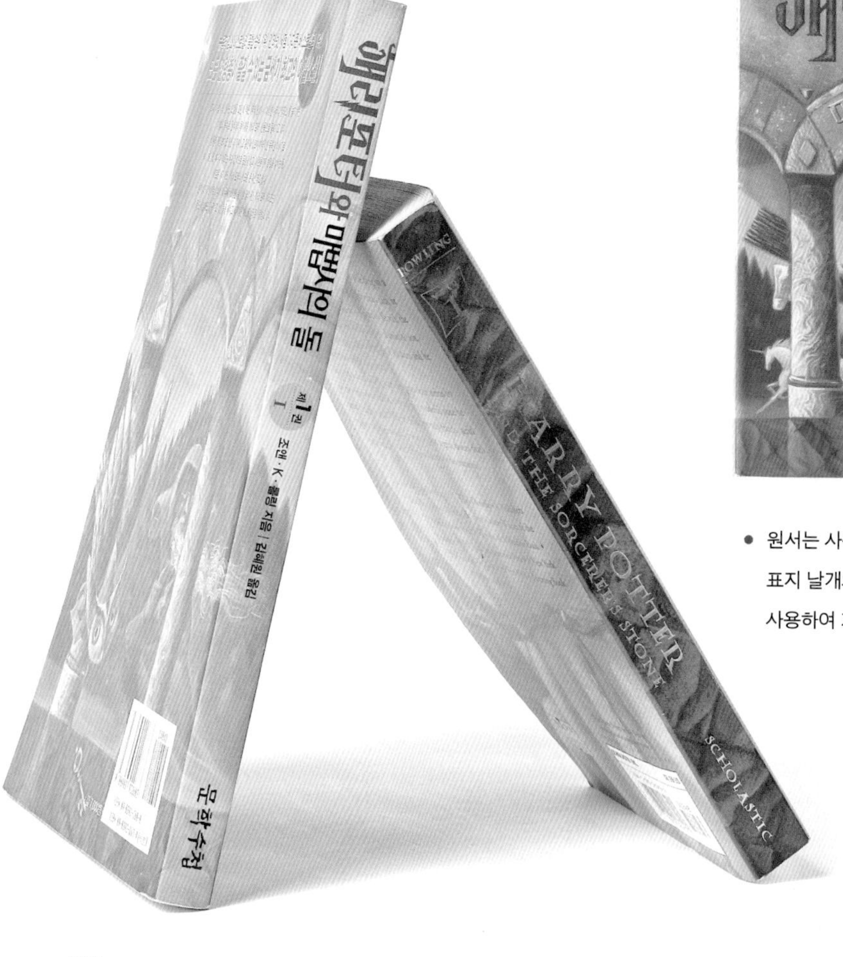

반도에서 나가라

스튜디오본프리, 2006년, 사륙판(128×188×30)

원서의 느낌을 잘 살렸고, 원서에서 기획한 방식을 흩트리지 않고 모두 잘 반영한 작품이다. 원서와 우리 책에서 변화된 디자인은 띠지에서 책 제목을 상, 하권에 연결되게 약간의 변화를 시도하였다. 일본 작가가 철저한 고증과 시나리오를 동원하여 쓴 전쟁 소설이다. 일본 원서 디자이너가 한글을 사용하여 그래픽적으로 표현한 표지와 띠지가 무척 인상적이다.

- 원서의 표지와 띠지에 한글이 눈에 띈다.
- 덮개 이미지에 약간의 변화를 주었고, 띠지에 책 제목을 이미지로 깔면서 타이포그래피에 변화를 주었다.

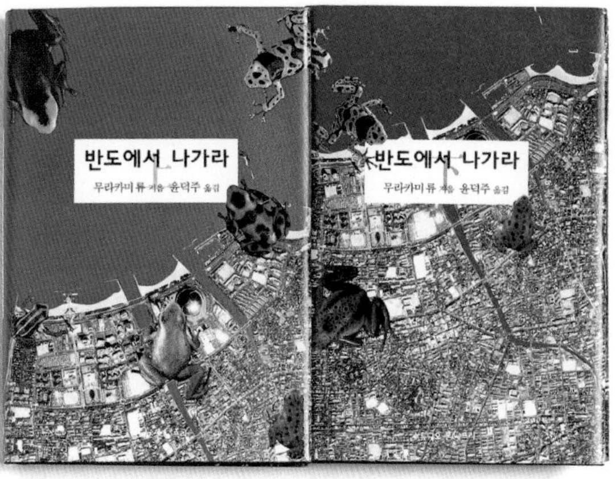

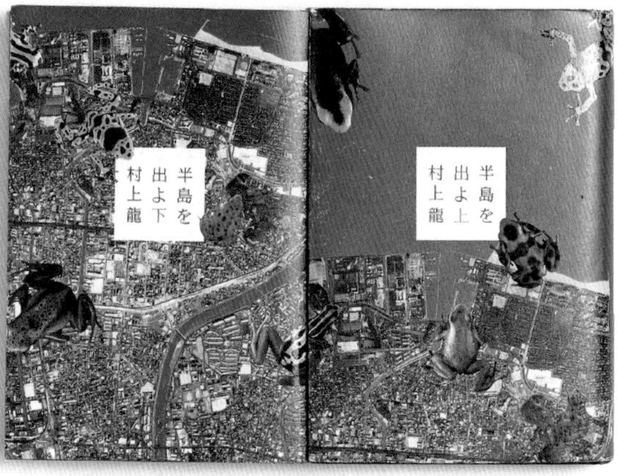

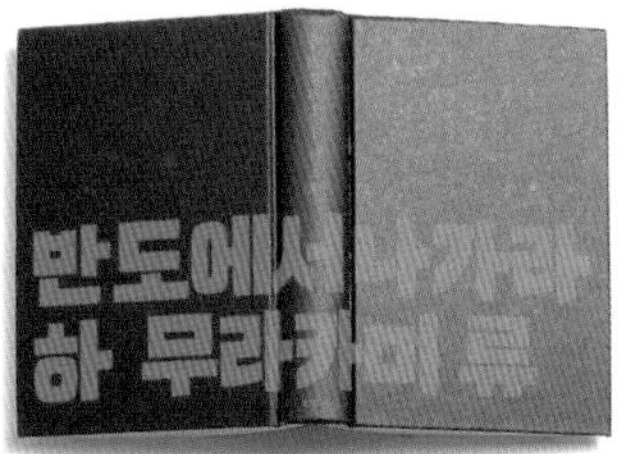

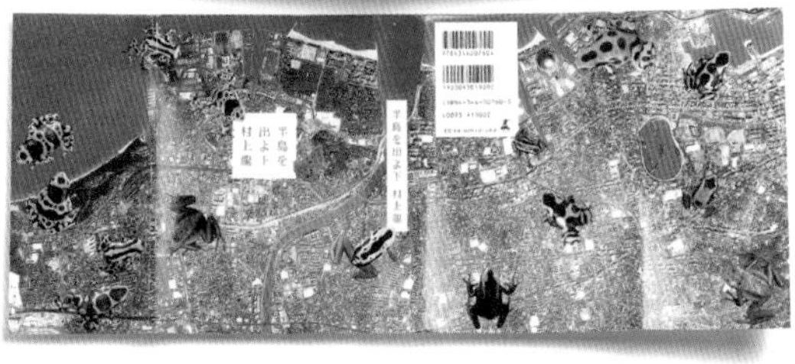

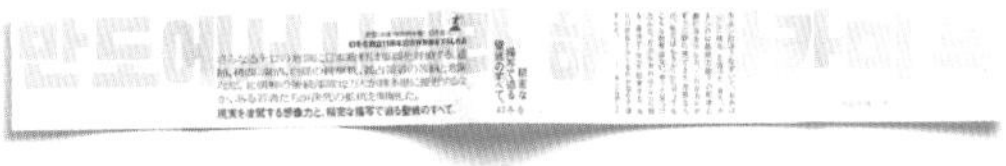

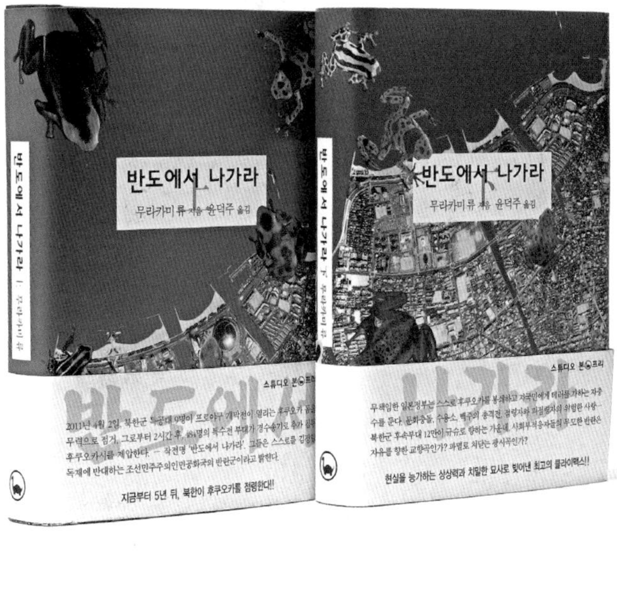

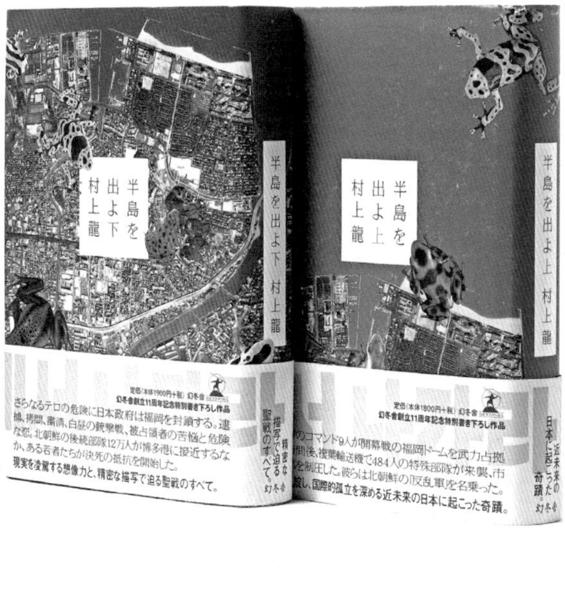

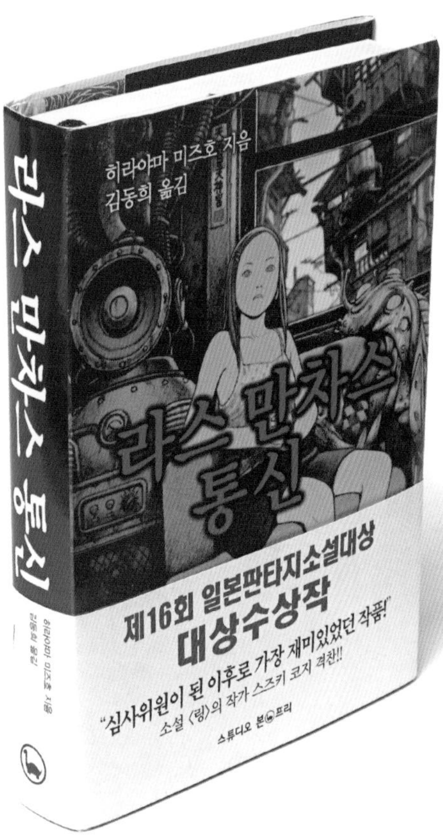

라스 만차스 통신

스튜디오본프리, 2005년, 사륙판(135×195×25)

원서의 느낌을 왜곡하지 않고 충실히 따랐다. 일러스트 원작을 그대로 살리기 위해 덮개를 책등에서 책배까지 모두 둘렀다.

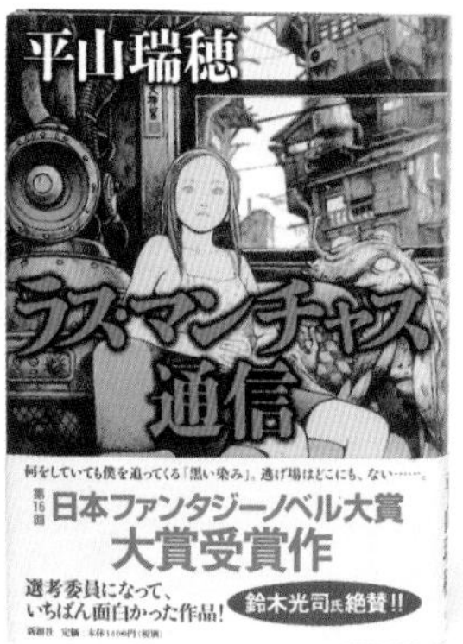

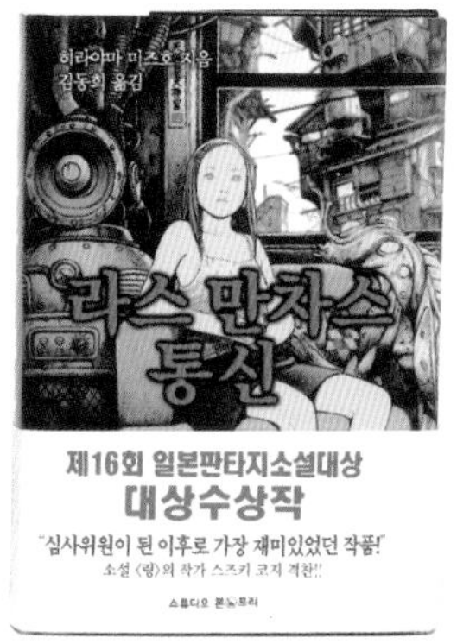

젊은 부자 성공비밀38

밀리언하우스, 2008년, 국판(142×203×15)

일본책과 우리나라 책의 책등이 반대 방향이다. 우리나라 책은 책등이 왼쪽에 있는 좌철 방식이고 일본은 오른쪽에 있는 우철 방식이다. 전 세계적으로 좌철 방식의 제책이 통용되고 있지만 일본처럼 동양의 몇몇 나라에서는 우철 방식으로 만든다.

- 이 책은 표지제목, 띠지, 카피와 책기법까지도 원서를 충실하게 재현하였다.
- 책등을 기준으로 좌철 방식과 우철 방식을 볼 수 있다.

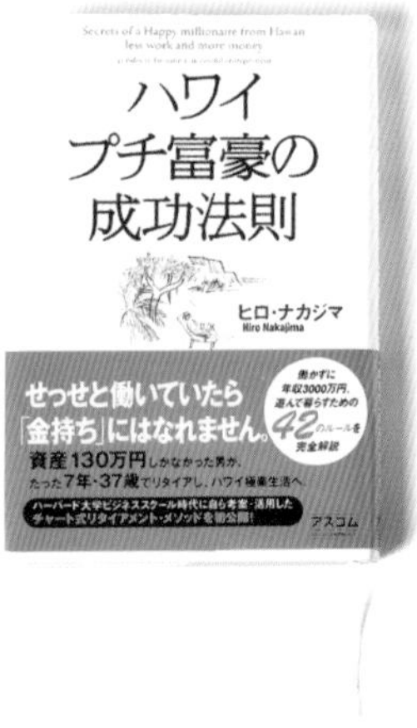

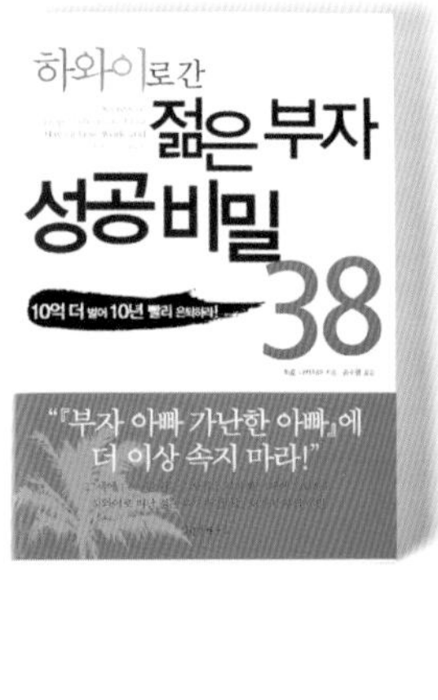

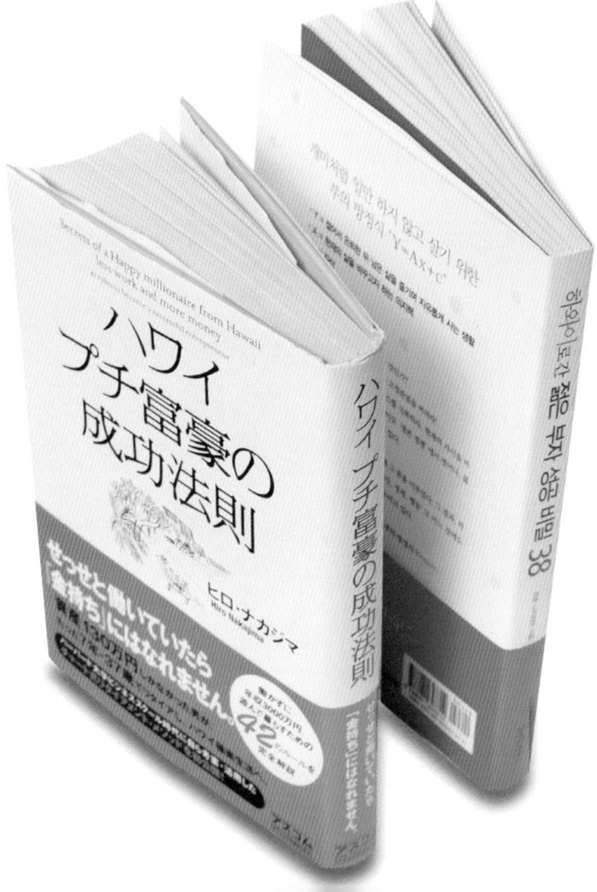

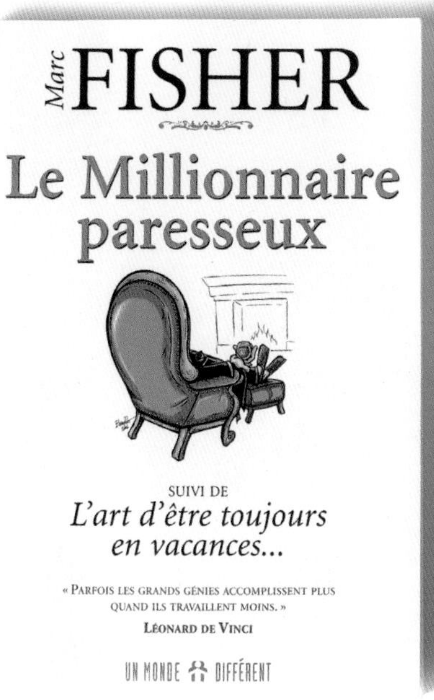

게으른 백만장자

밀리언하우스, 2007년, 신국판(150×215×18)

프랑스에서 발행된 책과 우리나라에서 출간된 그 번역본이다. 프랑스 책은 장정의 형태가 극에서 극으로 나뉜다. 보통의 책은 읽기 쉽게 편안하게 만들어지지만 아주 고급스러운 책은 책의 사치라고 불리울 정도로 고급스럽고 화려한 갖가지의 장식과 재료들로 치장하여 독자들을 유혹한다.

- 우리 책은 본문에 삽화를 삽입하고 눈의 피로를 줄이기 위해 미색모조지를 사용했지만 원서는 단순한 디자인과 표지의 백색 느낌에 맞춰서 본문용지도 백색 모조지로 제작되었다.
- 원서는 단순한 디자인과 무선 형태로 제작되었으나 우리 책은 양장에 덮개에 띠지까지 둘러 고급스럽게 포장하였다.

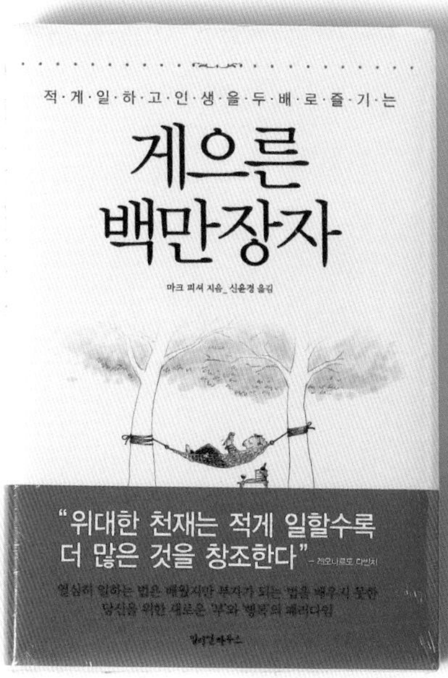

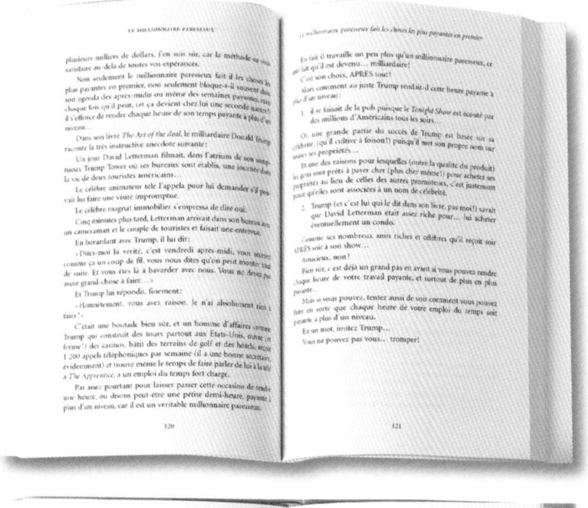

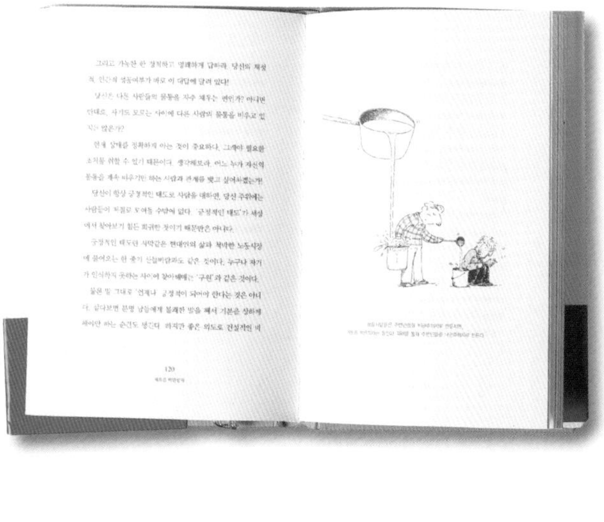

11 책 속의 책

어떤 책을 보면 책 속 특정 페이지에 표지를 갖추고 별도로 제책된 또 하나의 책이 부착돼 있는 경우가 있다. 이런 '책 속의 책'에는 크게 세 가지가 있다.

먼저, 본 책의 책등 속에 묻혀 본 책과 부록이 함께 제책된 형태가 있고, 본 책의 페이지에 부록이 부착돼 있는 형태, 그리고 본 책 속에 끼워져 있을 뿐 부록이 별도의 책으로 완전히 분리되는 형태가 그것이다.

잡지 부록으로 종종 사용되는 이런 '책 속의 책'은 두 가지의 제책 기법(중철, 무선제책)을 응용해 만든다. 이 가운데 세 번째, 완전히 분리되는 책 속의 책이 포함된 책을 제작하는 과정을 살펴보면 다음과 같다.

먼저 부록(책 속의 책)을 제작한다. 제책 방법은 일반 무선철이나 노치 바인딩 어느 것이나 상관없지만 3면 재단을 하지 않는다는 점에 주의한다. 분리되는 부록은 본 책 속에 부록을 감싸고 있는 주머니가 필요하므로 표지를 이중으로 만든다.

이중 표지로 제책한 부록을 본 책 정합 시 해당 위치에 끼워 넣는다. 이때 주의해야 할 것은 책 속의 책이 포함된 본 책은 반드시 노치 바인딩으로 제책해야 한다는 점이다. 일반 무선철 방식은 접지 대수를 평평하게 갈아내고 풀칠하기 때문에 책등 쪽을 향해 ⊂자 형태의 주머니가 형성되지 않으므로 끼워 넣어진 부록이 따로 분리될 수 없다. 책등을 갈아내지 않고 새김눈을 넣은 다음 풀로 굳히는 노치 바인딩 기법을 사용하면 본 책 제책 후에 3면 재단을 하면서 접힌 상태로 붙어 있던 부록의 표지 접선부가 잘려나간다. 따라서 독자가 본 책을 펼치면 주머니(부록의 이중 표지였던 부분) 속에 고스란히 끼워져 있는 책 속의 책을 따로 꺼낼 수 있는 것이다.

일반적으로 부록의 표지로 쓰이는 용지는 본 책보다 두께가 작은 150~180g/㎡가 적당하다.

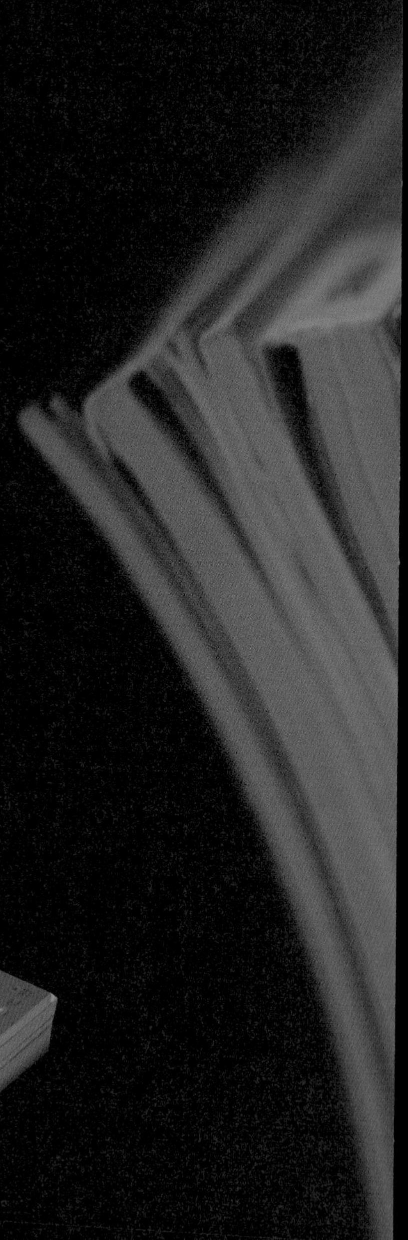

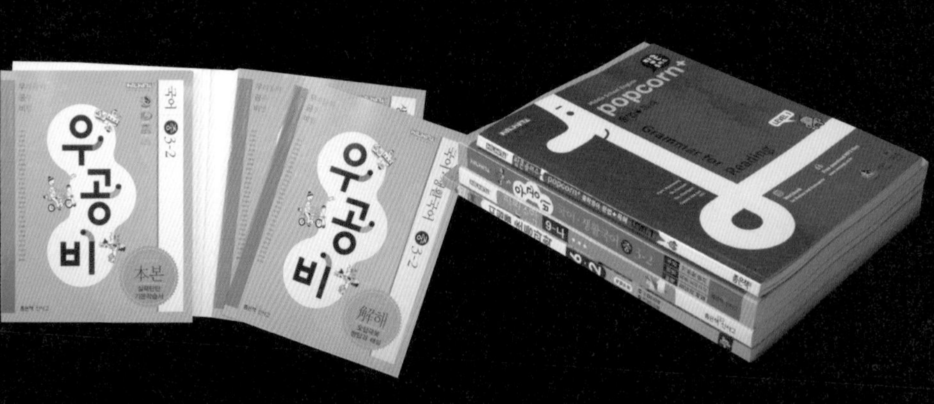

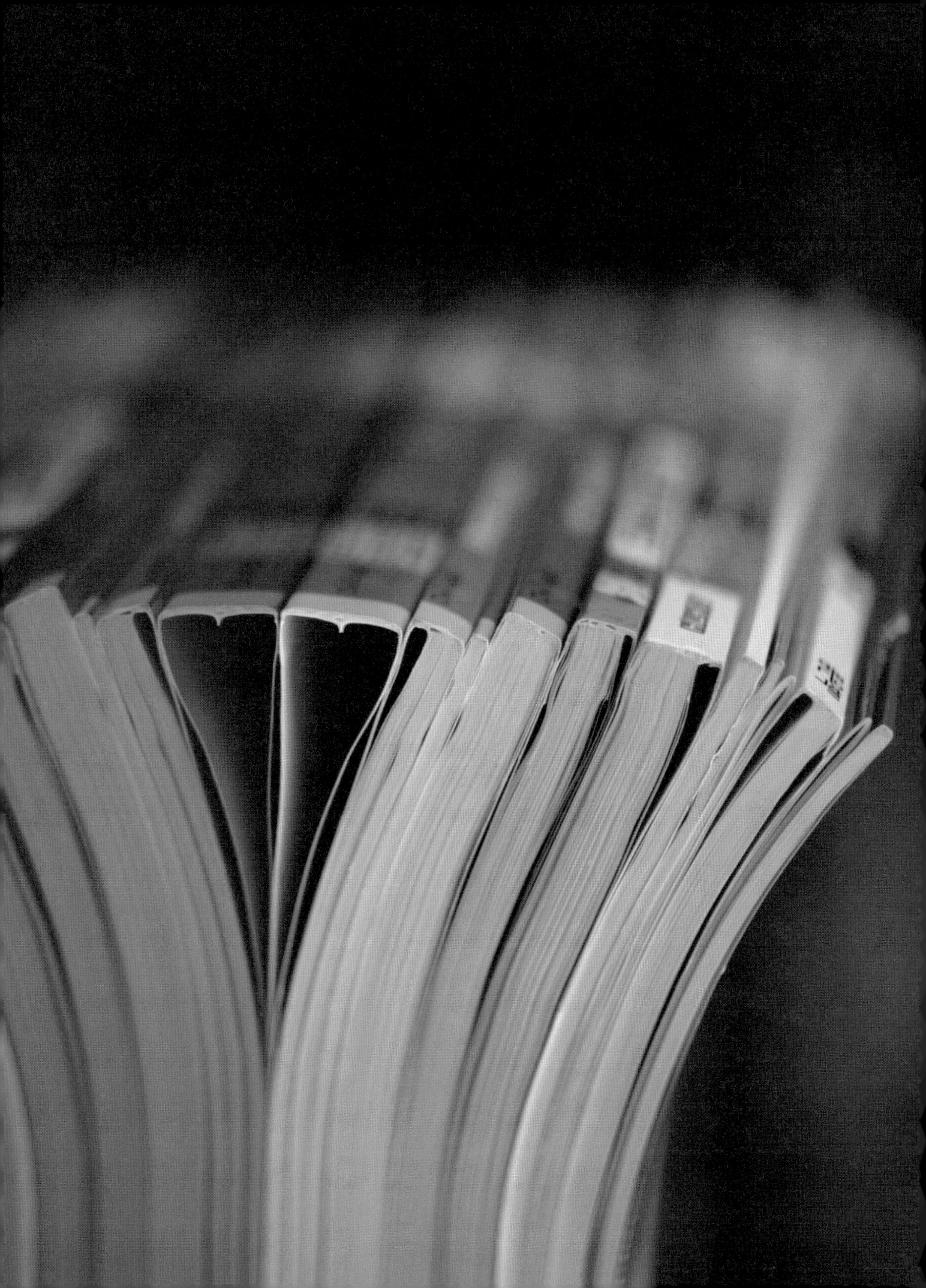

12 평면에서 삼차원으로, 팝업북

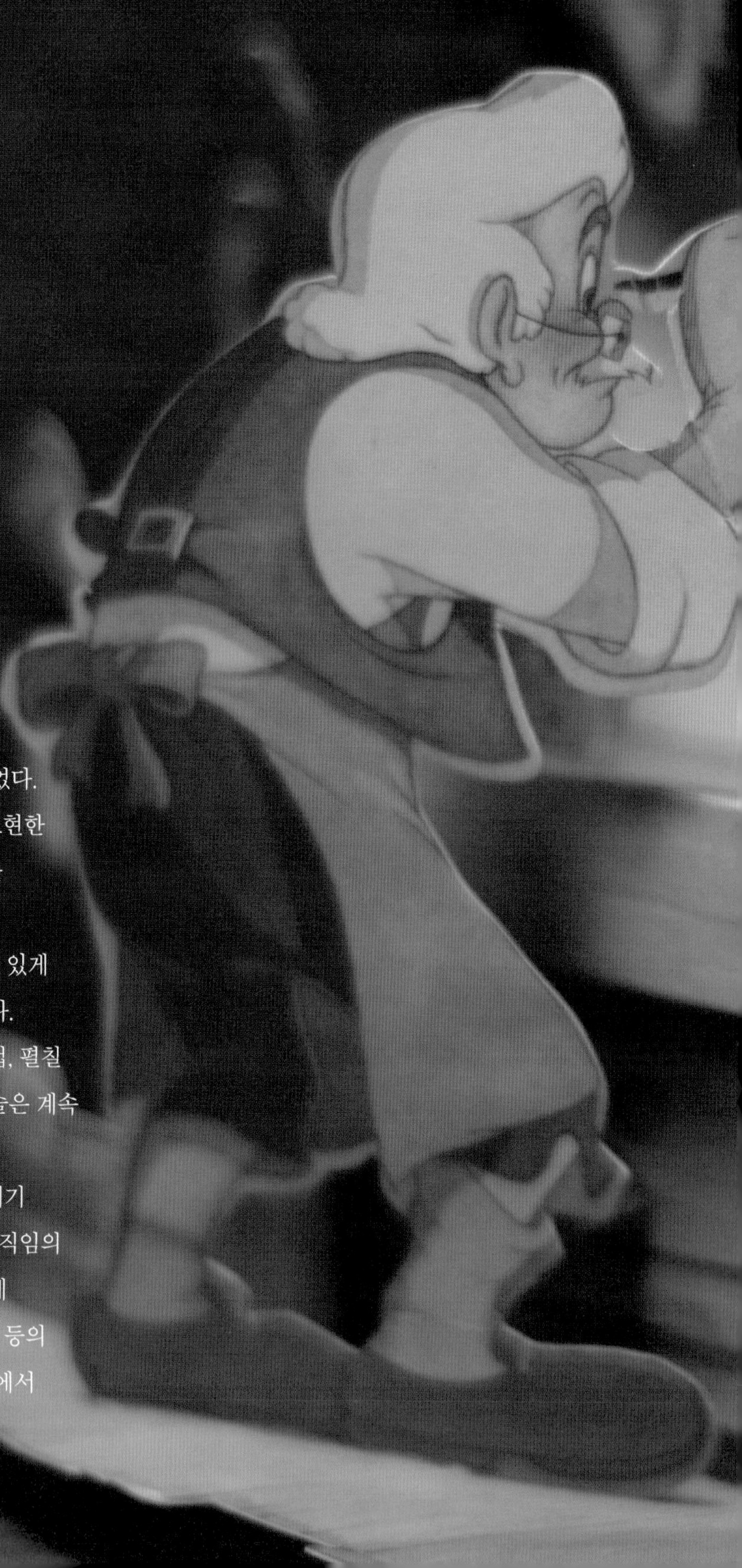

팝업북(pop-up book)은 15세기부터 시작되었다. 그 당시에는 신체기관의 기능을 입체적으로 표현한 해부학 서적과 천체의 위치와 움직임을 표현한 천문학 서적에 많이 이용되었다.
종이를 밀고 당길 수 있게 끼우거나 접고 펼 수 있게 덧붙이는 등 여러 가지 기법을 응용해 만들었다.
상자 들여다보기, 종이를 당기면 움직이는 기법, 펼칠 때마다 새로운 무대가 튀어나오게 하는 등 기술은 계속 진전되어왔다.
이후 19세기 중반부터 다양한 책들이 만들어지기 시작했는데, 성경 이야기를 이용한 책, 기차 움직임의 원리를 설명한 과학책, 사람의 신체를 정밀하게 보여주는 인체 관련 책, 피아노, 파이프 오르간 등의 구조를 보여주는 음악 관련 책 등 다양한 분야에서

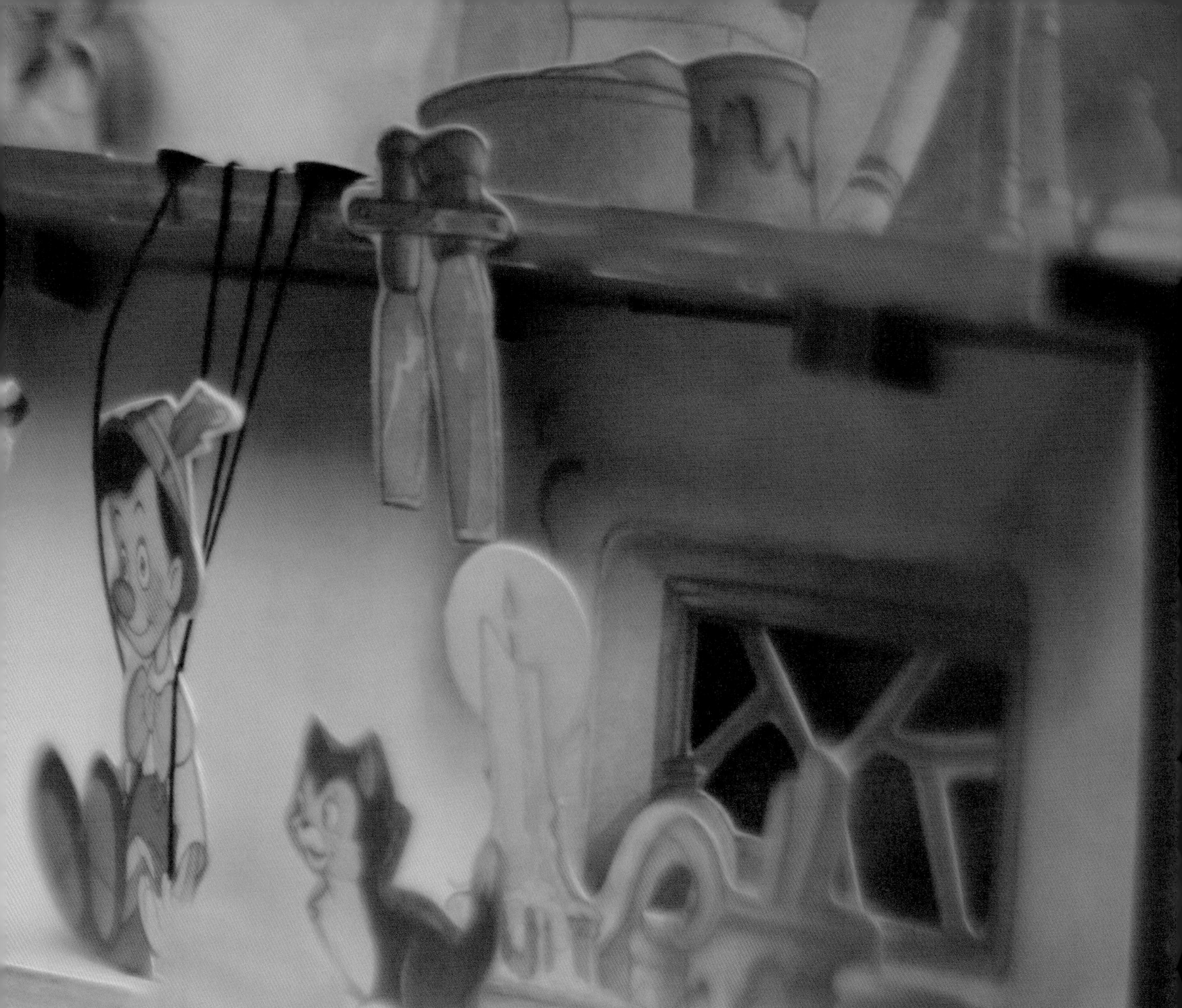

만들어지기 시작한다. 어린이 독자를 중심으로 출판되었으며 일반 어린이들이 아닌 당시 부유층의 자녀들에게 부모가 최고의 선물로 팝업책을 준비하였다. 물론 이 책은 생산비용이 높고 매우 귀하기 때문에 유럽과 미국의 부유층에서만 소유하는 매우 비싼 사치품이기도 했다.

오늘날까지 팝업북이 지속적으로 발전할 수 있었던 것은 정교해진 컴퓨터 기술(레이저를 이용한 톰슨 시설)을 이용한 대량생산(복잡한 인쇄 판형과 배접 기술)과 저렴한 인건비(작업과정에서 필요한 수많은 수작업과 마무리 손끈 작업)가 가능했기 때문이다. 즉 기획과 디자인은 유럽 및 선진국에서, 인쇄와 수작업은 아시아(홍콩, 싱가포르, 중국)와 남미권(콜롬비아)에서 작업함으로써 대량생산이 가능했고 제작비와 인건비를 낮출 수 있는 길이 열렸다고 볼 수 있다.

팝업북은 점점 더 정교하며 다양해지고 있다.

세계적으로 팝업북 기술자는 25명 정도에 불과하다. 한 권의 팝업북을 완성시키기 위해서는 수학, 공학, 디자인, 인쇄, 제책 등 다양한 분야에 대한 이해와 지식이 필요하다. 우리나라에는 아직까지 팝업북 디자이너가 전무하다. 앞으로는 많은 전문가들이 나타나 이 분야에서도 꿈을 실현해 주길 바란다.

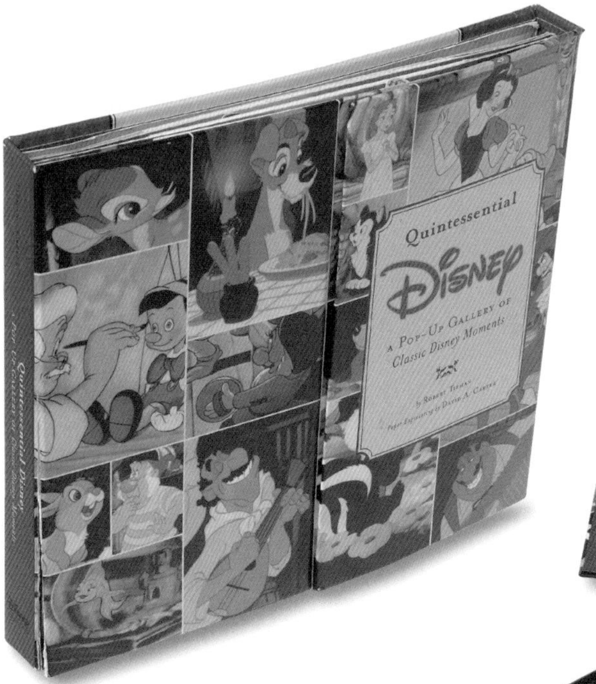

Quintessential Disney

Disney, 2005, 231×200×30

- 디즈니 만화의 주요 장면들을 팝업으로 구성했다. 책장을 넘길 때마다 새로운 무대가 펼쳐진다.

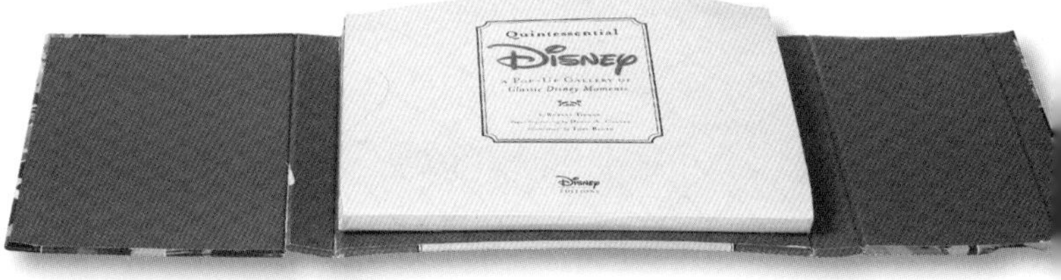

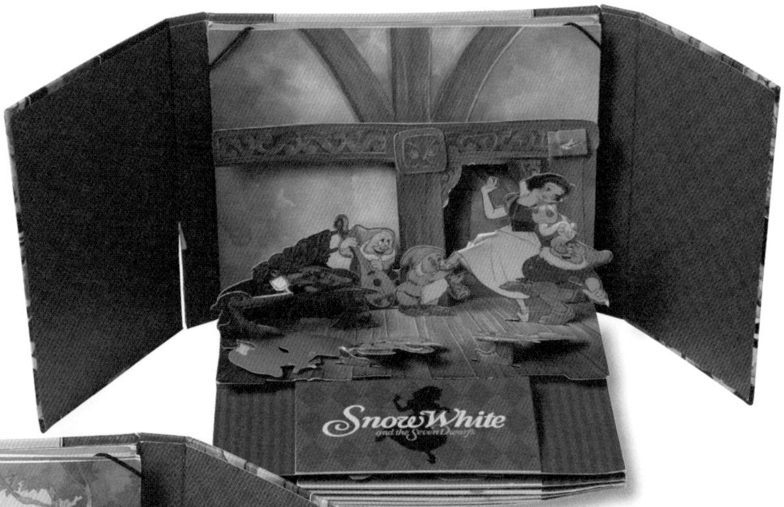

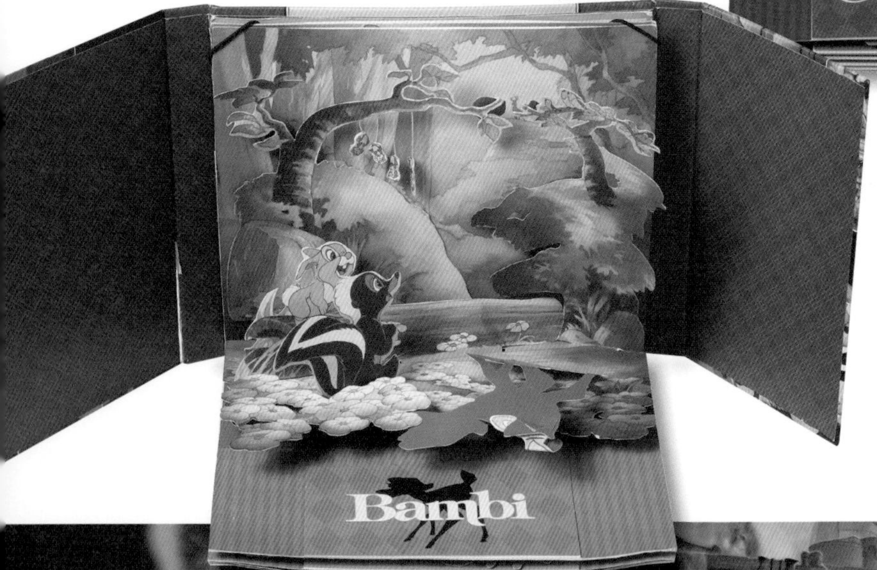

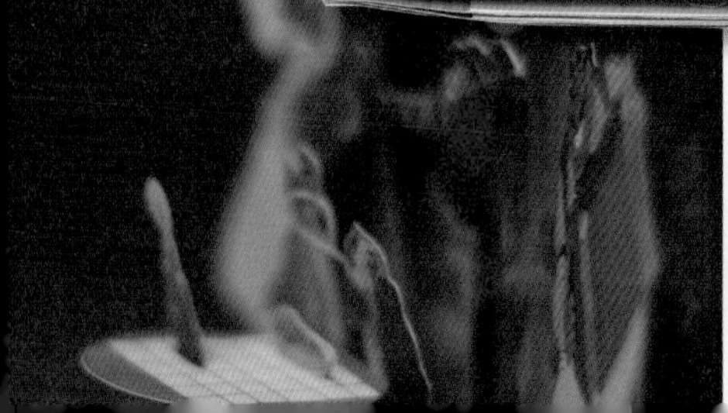

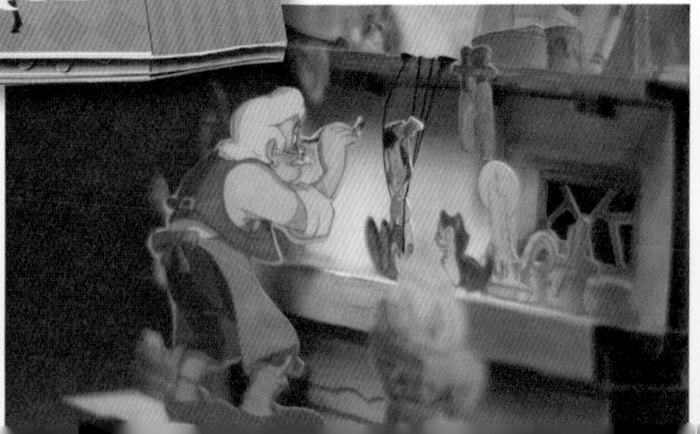

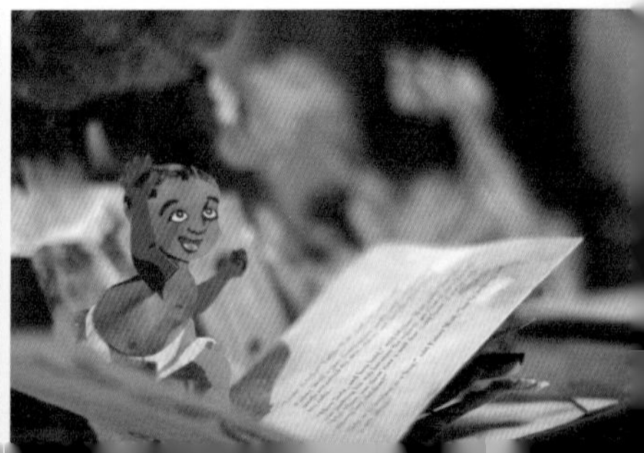

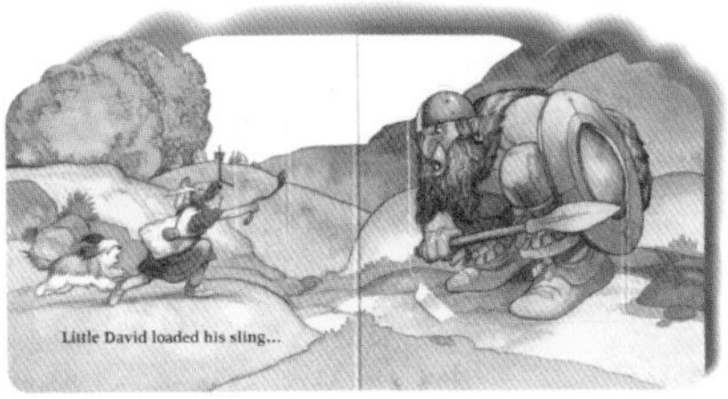

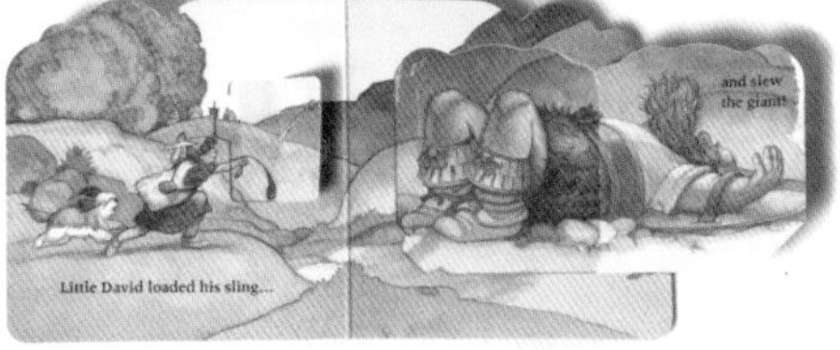

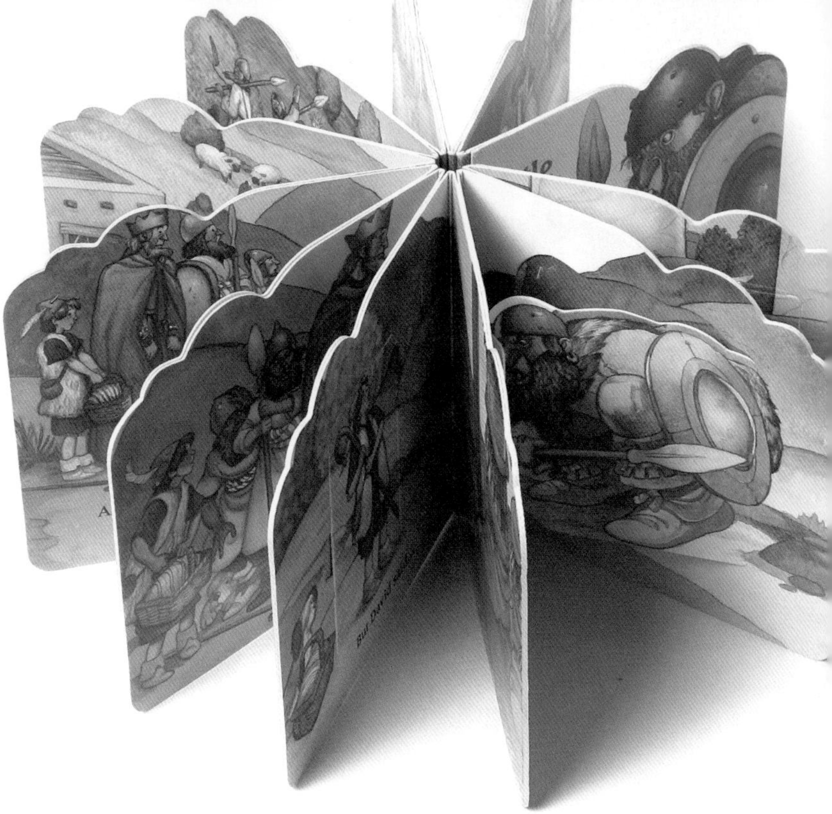

Little David and the Giant

Golden Inspirational, 2006, 96×96×12

- 성경 이야기를 묘사한 수많은 그림책 중에 간단한 팝업북 기술을 이용한 책이다.

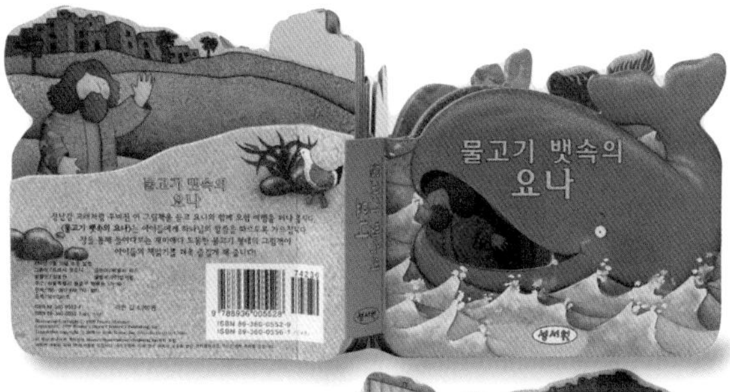

물고기 뱃속의 요나

성서원, 2001년, 130×128×21

- 페이지가 얼마 되지 않는 어린이책은 합지를 이용해 보드북으로 만들어 책에 두께를 주기도 한다.

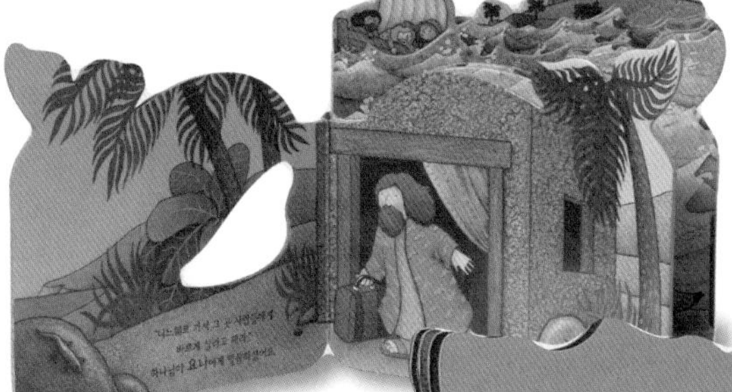

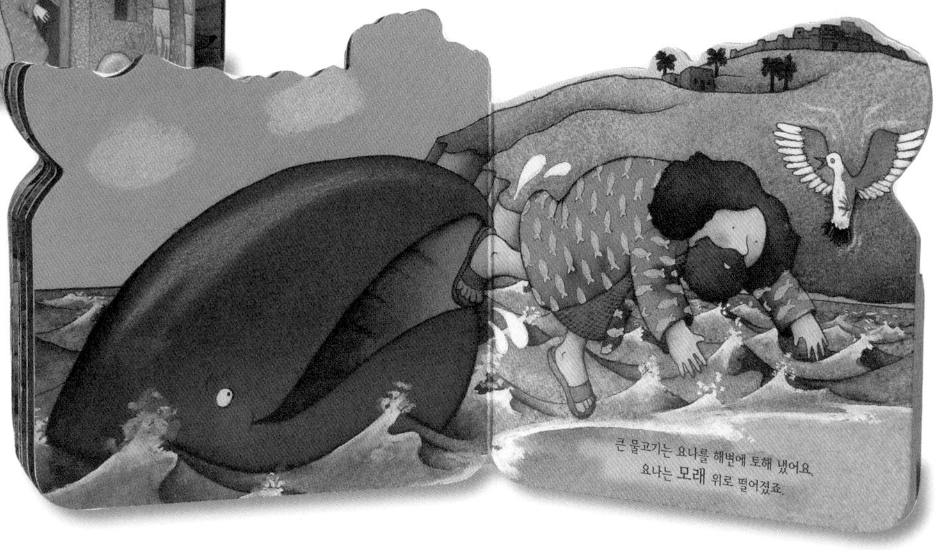

제책의 현장

4 장

Field of Bookbinding

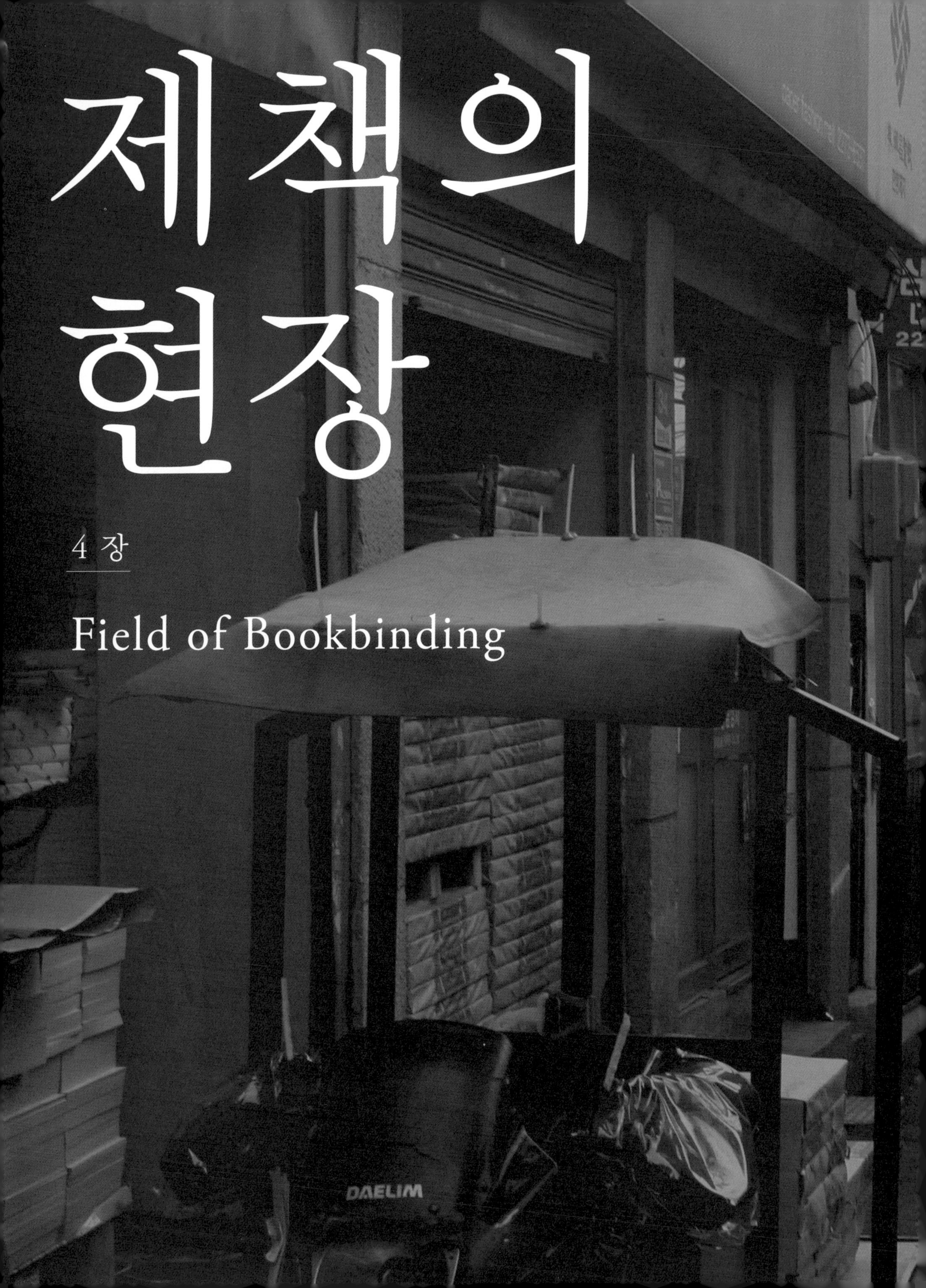

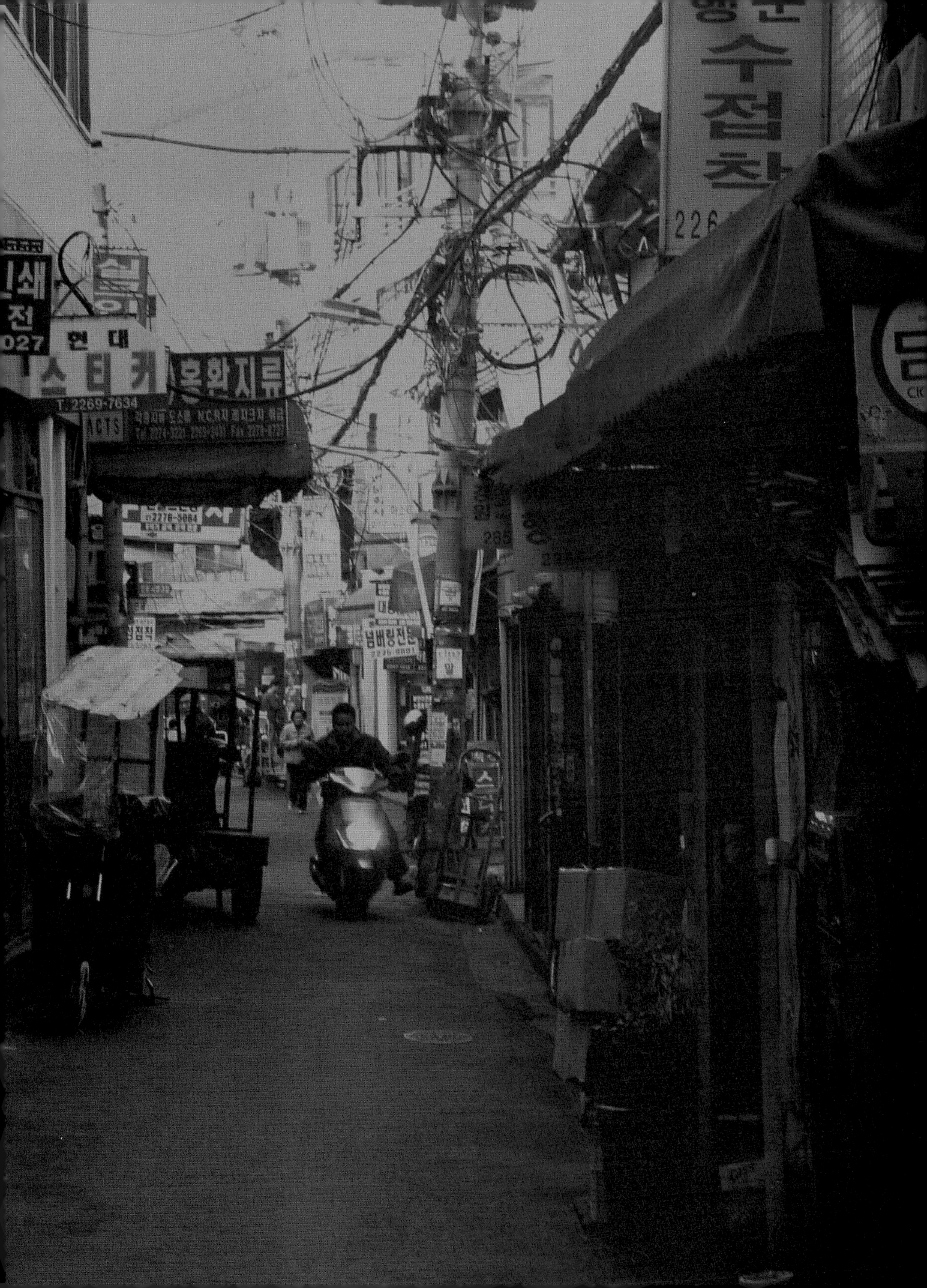
수
접
착
226
쇄
전
027
현대
스티커
T. 2269-7634
홍화지류
ACTS
2278-5084
넘버링전문
285

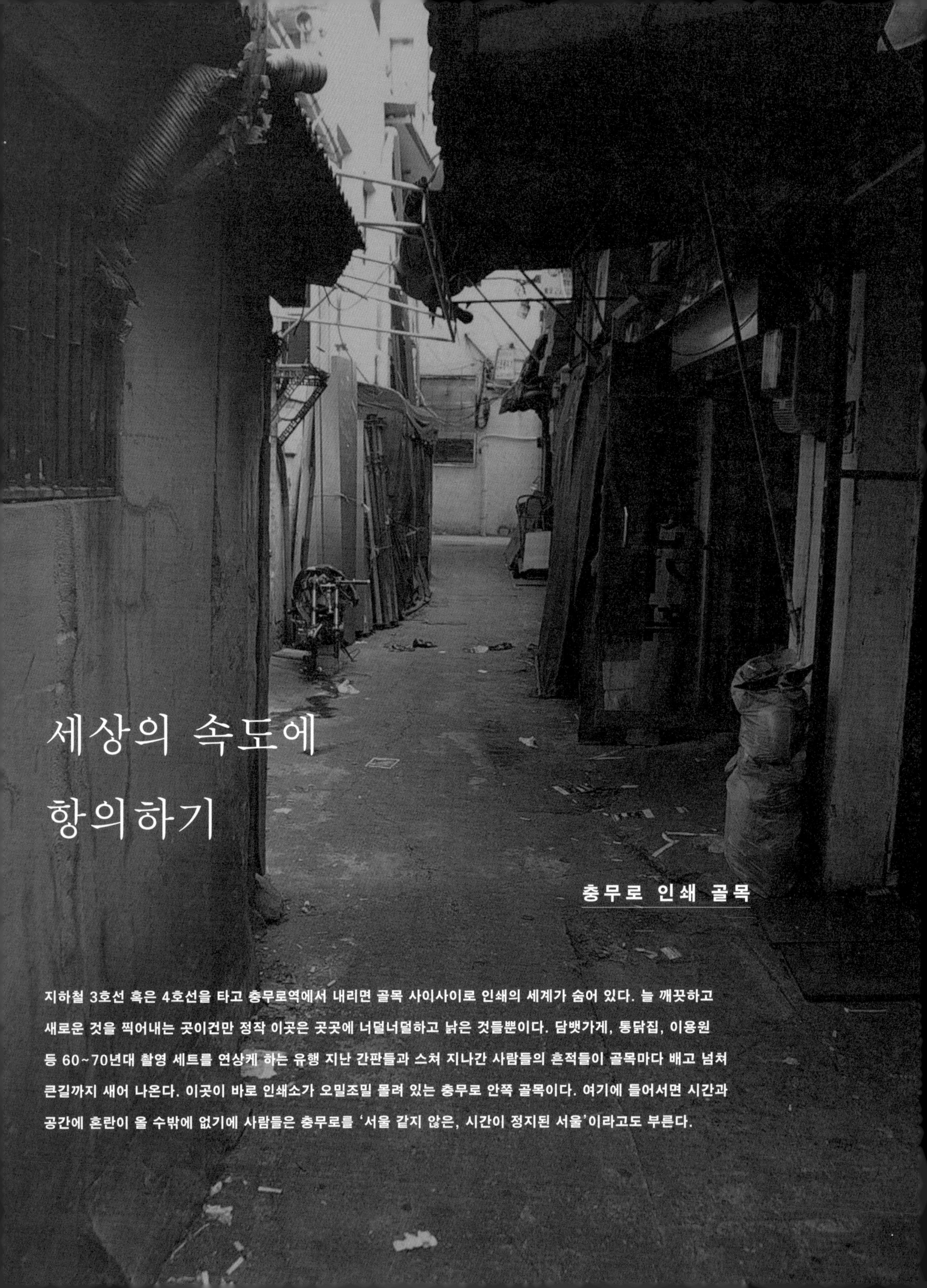

세상의 속도에 항의하기

충무로 인쇄 골목

지하철 3호선 혹은 4호선을 타고 충무로역에서 내리면 골목 사이사이로 인쇄의 세계가 숨어 있다. 늘 깨끗하고 새로운 것을 찍어내는 곳이건만 정작 이곳은 곳곳에 너덜너덜하고 낡은 것들뿐이다. 담뱃가게, 통닭집, 이용원 등 60~70년대 촬영 세트를 연상케 하는 유행 지난 간판들과 스쳐 지나간 사람들의 흔적들이 골목마다 배고 넘쳐 큰길까지 새어 나온다. 이곳이 바로 인쇄소가 오밀조밀 몰려 있는 충무로 안쪽 골목이다. 여기에 들어서면 시간과 공간에 혼란이 올 수밖에 없기에 사람들은 충무로를 '서울 같지 않은, 시간이 정지된 서울'이라고도 부른다.

충무로 인쇄 골목 찾아가기

충무로는 돈화문로를 중심으로, 사진 현상소와 필름 출력소가 밀집해 있는 골목과 인쇄소 및 제책사가 밀집해 있는 골목으로 크게 나뉜다.

필자는 그 중에서 충무로 역을 중심으로 돈화문로 동쪽에 밀집해 있는 충무로 인쇄 골목을 소개하고자 한다. 지하철 4호선 충무로역 7번이나 8번 출구로 나와 처음 발길이 닿는 골목이 인쇄 골목의 시작이다. 이곳에 들어서면 역사의 뒤편으로 사라져가는 과거의 모습이 아직 남아 있는 옛 흔적들을 찾아볼 수 있다. 몇 개의 골목을 차지하고 있는 유난히 허름한 건물들은 더 이상 서울에서는 찾아보기 힘든 일제시대의 평범한 주거용 건물로, 지금은 공간을 개조해서 인쇄 작업장으로 사용하고 있다. 대부분의 인쇄소는 그 업종이나 분야에 따라 몰려 있는 편이어서 필요한 작업이 밀집해 있는 골목에 들어서면 원하는 업체를 찾기가 수월해진다.

인쇄 골목은 크게 출력·인쇄와 제책으로 나누어 살펴볼 수 있다. 그중 출력·인쇄 골목은 연하장이나 초대장을 제작하는 카드업체들로 시작되며, 그 주위로 다양한 크기와 컬러로 제작할 수 있는 봉투업체들이 이어진다. 카드를 제작하면 반드시 봉투도 필요하기 때문에 서로 협력업체로 일하거나 카드제작업체의 자회사인 경우가 많다. 충무로의 골목은 그다지 긴 편은 아니지만 갈래갈래 나뉘는 골목의 끝에서 또 다시 골목이 이어져 자칫하면 한참을 헤매기 십상이다. 이럴 때는 모퉁이의 상호를 기억해두는 것이 좋은 방법이 될 수 있다.

봉투와 카드 제작사를 지나면 스티커 제작사들을 찾을 수 있다. 최근에는 각 제작사마다 자체적으로 디자이너들을 두어 특이하고 세련된 스티커들을 제작하면서 소비자들의 눈길을 끌고 있다.

책에 대한 모든 것이 있는 곳 - 인쇄·제책 골목에 들어서서

충무로 골목은 깊이 들어가면 들어갈수록 분주함이 더해진다. 마감시간에 쫓기는 속 타는 고객의 마음을 고스란히 담아 금방이라도 출발할 듯이 가게 앞에 세워진 이륜, 삼륜차를 따라 들어가면 드디어 인쇄소, 제책사, 재단사, 합지제작사, 싸바리 등 책 만드는 데 필요한 모든 업체들이 나타나기 시작한다.

충무로 인쇄소의 작업은 크게 오프셋 인쇄와 마스터 인쇄로 구분되는데, 가장 널리 사용되고 있는 옵셋인쇄는 인쇄판이 금속으로 만들어져 있어 대량

삼륜 오토바이가 종이를 가득 싣고 골목을 누빈다.
이 동네 안에서 가장 편하고 빠른 운송수단이다.

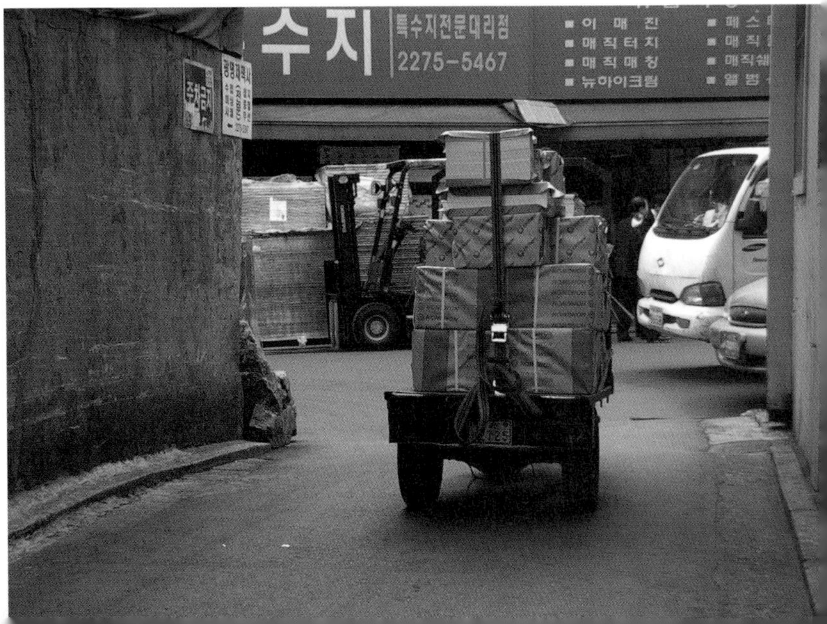

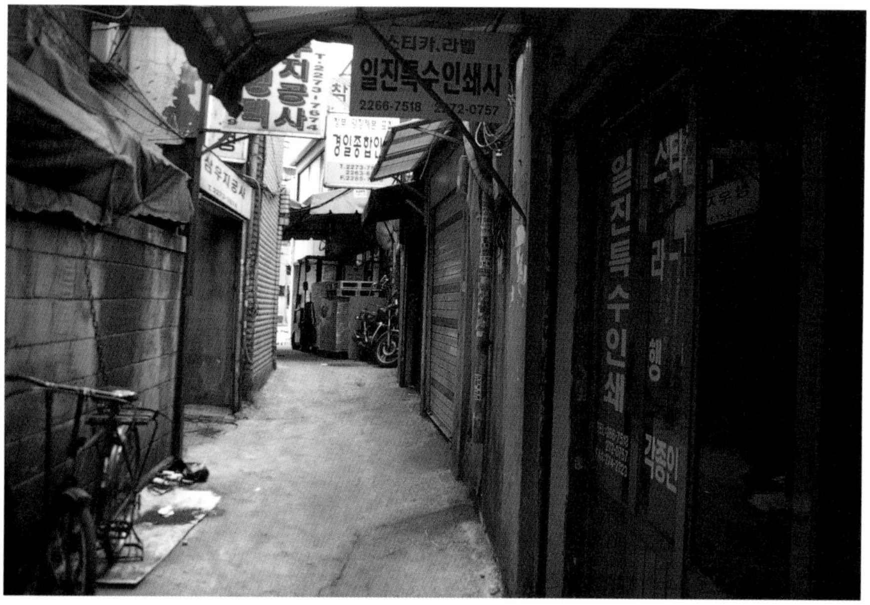

충무로에는 이런 생김새의 골목이 의외로 많다. 길을 잃기 십상이므로 길모퉁이의 상호를 기억해 두는 것이 좋다.

인쇄가 가능하며 세밀하고 정교한 요철을 만들 수 있어 우수한 품질의 인쇄물을 얻을 수 있다. 또한 원판인 필름을 장기간 보관할 수 있고 여러 번 인쇄할 수 있다는 장점이 있다. 마스터 인쇄는 마스터 페이퍼라고 부르는 인화지에 원판으로 직접 인쇄하기 때문에 필름이 필요 없고 종이의 규격도 자유롭기 때문에 주로 흑백이나 단색 인쇄물을 소량으로 짧은 시간에 제작하기를 원할 때 택하는 인쇄방식이라고 할 수 있다.

인쇄의 과정은 '옵셋기'라고 불리는 기계를 통해 CMYK 4가지 원색을 사용하는데, 순서대로 파랑(cyan), 빨강(magenta), 노랑(yellow), 검정(blacK)의 색을 나타낸다. 이때 화면에서 보이는 그 작업과 인쇄로 출력되는 결과물에는 차이가 있기 때문에 반드시 보정 및 검토가 필요하다. 따라서 미리 교정지(가인쇄본)를 반드시 가져가야 한다. 인쇄사에서는 그것을 견본으로 최대한 원하는 색깔에 맞춰줄 수 있기 때문이다. 편집디자인은 주로 맥(Mac, 매킨토시)에서는 쿼크 익스프레스, 아이비엠(IBM) 컴퓨터에서는 코렐드로우라는 프로그램을 사용하기 때문에 작업에 사용된 프로그램의 버전이나 확장자명(eps, ai, jpg 등)을 반드시 확인해야 어렵게 작업한 내용물이 손실되는 것을 막을 수 있다.

인쇄사에서 인쇄가 끝난 결과물은 제책소로 옮겨져 페이지 순서에 맞게 배열하고 표지와 함께 묶어 책의 형태로 만든다. 이 과정이 바로 우리 손에 쥐어지는 책을 결정짓는 제책 과정이다. 책의 형태는 아주 중요하다. 아무리 좋은 내용의 책이라 하더라도 실용성과 심미성이 적절히 조화되지 않는다면 책의 기능을 제대로 발휘할 수 없기 때문이다. 최근에는 다양한 고객의 취향을 고려해 플라스틱, 스펀지, 가죽 등의 재료를 활용한 특이한 제책도 눈에 띄어 그저 정보를 담아내는 것 이상의 역할을 톡톡히 해내고 있다.

충무로 인쇄 골목은 진양상가와 신성상가, 삼풍상가를 주변으로 지하철 3호선 을지로3가역의 명보극장까지 이어진다.

시간을 잊은 거리

하루가 다르게 변하는 서울의 거리와 골목들은 저마다 나이테를 갖고 있다. 특히 일제 강점기, 통행금지, 88올림픽, IMF, 2002월드컵 같은 시기를 중심으로 많은 것들이 변했다. 끝이 보이지 않는 건물이 들어서고 난데없이 숲과 개울이 생겨나기도 했다. 물론 이런 움직임들은 환경을 새롭게 변화시키고 거듭나는 초석이 되기도 하지만, 잃어가는 것들에 대한 아쉬움도 어쩔 수 없이 더욱 짙어지기만 한다.

옛 것의 소중함을 돌아보고자 하는 마음으로 오늘, 쉽게 지나쳐버리고 잊혀가는 충무로를 방문해 책 만드는 과정을 직접 눈으로 확인해 보면 어떨까.

대부분의 인쇄소는 업종이나 분야에 따라 몰려 있는 편이어서 필요한 작업이 밀집해 있는 골목을 찾으면 원하는 업체를 찾기가 수월해진다.

알아두면 편리한 스티커 제작

직접 디자인을 하길 원하는 경우에는 본인이 원하는 디자인을 가출력해서 업체에 가져가면 견적을 내준다. 가격 및 수량을 협의한 후 그래픽 데이터를 넘기면 된다. (작업은 주로 코렐드로우, 일러스트, 포토샵 프로그램을 사용하고, 반드시 해당 프로그램 버전과 사용 서체를 확인해야 한다.) 하지만 디자인에 자신이 없거나 디자인만 생각하고 있을 경우에도 방법은 있다. 대략적으로 크기와 컬러 이미지를 생각하고 업체에서 제안하는 견본을 참고해서 결정하거나 그곳의 디자이너에게 디자인을 의뢰할 수 있다. 후자의 경우는 디자인 비용을 별도로 지불해야 하므로 신중하게 고려하는 것이 좋다. 인쇄가 완료된 스티커는 모양대로 커팅 되어서 나오는데, 약 2만 원 선에서 칼날 제작비용이 청구된다.

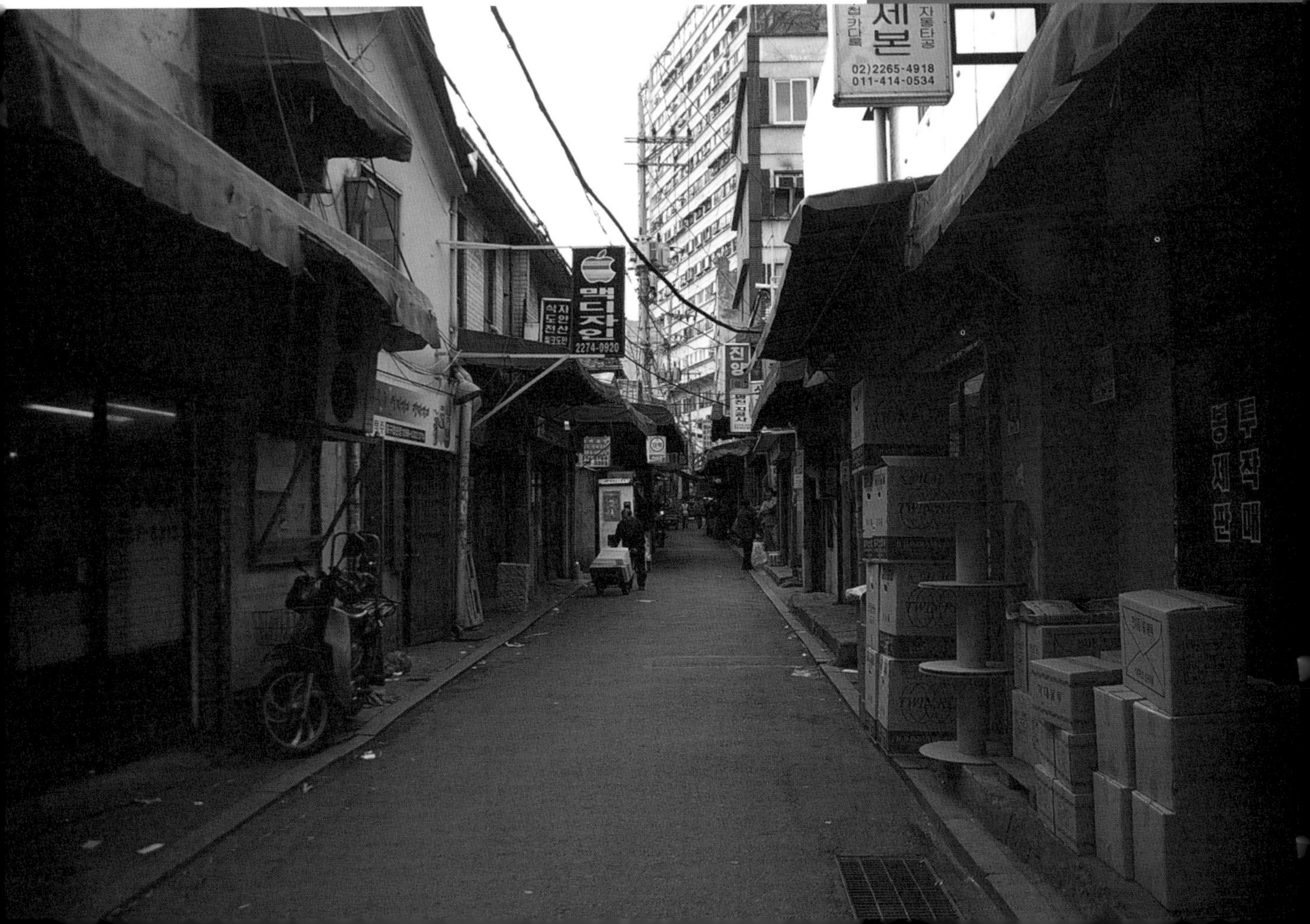

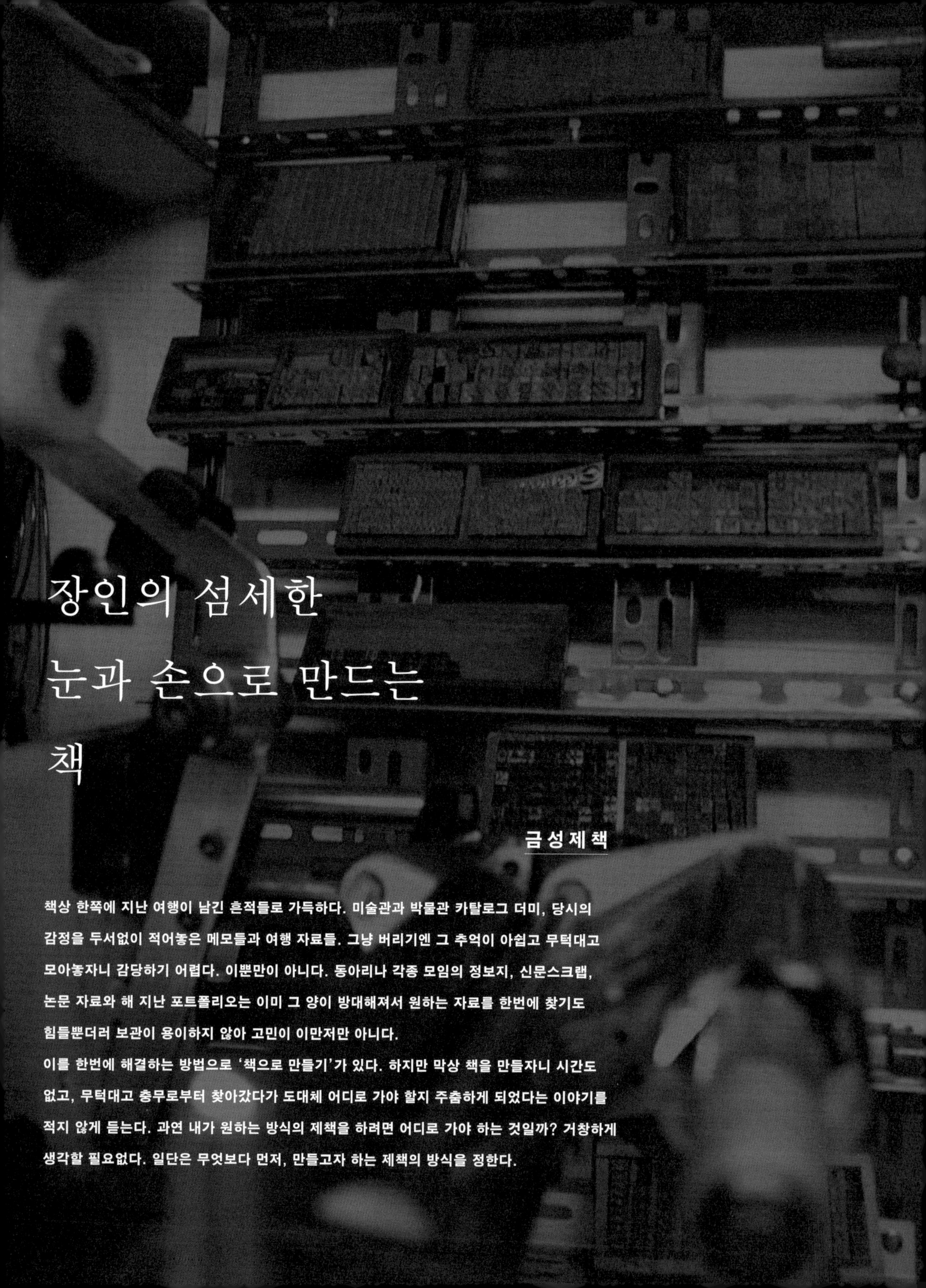

장인의 섬세한 눈과 손으로 만드는 책

금성제책

책상 한쪽에 지난 여행이 남긴 흔적들로 가득하다. 미술관과 박물관 카탈로그 더미, 당시의 감정을 두서없이 적어놓은 메모들과 여행 자료들. 그냥 버리기엔 그 추억이 아쉽고 무턱대고 모아놓자니 감당하기 어렵다. 이뿐만이 아니다. 동아리나 각종 모임의 정보지, 신문스크랩, 논문 자료와 해 지난 포트폴리오는 이미 그 양이 방대해져서 원하는 자료를 한번에 찾기도 힘들뿐더러 보관이 용이하지 않아 고민이 이만저만 아니다.

이를 한번에 해결하는 방법으로 '책으로 만들기'가 있다. 하지만 막상 책을 만들자니 시간도 없고, 무턱대고 충무로부터 찾아갔다가 도대체 어디로 가야 할지 주춤하게 되었다는 이야기를 적지 않게 듣는다. 과연 내가 원하는 방식의 제책을 하려면 어디로 가야 하는 것일까? 거창하게 생각할 필요없다. 일단은 무엇보다 먼저, 만들고자 하는 제책의 방식을 정한다.

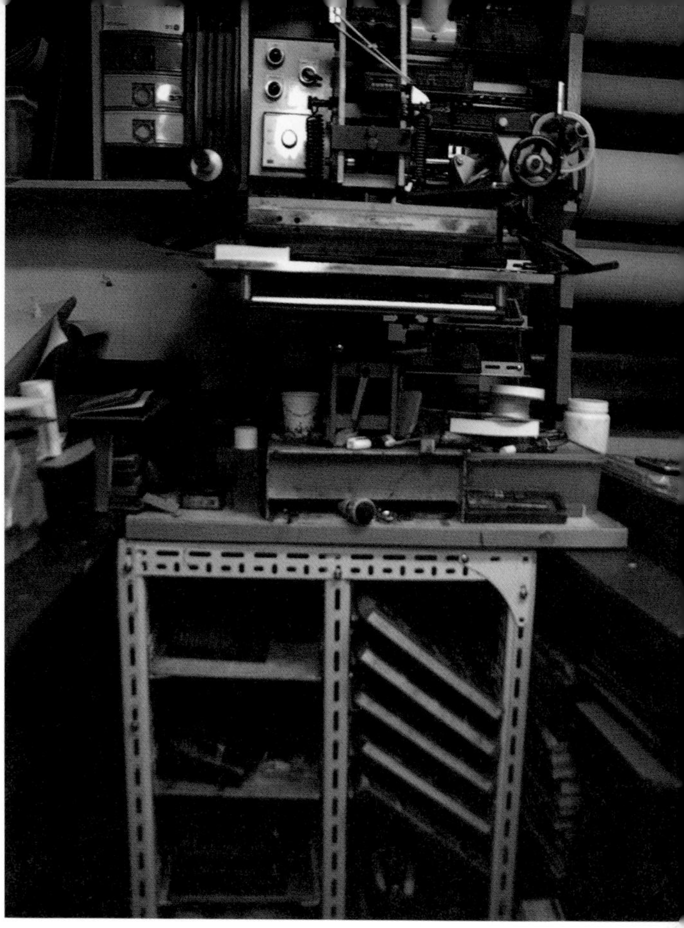

이곳의 소품과 장비들중에 장인의 손길이 닿지 않은 것이 없다.

장인의 작업실

만약 적은 양의 내용물로 질 좋은 결과물을 만들기 원한다면, 이런 시대의 흐름 속에서도 꿋꿋이 한길을 고집하며 수작업 제책을 하고 있는 '금성제책'을 소개한다. 이곳은, 충무로에 거대한 기계들이 들어오고 대량 생산이 늘면서 점차 사라지고 얼마 남지 않은 수작업 제책 집이다. 손으로 만들 수 있는 모든 제책 작업이 가능하지만 특히 장부, 사철 작업을 참 잘한다. 장인의 작업을 굳이 비유하자면, 견고하고 편안한 집을 짓는 것과 흡사하다. 치밀하게 계획하여 디자인하고 거침없는 솜씨로 만들어진 장인의 제책은 사용할 때 편안함마저 느낄 수 있다.

스무 평(66㎡) 남짓한 1층은 막힘 없이 뚫린 공간으로, 재단 및 모으기 작업을 비롯해 인쇄, 창고까지 수용하는 다목적 공간이다. 서너 명이 분주히 움직이는 작업공간을 지나 지하로 향하는 좁은 층계를 따라 내려가면 드디어 장인의 작업실이 나타난다. 중앙에 떡 하니 자리 잡은 책상은 모서리가 뭉툭해져 있고, 작업하면서 달라붙은 접착풀이 오래된 얼룩을 만들었다. 또 왼쪽에 나란히 자리 잡고 있는 두 대의 오래된 사철기계와 손잡이가 닳고 닳아 그 모양을 가늠할 수 없는 문선기계는 이곳의 역사를 말해준다.

필자가 방문했을 때는 마침 갤러리에서 요청한 작품집을 작업 중이었다. 작업하는 동안은 말을 아끼는 장인이기에 그 손길을 잠시 숨죽여 바라보았다. 만들고자 하는 적당한 크기로 종이의 위, 아래, 책배 부분을 깔끔하게 자른 후, 내지를 기계에 넣고 접는 부분에 송곳으로 구멍을 뚫는다. 그리고 책등밴드가 지나가도록 페이지를 추린 다음 중간 중간 잡아당겨 가면서 각각의 접지를 실로 꿰매어 연결한다. 이때 사용하는 기계가 바로 '사철기'다. 구멍을 엇갈려가면서 실이 지나가고, 그 실들은 한번 걸어 묶어주듯이 고정시킨다. 북 프레스기로 눌러 고정시켜주는 사이 한숨 돌리는 장인의 얼굴에 미소가 흐른다. 잠시 쉬는 듯하더니 다시 작업이 시작되었다.
책등밴드와 실을 제외하고 꼼꼼히 본드칠을 한 뒤 말리고 다시 본드칠을 한다. 이런 작업을 2~3회 반복한다. 본드 칠이 마르면 세양사(또는 한지)를 책등 높이에 3~4cm 폭으로 잘라 부드러운 면이 안쪽으로 오도록 붙인다. 세양사는 거즈처럼 성글게 짠 천으로, 실 매기 한 본문 뭉치의 책등을 덮어 부착시키면, 실이 느슨해지거나 풀리는 것을 방지한다. 그 뒤 마지막으로 원하는 커버를 붙여 마무리한다.

특별한 길을 걸어온 사람들의 경험담은 그 무엇과도 바꿀 수 없는 삶의 지침이 된다. 그 경험은 시간이 흐를수록 나만의 것을 만들도록 했고, 수작업이 사라져가는 충무로에서 금성제책은 그 명맥을 아직도 이어가고 있는 것이다. 오랜 경험으로 숙련된 그의 얼굴엔 여유마저 느껴진다.

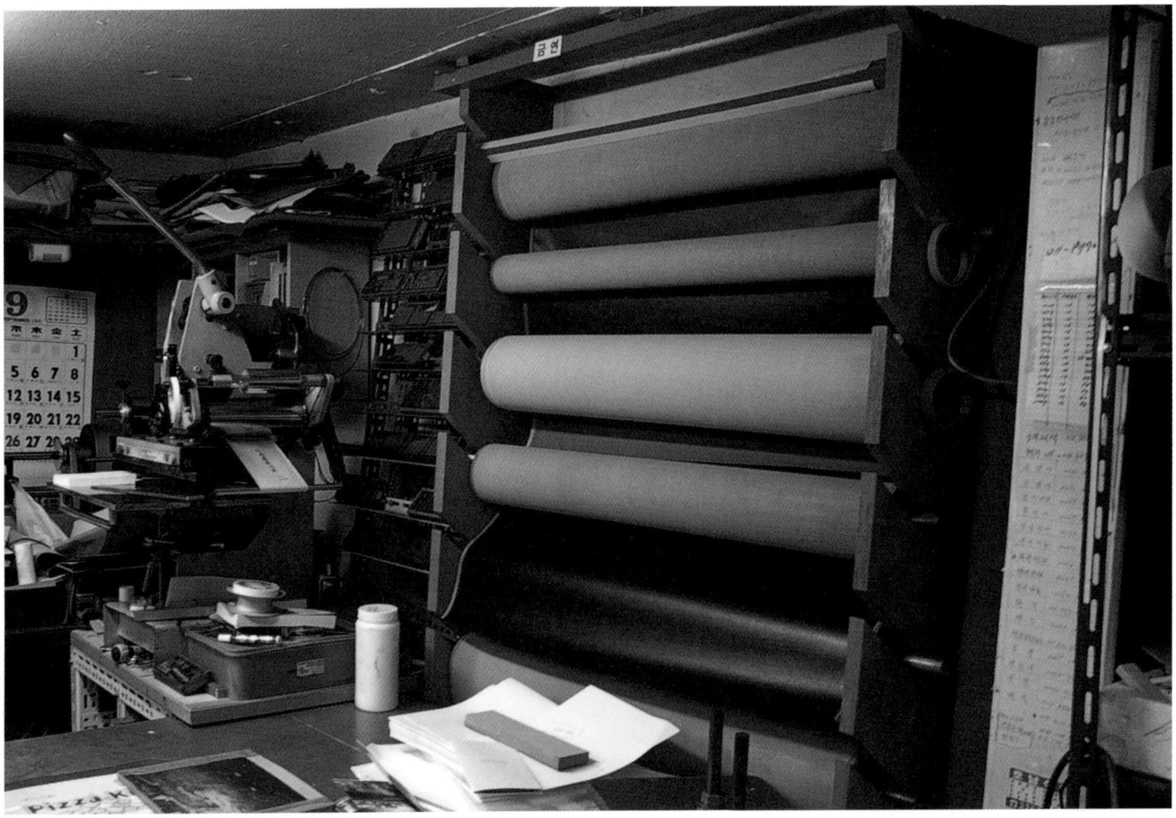

작업실은 비록 좁지만 제책에 필요한 건 다 있다.

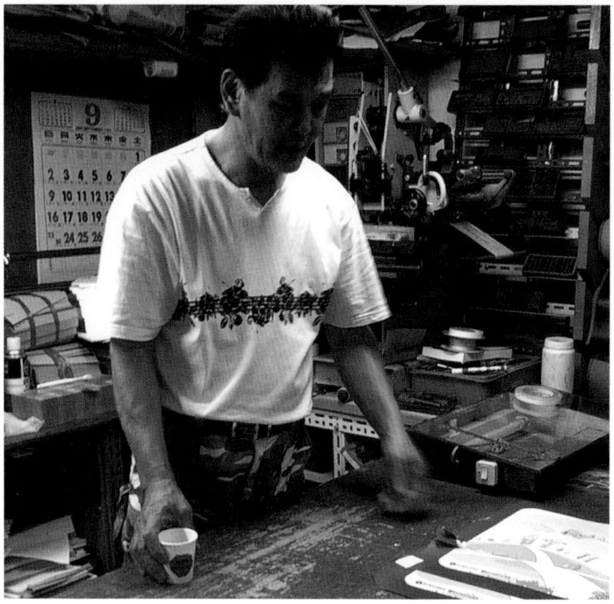

인 터 뷰

책을 짓는 장인의 손

김원 | 금성제책 대표

"학생 시절 우연히 접한 인쇄소 일이 어느새 자그마치 40년이나 계속되고 있네요. 저는 지금도 할 일이 태산인데 저보다 작은 나이에도 벌써 일손을 놓는 주변 사람들을 보면 안타까운 마음이 듭니다. 그래서인지 이 일에 대한 자부심도 큽니다."

흔히 제책사업이라고 하면 대량생산을 생각하지만 김원 대표는 한번에 몇 백 부밖에 작업하지 않는다. 그는 40년을 작업해온 수작업 장인이다. 제책도 얼마든지 예술 작품(김 대표는 굳이 예술 작품이라는 표현을 쓰지 않는다)이 될 수 있다는 것을 그의 거친 손이 말해주고 있었다. 펼침 면이 많은 까다로운 대형 유화작품집도 그에겐 즐거운 일감이 된다. 생생한 경험으로 배운 알토란 같은 실력이 있기 때문이다.

"지금 충무로에서는 첨단설비를 갖춘 대량생산이 대부분입니다. 손으로 일일이 작업할 필요가 없다는 생각에 뼈를 깎는 고통을 감내하면서 이 일에 평생을 들여 몰두할 사람이 없는 거죠. 하지만 진정한 장인으로서 함께할 사람이 있다면 내 기꺼이 그 사람을 제자로 삼아 모든 것을 전수하고 싶어요."

어떤 분야에서든 최고의 경지에 이른 사람들은 하나같이 이러한 자기 인내를 견뎌낸 사람들이라는 걸 새삼 깨달을 수 있었다.

알아두면 편리한 제책의 종류

제책의 종류에는 양장, 반양장, 무선철, 호부장, 중철 등이 있다. 그 중에서 양장의 표지는 두껍고 본문보다 약간 크다. 이는 고급 제책 방식으로 주로 사전류에 많이 쓰인다. 반양장은 표지와 본문의 크기가 같고, 사진첩이나 화보에서 찾아볼 수 있다. 무선철 제책은 전화번호부, 잡지 등에 널리 쓰이며, 자동기계에서 고속으로 대량 제책할 수 있는 장점이 있다. 호부장 제책은 비교적 페이지 수가 많은 교과서류 등에 쓰이며, 철사로 고정하는 방법으로 옆 매기라고도 불린다. 마지막으로 중철은 비교적 페이지 수가 적은 주간지, 그림책, 카탈로그, 팸플릿 등에 널리 쓰이는 제책방식이다. 철사로 제책하며, 가운데 매기(Saddle Stitching) 또는 배철(背綴)이라고도 한다. 표지와 속장을 한꺼번에 맞추어 정리한 다음 반으로 활짝 펴고, 표지의 등에서 철사로 찍어매거나 미싱으로 박고 합친 후 표지와 함께 다듬 재단하여 마무리한다. 이 밖에도 다양한 제책의 방법이 있고, 최근에는 기술의 발달로 다양 각색의 화려한 옷을 입은 책들이 서점을 가득 메우며 제책 영역의 한계를 넘나들고 있다.

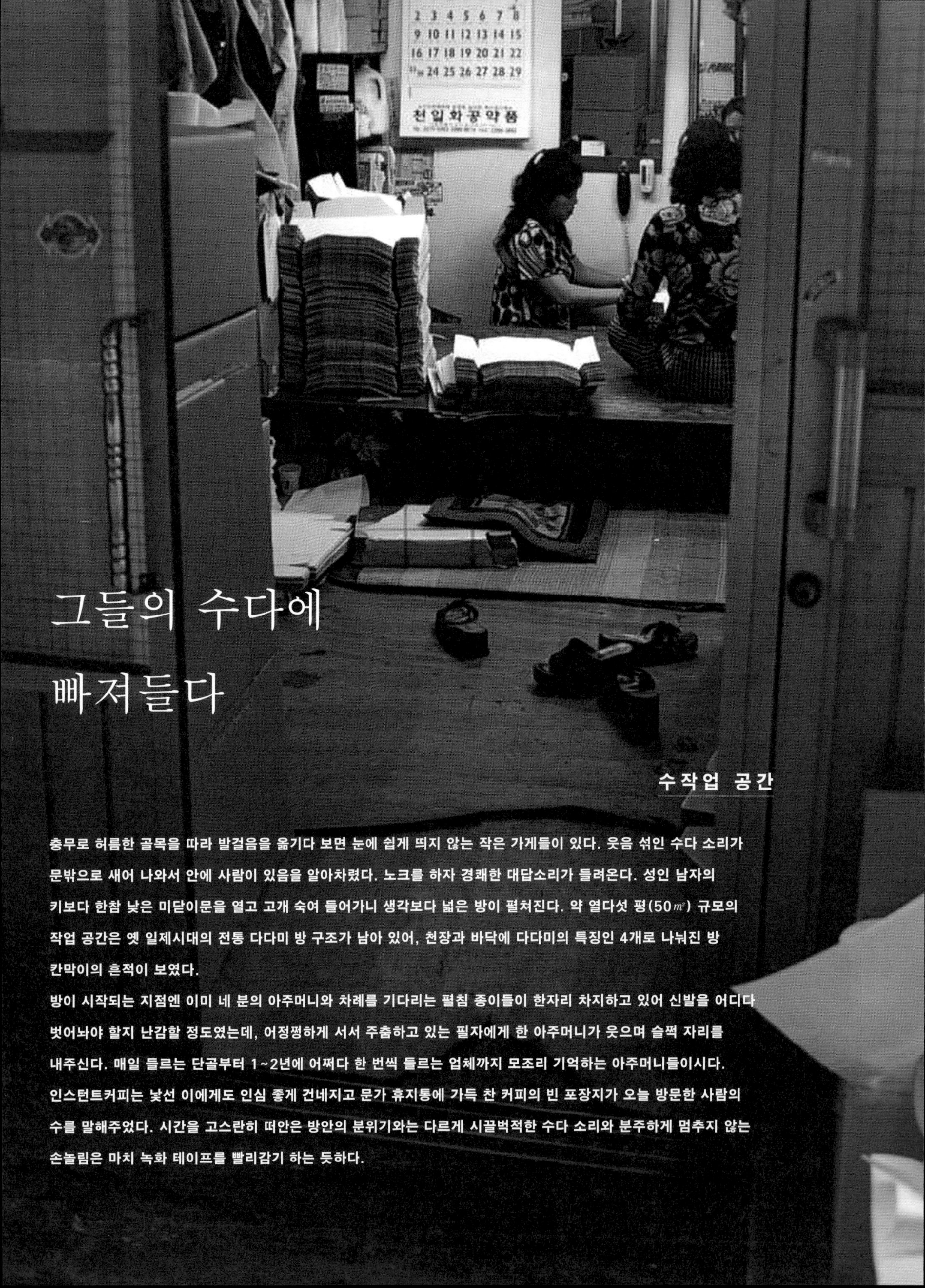

그들의 수다에 빠져들다

수작업 공간

충무로 허름한 골목을 따라 발걸음을 옮기다 보면 눈에 쉽게 띄지 않는 작은 가게들이 있다. 웃음 섞인 수다 소리가 문밖으로 새어 나와서 안에 사람이 있음을 알아차렸다. 노크를 하자 경쾌한 대답소리가 들려온다. 성인 남자의 키보다 한참 낮은 미닫이문을 열고 고개 숙여 들어가니 생각보다 넓은 방이 펼쳐진다. 약 열다섯 평(50㎡) 규모의 작업 공간은 옛 일제시대의 전통 다다미 방 구조가 남아 있어, 천장과 바닥에 다다미의 특징인 4개로 나눠진 방 칸막이의 흔적이 보였다.

방이 시작되는 지점엔 이미 네 분의 아주머니와 차례를 기다리는 펼침 종이들이 한자리 차지하고 있어 신발을 어디다 벗어놔야 할지 난감할 정도였는데, 어정쩡하게 서서 주춤하고 있는 필자에게 한 아주머니가 웃으며 슬쩍 자리를 내주신다. 매일 들르는 단골부터 1~2년에 어쩌다 한 번씩 들르는 업체까지 모조리 기억하는 아주머니들이시다. 인스턴트커피는 낯선 이에게도 인심 좋게 건네지고 문가 휴지통에 가득 찬 커피의 빈 포장지가 오늘 방문한 사람의 수를 말해주었다. 시간을 고스란히 떠안은 방안의 분위기와는 다르게 시끌벅적한 수다 소리와 분주하게 멈추지 않는 손놀림은 마치 녹화 테이프를 빨리감기 하는 듯하다.

다양한 수작업의 재발견

잠시 휴식시간을 갖은 아주머니들이 곧바로 다시 작업에 몰입하기 시작했다. 1930년대의 건물 안에서 21세기의 정보들이 그들의 손 아래 반듯하게 정리되고 있었다. 이곳에서 진행되는 수작업은 정말 다양하다. 봉투 날개에 봉합용 양면테이프 붙이기, 미리 만들어진 포스터의 구멍에 고무줄 끼워 넣기, DM 봉투에 전단지 속지 넣고 풀칠하기, 냉장고 등에 부착할 수 있는 각종 홍보 전단물 뒷면에 고무 자석을 고정하기, 인쇄가 잘못된 부분에 수정 스티커 붙이기, 완성된 책 표지에 지저분하고 더러운 부분을 지우개와 특수 액으로 꼼꼼히 지우고 닦아내는 작업 등. 이 밖에도 소소한 작업들이 우리가 미처 깨닫지 못했지만 모두 이곳을 거쳐 완성되고 있었다. 작업의 양과 종류는 그때그때 다르게 진행되며 작업하시는 아주머니도 작업반장을 제외하고는 대부분 자주 바뀐다.

때마침 봉투 접기와 상자 접기 작업이 시작되었다. 상자 노끈 포장과 테이프 포장은 구석에 위치한 기계들이 수고를 덜고 있지만 여전히 작업마다 아주머니들의 손길이 꼼꼼하게 미치지 않는 곳이 없었다. 한 치의 오차도 허용하지 않는 솜씨는 기계보다 빠르고 날렵하다. 특히 봉투 날개에 양면테이프를 붙이는 작업은 봉투 날개를 찾아 양면테이프를 집어 봉투 날개 정 중앙에 정확히 붙이기까지 1초도 채 걸리지 않았다. 아주머니들의 현란한 손놀림과 빠르고 정확한 완성도에 탄성을 지르자 쑥스러움에 잠시 머뭇거리신다.

다른 한쪽에서는 상자를 접고 계셨다. 크게 4가지로 나뉘는 상자의 기본형은 조금씩 변형되어 수십 수백만 가지의 다양한 형태로 제작되는데 그 모든 디자인을 섭렵한 듯 거침없다. 호기심이 발동해 조심스레 따라해

매일 들르는 단골손님부터 어쩌다 한 번씩 들르는 사람들까지 모조리 기억하는 아주머니들의 인사는 낯선 이들에게도 인심 좋게 건네진다.

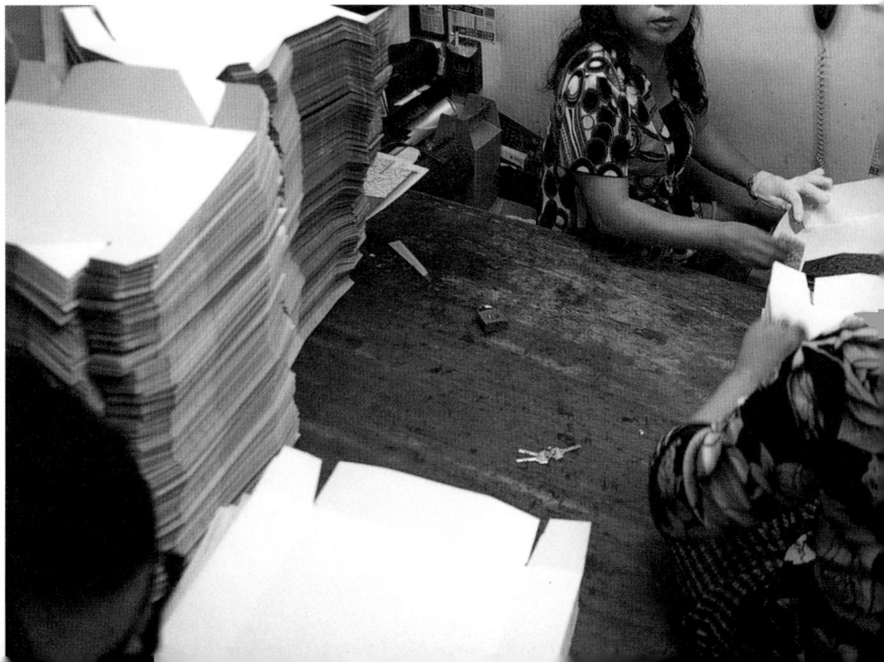

보겠다고 나섰다. 작업에 방해되지 않게 한쪽 구석에 자리를 잡았다. 상자의 종류도 많을뿐더러 보기엔 간단해 보이는 상자 접기가 의외로 까다로웠다. 작업들 중에서 가장 간단해 보이는 상자를 선택해 겨우 10개 완성하는 동안 아주머니들은 접는 방법을 꼼꼼히 알려주면서도 이미 20개 이상을 접어냈다. 꼼짝 않고 30분 동안 앉아있는 것도 만만치 않은 이 힘겨운 일들을 한 달이고 일 년이고 비가 오나 눈이 오나 한결같이, 그것도 지친 기색 하나 없이 하고 있다니 정말로 대단한 지구력의 소유자들이다. 이것이 바로 소박한 장인의 모습이 아닐까 한다.

녹슬 틈 없던 20년간의 손놀림

처음에 시작할 때는 이렇게 오래할 생각이 없었단다. 특별한 재주 없이 소일거릴 찾다가 우연히 이 일을 접하게 되었고, 하다 보니 속도가 붙고 일거리가 늘기 시작하면서 단골들이 생기고, 그들로부터 살아가는 정을 느끼면서 시간은 흘러 어느새 이곳의 터줏대감이 되었단다. 커다랗고 나지막한 상 하나를 사이에 두고 아주머니 네 사람은 둥그렇게 둘러앉아 사람이 들어오든 대화의 화제가 바뀌어서 이야기가 심각해지든 상관없이 손끝을 움직인다. 모양이 판이하게 다른 상자들과 봉투들이 네 아주머니의 쉴 새 없이 움직이는 손끝에서 만들어진다.

사람의 손으로 하는 모든 것들은 시간과의 싸움이다. 마음이 급해 서두를 경우 오히려 역효과를 낸다며 끈기와 인내가 필요한 작업일수록 서두르지 말라고 장인들은 충고한다. 이들처럼 오랜 시간 꾸준히 갈고 닦은 세월을 이겨내야 시간을 거스를 수 있는 자신만의 속도를 가질 수 있는 것이 아닐까. 어느새 저녁시간이 가까워져 어둑어둑한 하늘 아래 눈과 손은 여전히 작업에 열중하지만 세상과의 소통으로 정신이 없는 아주머니들의 구수한 수다는 지칠 줄 모르고 계속되었다.

삐걱대는 나무 작업대 앞에 앉아 산처럼 쌓인 종이박스만큼 그들의 웃음 섞인 수다도 쌓여간다. 작업마다 아주머니들의 손길이 꼼꼼하게 미치지 않는 곳이 없다. 한 치의 오차도 허용하지 않는 솜씨는 기계보다 빠르고 날렵하기까지 하다.

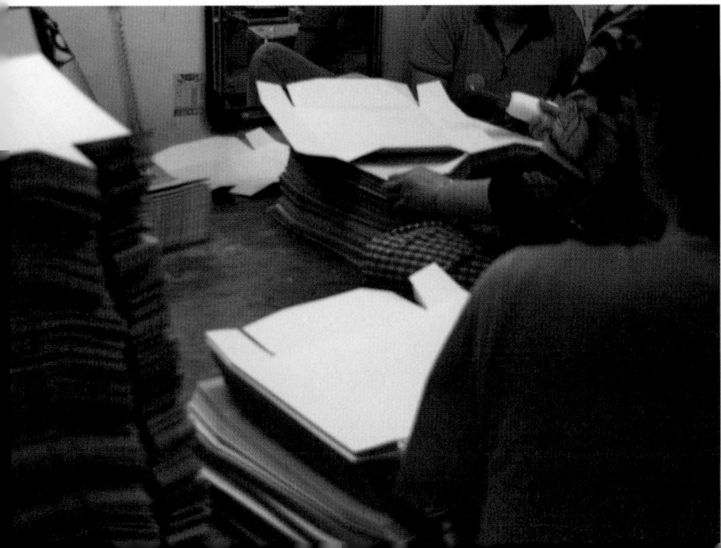

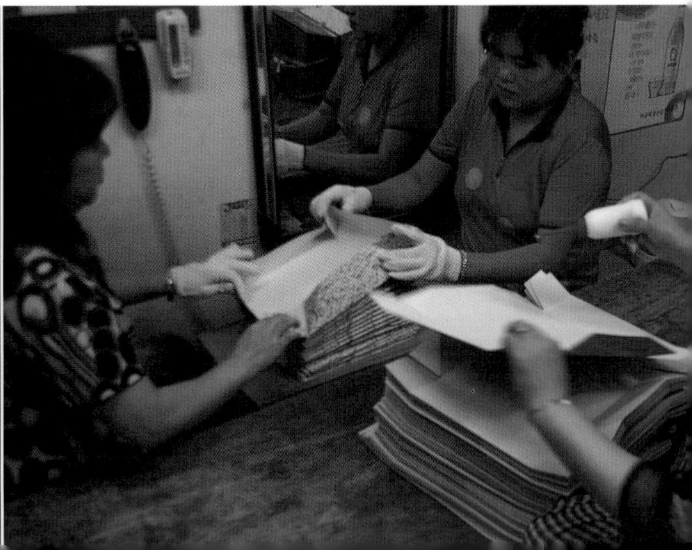

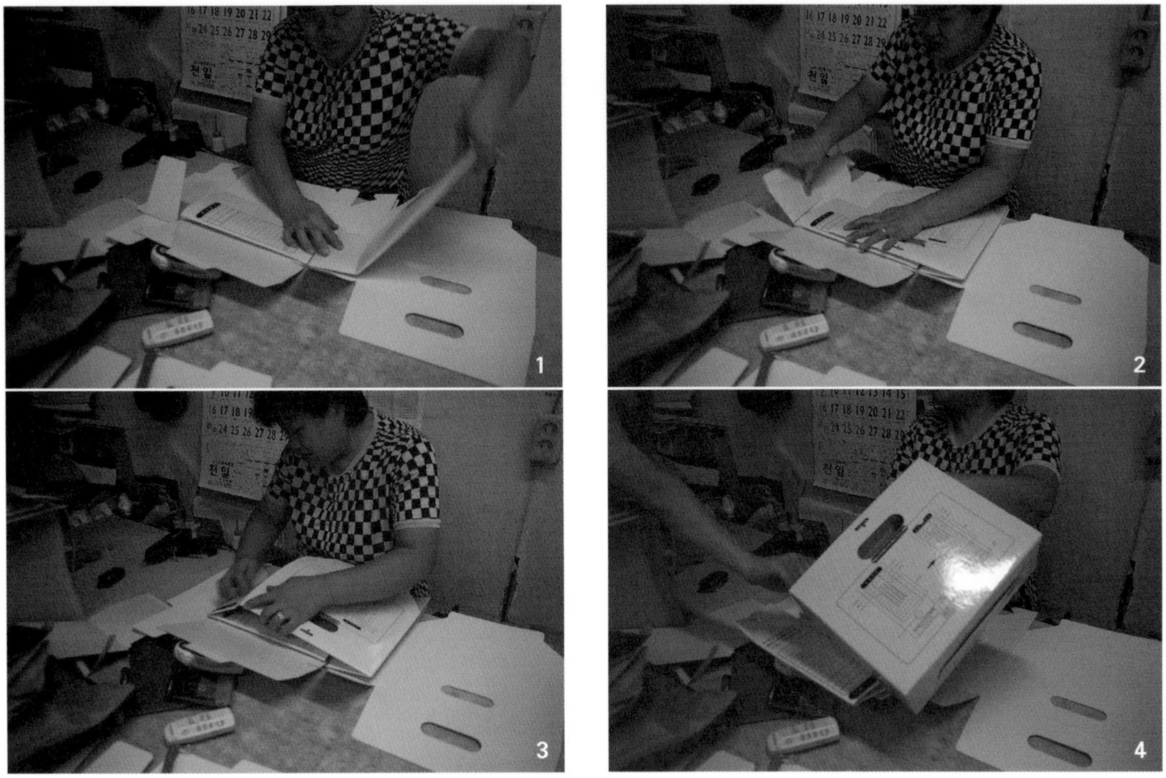

제작과정

1 상자를 만드는 작업은 펼침 종이의 날개를 접는 일부터 시작된다.

2 미리 만들어진 네 방향의 모든 접이 부분을 접어 모양을 만든다.

3 상자 날개 부분에 접착풀을 붙여 완성된 모양을 갖춘다.

4 단순해 보이는 작업이지만 상자의 종류도 많을뿐더러 손이 많이 가는 접기 작업은 의외로 까다롭다.

꼭 충무로까지 가지 않더라도 집에서 간단히 제작할 수 있는 재료와 방법을 일러주는 다양한 사이트들이 있다. 바쁜 업무에 쫓기거나 여가시간을 내기 힘든 사람이라면 인터넷을 활용해보자. 다양한 제책의 종류에 따라 적당한 재료를 구입할 수 있으며 핸드메이드 노트(hand-made note), 나만의 다이어리 만들기 등 초보자도 따라 하기 쉽도록 오프라인 강좌도 수시로 연다.

책공방 북아트센터	http://bookbus.co.kr
셀통	http://www.celltong.com
부키아트	http://www.bookyart.com
즐거운 책만들기 교실	http://www.kidsbookart.com
렉또베르쏘	http://www.rectoverso.co.kr
비본	http://www.bibon.co.kr
바인딩몰	http://www.bindingmall.com

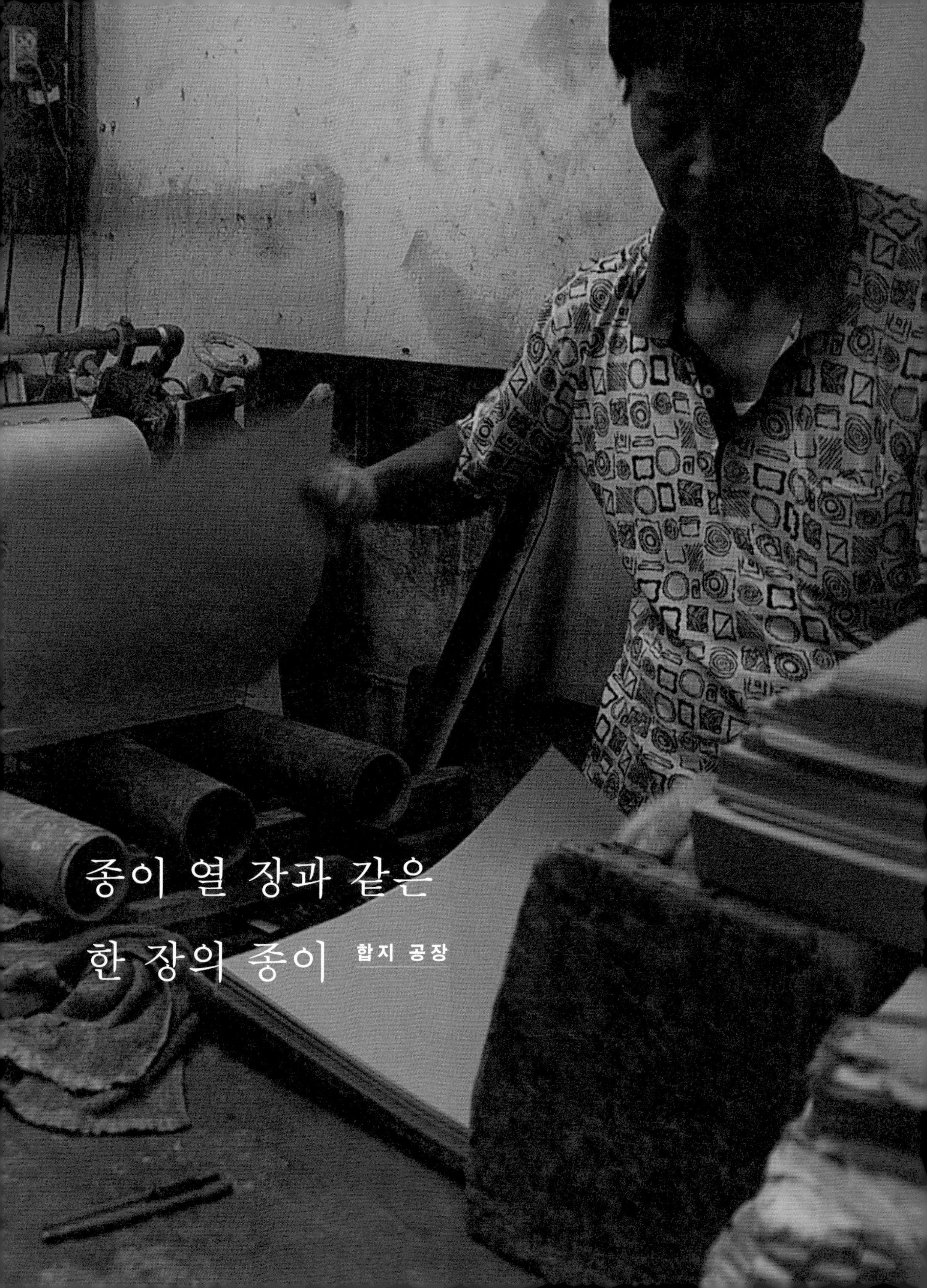

종이 열 장과 같은 한 장의 종이

합지 공장

이제 책을 만드는 소재는 무궁무진해졌다. 첨단 디지털 시대의 책은 단순히 정보를 담는 그릇이 아니라 인테리어 소품으로 소장하고 싶을 만큼 디자인이 좋아지고 나를 특별하게 만들어주는 또 다른 가치가 되고 있다.
그래서 특별해지기 위해, 더 새로워지기 위해 책은 오늘도 다양한 소재로 변신 중이다. 하지만 여전히 가장 중요한 재료는 종이다. 책의 가장 기본이 되며 책을 구성하는 데 없어서는 안 될 요소이기 때문이다.
종이도 점차 진화하고 있다. 다양한 질감과 두께에 갖가지 색깔을 낼 수 있는 요즘엔 그렇게 만든 특수 가공종이가 시선을 사로잡기 때문에종이의 선택도 신중해야 한다. 그 중에서 양장 제책의 표지에 사용되는 합지를 알아보자.

책 표지에 생명을 불어넣는 합지

오래된 양장 책의 모서리가 닳아 부채처럼 종이가 여러 겹으로 갈라져 벌어진 것을 본 적이 있을 것이다. 이 두꺼운 표지 속에 숨어 있던 몇 겹으로 합쳐진 종이가 바로 책을 보호하는 겉표지에 사용되는 '합지'다. 사전적 의미로 합지란 2장 이상의 종이나 판지를 서로 붙이는 것을 말하는데, 이처럼 여러 장이 겹쳐져 가공된 합지는 견고하고 휘어짐이 없기 때문에 양장 제책의 표지나 박스 등 다용도로 활용된다.

합지의 종류는 크게 고급 백판지와 일반 백판지로 나뉘는데 일반 백판지는 아이보리 판지, SC 판지, TM 판지 등으로 새 펄프에 폐지를 섞어 넣어 용지 두께와 밀도가 우수하고 인쇄와 제작이 용이하여 일반 산업용 상자의 재료로 널리 쓰인다. 고급 백판지는 폐지를 전혀 사용하지 않은 100% 표백펄프로 만든다. 따라서 사진 용지, 종이컵, 식품용기, 쇼핑백, 주류, 담배 케이스 등 상품적 가치를 높여야 하는 제품의 포장용기 재료로 사용된다.

합지 공장은 충무로에 대부분이 밀집해 있으며 아직도 활발하게 제작 중이다. 전통방식으로 제작하는 곳부터 첨단시설을 이용하는 곳까지 그 종류도 다양하게 찾아볼 수 있다. 명보극장으로 이어지는 충무로 중심 골목을 찾아 들어가면 합지 가공공장들이 죽 이어진다. 정신없이 돌아가는 기계음에 맞춰 발 빠르게 움직이는 사람들, 문밖에 두툼하게 쌓아 올린 종이더미와 또 다시 어디론가 싣고 갈 준비를 하는 오토바이 트럭들이 정겹다. 아마도 이곳은 이 세상에서 가장 운치 있는 '책 재료' 거리가 아닐까?

마침 합지 제작이 한창인 업체를 방문할 수 있었다. 100% 수작업으로 진행되는 이곳은 작업하시는 분들의 대부분이 15년 이상의 노하우를 지닌 분들이다. 커다란 롤러를 사이에 두고 세 사람이 분주하게 작업 중이었다. 두 사람이 나란히 서서 합지 될 종이를 접착풀이 끊임없이 흐르는 롤러에 통과시키면 반대쪽의 한 사람이 풀을 통과한 종이를 받아 풀이 묻지 않은 종이 사이사이에 끼워 넣어 접합한다. 정해진 수량만큼 접착된 종이 뭉치는 뒤틀림을 방지하기 위해 프레스기로 옮겨져 일정 시간 압착시킨다. 보기엔 간단해 보이는 작업과정이지만 풀이 흘러내리거나 알맞은 위치에 접합되지 않으면 폐지가 되어버리기 때문에 빠른 손놀림과 정확한 접합이 요구된다. 이렇게 만들어진 합지는 합지 제책 등에 활용된다.

합지 제책 과정

합지 제책의 과정은 접지를 한 후 정합을 하는 일반적인 제책 과정과 비슷하다. 하지만 후지(厚紙)접지기 사용에 주의해야 한다. 이는 4페이지만 접을 수 있도록 설계되어 있어 용지가 두껍지 않으면 서로 맞붙일 때 밀리는 현상이 발생할 수 있기 때문이다. 따라서 합지책을 제작할 때는 보통 BV, PV, PW, SC 등 300g/㎡ 이상의 용지를 사용해야 한다. 정합 방식은 각 페이지를 맞물려 붙여야 하기 때문에 2페이지나 4페이지로만 작업하지만 디자인에 따라 책에 볼륨을 주기 위해 페이지와 페이지 사이에 하드보드지 또는 별도의 300g/㎡ 이상의 낱장 용지를 맞붙이기도 하며, 450g/㎡ 이상의 용지를 각각의 면에 붙이기도 한다.

정합기에서 인쇄물이 빠져나오면 풀칠 롤러를 통과하여 체인에 떨어지면서 정합 및 배접이 동시에 이루어진다. 합지 제작용 풀칠 롤러는 종이에 풀이 잘 묻도록 표면에 가는 홈이 파여 있어 그 사이로 풀이 잘 전달되도록 설계되어 있다(실크스크린 기법 응용). 정합과 배접이 끝나면 압축기로 눌렀다가 표지를 붙인 후 3면 재단기 또는 일반 재단기로 책의 위아래와 책배까지 3면을 재단한다. 표지는 책등과 뒤표지에 책등 크기만큼의 선압을 넣어주며 책등에는 풀칠하지 않는데 이는 책을 펼쳤을 때 책이 잘 넘어가기 위함이다. 마지막으로 펀칭 작업(모양 따기)은 유압으로 작동되는 펀칭기를 이용해 BV, PW, SC 300g/㎡ 이상의 용지로 작업된 합지책의 테두리를 가공한다. 현장에서 '우끼누끼'라고도 부르는 이 펀칭기는 부분 모양 따기와 달리 한 번에 여러 부를 작업할 수 있어 합지제책 외에 다양한 작업에도 사용된다. 합지 책 모양 따기를 할 때는 책등이 터지지 않도록 책등의 위아래에 1㎜ 정도의 홈이 생기도록 한다. 이런 합지 제책은 고급스러운 카탈로그나 캘린더, 유아 · 아동용 그림책에서 많이 사용된다. 책장이 두꺼워서 책 넘김이 편하고 책에 담긴 내용이 많지 않아도 두껍게 제작할 수 있어서 손에 잡히는 느낌이 좋은 제책 형태다. 하지만 용지의 사용에 제약이 있고 쪽수를 고려해야 하는 단점이 있다.

하루도 쉬지 않는 합지 접합기계.

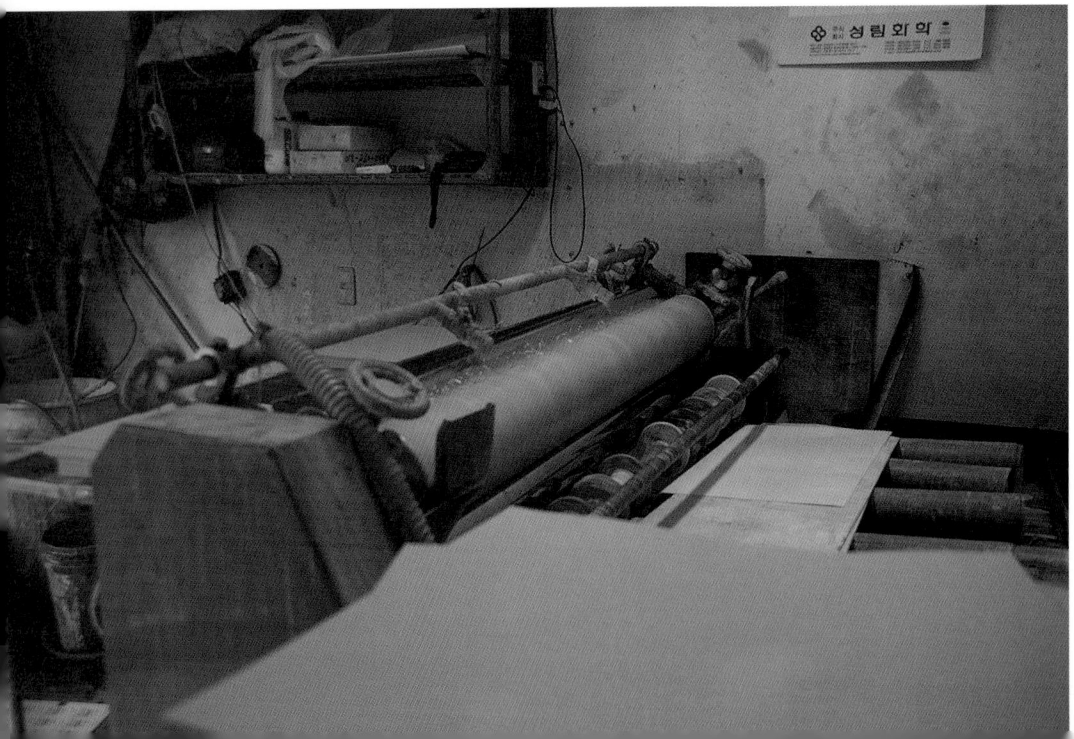

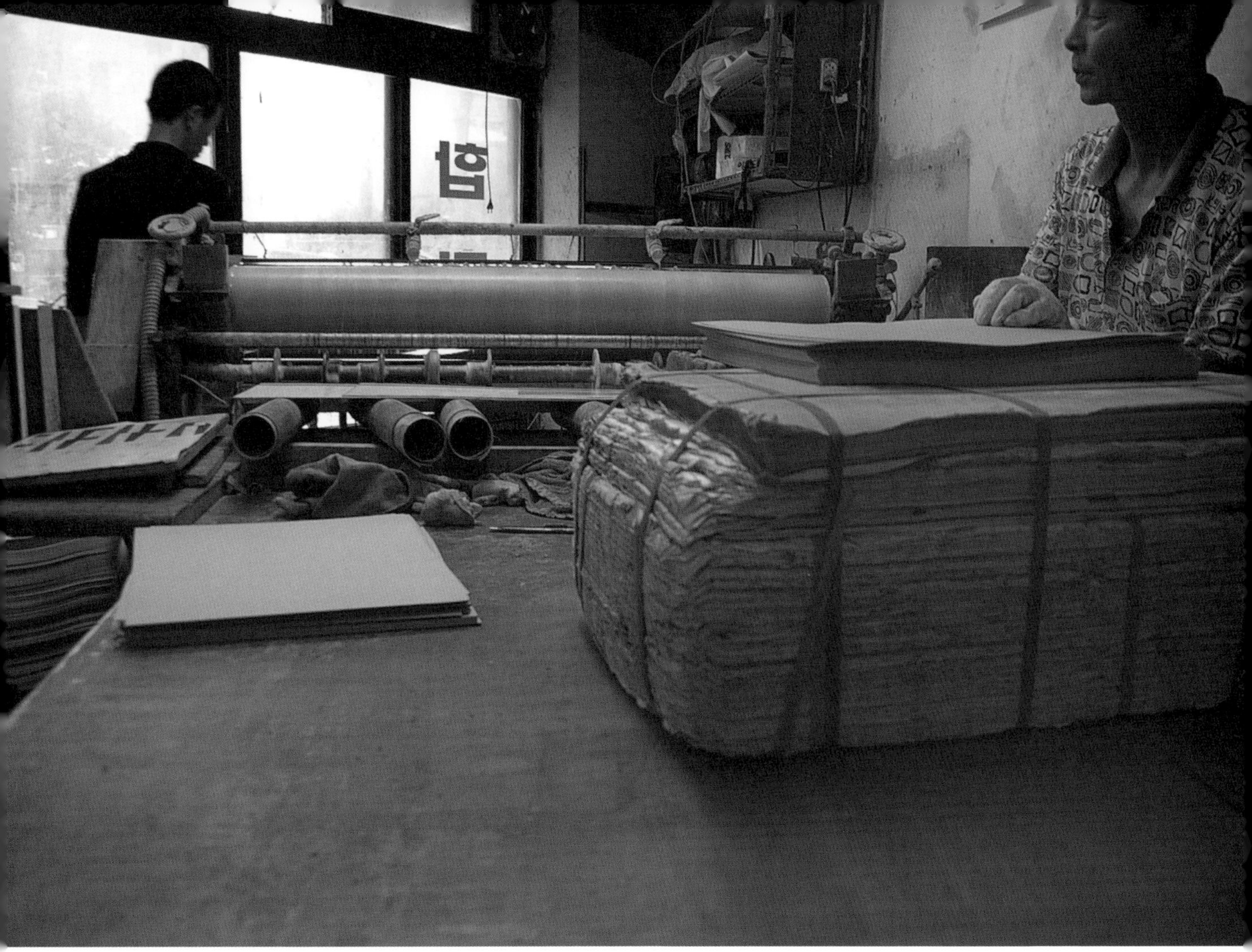

100% 수작업으로 진행되기 때문에 작업하는
장인들의 대부분이 15년 이상의 노하우를 지녔다.

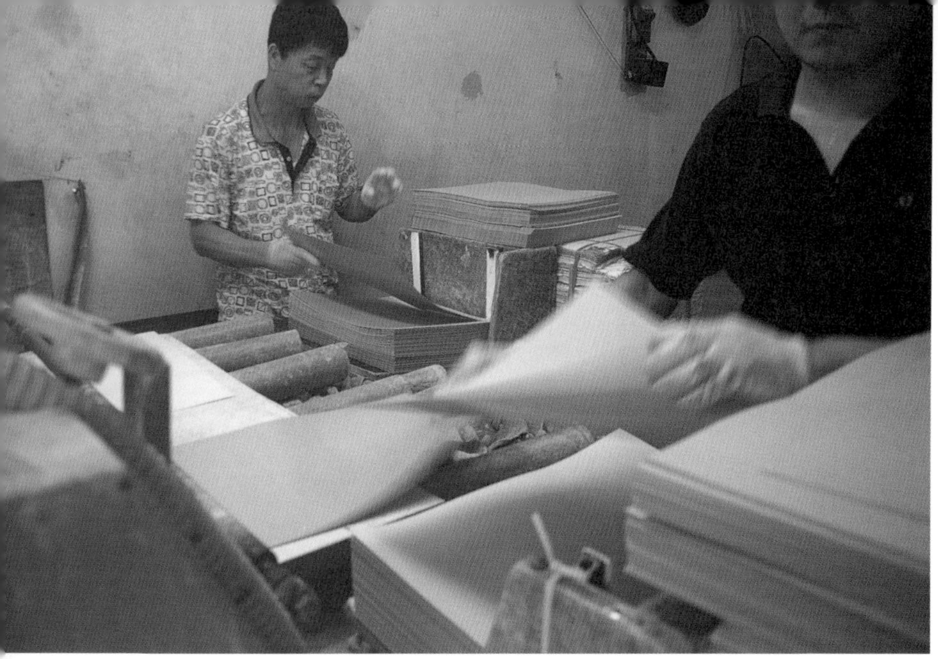

풀이 흘러내리거나 종이가 제 위치에 접합되지 않으면 폐지가 되기 때문에 빠른 손놀림과 정확한 작업이 요구된다.

1x1=1, 이것이 가공이다

접합가공지(laminated paper)라고도 불리는 합지는 접착제나 열 접착 방법을 사용하여 프레스기와 라미네이터라는 가공기를 이용해 눌러 접합한다. 가공 방법에 따라 순수 종이만을 접합하여 만든 종이합지와 새로운 성질의 종이를 만들기 위해 갖가지 재료로 2차의 가공을 실시한 특수 가공지로 나뉜다.

우리가 흔히 볼 수 있는 2㎜ 두께의 양장표지가 대표적인 종이합지며 일명 '보드지'라고 불리는 라이싱지, 뮤즈엄지, 하드보드지, 아트지, 일러스트지 등도 모두 종이합지의 종류다. 라이싱지의 정확한 명칭은 라이싱 컨버저 매트 보드라고 하며, 중성지로 색의 변질이 없고 휨 현상이 없기 때문에 건축 모형의 재료로도 많이 활용된다. 라이싱지의 단위는 ply 단위로 2P, 4P, 8P가 있으며 2P가 약 1㎜, 4P가 약 2㎜ 정도의 두께다. 뮤즈엄지는 라이싱 뮤즈엄 마운팅 보드라고 하며 라이싱지와 거의 비슷하나 약간 더 두껍고 견고하다. 하드보드지는 변형이 쉬워 많이 사용되지 않지만 구하기가 쉽다는 장점이 있다. 마지막으로 일러스트지는 흔히 볼 수 있는 앞, 뒤로 매끈매끈한 두꺼운 도화지를 말한다. 이처럼 종이끼리 접합하여 가공하는 이유는 두께와 강도를 높이기 위해서, 그리고 골판지처럼 내구성을 높이기 위해서다.

종이에 특별 가공을 한 특수 가공지의 경우는 훨씬 다양해서 그 종류가 수십 가지에 이른다. 대표적으로 라미넥스지, 바니시 코팅지, 파라핀지, UV코팅지 등이 있다. 이들은 다른 재료끼리 접합 가공하여 종이가 갖고 있는 약점인 내습성, 내지성, 차광성을 보완하고 높이기 위해 개발되었다. 주변에서 손쉽게 접할 수 있는 우유나 주스의 포장용기로 사용되며, 담뱃갑 속의 은박지도 그 중 하나다.

컴퓨터의 등장과 초고속 인터넷의 보급으로 종이의 역할이 점점 퇴색되어가는 것 같지만 종이는 그 영역에 경계선이 없는 자유로운 소재다. 표면에 약품을 이용해 가공을 하고 색다른 소재를 더해 접합을 하면서 종이는 또 다른 종이로 다시 태어난다. 가공이란 한 가지 재료와 또 다른 재료를 더하기가 아닌 곱하기의 노력으로 가미되어 전혀 다른 새로운 하나의 재료로 탄생하는 과정인 것이다.

제작과정

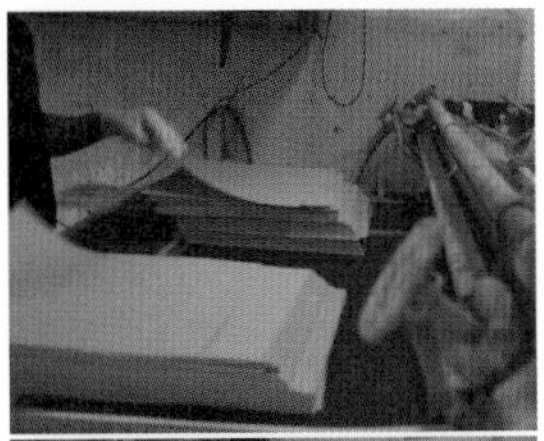

1 풀이 흐르는 롤러 사이로 종이를 밀어 넣는다. 이때, 너무 빠르게 집어넣거나 머뭇거리면 앞서 들어간 종이와 겹쳐져 폐지가 될 수 있기 때문에 적당한 속도로 밀어 넣어야 한다.

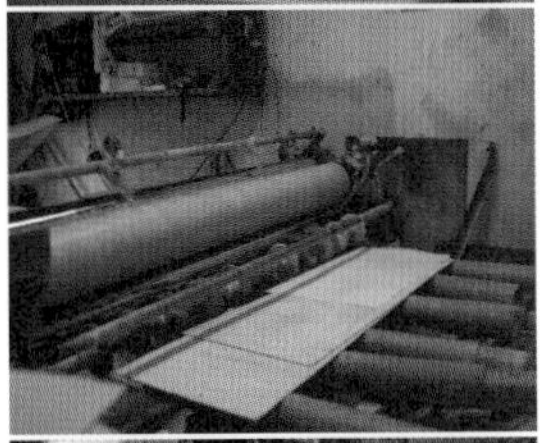

2 합지 제작용 풀칠 롤러는 종이에 풀이 잘 묻도록 표면에 가는 홈이 파여 있어 그 사이로 풀이 잘 전달되도록 설계되어 있다(실크스크린 기법 응용).

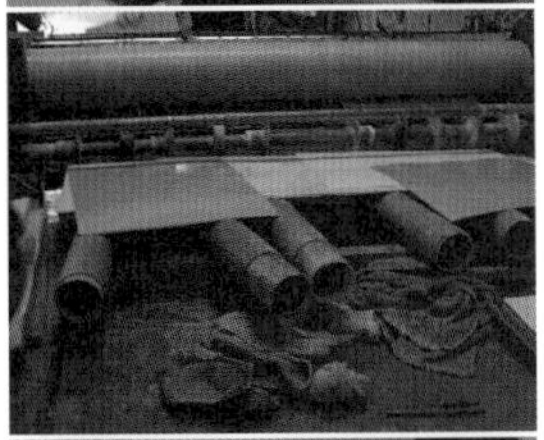

3 종이가 롤러를 통과하면서 한쪽에만 풀이 묻어 있다.

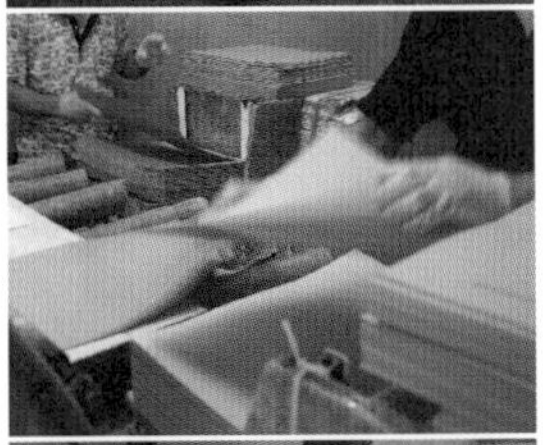

4 롤러를 통과하면서 풀이 묻은 종이와 풀칠을 하지 않은 종이를 겹쳐 접합한다.

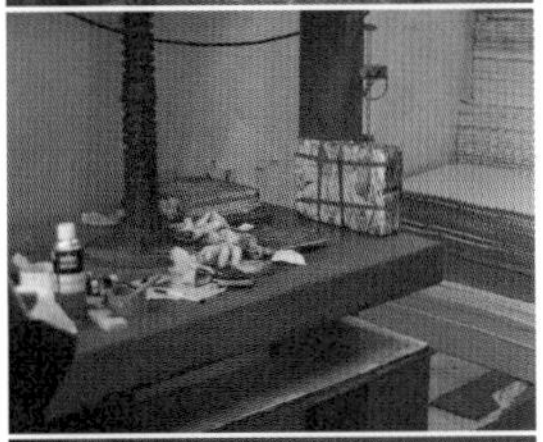

5 접합이 끝나면 압축기로 눌러 고정시킨다.

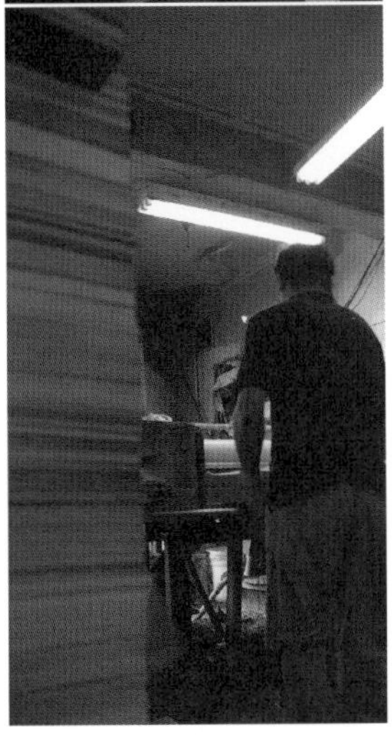

6 작업이 끝난 완성된 합지. 단지 몇 시간 작업으로 합지 더미가 어느새 장인의 키를 훌쩍 넘어 작업실 입구를 가득 채우고 있다.

배접이란

배접(Back Lining)은 용지의 면(面)과 면을 붙인다는 의미로 배접기는 대국전 매엽 인쇄기와 동일하게 720×1,020㎜가 최대 급지 규격이다. 보통 스트림 피드 방식으로 상지(上紙), 중지, 하지를 각각 급지하고 풀통을 통과시키며 풀칠한 다음 압축 롤러 사이를 지나가며 두 장 또는 세 장이 접합된다. 배접된 종이는 압축 고무판 벨트를 통과해 배지부에 자동 적재된다. 상·하 두 장을 붙이는 배접은 2합이라 부르고, 상·중·하 석 장을 붙이는 배접은 3합이라고 한다.

❶ 숙성(건조)
넓은 면에 풀칠해서 종이를 붙이는 배접은 충분한 시간 동안 잘 건조해야 한다. 풀 자체가 불량이었다거나 건조 시간 동안 습도 유지가 일정하지 않았다면 배접지가 휘어지는 현상이 발생할 수 있다. 상·하지에 라미네이팅이 되어 있는 경우는 물론 그렇지 않은 배접지라도 랩을 감아서 바람이 잘 통하는 음지에서 4일 정도 숙성 건조시키는 게 좋다. 배접 작업 후 가장 이상적인 수분 함량은 10%고, 건조 후 8(0.5)%가 되어야 한다.

❷ 배접 용지 평량
상·하지로 급지되는 2합지 용지의 평량은 최소 150g/m2 이상 되어야 무리 없이 작업할 수 있다. 하드보드지를 사용하지 않은 2합지는 최소 평량 250g/m2 이상의 용지로 만들어야 한다.

❸ 파노라마 책 배접
접힌 부분을 길게 펼칠 수 있는 파노라마 책에 사용되는 배접지는 잘 접히도록 접선부에 골을 만들어야 하기 때문에 하드보드지의 위아래에 1cm 간격으로 0.5㎜ 깊이의 홈을 파서 뼈대를 먼저 만들어주고 배접한다. 이 뼈대 간격이 부족하면 작업 중에 하드보드지가 끊어지는 경우가 발생할 수 있으므로 터잡기할 때 정확하게 해야 한다. 상·하지는 180g/m2 이상의 용지를 사용하며, 자주 접었다 폈다 하는 책이기 때문에 상·하지에 각각 라미네이팅을 해서 접선부가 찢어지지 않도록 견고성을 높이는 게 바람직하다.

❹ 실크스크린 배접
앞서 살펴본 들추기 합지 책처럼 부분적으로 배접해야 할 때는 풀칠 역시 부분적으로 해야 한다. 통상 실크스크린 기법을 이용해서 풀이 묻어야 할 부분과 그렇지 않은 부분을 구분해서 작업한다. 이러한 실크스크린 배접은 퍼즐 책이나 팝업북, 또는 팝업북의 일종인 유아용 들추기 책에 주로 이용된다.

❺ 수작업 배접
스펀지를 배접하는 경우나 부분 배접의 정밀도와 난이도가 높은 경우, 또 파노라마 책처럼 뼈대가 약할 경우는 기계 작업이 어려우므로 수작업으로 완성한다.

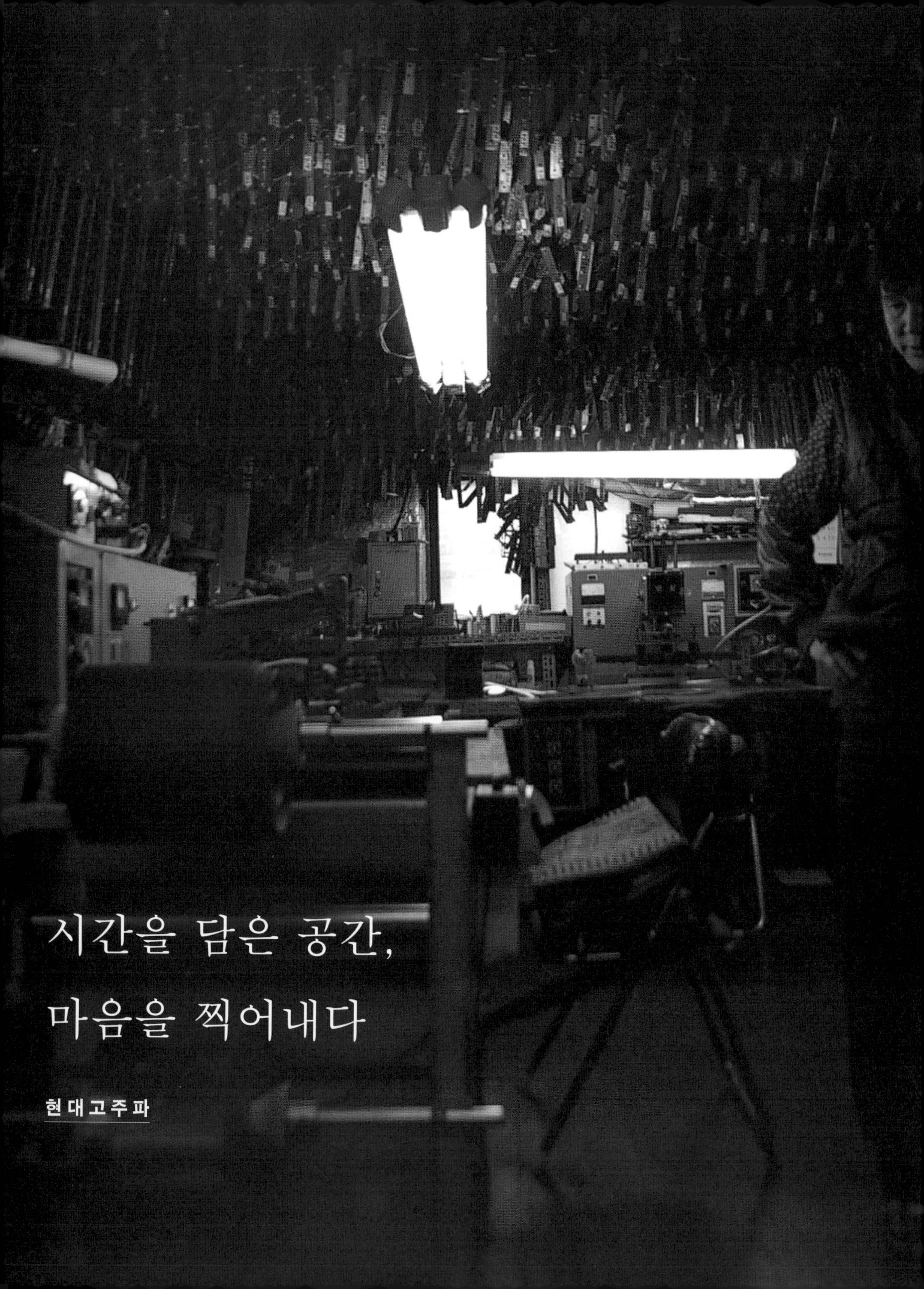

시간을 담은 공간,
마음을 찍어내다

현대고주파

"장인의 생활은 직업이 아니라 살아가는 방식"이라고 한 일본 작가의 말처럼 장인이 거쳐온 삶은 경험이 되고 문화가 되어 사람들에게 고스란히 전해진다. 특히 그의 모든 것이 그대로 녹아있는 오래된 작업실은 잊었던 과거의 아련한 추억까지 떠올리게 해준다. 이는 아마도 그의 손끝에서 전해지는 작업물뿐만 아니라 그가 보여주는 꾸밈없는 일상이 보여주는 진솔함 때문일 것이다. 낡은 곳에서 만들어지는 작업물은 완성 속도가 느리고 시대에 뒤떨어질 거라는 '못된' 선입견으로 사람들이 멀리한 시간 동안 장인의 삶은 외면당해 왔다. 하지만 최근 아날로그니 슬로니 하며 여유로움을 느끼고 싶어 하는 사람들이 하나 둘 늘어나는 것은 아마도 먼지가 가득 쌓인 낡고 오래된 물건들을 들여다보면서 문득 삶의 의미를 다시 생각하게 되며 일상에 지친 복잡한 머릿속을 차분히 가라앉힐 수 있기 때문이 아닐까?

작업실 스케치

현대고주파의 첫인상은 특별했다. 햇빛 잘 드는 2층에 위치하고 있지만 손바닥만 하게 뚫려 있는 창문은 어느새 작업물들과 각종 재료들이 차지해버려서 대낮에도 형광등을 켜지 않으면 작업을 할 수 없을 정도로 실내는 어두웠다. 좁은 작업실은 장인이 작업하는 한 평 남짓한 작업대를 제외하고는 마치 고주파 역사박물관처럼 오래된 물건들 천지다. 지난 작업에서 사용했던 다양한 모양과 크기의 주물판들이 주렁주렁 매달려 있고, 모서리가 낡긴 했지만 깔끔하게 정돈된 책장은 장인의 성격을 고스란히 담고 있다. 이처럼 세월의 무게를 간직하고 있는 장인의 작업실은 볼거리 가득한 오래된 다락방을 연상케 한다. 구경만 해도 재미있는데, 쾌쾌한 냄새가 풍기는 오래된 작업물의 사연을 들으면 더 정감이 간다. 그래서인지 이곳은 사람들로 늘 북적거린다. 전국 방방곡곡에서 장인의 고주파 작업물을 받기 위해 사람들이 온다.

벽은 비록 페인트가 벗겨지고 낡았을지 몰라도, 장인의 솜씨는 세월을 따라 더해지기만 한다. 벽에 꽂힌 바인더가 참 가지런하다.

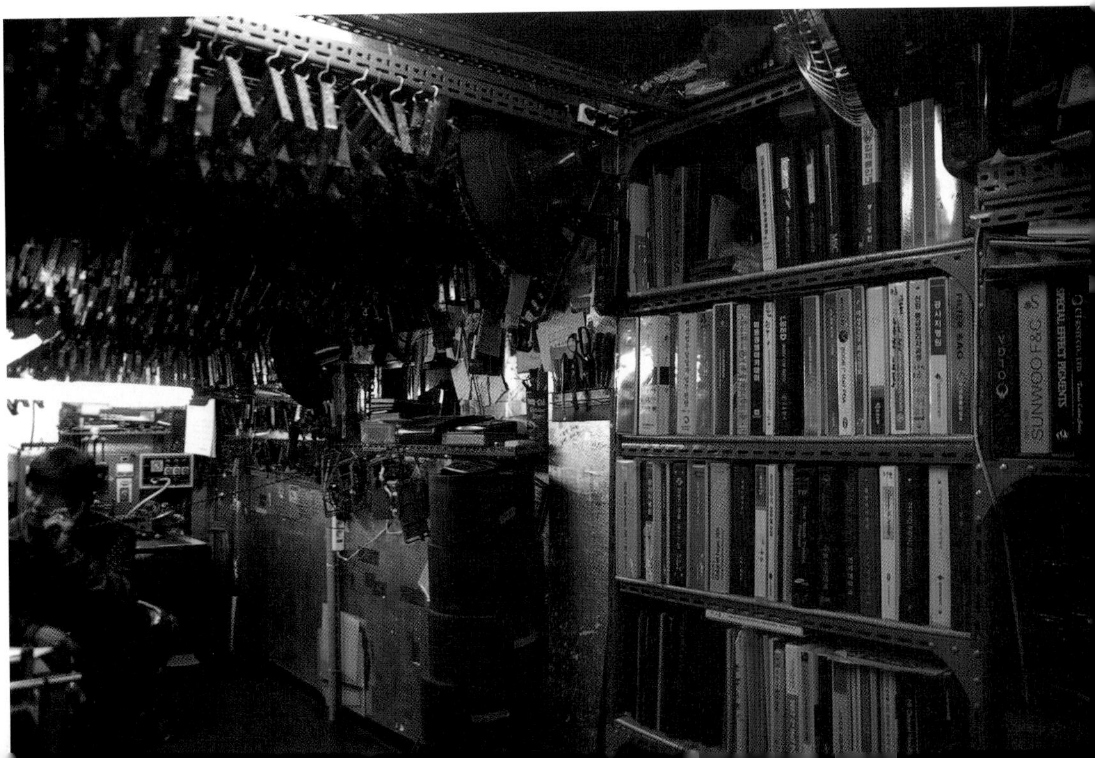

작업실 입구에서 "그냥 구경만 하려고요"라며 머뭇거리는 필자에게도 기꺼이 그의 작업실을 열어주며 다양한 고주파 작업물의 내용과 특성을 설명해주었다. 필자가 찾아갔을 때 장인은 한창 작업 중이었다. 혹시 방해가 될까 염려했지만 손님맞이에 익숙하다며 낯선 이들이 작업실을 두리번거리고 있어도 전혀 개의치 않고 작업을 진행했다. 게다가 작업 중간 중간 필자가 궁금증에 말을 걸면 툭툭 던지듯이 짧고 간결한 말투지만 친절하게 대답해 주었다. 주변의 전자기기를 망가뜨릴 정도로 높은 주파수의 고열을 다루는 다소 위험한 작업임에도 장인에게 있어선 매일매일 숨쉬는 것처럼 익숙해져 고주파 작업은 장인에겐 삶 그 자체가 된 듯했다. 커다란 롤에서 고주파 비닐을 당겨 부도체 성질의 널찍한 천 위에 얹어 적당히 자리 잡고 그 위에 주물판을 올려 고주파를 쐬면 비닐이 주물판의 모양대로 녹아내리면서 찍혀 나온다. 제작 과정이 복잡한 건 아니지만 적당한 위치를 잘 잡아야 하고 열을 가하는 시간과 압력을 조금이라도 잘못 조절하면 비닐이 오징어 굽듯 녹아버리기 때문에 장인의 노하우는 여기서도 어김없이 발휘된다.

주렁주렁 매달린 주물들 때문일까? 작업실은 아늑한 느낌이 든다. 소담소담 장인의 지난 이야기를 듣기에도 좋은 분위기다.

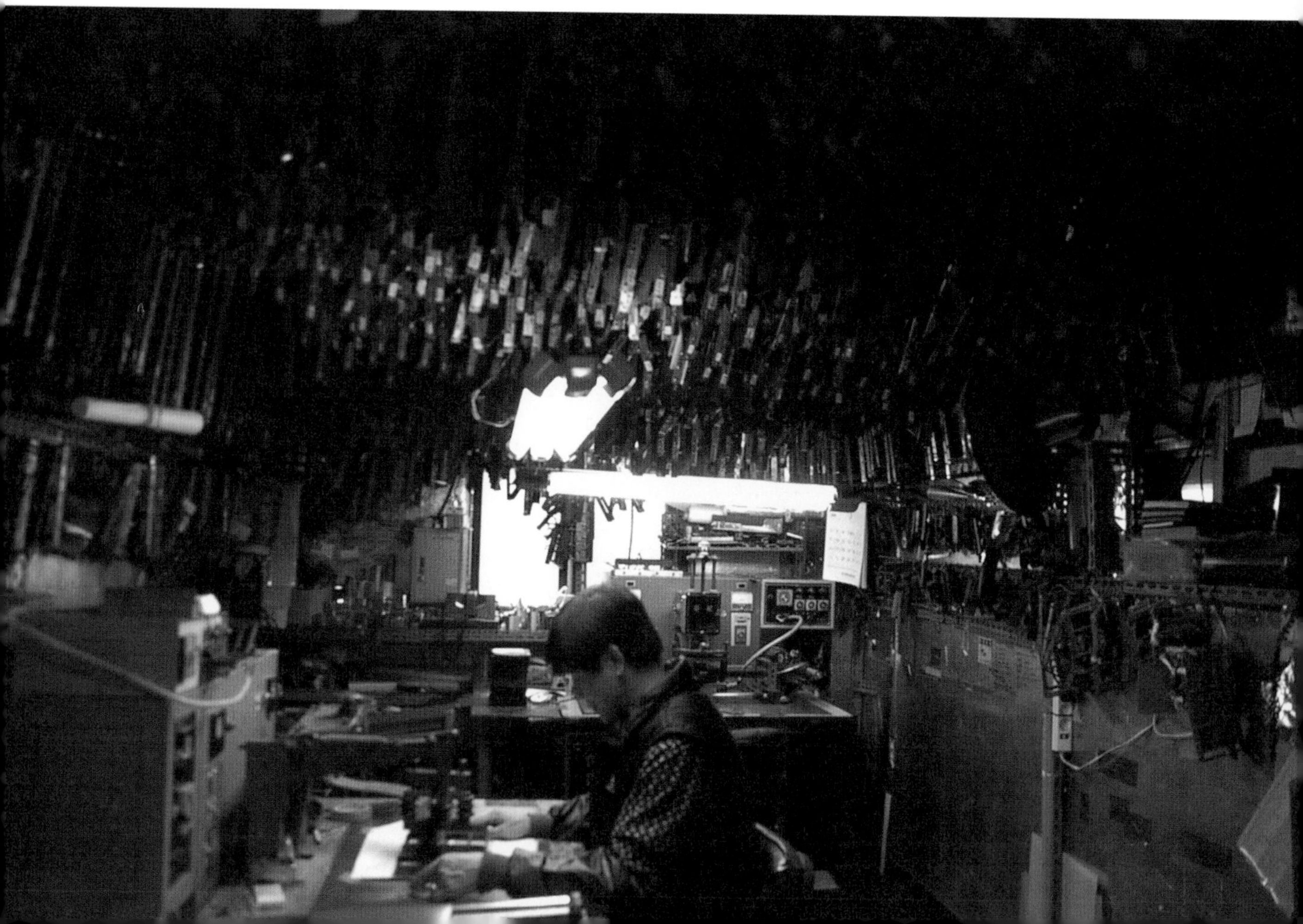

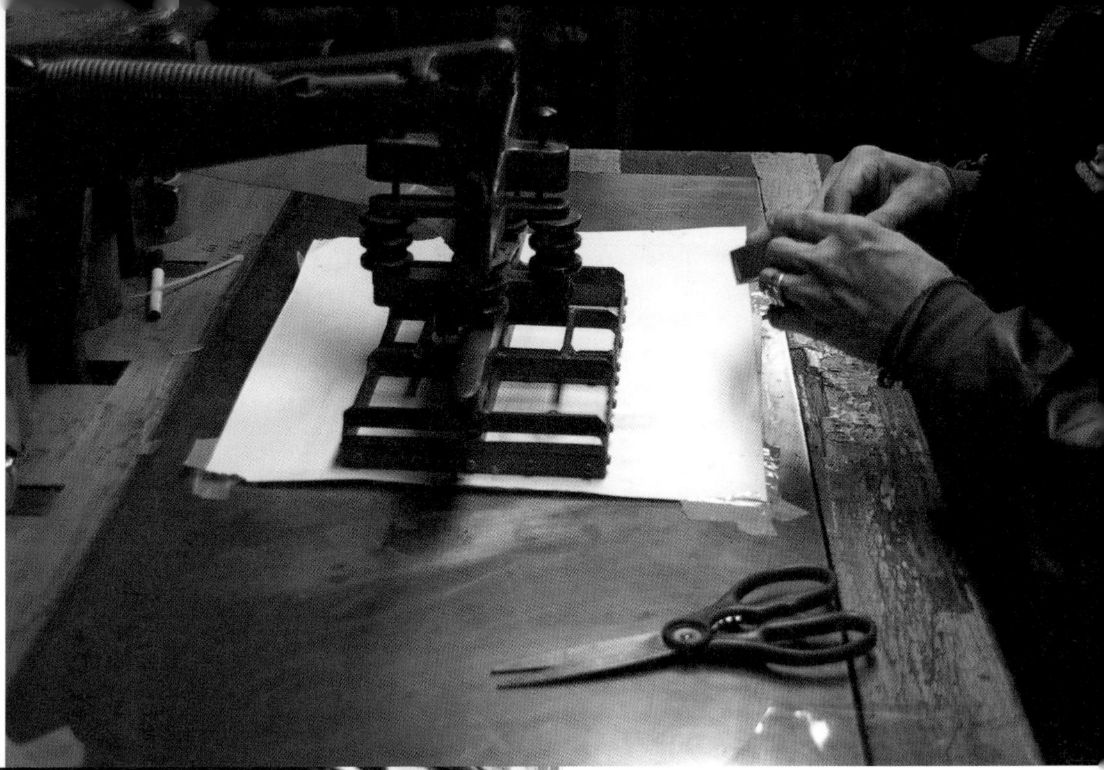

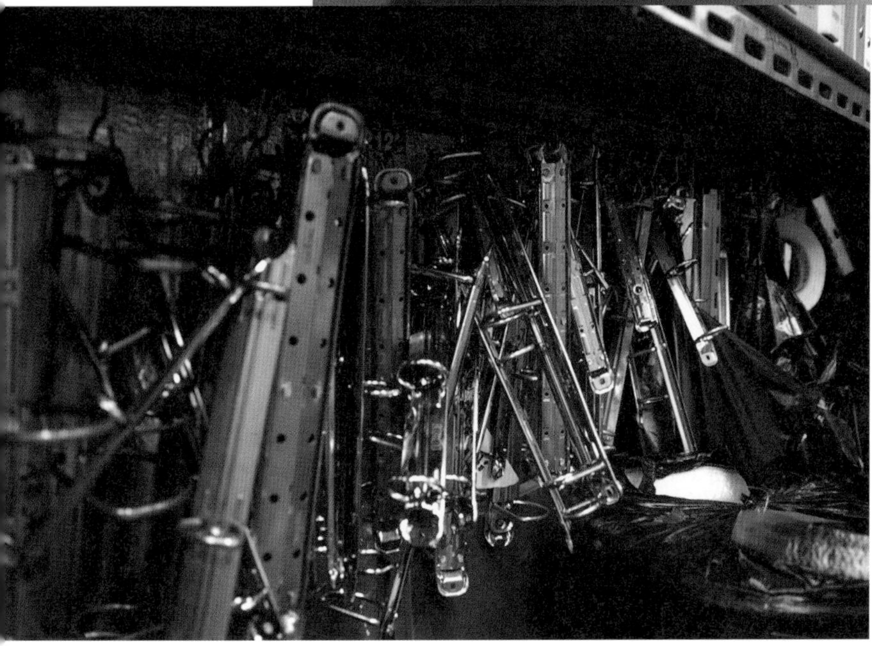

장인의 작업대. 손이 스치는 곳은 모두 낡아있다. 예전에는 하루에도 몇 번씩 손가락을 다쳤다지만 오랜 세월의 작업기간 동안 익숙해진 손놀림은 마치 고주파 기계의 일부와 같다.

바인더 작업에 필요한 링

고주파 비닐

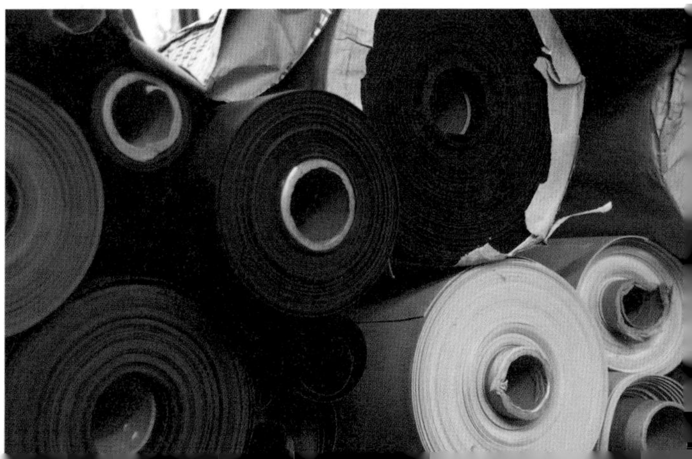

만드는 즐거움이 녹아들다

현대고주파 작업실이 그저 그런 충무로의 여느 허름한 작업실과 달리 세련되고 운치 있는 작업실로 기억되는 것은 작업실 천장에 주렁주렁 매달린 주물판들이 인상적인 색깔과 형태로 방문객들에게 강렬한 인상을 남기기 때문이다.

작업한 지 오래된 주물은 자리만 차지할 뿐 이후로 쓰임이 없기 때문에 대부분 폐기한다. 하지만 현대고주파의 장인은 작업 하나 하나가 추억이고 즐거움이기 때문에 소홀히 할 수가 없단다. 그렇게 쌓인 주물들은 비좁은 작업실의 일부가 되어 버렸고, 이제는 이곳을 찾은 이들이라면 누구나 기억할 수 있는 이곳만의 특징이 되었다.

과거의 작업 형태에서 크게 발전하지 않았고 첨단 기계를 사용하는 것도 아니며 새로운 디자인으로 획기적인 도약을 꿈꾸는 작업도 아니지만, 다양한 색상을 선택할 수 있고 견고하면서도 쿠션감 있는 책표지인 고주파 비닐 가공은 가볍고 쉽게 변형되지 않는 장점 때문에 지금도 꾸준히 사랑받고 있다.

제작과정

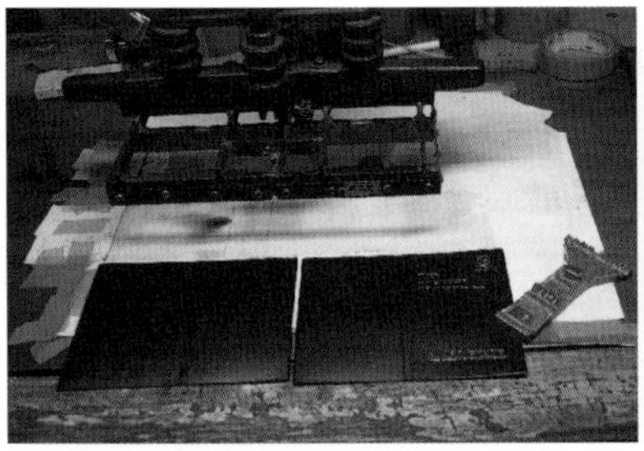

1 전기가 통하지 않는 종이를 작업대에 기본으로 깔고 네 방향에 접착테이프를 붙여 움직이지 않도록 고정시킨다.

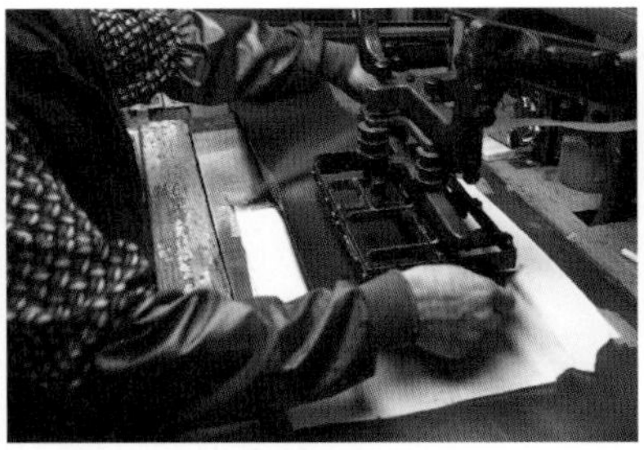

2 고정된 작업대 위에 둥글게 말려있는 고주파 비닐을 잡아당겨 적당한 위치에 배치한다.

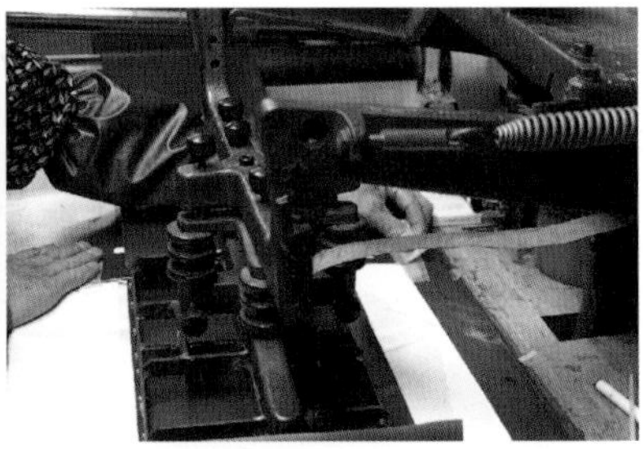

3 강판 고주파를 작동시켜 전류가 통하는 주물판을 눌러 비닐 위에 모양을 찍어낸다. 이때 주물판은 발판을 움직여 작동시킨다.

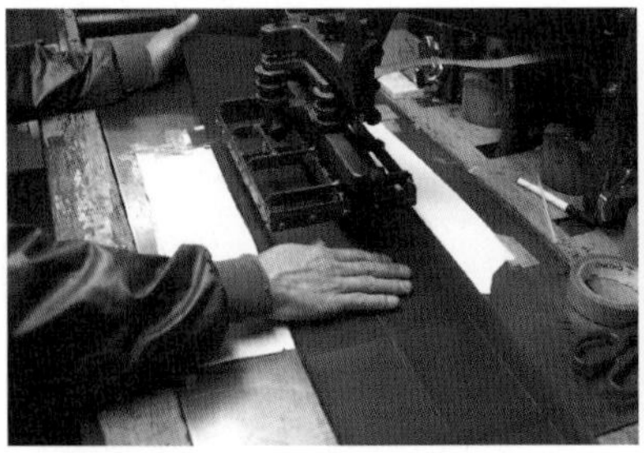

4 같은 방법으로 반복해서 원하는 수량만큼 모양을 찍어낸다. 고주파 작업의 장점은 수작업임에도 같은 크기와 같은 수량을 일정하게 찍어낼 수 있다는 점이다.

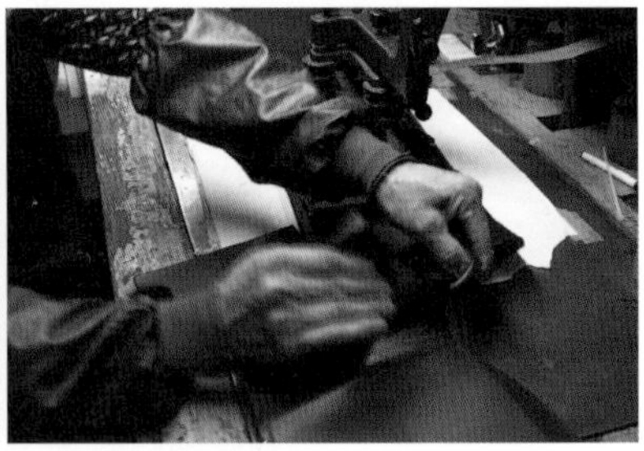

5 원하는 수량만큼 찍어내기가 완료되면 고주파기계의 작동을 멈추고 모양대로 잡아 뜯어낸다.

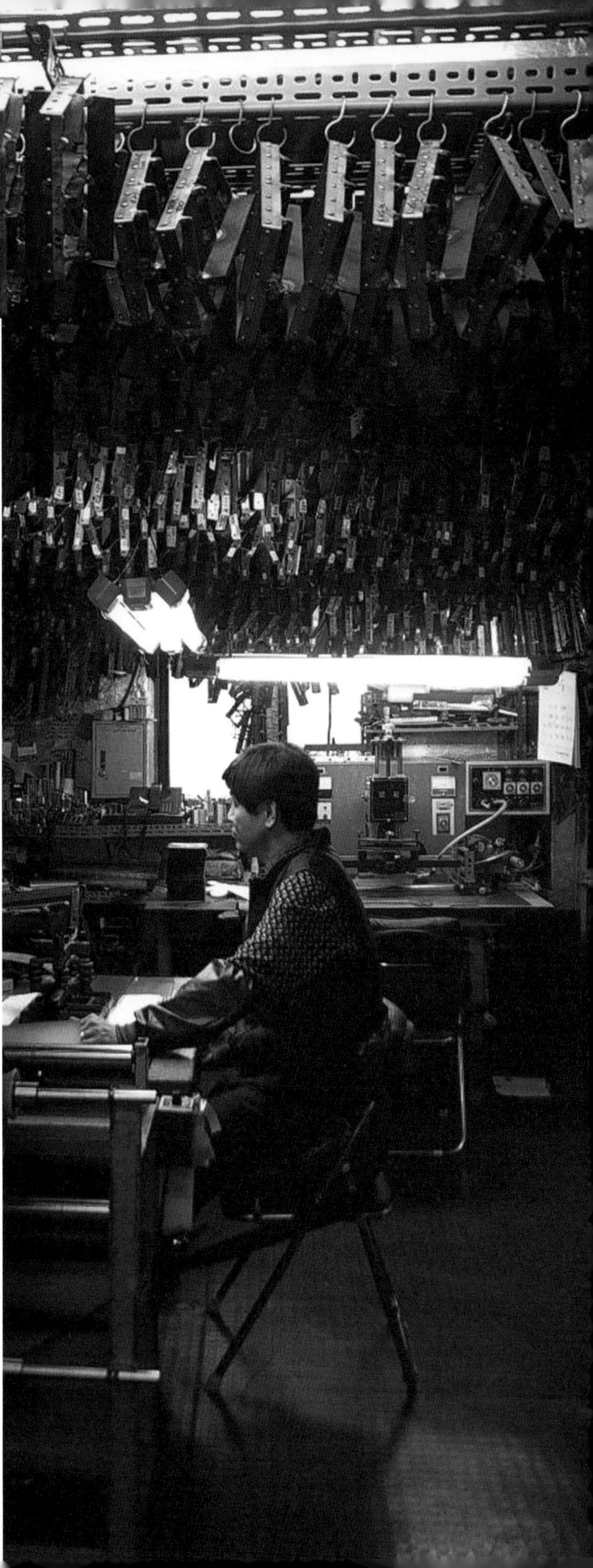

인터뷰

세월이 만들어낸 장인의 손

정정환 | 현대고주파 대표

"보잘것없는 일인데 장인이라고까지 불러주니 쑥스럽습니다." 인터뷰를 하자는 필자의 제안에 그는 한사코 말렸다. 결국 녹음기를 끄고 가볍게 장인의 일상 이야기로 대화가 시작되자 눈가에 편안한 웃음을 지어 보인다.

정정환 대표는 경험이 많은 만큼 그에 얽힌 이야기도 많았다. 처음 고주파 제책 작업을 시작했을 때만 해도 고급소재의 값비싼 제책기술이라 고위급 사무직의 사무용품에나 사용되었었단다. 특별고객을 위한 판촉용으로만 제작되거나 매끈거리는 재질에 반짝거리는 금 · 은박 글씨가 박힌 고주파 비닐 제책은 사장님, 교수님 등 사회적 신분이 높은 사람들의 전유물이었다. 하지만 지금은 단가도 많이 낮아졌고 기계화로 대량생산이 가능해져 손쉽게 구할 수 있기 때문에 많은 이들에게 보편화되었다. 때문에 예전보다 일거리는 줄었지만 수작업의 장점인 소량생산이 가능할뿐더러 아직도 그의 솜씨에 반해 몇 년째 단골을 자청하는 고객이 끊이질 않는다. 하루에 할 수 있는 양만을 주문 받는 것이 그의 철학이다. 물론 일을 많이 해서 돈을 많이 버는 것도 좋지만 일에 치이다 보면 사람들과의 관계도 소원해지고 어느새 잃는 것이 더 많아지더라는 것이 그의 생각이다. 장인은 같은 시대를 살았던 사람들이 비슷한 감정을 공유하면서 자기처럼 즐기고 살았으면 좋겠다며 멋쩍은 웃음을 지어 보였다.

그가 지나온 길은 이젠 생소하고 낯선 길이 되어버렸지만 아직도 그만의 멋이 풍겨난다.

그 멋을 만드는 그의 손은 오늘도 분주하게 움직인다.

세 가지 색깔
세 가지 이야기

경일장부

무수히 많은 사람들이 지나다녀 패이고 깎인 콘크리트 바닥에는 비가 온 지 며칠이 지났지만 여기저기 아직 채 마르지 않은 물웅덩이가 눈에 띈다. 발을 온전히 디딜 수 없는 거친 골목을 따라 한참을 들어가자 어두운 두 갈래길이 나타나고 낡고 작은 표지판이 가리키는 좁은 길 끝 쪽에 허름한 건물들 사이로 드디어 작은 문이 보였다. 마침 점심시간이라 자리를 비운 듯했다. 무작정 기다려보기로 하고, 한 30분쯤 지났을까? 아저씨 몇 분이 골목을 따라 들어왔다. 그들을 따라 삐걱거리는 양철문을 힘겹게 열고 들어선 작업실은 대낮에도 형광등을 켜야 할 정도로 어두웠다. 낡은 벽을 등지고 가득 쌓여 있는 장부들이 눈에 띄었다. 장부라는 한 가지만을 고집하는 곳. 아직도 옛 방식 그대로 제작하는 몇 안 되는 장부 제책소다. 충무로에서도 오로지 여기 한 곳뿐이다.

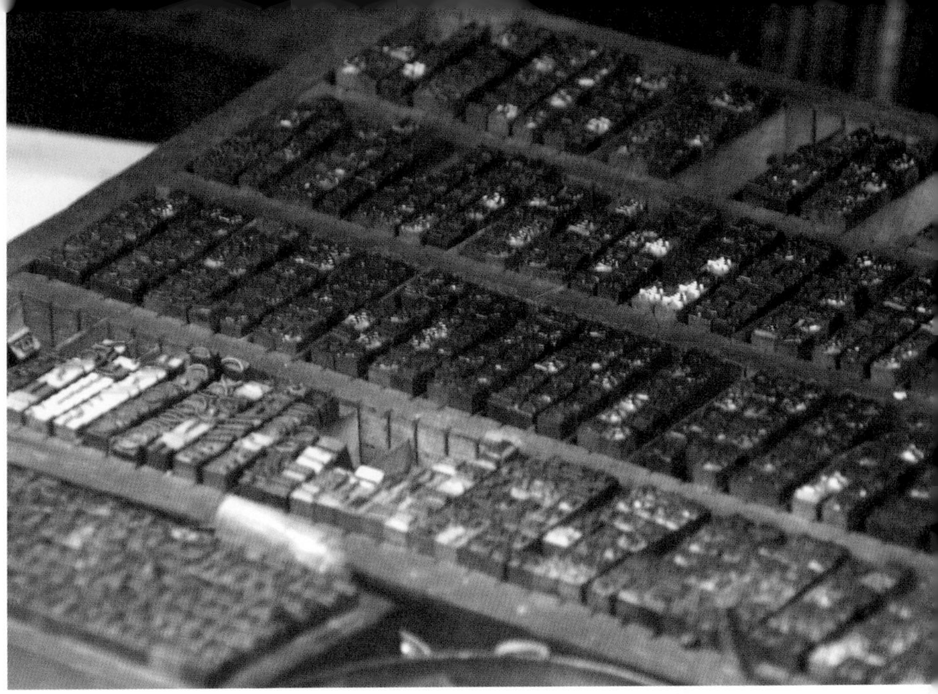

말보다 빠른 손놀림, 문선의 장인

분주했던 한 주가 지나고 모처럼 한가한 오후를 맞이한다는 그는 담배를 한 모금 빨아 문다. 연기가 새어나가는 거칠게 갈라진 손가락은 검은 잉크로 까맣게 물들었고 손톱은 닳고닳아 그가 지나온 세월을 여실히 보여주었다.

"서울신문 윤전소에서 처음 일을 시작했지. 매일매일 배울 게 태산이었어. 보조로 몇 년만 일하면 금방 전문 문선 장인으로 인정받을 수 있고 처리속도에 따라 몸값도 천지 차이였지. 그때는 이쪽 일이 나름 전문직이라 사람 구하기도 쉽지 않았어."

문선 작업은 작성된 원고 글자에 따라 필요한 활자를 뽑아 모으고 조합하는 일을 말한다. 문선에 필요한 활자는 각각의 크기 별로 활자케이스에 담겨 있는데, 사용 빈도가 특히 많은 글자는 작업이 편리하도록 따로 추려서 각각의 케이스에 정리해놓고 사용한다. 이것이 '대출장'이다. 이보다 사용빈도가 낮은 것을 모아 놓은 케이스는 '소출장'이라고 한다. 이 같은 정리작업은 문선의 능률과 속도를 높이는 데 결정적인 역할을 한다. 활자를 원고대로 뽑아 놓은 문선은 인쇄를 위한 상자에 담기게 되는데, 이때 담기는 문선상자는 깊이가 얕은 나무상자로 9포인트 활자를 약 1,000자까지 담을 수 있다. 문선 장인의 작업은 구두점이나 행갈이 등에는 신경 쓰지 않고 단지 문자만을 모으는 일이 대부분이다. 식자 장인이 편집배정(레이아웃)에 따라 표제 및 구두점, 글자간격 등 그 이후의 일을 맡아서 하기 때문이다. 이와 같이 조판 공정을 문선과 식자 등으로 구분하는 것은 한국 일본 중국 등 사용 활자수가 많은 나라에서만 찾아볼 수 있는 것으로, 알파벳을 사용하는 영어권 국가에서는 문선을 하나의 독립된 공정으로 분리하지 않고 활자 케이스로부터 직접 활자 스틱 속에 담아 조판하는 것이 보통이다. 따라서 이런 문선이라는 직업도 아시아권의 특수한 직업에 속한다. 문선 완성 속도는 같은 문선 장인이라도 원고에 따라 차가 생기지만, 평균 1시간에 1,000자 정도 완성한다.

"일간지처럼 원고 마감시간이 촉박한 신문사 같은 경우는 인쇄에 있어 문선 속도가 관건이었지. 지금이야 컴퓨터다 인터넷이다 성능 좋은 기계들을 이용하기 때문에 상상하기 힘들겠지만 당시에는 대부분 5시까지 기자들이 원고를 건네주면 늦어도 7시까지는 인쇄 마감을 해야 다음날 신문이 독자들에게 전달될 수 있었는데, 나라의 긴급 발표와 같은 갑작스러운 속보나 사고 관련 소식이 있을 때는 기자들이 마감시간인 5시가 한참 지나서 원고를 넘기곤 했어. 심지어 7시 10분 전이나 20분 전에 원고를 보내는 경우도 있었거든. 당시가 5공화국 때라 나라 전체가 뒤숭숭할 때였고 정말 진땀나는 일들의 연속이었지. 이런 경험들 때문인지 다른 인쇄소보다 신문사의 문선장인들은 그 숙련도가 남달랐고 몸값도 제법 센 편이었지."

아련한 옛 추억을 더듬듯 지난날을 회상하는 장인의 눈이 깊어진다.

그는 지금도 그 속도만큼은 변함이 없다며 웃는다. 시간이 흐르고 인쇄 관련 일들이 대형화, 분업화되면서 인쇄소를 차려 독립하는 문선 장인들이 생겨나면서 지금의 충무로 인쇄 골목도 만들어졌지만, 기술이 발달하고 사람들은 더 빠른 것 더 복잡한 것을 추구하면서 이제는 문선이라는 작업은 거의 사라지고 없는 직업이 되었다. 하지만 아직도 수작업을 고집하는 이곳에서 그의 손길은 꼭 필요해 보인다.

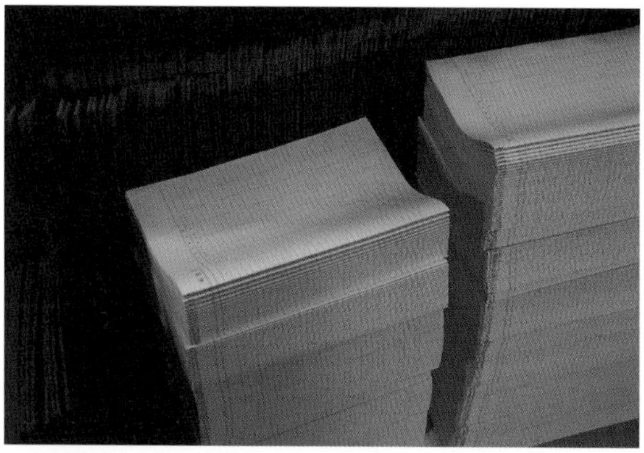

사철 작업을 하기 전, 접지된 종이의 접힌 부분.

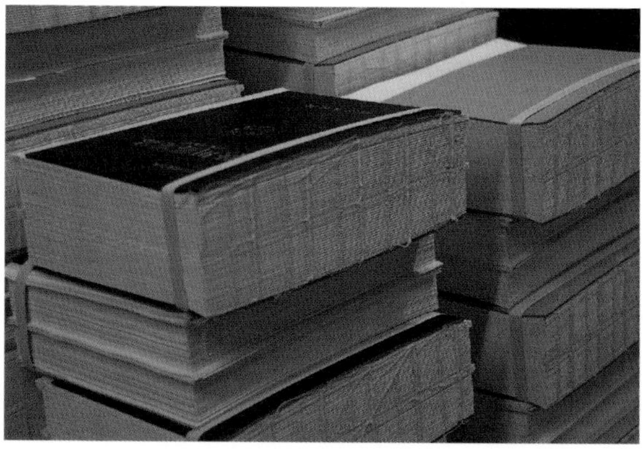

책 끝부분에서 바느질이 시작되고, 뚫어놓은 구멍으로 바늘을 통과시키면서 실을 끼워 엮는다. 한 땀씩 앞뒤로 번갈아 가면서 원하는 두께가 될 때까지 접지를 겹쳐 작업한다. 단단히 잡아당겨 고정시킨 후 마무리한다.

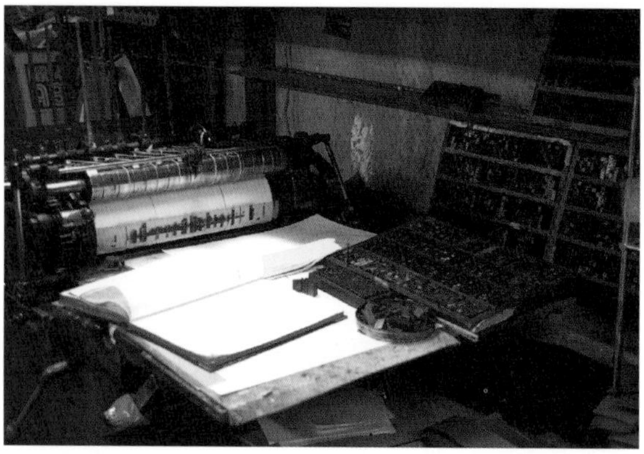

장부에서 가장 중요한 문선.

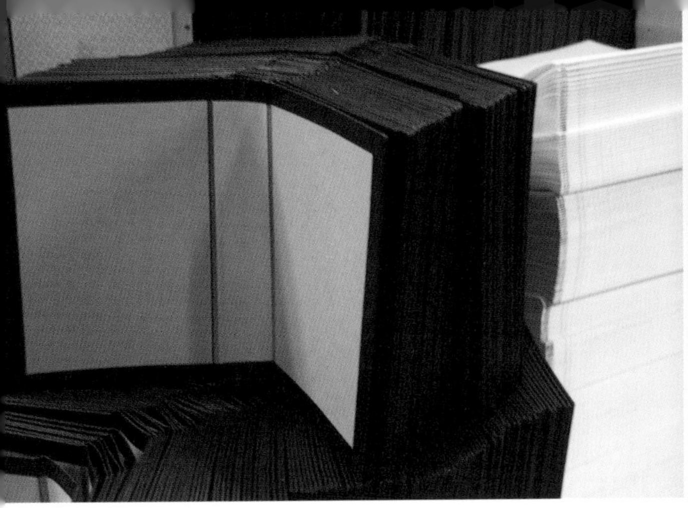

합판지의 틈새를 꼼꼼히 눌러가며 검은색으로 감싼 표지가 흔한 장부에서 가장 흔하다. 표지는 대부분 약 2㎜ 두께의 두꺼운 합판지로 만들어진다.

학창 시절 출석부와 학급일지를 생각나게 하는 장부. 구멍으로 끈을 묶어 언제든지 새로운 종이를 엮을 수 있으며, 책등이 조각나 있어 아무리 종이를 두껍게 끼워 넣어도 책 넘김이 쉽다.

조각난 추억을 엮는 사철의 장인

사철은 8쪽 혹은 16쪽 혹은 32쪽을 늘어놓아 인쇄를 하고 접지를 해서 각각의 접힌 부분을 실로 꿰매어 연결하는 작업을 말한다. 지금은 사철기라는 기계가 그 일을 도맡아 하고 있지만 예전엔 하나하나 미싱으로 엮어 제작했기 때문에 사람의 손이 간절히 필요한 작업이었다.

이곳의 사철 장인도 한때는 두서너 명의 보조를 데리고 일을 했었다고 한다. 사실 사철 작업만으로는 돈벌이가 되지 않는단다. 복잡하고 다양한 제책의 과정 중 사철 작업은 일부분에 지나지 않기 때문이다. 그래서 사철 작업을 전문으로 배우고 익히긴 했지만 스스로의 발전을 위해 어깨너머로 익혀둔 작업이 수작업 제책 공정이란다. 이렇게 욕심 부려 배워놓은 제책 작업 기술은 장부 제작이나 양장제책 작업에 적극 참여할 수 있는 기회를 제공했고 근방에서는 알아주는 기술자로 통하기 시작했다. 그의 나이 20대 중반, 솜씨 좋은 기술만큼이나 자신감도 충만했던 그의 입맛에 딱 맞는 공장은 없었다. 몇 군데 제책사를 거쳐 마침내 그만의 제책소를 차렸지만 과도한 욕심으로 사업을 무리하게 확장하면서 돈푼깨나 날린 것도 그 무렵이었다.

"철이 늦게 들었지. 조금만 더 일찍 들었어도 좋았을 것을. 사업을 접자 친하게 굴던 사람들도 하나 둘씩 떨어져 나가기 시작하더군. 모든 것이 막막하던 내게 선배가 손을 내밀었고 그때 시작한 이 인연이 벌써 25년째야. 이제 서로 눈빛만 봐도 원하는 게 뭔지 알 수 있어."

지금의 제책작업에서 사철작업은 거의 사철기를 사용하기 때문에 직접 손으로 작업할 일은 거의 없어졌다. 하지만 작업실 구석에 조용히 자리한 미싱기를 보자 문득 그의 손놀림이 궁금해졌다. 이런 필자의 마음을 읽었는지 그가 먼저 사철 수작업의 과정을 직접 보여준단다.

우선 접지된 종이의 접힌 부분에 바느질 할 부분을 구멍으로 뚫어 표시해놓고, 책 끝부분부터 바느질을 시작한다. 뚫어 놓은 구멍에 바늘을 통과시키면서 실을 끼워 엮으며 한 땀씩 앞뒤로 번갈아 가면서 바느질을 한다. 이때 실이 엮이는 곳에 제책밴드를 걸어놓고 작업하면 실의 당김 정도를 고르게 할 수 있고 책등의 지지대 역할을 해주어 견고하고 튼튼한 책을 만들 수 있다. 그리고 두 번째 접지를 얹고 앞서 작업한 것과 같은 방법을 반복하면서 이번에는 역방향으로 작업한다. 원하는 책의 두께가 만들어질 때까지 접지를 겹쳐 작업을 하며 이를 한데 묶는 실은 느슨하지 않게 단단히 잡아당겨 고정시킨 후 마무리한다. 직접 손으로 바느질하는 건 오래간만에 해본다며 쑥스러워 했지만 서툰 기색 하나 없이 거침없이 실을 꿰는 그의 손놀림에 필자는 입을 다물지 못 했다.

손끝마다 정성이 가득 담긴 장부의 장인

대부분 장부라고 하면 금전출납부와 같은 회계장부를 떠올리기 쉽다. 하지만 우리가 이미 알고 있는 통장이나 다이어리, 심지어 중·고등학교 교실에서 사용하는 출석부와 학급일지 등도 장부에 속한다. 특히 장부라 하면 합판지의 틈새가 꼼꼼히 눌려있고 검은색 커버로 감싼 표지를 흔히 볼 수 있다. 장부 제작에서 표지는 대부분 약 2㎜ 두께의 두꺼운 합판지로 만들어진다. 본문을 보호하는 역할을 하기 때문에 속지보다 반드시 커야 하고 책등 두께 사이즈는 똑같이 책정하여 3㎜ 정도 크게 원하는 표지의 형태에 따라 세 조각 혹은 다섯 조각으로 재단한다. 재단한 조각들을 모조지나 앨범지에 5㎜씩 간격을 띄워 풀로 연결한 뒤, 아래위에 남는 부분은 잘라내고 정리하여 모양을 만든다. 표지가 될 면 전체에 풀을 바르고 공기가 들어가지 않도록 유의하며 검은색 커버를 붙이고 모서리 부분과 책 등 아래쪽 네 귀퉁이 모서리 부분을 세모꼴로 잘라내어 풀을 발라 안쪽으로 접어 붙인다. 이렇게 표지가 완성되면 안쪽에 마감 면지를 이용해 지저분한 부분을 가려줄 수 있도록 커버 안쪽과 접히는 부분까지 완전히 풀을 발라 붙여 마무리 짓는다.

우리에게 너무도 흔한 것이어서 소홀히 생각했던 장부 제책은 그 작업과정이 풀칠, 모서리 재단, 작은 구멍 하나까지 사람의 손을 거쳐야 하는 작업이다. 거기엔 기계보다 정교한 솜씨도 솜씨지만 무엇보다 장인의 정성이라는 소중함이 담겨 있었다.

"책을 만들면서 소중한 것이 무엇인지를 하나씩 배우게 됩니다. 장부는 지나친 격식이나 꾸밈으로 사람을 압박하지 않고 어떤 경우에도 편안한 느낌이 드는 제책의 형태라고 말할 수 있죠."

장부라는 제책을 알고는 있었지만 막연하기만 했던 갑갑한 마음이 그를 만나고 나서야 시원한 물줄기를 만난 것처럼 가벼워지는 듯하다. 조금씩 사라져가는 '장부'를 좀더 오래 그의 손끝에서 볼 수 있기를 기대한다.

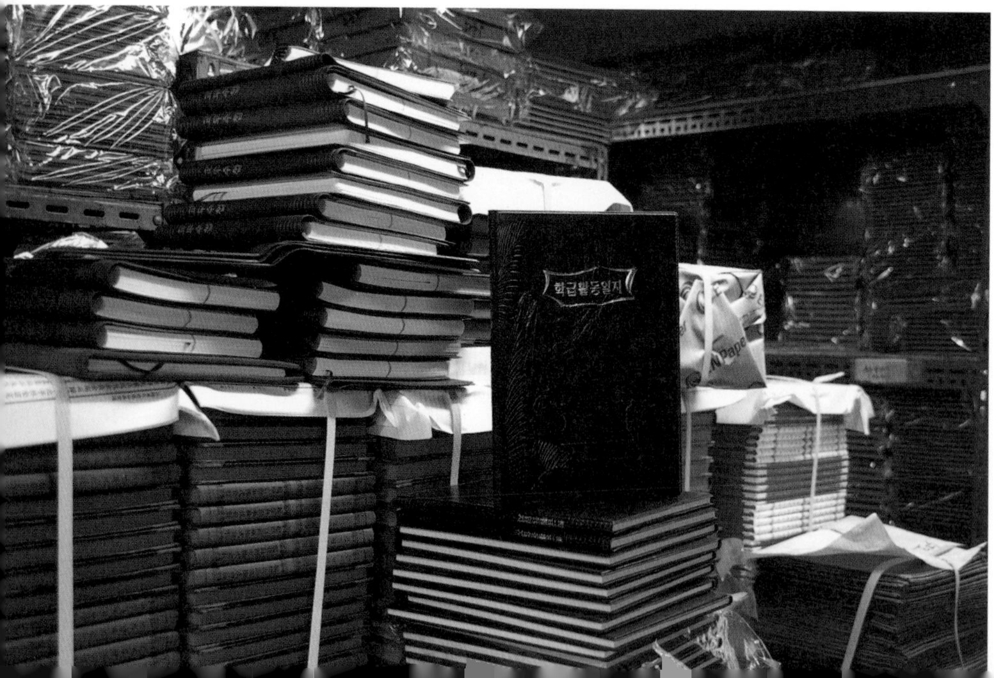

아직도 일부 기업체와 관공서에서는 중요한 자료를 기록하고 보관하기 위해 컴퓨터를 사용하기보다 손으로 쓰는 옛날 방식의 장부를 고집한다.

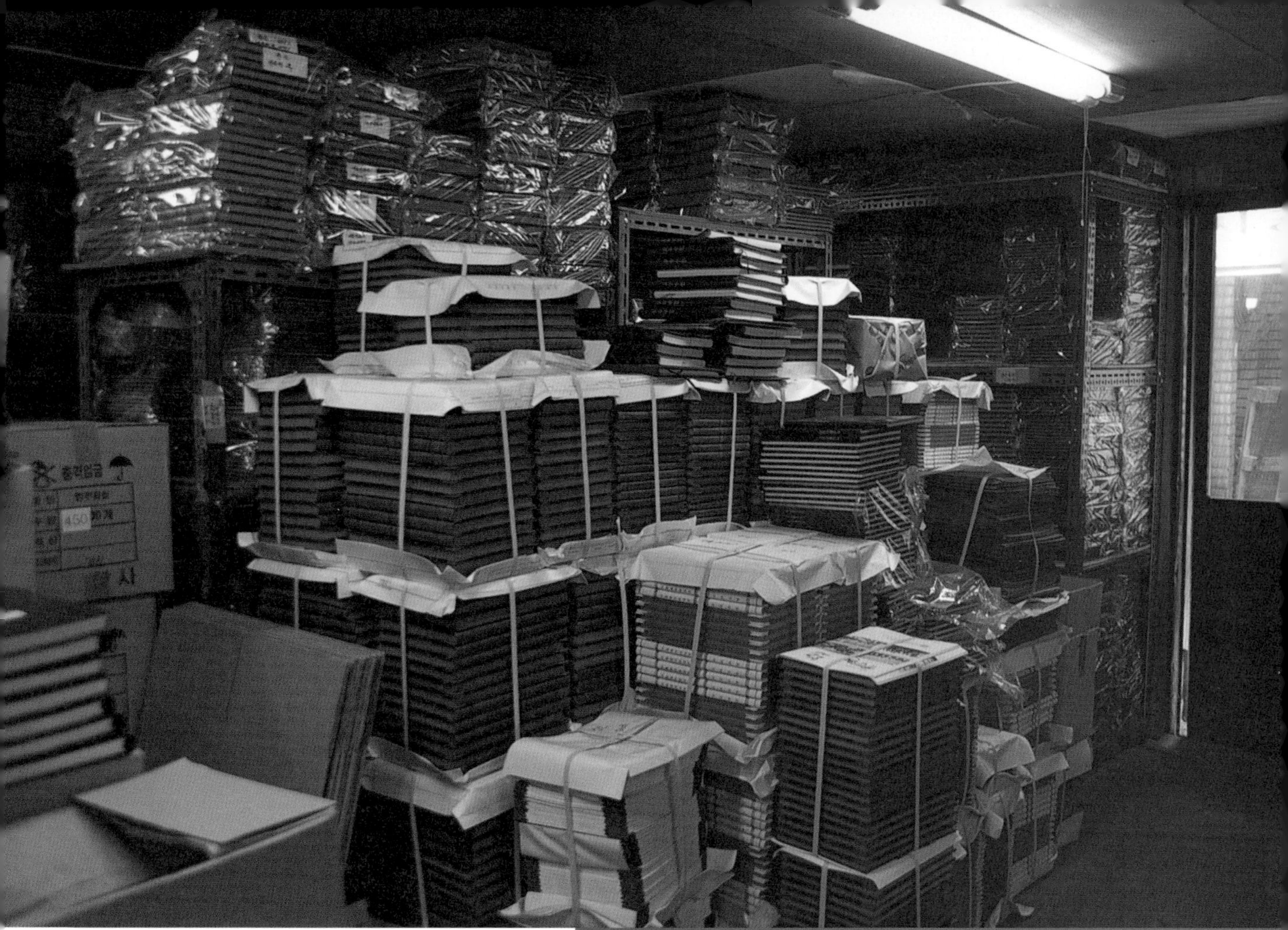

완성된 장부들. 아직도 장부의 장인들은 잊혀져 가는 명맥을 지속하면서 다시금 장부를 기억하고 편안하게 찾아주기를 기다리고 있다.

목재 인쇄기로 만든 장부 이야기

물건의 출납이나 돈의 수지 계산을 적는 책을 장부라고 하는데, 일반 가정에서는 가계부로 사용하고, 소규모 사업장에서는 경영상의 손익계산 용도로 사용한다. 장부는 1970-80년대 황금기를 거치며 성장했지만 90년대 컴퓨터가 보급되기 시작하면서 서서히 내리막길을 걷게 되었고, 현재는 약 1% 정도만이 장부를 사용하고 있다. 하지만 아직도 일부 기업체와 관공서에서는 중요한 자료를 기록하고 보관하기 위해 컴퓨터를 사용하기보다 일일이 수기로 적는 옛날 방식의 장부를 고집한다.

장부 제작에는 전지 인쇄기가 필요한데 1920년대에는 그 가격이 상당히 고가였고 구하기가 쉽지 않았다. 따라서 일반 인쇄소들은 목재로 인쇄기계를 만들어 사용했다. 반원의 양철판에 핀을 여러 개 부착하고 적색 잉크를 양철판에 넣으면 여러 갈래의 핀으로 잉크가 흐르면서 종이에 줄을 그어주는 방식이었다. 이러한 작업은 인쇄 속도도 느리고 잉크가 흐르면서 번지는 일도 많아 숙달된 기술자의 능력이 필요했다. 줄이 그어진 전지는 절수에 맞게 재단과 접지를 한 후 수작업으로 1권씩 묶는다. 그 다음 책 규격에 맞게 삼면을 재단한 후 상·하·배면을 분홍색으로 물들이는 작업(마블링)을 한다. 이는 다른 책과 쉽게 구별되게 하면서 책의 미적 포장도 고려한 장식이었다. 하드커버로 만들어진 표지에 제목과 상호를 활판인쇄 또는 박 작업으로 완성하고 표지와 면지를 풀로 접착하면 장부가 완성된다. 이처럼 모든 과정을 일일이 수작업으로 만들었던 장부는 그 당시에는 고가의 가격으로 판매되었다.

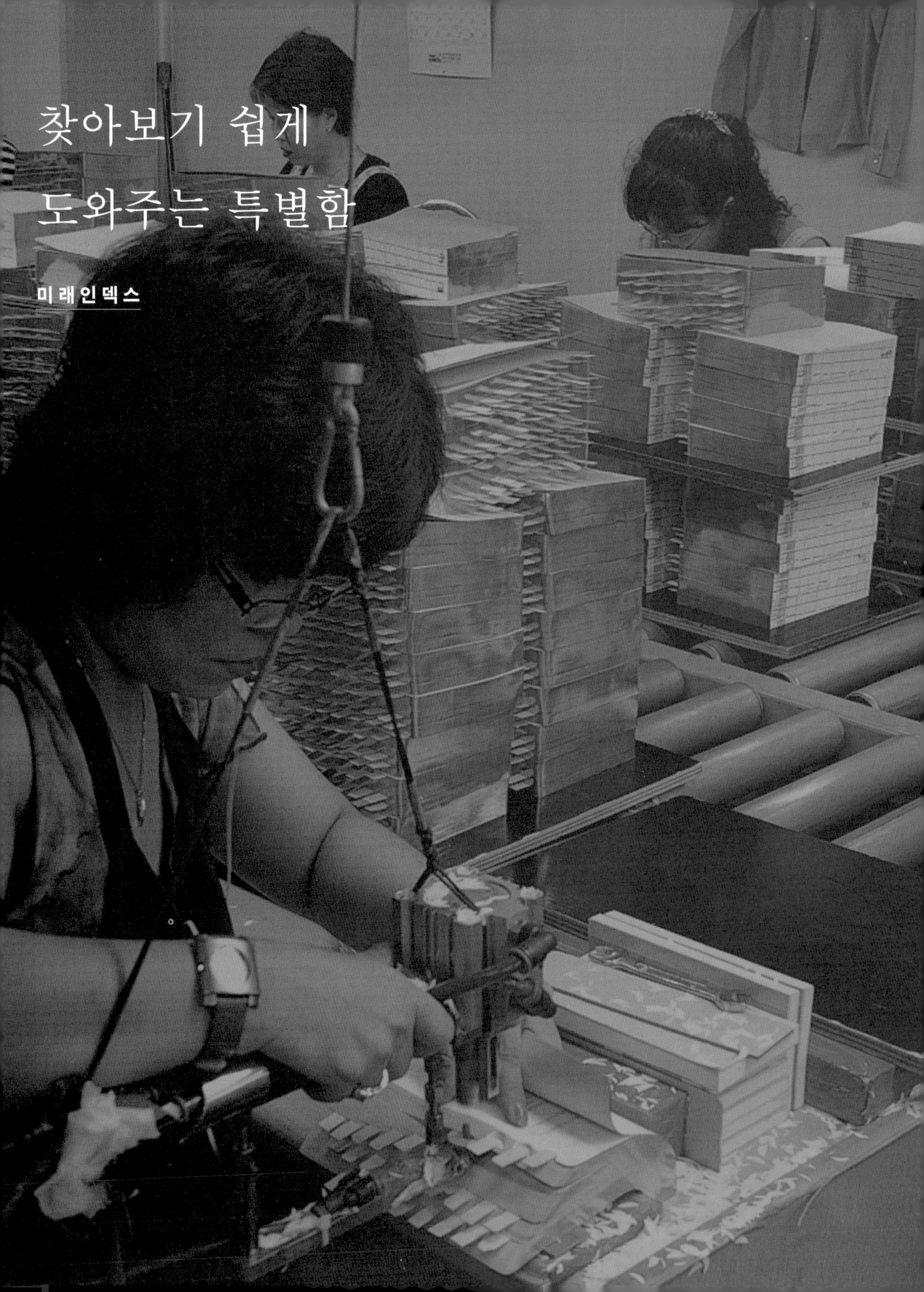

찾아보기 쉽게 도와주는 특별함

미래인덱스

긴 공간에 중앙 컨베이어벨트를 가운데 두고 마주보고 앉아 작업하는 모습은 전형적인 색인 작업실의 풍경이다.

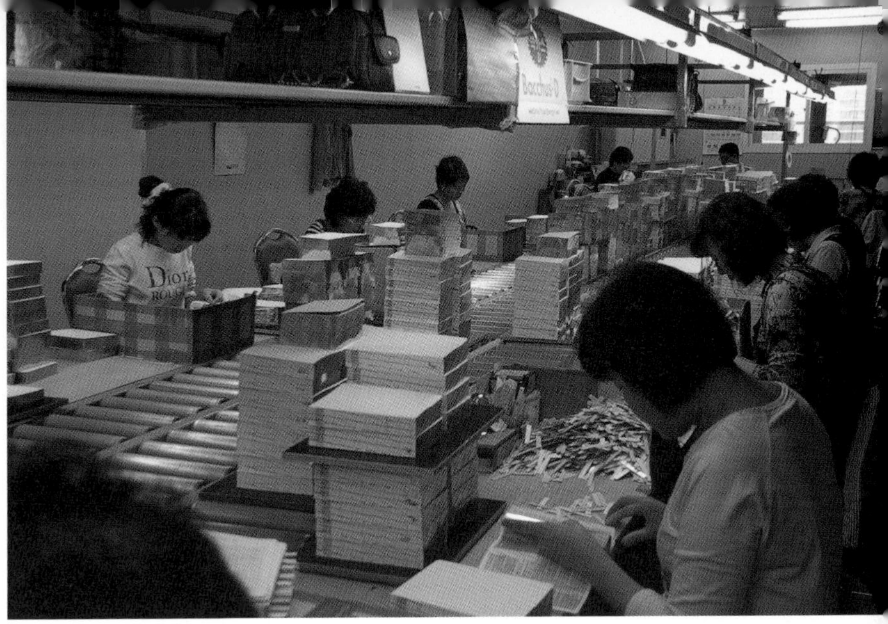

책 서두에 나열된 '차례', 가나다순으로 주요 용어를 정리한 '찾아보기', 도서관에서 원하는 책을 찾기 쉽게 설정해 놓은 '인덱스' 등 필요한 정보를 찾아보기 쉽게 배열해 놓은 것을 '색인'이라고 한다. 하지만 제책에서 색인은 책의 배에 해당하는 한쪽 면에 인쇄하거나 테이프를 붙여 항목 위치를 표시해 놓은 것을 말한다. 어느 책에나 반드시 색인이 다 들어가는 것은 아니지만, 사전류와 성경책에서 그 사례를 찾아볼 수 있으며 내용이 복잡하고 필요에 따라 원하는 자료를 빠르고 손쉽게 찾아야 하는 학술서나 연구서적에서도 없어서는 안 되는 중요한 요소가 된다.

색인 작업의 종류와 작업실 풍경

제책 과정이 끝난 책들이 한쪽 벽에 한가득 쌓여 있고, 긴 공간의 중앙 컨베이어벨트 사이로 9~10명 정도의 장인들이 마주보고 앉아 있는 모습은 전형적인 색인 작업실의 풍경이다. 이때, 컨베이어벨트는 약 10m 정도가 대부분이지만 작업의 규모에 따라 더 커지기도 한다. 손가락 크기의 구멍을 뚫거나 얇은 종이 한 장에 테이프를 붙여야 하는 섬세한 작업을 하기 때문에 작업실엔 밝은 형광조명이 필수다. 게다가 작업자의 머리 위에는 오차를 최소화하기 위한 개인별 직접조명까지 설치되어 있어 작업실은 환하다 못해 눈이 부시기까지 하다. 3~4명 정도로 구성된 그룹이 먼저 색인이 들어갈 위치에 종이 갈피를 끼워 표시를 해놓고 컨베이어벨트에 실어 보내면 또 다른 그룹이 작은 총처럼 생긴 유압 펀칭기를 사용하여 그 자리에 반달 모양으로 홈을 파거나 테이프를 붙인다. 홈이 파인 책은 또다시 중앙 컨베이어벨트를 통해 스티커나 칼라이즈를 붙이는 작업 그룹으로 옮겨진다.

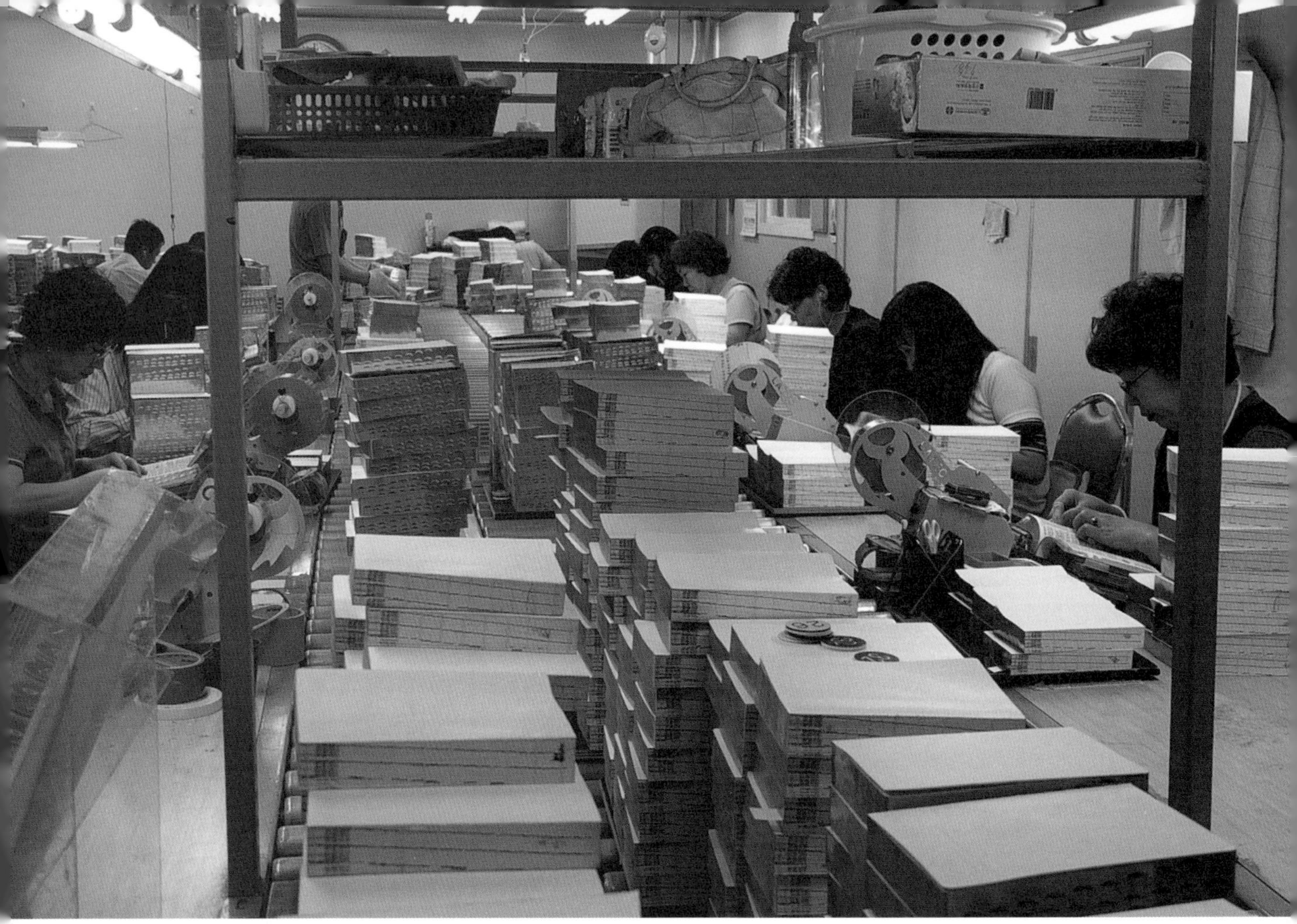

작업실은 깔끔한데다 조명이 환해서 도서관
같은 분위기가 풍길 정도다.

색인 작업의 종류는 크게 두 가지로 살펴볼 수 있다. 첫 번째로 우리가 가장 흔하게 알고 있는 반달 따기는 책배 쪽에 반구형으로 부분 부분 따내는 형태로 '엄지 홈 파기'(Thumb Cut, Thumb Index) 혹은 오목형 색인이라고 부르기도 한다. 이는 사전이나 성경처럼 방대한 내용을 쉽게 찾기 위한 목적으로 책배 쪽에 계단형으로 색인 부분이 노출되는 기법을 말한다. 홈을 따낸 단락별 마지막 장에는 반달 모양의 색인 스티커를 부착하거나 아예 본문을 인쇄할 때 해당 부분에 색인을 넣기도 한다. 양장 제책에서는 표지 부착 과정 전에 작업을 해야 하고 무선철 제책에서는 성책이 끝난 다음에 작업해야 한다. 물론, 오목형 색인도 낱장으로 만들어야 한다면 톰슨기로 가공한다.

두 번째, 색인이 책의 바깥쪽으로 툭 튀어나와 있어서 볼록형 색인이라고 부르는 종류가 있다. 분야별 색인집 또는 개인용 전화번호부나 다이어리에 주로 사용된다. 불투명하거나 투명한 플라스틱, 코팅하거나 코팅하지 않은 두꺼운 종이를 각각 낱장으로 제작한 다음, 해당 위치(주로 색인 그룹과 그룹 사이)에 끼워 넣는다. 책 바깥쪽으로 튀어나와 있기 때문에 손상 가능성이 높아 튀어나와 있는 색인 부분에 투명하고 질긴 스티커를 덧붙여 견고함을 더하기도 한다.

색인, 호화로운 장식이 되다

제대로 만든 색인은 그 자체로도 예술품이다. 잘 다듬어진 선은 섬세하고, 그 곡선이 책의 다채로움을 표현해준다. 원하는 항목을 찾기 쉽게 새겨 넣은 알파벳이나 한글자음도 손가락으로 만지면 글자의 양각이 느껴질 정도여서 그 정성에 놀라움을 금치 못한다. 예전에는 무조건 시커먼 색이 보이도록 인쇄한 색인이 대부분이었지만 최근에는 다양한 변화를 시도한 색인이 하나 둘 등장했다. 화려한 컬러와 새로운 소재를 과감하게 사용하고 반달모양뿐 아니라 다양한 형태의 홈을 파거나 책의 각 장이나 절 사이에 색 간지를 넣어 그 부분을 쉽게 알아볼 수 있게 하여 보는 이로 하여금 흥미를 자아낸다.

이렇듯 색인은 그저 편리하게 사용하도록 도와주는 것뿐만 아니라 책의 장식적인 측면에서도 그 역할을 톡톡히 해내고 있다. 다소 딱딱해 보일 수 있는 책을 한층 돋보이게 만드는 '어울림'. 이것이 바로 색인이다. 색인 스스로 돋보이기보다는 책의 표지, 속지의 질감, 두께, 심지어는 책 속에 담은 내용까지 색인과 조화롭게 어우러질 때 비로소 제 의미를 갖는다.

제작과정

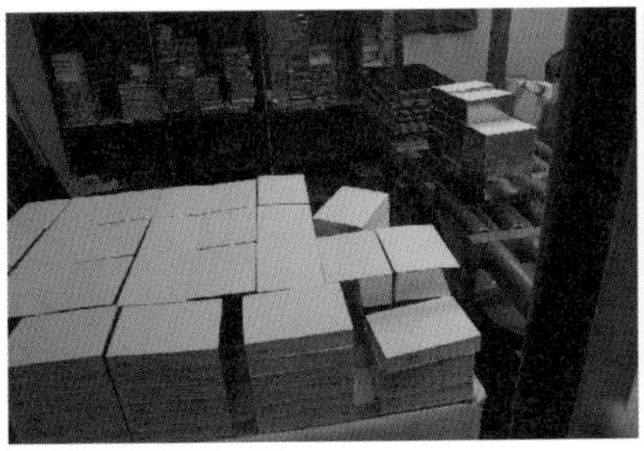

1 제책이 끝난 책들이 인덱스 작업을 기다리며 작업실 한편에 쌓여있다.

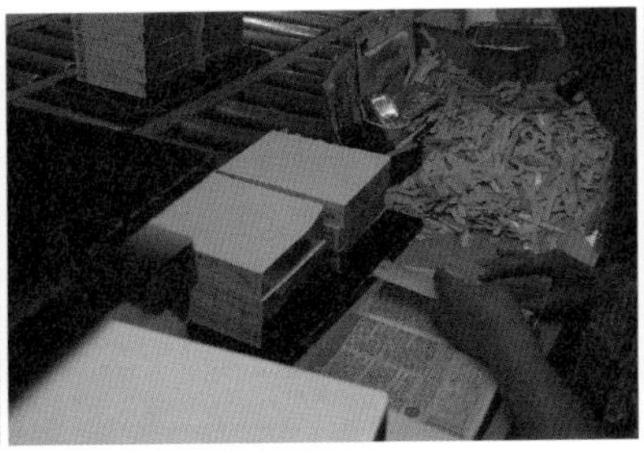

2 색인을 표시할 부분에 먼저 종이 갈피를 끼워 표시를 한다.

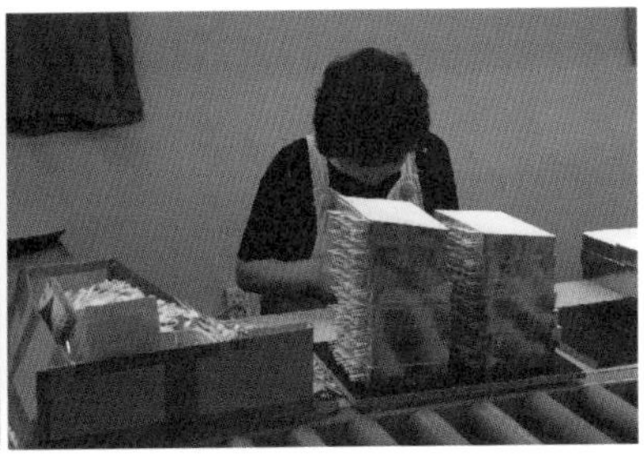

3 갈피 표시 작업이 끝나면 중앙 컨베이어벨트에 올려 다음 작업 단계로 실어 보낸다.

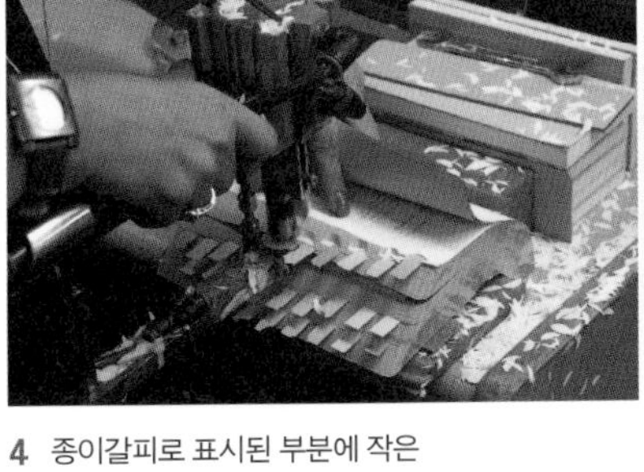

4 종이갈피로 표시된 부분에 작은 총처럼 생긴 유압 펀칭기를 사용하여 그 자리에 반달모양으로 홈을 판다.

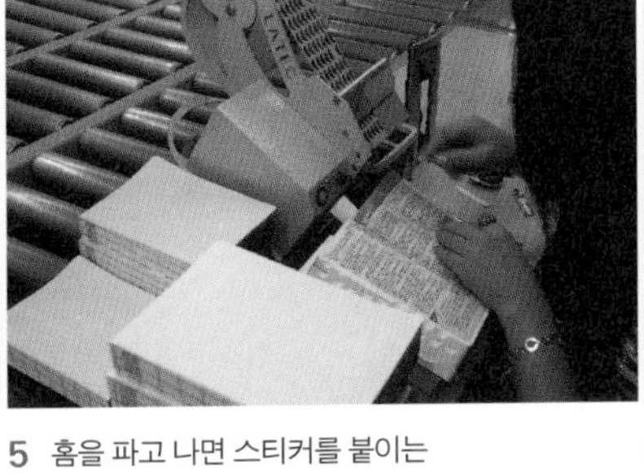

5 홈을 파고 나면 스티커를 붙이는 작업그룹으로 옮겨진다.

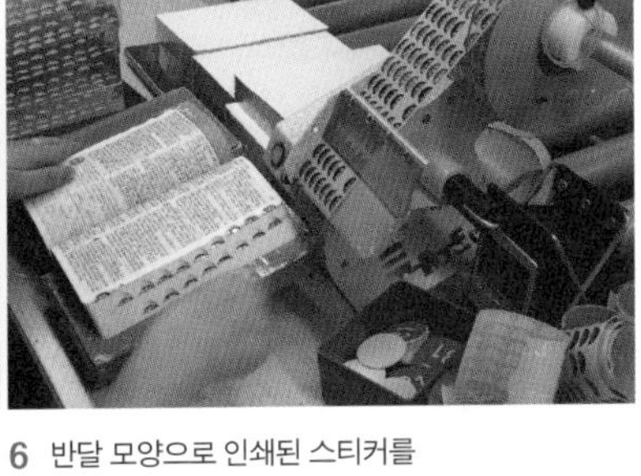

6 반달 모양으로 인쇄된 스티커를 붙이면 완성이다.

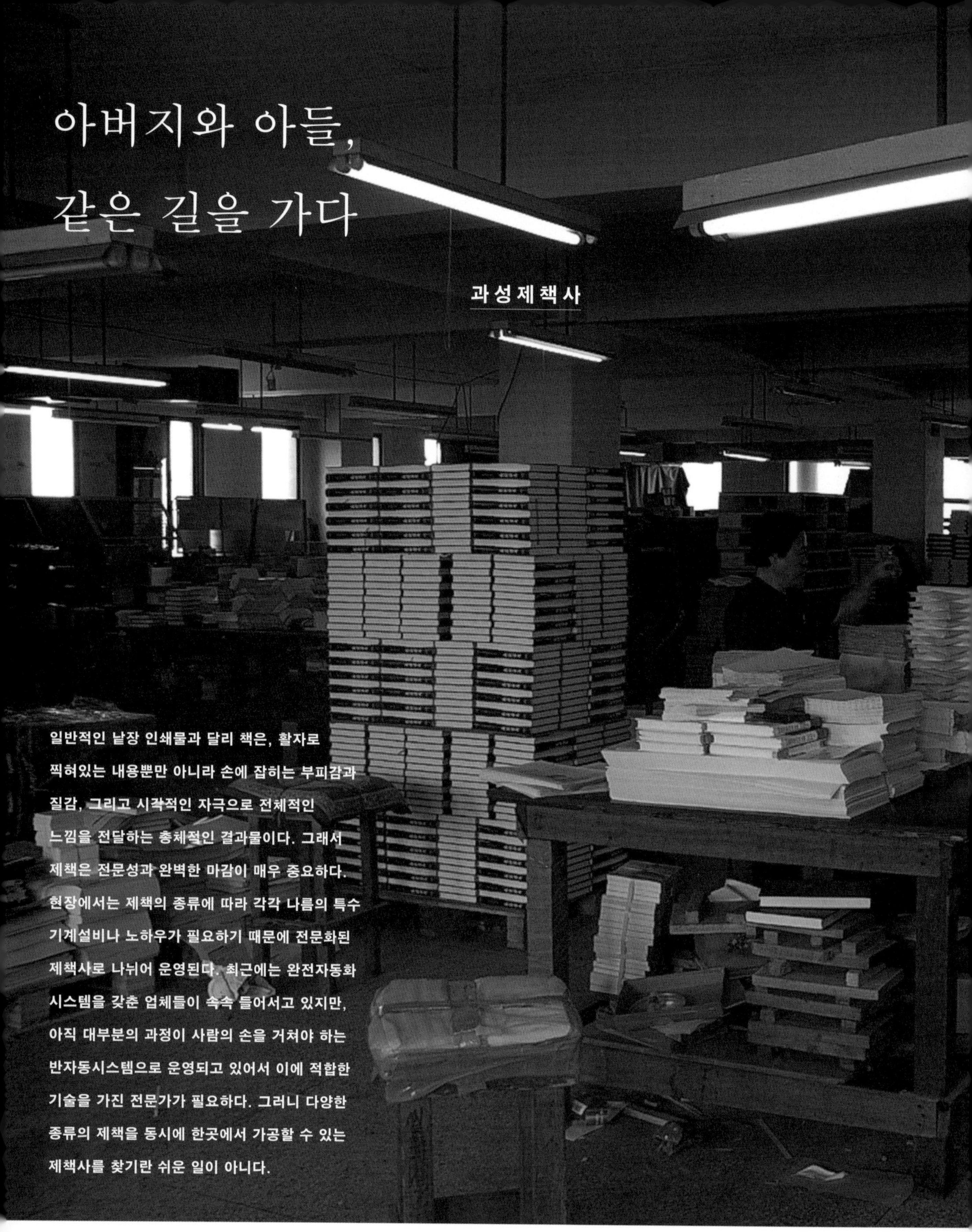

아버지와 아들, 같은 길을 가다

과성제책사

일반적인 낱장 인쇄물과 달리 책은, 활자로 찍혀있는 내용뿐만 아니라 손에 잡히는 부피감과 질감, 그리고 시각적인 자극으로 전체적인 느낌을 전달하는 총체적인 결과물이다. 그래서 제책은 전문성과 완벽한 마감이 매우 중요하다. 현장에서는 제책의 종류에 따라 각각 나름의 특수 기계설비나 노하우가 필요하기 때문에 전문화된 제책사로 나뉘어 운영된다. 최근에는 완전자동화 시스템을 갖춘 업체들이 속속 들어서고 있지만, 아직 대부분의 과정이 사람의 손을 거쳐야 하는 반자동시스템으로 운영되고 있어서 이에 적합한 기술을 가진 전문가가 필요하다. 그러니 다양한 종류의 제책을 동시에 한곳에서 가공할 수 있는 제책사를 찾기란 쉬운 일이 아니다.

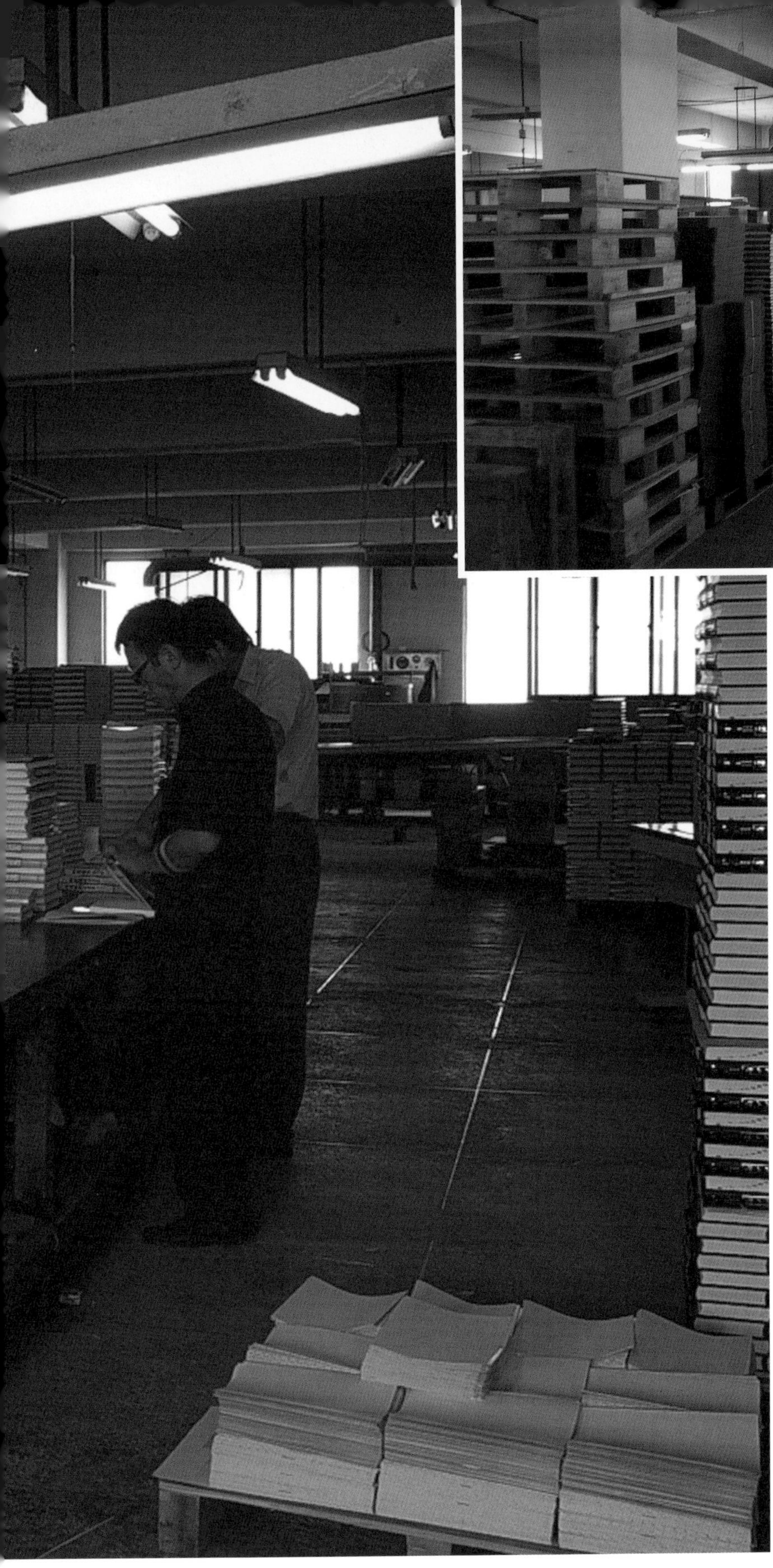

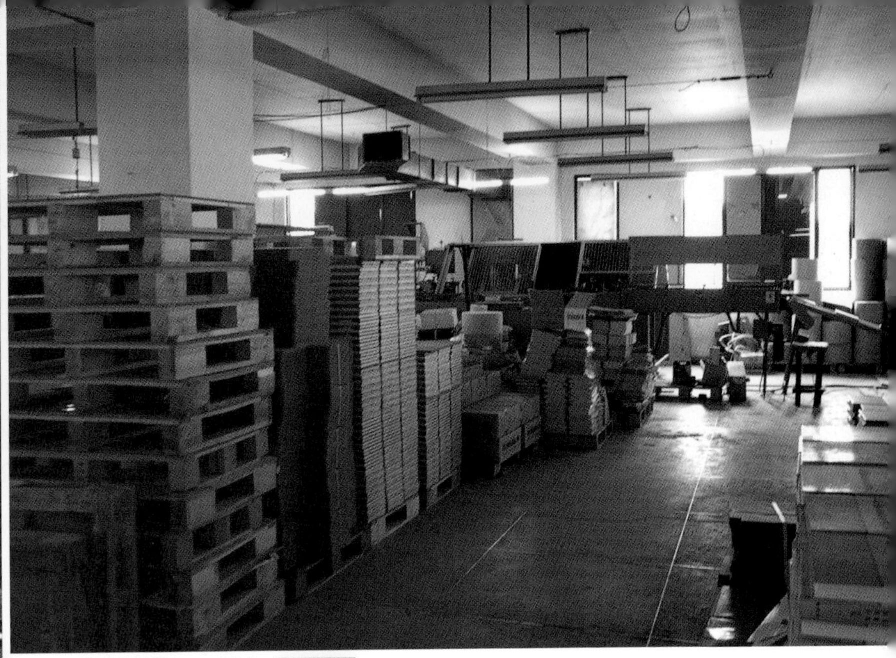

35년 전에 문을 연 '과성제책사'는 2대째 그 작업을 이어오고 있다. 이제 어지간한 것은 대부분 기계가 대신해주고 있지만 여전히 아버지와 아들의 책에 관한 철학이 작업 전반에 녹아 있다.

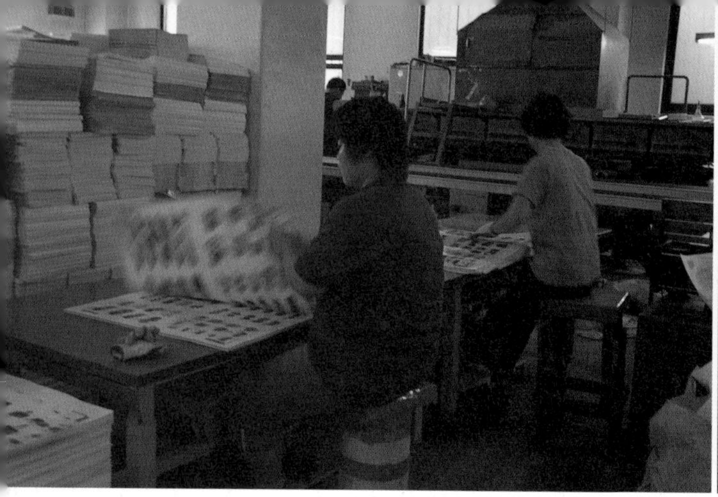

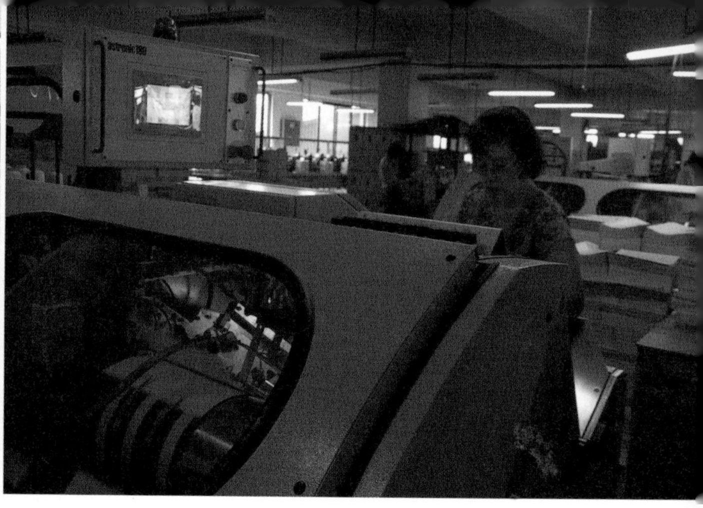

작업대 위에 놓인 대형 인쇄지는 보기만 해도 부담스럽지만 장인의 손을 거치면 어느새 보기 좋게 정돈된다.

35년 경험으로 무선과 양장을 한 곳에서

하지만 이곳이라면 어떨까? 자유로를 따라 일산 방향으로 가다 보면 '일산출판단지'가 나타난다. 파주출판도시만큼 계획적으로 건설된 곳은 아니지만 큼직큼직한 대형 공장들이 그 위세를 당당히 드러내고 있는 이곳은 책의 또 다른 세계다. 현재 국내에서 출판되고 있는 책의 30퍼센트 이상이 이곳에서 제작되고 있다니 그 역할이 얼마나 대단한지는 알 만하다.

그 중에서 가장 오랜 역사를 지닌 '과성제책사'는 제책의 영역을 전문화를 통해 넓혀가고 있다. 선친이 시작한 양장제책 기술과 아들이 정착시킨 무선제책까지 동시에 수행할 수 있다는 점이 이곳의 큰 특징이다. 실제로 이런 종류가 다른 두 가지 시스템을 한꺼번에 갖춘 업체는 드물기 때문이다.

일산출판단지 초입에 위치한 과성제책사는 커다란 'ㄱ'자 모양의 벽돌건물로 한번에 쉽게 찾을 수 있다. 사무실과 식당, 휴게실 등을 갖춘 사무실 동이 정면에 위치하며, 가로로 놓인 공장 동은 동선을 최소화하여 효율적으로 작업할 수 있는 첨단 시스템을 갖췄다. 약 200평(660m^2) 규모의 1층 무선제책 작업장은 입구에 위치한 좌측의 재단기를 시작으로 정합기와 핫멜트, 컨베이어 시스템 등이 공정 순서대로 자리 잡고 있다. 이 기계들을 통틀어 무선제책기라고 하는데 그 구조를 자세히 살펴보면 접지를 순서대로 뽑는 정합기, 모은 접지를 흩어지지 않도록 잡아주는 클램프, 접지의 등을 갈고, 풀을 묻히고, 표지를 공급하는 무선철, 접지에 풀을 공급하는 핫멜트, 완성된 책을 운반하는 컨베이어, 책의 불필요한 부분을 재단하는 삼면단부, 완성된 책을 묶어서 발송하기 좋게 하는 결속부 등으로 구성되어 있다.

한편 공장동 구석진 곳에는 지금은 사용하지 않는 것 같아 보이는 먼지 가득 쌓인 낡은 기계들이 눈에 띈다. 이런 세월의 흔적 속에서 온전히 수작업으로 제책사업을 꾸려왔던 선친의 모습을 떠올릴 수 있었다. 아버지의 혼이 가득 담긴 제작 노하우를 바탕에 두고 아들은 이제 첨단 기계를 통해 그 명맥을 이어가고 있다. 작업이 한창인 기계들 사이로 대형 철문을 통과해 계단을 따라 2층으로 올라가면 양장제책 작업장이 펼쳐진다. 마침 필자가 방문한 시기와 신학기가 겹쳐 수업용 학습도서가 제작되고 있었다. 네 대의 거대한 온라인

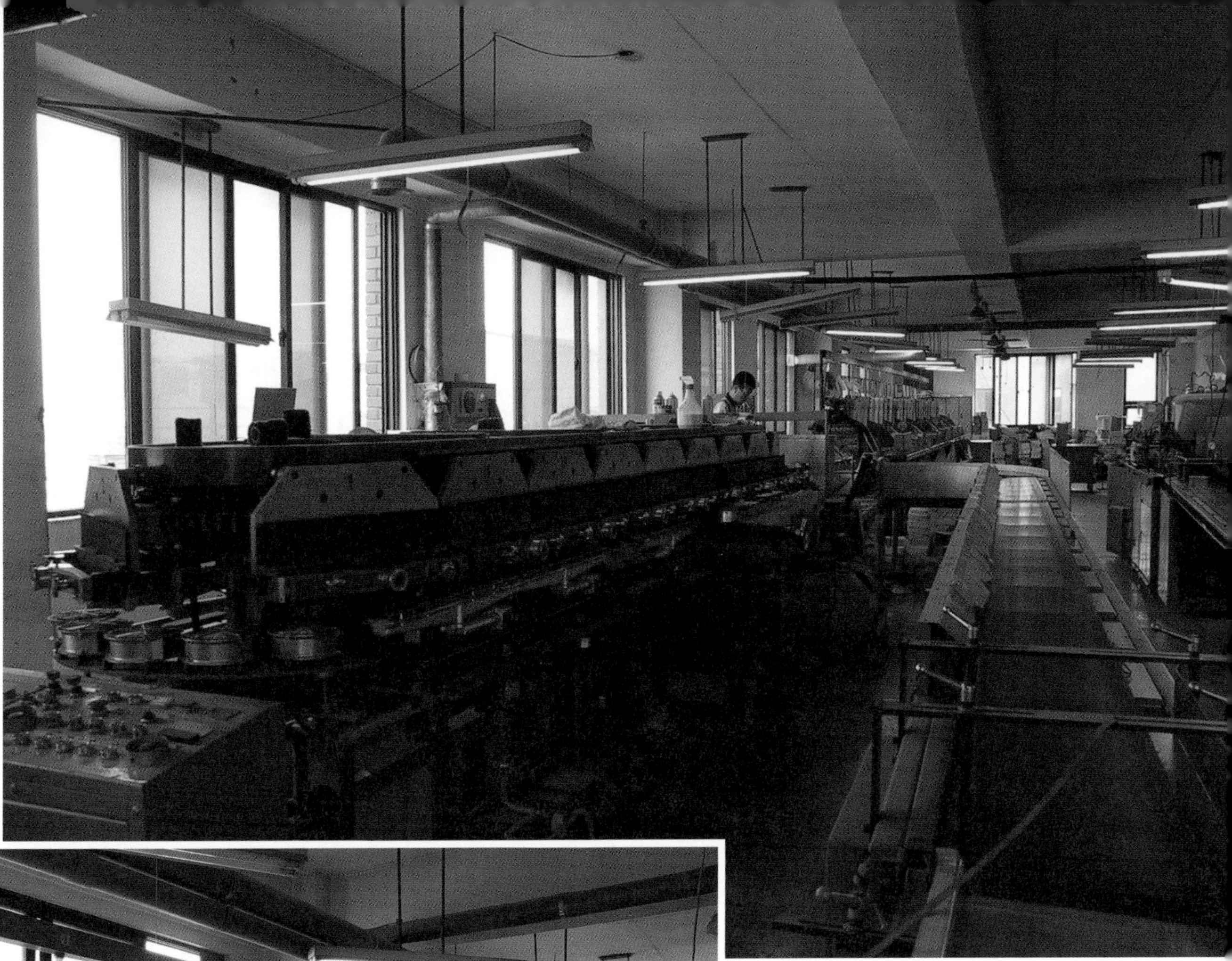

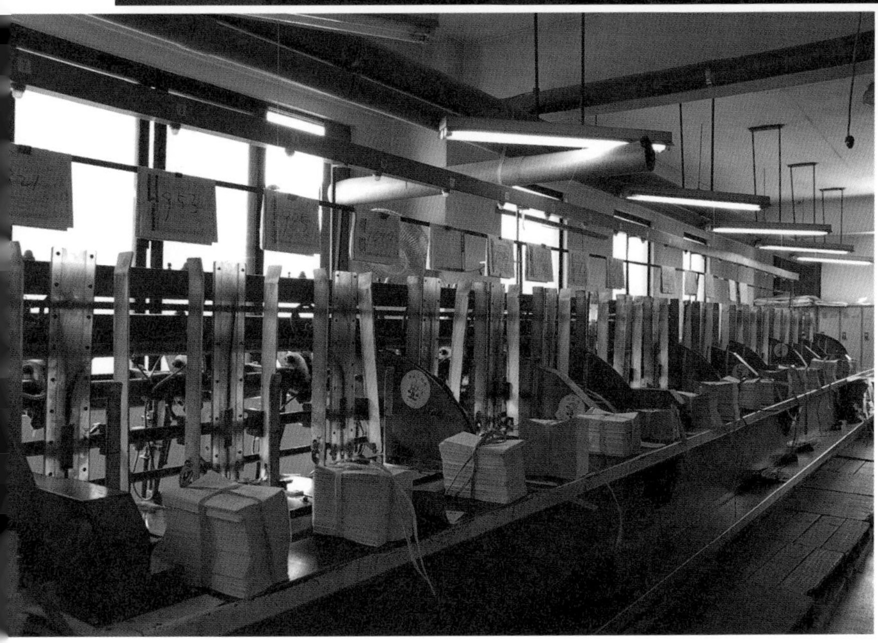

기계를 통해 울리는 소리가 마치 전통
타악기처럼 경쾌하다. 정해진 리듬에 맞춰
움직이는 것처럼 장인의 손길이 바쁘다.

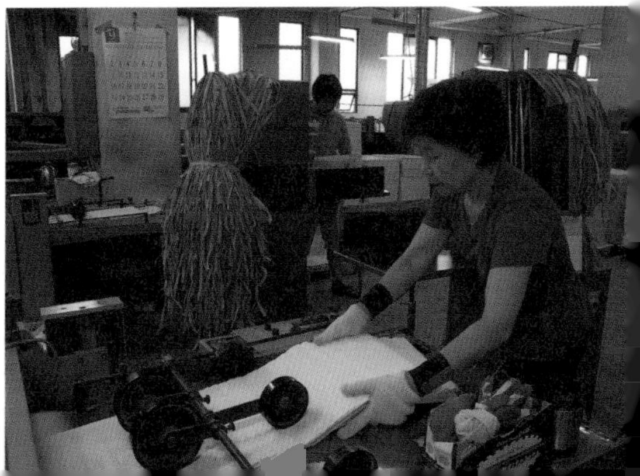

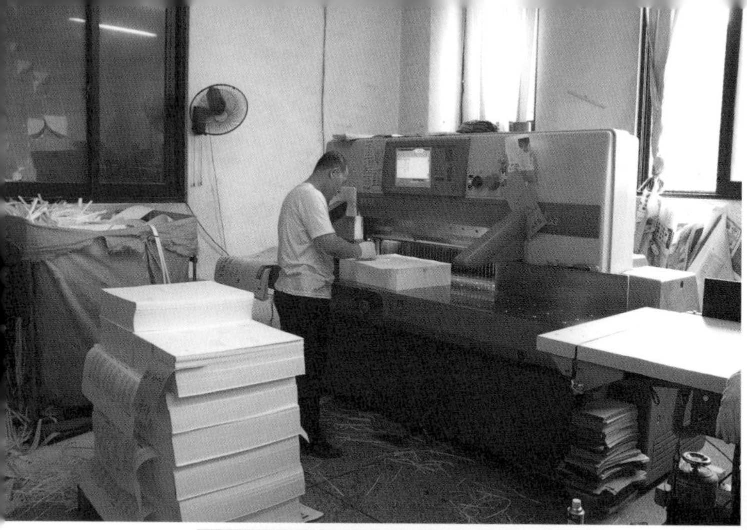

오가는 작업량이 너무 많아 가뜩이나 가득 쌓인
폐종이함이 넘쳐 바닥에 흐른다.

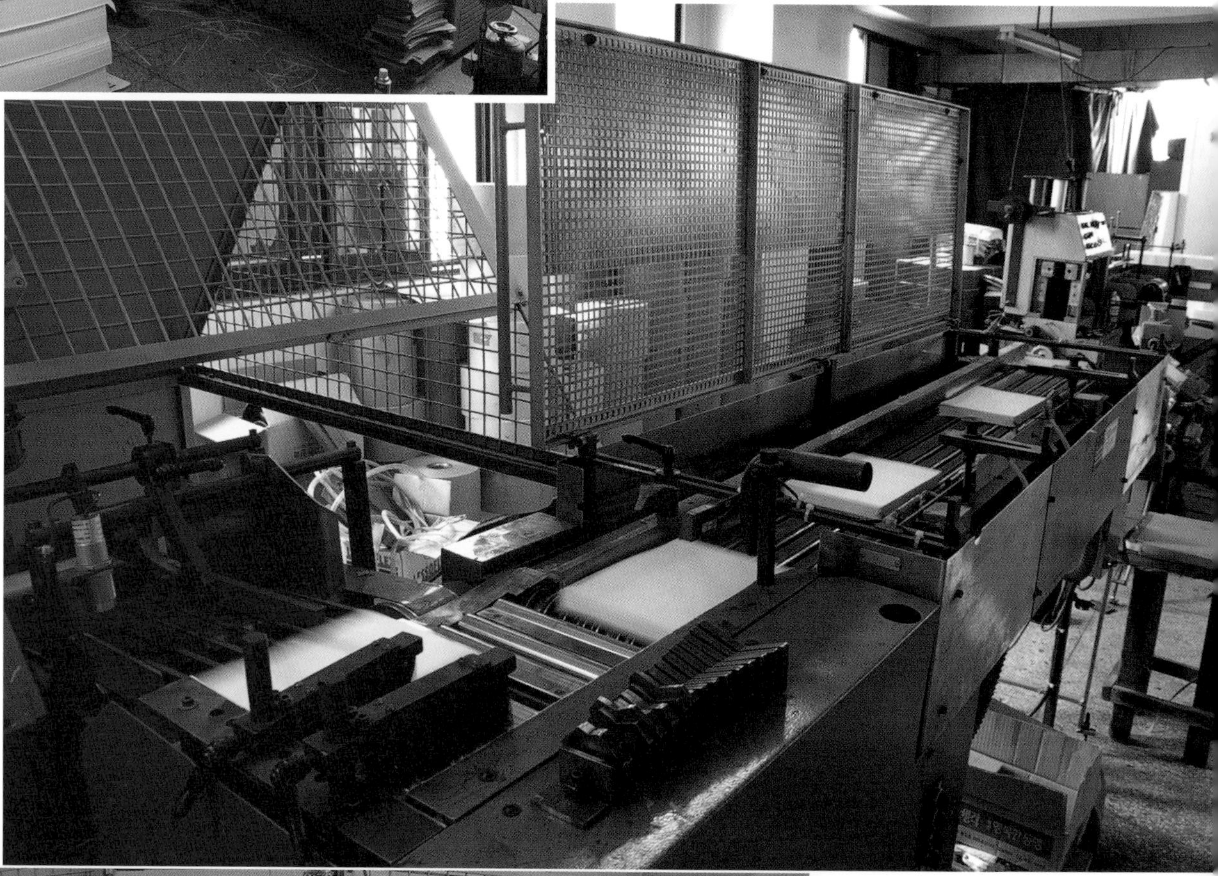

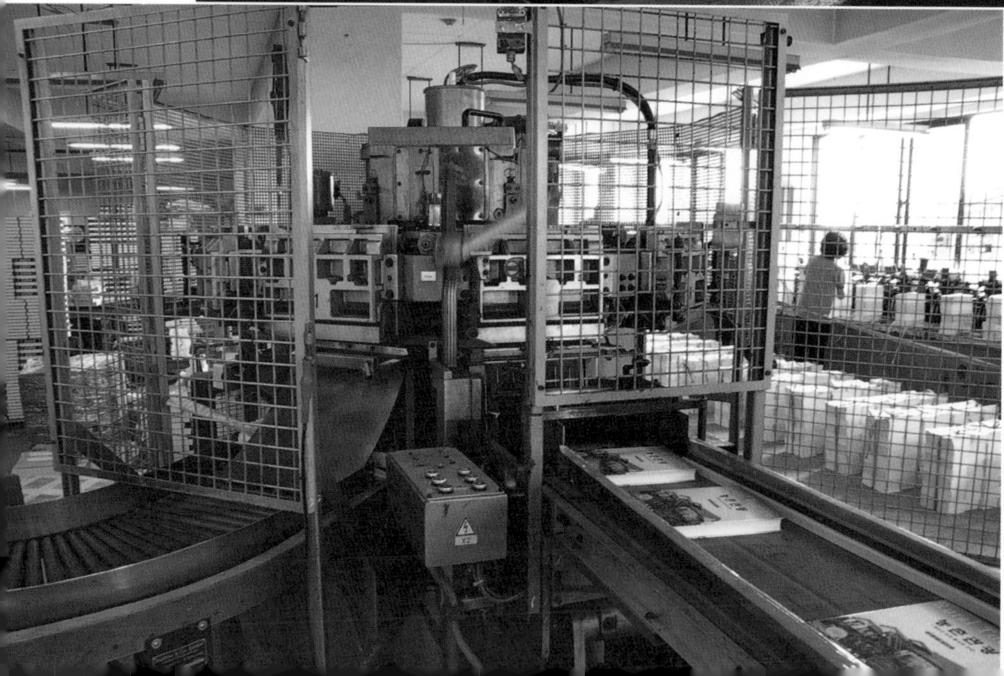

수천 권의 책이
온라인 기계의 벨트를 타고
다음 공정으로 이동한다.

양장제책기에서는 각각 다른 네 종류의 제책 작업이 한꺼번에 진행되었으며, 그 수량도 엄청났다. 예전에는 기계를 사용하더라도 일일이 사람의 손으로 만지고 다듬어서 책을 완성해야 했기 때문에 이곳에 한때는 제책 장인들이 130명이 넘었단다. 그들과 함께 땀 흘리고 웃으면서 동고동락하던 시절을 회상하며 필자에게 설명하는 과성제책사 대표의 얼굴에서 그리움이 묻어 나온다. 기계의 성능이 좋아지면서 사람손이 필요치 않게 되고 적은 인력으로도 대량생산이 가능해진 오늘날 제책산업의 발달이 반갑기는 하지만 사람소리보다 기계소리가 가득 들어찬 것이 못내 아쉬울 따름이다. 제책의 꽃이라 할 수 있는 양장제책의 세계. 이곳 기계들이 내는 분주한 소음은 마치 바깥세상과 단절시켜버리는 커다란 벽처럼 공간을 압도한다.

양장제책의 변신

몇 천 부 이상의 대량생산을 목적으로 제작하는 양장제책의 대부분은 대학 교재 같은 딱딱한 느낌이 강해서 양장제책만이 낼 수 있는 고급스러운 '맛'을 별로 느낄 수 없는 경우가 다반사다. 사정이 이렇다 보니 양장제책은 오랫동안 보관할 수 있고, 두껍고 견고한 이미지 그 자체를 부각할 수 있는 '오차 없는 제작'이 승부수다. 약간의 휨이 발생하여도 클레임으로 이어지기 때문이다. 따라서 독특한 디자인보다 안전하고 익숙한 레이아웃을 선택한 경우가 많다.

하지만 최근 팬시업체들을 중심으로 이런 '단점'을 장점으로 변화시키는 움직임이 나타나고 있다. 단순히 견고하고 고급스러움만을 강조한 것에 그치지 않고, 크기를 작게 만들고 두께를 줄여서 다이어리와 수첩 등을 제작해 양장본만이 연출할 수 있는 분위기를 다용도로 활용하고 있다. 또 표지의 재질을 가죽, 패브릭, 고무, 플라스틱, 심지어 나무나 꽃 등 식물을 말린 재료들을 적극적으로 활용하여 소비자에게 좀더 친숙하게 다가가기 위한 노력을 하고 있다.

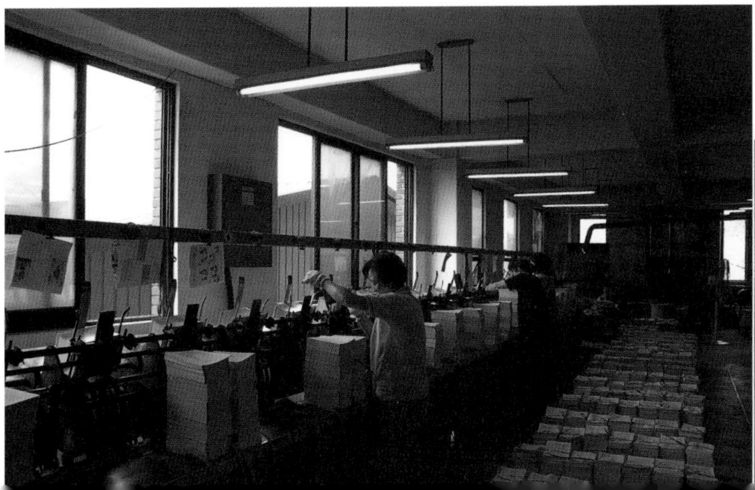

작업실은 화려하지 않지만 전체적으로 깔끔하다. 완성된 책들이 수북이 쌓여 작업 공간을 더욱 분주하게 만든다.

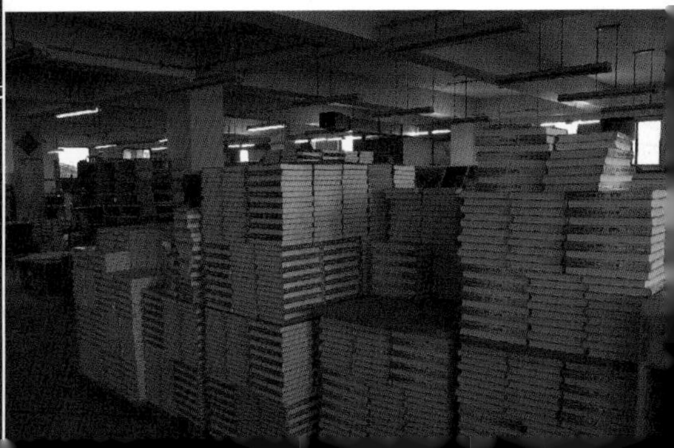

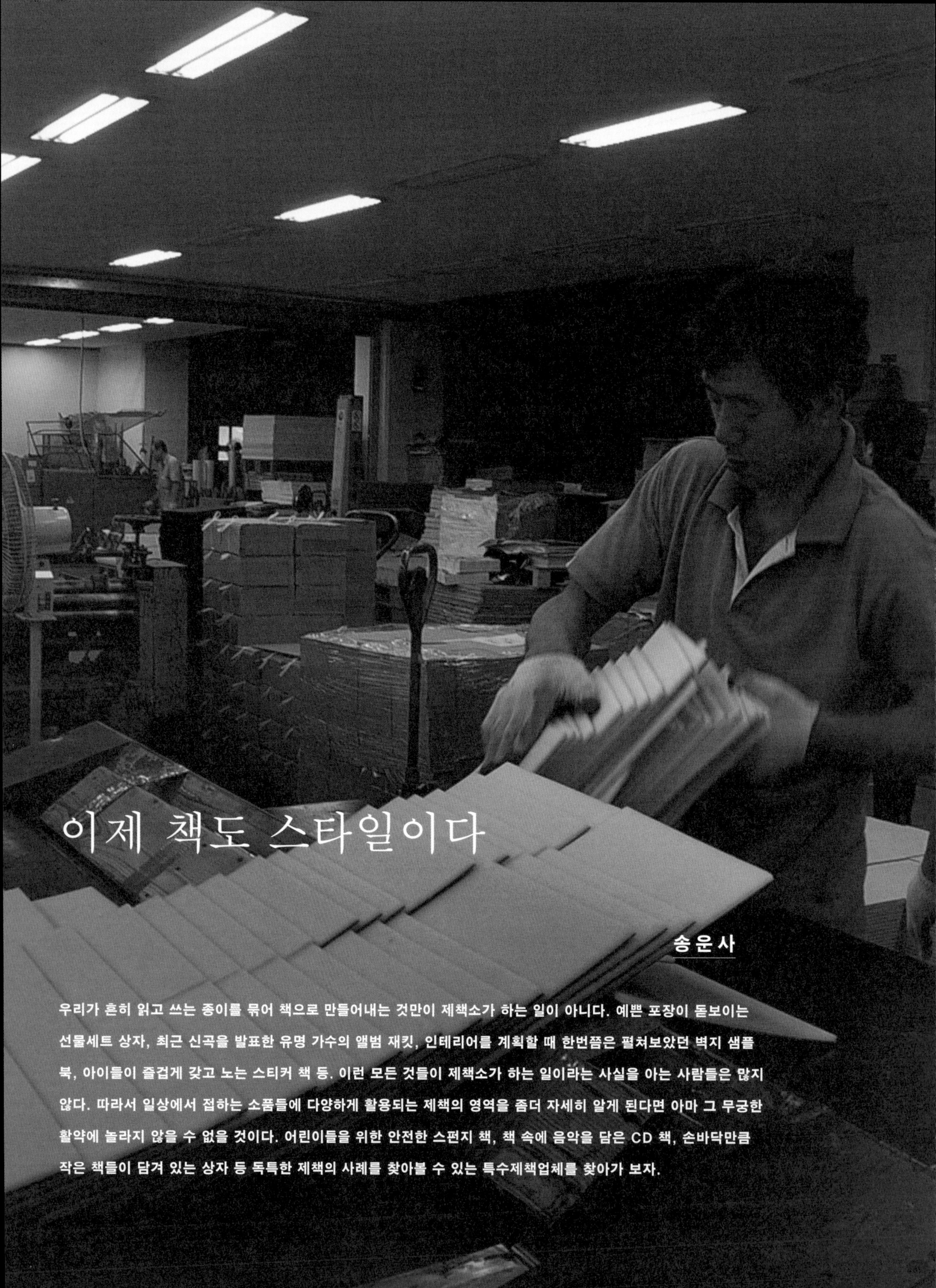

이제 책도 스타일이다

송운사

우리가 흔히 읽고 쓰는 종이를 묶어 책으로 만들어내는 것만이 제책소가 하는 일이 아니다. 예쁜 포장이 돋보이는 선물세트 상자, 최근 신곡을 발표한 유명 가수의 앨범 재킷, 인테리어를 계획할 때 한번쯤은 펼쳐보았던 벽지 샘플북, 아이들이 즐겁게 갖고 노는 스티커 책 등. 이런 모든 것들이 제책소가 하는 일이라는 사실을 아는 사람들은 많지 않다. 따라서 일상에서 접하는 소품들에 다양하게 활용되는 제책의 영역을 좀더 자세히 알게 된다면 아마 그 무궁한 활약에 놀라지 않을 수 없을 것이다. 어린이들을 위한 안전한 스펀지 책, 책 속에 음악을 담은 CD 책, 손바닥만큼 작은 책들이 담겨 있는 상자 등 독특한 제책의 사례를 찾아볼 수 있는 특수제책업체를 찾아가 보자.

책의 아날로그적 감성과 디지털 기술이 만나다

2005년 완공된 파주출판단지의 정식 명칭은 '파주출판문화정보산업단지'다. 충무로나 서울 어딘가에 자리 잡고 있던 많은 출판사들이 이곳으로 이주해왔고, 인쇄소와 제책사 등 책과 함께하는 모든 것들이 들어서 있다. 이곳에 오면 정성이 밴 책 냄새와 함께 만드는 사람들의 열정이 뿜어져 나온다. 또한 유명 건축가들이 설계한 건물들도 이곳을 더욱 정겹고 따뜻한 곳으로 만들어주기 때문에 꼭 책에 관련된 업무 때문이 아니더라도 한번쯤 찾아가볼 만하다. 책이 갖고 있는 아날로그적인 성격을 그대로 보여주는 자연친화적인 생태공원, 하나같이 독특한 외관으로 지나가는 사람들의 발길을 멈추게 하고 눈길을 사로잡는 건물들, 이 모든 것이 조화롭게 어우러져 살아 숨쉬는 듯하다. 이곳에선 이런 자연의 호젓함을 만끽할 수도 있지만, 거대한 트럭들이 분주히 책을 실어 나르는 현장과 맞닥뜨리기도 한다. 그 가운데 송운사가 있다.

송운사는 특수제책 전문업체로 규모나 기술면에서 국내 최고임을 자부한다. 1일 생산량이 30만 부에 달하며 우리가 서점에서 볼 수 있는 대부분의 잡지와 대형도서, 음반, 전집 규모의 특수도서, 다양한 종류의 표지 및 케이스를 제작하는 곳이다. 납품 트럭들이 대기하는 주차장을 가로질러 가면 제책소로 들어가는 입구가 나타난다. 유리문을 통과하자마자 나타나는 넓은 계단은 작업장이나 사무실의 내부를 전혀 볼 수 없는 구조로 설계되어 제작 노하우를 공개하고 싶지 않은 의도를 건물에 고스란히 담았다는 걸 알 수 있다.

공장장의 허락을 받고 들어선 곳은 과거에 제작된 모든 결과물을 한눈에 볼 수 있도록 전시한 갤러리였다. 한눈에도 알아볼 수 있는 유명 가수의 음반재킷, 한동안 서점가를 불태웠던 베스트셀러 소설책 등이 눈에 띈다. 형형색색의 제작물들이 가지런하게 진열된 복도를 지나면 갤러리와 같은 층에 손님 접견실을 겸한 다목적 회의실이 위치한다. 이곳에서 각종 샘플을 보며 원하는

'송운사'의 작업 규모를 짐작케 하는 재료들, 패브릭과 종이들이다. 이곳의 작업은 그 양에 한번 놀라고 그 속도와 규모에 한 번 더 놀라게 된다.

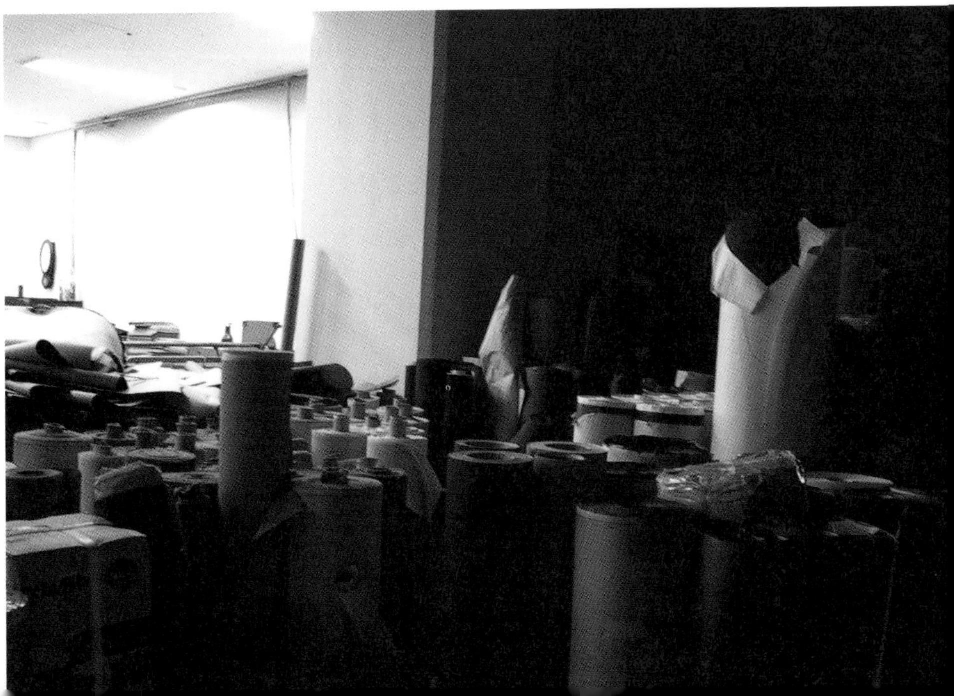

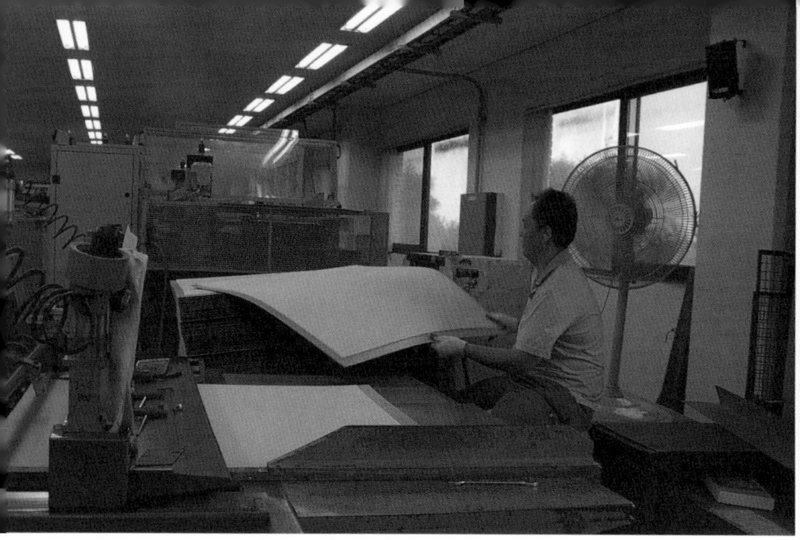

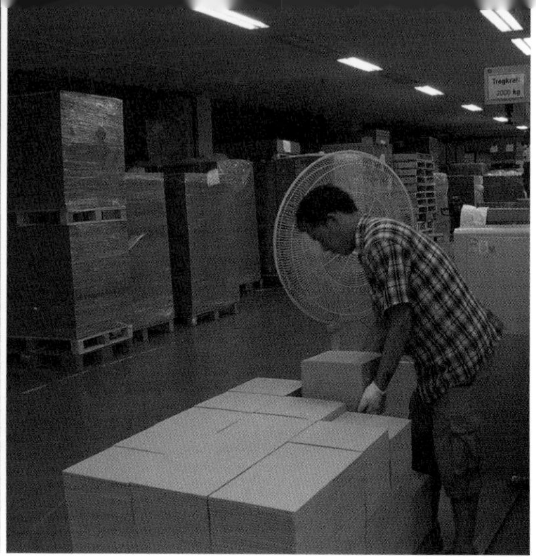

사람보다 커다란 종이가 펄럭펄럭 날아다닌다. 가제트
형사처럼 팔을 길게 뻗어 잡아챈다. 쉽지 않은 작업에 한번쯤
실수를 할 만도 한데 장인의 손길에서 실수란 없다.

제작물을 협의한 뒤 주문계약 및 납품을 확인하는 등 일련의 과정을 처리한다. 이른바 고객관리를 하는 곳이다. 이렇듯 모든 제작을 사전에 충분히 협의하고 미리 제작된 샘플을 통해 오류를 최소화하려는 송운사의 작업과정은 고객에게 신뢰감을 준다.

최고의 기술이 주는 자신감

사무공간을 지나면 거대한 철문이 나타나는데, '관계자 외 출입금지'가 붙어 있다. 이 철문이 열리면 다양한 제책 작업이 펼쳐진다.

이곳의 모든 생산동은 철저하게 외부와 차단되어 있으며, 반드시 전자칩이 부착된 IC카드를 소지한 직원들만이 출입할 수 있다. 안으로 들어서자 웅장한 기계음이 온몸을 휘감는다.

책을 만들 때 주로 사용되는 사출기, 제책기, 압착기 그리고 이름도 낯선 온갖 특수기계들이 시선을 사로잡는다. 입구의 왼편은 완전히 개방된 형태의 창고가 자리 잡고 있다. 작업의 기본 재료가 되는 두루마리 천이나 가죽, 두루마리 종이, 합지들을 언제든지 빠르고 편하게 쓸 수 있도록 배려한 배치다. 작은 칸막이 하나 없는 창고는 기계 설비들과 엄격하게 구분되어 있어 작업에 번거로움을 전혀 주지 않는다.

한눈에도 공장의 분위기는 깔끔함 그 자체였다. 항상 납품 시간에 쫓기며 업무량도 많으니까 공장 바닥이 지저분할 것이라고 여겼는데, 오히려 기계들이 뿜어내는 먼지와 잔여물들이 혹여 쌓일세라 부지런히 청소하시는 분들이 모습이 눈에 띄어 다소 낯설게 느껴지기까지 했다. 이런 필자의 마음을 알았는지 기계들을 안내하던 공장장이 "모든 기계들은 섬세한 디지털기계들이 대부분이기 때문에 미세먼지와 바닥의 지저분한 조각들을 그때그때 치워주지 않으면 기계에 잔고장을 일으키게 됩니다. 게다가 작업 중에 작은 오물이라도 묻게 되면 큰일이죠."라고 설명한다. 깔끔하게 정돈된 작업장과 첨단 환기시설이 갖춰진 환경을 보니 더 신뢰가 간다.

비슷비슷한 컨텐츠와 틀에 박힌 판형으로 작업되는

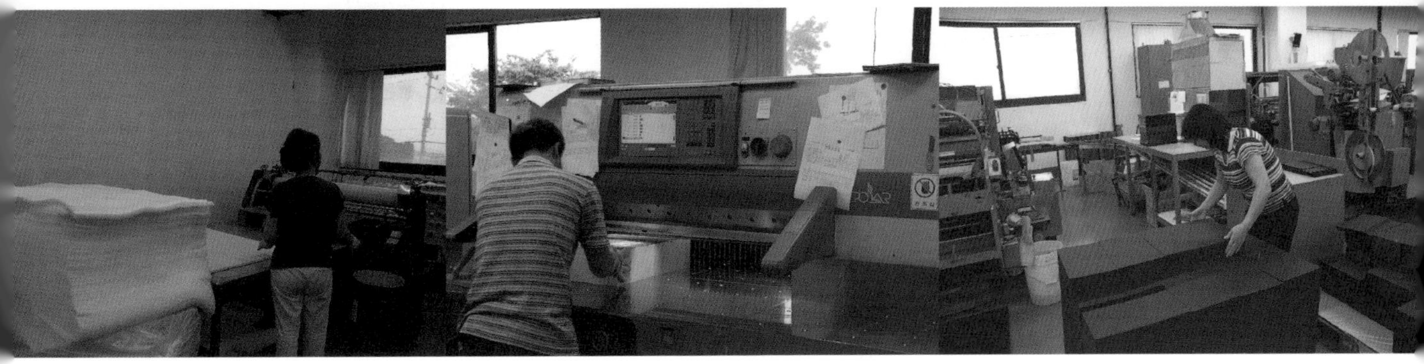

종이, 기계 그리고 사람.

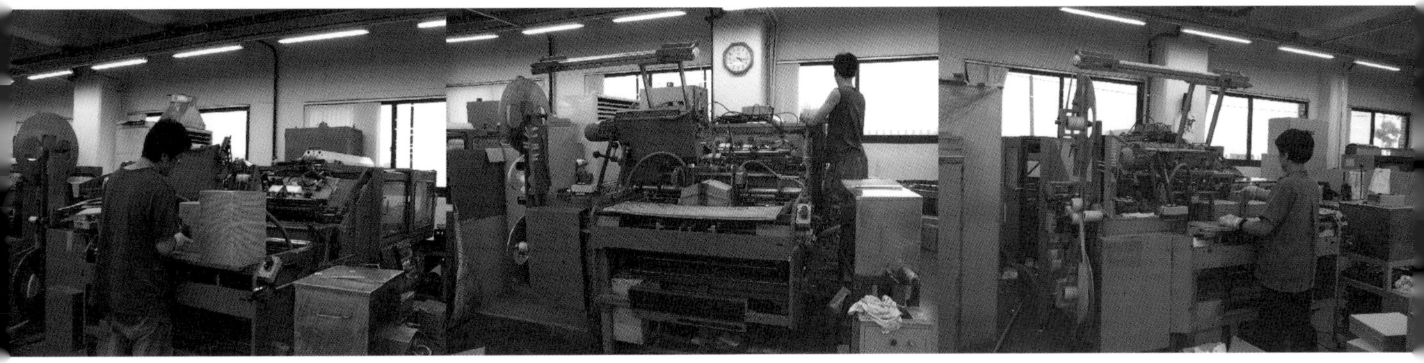

작업하는 모습 하나하나 도무지 지친 기색 하나 없다. 작업이 힘들지 않느냐는 질문에 웃으신다. 늘 젊게 움직이고 생활하며 아직도 꿈을 버리지 않아서란다.

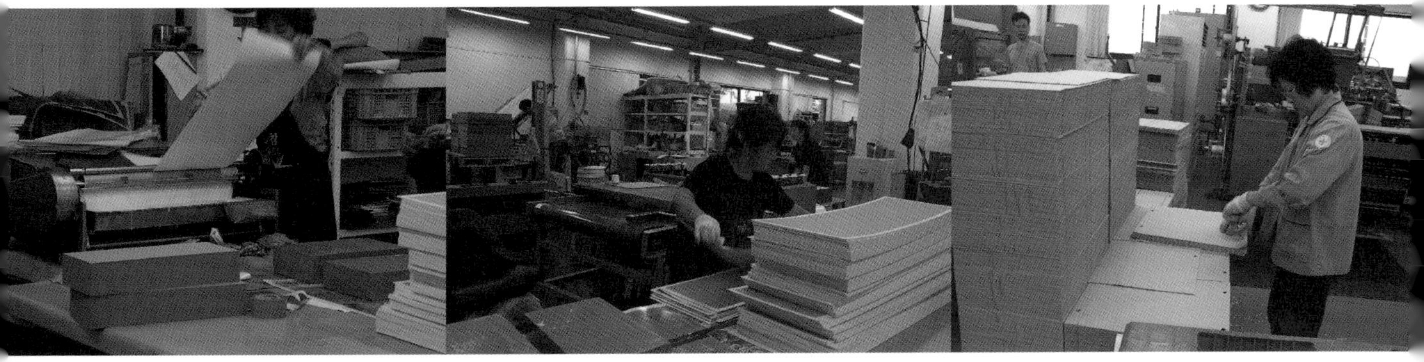

타공펀치 작업을 끝낸 종이를 일일이 송곳으로 뚫어 손보고 있다. 기계가 아무리 발달을 해도 결국 마지막은 사람의 손을 거쳐야 하나 보다.

제책 시장에서 남다르게 보이는 일은 결코 쉬운 일이 아니기에 독특한 디자인과 정교함으로 시선을 끌어야 한다. 특히 이곳은 표지 제작으로 유명해지면서 재단과 금박 및 실크인쇄, 표지가공 등에 새로운 기술을 적극 개발, 적용하고 있다.

기존의 스펀지 제책의 표지는 합지+스펀지+마닐라지를 서로 배접하여 책등 모양이 부드럽지 않았다. 그런데 송운사는 합지 위에 스펀지를 얹어 포장을 덮고, 거기에 에어 공정을 더함으로써 책등과 표지 앞·뒷면 모양이 볼록해지는 기술을 선보였다. 스펀지가 들어 있어 책의 촉감이 폭신하고 가벼워서 어린이용 도서에 많이 활용된다. 또 고주파 열처리기를 통해 작업되는 고주파 제책은 비닐이나 플라스틱 계열의 합성 소재에 고주파를 주입하여 압착, 접합되는 성질을 이용해 표지를 가공한다. 불투명한 비닐 계열 소재 또는 스웨이드처럼 미세한 보풀이 있는 소재는 표지에 주로 쓰이고, PVC(투명 비닐)는 종이 표지를 끼우는 주머니 형태로 제작된다. 자주 펼쳐 보는 사전이나 다이어리 제작에 가장 많이 쓰인다. 또한 비닐지갑, 비닐파일 접착, 책 표지, 예금통장 비닐케이스 등에도 활용된다.

이 밖에 도무송(톰슨, 따내기) 기계도 눈에 띄었다. 주로 포장용 상자를 만들 때 접지하고 절단하여 전개도를 만들어주는 기계로 합판이나 마닐라지 등의 두꺼운 종이를 인쇄하여 포장용 박스를 만들 때 사용되는데, 재단 칼과 접지 칼이 박혀 있는 판 위에 종이를 올려놓으면 미리 입력된 전개도의 모양으로 가공된다. 또 책 표지에 자석이나 끈 등을 부착하거나 후로킹(인조세무), 레자(인조가죽), 포클로스(가공원단), PVC 등의 다양한 재질을 활용해 달력이나 상장케이스 등을 제작하기도 한다.

송운사를 통해 바라본 오늘날의 제책은 판형, 인쇄, 색감 등 디자인적 요소를 개발하고 발전시켜 그 영역을 넓히려는 고민이 엿보인다. 그도 그럴 것이, 요즘은 자기 개성에 따라 뭐든 직접 제작하는 DIY가 유행이고 주5일 근무의 정착으로 여가시간을 활용한 취미활동이 늘어나, 많은 사람들이 개성을 중시하고 다양한 관심사를 표현할 수 있는 나만의 아이템을 찾기 때문이다. 따라서 책이나 음반, 패키지 분야에서 다양한 제책의 방법을 활용해 고객의 시선을 끌기 위해 노력할 뿐만 아니라, 책 이외의 각종 소품이나 문구류 등에서도 특수 제책기술을 활용하여 감각적 접근을 시도하고 있다. 이미 까다로워진 고객의 입맛에 가까이 다가갈 수 있는 이런 노력들은 앞으로도 끊임없이 계속될 것이며 송운사와 같은 특수제책사의 활약이 기대된다.

아이들을 위한 스펀지 책. 알록달록 아이들의
눈길을 끄는 표지 속에는 스펀지를 넣어 책을 접하는
아이들의 안전까지 고려한 배려가 숨어있다.

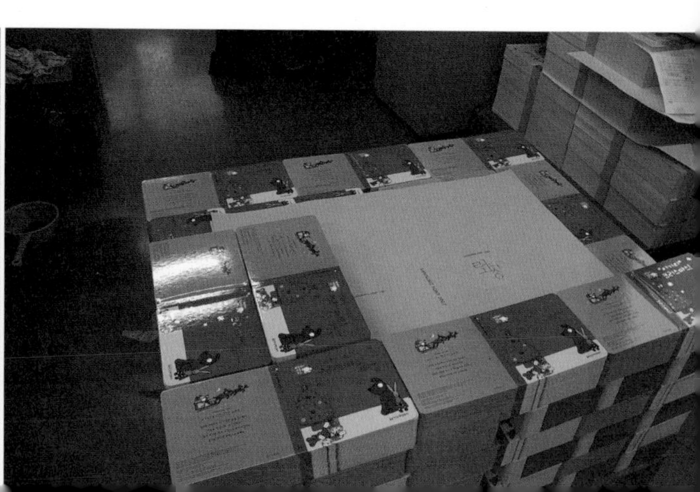

제작과정

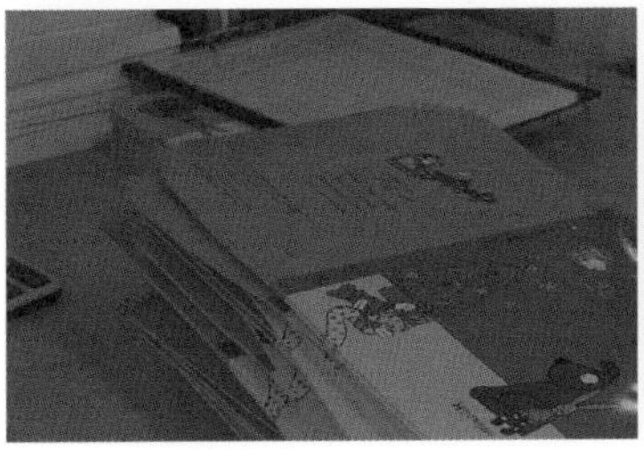

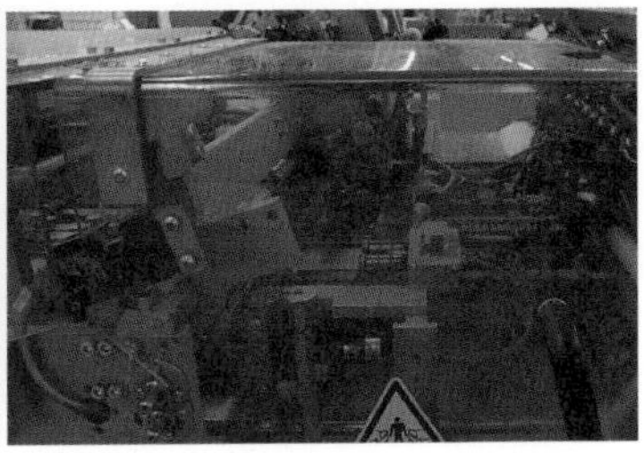

1 싸바리 작업을 위한 표지. 인쇄가 완료된 인쇄지는 합지 위에 옷처럼 입혀져 책의 표지로 다시 태어나게 된다.

2 합지와 인쇄지가 함께 기계 속에서 풀칠되어 접합된다.

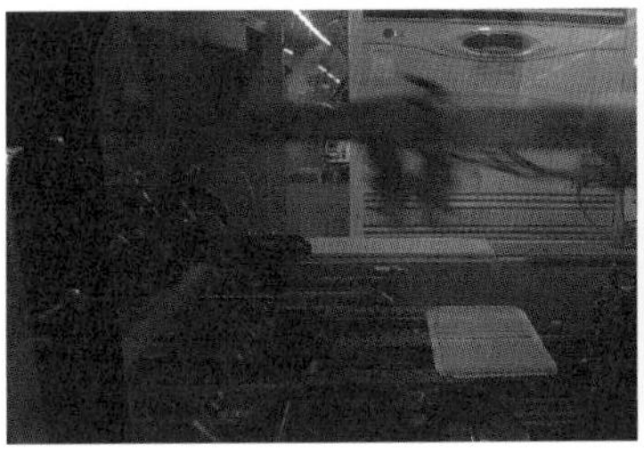

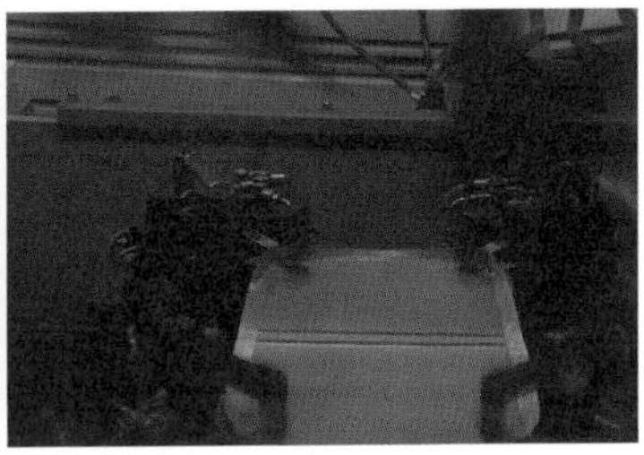

3 기계가 모서리를 감싸 깔끔하게 정리한다.

4 인쇄지는 합지를 감싸야 하기 때문에 합지보다 3~5mm 정도 크게 제작된다.

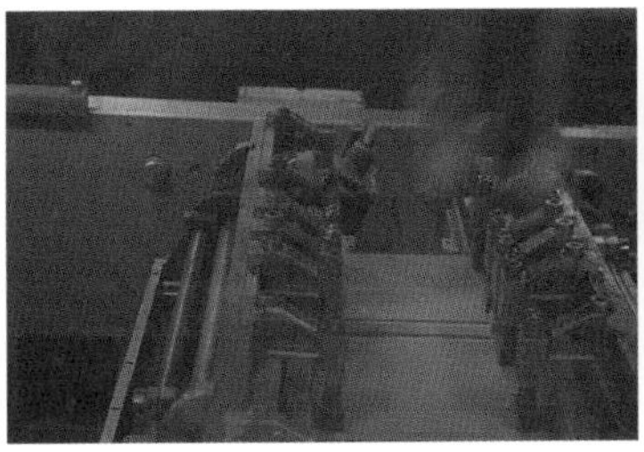

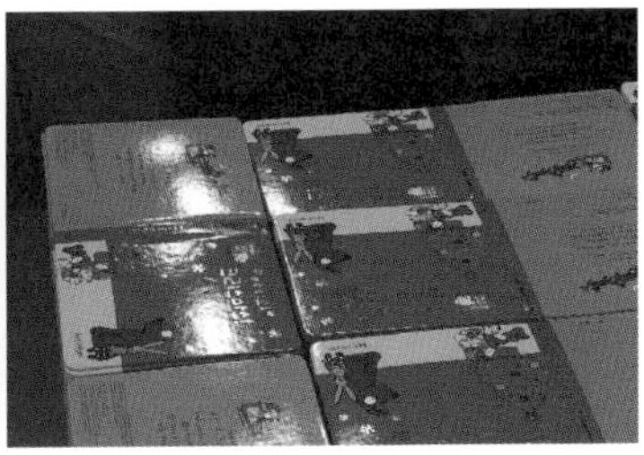

5 인쇄지와 합지를 붙이고 네 모서리를 접는 과정이 순식간에 이뤄진다.

6 책표지가 완성되어 기계를 빠져나왔다.

다양한 특수제책의 사례

특수제책의 종류는 무궁무진하다. 최근 그 영역의 한계가 사라지면서 일상생활에서 흔히 볼 수 있는 소품들을 제작하고 있다. 그 중 가장 대표적인 세 가지 제책사례를 소개한다.

그 첫 번째로 아코디언 제책 (Accordion book)이 있다. 지그재그로 접힌 책을 말하는데, 펼쳐진 모습이 재미있고 독특해서 보는 이로 하여금 흥미를 유발시킨다. 콘서티나(Concertina), 폴드북(Fold Book)이라고도 불리며, 우리나라에서는 병풍 모양의 절첩본이 여기에 속하며 광고의 POP나 인테리어의 소품으로도 다양하게 활용된다. 표지의 형태는 사각형이든 삼각형이든 자유롭게 선택할 수 있으며, 다른 변형도 가능하다. 표지는 책을 펼쳐서 세웠을 때 똑바로 설 수 있을 만큼의 두께와 안정감이 중요하다.

두 번째로 아코디언 책의 복합적인 형태라고 할 수 있는 터널 제책(Tunnel Book)이 있다. 병풍처럼 종이를 주름잡아 좌우 2개를 만들어 붙이고 종이 틀을 이용해 액자처럼 붙여 만든 형태의 책으로 보통 사각형, 삼각형, 육각형 등으로 제작되며 내지를 뚫어 마치 여러 개의 창을 겹쳐서 보는 형식을 취하고 있다. 내지는 접힌 주름 사이사이에 한 장씩 끼워져 있는데, 마치 망원경을 통해 보는 것처럼 뚫려 있어 앞장의 구멍을 통해 다음 장을 볼 수 있게 되어 있다. 따라서 다양한 모양의 실루엣이 한눈에 보이므로 전체적으로 어우러질 수 있도록 내지의 각 장이 세밀하게 구성되어야 한다. 이런 제책의 형태를 활용하면, 액자책을 만들어 사진첩으로 활용할 수 있고, 타일이나 대리석 등의 샘플을 붙여 인테리어 건축자재의 카탈로그로도 활용 가능하다.

그리고 마지막으로 아이들이 좋아하는 팝업 제책(Pop-Up Book)이 있다. 종이 한 장, 혹은 여러 장을 붙여 접은 후 원하는 모양으로 잘라 종이를 당기거나 밀어내어 돌출하는 제책 방식으로 입체적인 페이지를 만들어낸다. 책을 펼치면 솟아오르는 시각적 효과와 입체적 그림은 평면적인 책의 고정관념을 깨고 딱딱한 내용을 시각적, 유희적으로 접근할 수 있는 장점이 있다. 연출에 따라 다양한 응용이 가능하며 흥미를 유발하기 좋으므로 교육용 자료와 어린이들을 위한 책에 다용도로 활용된다.

나를 담은 책을 만들다

책공방북아트센터

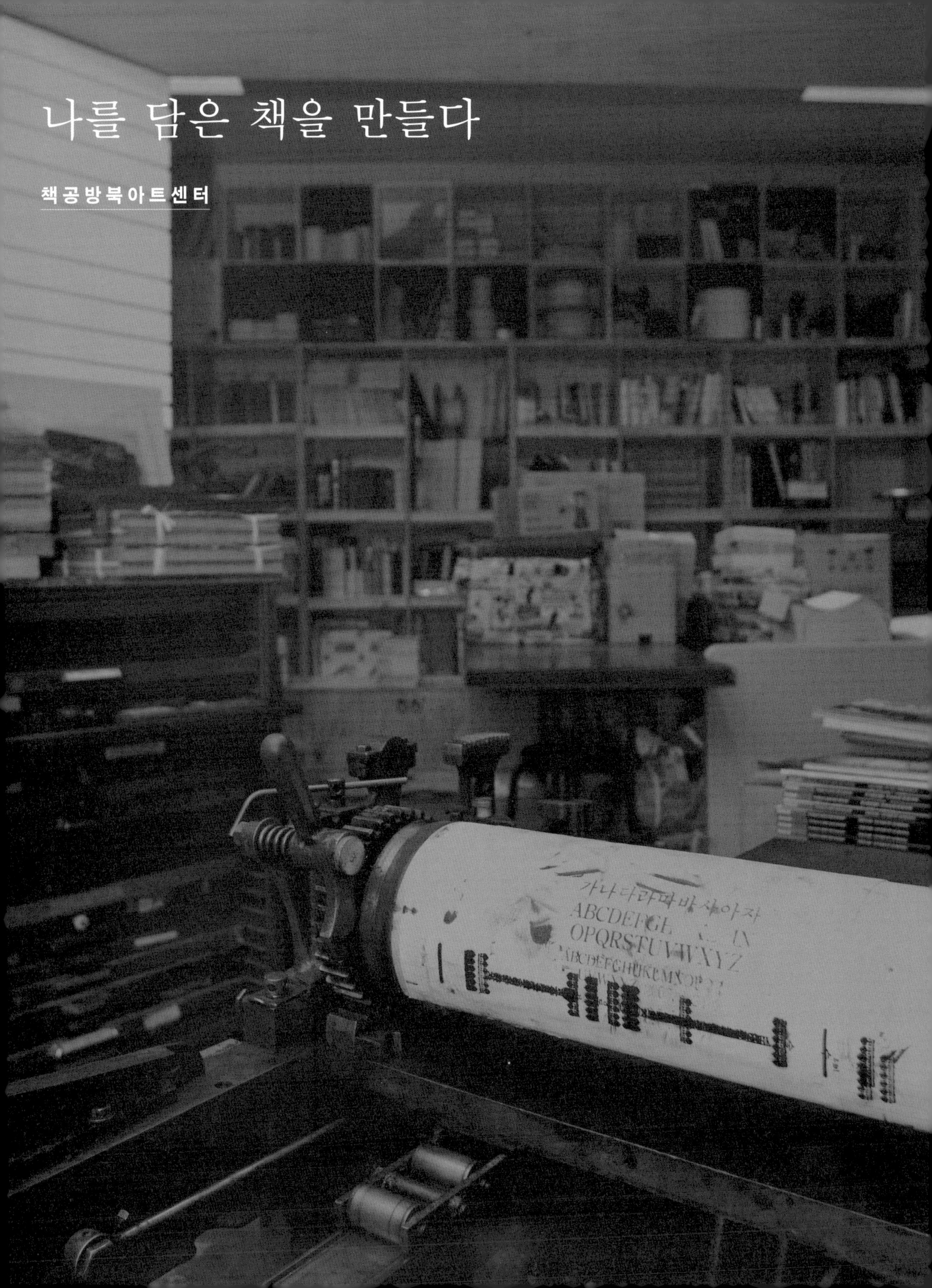

책은 단순히 활자를 담고 기록하기 위한 도구를 넘어서, 우리 생활 속에서 눈으로 읽고 손으로 만지며 한 쪽, 한 쪽 기록하여 새로움을 담아내면서 자신만의 상상 예술이 되곤 한다. 이렇듯 책은 소중한 추억을 담은 물건이 되기도 하고 소소한 일상의 시간들을 고스란히 간직하기도 하지만, 어쩔 수 없이 낡고 해어진다. 그렇다고 속상해하기만 할 것인가. 쓰다 남은 노트, 오래된 책에 새 생명을 불어넣는 방법이 있다. 손재주가 없다고, 글 솜씨가 없다고 걱정할 필요 없이 누구든지 어렵지 않게 만들 수 있는 책. 그것이 바로 책공방의 북아트다. 유럽과 우리나라의 다양한 전통 수작업 방식을 응용하여 책을 만들어내는 아날로그 향기 가득한 '책공방북아트센터'를 찾아가보자.

책 속에 담은 나만의 이야기

'책공방 북아트센터'는 공방 대표 김진섭 씨가 유럽을 여행하다 우연히 오래된 책 공방을 방문하게 되면서 시작되었다. 한 사람을 위한 단 한 권의 책이 만들어지기까지 장인이 노력과 정성을 보고 감동을 받아 국내에서도 일반인들이 자신만의 맞춤형 책을 가질 수 있었으면 좋겠다는 생각이 들었단다. 책공방의 제책은 100% 수작업으로 이루어지며 각자의 취향대로 자유롭게 표현할 수 있고, 원하는 대로 제작이 가능하기 때문에 그 가치와 만족도가 높다. 재료와 용도가 같은 다이어리라도 만드는 사람에 따라 결과물은 다 다르며, 수제 종이나 가죽 등 다양한 재료를 활용해 고유의 느낌을 표현할 수도 있고, 여러 가지 바인딩 기법을 적절하게 응용해서 독특한 컨셉과 톡톡 튀는 신선한 젊은 감각을 맘껏 드러낼 수 있기 때문이다.
제책 작업을 통해 내 손으로 직접 책을 만들면서 북아트의 진정한 가치를 느낄 수 있다는 게 김 대표의 설명이다. 여행을 다니면서 모아온 안내서와 각종 지도들, 가족의 흑백사진, 젊은 시절을 함께했던 낡은 가죽 가방 등 자신만의 추억이 담긴 것들이 작업 가능한 재료가 되며, 이렇게 추억이 담긴 작은 오브제들을 모아 책을 한층 더 아름답고 의미 있게 만드는 작업이

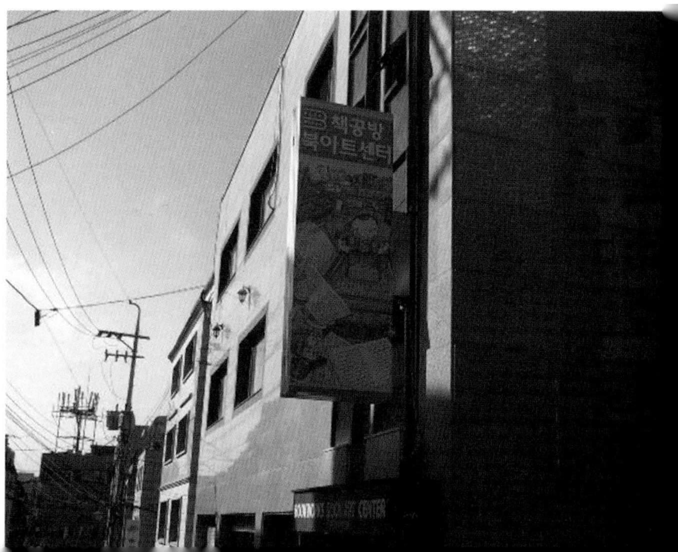

도심 한복판에 위치하지만 이곳에 들어서면
시간과 장소를 잊게 된다.

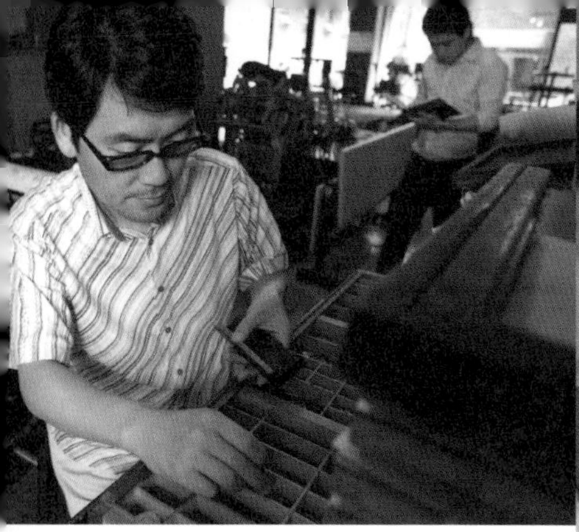

책공방북아트센터에서는 철저히 전통 인쇄제책방식을 고집한다.

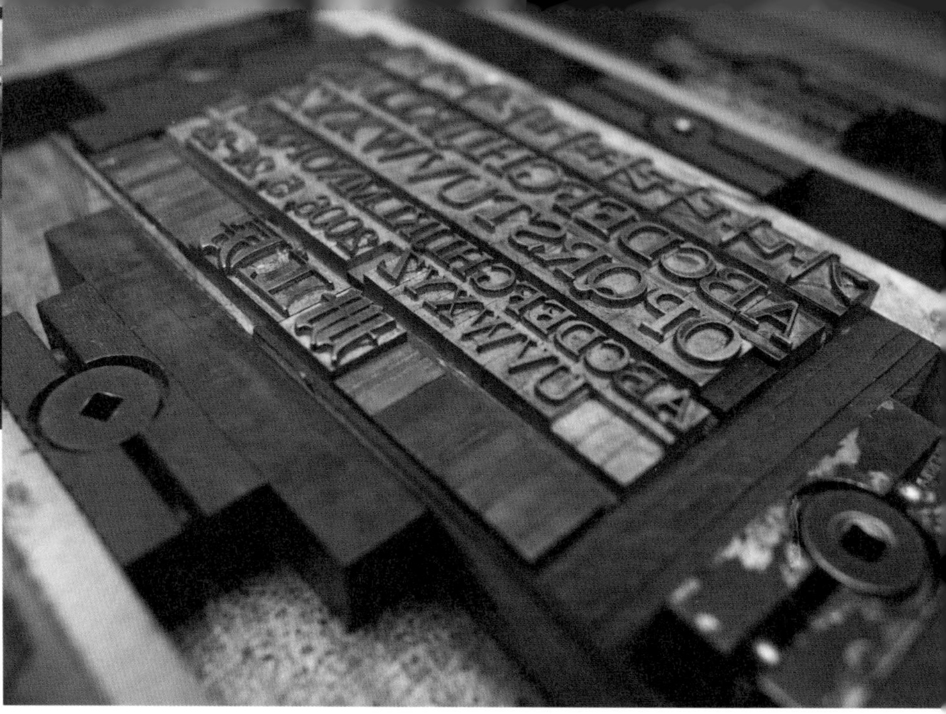

책 만들기에서 빼놓을 수 없는 활자. 책공방에서는 소장하고 싶거나 선물하고 싶은 문장을 납활자, 우드활자로 문선하여 구입할 수 있다.

책공방에서는 가능하다.

책공방에 들어서면 저마다 개성 있는 제책 기계들이 장인들의 농익은 삶을 대변하듯 곳곳에 놓여 있고, 갖가지 재료들과 독특한 작품들로 가득하다.

책공방의 모든 작업은 전통 인쇄·제책 방식을 따라 제작된다. 하지만 전통 제책 작업에 대해 아는 게 없다고 미리부터 걱정할 필요는 없다. 이곳에서는 초보자가 손쉽게 만들 수 있도록 다양한 제책 강좌가 수시로 열리기 때문에 나만의 재료를 들고 쉽게 다가갈 수 있다. 또 '책공방 북아트갤러리'를 함께 운영하고 있어 이제는 찾아보기 힘든 옛날 인쇄기계들을 만날 수 있다. 이곳의 인쇄기계와 제책기계들은 눈으로만 볼 수 있는 관람용이 아니라 실제로 작동이 가능하다. 손과 기계를 사용해 직접 책을 제작해봄으로써 책이 만들어지는 과정을 경험하게 하고 싶었다는 김진섭 대표의 생각이 그대로 녹아 있다.

제책 작업을 하다가 재료나 도구가 없어 낭패를 보는 일이 없도록 필요한 모든 것을 갖춘 '책공방 북아트 스토어'도 있다. 작업실을 벗어나도 아이들과 함께 혹은 친구, 연인과 함께 제작이 가능하도록 이동이 편리한 작은 압착기와 금박기계, 조각도, 제책용 특수가위, 북아트 전용 접착제 등도 판매하여 매일 책공방에 들르지 않아도 활동적인 제작을 할 수 있도록 지원한다. 이 밖에도 가죽, 특수종이, 클로스, 다양한 종류의 리본 등 책을 꾸미는 재료도 편리하게 구입할 수 있다. 특히 책 만들기에서 빼놓을 수 없는 활자 제작 및 판매는 이곳만의 특징이다. 실제 문선 제작기계를 갖추고 있기 때문에 납 활자, 우드활자로 문선(활자를 골라 뽑아 원하는 문장 만들기)을 떠서 언제든 구입이 가능하다. 활자로 문선을 만들어 놓으면 그 문장을 언제든 어느 곳에든 찍어낼 수 있다는 점을 응용하여 소장하고 싶거나 선물하고 싶은 문구를 구입할 수 있도록 세심하게 신경 쓴 대표의 배려가 느껴진다.

사철기(sewing machine). 접지된 종이를 한 대수씩 기계에 장착한 후 페달을 밟으면 책 등면에 실이 엮여 견고한 책이 완성된다.

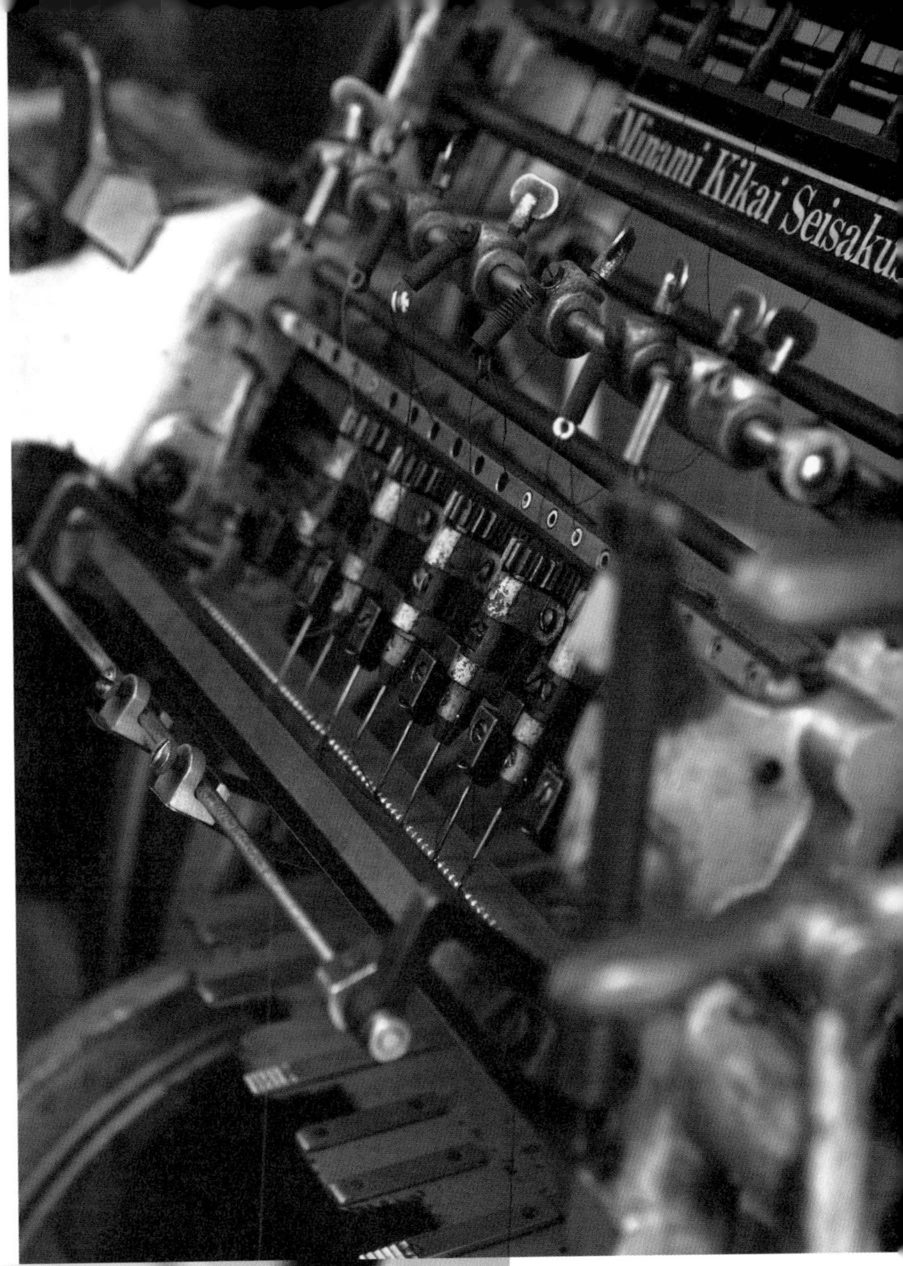

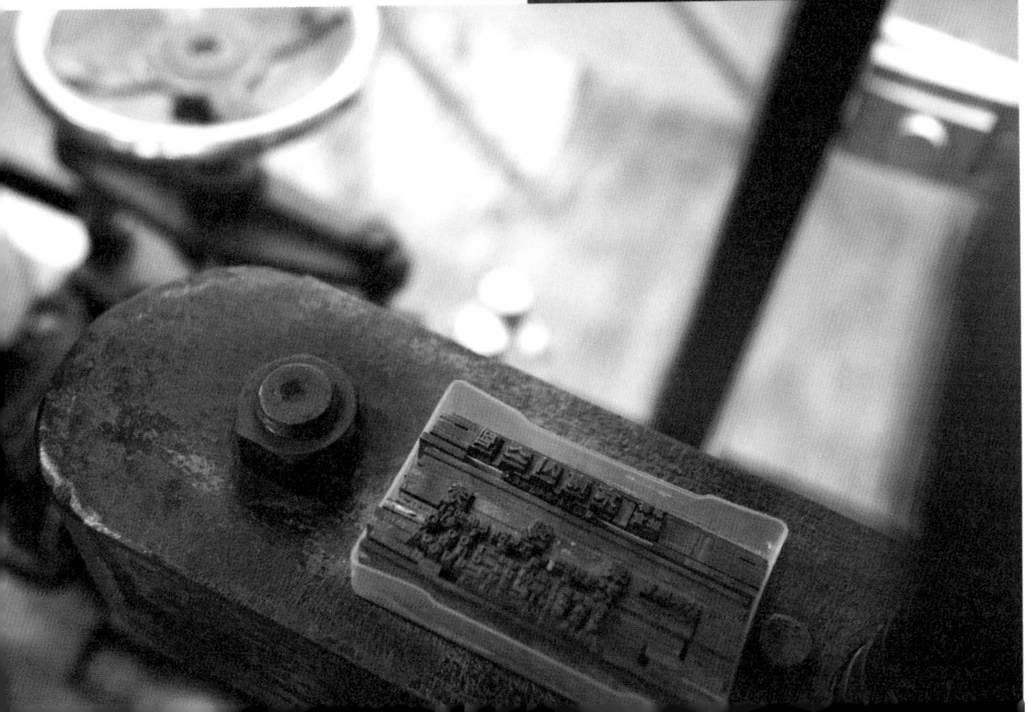

전통 수작업에 필요한 기계들은 단지 촌스러운 고철이 아니다. 일면 근엄해 보이기도 하지만 정도 많고 고운 인상이다. 또다시 활기차게 움직일 날을 기다리고 있는 듯하다.

아이의 눈높이에서 시선을 사로잡다

지식보다는 책에 담긴 행복을 귀하게 여기는 곳, 책을 직접 만들면서 함께 어울리는 방법을 배우는 곳, 소중한 추억과 소소한 일상까지 모두 담아낼 수 있는 곳, 그리하여 급변하는 세상 가운데 선 나 자신의 소중함을 책을 통해 묶어낼 수 있는 곳이 바로 책공방이다.

책 만들기는 아이들에게 가정에서 접하기 힘든 작업들을 경험하는 좋은 기회를 제공한다. 아이들을 위한 여러 가지 프로그램 중 오래된 낡은 그림책이나 가족과 찍은 사진들을 새롭게 구성하여 앨범으로 만들어보는 '생활 속 나만의 책'이라는 프로그램이 있는데 이런 작업을 통해서 아이들은 일상생활에서 쉽게 접할 수 있는 사물들에 호기심을 갖고 다시 한번 보게 된다. 또 서점의 진열대 위에 놓인 것들 중에서 선택해야 하는 책이 아니라 내가 직접 만들 수도 있다는 체험을 통해 책에 대한 흥미가 남달라지기도 한다.

재미있는 만들기 놀이들도 할 수 있다. 종이 만들기 프로그램으로 '청바지로 종이 만들기' '종이찰흙 만들기'가 있는가 하면, '팝업 책 만들기' '회전하는 책 만들기' '아코디언 책 만들기' 등의 프로그램도 있다. 또 오래된 활자와 인쇄기계를 직접 만져보고 사용해봄으로써 자연스럽게 책의 역사와 제작과정에 대해 배울 수 있을 것이다.

공방에는 나이든 장인이 녹슬세라 기름칠하고 닦고 보듬어 손때가 스민 기계들과 시간이 여물어 운치 있는 소품들로 그득하다.

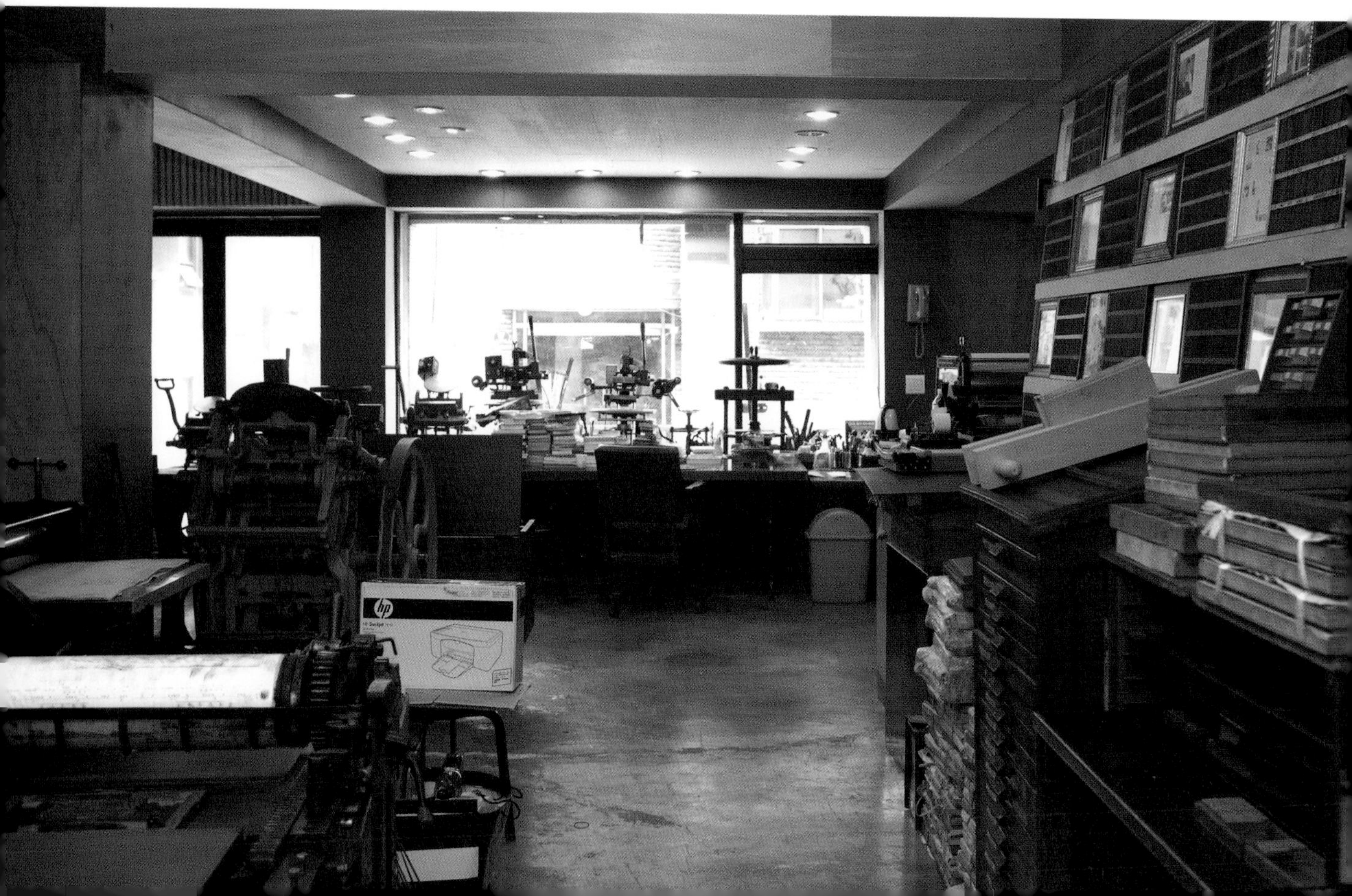

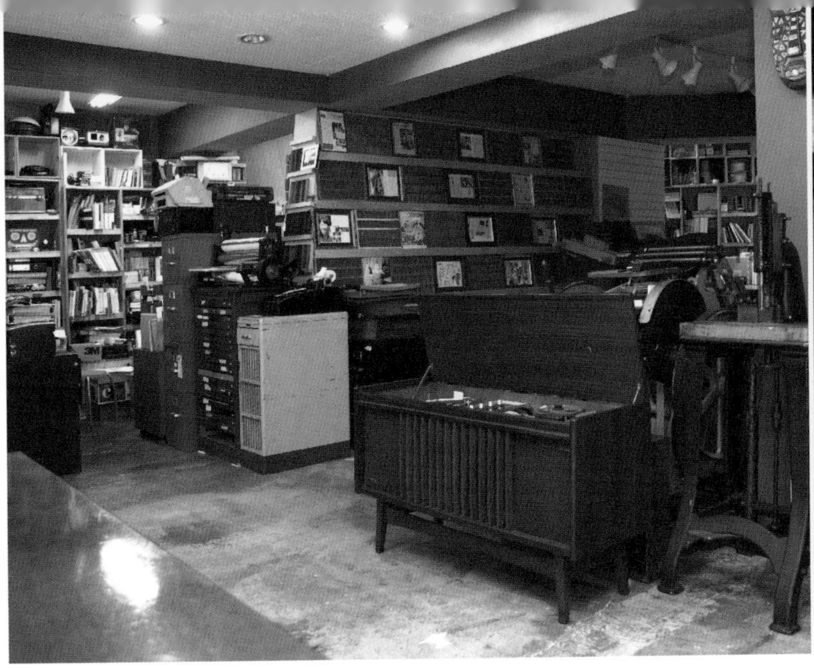

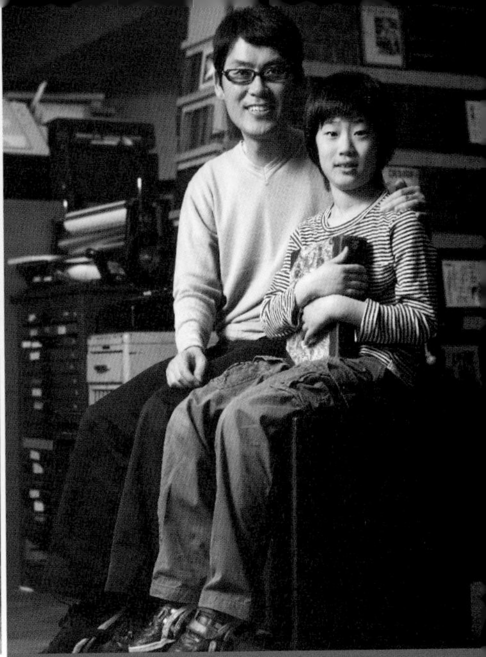

이곳에선 누구나 단 한 권의 책을 만들기 위해 노력과 정성을 쏟아붓는 장인이 되어볼 수 있다.

세상에 나만의 특별한 맞춤형 책을 갖는다는 것은 아이들에게 새로운 경험이 된다.

책공방북아트센터 문화가 되다

어찌 보면 딱딱하게 보일 수도 있는 오래된 방식의 책 만들기는 이제 새롭게 다가와 우리에게 말을 걸어오고 있다. 특히 갈수록 그 종류가 다양해지고 팬시적인 느낌이 넘치는 오늘의 제책들 속에서 책공방의 작업은 느리고 소박하지만 여유로움이 묻어난다.

유럽 수작업 장인의 오래된 작업실을 모티프로 했다는 책공방은 과거와 현재가 공존한다. 마치 피노키오의 제페토 할아버지가 뚝딱뚝딱 망치질을 하고 있을 것만 같아서 도심 한복판이라는 사실이 믿기지 않는다.

오래된 기계에서 느껴지는 둔탁함, 작업실 입구에 자리한 목재 테라스의 운치까지 이곳에서 담아가는 책의 정겨움과 조화를 이룬다.

책공방북아트센터에서 경험하는 '나를 담은 나만의 책 만들기' 작업은 형식이나 이론이 중요하지 않다. 산책을 하듯 가벼운 발걸음으로 언제든 편안하게 찾으면 된다. 책 만들기 작업이 무르익어갈수록 마음에 자연스럽게 녹아드는 편안함과 뿌듯함으로 갑갑한 숨통이 시원하게 트이는 걸 느낄 수 있을 것이다.

책공방북아트센터 프로그램

- 나만의 신년다이어리 만들기
- 포트폴리오 만들기
- 오래된 사진 정리
- 세상에 하나뿐인 선물용 도서
- 일기장이나 남기고 싶은 기록들을 시리즈로 제작하기
- 어린이 생일잔치
- 송년모임이나 동호회, 동창회, 직장모임
- 이벤트 형 독자초대행사 지원

책공방북아트갤러리의 기자재들

- 플레이튼(Platen)
- 자동 활판인쇄기(Automatic Metal Type Press)
- 수동 활판인쇄기(Metal Type Press)
- 판화 프레스(Engraving Press)
- 활판주조기(Automatic Type Caster)
- 금박 및 형압기계(Gold Foil Stamping Machine)
- 압착기(Book Press)
- 사철기(Sewing Machine)

책공방북아트 스토어

- 납 활자, 우드활자
- 포터블 압착기 (Potable Book Press)
- 금박기(Gold Foil Stamping Machine)
- 각종 책 만드는 도구들 (조각도, 칼, 특수가위, 북아트 전용 접착제 등)
- 각종 책 꾸미는 소품들 (가죽, 특수종이, 클로스, 다양한 종류의 리본 등)

책공방북아트센터 사이트

www.bookbus.co.kr

부록

손으로 책 만들기 DIY Bookbinding

지금은 대부분의 제책 과정을 기계의 힘을 빌지만, 모든 물건이 그렇듯 책도 처음엔 사람의 손으로 만들었다. 손으로 만드는 책은 정성과 시간이 들어가며 정성과 시간에 비례하여 애정이 듬뿍 담긴 소중한 한 권으로 탄생한다. 내 손으로 책을 꿰매는 방법, 책을 만들 때 사용되는 도구와 재료들에 대해 알아보자.

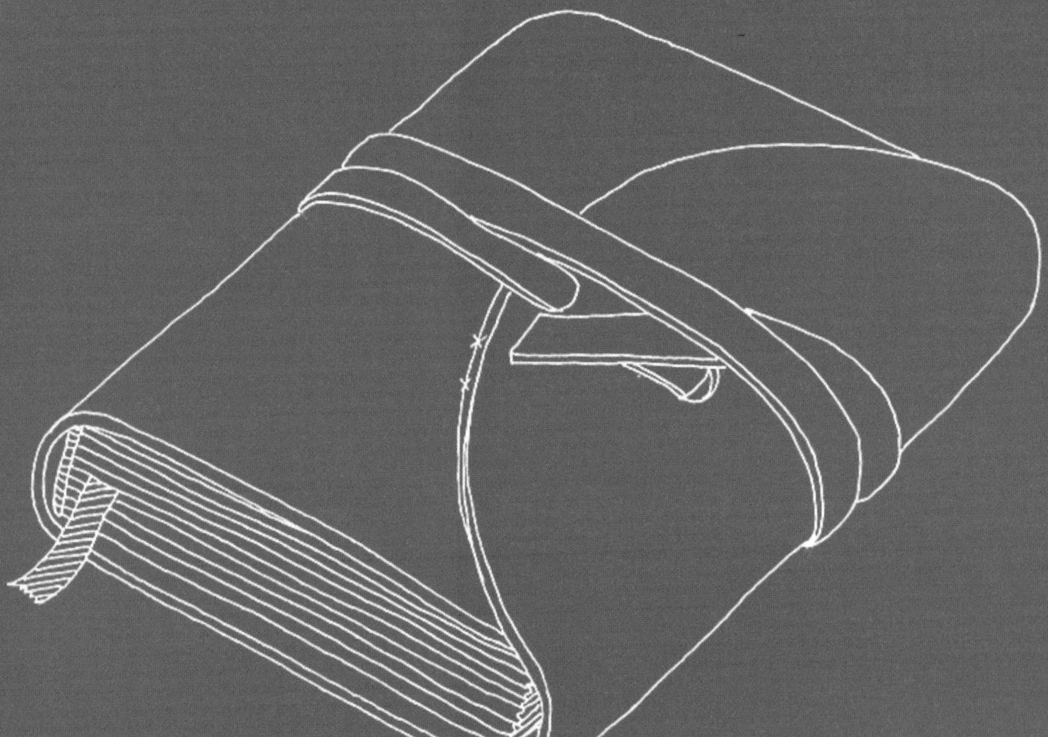

부록 1 | 재료와 도구

1 제책의 재료

용지(Papers)

표지와 면지, 그리고 본문용지 등 책을 만드는 데는 다양한 종류의 용지가 필요하다. 또한 같은 내용의 책이라 할지라도 다른 용지를 사용해 만들면 전혀 다른 느낌을 준다. 책을 만드는 데 필요한 용지로는 책의 각 부분에 들어가는 종이뿐 아니라 제책 작업을 위한 도구로서의 종이가 있을 수 있다.

가죽(Leather)[3]

대개 양장 책의 표지에 사용된다. 보통 가죽 제품들과 마찬가지로 소와 양의 가죽을 많이 사용하는데, 제책용으로는 염소가죽도 사용한다. 염소가죽은 얇아서 책 만드는 데에 적합하다.

수선용지(Mending Tissue)[1]

얇은 종이는 찢어진 부분을 수선하거나 또는 다시 제책할 때 용지가 접히는 부분을 보강하는 데 사용된다.

표지용 판지(Cover Board)

양장 책은 보통, 판지를 클로스나 가죽으로 덮어 표지로 사용한다. 이처럼 표지의 심지가 되는 두꺼운 판지가 커버 보드다. 몇 밀리미터 두께의 판지도 사용되곤 한다.

클로스(Cloth)[2]

표지용 천은 양장 제책에서 판지를 싸는 데 사용되는 재료다. 아마포(리넨), 범포(돛을 만들 때 쓰는 질긴 삼베), 올이 굵은 삼베, 데님, 태피스트리(색색의 실로 수놓은 벽걸이나 실내 장식용 비단), 봉도직(아름다운 무늬를 넣어 짠 직물) 혹은 밀짚을 엮은 것 등이 사용되며 대개 질기고 튼튼하며 두꺼운 직물이다.

사포(Sand paper)

사포는 책을 장식하거나 수선하는 과정에서 약간 비뚤어진 부분을 편평하게 만들어준다. 사포는 둥글게 말려 있어 둥근 나무틀에 감아서 사용해야 작업이 쉽다. 사포는 번호가 낮을수록 면이 거칠고 번호가 높을수록 곱다(100번, 150번, 200번, 220번 등을 많이 사용함).

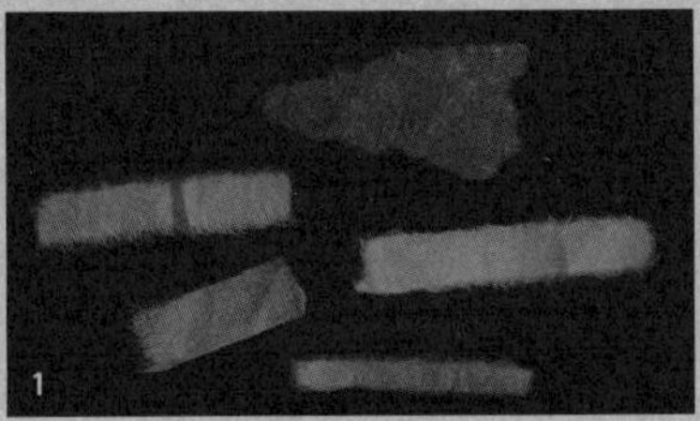
1

2

3

접착제(Adhesive)[1]

책의 여러 부분에는 접착제가 필요하다. 특히 책을 펼쳤을 때 책등이 갈라지거나 마르는 것을 방지하기 위해서 책등 안쪽은 유연한 접착제로 붙이는 것이 바람직하다. 책을 묶기 위해서 꿰맨 부분이 뒤틀리지 않고 잘 결합되어야 좋은 상태를 유지할 수 있다. 어떤 접착제는 뜨거운 상태로 사용되고 또 어떤 접착제는 차가운 상태로 사용되기도 한다. 접착제는 가죽을 제외한 어디든 사용이 가능하다. 가죽에는 풀을 사용하는 것이 좋다.

테이프(Tape)[2]

본문 접지들은 가끔 테이프로 꿰매 묶이기도 한다. 이렇게 함으로써 책의 본문과 표지를 단단히 고정시킬 수 있다. 제책용 테이프는 폭이 좁고 긴 천을 가리킨다.

끈(Cord)[3]

책은 테이프뿐만 아니라 끈으로도 묶을 수 있다. 끈은 두께가 다양하다. 두꺼운 끈은 책의 등 쪽 부분에 사용되고, 가는 끈은 편평하게 묶거나 안쪽에 들어가서 묶을 때 쓴다(끈이 불룩 튀어나오지 않게 하기 위해 가는 끈을 사용한다).

실(Thread)[4]

실은 양장 제책에서 접지 대수를 꿰맬 때 사용된다. 실은 쉽게 끊어지거나 늘어나지 않는 재질이 좋다. 도서 제책용 린넨 실을 많이 사용하며 특히 책을 꿰맬 때 종이의 찢어짐을 방지하고, 대수별로 튼튼하게 엮기 위해 실을 왁스로 코팅하기도 한다.

한랭사(Super)[5]

한랭사는 접지 대수를 맨 다음 책등 부분에 덧붙여 경첩(이음새) 역할을 하는 재료다. 보통 가늘고 빳빳한 무명실로 성글게 짠 망사 모양의 한랭사가 사용된다. 마포(삼베)나 면포를 사용하기도 한다.

헤드밴드(Head band)[6]

헤드 밴드는 책등의 맨 윗부분과 아랫부분의 끝을 깨끗하게 마무리하기 위해서 붙여진다. 꽃천이라고도 한다.

풀(Paste cloth)

종이, 합지, 가죽, 천 등을 붙일 때 사용한다. 제책에서는 천연 중성풀을 사용하는 것이 바람직하다. 화학성분이 들어간 풀은 종이를 산화시켜 책의 장기간 보존이 어렵다는 단점이 있다. 풀칠 작업을 하는 동안에 작업장이나 작업 도구를 깨끗한 상태로 유지하기 위한 걸레도 필요하다.

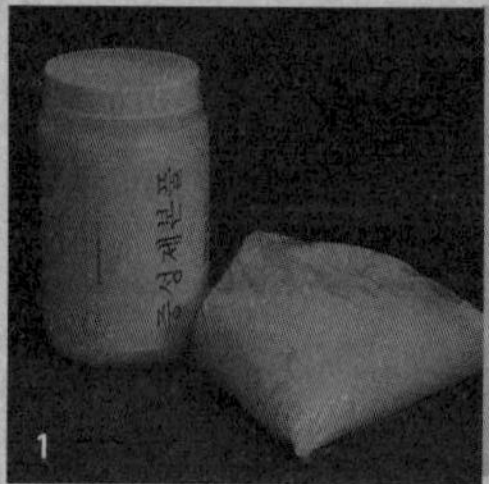
1

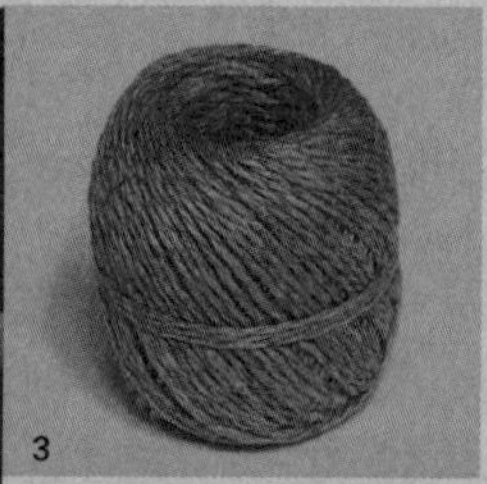
3

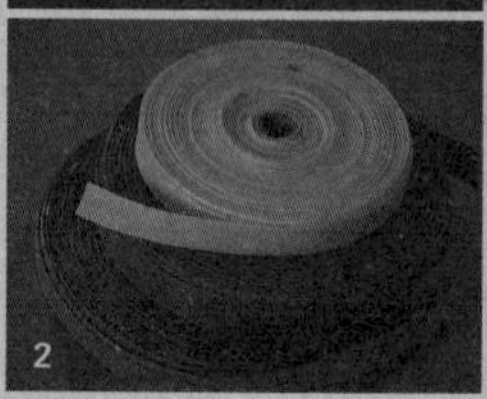
2

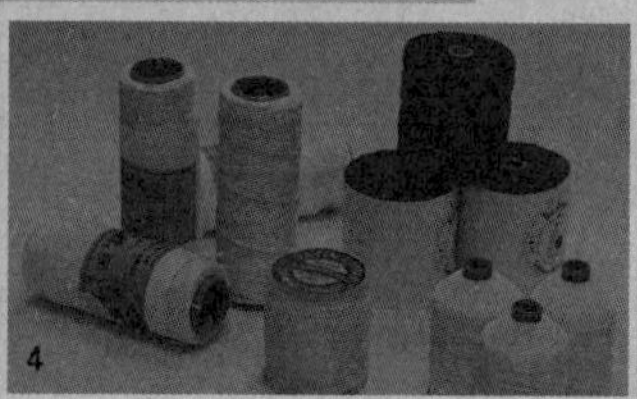
4

5

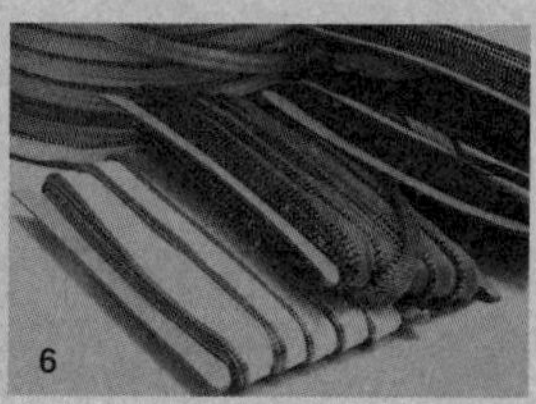
6

2 제책의 도구

칼(Knives)[1]

끝이 길고 날카로운 특수 제책용 칼은 책을 다시 제책하기 위해 분리 · 분해할 때 사용된다. 만약 필요하다면 부엌용 칼도 사용이 가능하다. 로프를 자를 때 쓰는 칼이나 문구용 칼처럼 날이 날카로운 칼은 가죽이나 판지를 자를 때 필요하다.

바늘(Needle)[4]

보통 제책용 바늘은 끝이 약간 무딘 것이 사용된다. 머리 부분이 작은 긴바늘이나 보통 바느질용 바늘 또는 비단에 무늬를 짜 넣을 때 쓰는 바늘도 사용하기에는 좋다.

접지칼(Bone folder)[2]

접지칼(뼈칼)은 표면에 풀을 먹여 부드러워진 종이에 주름을 잡거나 종이를 접을 때 사용한다. 종이에 누름선을 넣을 때 사용하며, 책표지를 싸서 풀을 바를 때 가죽이나 천의 모서리를 눌러주어 형태를 잡을 때도 사용한다. 이 접지칼은 한쪽 끝은 둥글고 다른 쪽 끝은 날카롭지만 날이 서 있는 칼은 아니다. 약 18센티미터 길이의 뼈나 상아, 또는 플라스틱으로 만들어진 편평한 모양의 도구다.

붓(Brushes)[5]

넓이가 약 4분의 3인치나 1인치의 빳빳하고 편평한 붓은 풀칠하는 데 사용된다. 유화용 붓을 사용해도 되고 니스를 칠할 때 쓰는 붓을 사용해도 된다.

강철 직각자(Steel square)[3]

L자 모양의 강철로 만들어진 측정 기구. 길이를 재거나 직각을 그릴 때 사용된다. 목수용 곱자나 끝이 금속으로 된 자를 직각자 대신 사용하기도 한다.

가위(Shears)[6]

전정가위와 비슷하게 생긴 튼튼한 제책용 가위는 보통 천이나 종이를 자를 때 쓰인다. 일반적인 문구용 가위나 재봉용 가위도 사용할 수 있다.

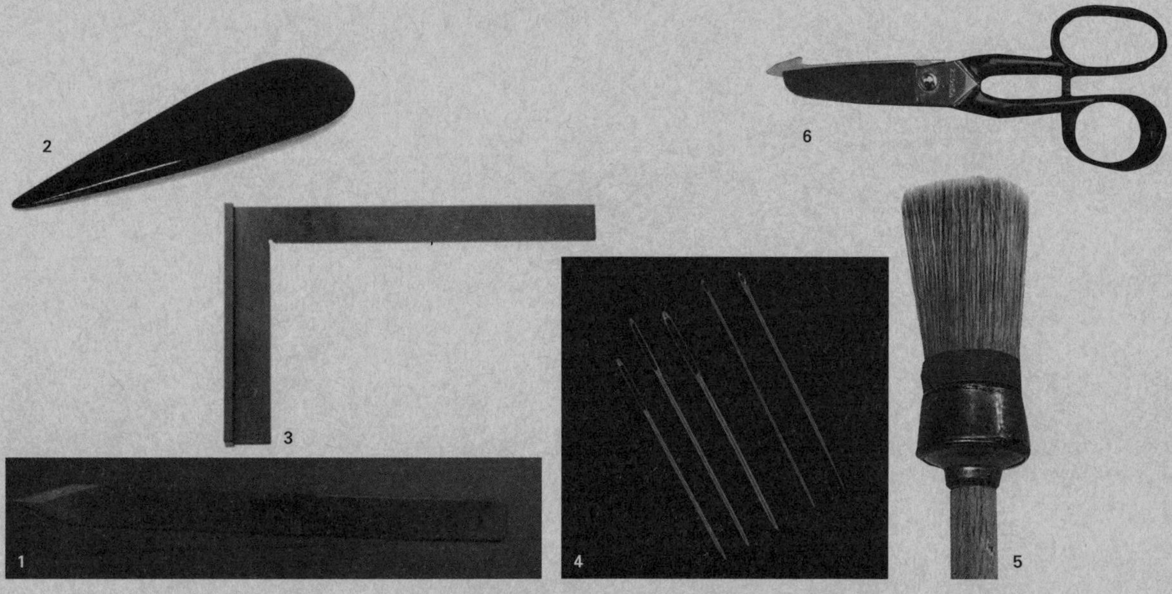

함석 가위(Tin snips)

여러 장의 판지로 대충 표지의 모양을 만들 때 유용하게 사용된다. 일단 대충 자른 판지는 칼이나 절단기로 정밀하게 다듬어서 표지로 만든다.

망치(Hammer)[1]

둥글고 큰 망치는 책을 다듬고 완성하는 데 사용된다. 물론 아무 망치나 사용할 수 있고, 제화공이 쓰는 망치도 사용할 수 있다.

나무봉(Mallet)

나무봉은 망치 대신에 책을 다듬는 데 사용된다. 또한 가죽에 무늬를 새겨놓을 때 사용되기도 한다.

톱(Saw)[2]

등에 단단한 프레임을 덧댄 정교한 세공용 톱, 또는 실톱이나 쇠톱과 같은 작은 톱. 꿰맨 접지 묶음을 절단할 때 사용된다.

드릴(Drill)[3]

여러 종류의 드릴 비트를 끼울 수 있는 수동식 드릴은 책의 옆면을 꿰매기 위해서 책에 구멍을 뚫을 때 필요하다. 물론 전동드릴도 좋다.

타공기(Punch)[4]

수동식 타공기는 낱장의 종이들을 묶을 때 필요한 구멍을 뚫는 데 사용된다.

송곳(Awl)[5]

송곳은 접지 대수를 꿰매기 위한 구멍을 뚫을 때 사용한다. 가죽 표지를 다룰 때 필요한 경우도 있다. 책을 수선하기 위해 꿰맨 실을 뜯어 낼 때 사용되기도 한다.

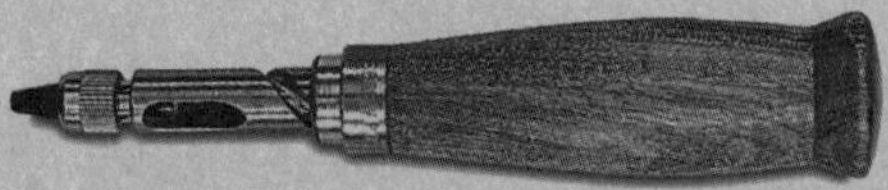

3

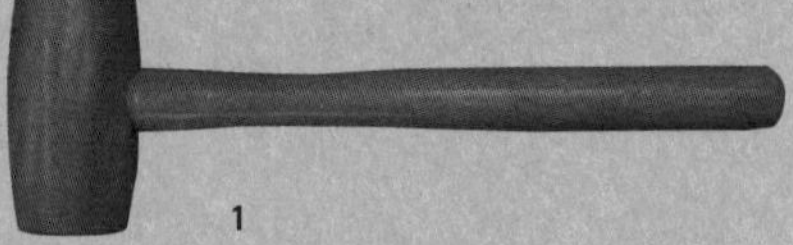

1

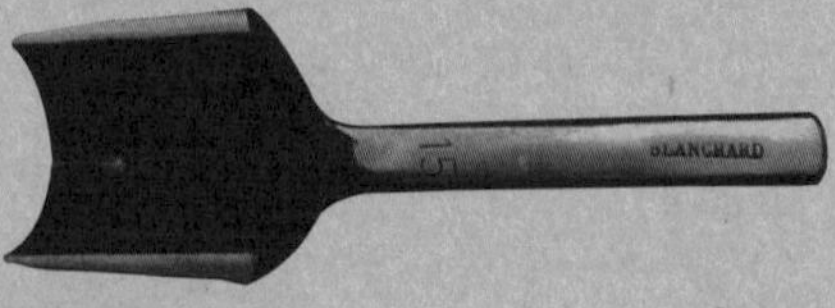

4

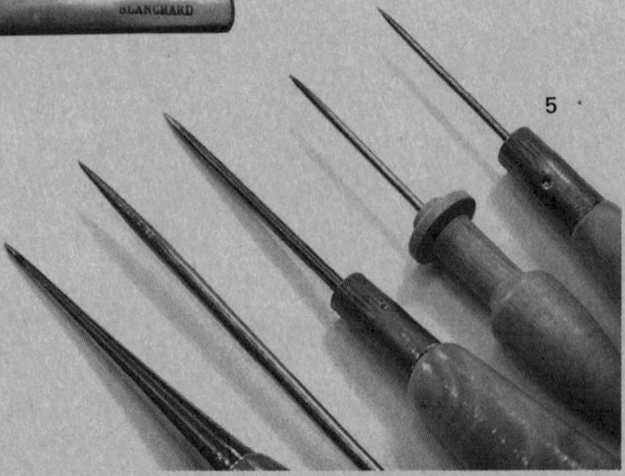

5

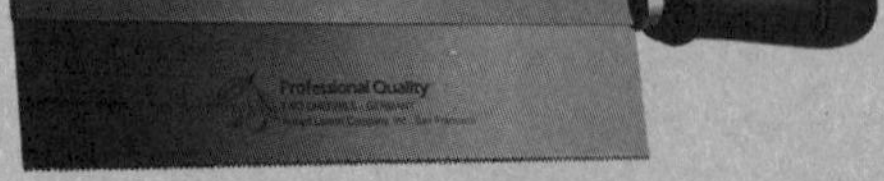

2

끌(Chisel)[1]

가죽 책의 모서리 부분은 그냥 접착하면 튀어나오게 되어 있어 끌을 이용해 다듬어준다. 또한 두꺼운 가죽의 가장자리를 얇게 저밀 때 사용한다.

인두(Pressing iron)[4]

뜨거운 밀랍이나 풀을 먹인 종이에 장식을 찍을 때 사용되며, 주름 잡힌 고급 양피지를 펴는 데도 사용된다.

펜치(Band nippers)[2]

가죽 표지를 만들 때 필요하다. 풀칠 작업 후 책의 모서리를 누를 때는 책등 쪽에 있는 끈이 움직이게 되는데 이때 끈을 바로잡는 데도 사용된다.

C자 죔쇠(C clamp)

압착기가 따로 없을 때는 책(또는 압착할 내용물)을 두 개의 판 사이에 넣고 C자 죔쇠로 압박하는 방법으로 대신할 수 있다.

분할자(Spring dividers)[3]

분할자는 가죽 표지의 윤곽을 잡을 때, 무늬를 새겨 넣을 때, 그리고 폭을 나누거나 측정하는 모든 작업에 사용된다.

활자판(Type and pallet)[5]

가죽 표지 같은 경우에 압인(壓印) 또는 박 찍기 공법으로 제목을 새기기 위해 사용된다. 선이나 무늬를 이용한 다른 인쇄 도구도 사용이 가능하다.

추출자(Staple extractor)

추출자는 제책을 위해서 책을 분리할 때 유용하게 사용된다.

마무리용 도구들(Finishing tools)[6]

예리한 날을 가진 금속제 바퀴에 나무 손잡이가 달린 도구는 가죽 위에 끊어지지 않게 선을 그을 수 있다. 다양한 길이의 직선을 그을 수 있는 다른 도구들은 둥근 파편을 만들어내는 둥근 끌이나 정과 함께 사용될 수도 있다. 이러한 여러 도구들은 대개 가죽 표지 위에 문자나 무늬를 새겨 넣는 데 사용한다.

2

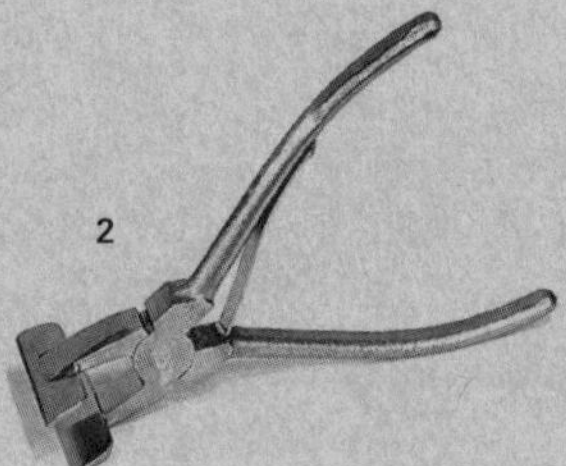

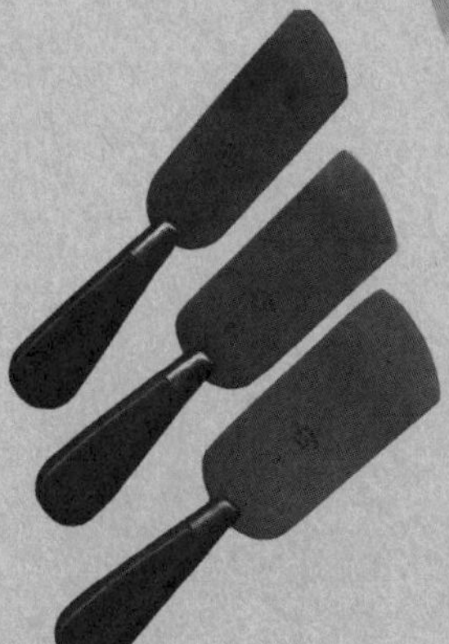

1

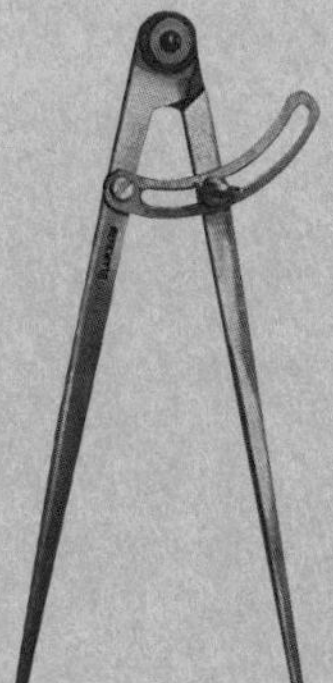

3

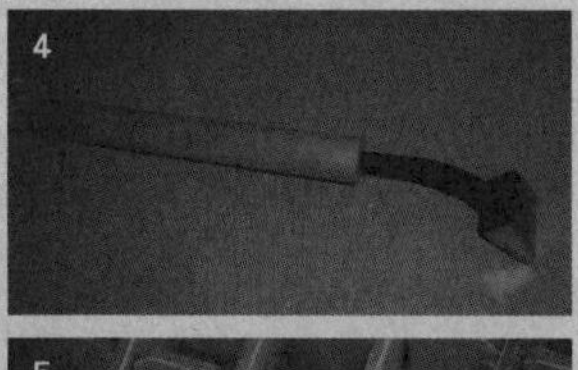

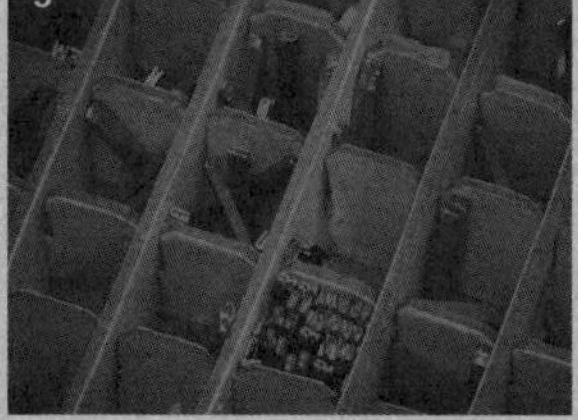

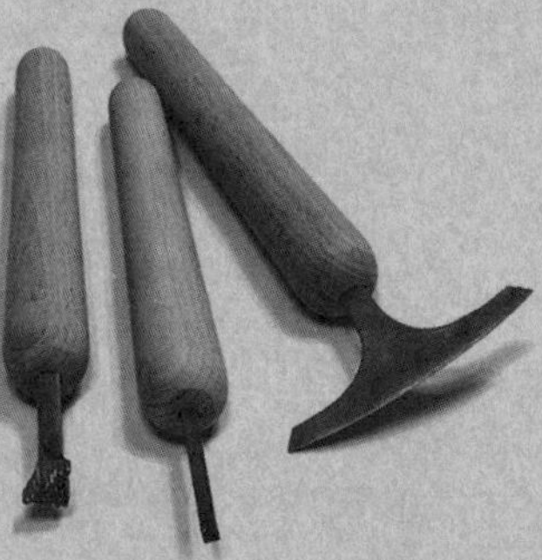

6

3 제책의 장비

바느질 틀(Sewing frame)[1]

제책용 바느질 틀은 접지 대수를 꿰맬 때 종이 뭉치를 고정시키는 데 사용된다. 제책용 바느질 틀이 없다고 접지 묶음을 꿰맬 수 없는 것은 아니지만 간단하고 단순한 틀은 손수 만들어 사용할 수도 있다. 필요한 것이라고는 책을 놓을 수 있는 편평한 표면의 나무판과 끈이나 테이프를 잡아당겨서 고정시킬 수 있는 수직의 구조물이 전부다.

압착판(Press board)

책이 휘거나 뒤틀어지지 않도록 압착하기 위해서는 모양이 일정한 판이 필요하다. 한 번에 여러 권의 책을 동시에 압착시킬 때에는 압착할 책들의 맨 아래위는 물론 각각의 책 사이에도 하나씩 판을 끼워 넣는 것이 좋다.

압착기(Presses)[2]

책을 눕혀 강하게 누르는 압착기, 책을 절단하고 다듬기 위한 압착기, 그리고 마무리 작업을 할 때 사용하는 압착기 등이 있다. 완성된 책을 압착하기 위해서는 보통 두 개의 판에 4개의 모서리마다 볼트가 달린 압착기를 사용한다. 접착용 압착기와 책을 눕혀 누를 수 있는 압착기는 같이 사용할 수 있다. 이들 압착기는 양쪽 끝에 볼트가 달린 두 개의 판을 결합해서 만들어진다. 이러한 모든 압착기들은 손수 만들 수 있다. 간이 압착기로서 앞에서 언급한 C자 죔쇠를 사용하는 방법도 있다.

함석판(Tin sheets)[4]

책의 크기에 맞게 자른 함석판은 풀칠 작업에 사용하는데, 접착제의 습기가 책에 스며드는 것을 방지한다. 반으로 접은 파라핀 종이나 두꺼운 종이로 감싼 판을 함석 판 대신에 사용해도 된다.

바이스(Vise)[3]

목공이나 철공용 바이스는 아래위로 누르는 압착기와 달리 좌우로 눌러주는 장비다. 압착 방향만 다를 뿐 책을 접착하는 등의 작업에 사용한다.

지지대(Backing board)

모서리가 금속으로 된 나무판이나 금속판을 사용한다. 이 지지대는 책을 눕혀서 압착할 때 사용된다.

절단판(Cutting boards)[5]

절단판은 책을 다듬기 위해서 압착시킬 때 책의 양쪽에 두는 쐐기(V) 모양의 판이다.

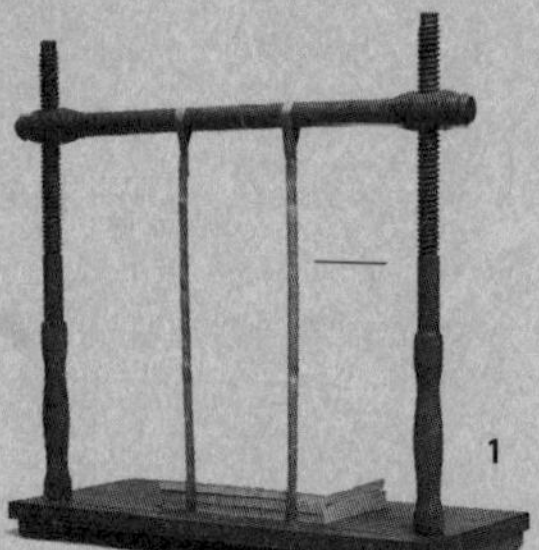
1

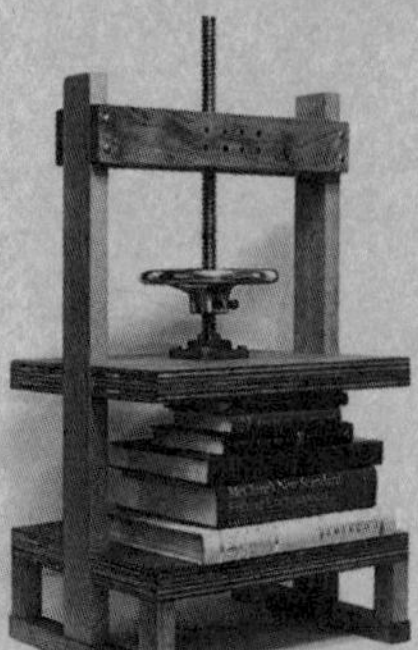
2

5

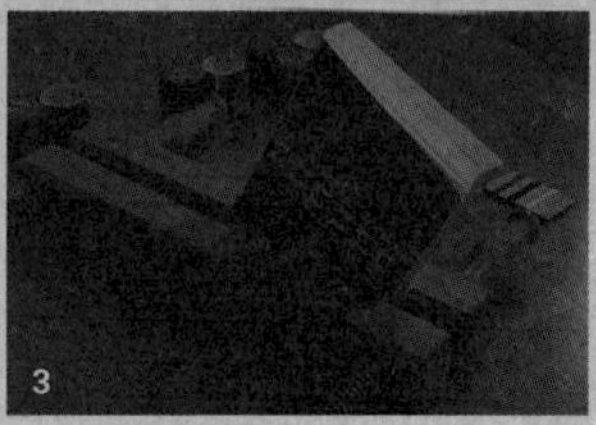
3

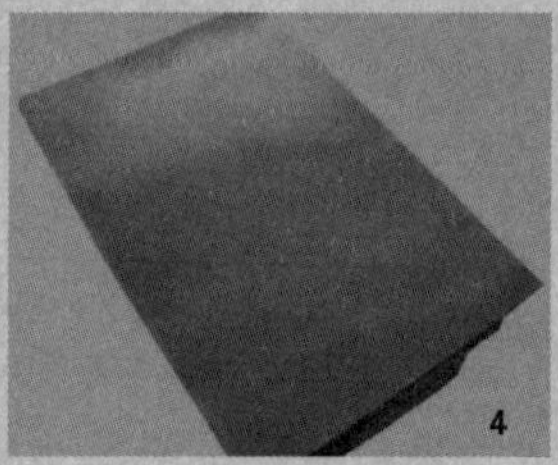
4

판화 프레스(Engraving Press)

17세기에 융성한 동판화를 위해 제작된 프레스로 큰 인쇄물이라도 제작이 가능하다는 장점이 있다.

전열기(Hot plate)[3]

물을 끓이거나 풀을 만들 때, 아교를 가열할 때, 밀랍을 녹일 때, 그리고 가죽 위에 제목을 새기거나 금으로 장식을 새기기 위한 도구를 가열할 때 사용된다.

바느질 죔쇠(Sewing cramp)

제책용 바느질 죔쇠는 일정한 간격으로 구멍이 뚫린 좁은 두 개의 금속판이다. 이 죔쇠 사이에 접지 묶음을 물린 다음 죔쇠의 구멍을 통해 종이 뭉치에 구멍을 뚫고 책을 맨다.

금박기(Gold Foil Stamping Machine)

얇은 금박지를 열과 압력을 이용해 찍어내는 기자재다. 보통 110~200도 사이의 열을 이용해 금박작업을 한다. 금박 작업을 위해서는 먼저 찍을 판의 금속을 부식시켜 만들어야 한다. 때에 따라 금속 조각을 만들어 장착하여 사용하기도 한다.

선광대(Cradle)

선광대는 여물통 모양으로 생긴, 서로 45도의 각을 이루고 있는 두 개의 나무판으로 구성되어 있다. 접지 묶음이나 팸플릿을 꿰매기 위해서 구멍을 뚫을 때 사용된다. 선광대를 몇 개의 나무판이 받친다.

활판인쇄기(Metal Type Press)

수동식 활판 인쇄용 기자재다. 조판된 활자를 기계에 장착한 후 회전하는 잉크판(Plate)에 잉크를 묻혀 한 장씩 수동으로 찍어낸다. 인쇄물의 제작 사이즈가 작기 때문에 주로 명함, 엽서의 인쇄에 많이 쓰였다.

절단기(Cutters)[1]

초보자들에게는 사진관이나 학교에서 쓰는 것과 같은 커다란 종이용 재단기가 더 적당하다. 책을 만들 때 절단기는 적어도 두 개가 필요하다. 하나는 얇은 종이를 절단하는 데 사용하고, 다른 하나로는 판지 절단과 같은 거친 작업에 쓰는 것이 좋다(한 개의 절단기로 두 가지 작업을 같이 하는 것은 좋지 않다).

사철기(Sewing Machine)

종이에 실을 매는 제책 기자재. 접지된 종이를 한 대수씩 기계에 장착한 후 패달을 밟으면 책등 면에 실이 엮이게 된다. 이런 방식으로 실로 묶어 책 만드는 방식을 양장제책이라고 한다. 양장제책은 무선제책(책등을 본드로 붙이는 방법)에 비해 펼침성이 좋고 견고하다는 장점이 있다.

아교 냄비(Gluepot)[2]

아교 냄비는 가열해서 사용하는 아교 같은 접착제를 뜨거운 상태로 유지시켜 준다. 온도 조절장치가 달려 있는 납작한 전기냄비가 가장 편리하지만, 핫플레이트 위에 보통 냄비를 올려두고 써도 좋다.

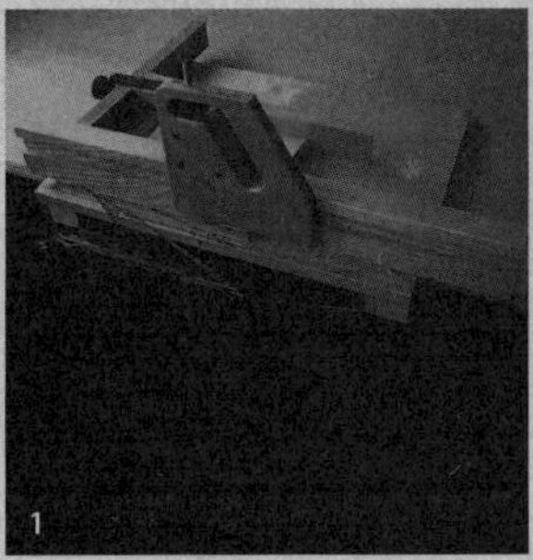
1

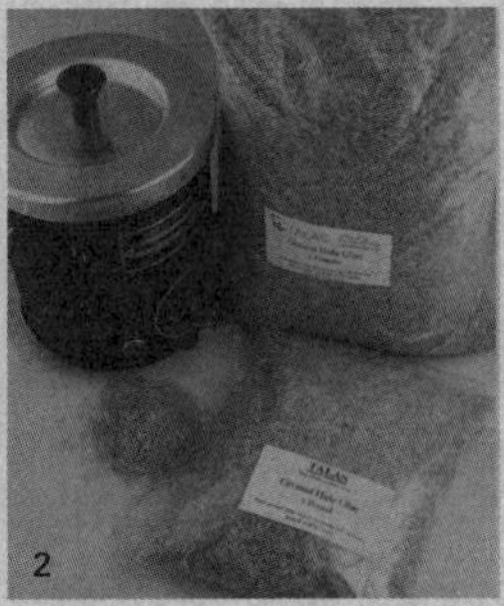
2

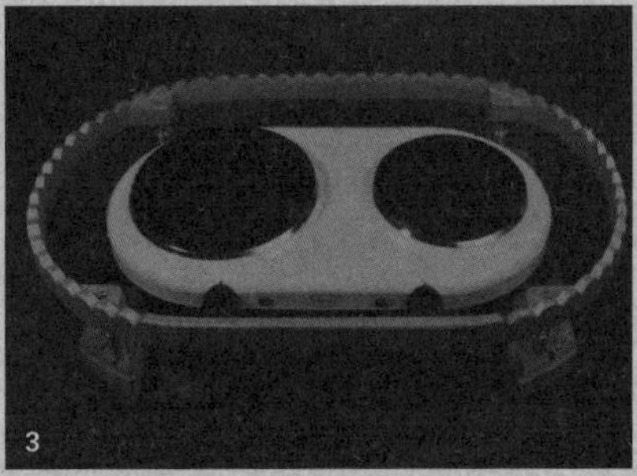
3

부록 2 다이어리 만들기

● **재료**

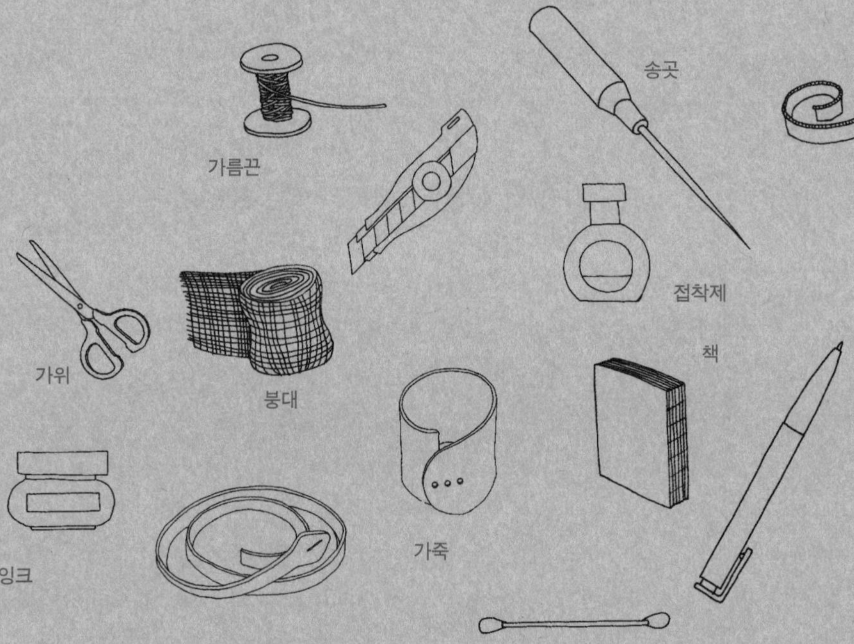

● **가죽 준비하기**

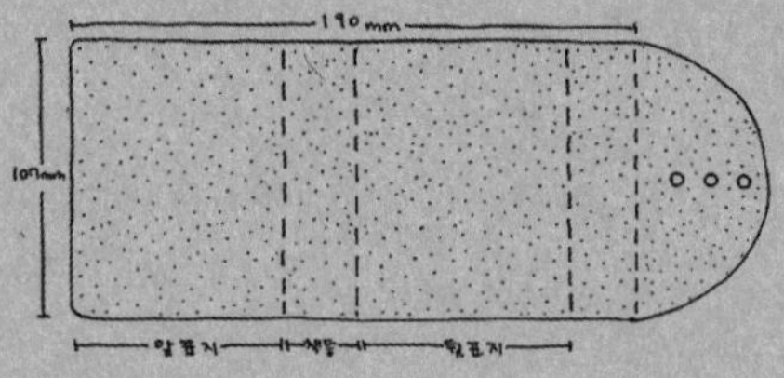

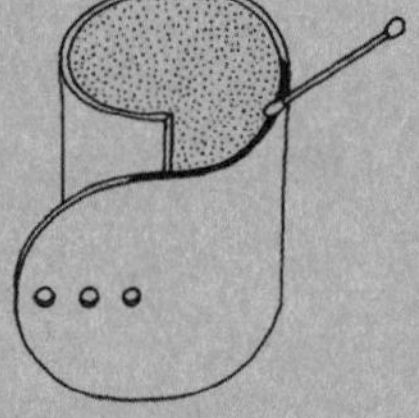

❶

가죽을 준비하여 그림과 같이 재단합니다. 가죽은 내지의 크기보다 세로방향이 4㎜가 커야 합니다. 펀치를 이용하여 구멍을 3개 뚫어주세요.

❷

가죽의 재단면에는 에나멜을 발라주면 좋습니다. 가능하면 가죽과 같은 색으로 맞춰주세요.

● 실 매기

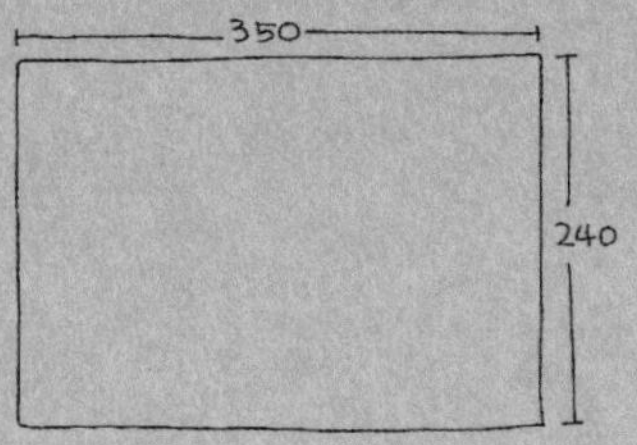

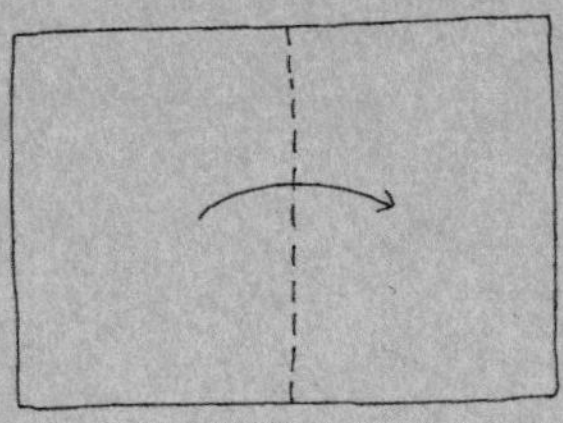

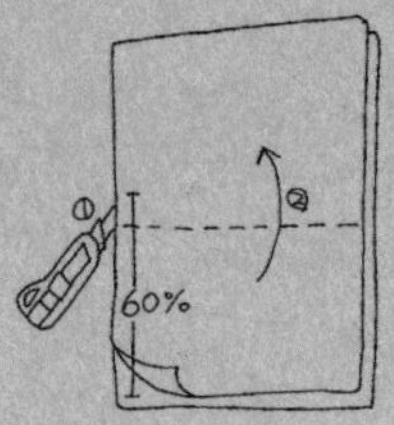

❶
350*240 크기의 종이를 준비합니다.

❷
그림과 같이 반으로 접어주세요.

❸
접힌 부분을 칼로 60% 가량 잘라줍니다. 그리고 다시 반으로 접습니다.

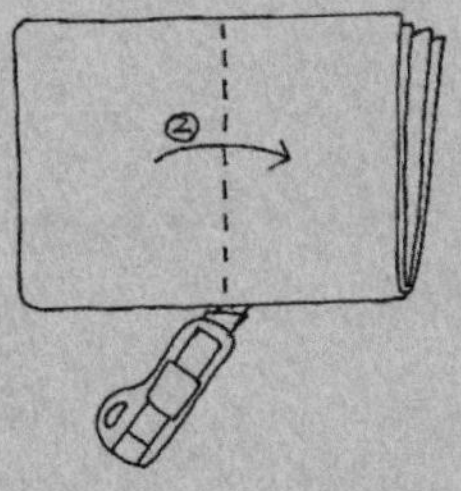

❹
같은 방법으로 칼로 자른 후 반으로 접습니다.

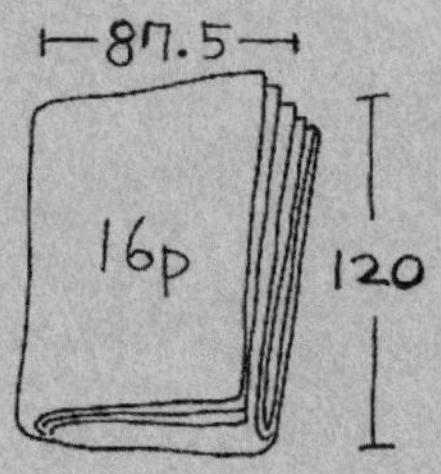

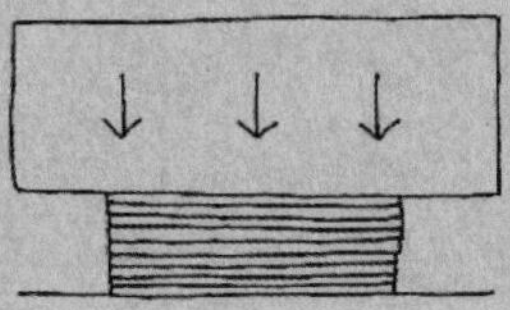

❶
가지런히 쌓은 후 무거운 것으로 눌러 압착합니다.

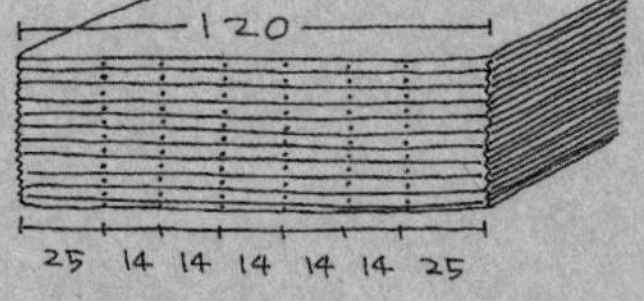

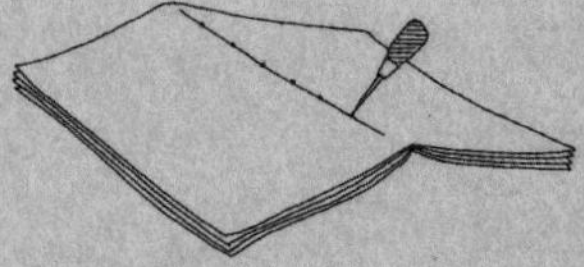

❷
책등에 총 6줄의 선을 그어 줍니다. 그리고 접지된 묶음(대)을 송곳으로 뚫어줍니다.

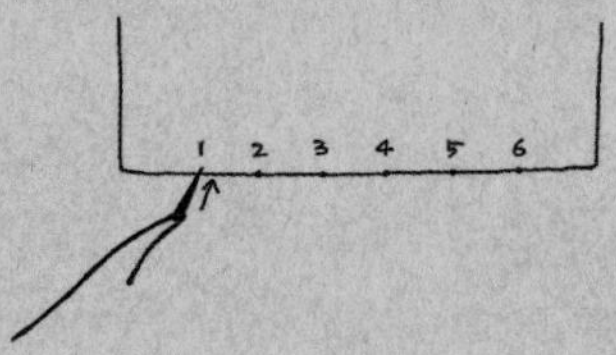

❶

1대 1번에 바깥에서 안쪽으로
바늘을 넣어줍니다.

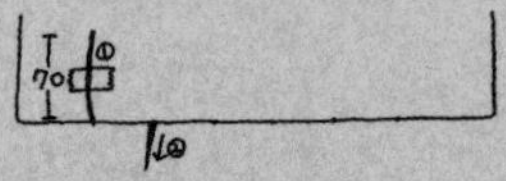

❷

실의 끝자락을 테이프로 70㎜정도
붙여둡니다.

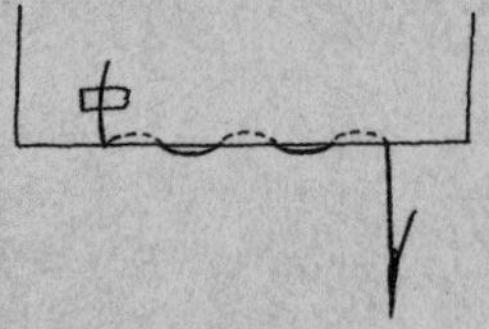

❸

2-3-4-5-6으로 바느질을 합니다.

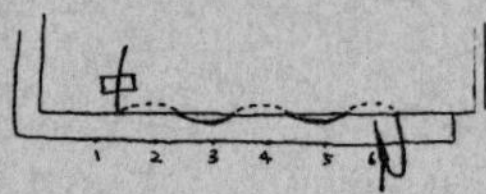

❹

2대 6번으로 바늘을
넣어줍니다.

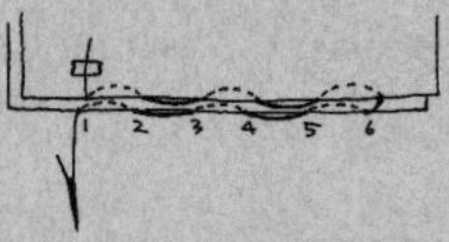

❺

5-4-3-2-1로 바느질을
합니다.

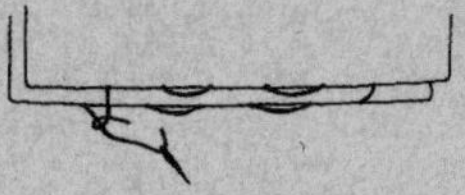

❻

2대 1번으로 나온 실과 1대
실의 끝자락을 묶어 풀리지
않게 고정합니다.

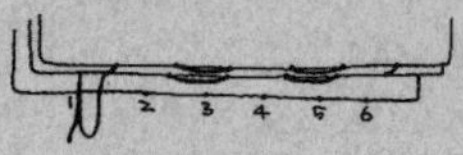

❼

3대 1번으로 바늘을
넣어줍니다.

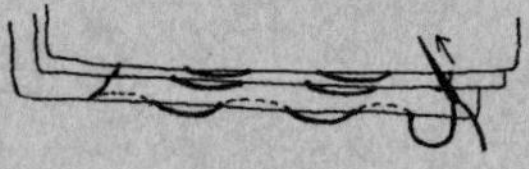

❽

3대 2-3-4-5-6으로
바느질을 합니다.

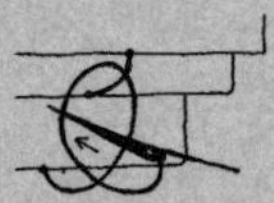

❾

1대와 2대의 6번에 연결된 실 사이로
바늘을 넣으며 매듭을 지어줍니다.

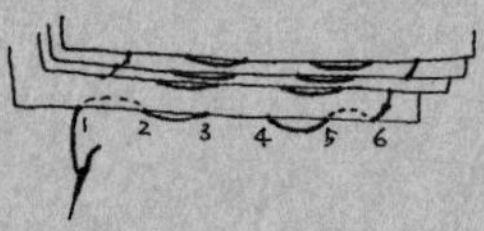

❿

4대 6-5-4-3-2-1으로
바느질을 합니다.

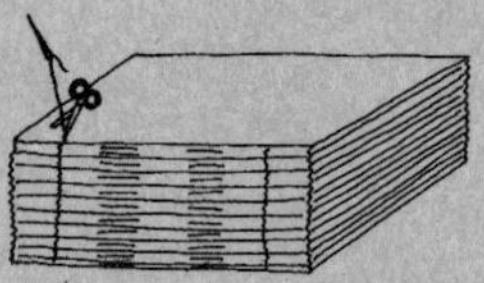

⓫

동일한 방법으로 내지를 다
엮은 후에 매듭을 짓고 실을
잘라냅니다.

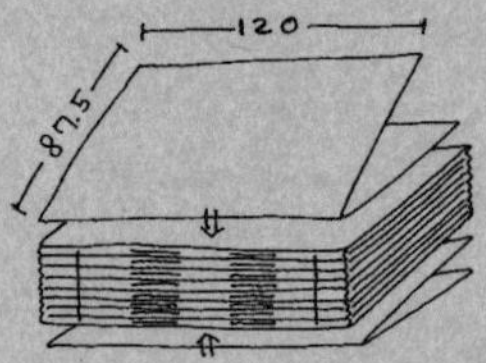

⓬

그림과 같은 크기의 면지를
붙여줍니다.

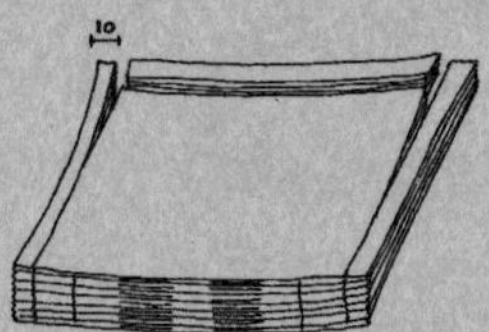

⓭

마지막으로 책의 세면을 재단합니다.

만들어 볼까요?

1. 가름끈

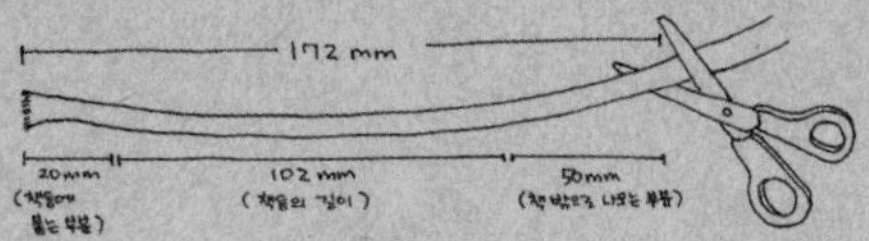

❶

가름끈은 172㎜로 자릅니다.

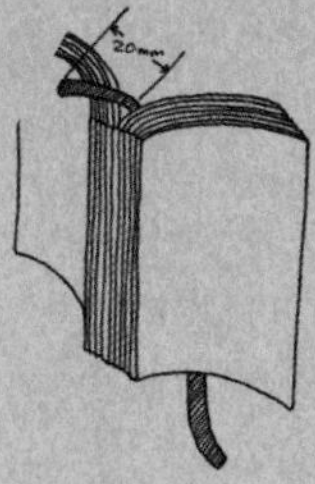

❷

책의 중앙에 가름끈을 넣어주세요.

책 밖으로 20㎜가 빠져나오게 해 주세요

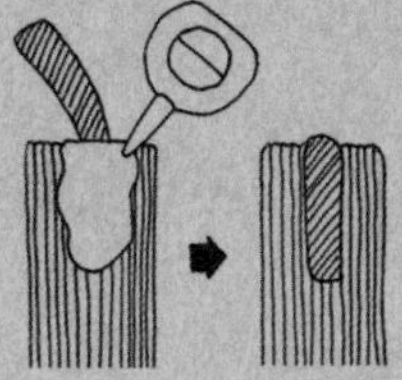

❸

본드를 발라 책등에 잘 붙여줍니다.

2. 헤드밴드

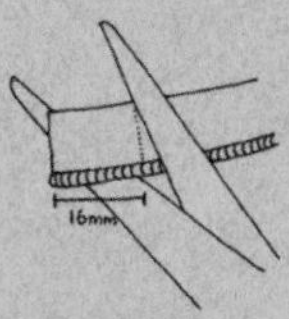

❶

헤드밴드를 16㎜로 잘라주세요.

도톰한 부분에서 자르기 시작합니다.

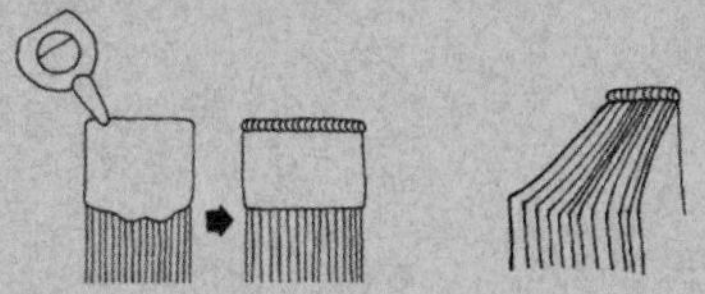

❷

본드를 발라 붙입니다.

도톰한 부분이 책위로 살짝 올라오게 합니다.

3. 세양사와 종이 붙이기

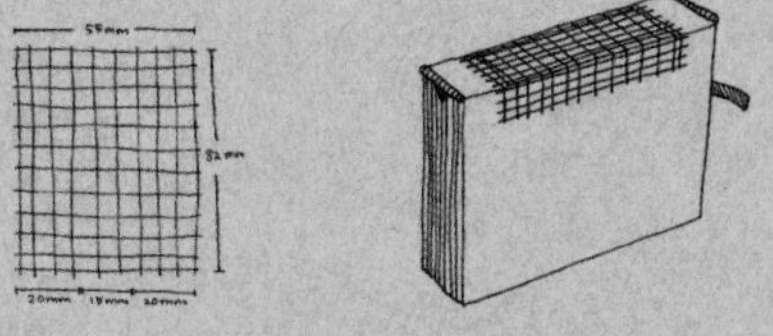

❶

책을 견고하게 하기 위해 세양사를 붙입니다.

55㎜×82㎜로 잘라서 책등에 본드로 붙여주세요.

위, 아래는 10㎜ 남기고 옆면으로 20㎜씩 넘어가도록 붙이세요.

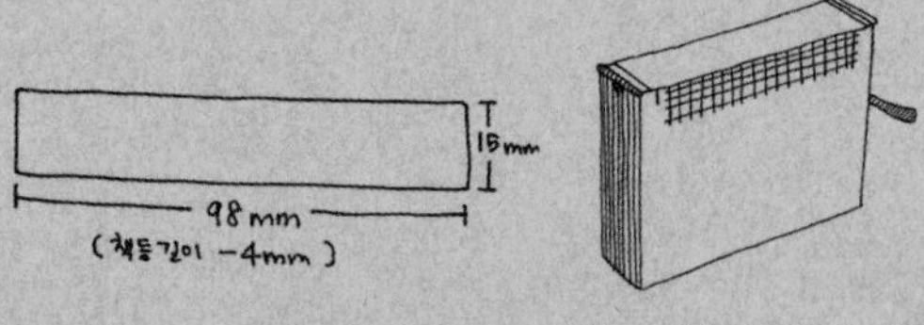

❷

15㎜×98㎜의 크라프트지를 책등에 붙여줍니다.

풀이 배어나오지 않도록 하는 기능을 합니다.

4. 가죽에 위치 정하기

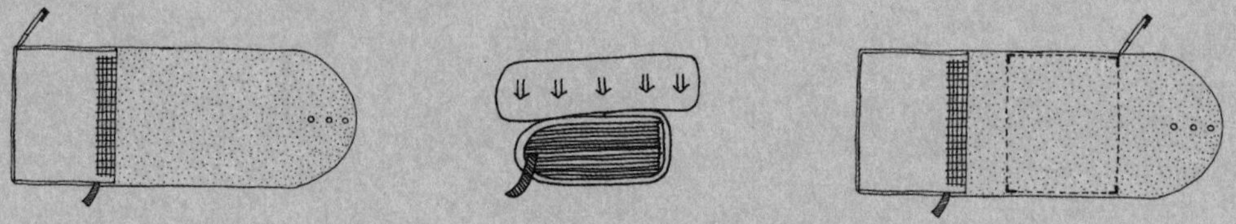

❶

책등이 왼쪽으로, 빠져나온 가름끈이 아래쪽으로 가게 한 다음 3면이 2㎜씩 남게 해서 가죽 위에 놓고 펜으로 표시합시다.

❷

팽팽하게 잘 말아서 무거운 것으로 눌러주세요.

❸

가죽에 자국이 나있습니다. 펜으로 표시해주세요.

5. 앞면 가죽에 붙이기

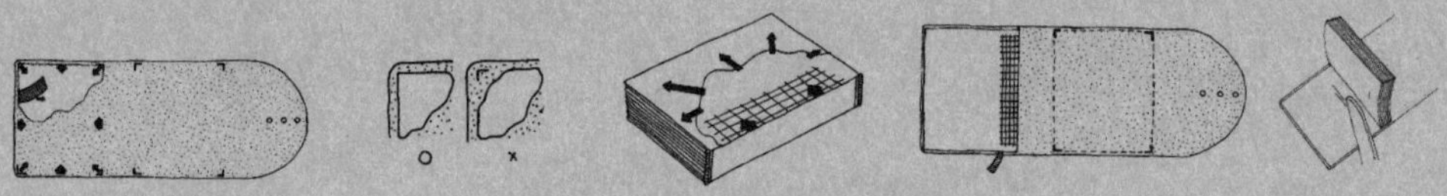

❶

가죽의 앞면에 본드를 바깥쪽에서 안쪽으로 발라주세요. 모서리 부분은 특히 꼼꼼하게 주의해서 바르세요.

❷

앞면지의 안쪽에서 바깥쪽으로, 책등과 만나는 부분은 바깥쪽에서 안쪽으로 본드를 발라주세요.

❸

표시된 부분에 잘 맞추어 붙인 다음 꼼꼼히 문질러 주세요.

6. 뒷면 가죽에 붙이기

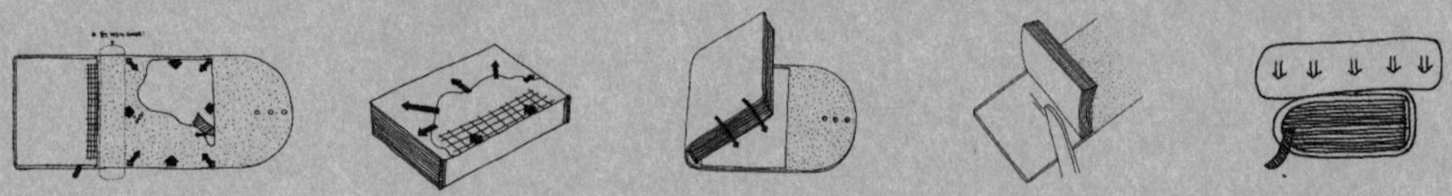

❶

가죽의 뒷면과 면지의 뒷면에 본드를 발라주세요. 요령은 앞면을 붙일 때와 같습니다.

❷

표시된 부분에 잘 맞추어 붙인 다음 꼼꼼히 문질러 주세요.

❸

무거운 것으로 잠시 눌러줍니다.

7. 가죽끈 넣기

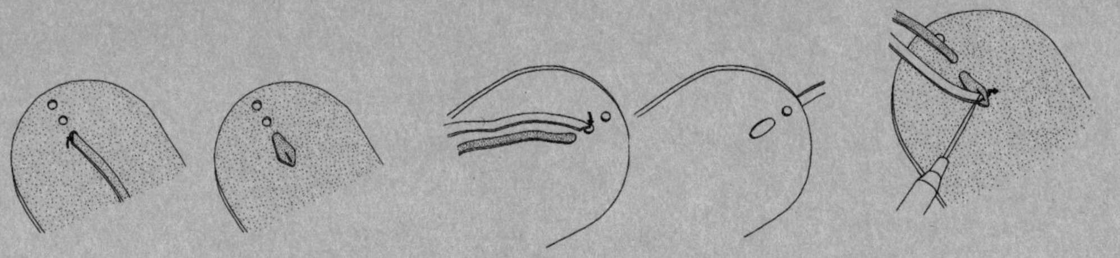

❶

1번 구멍에 뱀끈의 꼬리를 넣어서 끝까지 당기세요.

❷

2번 구멍에 꼬리를 넣어서 당기세요.

❸

머리에 있는 구멍에 꼬리를 넣는데,
송곳을 이용하면 수월합니다.

8. 끈감기

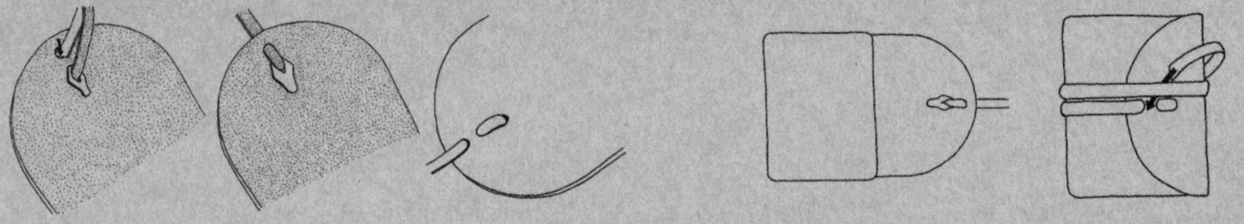

❶

3번 구멍에 꼬리를 넣으세요.

❷

끈을 시계 방향으로 두 번 감은 다음
끼워주세요.

9. 완성

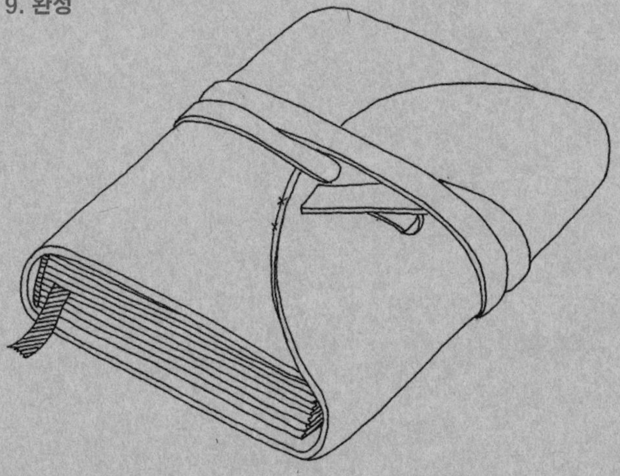

"나만의 멋진 다이어리가 완성되었습니다."

참고문헌

국립중앙박물관 편, 국립중앙박물관, 솔출판사, 2005.

김진섭, 책 잘 만드는 책, 은행나무, 2000.

니콜 하워드, 책, 문명과 지식의 진화사, 플래닛미디어, 2007.

로베르 에스까르삐, 책의 혁명, 보성사, 1985.

마츠다 테츠오, 인쇄에 미쳐, 한국출판마케팅연구소, 2005.

블뤼노 블라셀, 책의 역사, 시공디스커버리. 1999.

소피 카사뉴-브루케, 세상은 한 권의 책이었다, 마티, 2006.

알베르토 망구엘, 독서의 역사, 세종서적, 2000.

여승구, 책, 책과 역사, 한국출판무역주식회사, 2003.

이광주, 아름다운 지상의 책 한 권, 한길아트, 2001.

E. 그롤리에, 도서출판의 역사, 을유문화사. 1984.

이민호, 제책개론, 상조사, 1994.

이윤재, 인쇄실무교본, 타라티피에스, 2004.

저저의 허락을 받아 부분 발췌·인용하였습니다.

편집부, 인쇄대사전, 인쇄문화출판사, 1992.

臼田捷治, 裝幀時代, 晶文社, 1999.

大塩治雄, 玉虫幸雄, 新版 製版・印刷はやわかり圖鑑, 社團法人日本印刷技術協會, 2004.

相馬謙一, 印刷入門, 社團法人日本印刷技術協會, 2003.

上田德三郞, 製本, 大日本印刷(株)ICC本部, 2000.

小早川亨, はじめて學ぶ印刷技術 印刷・製本加工編, 社團法人日本印刷技術協會, 2004.

野村保惠, 本づくりの常識・非常識, 印刷學會出版部, 2000.

Albertine Gaur, *A History of Writing*, The British Library, 1984.

Helmut Kipphan, *Handbook of Print Media*, HEIDELBERG, 2001.

Jane Greenfield, *ABC of Bookbinding*, OAK KNOLL PRESS, 1998.

Marshall Lee, *Book Making*, P. R. Bowker Company, 1997.

Pauline Johnson, *Creative Bookbinding*, Dover Pubns, 1995.

Schrift DruckBuch, *Buchkultur in Mainz*, Philipp von Zabern, 1985.

Karen Brookfield, *Book*, Dorling Kindersley, 2000.

이미지 출처 · 도움 주신 분들

19쪽	ⓒ도서출판 마티
21쪽	ⓒ도서출판 마티
22쪽	Museum für Kunst und Kulturgeschichte der Hansestadt Lübeck
23쪽	Bibliothèque nationale de France
24쪽	Winchester Cathedral Library, Bibliothèque nationale de France
27쪽	Bayerische Staatsbibliothek
29쪽	Gutenberg-Museum Mainz
33쪽	국립중앙박물관
35쪽	潘吉星『中國製紙技術史』
36~38쪽	국립중앙박물관
42쪽	ⓒ책공방 · 공책
45쪽	ⓒ책공방 · 공책

제작 사양 Production Note

판형	변형12절판(200×260)	COMPUTER DESIGN	IBM PC
쪽수	272	PAGE ASSEMBLY	Adobe InDesign CS3
인쇄	표지 2도, 덮개 2도		Adobe Photoshop CS3
	본문 4도, 2도		Adobe Illustrator CS3
제책	무선철		
	이중 표지		

종이	**두성종이**	**인쇄**	**새한문화사**
표지	에이프릴브라이드 256g/㎡	PRESS	Mitsubishi Diamond 3000L
덮개	팬시크라프트 120g/㎡	STANDARD INK	동양잉크 black, cyan, magenta, yellow
면지	뉴칼라 128g/㎡	PLATES	세일 P.S.
본문	H매치코트 105g/㎡		
	팬시크라프트 80g/㎡		

필름 출력	**스크린그래픽센터**	**제책**	**상지사P&B**
LINE SCREEN	175-line, 150-line, 133-line, 100-line	CUTTING PRESS	Yoshino
SCREEN ANGLES	C-172.5, M-52.5, Y-15, K-72.5	FOLDER	Stahl Folder TF66/6 RF2, Stahl Ludwigsburg
SCANNER	Heidelberg DC-3900	BINDING	Yoshino 80(23)
CTF	Fuji F9000		
FILM	Fuji film(Red-Sensitive Film)		

북바인딩 책 잘 만드는 제책

초판 1쇄 펴낸 날	2008년 12월 30일
지은이	김진섭 · 김현우
펴낸이	이해원
펴낸곳	도서출판 두성
주소	경기도 파주시 교하읍 문발리 파주출판도시 499-1
전화	031-955-1481
팩스	031-955-1491
홈페이지	www.doosungbooks.co.kr
등록	제406-2008-47호
본부장	김수호
편집	백은정
디자인	studio.**triangle**
일러스트	정혜란
사진	박종성 · 유병권
인터뷰	정은진
종이	두성종이
인쇄	새한문화사
제책	상지사P&B

ISBN 978-89-961306-2-8 13600

이 도서의 국립중앙도서관 출판시도서목록(CIP)은
e-CIP 홈페이지(http://www.nl.go.kr/ecip)에서 이용하실 수 있습니다.
(CIP제어번호:CIP2008003608)